최근 한국 현대사

해방부터 문재인 정부까지 역사유물론으로 보기

최근 한국 현대사

해방부터 문재인 정부까지 역사유물론으로 보기

김동철·김문성 지음

책갈피

이 도서의 국립중앙도서관 출판예정도서목록(CIP)은 서지정보유통지원시스템 홈페이지(http://seoji.nl.go.kr)와 국가자료종합목록 구축시스템(http://kolis-net.nl.go.kr)에서 이용하실 수 있습니다. (CIP제어번호 : CIP2020022792)

차례

머리말   9

1장 해방 정국, 새 사회를 향한 뜨거운 염원과 좌절   19
더 알아보기   44
해방 공간의 노동자들 | 1948년 제주 4·3항쟁 | 국가보안법 탄생 |
북한 국가의 형성

2장 한국전쟁, 제국주의 경쟁이 낳은 비극   71
더 알아보기   96
노근리 학살 | 한미동맹의 추악한 실체

3장 4월혁명, 독재자를 타도하다   107
더 알아보기   128
1958년 진보당 조봉암 사형 | 재벌의 탄생과 역사

4장 박정희 정권과 유신, 그에 맞선 저항   139
더 알아보기   160
1972년 7·4남북공동성명 등 | 베트남전쟁과 한국 | 지역주의 문제

5장 광주항쟁, 한 세대의 영혼을 울리다   171
더 알아보기   195
전태일 | YH무역 여성 노동자 투쟁 | 신군부의 야만 행위 |
광주항쟁 북한군 개입설

6장 1987년 6월항쟁과 7~9월 노동자 대투쟁   213

   더 알아보기   235

   1989년 남북 자유왕래 운동 | 1989년 현대중공업 128일 파업

7장 1997년 대중 파업과 IMF 경제공황   247

   더 알아보기   269

   소련 블록의 붕괴 | 1991년 5월 투쟁과 강경대 열사 | 김일성 사망

8장 1990년대 후반 이후 역사를 이해하는 틀   285

   더 알아보기   316

   비정규직 문제 | 한국의 자유민주주의

9장 좌회전 깜빡이 켜고 우회전, 김대중 정부   327

   더 알아보기   359

   1998년 현대자동차 공장점거 파업 | 6·15 남북공동선언

10장 노무현 정부의 "좌파 신자유주의"   379

   더 알아보기   421

   미군 장갑차 여중생 압사 항의 운동 | 이라크전쟁·파병 반대 운동 | 이랜드 비정규직 투쟁

11장 우파의 귀환, 이명박 정부   441

더 알아보기   495

100만 촛불 운동 | 2008년 세계경제 공황

12장 유신 스타일 박근혜 정부   515

더 알아보기   543

세월호 참사 | 박근혜 정권 퇴진 운동

13장 문재인 정부의 등장과 중간 평가   559

더 알아보기   583

남북/북미 정상회담 | 불법 촬영 반대 '불편한 용기' 시위 |
김용균의 죽음과 청년의 현실 | 조국 법무부 장관 임면 사태 |
코로나19 대유행과 총선

추천 도서   619

한국 주요 정당 계보도   624

찾아보기   626

일러두기

1. 이 책은 '노동자연대 학생그룹'이 2019년 12월부터 2020년 1월까지 개최한 강연 '대학생을 위한 한국 현대사 강의: 마르크스주의 시각으로 해방부터 박근혜 퇴진 촛불까지'의 강의록을 바탕으로 했다.

2. "더 알아보기"에 수록된 글은 여러 반자본주의 매체에 기고된 것이다. 이 책에 재수록하면서 교정·교열·편집 작업을 거쳤다.

3. 이 책에 등장하는 인물은 대체로 존칭을 생략했다.

4. 인명과 지명 등의 외래어는 최대한 외래어 표기법에 맞춰 표기했다.

5. 《 》부호는 책과 잡지를 가리킨다. 〈 〉부호는 신문·영화·노래 등을 가리킨다. 논문과 신문 기사는 " "로 나타냈다.

6. [ ] 부호 안의 내용은 지은이나 편집자가 독자의 이해를 돕거나 문맥을 매끄럽게 하려고 덧붙인 것이다.

머리말

1

내전까지 치르며 노예를 해방시켰다는 자유의 나라, 선진국 최초로 흑인이 대통령이 되고 성공한 흑인 스타가 즐비한 나라 미국에서 왜 끔찍한 인종차별이 없어지지 않을까? 국민이 모두 응원하며 안타까워해 마지않는 '위안부' 할머니들의 문제를, 같은 민족과 국민을 대변해야 할 한국 정부는 왜 발 벗고 나서서 해결하지 않는 것일까? 지난해 3·1운동 100주년이 곧 대한민국 100년이라고 힘주어 강조한 문재인 정부하에서도 위안부 문제 해결에 진척이 없는 이유는 뭘까?

모두 역사에 대한 물음이다. 사람들이 역사를 궁금해하는 까닭은 현재를 더 잘 알고 싶어서다. 과거에 현재 문제의 원인이 있다고 믿기 때문이다. 과거를 살펴 현재와 비교하고 현재를 추적하는 것은 변화가 어떻게 일어나는지를 알려는 노력이다. 시간의 흐름은 변화를 뜻하기 때문이다. 이렇게 보면, 역사를 공부하는 궁극적 목적은 결국 미래를 바꾸려면 현재 무엇을 해야 할지를 알려는 데 있다.

따라서 역사를 알려는 노력은 특정 사건의 발생 연도를 외우고 지도에 화살표를 그리는 것에 그치지 않는다. 사실들은 물론 중요하지만, 더 중요한 것은 과거의 사실들을 어떻게 재구성하느냐다. 사실의 재구성은 꼬리에 꼬리를 무는 사건들의 상호 연관을 이해하는 일이고, 그중에서도 더 중심적인 사건을 식별(즉, 취사선택)하고 그것이 나머지 사건과 사실에 미친 영향을 찾아냄으로써 변화의 동인動因을 밝혀내는 일이다. 그러므로 역사에도 이론이 필요하다.

2

어떤 이들은 유물론적 역사 해석을 물질적 욕망이나 유전자적 본능 따위로 역사를 설명하는 것과 혼동한다. 이런 해석은 어떨 때는 인간을 마치 동물처럼 묘사한다.

그러나 구체적 조건에 조응하거나 반발하는 인간의 의식적 활동을 배제하는 역사 서술은 사실상 역사를 설명하지 않는 것이다. 그런 역사 서술은 읽지 않아도 내용을 알 수 있다. 그런 역사 서술에는 그저 변치 않는 인간 본성과 유전자적 본능만이 있을 뿐이고, 역사의 구체적 맥락들이 변화를 설명하는 데 필요하지 않기 때문이다.

이런 질문을 던질 수 있겠다. 오늘날 임금노동자가 과거 노예제 사회의 노예나 봉건제 사회의 농노와 달리 임금을 받고 귀족들과 동등한 신분으로 표현의 자유를 누리며 사는 것은 문명화된 현대의 자본가들이 미개한 옛 지배자들보다 욕망을 더 잘 억제하거나 유전자가 개량됐기 때문일까?

그러나 막대한 부와 극심한 불평등이 공존하는 오늘날의 자본가들보다 더한 탐욕의 화신은 찾기 힘들다. 이처럼 몇 가지 질문만 던져 봐도 그런 역사 해석은 엉터리임을 알 수 있다.

3

과거가 어떻게 오늘의 세계를 만들었는지 알 수 있다면, 미래를 바꿀 지금의 실천에 틀림없이 도움이 될 것이다. 당대의 지배 질서에 도전해 성공한 경험들은 더욱 그럴 것이다.

그래서 오늘의 세계에 강한 불만을 느끼는 이들은 역사에서 배워야 한다. 경제 위기와 기후 위기 때문에 부모님이나 이모·삼촌의 20대 시절보다 삶이 더 어두워졌다고 여기는 지금 청년들에게는 제대로 된 역사 이론이 필요하다. 왜 그때는 가능했던 일이 지금은 안 되는 것일까? 반면 그때는 어려웠지만 지금은 가능해진 일은 무엇일까?

역사 서술은 옳든 그르든 변화의 동인에 대한 나름의 설명을 포함하기 마련이다. 그리고 변화의 동인에 대한 특정한 이론은 그 논자가 사회에서 차지하는 위치가 어떤지, 그의 이해관계가 무엇인지와 결부돼 있다.

보수 우파의 한국 현대사는 자본주의적 번영을 바라는 열망, 우방국인 미국이 들여온 자유 시장과 '자유민주주의'의 힘이 북한의 남침 전쟁으로 폐허가 된 나라를 선진국 문턱에 있는 나라로 탈바꿈시켰다고 설명한다. 그들의 역사에서는 이승만과 박정희, 그리고 재벌 총수들의 영웅적 결단이 찬양받는다.

반면, 친민주당 진영의 중도파적 역사 해석은 민족의 자립과 민주주의를 향한 열망이 오늘의 한국을 만들었다고 설명한다. 일제 강점기의 민족자본가들과 김구·장준하·김대중·노무현 같은 민주주의자들이 오늘날의 번영을 있게 한 위인이라고 말한다. 친민주당 진영은 경제성장 시기 권위주의적 일당 국가하에서는 배제된 처지였지만, 그들도 자본가계급의 일원으로서 자본주의적 번영을 추구하기 때문에, 가령 박정희를 완전히 부정하지 못한다. 그래서 그들은 과거의 한국은 독재와 부패로 왜곡된 자본주의로 발전했지만, 지금의 한국은 자신들의 주도하에 번영한 선진 자본주의로 발전하고 있다고 주장한다.

이 책은 두 주류 세력과는 다른 각도에서 한국 현대사를 다룬다. 이 책이 궁극으로 보여 주려는 역사는 노동계급 사람들이 경제성장, 전쟁, 권위주의 국가, 자본주의적 민주주의와 어떤 관계를 맺으며 달라져 왔는가 하는 점이다.

자본주의는 불평등의 원인이고 끊임없이 노동계급을 착취해 번영을 추구하는 체제다. 그러므로 노동계급의 편에 선다는 것은 마르크스주의의 자본주의 비판을 기초로 해서 역사를 바라본다는 뜻이다. 그래서 이 책은 국내 사건이어도 세계경제와 제국주의라는 국제적 맥락과 배경 속에서 설명한다. 자본주의는 세계적 체제이고, 세계 체제로서 실체를 가진다. 프랑켄슈타인이 괴물을 조립하듯이 각국 경제체제를 모아서 본다고 해서 세계 자본주의를 설명할 수는 없다. 오히려 각국의 정치·경제는 세계 자본주의(제국주의) 체제에서 서로 경쟁하는 일부로서 명확히 설명될 수 있다.

그리고 이 책은 자본주의 경쟁 질서와 자본주의적 계급 관계가 사회 변화의 동인이라고 설명한다. 이것은 따분하고 고답적인 과정이 아니다. 역사유물론으로 설명하는 역사는 살아 숨 쉬는 인간들이 사회구조 속에서 자신에게 부여된 힘과 이해관계를 발견해 발휘하거나 그런 해방의 과정이 가로막히는 구체적이고 생생한 투쟁이다. 계급으로 분열된 사회에서 역사의 퇴보와 진보는 자기 계급을 어떻게 잘 동원할 것인가 하는, 인간 집단들의 의식적 활동의 결과로 결정된다.

계급마다 역사를 다르게 본다는 것을 인정한다고 해서 상대주의적 다원주의를 긍정한다는 뜻은 아니다. 그런 이론은 오늘날 문제가 되는 잘못된 진영논리의 확증편향과 가짜 뉴스 현상에 일조할 뿐이다. 우리가 객관적 진실 앞에 겸손함을 드러내는 이유는 그런 종류의 상대주의에 단호하게 반대하기 때문이다.

4

이 책이 나오는 2020년은 한국전쟁이 70주년을 맞는 해다. 한국전쟁은 한반도가 일제 강점에서 해방된 1945년 이후 한국사에서 가장 중요한 사건이다. 전쟁의 성격도 중요하지만, 무엇보다 그것이 낳은 결과가 중요하기 때문이다. 그래서 조금 덧붙이려고 한다.

미국과 소련의 경쟁이 세계를 각자의 세력권으로 분할하는 과정(위로부터 부과된 조건)에서 치러진 전쟁을 거치며 수백만 명이 죽었다. 한반도의 남과 북에 서로 증오하며 적대하는 체제가 수립됐다. 전쟁 없이 분단된 독일과 달리, 한반도에서는 냉전 질서가 끝났는데도 분단 체제가 유지되는 배경이다.

국토의 90퍼센트가 전쟁의 화염 속에 들어가면서 전자본주의적 사회관계의 망도 함께 파괴됐다. 한국 자본주의가 낡은 속박에 얽

매이지 않고 발전할 토대를 전쟁 통에 마련한 것이다. 한국전쟁 이전에만 해도 통치 정당성이 결핍돼 태어나자마자 위기에 빠진 신생 국가 대한민국은 전쟁 수행을 위해 또는 그것을 명분으로 자원과 인력과 통치권을 집중시키는 과정에서 영토와 국민에 대한 진정한 주권(통치 권력)을 확립했다. 좌파와 노동운동은 궤멸됐다.

그렇게 사회에 대한 지배력을 확립한 대한민국은 노동계급의 자주적 활동에 적대적인 권위주의 국가로 성장했다. 한·미·일 삼각무역과 장시간·저임금 노동을 기초로 해서 시장경제적이고 수출지향적인 국가자본주의 노선을 걸은 한국은 마침내 경제 발전(자립)을 이뤘다.

한국 지배자들은 냉전이 끝난 뒤에도 세계적 패권 국가인 미국 중심의 질서 안에서 번영을 가장 효과적으로 이룰 수 있다고 봤다. 사실 중국조차도 1970년대 후반부터 미국 중심의 세계화 질서에 편입해 경제성장을 이뤄 냈다.

그러나 역동적인 자본주의 세계경제의 변화·발전이 이런 국가 간 관계들도 비틀고 있다. 세계적 세력균형의 변화는 한국의 정치와 경제에도 영향을 미치는 것이다.

5

한국전쟁을 거치며 강력해지고 잔인해진 권위주의 국가가 수십 년 만에 자본주의적 민주주의 국가로 변하지 않을 수 없게 한 핵심 요인은 1987년 6월항쟁과 7~9월 노동자 대투쟁이었다. 한국 자본주의나 국가가 근본에서 변한 것은 아니지만, 역사적 행위 주체인 노동계급이 다시 몸을 드러냈다는 점에서 1987년(과 그 뒤 2~3

년 동안 이어진) 투쟁들은 한국 현대사에서 두 번째로 중요한 사건이다.

한국 자본주의는 노동자들을 억눌러 빠르게 성장했는데, 이제 그 결과로 체제의 수정(개혁)을 강제할 힘을 가진 노동계급이 생겨난 것이다. 이처럼 자본주의의 모순은 우리에게 눈물도 주고 웃음도 준다.

민주화의 알맹이는, 주로 노동조합부터 시작해 노동계급의 조직이 허용되고 그것의 직접·간접 효과로 노동계급 대중의 전반적 생활수준이 향상된 것이다. 그 과정은 점차 진척돼, 민주노총 같은 전국적 노조 연맹체, 좌파 정당·단체·언론 등이 시민권을 확보했다. 물론 그 과정은 계속되는 투쟁으로 자유의 영역을 넓히는 과정이었다. 1987년 이후의 역사를 보면, 자본주의적 민주주의조차 진지하게 추구할 이해관계와 의지를 보인 것은 노동계급 대중운동이었다.

그러나 체제가 노동조합 운동에 어느 정도 양보하고 그 운동을 국가 제도 안으로 포섭하면서, 노동조합 운동의 개혁주의화와 그 고위 상근 간부층의 관료화라는 문제가 운동의 새로운 숙제로 등장했다. 운동 안에서 사회학적 분화가 일어났고, 노동자들의 투쟁은 때로는 성공하고 때로는 실패했다. 진정한 역사유물론에는 숙명론의 여지가 없다.

6

돌아보면, 역대 한국 정부는 거의 모두 역사를 정치에 활용했다. 역사 해석을 독점하려 한 권위주의 정권들은 물론이고, 민주화 이후의 정부들도 역사 재평가를 지지율을 만회하고 정적을 공격하고 자신을 방어할 우회로로 삼았다. 김영삼 정부의 '역사 바로 세우기', 김대중·노무현 정부의 독립운동·민주화운동 재평가 시도와 과거사 진상 규명, 이명박 정부의 건국절 제정 논란과 금성 역사 교과서 탄압, 박근혜 정부의 역사 교과서 국정화 강행, 그리고 문재인 정부의 대한민국의 임시정부 기원설 설파 등.

민주당 정부들이 정부 차원의 행사와 지원을 통해 형성해 온 서사는 민주주의자들이 민주공화국을 설계하고 이끌어 경제 번영에 성공한 스토리다. 이 서사에서 한국 국가의 뿌리는 1948년이 아니라 1919년이다. 친민주당 진영은 3·1운동을 혁명이라고 부른다. 부르주아(자본주의적) 혁명이었던 프랑스대혁명이 연상된다. 이것은 3·1운동의 여러 산물 중 하나인 상해 임시정부를 대한민국 국가의 출발점으로 삼으려는 시도다. 민주당 계보의 위인들이 서구 부르주아 민주주의 혁명 서사의 주인공처럼 되는 그림을 그리기 위해서다.

우파에 대한 반감은 큰데 제대로 된 대안적 해석이 없으므로, 친민주당적 역사 해석은 진보 진영에서도 많이 차용된다. 그러나 친민주당 진영은 역사적으로 봐도 반제국주의적 민중 봉기인 3·1운동의 정통을 계승하는 세력이 전혀 아니다.

이 책의 장점으로 강조할 것은 가장 최근의 역사까지 다뤘다는 점이다. 보통 현대사를 다룬 책은 최근의 역사는 잘 다루지 않는다. 거기에 등장하는 인물들이 현존 권력자들이기 때문에 이해관계 면에서 자유롭지 않은 것이다. 최근 친민주당 진영이 용의주도하게 강화시킨 주류 양당 간 진영논리 탓에, 또는 민주당과 협력해서 개선을 얻어 내려고 민주당과 유착한 진보 진영 일부의 이해관계 탓에, 역사를 진실하게 보는 노력이 방해를 받고 있다. 그리고 역사적 사건들의 의미를 당시의 시점에서 설명한 사례를 찾기 어렵다.

그러나 이 책의 저자들은 현재 권력자들과 얽힌 이해관계가 없으므로 그들을 의식할 필요가 없다. 이론이 적확하고 분석이 정직하다면 최근의 역사까지도 제대로 자리매김하며 일반화할 수 있다고 여긴다. 역사적 시야에서 저자들은 대체로 올바른 분석을 내놨다고 생각한다. 가령 이명박과 박근혜가 집권했을 때, 친민주당 지식인들은 한국 민주주의가 과거의 권위주의로 회귀한다고 호들갑을 떨었고, 그에 많은 사람들이 동감한 적이 있다. 그러나 역사유물론으로 분석할 때, 한국의 지배계급에게는 그럴 이유도 그에 따른 실익도 없었다. 국가형태가 자본주의적 민주주의로 전환해 온 것은 구조적 변화다. 5년짜리 대통령의 통치 스타일만으로 그 육중한 구조가 바뀔 수는 없다. 이명박과 박근혜의 반동적 통치 행위는 사실 자본주의적 민주주의가 우리의 종착지가 아님을 방증하는 사례였을 뿐이다. 박근혜가 현행 헌법에 의해 쫓겨날지 누가 상상이나 했겠는가. 그러나 이 책을 쓴 저자들은 이명박·박근혜 정부가 등장해 범진보 진영의 사기가 떨어졌을 때, 그 정부들의 모순과 약점을 가장 먼저 지적하며 반격이 가능하다고 주장했었다. 최근에는 문재인 정부가 개혁 염원을 배신할 것임을 경고하며, 운동이 정권과의 협력을 추구할 것이 아니라 독립적 정치를 세우는 것이 중요하다고 주장했다. 이 주장은 문재인 정부의 노동법 개악, 친기업적 규제 완화 추진, 선거법 개정 뒤통수치기 등을 거치며 현실에서 검증됐다.

1997년까지를 다루는 1~7장은 김동철이, 그 뒤는 김문성이 썼다. 각 장 앞에는 "함께 토론할 쟁점"을 마련해 독자들이 숙고하거나 토론할 수 있게 했다. 각 장의 뒤에는 "더 알아보기"를 수록해 각 시기의 주요 사건이나 인물에 관해 더 깊이 이해할 수 있게 했다.

단 몇 명이라도 현실을 바꾸고 싶은 사람들에게 희망과 용기, 교훈을 줄 수 있다면 더 바랄 것이 없을 것이다.

2020년 6월 8일
저자들을 대표해 김문성

1장

–

해방 정국
새 사회를 향한 뜨거운 염원과 좌절

함께 토론할 쟁점

- 제2차세계대전은 파시즘에 맞선 연합국의 진보적 전쟁이었을까? 연합국에 속한 미국과 소련은 진보적 국가였을까?

- 한반도의 남쪽을 차지한 미국은 점령군이었지만 북쪽을 차지한 소련은 해방군이었을까? 소련의 도움으로 수립된 북한 국가는 남쪽보다 진보적이었을까?

- 미국·소련과 협력해서 한반도 민중이 원하는 독립과 해방을 이룰 수 있었을까? 미국·소련으로부터 독립적인 대안의 가능성은 있었을까?

- 좌우 대립과 분열이 전쟁과 분단을 낳은 원인이었을까? 신탁통치와 좌우합작위원회를 어떻게 봐야 할까?

- 해방 정국의 역사가 현재 우리에게 던지는 시사점은 무엇일까? 제국주의에 대한 진정한 대안은 무엇일까?

해방을 맞이해 거리로 쏟아져 나온 사람들을 담은 사진을 보면 느낄 수 있듯이, 1945년 8월 해방을 맞은 한반도는 무언가 진정한 변화가 가능하리라는 희망에 차 있었다. 하지만 이런 희망은 몇 년 후 분단과 전쟁이라는 끔찍한 재앙 속에 좌절됐다. 도대체 그사이 무슨 일이 일어났을까? 그리고 지금 우리는 그 경험에서 무엇을 배울 수 있을까?

해방 정국을 이해하는 출발점은 제국주의에 대한 이해다. 세계적 강대국들의 경쟁 관계와 그 변화가 한반도에 끼치는 영향을 알아야 그 시기를 더 잘 이해할 수 있다는 뜻이다. 세계적 강대국들의 경쟁 구도는 제2차세계대전을 거치며 변했다. 1945년 8월 15일 한반도를 지배하던 일본은 패전했다. 일본을 대신해 승전국인 미국과 소련이 한반도에 들어왔다. 미국과 소련을 어떻게 봐야 할지, 즉 그들과 협력하거나 그들을 활용해서 한반도 민중의 진정한 해방과 염원을 이룰 수 있을지는 당시에 아주 중요한 쟁점이었다.

물론 그때와 상황이 많이 다르지만, 2020년 지금도 한반도와 동아시아 지역에서 미국과 중국을 중심으로 벌어지는 제국주의 경쟁에 어떤 태도를 취할 것이냐는 매우 중요하고 현실적인 쟁점이다. 예컨대 2019년에 벌어진 홍콩 항쟁은 중국 제국주의와 미국 제국주의에 모두 반대하는 관점에 서야 일관되게 지지할 수 있다. 중국

독립운동가들의 석방을 축하하는 집회. 1945년 8월 16일 마포형무소 앞.

을 모종의 진보적 사회로 보면, 홍콩 항쟁을 지지하기가 껄끄러울 것이다.* 반대로 미국(홍콩 대중의 염원과 운동이 아니라 중국 견제에만 관심이 있다)을 우호 세력으로 착각하면, 홍콩 항쟁에 곤란함을 안길 것이다. 요컨대, 홍콩의 평범한 대중의 염원을 진실로 실현하려면, 그 운동과 정치가 제국주의 강대국들로부터 독립적이어야 한다(연대 운동도 마찬가지다).

위에서도 언급했듯이, 1945년 한반도에서는 제국주의 경쟁의 주

---

* **홍콩 항쟁** 2019년 여름에 시작해 반년 넘게 이어진 대중 항쟁. 홍콩 당국의 '범죄인 인도법(일명 송환법) 개정안' 통과 시도를 계기로 분출했다. 개정 송환법은 홍콩의 반정부 진보 인사를 중국 본토로 소환할 수 있게 하는 법이다. 홍콩 항쟁은 격심한 불평등을 핵심 배경으로 일어났다. 2019년 9월 홍콩 당국이 송환법을 철회하도록 하는 성과를 거뒀다.

요한 두 국가인 미국과 소련을 어떻게 볼 것이냐가 매우 중요했다. 좀 더 자세히 말해, 소련은 사회주의 국가이고 진보적인 국가니까 소련의 정책을 지지했어야 할까? 아니면 미국에 의존했어야 할까? 미국과 소련의 협상이 잘되기를 응원했어야 할까? 이것은 당시에 무척 중요하고 현실적인 물음이었다.

이런 질문에 제대로 답변하는 데서 제2차세계대전의 본질을 짚어 보는 것이 유용할 것이다. 보통 제2차세계대전은 반동적인 파시즘 국가들(독일·이탈리아·일본)에 맞선 민주주의 국가들(미국·영국·소련)의 전쟁으로 여겨진다. 하지만 연합국(미국·영국·소련)의 참전 이유는 민주주의나 정의 같은 것이 아니었다.

당시 영국 총리 윈스턴 처칠은 자국의 노동자 투쟁을 군대의 총칼로 진압했을 뿐 아니라, 식민지 민중을 잔인하게 학살한 인물이다. 1943년에는 식량이 부족한 인도에 식량을 공급하지 않아서 수백만 명을 굶어 죽게 만들었다. 처칠은 전쟁 중에 식민지를 지키는 데 전력을 다했다. "내 몸의 생명이 남아 있는 한 영국 주권의 변동을 결코 용납하지 않을 것이다."

당시 미국 대통령 프랭클린 루스벨트는 전쟁 기간 내내 미국의 힘을 확대하는 데 관심이 있었다. 영국의 힘을 잠식해서 미국의 경제적·정치적 영향력을 확대하는 데 주력한 것이다. 미국이 참전한 계기도 동아시아에서 벌이던 일본과의 세력 다툼이었다. 독일이 폴란드를 침공한 1939년에 참전했더라면 미국이 진정 민주주의를 위해 무언가를 하려 했다고 봐줄 여지가 조금은 있겠다. 하지만 미국은 일본이 동남아시아와 태평양에서 미국의 세력권을 침범한 1942년에야 전쟁에 참여했다(태평양전쟁).

소련의 이오시프 스탈린은 1917년 러시아혁명을 이끈 혁명가들을 학살하며 권력을 잡은 인물이다. 스탈린은 러시아 내 소수민족들을 억압했을 뿐 아니라, 전 세계 노동계급의 적 히틀러와 불가침조약을 맺고 협력했다. 히틀러가 폴란드의 서쪽 지역을 점령할 때 스탈린은 폴란드의 동쪽 지역을 점령해 폴란드를 나눠 가졌다. 스탈린이 독일과의 전쟁에 나선 것은 히틀러가 불가침조약을 깨고 소련을 공격하면서부터다.

이처럼 연합국은 민주주의나 정의가 아니라, 자국의 제국주의적 이익을 위해 전쟁에 뛰어들었다. 그러므로 제2차세계대전은 반동적 국가들의 세계 지배 야욕을 저지한 민주주의 국가들의 정의로운 전쟁이 아니라, 강대국들의 치열한 이권 다툼이 본질인 제국주의* 전쟁이었다. 전쟁에 승리한 연합국의 관심사가 각자 자기 몫 챙기기에만 집중돼 있었다는 사실을 보더라도 제2차세계대전의 본질이 무엇인지 엿볼 수 있다. 연합국의 전리품 배분과 관련된 유명한 일화가 있다. 영국의 처칠은 1944년 10월 모스크바에서 스탈린을 만나서 다음과 같이 말하며 종이쪽지를 건넸다. "영국과 러시아 사이에서는 당신이 루마니아에서 우선권(통제력)의 90퍼센트를, 우리가 그리스에서 90퍼센트를 갖고, 유고슬라비아는 50 대 50으로 하면 어떻겠소?" 스탈린은 동의한다는 뜻으로 그 쪽지에 적힌 목록에 체크 표시를 했다. 처칠은 수억 명의 운명이 걸린 문제를 너무

---

* 제국주의 마르크스주의에서 제국주의는 단지 강대국이 약소국을 수탈하거나 괴롭히는 것이 아니라, 강대국들의 경쟁·서열 체제(시스템)를 뜻한다. 러시아 혁명가 블라디미르 레닌은 제국주의를 "자본주의의 최신 단계"라고 규정해서 국가들의 지정학적 경쟁이 자본들의 경제적 경쟁과 결합되는 자본주의적 현상임을 지적했다.

즉흥적으로 처리한다는 인상을 주면 사람들이 냉소적으로 받아들이지 않겠냐며 그 쪽지를 태워 버리자고 제안했다. 스탈린은 전혀 아랑곳하지 않는다는 듯이 "당신이 간직하시오" 하고 말했다. 한반도의 운명도 이와 마찬가지로 결정될 참이었다.

Churchill's copy of secret agreement with Stalin made in Moscow, October, 1944

지배자들이 수억 명의 운명을 처리하는 방식.

일본과의 전쟁에서 승기를 잡고 있던 미국은 1945년 8월 6일 히로시마에, 며칠 뒤 나가사키에 원자폭탄을 떨어뜨렸다. 소련보다 먼저 일본을 굴복시켜서 전후 일본 처리에 대한 발언권을 높이고 다른 강대국들에 미국의 능력을 과시하기 위해서였다. 1945년 8월 8일에 소련도 그동안 미적거리던 태도를 바꿔, 일본과 맺은 중립조약을 파기하고 일본에 전쟁을 선포한 뒤 만주를 거쳐 한반도에 진입하기 시작했다.

10초 만에 그어진 38선

이즈음 한반도 분할에 대한 여러 방안이 나왔다. 미국·영국·소련·중국이 한반도를 4등분하는 안도 있었고 미국과 소련이 서울을 분할 점령하는 안도 있었다.

소련의 남하는 생각보다 신속했다. 소련군은 8월 12일경에 이미 한반도 북부 지역에 들어와 있었다. 이 때문에 미국은 소련의 남하를 저지할 선을 서둘러 제안할 필요가 있었다. 미국 국무부·육군부·해군부의 협의체인 3부조정위원회 위원장 제임스 던이 군사분계선을 정하라고 지시했다. 미국 육군부의 찰스 본스틸 대령 (1966~1969년 주한미군 사령관을 역임했다)과 딘 러스크 대령(이후 존 F 케네디와 린든 B 존슨 정부에서 국무부 장관을 역임했다)이 벽에 걸린 지도에 선을 그었다. 한반도를 분할하는 38선을 긋는 데 10초밖에 걸리지 않았다. 미국은 이렇게 "허둥대며 [이뤄진] 급작스러운 작업"의 결과물을 소련 측에 제안했다.

소련은 이 제안을 흔쾌히 받아들였다. 소련이 더 남하할 수 있었는데도 미국의 제안을 받아들인 것은 일본에 대한 지분을 요구하기 위함이었다. 소련은 일본 홋카이도 북부 지역을 달라고 요구했다. 그렇지만 미국은 이것을 거절했다.

이런 식으로 한반도 민중의 운명을 좌우할 분할 점령이 결정됐다. 미국과 소련은 둘 다 한반도 민중의 진정한 염원에는 전혀 관심이 없었고 각자의 이해관계에 따라 한반도를 분할해 버렸다. 이런 강대국들에 기대서 통일된 독립국가를 세운다는 전망이 허망한 것임은 시간이 갈수록 더 분명해졌다.

미군보다 먼저 한반도에 진입해서 북부 지역을 장악한 소련군은 해방군이 아니라 분명히 점령군으로 활동했다. 소련군은 약탈과 강간을 자행했을 뿐 아니라 곡식과 산업 시설도 가져갔다. 소련군은 아래로부터 분출하는 운동을 억누르는 데서는 미군과 같았다. 신의주와 함흥에서는 대중 저항을 폭력으로 진압했다. 소련군의 첫 포고문은 일본 경찰이 치안을 유지하라는 것이었다. 해방 직후 한반도 전역에서 인민위원회가 결성돼 사실상 정부 구실을 했다. 소련은 미국과 달리 인민위원회를 인정했다(그러나 소련도 조선건국준비위원회와 조선인민공화국은 인정하지 않았다). 그러나 이는 소련의 실질적 통제하에 있음을 전제로 한 인정이었다.

스탈린과 면담한 후에 소련 군함을 타고 북한에 들어온 김일성은 소련군의 적극적인 협력을 받았다. 이렇게 소련군의 후원 속에 수립된 북한 국가는 대중을 착취하고 억압하는 데서는 남한 국가와 다르지 않았다. 이미 1946년 7월에 억압 기구인 보안대가 1만 5000명 규모로 커져 있었다. 노동자가 생산을 통제한 것이 아니라 지배 관료가 노동자를 통제한 것이 당시 북한의 실정이었다. (▶ 더알아보기: 북한 국가의 형성, 65쪽)

아래로부터 대중행동의 분출

한반도 남부 지역 상황은 어땠을까? 일본 제국주의 권력의 강력한 통제가 무너지면서 권력 공백이 생겼다. 조선총독부는 거의 정지된 것이나 마찬가지였다. 조선총독부 소속 일본인과 조선인 관료의 출근율은 10퍼센트가 채 안 됐다. 이런 공백을 메운 것은 여운형이* 중심이 된 조선건국준비위원회(약칭 건준)였다. 조선총독부는 행정과 치안을 담당할 권한을 줄 테니 자신들의 안전을 보장해 달라고 여운형에게 요청했다. 여운형은 이 요청을 수용하고 조선총독부에게서 치안유지권을 넘겨받았다. 이렇게 해서 8월 15일 밤에

———

* 여운형(1886~1947) 해방 정국의 대표적 중도 좌파 인물이다. 1945년 8월에 조선건국준비위원회 위원장을, 9월부터 1946년 2월까지 조선인민공화국의 부주석을 지냈다.

발족한 조선건국준비위원회는 8월 말 여운형계와 조선공산당계가 참여하는 조직이 됐다(한민당계는 참여하지 않았다). 그러나 조선건국준비위원회는 더 광범한 아래로부터의 움직임의 일부에 불과했다. 해방 후 조선건국준비위원회뿐 아니라 인민위원회·치안대·보안대 등 자치 조직이 우후죽순 생겨났다. 이 기구들은 일본인을 압박해서 경찰서·회사·신문사·상점·공장 등을 접수했다. 그리고 그 앞에 '00단체 접수 중'이나 '00단체 보호 중'이라는 표식을 달았다. 이것은 당시에 흔히 볼 수 있는 풍경이었다.

8월 16일 일제 치하에서 독립운동을 하던 사람들이 감옥에서 풀려났다. 그들은 대부분 사회주의자였다. 가장 적극적으로 독립운동을 벌인 세력이 사회주의자들이었기 때문이다. 이렇게 풀려난 사회주의자들이 위에서 언급한 자치 조직들을 건설하는 데 많이 기여했다.

각 지역에 건설된 인민위원회는 실질적인 정부 구실을 했다. 지방에서는 미군정이 확실한 우위를 점할 때까지 그랬다. 지방에서 일어난 아래로부터의 움직임은 농민의 토지 소유 열망과 결합됐다. 일제 강점기 내내 고율의 소작료에 허덕이던 농민들은 자기 땅을 갖기를 간절히 원했다. 친일 지주를 기반으로 창립한 우파 정당인 한국민주당(약칭 한민당)* 내에서조차 토지를 무상으로 몰수·분배해야 한다는 목소리가 나올 정도로 농민들의 토지개혁 열망은 높았다.

---

* 한국민주당 친일 지주를 기반으로 1945년 9월 16일 창당한 우파 정당. 그 기반 때문에 초반에는 대중적 영향력이 거의 없었다. 각 지역에 설립된 인민위원회와 조선건국준비위원회와 조선인민공화국을 타도하자는 주장을 창당 발기인 성명에서부터 명확히 했다. 미군의 한반도 진주 소식을 접한 뒤로는 미군정에 협력했다.

많은 역사서에는 언급되지 않거나 언급되더라도 비중 있게 다뤄지지 않지만, 아래로부터의 움직임 가운데 중요한 것 하나는 노동자들의 공장자주관리운동이었다. 해방 후 공장자주관리운동이 활발하게 일어났다. 노동자들이 임금과 퇴직금을 받아야 하는 당장의 생활상 필요 때문이기도 했고 일본의 시설 파괴와 물자 방출 등을 막아야 할 필요 때문이기도 했다. 그래서 노동자들은 공장과 회사를 장악했다.

공장자주관리운동은 거의 전 산업에서 벌어졌다. 1945년 11월 4일 산별노조 16곳에 728개의 공장관리위원회가 구성돼 있었다. 인천 지역을 기반으로 활동한 사회주의자 조봉암은[*] "인천의 많은 공장들이 한 개의 예외도 없이 전부 노동자들의 자치적 조직으로써 공장을 지켰다"고 말했다. (▶ 더 알아보기: 해방 공간의 노동자들, 45쪽)

공장자주관리운동은 1946년 상반기까지 벌어지다가 1946년 8월 이후에는 거의 사그라졌다. 그 이유는 크게 두 가지였다. 첫째는 미군정의 탄압과 통제 때문이었다. 둘째는 당시 노동운동을 주도한 좌파의 정치적 약점 때문이었다.

미군은 9월 8일 인천을 통해 한반도에 들어왔다. 미군정 사령관 존 하지의 말처럼, 미군은 해방군이 아니라 점령군으로 한반도에

---

[*] 조봉암(1899~1959) 1920년대에는 공산주의자로 활동했다. 해방 직후에는 조선공산당과 조선건국준비위원회에서 활동하다가 전향했다. 1948년 제헌국회의원 선거에 출마해서 당선됐다. 1948년 7월 국회 헌법기초위원장으로 헌법 제정에 참여하고 대한민국 정부 수립에 참여했다. 대한민국 제1대 농림부 장관과 제2대 국회 부의장을 역임했다. 1956년 대선에 출마해 20퍼센트를 득표하며 자유당의 이승만을 위협했다. 조작된 사건으로 1958년 사형당했다. 이 책 129쪽에 수록된 "1958년 진보당 조봉암 사형"을 참고하시오.

진주했다. 미군은 첫날부터 조선인들을 적으로 대했다. 미군이 인천에 들어올 때 환영하러 나간 조선인 2명이 총격으로 사망하기도 했다. 조선총독부 건물에 걸려 있던 일본 국기가 내려지고 미국 국기가 올라간 것이 상징하듯이, 미국은 일본을 대체한 새 지배자였을 뿐이다.

해방 직후에는 몸을 사리던 친일 세력은 미군정의 힘을 빌려 다시 목소리를 높이기 시작했다. 위에서 언급했듯이, 한민당이 지주와 자본가를 중심으로 조직됐다. 미군정은 일제 경찰을 중용했다. 일본을 위해서 훌륭하게 업무를 수행했다면 미국을 위해서도 일을 잘할 사람들이라면서 말이다. 그리고 해방의 열망을 표출하는 사람들을 억누르기 시작했다.

미국 중앙정보국CIA은 이렇게 형성된 남한 지역의 관료 조직을 두고 "실질적으로는 옛 일본의 기구였다"고 했다. 당시 억압 기구의 성격을 잘 묘사한 말이다. 이런 상황은 일제의 지배에 진절머리가 나 있던 한반도 대중에게는 극도로 증오스럽고 분노스러운 일이었다. 미군에 대한 반감이 계속 커졌다. 1945년 말 미군정 사령관 하지는 다음과 같이 보고서를 썼다.

수동적인 저항을 포함해 모든 미국인들에 대한 분노가 증가하고 있다. 우리는 이런 상황 아래서 매일 표류하게 되어 한국에서 우리의 지위를 유지하기가 점점 더 어려워지고 우리의 인기도 더욱 떨어지고 있다. 친일 민족 반역자, 협력자라는 말에 친미라는 단어가 추가되고 있다.

분노한 대중의 힘을 미군정에 맞선 투쟁으로 제대로 집중할 수

태양(일장기)이나 별(성조기)이나 제국주의 지배자였을 뿐이다. 1945년 9월 9일 조선총독부 앞.

있었다면 미군정은 상당히 곤란한 처지에 빠졌을 것이다. 하지만 당시 운동을 이끌던 좌파의 정치에는 심각한 결함이 있었다.

당시 조선공산당은 대중의 지지를 받는 유력한 정당이었다. 일본 제국주의에 대체로 굴복하거나 타협한 우파와 달리 일본의 식민 지배에 일관되게 맞서 싸운 좌파는 해방 후 대중의 신망을 받기에 충분했다. 식민 당국의 탄압으로 대중적 조직을 만들거나 유지하지는 못했지만, 노동자와 농민 속에서 활동한 좌파 활동가들은 해방 후 등장한 대중적 노동자 조직인 조선노동조합전국평의회(약칭 전평)와 농민 조직인 전국농민조합총연맹(약칭 전농)을 건설하는 데서 주도적 구실을 했다. 여러 지역의 인민위원회와 조선인민공화국(약칭 인공)은* 조선공산당이 주도했다. 미군이 진주하기 전에는 인민위원회·조선인민공화국·조선공산당이 실제 정국을 주도했다. 물론 미군정은 처음부터 이 조직들을 인정하지 않고 탄압했다.

당시 조선공산당이 추구한 정치는 소련의 지배 이데올로기인 스탈린주의였다.** 당시 소련은 연합국의 일원이었던 미국을 진보적 민주국가라고 부르며, 냉전이 본격적으로 시작하기 전까지는 외국의 자기 지지자들이 미국 등에 맞선 투쟁을 자제하도록 했다. 아직 미국 등 서방과 소련 사이의 세력권 조정 협상이 진행 중이었으므로, 이 협상을 어그러뜨릴 투쟁이나 혁명은 최대한 자제돼야 했다.

조선공산당은 이 노선을 따라, 미군정이 조선인민공화국을 불법화하고 노동자들이 장악한 공장을 탈환해 나가는 상황에서도 투쟁하려 하지 않았다. 조선공산당이 주도한 노동조합인 전평은 공장자주관리운동을 강화하려 하지 않고 오히려 산업 건설에 협력한다는 정책을 내놨다. 전평의 쟁의부는 산업건설부로 개편됐다.

사실 노동자들의 공장자주관리운동은 국가권력 문제와 밀접하게 관련된 운동이었다. 노동자들의 아래로부터의 운동이 당시 인구의 다수를 차지한 농민을 이끌고 국가권력을 장악하는 방향으로

---

* 조선인민공화국 1945년 9월 6일 조선건국준비위원회가 1300여 명의 인민대표자를 모아 수립한 기구. 주석으로 이승만을 내무부장으로 김구를 추대했지만 둘은 거부했다. 민족주의자, 여운형 등 중도파, 조선공산당이 참여했고 나중에는 조선공산당이 사실상 주도하게 된다. 미국과 소련 모두 조선인민공화국을 인정하지 않았다.

** 스탈린주의 옛 소련 국가의 지배 이데올로기이자 옛 소련을 추종한 국제 노동운동의 한 조류를 나타내는 용어. 제2차세계대전 종전 이후부터 1990년대 초까지 동구권 국가들의 지배 이데올로기이기도 했고, 서방 공산당들의 정치이기도 했다. 일국사회주의론과 단계혁명론을 핵심으로 한다.

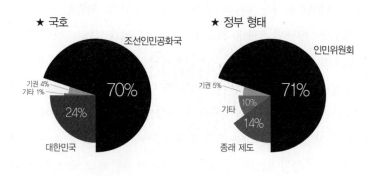

★ 국호

조선인민공화국

기권 4%
기타 1%

70%

24%

대한민국

★ 정부 형태

인민위원회

기권 5%

71%

10%

기타

14%

종래 제도

★ 토지개혁 방식

무상몰수
무상분배

기권 5%

68%

유상몰수
무상분배

10%

17%

유상몰수
유상분배

1947년 7월 3일 실시된 여론조사 결과.

나아가는 것은 노동자와 농민의 이익을 실현하면서 대중의 염원을 진정으로 실현할 길이었을 것이다.

하지만 정치 권력이 미군정의 수중에 놓인 상황에서 미군정에 도전하지 않고서는 노동자들의 공장 통제가 무한정 지속될 수는 없었다. 미군정은 노동자들이 장악한 사업장을 탈환해 가기 시작했고, 1946년 9월 총파업이 일어날 즈음에는 공장자주관리운동이 거의 사그라들었다.

1946년 9월 총파업은 미군정과 미군정의 후원을 받던 우파의 폭정에 대한 반발이었고, 절망적인 경제 사정에 대한 분노의 표출이었다. 1946년 물가는 1944년보다 92배나 높았다. 1946년 5월 노동자 임금은 1945년 5월에 견줘 물가 상승분의 13분의 1밖에 오르지 않았다. 1946년 9월 총파업이 일어날 무렵에는 서울은 물론이고 전국 곳곳에서 쌀을 달라는 시위가 일어났다.

1946년 9월 총파업과 뒤이은 10월항쟁은 두 가지를 보여 줬다. 첫째, 도시 노동자들이 농촌의 농민들을 이끌고 투쟁을 주도할 잠재력과 가능성이 있었다는 것이다. 1946년 9월에 철도 노동자 파업을 시작으로 도시 노동자들의 파업 물결이 일어났다. 이 노동자 파업은 10월에는 농촌 봉기로 이어지면서 전국으로 들불처럼 번져 나갔다. 곧이어 일어난 10월항쟁은 대구에서 시작해서 각 지역으로 퍼져 나갔다. 노동자 파업 대열과 쌀을 요구한 시위대에 경찰이 발포하면서 투쟁이 격렬해지고 농촌으로 확대되면서 항쟁으로 발전했다.

둘째, 운동에 참여한 좌파의 정치가 중요하다는 것이다. 위에서 언급했듯이, 조선공산당의 투쟁 자제 정책 때문에 9월 총파업이 시작될 즈음에는 해방과 함께 분출한 아래로부터 노동자 투쟁의 동력이 상당 부분 손실된 상태였다. 그리고 미국과 소련의 협상이 완전히 종결된 것이 아니었기 때문에, 9월 총파업과 10월항쟁을 주도한 조선공산당은 미군정으로부터 국가권력을 쟁취하는 데까지 투쟁을 밀어붙일 태세가 아니었다.

신탁통치

이런 조선공산당의 정치적 약점은 이미 신탁통치 문제에서도 극명히 드러났다. 1945년 12월 말 모스크바 3상 회의에서* 신탁통치가 결정됐다는 소식이 알려졌을 때 이것에 반대하는 정서가 상당했다. 남한 지역에서 실시된 한 여론조사 결과를 보면, 92퍼센트가 5년간의 미·소 신탁통치에 반대했으며 80퍼센트는 단기간의 신탁통치에도 반대했다.

사실 신탁통치는 미국과 소련이 각각 한반도의 남과 북을 점령하고 저마다 자신들이 원하는 정권을 세우고 자신들의 이익에 부합하는 체제를 만들어 가는 상황에서, 그것을 합리화하고 진정한 노림수를 은폐하기 위해서 당분간 협조할 수밖에 없었던 양국의 수지 타산이 맞아서 합의된 것이다. 미국과 소련은 한반도 민중의 염원이었던 즉각 독립을 전혀 원하지 않았다. 양국 모두 대중의 힘을 분쇄하는 데 힘을 기울이고 있었다.

조선공산당은 처음에는 신탁통치에 반대하는 입장이었다. 하지만 단 며칠 만에 모스크바 3상 회의 결정을 지지하기로 선회했다. 이 갑작스러운 변화는 소련의 입장을 반영한 일이었다. 조선공산당을 이끌던 박헌영은** "오늘날 연합국의 원조 없이도 해방이 가능한가?" 하고 말하면서 "3상 결정은 가장 옳은 견해"라고 옹호했다. 이것은 당시 한반도 대중의 정당한 열망인 즉각 독립을 거스르는 주장이었다. 궁색한 입장 변화 때문에 조선공산당 내에서도 반대 목

---

* 모스크바 3상 회의 1945년 12월 제2차세계대전 승전국인 미국·영국·소련의 외무상이 모여 각자 장악한 지역에 대한 문제를 논의한 회의. 여기서 조선에 대한 신탁통치가 결정됐다.

** 박헌영(1900~1956) 해방 정국 조선공산당의 지도자.

대중은 미국도 소련도 아닌 진정한 독립을 원했다. 좌파의 오류는 우파의 소생에 일조했다.
신탁통치 반대 시위.

소리가 나왔다. 조선공산당 영등포지구당은 당시 분위기를 다음과
같이 전했다.

> 반탁으로 돌아간 노동자들을 그 당장에서 3상 회의 지지로 돌리는 것
> 은 아마 레닌으로서도 불가능하였을 것이다. … 반탁의 슬로건이 하등
> 의 설명도 없이 3상 회의 지지의 슬로건으로 고쳐지니 소시민층은 물
> 론이려니와 노동자들도 그들의 의아를 어찌할 수 없던 것이다.

미군정에 대한 협조 노선으로 계급투쟁의 전진이 주춤하고 있던
차에 신탁통치 문제에서도 대중의 정당한 열망에 어긋나는 정책을
취한 조선공산당은 운동을 분열시키고 대중의 사기를 떨어뜨렸다.

반면 우파는 신탁통치 반대 운동에 올라타서 대중적 지지 기반을 마련하고 세를 불려 나갈 수 있었다. 신탁통치 논란은 해방 정국에서 좌우 세력균형이 변하는 중요한 계기였다.

좌우합작의 실패

여운형 같은 중도파도* 신탁통치 지지 입장이었다. 모스크바 3상 회의의 결정은 임시정부를 먼저 구성하고 신탁통치를 최대 5년간 시행할 수 있다는 것이니, 조선인들이 어떻게 하느냐에 따라 그 기간을 단축하거나 없앨 수도 있다는 논리였다. 하지만 임시정부 구성을 주도하는 것은 미국과 소련 당국이었고, 세계적으로 냉전 분위기가 무르익어 가던 당시 상황에서 두 제국주의 국가의 이해관계에 공통으로 부합하는 임시정부를 구성하는 것은 불가능했다.

임시정부 구성을 논의하기 위한 미·소 공동위원회가 열릴 즈음 세계적으로 냉전이 본격화하는 일이 벌어지고 있었다. 한반도에서도 미국과 소련은 각각 남과 북에 자기 이익에 맞는 정부를 세우는 작업을 진척시키고 있었다.

미군정 사령관 하지와 그의 참모들은 모스크바 3상 회의 이전에 이미 한반도 남부에서 독자적 군대와 경찰을 조직하고 있었다. 또, 남한 독자 정부 구성을 위해 우익 정당을 강화하고 좌파와 대중운

---

* 중도파 해방 정국의 중도파는 한반도를 장악한 미·소 제국주의와 잘 협상하고 좌우가 협력하면 독립국가를 건설할 수 있다고 여긴 정치 세력들을 뜻한다. 대표적으로 김규식과 여운형을 일컫는다.

동을 탄압하고 있었다. 소련도 한반도 북부에서 독자적 행정 조직과 무력 조직을 만들며 자기 뜻에 맞는 관료 조직을 형성해 나가고 있었다. 이런 상황에서 두 제국주의 사이의 협상을 통해, 또는 그들과의 협상을 통해 남북이 통일된 정부를 구성하기는 불가능했다. 중도파가 주도한 좌우합작위원회가 아무 소득 없이 끝난 것은 바로 이런 맥락 때문이었다. 중도파는 좌우합작위원회를 통해 미국·소련과 잘 협상하면 두 강대국의 지원을 이끌어 내면서 독립국가를 성취할 수 있으리라고 봤다.

좌우합작이 극좌와 극우 모두의 불필요한 고집 때문에 실패했다는 설명이 흔하다. 그러나 당시의 객관적 조건에서 좌우합작으로 대중이 원하는 독립국가를 건설한다는 것이야말로 무망한 일이었다. 우선 위에서도 언급했듯이, 세계적 수준에서 냉전이 형성되며 미국과 소련의 갈등이 커지고 있었다. 형태는 다르더라도, 양차 대전을 낳은 제국주의 간 경쟁이라는 동학이 작용하고 있었던 것이다. 치열한 경쟁의 두 축이었던 미국과 소련을 대화로 견인하거나 설득할 수 있다는 생각은 비현실적이었다.

둘째, 미군정과 우파가 아래로부터의 운동과 조직을 파괴하고 대중이 그에 맞서 저항하는 상황이었으므로, 즉 계급적 정치 양극화가 극심한 상황이었으므로, 좌우합작은 비현실적이었다. 미군정이 여운형과 김규식이 주도한 좌우합작위원회를 지지한 것은 사실이지만, 그것은 미군정이 지배 기반을 넓히면서 중도파보다 왼쪽에 있는 좌파와 대중운동을 분쇄하기 위해서였다. 미군정은 좌우합작을 지지한다면서, 동시에 조선공산당을 탄압하고 1946년 9월 총파업과 10월항쟁을 무자비하게 짓밟았다.

두 제국주의 국가 모두로부터 독립적인 아래로부터의 대중적 힘을 최대한 발전시키는 것이 대안이었다. 하지만 아쉽게도 이런 대안을 추구한 세력은 없었다.

결국 중도파의 기대를 받고 모스크바 3상 회의의 후속으로 열린 미·소 공동위원회는 임시정부에 참여시킬 단체의 자격 문제를 놓고 실랑이를 벌이다 1947년에 아무 결실 없이 종결됐다. 그리고 이제 분단으로 가는 길은 더욱 확고해졌다.

1947년 이후 미군정과 우익에 대항하는 운동이 벌어졌지만 이미 1945~1946년을 거치면서 대중적 힘은 소진된 상태였다. 지역적으로 고립된 투쟁들은 대대적 학살로 이어지기도 했다. 1948년 제주 4·3항쟁은 이런 맥락에서 이해할 수 있다. 제주 4·3항쟁은 지리적 위치 때문에 미군정의 통제력이 비교적 약했던 제주에서, 미군정과 우익에 의한 폭정과 분단의 고착화에 반대한 대중의 불만이 표출한 사건이었다. 이 항쟁에서 3만 명이 희생됐다. (▶ 더 알아보기: 1948년 제주 4·3항쟁, 48쪽)

건국

이렇듯, 1948년 8월에 수립된 대한민국 정부는 진정한 해방을 바라고 격렬한 계급투쟁을 벌인 노동자·민중의 무덤 위에 친미적 성격과 노동계급에 적대적인 성격을 띠고 건설됐다. 노동계급은 이 '건국'에 어떠한 동질감도 느낄 수 없다. 자랑스러워할 만한 것이 아님은 두말하면 잔소리다. 대한민국 정부가 수립된 1948년 8월 15일을 건국절로 삼아 기념하자는 우파의 주장은 친미적이며 반노동자적인 그들의 본질을 분명하게 보여 준다.

우파는 지금도 친미적이며 반노동자적인 '건국 정신'을 계승하자고 한다. 우파는 이렇게 수립된 그들의 대한민국을 한국전쟁을 통해 지켜 냈고 박정희가 발전시켰다고 주장하면서 이런 전통을 지켜야 한다고 강변한다. 우파들이 미국과의 동맹을 중요시하고 그들의 시위 현장에 성조기가 등장하는 데는 이런 역사적 뿌리가 있다.

한편, 건국절 논란과 관련해서 민주당은 상해 임시정부가 등장한 1919년에 대한민국이 건국된 것이고 1948년은 정부가 수립된 해라고 주장한다. 이런 주장은 상해 임시정부와 김구를 자신의 전통으로 삼고자 하는 것이다. 김구가 친일을 하지 않은 독립운동가였고 한때 이승만의 정적이었고 남북회담에 참여했다는 사실은, 미래통합당 등 우파는 친일파·독재·냉전을 대표하는 세력이고 자신들은 독립운동·민주주의·평화를 대표하는 세력이라는 차이점을 민주당이 부각하는 데 유용하게 사용될 수 있다.

김구가 일본에 타협하지 않은 독립운동가였던 것은 사실이다. 그렇지만 독립운동을 대표하는 인물은 아니다. 상해 임시정부도 여러 세력 중 하나였다. 독립운동을 주도했던 것은 사회주의자들이었다. 사회주의자들이 해방 후 광범한 지지를 받은 사실이 그것을 잘 보여 준다.

김구는 해방 이후 국내에 들어와서 한민당과 이승만과 연대해서 우파 연합을 형성했다. 국내 지지 기반이 취약했던 김구, 마찬가지로 대중적 기반이 취약했지만 미국과 연계가 있는 이승만, 친일 지주 세력이 지지 기반이어서 정통성이 취약한 한민당의 이해관계가 맞았던 것이다. 여기에 좌파를 누르고 우파의 세를 키우고자 한 미군정이 결합해 있었다.

김구는 친일 지주 세력의 정치적 표현체였던 한민당과 연합하기 위해 친일 청산 문제를 당장의 과제로 제기하지 않았다. 김구는 친일 세력의 자금 지원을 받은 친일 자본가인 〈조선일보〉 사주 방응모를 자신의 한국독립당 재정부장에 앉히기도 했다. 김구가 친일파 처단을 본격적으로 외친 것은 1948년이 돼서였다. 바로 이승만·한민당 세력과 결별한 이후였다.

김구는 신탁통치 반대 운동을 자신이 정권을 획득할 기회로 봤다. 그가 반탁운동을 하면서 제일 먼저 요구한 것은 미군정청 산하의 모든 한인 직원들이 임시정부의 지휘를 받을 것과 연합국이 임시정부를 즉시 승인할 것이었다. 미군정이 보기에 이것은 쿠데타 시도였다. 미군정 책임자 하지는 김구를 자기 사무실로 불러서 죽이겠다고 협박했고 김구는 자살하겠다고 대들었다. 하지만 결국 김구는 "신탁통치에 반대할 뿐 군정에 반대하는 것은 아니"라며 뒤로 물러섰다. 이 일화는 김구가 미군정에 원칙 있게 반대하지 않았고 대중운동에 책임지려 하지 않았다는 것을 보여 준다.

김구가 이승만의 단독정부 수립에 일관되게 반대한 것도 아니었다. 1947년 2차 미·소 공동위원회가 결렬되고 한반도 문제가 국제연합(이하 유엔)에 이관됨으로써 사실상 단독정부 수립의 길로 나아갈 때 김구는 이것을 반대하지 않았다. 그가 단독정부 수립을 반대하면서 '남북 협상'을 통한 통일운동에 나선 것은 이승만과 미군정이 그를 배제하기 시작했을 때부터였다.

가장 결정적인 문제는 김구가 대중운동에, 특히 노동자·민중 투쟁에 적대적이었다는 점이다. 일제에 대항하는 운동을 할 때 주로

1945년 11월 24일 이승만(왼쪽)과 함께 미군정 사령관 하지(오른쪽)를 만나는 김구(가운데).

테러에 의지한 김구는 해방 후에는 그 수단을 좌파와 노동운동을 향해 사용했다. 김구와 관련돼 있는 우익 테러 조직은 전평의 1946년 9월 총파업과 10월항쟁을 진압하는 데 참여했다. 1948년 한국 주둔 미군 방첩대에 근무한 매리언 파넬 소령은 어느 인터뷰에서 다음과 같이 진술했다.

김구는 이승만이 사용한 전투용 손도끼 같은 존재였다. 김구는 미국 점령 동안 [이승만과] 같은 편에 서 있었다. 이승만이 대통령이 된 후 김구는 이승만에게 위협적인 존재가 됐다. 보편적인 의견에 따르면 미군이 한국에서 철수하자마자 이승만이 김구를 암살했다는 것이다.

김구는 미국 제국주의와 우파 세력에 기반을 두고 정권을 획득하려 했고, 이것이 잘 안 된 후에야 이승만에게 대항하려 했지만,

자신이 억눌렀던 대중운동이 붕괴한 상황에서 자신도 쉽게 이승만의 희생물이 된 것이다. 그러므로 김구와 임시정부를 계승한다는 민주당과 문재인 정부가 2019년 한·일 무역 갈등 국면에서 항일 운운하면서도 사실상 미국을 중심으로 한 한·미·일 동맹에 충실하고 반노동 정책을 밀어붙인 것은 전혀 모순되지 않는다.

이제 결론을 내려 보자. 해방 정국의 핵심 교훈은 미국과 소련 두 제국주의 국가의 어느 한쪽에 의존하거나 둘 사이의 조정과 타협에 기대는 방식으로는 진정한 해방을 이룰 수 없었다는 것이다. 둘 모두로부터 독립적이면서 아래로부터 분출하는 힘을 일관되게 강화해 나가는 것이 중요했다. 그리고 이 점은 '미국 대 중국', '미래통합당 대 민주당' 같은 진영논리가 팽배한 2020년 상황에도 시사하는 바가 크다.

더 알아보기

- 해방 공간의 노동자들
- 1948년 제주 4·3항쟁
- 국가보안법, 아래로부터 저항을 파괴하기 위해 탄생하다
- 북한 국가의 형성

해방 공간의 노동자들: 공장자주관리운동

1945년 8월 15일 일본이 연합군에 항복했다. 일본의 폭압적 지배 기구는 급속히 붕괴했다. 조선총독부가 여전히 존재했지만, 그 권위는 예전 같지 않았다. 두려움에 떤 총독부 소속 일본인·조선인 관료의 출근율은 10퍼센트밖에 되지 않았다. 조선의 공업 부문 총자산의 90퍼센트를 차지했던 일본인 자본가들의 패퇴는 노동자들이 폭발적으로 진출할 공간을 만들었다.

일본에 협력하던 조선인 자본가들은 대부분 생산을 기피했고, 인플레를 틈탄 투기 행위가 만연했다. 공업 부문 생산은 75.2퍼센트나 감소했고 실업률은 폭발적으로 증가했다. 이에 맞서 노동자들은 생산을 재조직하기 위해 공장을 접수해 통제하기 시작했다.

조선에서 자본주의적 생산관계의 도입은 일본의 조선 식민화와 함께 진행됐기 때문에 노동자들에게 일본의 식민 통치는 민족적 억압인 동시에 자본주의적 착취였다. 따라서 노동자들에게 일본의 패배는 자본주의적 착취 질서의 폐지와 밀접하게 연결된 일이었다. 군산 종연조선 노동자들은 다음과 같이 말했다. "누구를 위한 해방이고 누구를 위한 독립이냐? 노동자에게서 직장을 빼앗고 빵을 주지 못하는 독립이라면 무슨 기쁨이 있고 무슨 의의가 있으랴. … 우리 600명 공원工員은 … 노동자 대중에게 완전한 해방을 가져오는 그날을 위하여 끝까지 싸우기를 여기에 맹서한다."

공장자주관리운동은 노동자들이 대규모로 집단화·조직화돼 있던 공장을 중심으로 시작했다. 그러나 곧 운수업·상업·어업·극장·학교 등으로 확산했다. 1945년 11월 4일까지 산별노조 16곳에 728개의 공장관리위원회가 구성됐다.

물론 공장자주관리운동의 성격은 불균등했다. 대다수 사업체에서는 그곳 노동자들이 단독으로 사업장을 접수·관리했다. 일부 사업체는 노동자와 자본가가 공동으로 운영했고, 지역 인민위원회가 관리하기도 했다. 그러나 전체로 보아, 노동자들은 어떤 형태로든 공장 관리에 개입했고, 자본가들이 주도하는 관리위원회조차 노동자들의 협조 없이는 공장을 운영할 수 없었다.

공장자주관리운동은 일본인 사업장뿐 아니라 화신백화점·경성방직·조선비행기 등 조선인 자본가의 사업장으로도 확산했다. 화신백화점 노동자들은 "재래의 중역진 전부 배척, 박흥식 사장 절대 배척, 화신의 관리는 자치위원회에서 하겠다"며 투쟁했다.

노동자들의 공장 통제가 반자본주의적 성격을 띠자마자 미군정은 이 운동을 탄압했다. 곳곳에서 충돌이 벌어졌다. 그러나 당시 조선공산당과 조선노동조합전국평의회는 공장자주관리운동이 "미군정과의 마찰을 불러일으킨다"며 투쟁을 자제시켰다. 심지어 조선공산당 중앙 간부인 이관술은 공장자주관리운동을 두고 "중앙 간부로서 귀찮으니 [운영권을] 자본가한테 넘겨줌이 어떠냐"고 하기도 했다.

사실, 조선 노동자들의 급진화는 전 세계 차원에서 벌어진 급진화 물결의 일부였다. 제2차세계대전 종전 직후 남부 유럽을 중심으로 노동자들이 공장을 접수하는 등 급진적 운동이 벌어졌다.

소련의 스탈린은 제2차세계대전 종전 직후에는 서방 제국주의 국가와 협력하고 있었다. 당시에는 전후 세계 질서를 놓고 미국 등 서방 제국주의 국가와 흥정하는 것이 그에게 더 중요했기 때문이다. 스탈린주의에 충실했던 조선공산당은 이에 따라 "단계혁명"론과 "진보적 민주주의"론을 내세웠다. "현재 조선의 혁명은 부르주아 민주주의 혁명 단계"이기 때문에 조선 정부의 성격은 계급 연합이어야 한다고 했다. 따라서 "양심적 자본가와의 협력"을 중요하게 봤다. 공장자주관리운동은 "조선인 자본가에게도 관리 문제를 제기하여 그들로 하여금 공포를 느끼게 했다"는 이유로 비판받았다. 결국 노동자들의 공장자주관리운동은 1946년 9월 총파업 패배 이후에는 거의 의미 있는 구실을 하지 못한 채 사그라졌다.

출처: 〈다함께〉 79호(2006-04-29).

1948년 제주 4·3항쟁: 해방 정국 마지막 저항의 불꽃

이 글은 제주 4·3항쟁 70주년을 기념해 2018년에 발표됐다.

2018년에 제주 4·3항쟁은 70주년을 맞이했다. 문재인 정부는 100대 국정 과제의 셋째로 "제주 4·3사건의 완전한 해결"을 약속했다. 그러나 '제주4·3 제70주년 범국민위원회'는 "집권 반년이 지나도록 어떻게 완전한 해결로 나아갈지 뚜렷한 방향과 원칙을 제시하지 못하고 있다"며 정부를 비판했다.

'4·3항쟁'은 대한민국 수립에 반대해 일어난 투쟁이라는 이유로, 독재 정권 시절 내내 "북한의 사주에 의한 폭동"으로 정의된 금기의 단어였다.

1987년 항쟁을 계기로 진상 규명 운동이 되살아나 전개되기 시작했다. 2000년에는 '제주 4·3사건 진상 규명 및 희생자 명예 회복에 관한 특별법'(이하 특별법)이 공포됐다. 그러나 특별법은 희생자 피해 배상이 전혀 반영되지 않았을 뿐 아니라 역사적 재평가도 충분치 않았다. '이명박근혜' 정부는 이마저도 되돌리려 했다.

특별법 시행 이후 정부가 인정한 희생자는 1만 4233명이다. 그러나 이것은 2003년 정부 기구인 '제주 4·3사건 진상 규명 및 희생자 명예 회복 위원회'가 추정한 2만 5000~3만 명에 턱없이 못 미친다. 이런 상황에서 2017년 12월 '제주4·3특별법 전부 개정 법률

안'이 발의됐다. 희생자와 유족에 대한 보상의 법적 근거를 마련하고, 4·3항쟁 당시 군사재판을 무효화하는 것이 개정안의 골자다. '제주4·3 제70주년 범국민위원회'는 당시 미군정의 책임을 묻고, 미국과 유엔의 책임 있는 조처를 촉구하는 서명운동을 벌였다.

당시 제주 인구의 10퍼센트 가까이가 희생된 4·3항쟁은 냉전 형성기에 일어난 세계사적 사건으로 미국이 적극 개입했다. 한국전쟁 연구자 브루스 커밍스는 4·3항쟁을 두고 "전후 한국 정치의 현미경"이라고 한 바 있다. 4·3항쟁을 둘러싼 논쟁은 여전히 첨예하다. 그 명칭도 폭동, 사건, 항쟁 등 관점에 따라 다르다.

전후 한국 정치의 현미경

1945년 8월 일본의 항복 이후 미국과 소련이 북위 38도선을 기준으로 한반도를 분할 점령했다. 미군이 들어오기 전에 남한에는

미군정의 제주도 토벌 작전은 대규모 민간인 학살을 낳았다.

조선인민공화국과 그 산하 지역 인민위원회 같은 자치 기구들이 조직돼 있었지만, 미국은 이를 인정하지 않았다.

제주에서는 해방 이후 1948년 초까지 인민위원회가 실질적인 정치적 지도력을 행사했다. 반면에 한동안 미군정의 통제력은 다른 지역보다 약했다. 육지와 떨어진 지리적 조건으로 일본의 패전과 미군정의 통치 사이에 비교적 긴 공백기가 있었고, 미군이 제주에 상륙하기 전에 인민위원회 구성이 완료돼 자치권(통치력)을 일부 행사하고 있었기 때문이다.

1947년 3월 미국이 트루먼독트린을* 발표하고 유럽에서 마셜플랜(유럽 부흥 계획)을 실시했다. 제2차세계대전 종전 이후 미국의 대외 정책은 미국 주도의 세계 경제·군사 질서를 구축하는 것이었다. 트루먼독트린 발표는 미·소 냉전의 본격화를 뜻했다.

이승만은 당시 미국 대통령 해리 S 트루먼에게 서한을 보내 트루먼독트린을 지지한다면서 다음과 같이 주장했다. "한국은 그리스와 비슷한 전략적 상황에 놓여 있다. … 미 점령 지역에 과도 독립 정부의 즉각적인 수립은 공산주의 진출에 대한 보루를 세우는 일[이다]"(허호준, 《그리스와 제주, 비극의 역사와 그 후: 그리스 내전과 제주 4·3 그리고 미국》, 선인, 2014).

냉전의 격화는 한반도에서 1·2차 미·소 공동위원회의 결렬로 나타났고, 단독정부 수립을 위한 1948년 5·10 단독 선거로 나아가

---

* 트루먼독트린 1947년 3월 당시 미국 대통령 해리 S 트루먼이 선언한 미국 외교정책 원칙. 미국과 소련의 경쟁이 격화하며 냉전이 굳어지던 시점에 발표돼, 냉전의 공식화를 선언한 것으로 평가된다.

게 된다. 이에 대한 반대가 4·3항쟁이 발발하는 직접적 계기였다.

그 이면에는 미군정에 대한 민중의 누적된 불만이 있었다. 해외 교포의 대거 귀환 등으로 인구가 급증했고 이는 사회적·경제적 어려움을 동반했다. 특히 제주에서는 재외 주민의 송금 감소, 대일 교역 불법화와 원료 공급 단절로 빚어진 조업 중단 등 때문에 실업률이 급증했다. 이런 상황에서 시행된 미군정의 곡물 수집 정책과 귀환자 재산 압수 방침은 제주민의 생활고를 초래했다. 더 나아가 미군정은 1946년 7월 제주 도제道制 승격 운동을* 수용하며 우익의 입지를 넓혀 줬다. 동시에 인민위원회를 해체하려고 좌익 계열을 공개적으로 탄압하기 시작했다.

미군정에 대한 불만은 다른 지역에서도 마찬가지였다. 이는 1946년 9월 총파업과 10월항쟁으로 터져 나왔다. 저항의 바람은 곧 육지에서 제주도로 불어왔다.

이런 상황에서 1947년 '3·1절 사건'이 발생했다. 3월 1일 제주도 곳곳에서 열린 3·1절 기념 집회에 5만 명이 넘게 참가했다. "통일 독립", "친일파 처단", "부패 경찰 몰아내자" 같은 구호가 나왔다. 이에 앞서 10월항쟁을 경험한 미군정은 3·1절 기념 집회를 앞두고 "응원 경찰"이라는 명목으로 육지 경찰을 제주로 보냈다. 결국 제주시 관덕정 앞에서 경찰이 행진 대열을 향해 선제 발포를 해 6명이 사망하고 8명이 다쳤다. 연행 선풍이 불었다. 이에 대한 항의 행동으로 3월 10일 총파업이 시작됐다. 제주도청을 시작으로 도내 사업

---

* 제주 도제 승격 운동 1946년 6월까지 제주도(島)는 행정구역상 전라남도에 속해 있었다. 1946년 8월 1일 도(道)로 승격됐다.

장 156곳이 파업했다. 학생들은 동맹휴업을 했다. 열흘가량 지속된 이 파업으로 관공서도 상점도 문을 닫았다.

미군정은 군정 경찰이나 행정 관료뿐 아니라, 서북청년단 등 우익을 동원해 좌익을 탄압하고 마을을 수색하는 등 강경 탄압에 나섰다. 미군 방첩대는 제주의 총파업이 "남한 전역의 파업으로 번질 수 있는 시금석일 수 있다"고 여겼다.

단독정부 수립 반대

1947년 10월 2차 미·소 공동위원회가 최종 결렬되자, 미국은 한반도 문제를 유엔에 이관했다. 그리고 1948년 5월 10일 총선거를 남한에서 단독으로 실시하기로 결정했다. 미군정과 이승만은 5·10선거의 성공을 위해 경찰과 우익 청년 단체를 이용했다. 지금도 우파들은 4·3항쟁이 '남로당* 중앙의 지령'에 따라 일어났다며 그 의의를 축소하고 싶어 하지만, 4·3항쟁은 제주 주민들의 대중적 지지를 받으며 일어났다. 물론 제주 좌파가 중요한 구실을 했다.

1948년 4월 3일 새벽 1시 한라산과 제주 지역 오름 89곳에서 일제히 봉화가 올랐다. 민중 자위대 1500명이 도내 경찰지서 10곳을 공격하면서 무장투쟁이 시작됐다.

미군정은 육지의 각 도 경찰청에서 8개 중대 1700여 명을 차출해 제주로 파견했다. 또 군함을 동원해 제주와 육지 사이의 해상 교통망을 모두 차단했다. 미군정은 제주의 저항이 육지로 확산될까

---

* 남조선노동당 미군정 탄압으로 활동이 어려워진 조선공산당을 중심으로 여운형 등이 참여해 1946년 11월 창당한 좌파 정당.

봐 우려했다.

5·10 선거가 이틀 앞으로 다가오면서 미군 당국은 미군에 특별 경계령을 내렸다. 선거 당일에는 미국 태평양함대 소속 순양함과 구축함 2척이 남한 해역에 들어왔다. 미군정 군수참모부는 실탄을 항공기에 실어 제주로 보냈다.

공무원의 투표 사무 거부, 무장대의 습격, 주민들의 투표 참가 거부 등으로 제주도 선거구 3곳 중 2곳의 선거가 무효화됐다. 육지에서 선거는 경찰과 이승만 일당의 깡패 조직 때문에 폭력으로 얼룩졌다. 선거 열흘 전까지 323명이 폭력으로 살해됐고 1만여 명이 체포됐다. 이승만과 미국은 역사상 최초의 민주적 자유선거로 대한민국이 수립됐다고 칭송했지만, 5·10 선거는 이런 험악한 분위기에서 치러졌다. 이승만의 대한민국 정부는 노동자와 민중을 피로 짓밟고 세워진 친미·반공 정부였다.

미국의 개입

제주 4·3항쟁은 미군이 해방군이 아니라 점령군임을 입증했다. 미국은 한국의 분단을 주도하고 그에 맞선 4·3항쟁의 진압을 결정한 주체였다. 미군은 1948년 8월 15일 정부 수립 이후에도 1949년 6월까지 한국군에 대한 지휘권을 가졌다.

미군정은 제주도에서 대대적 토벌 작전을 감행했다. 남한의 국제적 지위는 여전히 불안한 상태였고, 유엔 총회 회기 중에 대한민국 정부가 승인을 받을지도 미지수였다. 이에 따라 미군정은 남한에 단독정부를 수립하려면 내부의 불안 요소를 제거해야 한다며, 제주도를 "빨갱이 섬"으로 규정하고 소탕 작전을 계속했다. 결정적 계기는 이른바 '여순반란' 사건이었다.

1948년 10월 19일 이승만 정권은 한국군 제14연대와 제6연대의 일부에 제주도 반란 진압 임무로 출동 명령을 내렸다. 그러나 군인들이 이 명령을 거부하고 무장 저항을 일으켰다. 이 사건으로 갓 출범한 이승만 정권의 토대가 허약하다는 점이 드러났다. 이승만은 그해 12월 1일에 좌익을 나라 전체에서 소탕해야 한다며 국가보안법을 제정했다.

여수 군인들의 반란 이후 제주에서 정부의 대응은 훨씬 강경해졌다. 그것은 본토로 투쟁이 확산한 것에 대한 두려움의 발로였다. 1948년 가을에 계엄령이 선포됐고, 그때부터 1949년 봄까지 제주 민간인 학살이 대거 벌어졌다. 이때가 영화 〈지슬〉의 배경이다. 이승만은 1949년 봄 제주에 직접 내려가 "아직도 반도叛徒가 남아 있다는 말을 들으니 섭섭하다. … 정부와 미국인은 항상 제주에 대하여 많이 근심하고 있[다]"며 학살 진압을 독려했다.

제주 4·3항쟁은 분단과 미국 제국주의에 맞선 저항이었다. 그러나 해방 후 한때 좌익에게 유리했던 세력균형이 반대로 기울어진 상태에서 벌어진 마지막 저항이었다는 점이 4·3항쟁의 비극적 결말을 낳았다. 그러나 분단과 미국 제국주의에 맞선 제주 4·3항쟁은 위대한 민중 항쟁의 전통에 중요하게 자리매김돼야 한다.

출처: 〈노동자 연대〉 242호(2018-03-28).

국가보안법, 아래로부터 저항을 파괴하기 위해 탄생하다

이 글은 국가보안법 제정 70주년을 맞은 2018년에 발표됐다.

2018년 10월 9일 정의당 윤소하 원내대표는 국가보안법(이하 보안법) 폐지 법안을 제출할 것이라고 밝혔다. "종전 선언과 함께"라는 말을 붙여 보안법 폐지와 종전 선언을 연동시킨다는 인상을 주지만 반가운 일이다.

그동안 국내 진보·좌파뿐 아니라 유엔인권이사회·국제앰네스티·휴먼라이츠워치 등도 보안법이 사상과 표현의 자유를 침해하는 악법임을 지적하고 폐지할 것을 권고해 왔다. 진보적 법학자·변호사들은 보안법의 법리적 허구성 등을 들춰내고 비판해 왔다.

1948년 보안법이 제정된 이래 70년 동안 노동자·언론인·작가·학생 수천 명이 구속되고 고통받았다. 보안법 수감자 일부는 1998~1999년에 석방될 때까지 30~40년 징역을 살아 세계 최장기수로 기록되기도 했다. 1948년에서 1990년대에 이르기까지 수천 명이 고문당했다(국제앰네스티, 2012년). 법무부 자료를 보면 1948~1986년에 보안법으로 정치수 230명이 사형당했다.

보안법에 따르면, 구체적 폭력 행위가 전혀 없어도 "찬양·고무"와 "선전·선동"을 이유로 처벌할 수 있다. 자신의 정치적 견해를 표현하는 행위 일체가 처벌 대상이 될 수 있는 것이다.

자유 못 지키는 자유주의

역대 민주당 정부들은 인권과 민주주의를 표방했다. 그러나 이런 가치들과 배치되는 보안법은 끈질기게 유지했다. 김대중 전 대통령은 그 자신이 보안법 피해자로 한때 보안법 폐지를 주장했었다. 그러나 대통령에 당선하자마자 보안법을 폐지할 수 없다며 태도를 싹 바꿨다. 2004년 당시 노무현 대통령은 "낡은 유물[보안법]을 칼집에 넣어서 박물관으로 보내야 한다"고 했지만, 어느 순간 흐지부지 없던 일로 했다. 김대중 정부 5년(1998~2002년) 동안 1164명이 보안법 위반으로 구속됐고, 노무현 정부(2003~2007년) 때도 그 수는 179명에 이르렀다(통계청, 대검찰청).

문재인 정부도 별반 다르지 않다. 정의당이 보안법 폐지를 주장한 2018년 10월 9일, 청와대는 보안법 문제는 청와대에서 논의된 적이 없는 사안이라고 딱 선을 그었다. 문재인 대통령은 대선 후보

국가보안법은 아무 조건 없이 완전히 폐지돼야 한다. ⓒ 이윤선

시절 "찬양·고무죄에 대한 개정이 필요하다"면서도 "남북 관계가 엄중"하다는 이유로 당장의 폐지는 어렵다고 단서를 달았다. 2018년 9월 초 남북 관계 개선으로 보안법 재논의 가능성을 흘렸던 민주당 대표 이해찬도 폐지나 개정을 얘기한 것은 아니라며 발을 뺐다.

이미 문재인 정부가 들어서고 나서 대북 사업가 2명이 보안법 위반 혐의로 구속돼 재판을 받고 있다. 이 과정에서 경찰이 증거를 조작했다는 사실까지 드러났다. 민주화실천가족운동협의회(약칭 민가협)에 따르면, 2018년 11월 19일 현재 양심수 11명 중 7명이 보안법 위반으로 구속돼 있다. 여기에는 평화적 정치 활동인 토론을 했다는 이유로 징역 9년 형을 받은 이석기 전 의원도 포함돼 있다. 인권 변호사 출신인 문재인 대통령이 2017년 광주항쟁 기념사에서 "민주주의를 온전히 복원할 것"이라고 한 것은 위선이었던 것이다.

박원순 서울시장과 조국 전 민정수석 등 한때 보안법 폐지 견해를 강력히 폈던 인물들도 자본주의 국가기구로 들어가면서 후퇴했다. 박원순 시장은 인권 변호사 시절에 《국가보안법 연구 1·2·3》(역사비평사, 1995~1997)을 펴내며 보안법의 문제를 신랄하게 드러냈다. 그러나 서울시장에 당선하고서는 "과거처럼 국가보안법이 반드시 폐지되거나 개정돼야 한다고 생각하지는 않는다"며 후퇴했다. 《양심과 사상의 자유를 위하여》(책세상, 2001)의 저자인 조국 전 민정수석도 청와대 입성 이후 보안법 문제에 침묵했다.

후발 자본주의 국가인 한국은 세계 자본주의 경쟁에서 살아남으려고 노동자들을 초착취·초억압해야 했다. 한국의 권력자들은 자본 축적을 촉진하고 자본의 노동 착취를 증대하려고 30년간 군사독재를 통해 정치적 억압을 자행했다. 북한과의 냉전적 대결에 바탕을 둔 반공 이데올로기가 정치적 억압에 도움을 줬다.

한국 국가에 아로새겨진 이런 억압 구조와 관행은 지금도 살아 있다. 1987년 항쟁을 기점으로 국가 형태가 자본주의적 민주주의로 점차 변경되고 지배 전략도 부분적으로 변경됐지만, 그 뒤에도 권위주의적인 제도 일부는 존속했다.

1997년 IMF 경제공황 속에서 집권한 김대중 정부는 전통적 억압 구조를 이용해, 아래로부터 치솟은 노동자 저항을 제압하고자 했다. 당시 김대중 대통령은 "경제 위기 때문에 국가보안법이 필요하다"고 말해 보안법의 진정한 용도가 무엇인지를 드러냈다. 당시 국제앰네스티 사무총장 피에르 사네는 다음과 같이 지적했다. "보안법과 경제 위기를 굳이 연관 짓는다면, 유일한 가능성은 경제 위기로 인한 사회적 불만을 억누르는 데 보안법을 이용하겠다는 의도뿐이다."

노무현 정부도 집권 5년 중 첫해에 가장 많은 사람들을 보안법으로 구속했다. 이때는 노무현 대통령이 미국 방문 후 광주에서 한총련 학생들의 항의를 받고, 화물연대 노동자들의 파업이 시작된 때다. 문재인 정부도 경제 위기를 배경으로 우경화가 본격화하고 이에 맞선 저항이 커지면 보안법을 이용한 통치라는 유혹을 느낄 것이다.

진정한 표적은 무엇인가

보안법은 제정 이래 70년 동안 헌법에 우선하는 "실질적 의미의 헌법"의 위치에 있다. 헌법에는 '사상과 양심의 자유'(제19조), '언론·출판·집회·결사의 자유'(제21조), '학문과 예술의 자유'(제22

조) 같은 시민적·정치적 권리가 언급돼 있지만, 보안법은 이 모든 것을 무력하게 만들어 버린다.

보안법이 아직까지 이런 힘이 있는 이유는 오랫동안 체제를 유지하는 데서 핵심적 구실을 했기 때문이다. 이승만 정권은 정부가 수립된 지 4개월도 지나지 않은 1948년 12월 1일 국가 비상사태를 해결한다는 명분으로 보안법을 통과시켰다. 자본주의 국가의 기본 법인 형법이 만들어지기 5년 전, 민법이 만들어지기 10년 전이었다. 당시 이승만 정권은 잇따른 민중 봉기(제주 4·3항쟁, 10월 여순 반란 등)를 보며 위기의식을 느껴 민중 항쟁 참가자와 남로당원을 탄압하려 했다. 보안법으로 정당과 사회단체 132곳이 해산되고 관련 인사들이 체포·투옥됐다. 일제강점기 때 독립운동가를 탄압하려고 만든 '치안유지법'과 비스마르크 시절 독일의 '사회주의자 탄압법'이 보안법의 모델이 됐다.

지배자들은 "북한의 위협"을 내세워 보안법의 반노동자적·반민주적 본질을 감추려 했다. 이것은 지금도 변함없다. 〈조선일보〉는 2018년 9월에 발표한 사설에서 보안법이 "대남 적화 시도 같은 북한의 안보 위협 때문에 존재하는 최소한의 안전장치"라고 주장했다. 그러나 1987년 이후 보안법으로 구속된 사람들 가운데 '간첩죄'에 해당하는 제3조('반국가단체 구성') 위반으로 구속된 사람은 전체 구속자의 1퍼센트 남짓이다. 더군다나 탈북민 유우성 씨 사례에서 보듯이 대다수 간첩 사건은 온갖 협박과 고문으로 조작된 것이다. 민가협은 1989년 12월 당시 복역 중인 '간첩' 200여 명 가운데 최소한 100여 명이 조작 사건 피해자라고 발표했었다. 오히려 최근 문재인 정부의 남북 협력 시도는 북한 위협을 앞세운 보안법 옹호 논리의 허구성을 드러내고 있다.

남한 지배자들에게 보안법이 꼭 필요한 이유는 북한 위협을 핑계로 내부의 적, 즉 노동운동, 민중운동, 노동자 정치조직을 통제하고 억압하기 위해서다. 2013년 새누리당(미래통합당의 전신) 강기윤은 다음과 같이 말했다. "외부의 적보다 더 무서운 것은 내부의 적[이다.] … 대한민국의 정통성을 부정하며 국가의 존립을 위협하는 세력들이 활보할 수 없도록 공안 당국이 엄정하게 대응해야 한다."

계급 차별적 적용

지배자들은 보안법을 이용해 북한과 아무 연계도 없는 체제 비판도 봉쇄하려 한다. 이를 통해 노동운동이 반체제적 사상과 이론을 갖추고 조직으로 스스로 표현하는 것을 허용하지 않으려 한다. 실제로 많은 보안법 구속자들은 의견을 표현하거나 시위·집회를 개최하거나 정치조직을 건설하려 했다는 이유로 처벌받았다. 북한을 국가자본주의 체제라고 분석·비판한 '국제사회주의자들IS'이 1990년대에 대대적 마녀사냥을 당한 것이 대표적이다. '노동자의 책' 웹사이트 운영자 이진영 씨는 북한 사회에 매우 비판적인 입장이었다. 게다가 그가 판매하거나 게시한 서적은 거의 다 도서관에서 쉽게 구할 수 있다. 그러나 그는 2016년 말 보안법으로 구속됐다. 그는 철도노조 조합원이기도 했는데, 검찰은 "국가 변란 목적 선전·선동"의 근거로 그가 철도노조의 전면파업을 주장했다는 사실을 들었다.

〈조선일보〉는 "민주화 이후 정권 차원에서 국보법을 악용하는 일은 사라졌다. … 일반 국민 중에 국보법 때문에 불편을 느끼거나 억울한 피해를 당하는 사람은 한 사람도 없다고 해도 틀리지 않는 다"고 주장한다. 그러나 2012년 박정근 씨가 북한 계정 트위터의 글을 재미로 리트윗해 패러디했다는 이유로 구속·기소된 일이나 2007년 대학원생 김명수 씨가 중고 서점에서 구입한 북한 관련 서적(국회도서관에도 비치된 책)을 온라인에서 팔았다는 이유로 기소된 일은 이 주장이 전혀 사실이 아님을 보여 준다(김명수 씨는 무려 6년이 걸려서야 무죄 판결을 받았다).

반면, 김정일에게 금송아지와 승용차를 선물한 현대 정주영, 김정일과 직접 만난 김대중·노무현·박근혜, 김정은과 만난 문재인, 북한과의 교류를 주장한 주류 정치인들은 처벌받지 않았다. 1990년 8월 노태우 정권은 '남북교류협력법'을 만들어 권력자들의 북한 접촉을 허용했다. 그러나 남한 노동자들과 북한 노동자들의 자유로운 접촉은 전혀 허용되지 않았다. 1989년 8월 평양 세계청년학생축전(평양 축전)에 참가한 임수경 씨는 오랫동안 차가운 감옥에 갇혔지만, 임수경 씨와 같은 날 같은 장소에 있었던 박철언(당시 대통령 정책보좌관)은 아무런 처벌도 받지 않았다.

마르크스는 이런 계급 차별적 법 적용에 대해 다음과 같이 지적한 바 있다.

[신념단속법이란] … 분리의 법률이며, 분리의 법률은 죄다 반동적이다. 그것은 결코 법률이 아니며 하나의 특권이다. 어떤 사람이 행해서는 안 되는 것을 다른 사람은 행해도 좋다는 것이다. 왜냐하면 그의 선량한 생각과 그의 신념이 혐의를 받고 있기 때문이다("최근의 프로이센 검열 훈령에 대한 논평", 1842년).

이와 동시에, 보안법은 노동운동과 노동자 정치조직 건설의 자유를 억압하는 법이다. 실제로 지배자들은 보안법을 이용해 심지어 노동조합 권리까지도 억압한다. 전국교직원노동조합 건설 당시 수많은 교사 노동자들이 보안법으로 탄압받았다. 또 보안법은 투쟁적 노동자들과 관계 맺으려는 좌파를 반국가단체 결성이나 이적행위 등의 명목으로 공격함으로써 아래로부터의 운동을 겁주고 좌파를 노동운동으로부터 분리시키는 효과도 낸다.

완전한 폐지

민주당 정부들은 노동운동이나 차별 반대 운동 지도자들의 지지를 확보하려고 보안법 폐지(나 개정) 카드를 꺼내 들고는 했지만 단 한 번도 진지하게 실천한 적이 없다. 좌파 탄압에서는 자유주의자들과 공안·수구 세력은 완전히 한 몸이다. 즉, 한국 권력층 일반이 좌파를 탄압함으로써 노동운동이 반체제적 정치로 조직되는 것을 막으려 하는 것이다. 러시아 혁명가 트로츠키는 후발 자본주의 국가의 자유주의자들은 극도로 소심하다고 지적했다. 남한의 자유주의 정치인들도 마찬가지다.

1991년 5월 31일 노태우 정권은 국가보안법 제7조를 개악해 "국외공산계열의 활동을 찬양·고무 또는 이에 동조하거나 기타의 방법으로 반국가단체를 이롭게 한 자"라는 구절을 없애는 대신 "국가변란을 선전·선동한 자"를 처벌할 수 있도록 했다. 이때 김대중의 신민주연합당은 그 개정안이 통과되는 자리를 슬쩍 피해 줌으로써 개악을 방조했다. 김대중 정부는 집권 시절 제7조를 정교화한 것에 지나지 않는 '민주질서수호법'을 보안법의 대체법으로 꺼냈다. 이미 1989년에 김대중의 평화민주당은 같은 이름의 법안을 내놓아 1987년 항쟁 이후 거세진 보안법 철폐 요구에 찬물을 끼얹은 바 있다.

2004년 노무현 정부는 이라크 (전투병) 파병 등을 추진하면서 보안법 폐지 제스처를 취해 운동의 발목을 잡으려 했다. 당시 여당인 열린우리당은 국회에서 다수를 차지했지만 보안법에는 손도 못 댔다. 열린우리당 정치인 일부는 대체 입법을 주장했다. 하지만 보안법의 내용은 그대로 두고서 법 이름만 바꾸는 기만이었을 뿐이다. 당시 민변과 민주주의법학연구회는 "보안법 제3조의 반국가단체 규정을 유지하는 한 그 어떤 조문 개정도 사실상 무의미하다"고 주장하며 열린우리당 일부의 주장을 일축했다.

한편, 당시 열린우리당 의원이었고 문재인 정부에서는 대통령 비서실장을 역임한 임종석은 초선 의원 시절인 2000년에 보안법의 요소를 형법으로 대체하자고 주장했다. 그러나 박근혜 정부가 이석기 전 의원을 형법의 내란죄 조항(토론만으로도 처벌 가능한 내란선동죄로 유죄 판결)을 무기 삼아 탄압한 것에서 보듯이, 보안법을 형법으로 대체·보완하자는 주장은 사상과 표현의 자유를 온전히 보장하지 못한다. 그러므로 보안법은 조건 없이 완전히 폐지돼야 한다.

노동운동이 정부의 탄압으로부터 정치 좌파를 분명히 방어하고 보안법 같은 중요한 정치 쟁점을 회피하지 않는다면, 보안법을 폐지할 가능성은 얼마든지 존재한다. 우리나라 노동운동은 투쟁의 성과로 민주노총 합법화를 쟁취해 냈다. 똑같은 힘이 보안법을 완전히 폐지하는 데 사용될 수 있다. 현장 노동자들이 작업장과 거리에서 발휘하는 힘은 시민적·정치적 권리를 획득하는 운동에도 사용될 수 있다.

남아프리카공화국 노동자들은 10여 년의 치열한 투쟁을 통해 마침내 1990년 초에 정치적 자유(넬슨 만델라 석방, 아프리카민족회의ANC 합법화, 남아공공산당 합법화)를 쟁취했다. 1989년 폴란드 정권이 무너지면서 폴란드 연대노조 노동자들은 보안법을 없애 버렸다. 1974~1975년 포르투갈 노동자들도 마찬가지였다. 포르투갈 노동자들은 방송국을 점거해 스스로 운영할 정도로 혁명적인 투쟁을 벌여 파시스트 정권을 무너뜨리고 좌파 운동의 합법성을 쟁취했다. 1974년 그리스에서도 노동자 200만 명이 실질적 총파업에 돌입해 군부 정권을 무너뜨리고 자유민주적 권리들을 쟁취해 냈다.

여기서 남아프리카공화국·포르투갈·그리스·폴란드 노동자들의 대중투쟁이 자유민주주의적 정권을 세우려는 노력 속에서 벌어진 것이 아니었음을 이해하는 것이 중요하다. 이 투쟁들은 자유민주적 권리 보장 이상의 것을 요구하고 획득하려는 투쟁이었다.

이 사례들은 자본가계급의 그 어떤 부분에도 의존하지 않고 자본가계급 전체에 반대해 싸우는 과정에서 완전한 시민적·정치적 권리를 쟁취할 수 있음을 보여 준다. 이런 세계 노동계급 투쟁의 교훈은 문재인 정부하 노동운동에도 적용돼야 한다.

출처: 〈노동자 연대〉 268호(2018-11-28).

북한 국가의 형성

이 글은 반자본주의 주간신문 〈노동자 연대〉의 김영익 기자가 이 책을 위해 특별히 기고해 준 것이다. 김영익 씨는 《제국주의론으로 본 동아시아와 한반도》(2019), 《문재인 정부, 촛불 염원을 저버리다》(2019), 《홍콩 항쟁을 왜 지지해야 하는가》(2019), 《새 세대를 위한 3·1운동사: 고전 마르크스주의의 시각》(2019)의 공저자다.

북한 정부는 북한이 사회주의 사회라고 표방해 왔다. 오늘날 북한 헌법에도 북한은 "주체의 사회주의 국가"라고 명시돼 있다. 그러나 경제공황과 코로나19 감염병 확산 등 자본주의의 극심한 위기가 벌어지는 오늘날, 사회주의 사회가 공개 처형, 권력 세습, 정치범수용소의 북한 같은 곳이라면 사회주의 사상과 정치는 대중에게 자본주의가 아닌 대안으로 설득력을 갖지 못할 것이다.

과연 북한은 마르크스와 엥겔스를 비롯한 고전적 마르크스주의자들이 추구한 사회주의 사회일까? 북한 체제의 형성 과정을 살펴보며, 북한 사회의 진정한 성격을 규명하고자 한다.

1945년 해방과 소련의 북한 점령

1945년 8월 일본이 항복하면서 태평양전쟁이 끝났다. 그리고 종전 직전 일본에 선전포고를 한 소련이 한반도 북부 지역을 점령했다. 미국과의 합의로 북위 38도선을 기준으로 남쪽을 미국이 북쪽을 소련이 점령하면서, 한반도는 해방되자마자 분단됐다.

어떤 학자들은 당시 소련군이 한반도 북부 지역에서 조선인들의 자치를 인정했다고 주장한다. 즉, 미군이 남한에서 일본 식민 기구를 그대로 접수해 이용한 것에 견줘 소련군의 점령 정책은 비교적 나았다는 것이다. 그러나 당시 소련은 미국과 본질적으로 다를 바 없는 자본주의 강대국이었다. 비록 그 공식 이데올로기로 사회주의를 표방했지만 말이다. 소련의 지배 관료들은 나름의 지정학적 이해관계 계산속에서 한반도에 군대를 보냈다.

소련의 지배 관료들은 한반도를 안보상 중요한 지역으로 봤고, 동북아시아에서 자국의 세력권을 확보하고자 했다. 소련군도 한반도에 해방자가 아니라 점령군으로 들어왔다. 한반도의 남쪽을 차지한 미군처럼 말이다. 물론 소련군은 북한 지역에서 인민위원회를 인정한다고 했다. 그러나 그것은 어디까지나 인민위원회가 소련 통제하에 있다는 전제가 깔린 결정이었다.

북한 노동계급과 민중의 자주적 조직과 운동은 철저히 억제됐다. 해방 직후 한반도 북부에서도 노동자들이 스스로 공장을 접수하는 움직임이 일었다. 그러나 소련군은 이 공장자주관리운동을 "조합주의"라고 비난하며 중단시켰다. 소련군은 한반도 민중이 조직한 자위대 등 무장 조직을 모두 해산하며 무력을 소련군과 보안대로 집중했다. 소련군의 통제를 조금이라도 벗어난 아래로부터의 운동은 모두 "좌경적 오류"라고 공격받았다.

소련이 한반도 북부에서 자신에 우호적인 세력을 강화하려고 강력히 지원한 인물이 바로 김일성이었다. 1945년 당시 김일성은 소련군 대위였고, 해방 후 소련 군함을 타고 귀국했다. 김일성은 소련의 지원 속에 보안대 같은 억압 기구들을 빠른 속도로 장악하며,

북한 권력의 핵심으로 부상할 수 있었다.

당시 국제 정세는 제2차세계대전 종전 후 미국과 소련을 중심으로 한 냉전 대결이 시작되는 상황이었다. '자본주의 대 사회주의의 대결'이라는, 이데올로기적으로 신비화된 포장을 걷어 내고 보면, 냉전은 미국과 소련이라는 양대 자본주의 강대국이 중심을 이뤄 벌인 제국주의적 경쟁이었다. 냉전이 본격화하면서 한반도도 양 진영의 대결 무대가 됐다. 미국과 소련은 세계 분할을 놓고 대립하면서, 한반도에서도 각자 점령한 지역에 자신에게 우호적인 정권을 수립하려 애썼다.

'인민민주주의' 개혁

1946년 2월 북조선 임시인민위원회가 "중앙집권적인 정권 기관을 수립"할 목적으로 세워졌다. 임시인민위원회는 토지를 개혁하고 중요 산업을 국유화했다(이른바 "인민민주주의 개혁"). 많은 학자들이 이 조처로 북한이 사회주의적으로 개조됐다고 주장한다. 당시 김일성은 국유화 조처가 북한에서 자본주의를 분쇄할 "영예스러운 위대한 사변"이라고 했다. 그렇지만 "인민민주주의 개혁"으로 한반도 북부에 들어선, 소련과 흡사한 사회는 진정한 사회주의와 닮은 점이 없었다.

마르크스는 사회주의를 노동계급의 자력 해방이라고 규정했다. 즉, 노동자들이 스스로 운영하는 사회다. 그러려면 노동자들은 기존의 자본주의 국가를 분쇄하고 노동자 평의회 같은 민주적이고 새로운 기구를 토대로 노동자 국가를 건설해야 한다. 그리고 이 노동자 국가는 노동계급의 집단적 의지가 반영되도록 매우 민주적인 원칙에 따라 움직여야 한다.

흔히 사람들은 국유화된 경제를 두고 사회주의 사회라고 본다. 그러나 이것은 마르크스와 엥겔스를 비롯한 고전 마르크스주의자들의 사회주의관과 다르다. 마르크스와 엥겔스가 보기에, 한 사회가 사회주의인지 아닌지를 판단할 척도는 생산수단의 국가 소유 여부가 아니라 생산수단을 소유한 국가를 누가 통제하느냐였다.

자본주의 국가는 언제나 자본주의 체제의 핵심적 일부였다. 북한이 채택한 국가 주도 경제는 20세기 중엽 세계 자본주의의 주요 흐름이었다. 1930년대 일본과 나치 치하의 독일이, 그 뒤에는 영국과 미국 등 많은 나라들이 국유화와 국가 개입을 통해 자국 경제를 운영했다. 특히 제2차세계대전 종전 후 독립한 나라에서는 선진 경제를 단기간에 따라잡으려고 국가가 빈약한 사적 자본을 대신해 자본 축적 과정을 주도했다.

이때 북한의 지배 관료들도 국가기구를 이용해 노동자와 농민을 쥐어짜면서 한정된 자원을 중공업에 집중 투자해 급속한 공업화를 이루려 했다. 따라서 북한의 국유화 조처는 자본주의에서 이탈한 일이 아니었다.

인민민주주의 개혁으로 주요 산업이 국유화됐지만, 국가는 노동자 통제 아래 있지 않았다. 북한에서 노동자들은 인민위원회나 집권당인 조선로동당 대표자들을 자유롭게 선출하지도 소환하지도 못했다. 관료들이 국가를 통제했고, 따라서 생산도 통제했다. 반대로 노동자들은 생산수단을 통제할 수 없어서, 생산 계획과 분배에 전혀 관여하지 못했다. 북한 노동자들은 서방의 여느 공기업 노동자들과 마찬가지로 관리자의 지시에 따라 노동해야 했고, 노동과

정과 생산과정을 통제하지 못했던 것이다.

그래서 노동자들이 생산한 가치의 작은 일부만이 임금 형태로 노동자에게 지불됐고, 나머지는 국가가 차지했다. 이로써 노동자들은 국가 관료들에 의해 집합적으로 착취당했다.

북한에서는 무상 몰수 무상 분배 방식으로 토지개혁이 이뤄졌다. 토지개혁으로 북한 관료들은 농민의 지지를 확보하고 통치 기반을 안정시켰다. 그러나 이 토지개혁은 농업에서 나오는 잉여생산물을 국가 주도의 급속한 공업화에 이용하려는 목적도 있었다. 농민은 높은 수준의 현물세 등의 부담을 져야 했고, 현물세를 납부하고 남은 양곡도 강제적인 양곡 수매 사업으로 시장가격보다 낮은 가격에 팔아야 했다.

당시 북한 관료가 이처럼 노동자와 농민을 쥐어짜며 급속한 공업화에 매진한 것은 냉전하에서 벌어진 동·서 양 진영의 경쟁 압력을 반영했다. 북한 관료들은 남한과 그를 지원하는 미국과의 군사적 경쟁을 의식해야 했다. 군사적 경쟁에서 밀리지 않기 위해 북한은 공업화, 특히 중공업 기반 확보에 몰두할 수밖에 없었다. 군사적 경쟁은 북한이 자본주의 세계 체제의 압력을 받는다는 점을 보여 줬다. 즉, 외부로부터 강제되는 경쟁 압력이 북한 관료의 계획을 결정짓는 주요 요인이었다.

북한의 당과 국가 관료들은 대외적 압력에 대응해 생산수단을 통제하고 자본 축적 과정을 지휘하고 노동자들을 착취하면서 스스로 지배계급으로 자리매김하게 됐다. 따라서 당시 인민민주주의 개혁이 낳은 결과물은 남한과 본질적으로 다르지 않은 관료적 국가자본주의 체제였다.

북한의 지배 관료들은 노동자 대중을 경쟁적 축적 시스템에 종속시키고 착취율을 높여 왔다. 북한 노동계급 대중의 삶은 고단했고, 불만에 찬 대중을 통제하고 억압하려고 북한 국가는 노동자들이 국가에 독립적인 노동조합을 결성할 수도, 집회·시위·언론의 자유를 누릴 수도 없게 했다.

김일성을 비롯한 북한 관료들은 억압 기구를 강화해 아래로부터의 저항을 차단하려 했다. 인민위원회에서 가장 많은 인원이 배치된 부서가 내무부였고, 그 산하의 경찰은 당시 국가 공무원의 40퍼센트에 이르렀다. 그만큼 북한 관료들이 노동자와 농민의 저항을 염려했던 것이다.

분단

한반도 신탁통치를 둘러싼 미국과 소련의 협상은 최종 결렬됐고, 마침내 1948년 남북 양쪽에서 단독정부가 수립됐다. 남한과 북한 양 체제는 권력 형태는 달랐으나, 둘 다 아래로부터 대중의 자생적인 움직임을 억누르며 경쟁적으로 자본 축적을 추구한다는 면에서는 똑같았다.

미국이 남한에 세운 것은 자유와 민주주의와는 하등 상관없는 독재 정권이었다. 김일성이 수장을 맡은 북한 정권도 억압적이기는 마찬가지였다. 그리고 38선을 경계로 두 정부는 서로 으르렁대기 시작했다. 국제적인 냉전 대결의 격화 속에 한반도에서는 전쟁의 기운이 점차 커져 갔다.

2장

-

한국전쟁
제국주의 경쟁이 낳은 비극

함께 토론할 쟁점

- 한국전쟁의 진정한 성격은 무엇일까? 한국전쟁의 성격을 정확히 이 해하는 것이 왜 중요할까?

- 남침이냐 북침이냐, 이것은 왜 잘못된 물음일까?

- 한국전쟁은 자유와 민주주의를 위한 전쟁이었을까? 아니면 북한에 의한 남한 해방을 위한 전쟁이었을까?

- 한국전쟁을 낳은 근본적 동력은 무엇이었고 현재와 어떤 관련이 있을까?

- 중국혁명은 한국전쟁에 어떤 영향을 끼쳤을까?

- 한반도 평화와 세력균형을 위해 한미동맹은 계속 유지돼야 할까?

2020년은 한국전쟁 70주년이 되는 해이다. 대다수 평범한 사람들은 한반도에 지속적인 평화가 도래하기를 바란다. 끔찍한 전쟁을 경험했고, 그 뒤로도 수차례 전쟁 위협에 시달렸고, 2017년에 미국 대통령 도널드 트럼프가 "화염과 분노" 운운하며 한반도를 얼어붙게 만든 일을 기억하는 사람들이 남북 사이의 대화와 북한과 미국 사이의 대화로 평화가 오기를 기대하는 것은 어찌 보면 자연스러운 일이다.

미국은 단지 북한을 상대하기 위해 북한에 대한 정책을 수립하는 것이 아니다. 한반도 주변 강대국들(특히 중국)과의 경쟁에서 자신의 우위를 지키는 것이 주된 고려 사항이다. 즉, 한반도의 긴장이 고조되는 것은 남·북 관계나 북·미 관계에 한정해서 바라보면 안 되고 한반도를 둘러싼 제국주의 경쟁이라는 더 큰 틀에서 바라봐야 정확히 이해할 수 있다. 한국전쟁도 남북 사이의 충돌이라는 좁은 시야가 아니라 더 큰 맥락에서 봐야 정확하게 이해할수 있다. 당시 제국주의 경쟁의 주된 대립 구도였던 미국과 소련 사이의 경쟁 말이다.

한국전쟁을 자세히 살펴보기 전에 우선 한반도 긴장의 주범인 미국의 트럼프가 "화염과 분노"나 무력 사용 운운하는 것이 얼마나 "예의 없고 역사를 무시하는 일"(한국전쟁 연구자 브루스 커밍스의 말)인지 알 필요가 있다. 이미 한국전쟁에서 미국은 북한에 "화염과 분노"를 쏟아부은 적이 있기 때문이다. 한국전쟁 당시 미국은 북한을 정말로 가루로 만들고 싶어 했다.

한국전쟁 하면 떠오르는 인물 하나는 맥아더다. 그는 한국전쟁에서 열흘 안에 승리할 계획이 있었다며 다음과 같이 말한 적이 있다. "나라면 만주의 좁은 통로를 따라 핵폭탄 30~50기를 줄줄이 떨어뜨렸을 것이다. 우리의 전방에다 동해에서 서해에 이르기까지 60년 내지 120년간의 활동성을 지닌 방사성 코발트를 뿌렸을 것이다. 내 계획을 따랐다면 승리는 식은 죽 먹기였을 것이다."

이 말은 실행이 되지는 않았다(만약 실행됐다면 우리는 이 나라에 살 수가 없었을 것이다). 그 대신 미국은 한국전쟁 동안 무자비한 폭격을 가했다. 그 결과 북한 지역은 "달 표면처럼" 변했다고 할 만큼 파괴됐고 대량 학살이라 불릴 일이 벌어졌다.

제2차세계대전에서 태평양전쟁* 구역 전체에 투하된 폭탄의 총량이 50만 3000톤이었는데, 한국전쟁에서만 63만 5000톤이 투하됐다. 여기에 3만 2000톤 이상의 네이팜탄이** 더해져야 한다. 베트남전쟁에서도 악명 높았던 네이팜탄의 파괴적인 효과는 베트남보다 한국전쟁에서 훨씬 더 강했다. 한반도에는 인구가 조밀한 도시와 도시 산업 시설이 더 많았기 때문이다. 예컨대 1950년 11월 8일

---

* 태평양전쟁 제2차세계대전의 일부로 동아시아와 태평양에서 벌어진 전쟁. 주로 미국과 일본의 전쟁이었다.

** 네이팜탄 탄환류에 가연성 화학물질을 채워 만든 무기로 미군이 개발했다. 광범한 지역을 불태울 목적으로 사용된다. 네이팜탄에 들어간 물질은 인체나 목재에 닿으면 떨어지지 않고 계속해서 불탄다.

폭격으로 폐허가 된 신의주 일대.

B-29 폭격기 70대가 신의주에 네이팜탄 550톤을 투하했다. 도시 가 지도에서 지워졌다고 표현할 만큼 잿더미가 됐다. 550톤으로 한 도시를 지도에서 지워 버릴 정도였다면 3만 2000톤이면 얼마나 파 괴적이었을까?

제2차세계대전에서 일본의 도시 60곳이 평균 43퍼센트 수준으 로 파괴됐는데, 한국전쟁에서 북한의 도시와 마을은 40~90퍼센트 파괴된 것으로 추산된다. 북한의 주요 도시 22곳 중 18곳은 최소 한 50퍼센트 파괴됐다. 전쟁이 끝나는 날까지 폭격은 끊이지 않았 다. 1953년 5월에는 식량 생산에 타격을 가하고 기아를 유발하기 위해서 댐 여러 개가 파괴되기도 했다. 이 때문에 수많은 민간인이 희생됐다.

미국은 여러 차례 핵무기 사용을 고려했다. 1951년 4월 초에는 거의 실행할 뻔했다. 당시 미국 대통령 해리 S 트루먼은 1951년 4월 6일 중국과 북한의 표적에 핵폭탄을 사용하라는 명령서에 서명했다. 미국은 1951년 9월과 10월에는 '핵무기 사용 역량을 확증'하기 위해서 북한 상공에서 핵폭탄 투하 연습을 했다. 미국 제국주의의 이런 무자비한 짓은 이후 베트남과 이라크 등지에서 계속됐다.

물론 한국전쟁과 베트남전쟁은 성격이 다르지만, 미국의 평화 운운이 완전한 위선에 지나지 않는다는 점을 공통으로 보여 줬다.

한국전쟁의 성격

미국은 한국전쟁을 자유와 민주주의를 지키기 위한 전쟁이라고 주장해 왔다. 한국의 지배자들도 마찬가지다. 한국전쟁에 대해 한국이 사용하는 공식 명칭은 '6·25 전쟁'이다. 6·25 전쟁이라는 명칭에는 분명히 다음과 같은 정치적 의미가 담겨 있다. '1950년 6월 25일 북한의 남침으로 전쟁이 시작됐다. 한국군과 유엔군이 이것을 성공적으로 막아 내서 자유민주주의를 수호했다. 남한과 미국은 정당하게 방어적 전쟁에 나섰고 전쟁의 책임은 모두 북한에 있다.' 이런 논리를 바탕으로 우파들은 해마다 6월 25일을 기념하며 북한에 맞서 뭉쳐야 한다고 강변해 왔다. 우파는 누군가가 한국전쟁에 대한 문제 제기를 하면 어김없이 '그렇다면 북한의 남침을 부정하는 것이냐'는 질문을 들이민다.

하지만 '누가 한국전쟁을 시작했나?' 하는 질문은 부적절한 질문이다. 한국전쟁 연구자 브루스 커밍스가 잘 지적했듯이, 누구도 미국 내전에서 남부군이 섬터 요새에 먼저 총을 쐈다는 사실에는 관심을 두지 않는다. 대체로는 그 전쟁이 노예제도와 인종차별 정책을 둘러싼 전쟁이었다는 점에 관심을 둔다. 마찬가지로, 아무도 베트남전쟁을 누가 시작했느냐고 묻지 않는다. 설사 미국이 아니라 베트남이 먼저 시작했더라도, 베트남전쟁이 제국주의에 저항한 베트남의 민족해방전쟁이라는 성격은 변하지 않는다.

'누가 먼저 총을 쏘았는가'에 초점을 맞추면 전쟁에 대한 올바른 태도를 취할 수 없다. 제1차세계대전에서 독일 사회민주당이* 자국 정부의 전쟁 노력을 지지한 것이 대표적 사례. 독일 사회민주당은 독일이 적의 공격에 대응하는 방어적 전쟁에 나선 것이라며, 이전에 결정해 놓은 반전 입장을 뒤집었다. 독일 사회민주당은 전쟁이 발발하면 이전에 형성된 모든 정치적 관계들이 중지되고 완전히 새로운 상황이 등장한다고 전제했다. 단순히 공격하는 자와 방어하는 자가 있을 뿐이라는 것이다.

그렇지만 러시아 혁명가 레닌은** 전쟁 발발 이전에 형성된 제국주의 국가들 사이의 경쟁, 제국주의 국가가 다른 민족을 억압하는 상황, 노동계급 운동에 대한 공격 등 정치적 맥락을 봐야 한다고 주장했다. 그래서 레닌은 제1차세계대전을 제국주의 강대국들

---

* 독일 사회민주당 1863년에 창당한 사회민주주의 정당. 19세기 말~20세기 초 국제 사회주의 운동의 주축이었다. 독일 사회민주당이 포함돼 있던 제2인터내셔널은 강대국들의 경쟁 심화가 전쟁으로 이어질 것이라는 전망하에, 전쟁을 반대한다는 결의를 채택했다. 그러나 막상 제1차세계대전이 터지자, 각국 사회민주주의 정당은 각자 자국의 승리를 바라는 입장으로 선회했다.

** 레닌(1870~1924) 1917년 러시아혁명을 이끈 혁명가. 볼셰비키당의 지도자였다.

간 전쟁으로 봤다. 그리고 사회
주의자들은 자국 지배자들의 전
쟁 노력을 지지하지 말고 오히려
지배자들에 맞서 싸워야 한다고
강조했다.

한국전쟁도 제대로 이해하려
면 미국과 소련 두 제국주의 사
이의 경쟁이라는 맥락을 봐야
한다. 1945년 제2차세계대전에
서 승리한 미국·영국·소련 등
주요 제국주의 국가들은 국제연

Н. ЛЕНИНЪ (ВЛ. ИЛЬИНЪ).

ИМПЕРІАЛИЗМЪ,

КАКЪ НОВѢЙШІЙ ЭТАПЪ

КАПИТАЛИЗМА.

(Популярный очеркъ).

СКЛАДЪ ИЗДАНІЯ:
Книжный складъ и магазинъ „Жизнь и Знаніе"
Петроградъ, Покровской пер., 2, кв. 9 и 10. Тел. 227—42.
1917 г.

레닌의 《제국주의: 자본주의의 최신 단계》.

합헌장을 채택하고 유엔을 결성했다. 하지만 전쟁 없는 평화로운
세계를 약속한 국제연합헌장이 채택된 그날로부터 정확히 5년 후
바로 그 날짜에 한국전쟁이 시작됐다. 두 세계대전의 원인이었던
제국주의 경쟁은 형태가 변화했을지 모르지만 제2차세계대전 이후
에도 계속된 것이다. 제2차세계대전을 거치면서 제국주의 경쟁은
미국과 소련을 축으로 하는 경쟁 구도의 형태를 띠었다.

소련은 제2차세계대전을 거치며 중부·동부 유럽으로 세력을 확
장해서 유라시아 대륙의 최강대국으로 부상했다.* 미국은 소련의
세력 확장을 자신이 관리하는 국제 질서에 대한 주된 위협으로 여
겼다. 미국과 소련 두 제국주의의 경쟁은 점점 가열돼, 1947년 3월

---

* 소련의 확장 제2차세계대전 종전 후 소련은 폴란드·불가리아·체코슬로바키아·루
   마니아·헝가리·동독을 위성국가로 삼으며 세력권을 확장했다.

트루먼독트린의 발표로, 이미 형성되고 있던 냉전이 공식화했다. 미국은 소련 세력권과 접한 서유럽과 일본이 무너지면 소련이 정치적 팽창의 기회를 얻을 것이라는 두려움 때문에 서유럽에서는 마셜플랜(유럽 부흥 계획)을, 일본에서는 '역코스' 정책을 추진했다.

미국이 일본에서 시행한 역코스 정책은 패전 전 일본의 지배계급과 국가 관료들의 권력을 유지케 하는 정책이었다. 제2차세계대전 종전 후 일본의 미군정은 전범을 처벌하고 전쟁을 후원했던 독과점 기업들을 해체하기 시작했는데, 이를 뒤집는다는 의미에서 '역코스'인 것이다. 그 일환으로 전범인 일왕도 처벌받지 않았다. 소련도 동유럽 나라들을 위성국으로 삼으며 세력권을 구축해 나갔다.

제국주의 경쟁이 두 진영으로 예리하게 나뉘어 다투는 냉전이라는 형태로 바뀌면서 어떤 면에서는 경쟁이 더 격렬했다. 날카로운 이데올로기 경쟁도 수반했기 때문이다.

냉전에서 각 진영을 대표한 미국과 소련은 각자의 점령 지역에서 자신의 이익에 복무하며 자신의 이데올로기를 탑재한 체제를 만들려고 애썼다. 한반도의 남과 북 국가는 그렇게 탄생했다. 남과 북의 충돌은 이런 세계적 쟁투와 긴밀한 관계가 있었다.

한국전쟁이 터지기 전부터 미국과 소련은 유럽 등지에서 각자의 영향력 확대를 위해 충돌했고, 특히 독일 '베를린 봉쇄'라고* 불린 충돌에서는 핵무기의 동원도 심각하게 고려됐다. 이런 경쟁적 쟁투들이 실제 열전으로 벌어진 것이 바로 한국전쟁이다.

한국전쟁 관련 논의에서 단연 중심에 있는 쟁점은 전쟁의 기원

---

* 베를린 봉쇄 1948년 소련이 미국·영국·프랑스가 점령한 서베를린을 봉쇄한 사건.

과 성격이다. 전통주의라 불리는 견해는 미국과 남한 지배자들과 우파들의 입장을 대변했다. 한국전쟁이 팽창주의와 공격적 본성을 가진 소련의 스탈린이 김일성을 하수인으로 삼아 벌인 전쟁이라는 것이다. 그리고 미국과 남한은 자유민주주의를 지키기 위한 정당한 전쟁을 했다는 것이다.

이런 견해를 비판하면서 등장한 것이 수정주의다. 초기 수정주의의 주요 논자는 I F 스톤이다. 좌파 독립 저널리스트였던 스톤은 미국의 강경 정책에 비판의 초점을 맞췄다. 특히 맥아더를 비롯한 '강경론자'들을 주로 비판했다. 스톤은 소련을 군사적으로 봉쇄하고 아시아에 대한 군사적 개입을 확대하려는 미국의 강경론자들에 의한 남침 유도로 한국전쟁이 벌어졌다고 주장했다. 좀 더 구체적으로 말해, 맥아더와 덜레스 같은 미국의 강경론자들, 이들과 연결돼 있었던 남한의 이승만과 중국의 장제스 등 강경론자들이 갈등의 평화적 해결 시도를 계속 좌절시키면서 전쟁 위기를 지속시켰고 심지어는 새로운 세계대전으로 확대하고자 했다는 것이다.

1950년대에는 전통주의적 견해가 득세하는 상황이었는데, 이를 반박한다는 면에서 스톤의 주장은 의의가 있었다. 스톤은 미군의 민간인 대상 무차별 폭격을 잘 폭로하고 비판했다. 그러나 스톤의 주장도 약점은 있다. 한국전쟁을 둘러싼 세계적 맥락을 놓친다는 것이다.

1960년대 이후에는 베트남전쟁 반대 운동 등 급진화* 속에서 미

---

* 1960년대 중반부터 1970년대 중반까지 전 세계에서 투쟁 물결이 일었다. 1968년 5월 프랑스에서는 노동자 대중 파업이 일어나 정부가 무너질 뻔했다. 세계적 투쟁 고양과 함께 여성·성소수자·흑인 차별에 반대하는 운동도 크게 떠올랐다.

국의 제국주의 정책에 비판적인 수정주의 주장의 맥을 잇는 사람들이 등장했다. 대표적인 연구자가 브루스 커밍스다. 1980년에 출판된 《한국전쟁의 기원》(국역판은 1986년에 출간됨) 등 여러 저서를 통해 커밍스는 한국전쟁 관련 논의에 상당한 영향을 끼쳤다. 커밍스는 한국전쟁을 기본적으로 내전으로 본다. 커밍스는 한국전쟁의 기원을 일본의 조선 식민 통치 시기로 거슬러 올라가 찾는다. 그 시기에 형성된 계급 간 갈등과 함께, 항일 세력과 친일 세력 사이의 갈등이 해방 이후로 이어졌고 그것이 한국전쟁의 기본 배경이라는 것이다.

커밍스의 견해를 좀 더 상술하면 다음과 같다. 1945년 해방과 함께 미국이 한반도의 남쪽을 점령해서 친일·지주 세력을 지지하고 그에 반대하는 세력을 탄압하면서 많은 충돌과 학살이 벌어졌고, 그 때문에 일제강점기에 형성된 모순이 증폭했다. 해방 이후 한반도에서는 진정한 독립과 해방을 원하는 아래로부터의 열망이 분출했다. 노동자들의 공장자주관리운동이나 각 지역 인민위원회들의 등장이 그 사례다. 미군정은 이런 대중운동과 조직을 파괴하려고 온 힘을 기울였다. 1946년 9월 총파업과 10월항쟁에 대한 폭력적 진압이 대표적 사례다. 1948년 2월부터 한국전쟁 발발 이전까지 10만 명 이상이 학살됐다. 제주 4·3항쟁에 대한 잔인한 진압이 이 기간에 벌어진 일이다. 이런 과정을 거쳐 등장한 남쪽 정부는 진정한 해방과 독립을 원하는 대중의 열망에 적대적이었을 뿐 아니라 소련이 점령해 북쪽에 수립한 정부에도 적대적이었다.

커밍스는 북쪽에서는 남쪽과 달리 항일 세력이 권력을 잡았고 토지개혁도 이뤘다고 봤다. 그리고 남쪽에서 벌어진 지주와 농민,

친일 세력과 항일 세력의 대립과 투쟁(커밍스는 이를 "작은 전쟁"이라고 불렀다)이 남북 사이의 전쟁("큰 전쟁")으로 확대됐다고 봤다. 그래서 한국전쟁은 내전이라는 것이다. 여기에 미국이 개입하면서 전쟁을 더욱 끔찍하게 만들었다는 것이다. 커밍스의 주장은 명백히 장점이 있다. 한국전쟁이 '자유'와 '민주주의'를 지켜 낸 정의로운 전쟁이었다는 미국과 남한 지배자들의 주장에 대한 분명한 반박이기 때문이다.

하지만 커밍스의 주장은 약점도 있다. 커밍스는 당시 북한이 남한보다 더 진보적인 사회였던 듯이 시사한다. 그러나 한반도 남쪽을 점령한 미군처럼 북쪽을 점령한 소련군도 아래로부터의 운동을 탄압하고 통제하면서 자신의 이익에 부합하는 체제를 수립하는 방향으로 나아갔다.

커밍스는 소련이 북한을 점령했을 때 "분명한 계획이나 미리 결정한 행동 방침이 없었다"고 주장한다. 하지만 1장에서 언급했듯이, 북한을 점령한 소련군은 아래로부터 분출하는 운동을 억누르는 데서 미군과 같았다. 소련군이 발표한 첫 포고문은 일본 경찰이 치안을 유지하라는 것이었다. 인민위원회를 인정하긴 했지만, 자신들이나 긴밀한 지지자들이 통제하는 것을 전제로 한 것이었다. 소련은 많은 쌀과 산업 시설을 약탈했고, 신의주와 함흥에서 대중 저항을 폭력으로 진압했다.

커밍스는 김일성이 소련의 계획하에 북한으로 들어온 것이 아니라고 주장했다. 하지만 김일성은 스탈린과 면담한 후에 북한에 들어왔고 소련군의 적극적 협력을 받으면서 권력을 장악할 수 있었다. 1945년 10월 이승만이 미군정 사령관 하지가 옆에 앉아 있는 가운데 남한 대중에게 소개된 것처럼 김일성은 소련 관료들이 뒤에 서 있는 가운데 북한 대중에게 항일 영웅으로 소개됐다. 이렇게 소련군의 후원 속에 수립된 북한 정부는 대중을 착취하고 억압하는 데서 남한과 다를 바가 없었다. 즉, 북한에서도 노동자들에 의한 생산 통제가 아니라 노동자에 대한 지배 관료의 통제만이 있었다.

커밍스 주장의 또 다른 약점은 제국주의 경쟁이라는 맥락을 간과함으로써 한국전쟁의 진정한 성격을 제대로 보지 못한다는 점이다. 따라서 미·소 제국주의에, 그리고 그들이 수립한 남·북 정권에 독립적인 대안의 가능성을 보지 못한다.

한국전쟁의 전개

이제 한국전쟁이 어떻게 시작됐는지 살펴보자. 김일성의 요청을 스탈린이 승인하면서 한국전쟁의 시작이 결정됐다고 알려져 있다. 전쟁 결정의 시점, 즉 스탈린이 전쟁을 승인하기로 결심한 시점은 1950년 1월로 알려져 있다. 그 전에 스탈린은 김일성의 요청에도 전쟁 개시에 동의하지 않았다.

1948년 북한 정부 수립 이후에 김일성은 '국토완정'을* 내세우며 무력 통일 의지를 불태웠다. 이승만도 북진 통일("영토완정")을 부르짖으며 한국전쟁 이전에 이미 여러 차례 38선에서 선제공격을

---

* 국토완정(國土完整) 한반도 전역을 완전히 통일한다는 뜻. 1948년 9월 북한 국가 수립 직후 김일성이 발표한 '조선민주주의인민공화국 정부의 정강'에 처음 등장한 말이다.

감행했다. 남·북 정부 둘 다 달려 나가서 서로를 물어뜯고 싶어 안달이 난 투견 같았다. 이들이 전면적 전쟁으로 달려 나가지 못하게 목줄을 잡고 있었던 것은 미국과 소련이었다.

결국 목줄을 먼저 놓은 것은 소련이다. 하지만 미국이 평화를 바라서 목줄을 먼저 풀지 않았던 것은 아니다. 1949년 8월 소련이 핵폭탄 실험에 성공했다. 미국은 자신의 공격 능력을 다시 우위로 끌어올리려고 수소폭탄을 개발했다. 1950년 봄에 미국은 방위군사비를 3배로 올리는 내용이 포함된 정책 문서 '국가안전보장회의 보고 제68호'(통칭 NSC-68)를 내놓았다.

소련은 왜 김일성을 잡고 있던 목줄을 먼저 놓았을까? 우파는 1949년에 중국에서 마오쩌둥이 권력을 잡으면서 소련을 중심으로 한 이른바 공산권의 힘이 커졌고, 이것이 전쟁으로 이어졌다고 주장한다. 우파는 스탈린의 소련과 마오쩌둥의 중국이 동일한 이해관계를 가진 것으로 본다. 하지만 소련은 자국의 제국주의적 이익 실현을 위해 애썼고 중국을 대할 때도 마찬가지였다. 사실 스탈린은 중국이 분열되고 약한 나라로 남아 있기를 원했다. 그래서 스탈린은 마오쩌둥의 중국공산당이 장제스의 국민당을 물리치고 권력을 장악하는 것을 바라지 않았다.

스탈린의 전후 아시아 전략에서 중국과 관련된 것은 두 가지가 있었다. 하나는 몽골을 중국으로부터 분리해 소련의 안전을 보장하는 완충지대로 삼는 것이이었다. 다른 하나는 태평양으로의 진출 거점과 부동항(바다가 얼지 않는 항구) 확보를 위해 중국 동북 지역에 대한 옛 러시아 제국의 권익을 모두 회복하는 것이었다. 1904년 러일전쟁에서 패배한 러시아는 중국 동북 지역의 이권을 포기해야 했다. 스탈린은 옛 러시아 제국의 영광을 되살리고 싶어 했다. 스탈린은 태평양전쟁에 참전하면서 1945년 8월 중국 국민당의 장제스와 '중소 우호 동맹조약'을 맺었다. 이 조약으로 소련은 국공내전에 개입하지 않고 중국 국민당과 협력하기로 약속했다. 그 대가로 소련은 다롄항에서 소련의 우월적 이권을 보장받았고, 뤼순 해군기지 조차권을 회복했으며, 만주 철도 공동 경영에 참여할 수 있었다.

하지만 스탈린의 의사와 달리 중국혁명이 성공하면서, 소련은 마오쩌둥이 집권한 중국과 새로 조약을 맺어야 했다('중소 우호 동맹 상호 원조 조약'). 이 새 조약에 따라 소련은 태평양으로 진출할 연결로인 만주의 창춘철도와 부동항인 뤼순항과 다롄항을 중국에 조기 반환하기로 했다.

그러나 동북아시아에 긴장이 조성되면 중국은 소련 군대가 뤼순과 다롄에 계속 주둔하기를 요청할 것이고, 새 조약에는 "전쟁 혹은 위기 국면이 발생하면, 소련 군대는 창춘철도를 사용할 수 있다"고 돼 있었기 때문에, 한반도에서의 전쟁은 중국에 대한 소련의 영향력을 유지할 방법이기도 했다.

요컨대 소련은 자신의 턱밑에 있는 중국이라는 덩치 큰 나라가 적대국이 되는 것도 마오쩌둥이 '아시아의 티토'가 되는 것도 원하지 않았다. 중국혁명 승리 이후 소련의 동아시아 정책에는 미국과의 경쟁에 더불어 중국에 대한 경계도 반영됐다. 스탈린은 중국을 일방적 속국처럼 대하지 않으면서도 자신의 영향력이 유지되기를 원했는데, 미국에 대한 강경 정책은 중국에 대한 영향력을 높이는 데도 도움이 됐다. 이런 맥락에서 스탈린은 일본 공산당에게 일본

미군정에 대한 강경 투쟁을 벌이라고 촉구하고 김일성의 전쟁 개시 요청을 승인했다.

반면, 마오쩌둥은 중국에 대한 소련의 영향력을 최대한 차단하면서도 소련에게 될수록 많은 경제적·군사적 지원을 얻어 내고 싶어 했다. 중국은 내전으로 피폐해진 경제를 복구하고 대만을 정복하기 위해 소련의 공군 지원을 상당히 중시했다. 그러면 미국과는 적대 관계(직접 충돌을 포함해)가 되겠지만, 당시 중국의 처지에서는 냉전이 본격화하는 와중에 어느 한 쪽을 선택하는 것이 불가피해 보였다.

김일성을 비롯한 북한 지배자들은 중국혁명의 승리에서 자신감을 얻었다. 마오쩌둥은 중국혁명에 참전한 조선인 부대를 대거 북한에 보내 줬는데, 이 부대들이 한국전쟁 초기 북한군의 주력 부대를 이뤘다. 이것을 두고 중국이 내전에서 북한에게 받은 도움에 보답한 것(의리를 지킨 것)이라고 보는 시각이 있지만, 사실 중국 입장에서 북한은 자국의 동북 지역을 방위하는 전초기지였다. 중국은 아직 죽지 않은 장제스와 미국이 한반도를 통해 중국 대륙으로 침입하는 것을 바라지 않았다.

일각에는 김일성이 마오쩌둥과 스탈린 사이의 긴장을 이용해 스탈린에게 한국전쟁의 승인을 얻어 냈다고 보는 시각도 있다. 그러나 이것은 제국주의 경쟁이라는 더 큰 그림을 보지 못하는 시각이다. 김일성과 이승만은 세계적 차원의 제국주의 경쟁이라는 큰 장기판에서 하나의 말에 지나지 않았다.

이처럼, 제2차세계대전 종전 후 냉전이 형성되던 시기에 미국과 소련은 유럽과 아시아에서 각자 자국의 이익에 맞는 체제를 구축하려 했고, 이 경쟁의 심화 속에서 1950년 6월 25일 한국전쟁이 시작했다.

한국전쟁의 전개 과정을 간략히 이야기하면 다음과 같다. 전쟁 초기(1950년 6월 말에서 7월)에는 북한군이 밀고 내려와 8월에는 낙동강 부근에서 참호전 양상을 보였다. 9월 15일 인천 상륙 작전으로 전세가 역전되며 미군이 압록강 부근까지 밀고 올라갔지만 10월 25일 중국군의 참전으로 다시 전선이 내려와 38선 부근에서 전쟁이 교착상태에 빠졌다. 이 상태가 2년을 더 지속하다가 1953년 7월 정전에 이르렀다.

전쟁 초기 미국은 김일성의 예상과는 달리 신속하게 개입했다. 미국 공군은 개전 이틀 뒤인 6월 27일 폭격을 시작했다. 1950년 6월 30일 오전 미국 대통령 트루먼은 미국 육해공군의 전면적 한국전쟁 개입을 승인했다.

미군의 개입으로 북한군은 전쟁 초기에 거둔 성공에도 불구하고 이내 곤란한 지경에 처하게 됐다. 특히 미국 공군의 제공권 장악으로 북한군의 전진이 상당히 더뎌졌다. 개전한 지 두 달도 안 지난 시점인 8월 15일 이전에 북한군 내부에서는 병사들의 도주와 명령 없는 퇴각이 벌어지고 있었다. 9월 1일이 되면, 미군이 주도한 유엔군의 규모가 북한군 병력(9만 8000명)의 두 배에 이르게 됐다. 그러니까, 인천 상륙 작전 이전에 이미 전세는 어느 정도 뒤집혀 있던 것이다.

남한 우파는 인천 상륙 작전을 지휘한 맥아더를 영웅시하며 절체절명의 위기에 빠진 남한을 구한 신처럼 대하기도 하지만, 미군이 주도한 유엔군이 압도적 군사력으로 북한군을 밀어내는 것은 시간 문제였다. 더욱이 당시에 상륙 작전이 실시되리라는 것은 공공연한 사실이었다. 언제 어디서냐가 문제였을 뿐이다. 설사 북한군이 상륙 작전의 시점과 장소를 알았더라도 그것을 막을 여력은 충분하지 않았다.

제공권을 장악한 미군은 북한군이 점령한 지역을 어마어마하게 폭격했다. 1950년 9월 서울 수복 후 한국 공보처 통계국은 6월 25일부터 9월 28일까지 서울 지역 사상자를 조사했는데, 공중폭격으로 인한 사상자가 4250명으로 가장 많았다.

미군은 흰 옷을 입은 민간인 무리를 겨냥해 무차별적 기총소사를 가하곤 했다. 노근리 학살 등 민간인 학살이 그 과정에서 벌어졌다. 민간인 학살이 보편적 현상이었다고 할 정도로 미군은 민간인을 "잠재적인 적"으로 간주했다. (▶ 더 알아보기: 노근리 학살, 97쪽)

미군은 압도적 군사력을 바탕으로 개전 4개월 만에 북한군을 압록강 근처까지 밀어붙였다. 미군은 중국군과의 충돌 가능성을 알았는데도 38선을 넘어 중국 국경 근처로까지 진격했다. 이 시점에 중국군과 소련군이 직접 참전하기 시작했다. 중국은 미국과의 충돌이 불가피하다면 산업 중심지의 하나이고 군사적 요충지이기도 한 중국 동북 지역이 아니라 한반도에서 전쟁을 벌이는 것이 낫다고 여겼다. 중국군은 10월 25일 미군과 첫 교전을 벌였고 11월 1일에는 중국군으로 위장한 소련 공군이 처음으로 압록강 상공 교전에 참가했다. 이때부터 한국전쟁의 주된 양상은 미국군(과 유엔군) 대 중국군(과 소련군)의 대결이었다.

소련군 참전이 아주 작은 규모였던 것은 아니다. 1950년 11월 1일부터 1951년 12월 6일까지 소련군은 전투기와 대공포로 미군 비행기 569대를 파괴했다. 1951년 10월 한 달간 미국 공군은 소련군 미그-15 전투기의 출현을 2573회 목격했고 소련 전투기와 2166회 교전했다. 소련군의 공격으로 미국 공군의 주력 폭격기 B-29 5대가 상실되고 8대가 손상돼, 미군은 소련군의 공격을 피해 야간 공습을 벌여야 했다.

특히, 중국군의 참전으로 미군은 지상전에서 굴욕적 참패를 겪고 남쪽으로 후퇴해야 했다. 1951년 초 몇 개월 동안에는 서울 이남으로까지 밀리기도 했다.

한국전쟁은 전쟁이 시작된 휴전선 부근에서 교착상태에 빠졌고, 2년이 지난 후에야 끝날 수 있었다. 양쪽 모두 적을 완전히 제압해 한반도를 통일시킬 수 없다는 사실을 확인할 때까지 전쟁을 끝내고 싶은 마음이 없었다. 그리고 서로 조금이라도 우월한 입장에서 전쟁을 끝내길 바랐기 때문에 전쟁은 지속됐다. 이 때문에 수많은 사람들이 무의미하게 희생됐다.

결론

정리해 보면 다음과 같다. 한국전쟁은 형식적으로는 북한이 남한을 공격하면서 시작됐지만, 그 배경에는 제국주의 강대국들 사이의 경쟁적 쟁투와 냉전의 형성이 있었고, 그런 정치적 맥락에서 벌어진 제국주의 간 전쟁이었다. 특히 1950년 10월 이후에는 제국주의 국가들 사이의 교전이 제한적이나마 실제로 벌어졌다는 점에서도 제국주의 전쟁이었다.

한국전쟁의 결과 한반도 인구의 10분의 1이 희생됐고 1000만 명이 가족과 헤어졌고 500만 명이 난민이 됐다. 그야말로 대참사였다. 한 역사가의 말처럼, 한국전쟁은 '죽임과 절망의 역사'였다.

미국 국무 장관 애치슨은 한국전쟁을 "고맙고도 기다리던 전쟁"이라고 했다. 한국전쟁은 미국이 군비를 대폭 증가시키는 결정적 계기가 됐기 때문이다. 물론 그렇다고 해서 미국이 일부러 한국전쟁을 유발했다고 보는 것은 잘못이다.

그러나 한국전쟁이 냉전 형태로 벌어지던 제국주의 경쟁의 산물이었고 역으로 그 경쟁을 더욱 강화시키는 구실을 했다는 점은 분명하다. 미국과 소련의 군비경쟁은 1991년 소련이 붕괴할 때까지 계속됐고, 그사이 미국과 소련 지배자들은 지구를 몇 번이나 파괴할 수 있는 무기를 축적했다.

냉전 시기에 미국과 소련 양쪽 모두에서 획일적 이념이 강요됐다. 서방 진영은 '자유'와 '민주주의'를 내세우고 동방 진영은 '사회주의'를 내세웠지만, 둘 다 본질적으로 똑같은 억압적 착취 체제를 유지했다. 양쪽 모두 자신의 체제를 반대하는 사람들을 적국의 첩자로 몰아 탄압했다.

중국이 한국전쟁에 참전해 미국과 충돌하면서 대만해협은 냉전의 한 전선으로 굳어지게 됐고, 중국은 우선적 과업인 '대만 해방'을 이루지 못했다. 그러나 중국은 한국전쟁 발발 이전 신장 지역을 점령했으며 한국전쟁 참전과 함께 티베트로 군대를 보냈다. 또한 한국전쟁 동안 중국은 외부의 위협을 내세워 내부의 억압을 강화하고 급속한 자본 축적을 위한 지배 체제를 다지는 방향으로 나아갔다.

냉전이 본격화하고 중국혁명이 성공하면서 장제스의 국민당 세력이 중국 본토에서 쫓겨나자, 미국은 동아시아에서 일본을 중심으로 한 소련 봉쇄정책을 강화했다. 한국전쟁에 신속하게 개입한 것도 '반공의 전초기지'인 한국이 소련 진영의 손에 넘어가면 아시아에서 서방 진영의 주요 산업국인 일본까지 위험해질 수 있었기 때문이다.

아시아 지역에서 미국 제국주의의 이익을 실현하기 위한 일본의 구실이 강조되면서 일본은 옛 지배 질서를 재건할 수 있었다. 그리고 한국전쟁을 거치면서 경제적으로도 회복할 수 있었다. 그리고 냉전 시기 일본은 서방 진영 안에서 경제발전에 주력할 수 있었다. 이 과정에서 일본 제국주의의 과거사 문제('위안부'와 강제 징용 등)의 진정한 해결은 무시됐다. 남한 지배자들은 이를 묵인했다.

남북 양쪽 지배자들은 상대방의 위협을 강조하면서 끔찍하게 억압적인 착취 체제를 만들었다. 상대방보다 군사적 우위를 점하기 위한 급속한 자본 축적이 이뤄지면서 대중의 삶과 정치적 권리는 남북 모두에서 바닥을 향해 경주해야 했다.

북한의 김일성은 한국전쟁 이후 미국과 남한의 첩자라는 죄목으로 반대파를 제거하며 국가 주도의 급속한 자본 축적을 해 나갔다. 북한의 이런 성장은 1970년대 자본의 국제화 경향이 우세해지면서 국가자본주의 방식의 축적이 위기에 처하기 시작할 때까지 계속됐다.

남한의 이승만은 지배 기반의 취약함 때문에 한국전쟁 이전부터 이미 정치적 위기를 겪고 있었지만 한국전쟁을 거치면서 북한의 위협을 내세워 반대파들을 제거하고 권력을 유지할 수 있었다. 이승만은 1950년대 내내 경찰·검찰 같은 탄압 기구와 미국의 지원에 의존해 권력을 유지했다. 그러나 이승만은 지배계급이 바란 경제발전도 이루지 못했고 북한과의 경쟁에서도 밀렸다. 대중이 요구한 삶의 질 개선과 정치적 권리도 가져다주지 못했다. 결국 이승만은 대중의 광범한 불만을 샀을 뿐만 아니라, 한국전쟁을 통해 급속히 몸집을 불린 군부와 미국의 지지를 잃었다. 결국 1960년 4월혁명으로 이승만은 제거됐다.

해방 직후 강력했던 좌파와 노동자 운동은 한국전쟁을 거치면서 완전히 붕괴됐다. 좌파의 커다란 공백 속에 벌어진 4월혁명은 이승만을 제거했지만, 더 전진하지 못하고 군부 쿠데타로 파괴됐다. 이후 반공과 북한의 위협을 내세운 군부의 지배는 30년이나 지속됐다. 이는 다음 장들에서 자세히 살펴볼 것이다.

한편, 한국전쟁을 거치면서 붕괴된 좌파와 운동의 부재, 지주의 몰락 등 사회적 변화, 반공의 보루로서 남한의 경제적 발전을 후원하고자 했던 미국의 구실은 한국의 급속한 산업화의 배경이 됐다. 그리고 이 급속한 산업화 과정에서, 전쟁을 낳는 자본주의와 제국주의의 무덤을 파는 노동계급이 대규모로 창출됐다.

한국전쟁은 제2차세계대전 이후 경제적·군사적 경쟁에서 서로 우위를 점하기 위해 미국과 소련이 중심이 돼서 벌인 제국주의 경쟁이 격화하는 맥락에서 벌어진 전쟁이다. 따라서 한국전쟁 이전에 정치 협상을 잘했으면 전쟁을 막고 평화롭게 통일된 독립국가를 세울 수 있었으리라는 전망은 당시 현실에 부합하지 않는다. 1945년 한반도를 둘로 나눠 점령한 미국과 소련은 처음부터 각자의 점령지에서 자신의 이익을 대변할 체제를 수립하기 위해 나아갔다.

1947년 초 미국 의회의 비밀 증언에서 당시 국무부 장관 애치슨은 미국이 한반도에서 이미 분할선을 그었다고 말했다. 이 말은

2017년 9월 성주 소성리 주민들의 거센 반대를 무릅쓰고 추가 배치되는 사드 발사대.
ⓒ 소성리종합상황실

1945년부터 미군이 추진한 정책이 무엇이었는지를 확인해 준 것이나 마찬가지였다.

미군정 사령관 하지와 그의 고문들은 1945년 11~12월에 경찰과 군대를 만들고 우익과 협력해 좌익을 탄압하기로 결정했고, 12월 12일 공산당이 주도해 만든 조선인민공화국에 전쟁을 선포했다. 커밍스의 말처럼, 냉전적 봉쇄 정책의 초기 형태가 한반도에서는 이미 나타나고 있었던 것이다.

이런 상황에서 미군정이나 그들의 후원을 받던 우익을 설득할 수는 없었다. 미군정이 추진하고 중도 우파와 중도 좌파가 주도적으로 참여한 좌우합작위원회도 사실은 중도 좌파를 자신의 영향력 하에 묶어 두고 급진 좌파를 탄압하면서 대중운동을 분쇄하기 위해 미군정이 만든 것이다. 좌우합작위원회가 활동하던 1946년 9월에 벌어진 철도 파업을 진압하면서 미군정 운수국장이 말했듯이, 당시 미군정과 우익은 아래로부터의 운동을 제압하는 전쟁을 벌이고 있었다. 이런 상황에서 미국과 우익을 설득할 수 있었다는 생각은 몽상에 가깝다. 당시에는 미국과 소련 모두로부터 독립적인 운동과 조직을 건설하는 것이 무엇보다 중요했다. 하지만 당시 좌익은 그러지 못했다. 스탈린주의 정치의 영향을 강하게 받고 있던 당시 좌익은 공장자주관리운동을 자제시키고 신탁통치에 찬성하면서 스스로 신망과 영향력을 잃어버렸다.

한국전쟁이 일어난 지 70년이 지났지만 미국은 여전히 한국에 군대를 주둔시키고 사드[*] 같은 무기를 배치하면서 동북아시아 지역에서 자신의 영향력을 유지하려 한다. 이것이 한반도 긴장의 주된 이유다. 하지만 미국 제국주의를 반대하는 것이 다른 제국주의(중국)에 대한 기대나 지지로 나아가서는 안될 것이다.

또한 한일군사정보보호협정(지소미아)[**] 연장이나 호르무즈해협 파병에서[***] 보듯 친제국주의 입장에서는 우파와 차이가 없는 문재

---

[*] 사드(THAAD, 고고도미사일방어체계) 미국 미사일 요격 시스템의 하나. 미국 미사일방어체계(MD)의 핵심적 일부다. 동아시아에서는 중국을 겨냥해 한국과 일본에 배치돼 있다. 한국의 사드 배치는 박근혜 정부 때 논의가 시작돼 부지 선정과 공사가 이뤄졌고 문재인 정부 때 포대 배치가 강행됐다.

[**] 한일군사정보보호협정(GSOMIA, 지소미아) 한국과 일본의 군사정보 공유 협정. 한·미·일 3국의 미사일방어체계 연결을 위한 협정이다. 박근혜 정부 때 체결됐다. 문재인 정부는 이 협정을 유지하고 있다.

[***] 호르무즈해협 파병 미국의 이란 압박과 봉쇄로 양국의 갈등이 고조되던 2019년 미국이 한국에 파병을 요청했다. 문재인 정부는 2020년 1월 파병을 결정했다.

인 정부에 반대하는 것과 미국 제국주의에 반대하는 것이 결합되는 것이 진정한 평화를 위한 출발점이 될 것이다. 즉, 제국주의와 자국 지배자들로부터 정치적 독립성을 유지하는 것은 예나 지금이나 여전히 중요하다.

더 알아보기

- 노근리 학살
- 한미동맹의 추악한 실체

노근리 학살: 미국이 한반도에서 벌인 전쟁 범죄

이 글은 2000년 말에 발표됐다. 그 직전, 한국전쟁에 참전했던 미군 병사 두 명이 상급 지휘 본부로부터 노근리에서 민간인에게 발포하라는 명령을 받았다고 증언하는 일이 있었다. 이를 계기로 노근리 민간인 학살에 대한 조사가 시행되고 당시 미국 대통령은 한국전쟁에서 미군에 의한 민간인 학살이 있었음을 인정해야 했다. 그러나 그 희생자들이 바라는 정의는 2020년 현재에도 제대로 이뤄지지 않았다.

"낮 12시께였어요. 전투기가 귀를 찢는 굉음을 내며 철길 위에 있는 피난민을 폭격하기 시작했습니다. 화창한 여름이었는데, 햇빛에 반사된 피와 살점이 얼마나 선명했는지 지금도 눈에 선합니다." 철로 위 폭격으로 할머니와 오빠와 남동생이 숨지고 자신도 왼쪽 눈을 잃은 양해숙 씨는 "당시 할머니가 있던 자리에 폭탄이 떨어져 주변에는 시신조차도 남지 않았다"며 당시 상황을 전했다. "그때 내 앞으로 불이 확 올라오면서 폭풍이 일었다. 어머니는 동생과 나를 감싸 안고 엎드렸다. 폭격의 충격으로 왼쪽 눈알이 빠져 달랑거렸는데 무언지도 모른 채 무서워서 손으로 잡아뗐다."

당시 12세였던 정구호 씨는 다음과 같이 증언했다. "희생자들이 터널 주변과 개울 바닥에 널려 있어 일부 사람들은 날아오는 총탄을 막기 위해 시신들로 바리케이드를 쌓기도 했으며, 살아남은 사람들은 개울을 흐르는 핏물을 떠먹으며 나흘을 버텼다."

노근리 민간인 학살 사건은 미군들이 피난을 시켜 준다며 충청

북도 영동읍 주곡리와 임계리 주민들을 부산 방면으로 끌고 가다가 1950년 7월 26일부터 29일까지 4일간 노근리 철로변과 굴다리에서 무참하게 살해한 사건이다.

7월 25일 해질 무렵, 한 패의 미군이 들이닥쳐 "대구, 부산 방면으로 피난을 시켜주겠다"면서 마을에 있던 사람들을 모두 집합시켰다. 남아 있으려는 사람들까지 강제로 모이게 했다. 약 500명이 미군의 인솔로 국도를 걸어서 남쪽으로 향했다. 남쪽으로 향하던 피난민은 26일 정오경 미군의 명령을 받고 영동읍 노근리 도로변의 경부선 철로로 올라갔다. 미군은 피난민의 몸과 짐을 검사한 다음 그들이 무장하지 않았음을 확인하고도 미군 비행기를 무전으로 불러 기총소사를 해댔다. 이것이 1차 학살이다. 살아남은 피난민이 경부선 철로 밑과 터널 밑으로 들어가자 2차, 3차 학살이 벌어졌다.

'노근리 미군 양민학살사건 대책위원회'는 사건 당시 사망자 수가 132명이고 미등록 사망자와 미처 호적에도 오르지 못한 어린 사망자도 10여 명이며 중상자가 19명에 이르렀다고 밝혔다. 정은용 대책위원장(2014년 사망)은 다음과 같이 말했다. "사건 생존자들이 미군의 살상 행위를 증언하고 있으며 노근리에 있는 사건 현장 터널의 콘크리트 벽에 미군의 총격으로 인한 수많은 탄흔이 남아 있는데도 미군 쪽은 학살 사실을 발뺌하고 있다."

충북 영춘 곡계골, 경남 마산 곡안리, 경남 사천 조장리, 황해남도 신천리 등지에서도 미군의 민간인 학살이 있었다. '곡안리 양민학살 유족대책위'(위원장 이만순)가 그동안 확인한 피해자 명단만 봐도 10세 이하 어린이 17명(23퍼센트), 부녀자 36명(48퍼센트), 50세 이상 노인 20명(27퍼센트) 등이었다. 20~40대 청·장년층 남자는 6명으로 8퍼센트에 불과했다. 이만순 씨의 말마따나 "흰 옷을 입은 아녀자가 아기를 안고 도망가는 걸 보면서 뒤에서 사격을 가했다는 걸 보면 분명히 양민에 대한 의도적인 미군의 학살이었다."

북한 지역의 피해는 더욱 심각했다. 북한이 제시한 자료를 보면, 북한군이 유엔군에 밀려 퇴각하던 1950년 10월 17일, 신천 지역을 점령한 미군은 50여 일간 신천군 인구의 4분의 1에 해당하는 3만 5383명을 학살했다. 황해남도 은률군에서 1만 3000여 명, 평안북도 정주군 창도에서 580명의 섬 주민 모두를 학살했다. 평양에서 1만 5000명, 황해남도 안악군에서 1만 9072명 등 미군의 발길이 닿는 곳마다 민간인 학살이 일어났다.

1999년 9월 30일 오전 2시 미국 〈AP통신〉은 자체 웹사이트에 노근리 학살 사건에 관한 군사 자료, 당시 사건과 관련 있는 미군 출신자 십여 명의 증언을 보도했다. 〈AP통신〉의 보도가 나간 직후 미국 정부는 한국전쟁 초기에 미군이 민간인 수백 명을 학살했다는 보도에 대해 사실을 확인할 수 없다고 밝혔다. 국방부 대변인은 "1950년 7월에 일어난 사건을 명확히 알 수 있는 정보가 없다"고 말했다. 육군 대변인은 "육군 역사센터가 관련 서류를 찾아봤으나 노근리 민간인 학살 주장을 뒷받침할 정보를 발견하지 못했다"고 밝혔다. 그러나 2000년 6월 발간된 '미군의 양민학살 진상 규명을 위한 전민족 특별위원회'의 1차 공동백서를 보면, 1970년대에 미군이 노근리 쌍굴다리 주변을 뒤지며 탄피를 수거해 갔다는 주민 증언이 있다.

미국 정부가 민간인 학살 사건을 사전에 알고 있었다는 의혹이 제기되자, 미국의 권력자들은 진실을 은폐하려 했다. 그러나 "모든 남한인은 전투 지역에서 소개됐기 때문에 민간인은 적으로 간주하라"(1950년 7월 27일 25보병사단장 윌리엄 킨 소장의 작전 명령), "모든 난민이 남쪽 경계를 넘어오지 못하게 하도록 명령하고, 조직적 소개(제거) 계획을 입안하라"(8군 본부가 모든 미군 전투부대에 보낸 명령) 등 미군의 작전 명령서에는 민간인 학살에 대한 구체적인 내용이 담겨 있다.

이런 미국의 오만한 태도에 대한 국제적 비난 여론이 높아지자 한국의 김대중 정부는 한·미 공동 조사를 요구했다. 1999년 말에 미국은 마지못해 노근리 문제와 관련된 양국 공동협의회를 설치하겠다고 밝혔다.

1999년에 김대중 대통령은 노근리 학살 사건과 관련해 "한국 국민과 정부는 이 문제의 진실을 밝혀 피해자들을 위로하고 상응하는 조치가 취해져야 한다고 생각하고 있다"며 "미국 정부의 적극적인 조사 자세를 환영하고 있다"고 말했다.

그러나 김대중 정부는 말과 달리 행동에서는 진실을 은폐하고, 미국의 눈치를 보는 데만 급급했다. 조성태 국방부 장관은 진상 조사 사업이 한창 진행되던 1999년에 다음과 같이 말했다. "참전자를 중심으로 사실 여부를 확인하되, 현지 조사와 주민 접촉은 뇌관을 건드리고 불난 곳에 기름을 붓는 격이니 안 하는 게 좋겠다. 그리고 군의 최대 양보선은 양비론이다." 진상 조사를 진행하던 국방연구소에 은폐·축소를 지시한 것이나 다름없다. 양성철 주미 대사는 9월 21일 영문 일간지 〈코리아 타임스〉와의 인터뷰에서 노근리 사건과 관련해, 미군 사령관이 난민 사살을 명령했다는 확실한 증거를 확보하기 어렵다며 피해자 보상을 포함한 법적 접근은 바람직하지 않다는 입장을 밝혔다. 문일섭 국방 차관은 다음과 같이 말했다. "노근리 사건, 매향리 사격장 문제, 소파 개정, 미군기지 환경오염 등 여러 현안과 관련해 한미 관계에 대한 부정적 시각이 사회 일각에서 제기되고 있다. … 한국 내 몇만 명에 불과한 소수가 우리 국민 전체의 의사를 대변하는 것은 아니다."

한국 정부와 관료들의 이런 태도는 진상 조사 과정에서도 미국의 입장을 대변해 주는 것으로 이어졌다.

한국전쟁이 중단된 뒤로도 미군의 범죄 행위는 계속됐다. 주한 미군은 매향리 폭격, 독극물 한강 방류 등을 저지르고도 책임자를 처벌하기는커녕 사죄조차 제대로 하지 않는 오만함을 보였다. 정부 공식 통계를 보면, 1967~1998년에 발생한 미군인 범죄(미군속 범죄 포함)는 5만 82건이며 범죄에 가담한 미군(미군속 포함)은 5만 6904명이다. 경찰에 접수되지 않은 사건도 있을 것이므로, 실제로는 더욱 많은 범죄가 일어났을 것이다. 위의 통계를 근거로 1945년 9월 8일 미군 주둔 이후 2000년까지 발생한 미군 범죄는 약 10만 건일 것으로 추정된다. 1992년 윤금이 씨 살해 사건, 1997년 홍익대생 조중필 씨 살해 사건 등에서 드러나듯이 미군에 의한 한국인의 피해는 끊이지 않았다.

영화 〈공동경비구역 JSA〉에 다음과 같은 말이 나온다. "이곳에 진실은 없다. 이곳은 진실을 감춤으로써 평화를 유지하는 곳이다."

출처: 《열린 주장과 대안》 6호(2000년 11월).

한미동맹의 추악한 실체

우파들은 한미동맹이 냉전기 때 한반도에서 전쟁 억지력 구실을 했고, 원조를 통해 남한의 경제성장을 뒷받침했음을 강조한다. 하지만 전쟁 억지와 원조 때문에 평범한 한국인들이 미국에 고마워해야 할까? 이런 일들은 미국 제국주의의 이익을 위한 것이지 남한 대중을 위한 것이 아니었다. 미국은 남한을 자신의 대소련 전초기지로 삼으려 했을 뿐이다.

좌파 역사학자 가브리엘 콜코(1932~2014)는 제2차세계대전 종전 직후 미국의 전략은 반란에 휩싸인 세계 자본주의 체제를 안정시키고 미국 자본주의에 유리하게 재편하는 것이었다고 지적했다. 그러려면 제2차세계대전의 동반 승리자이자 새로운 경쟁자인 소련의 팽창을 막아야 했다. 그리고 세계 곳곳에서 벌어지는 식민지 반란과 민족 해방 혁명 가능성을 차단해야 했다.

1947년 미국 대통령 트루먼은 소련 봉쇄 정책을 선언했다. 곧이어 마셜플랜(유럽 부흥 계획)을 발표했다. 마셜플랜은 유럽 내 좌파와 노동운동을 약화시켜 유럽을 미국식 자유주의적 자본주의 체제로 통합하기 위한 계획이었다. 또 미국은 북대서양조약기구(나토)를 설립해 서유럽 국가들과 집단적 군사 안보 동맹을 맺었다.

동아시아도 양대 열강 간 갈등의 주요 무대였다. 1949년 중국에서 공산당이 뜻밖에 권력을 잡자 한반도와 특히 일본을 장악하는 것이 미국에게 매우 중요해졌다. 이런 배경에서 미국은 일본을 재무장시키는 '역코스' 정책을 실시했다. 또한 종전 직후 일본에서 폭발한 노동자 저항과 급진화 움직임을 억눌렀다.

전후 미·소 제국주의 국가가 벌인 세력권 재분할 경쟁의 특징은 양쪽 모두 자신의 세력권을 안정적으로 확보하기 위해 점령지에 자신들의 체제를 이식하려고 애썼다는 점이다. 미국이 점령 통치를 한 남한에서도 미국은 서둘러 자신의 사회체제를 이식했다. 1946년 6월 트루먼은 한반도가 "공산주의 통치와 서로 맞붙어 경쟁을 벌이고 있는 하나의 시험장"이라고 말했다.

당시 한반도에서는 일본의 식민 지배하에서 억눌렸던 불만이 터져 나왔다. 1945년 9월 미군정 사령관 존 하지의 정치 고문 메럴 배닝호프는 다음과 같이 말했다. "남한은 불꽃만 튀어도 폭발할 화약통과 같다." 그러나 미군정은 노동자와 민중의 조직과 투쟁을 철저하게 분쇄해 버렸다. 대신 친일·친미·반공주의자들을 현지 지배 파트너로 삼아 시장 자본주의를 지향하는 친미 반공 국가를 세웠다. 미국이 남한에 이식한 체제는 자유나 민주주의와 전혀 상관 없는 끔찍한 경찰국가였다(소련이 이식한 북한 체제 역시 억압적인 국가자본주의 체제였다). 한반도는 강대국들의 세력권 다툼으로 말미암아 강제로 분단됐고, 남북 민중은 한국전쟁 동안 서로 총부리를 겨눠야 했다.

1950년에 터진 한국전쟁은 오늘날까지 지속되는 한미동맹의 기본 틀을 확립했다. 한국군의 작전권은 미국에 넘어갔고, 미군이 대규모로 상시 주둔하게 됐다. 한국전쟁 직전 미국은 세계 패권 전략을 좀 더 공세적인 방향으로 바꾸려고 모색하고 있었다. 중국의 '공산화'와 소련의 핵실험 성공이 그 배경이었다. 또, 대규모 군비 증강을 통한 수요 확대로 미국 경제에 활기를 불어넣으려는 의도도 있었다. 한국전쟁은 울고 싶은 미국의 뺨을 쳐 준 사건이었다.

그러나 한국전쟁은 남북 민중에게는 엄청난 재앙이었다. 미국의 개입으로 한국전쟁의 규모와 성격은 바뀌었다. 대량 살상된 민간인은 대부분 미군 폭격으로 사망했다. 특히 한·미 동맹군이 38선을 돌파해 북한으로 진격하기로 한 결정은 대참사를 낳았다. 이 결정은 중국군을 한반도로 끌어들였고, 한반도 전역이 초토화됐다. 미국은 중국군 참전을 이유로 핵무기까지 사용하려 했다. 미국의 핵무기는 냉전 시기 한미 군사동맹의 기본축 중 하나였다. 미국은 1958년 제4미사일 사령부를 창설해 전술핵무기를 한반도에 배치했다.

미국과 한국의 지배자들은 주한미군의 존재가 한반도에서 전쟁을 억제하고 평화를 보장한다고 주장한다. 냉전기 때 주한미군은 동북아시아에서 힘의 균형을 유지하는 구실을 했다. 미국과 소련이 상대방과 동맹국을 겨냥한 어마어마한 핵무기를 갖고 있었다는 것이 전쟁 억지의 중요한 요인이 됐다.

잘 알려져 있듯이 이승만과 박정희는 미국도 골치 아파할 정도로 호전적이었다. 1960년대 말 주한 미국 대사 포터는 다음과 같이 말했다. "박 대통령의 북진에 대한 욕망은 그 적들[북한]만큼이나 첨예하다." 그러나 당시 미국 지배자들은 미국이 베트남에서처럼 한반도에서 전쟁의 수렁에 빠질까 봐 걱정했다. 미국이 제공한 '평화'는 진정한 평화가 아니었다. 오히려 긴장을 점증시켜 미래에 더 큰 재앙의 길을 놓았다.

미국은 대소련 전초기지인 한국을 강력한 자본주의 국가로 발전시켜야 했다. 한미동맹이 한국 자본주의가 자본 축적의 기틀을 마련하고 성장하는 데서 주요했다는 것은 사실이다. 1950년대 미국의 원조는 남한의 공장·철도·발전소 등 기간 시설을 만드는 동력이었다. 삼성·현대·LG 같은 재벌 기업이 이 원조 물자를 따내 사업 토대를 닦았다는 점은 잘 알려져 있다. 1950년대 말부터 미국의 원조액이 급격히 줄었지만, 미국은 대신 한국에 대한 지원을 일본에 맡겼다(1965년 한일기본조약 체결). 무엇보다 한국은 미국 시장에 진출할 기회를 보장받았다.

냉전기 동안 한반도에서 전쟁이 벌어지지는 않았지만, 미국은 한국을 베트남전쟁에 끌어들였다. 한국은 5만 명(미국 다음으로 큰 파병 규모)을 보내 미국의 침략 전쟁을 도왔다. 베트남 파병은 한미동맹의 침략적 성격을 단적으로 보여 준다. 한국 자본주의는 베트남 민중의 피를 대가로 경제성장의 시동을 걸었다. 박정희는 베트남 파병으로 장기 집권과 경제성장의 발판을 놓았다.

이런 과정에서 한국의 자본주의는 독자적 자본 축적을 이루면서 미국 자본주의와 이해관계를 공유하게 됐다. 이 점은 반세기 전이나 지금이나 마찬가지다. 한국 지배자들이 여전히 한미동맹을 '금이야 옥이야' 하는 것은 바로 이 때문이다. 최근 문재인 정부는 호르무즈해협 파병으로 또다시 미국의 전쟁을 돕겠다고 결정했다.

그러나 1945년 9월 미군이 처음 한반도 땅에 발을 디딘 그 순간부터 한국 노동자·민중을 위해 한 좋은 일은 아무것도 없었다. 미국은 계속 독재 정권들을 후원했고, 남한 노동자·민중은 그 밑에서 쥐어짜이고 짓눌려 살아야 했다. 분단 고착화에 항의한 제주 4·3항쟁은 미국의 후원하에 야만적으로 진압됐다. 미국은 1980년 광주항쟁을 진압하러 가는 한국군 이동을 승인했고, 부산에 항공모함을 배치해 학살을 엄호했다. 주한미군이 상시 주둔하면서 주한미군 범죄도 심각했다. 예컨대, 2002년에는 중학생 신효순·심미선의 미군 장갑차 압사 사건으로 미국 제국주의에 대한 뿌리 깊은 대중적 반감이 표출되기도 했다.

이처럼 한미동맹은 미국 제국주의와 한국 자본주의, 그리고 이 체제에서 혜택을 얻는 미국과 한국의 권력자들을 위해 필요했고, 지금도 그렇다. 이 점은 한미동맹(주한미군)에 맞서고 평화를 보장하는 일이 제국주의와 자본주의 질서 자체에 도전하는 근본적인 사회변혁 과제와 연결돼야 함을 보여 준다. 문재인 정부는 한미동맹의 "업그레이드"를 주창하고 있다. 동맹의 성격상 그것은 한국 자본주의의 팽창을 함축한다. 한미동맹 강화는 앞으로도 평범한 대중의 희생을 담보로 할 것이다.

출처: 〈노동자 연대〉 309호(2019-12-19).

3장

–

4월혁명
독재자를 타도하다

함께 토론할 쟁점

- "한국에서 민주주의를 기대하는 것은 쓰레기통에서 장미가 피기를 기대하는 것과 같다"는 얘기를 들었던 한국에서 어떻게 4월혁명이 가능했을까?

- 4월혁명은 학생 혁명일까?

- 4월혁명은 왜 더 전진하지 못했을까?

- 미국은 4월혁명의 친구였을까?

- 4월혁명 후 들어선 민주당 장면 정부에 협조하는 것이 박정희의 쿠데타를 막는 길이었을까?

1959년에 작성된 미국 상원 외교위원회의 일명 "콜론 보고서"는 당시 한국의 상황을 다음과 같이 묘사했다.

젊은 사람들은 희망을 잃고 부자는 점점 부자가 되고 가난한 사람들은 점점 가난해지고 또 양심이란 것을 지키는 사람은 전부 소외되거나 배척되고 목적을 위해 수단 방법을 가리지 않는 자들만이 출세하는 사회이기 때문에 불원[머지않아] 한국 사회는 심각한 상황이 벌어질 것이다.

물론 이 보고서는 군부 쿠데타 가능성을 염두에 두고 작성됐고 아래로부터의 변화 가능성을 배제했지만, 결과적으로 보고서의 지적처럼 미국과 한국 지배계급에게 심각한 상황이 벌어졌다. 바로 1960년 4월에 일어난 혁명이다. 한국전쟁으로 폐허가 되고 해방 정국과 한국전쟁을 거치면서 대중운동과 좌파가 붕괴해서 저항이 다시 일어나기 힘들 것 같았던 곳에서 한국전쟁이 중단된 지 7년 만인 1960년에 혁명이 일어난 것이다. 어떻게 이것이 가능했을까?

1960년 4월혁명은 3월 15일에 벌어진 부정선거가 원인이었고 학생들이 주도한 항쟁이었다는 것이 일반적인 설명이다. 물론 1960년 3월 15일에 벌어진 말도 안 되게 어처구니없는 부정선거가 혁명의 계기가 된 것은 맞다. 하지만 4월혁명의 원인과 배경은 사태를 좀 더 넓게 봐야 한다.

국내외 배경

첫째, 4월혁명은 제2차세계대전 종전 이후 전 세계에서 일어난 식민지 해방과 좌파 민족주의 운동 물결의 일부였다. 제2차세계대전 종전 이후, 식민지들이 연이어 독립을 얻게 됐다. 1947년 인도에서 영국 제국주의가 물러났고 1949년에 중국에서 마오쩌둥이 이끄는 농민군이 권력을 장악하면서 수십 년 동안 중국을 괴롭히던 제국주의 국가들을 몰아냈다. 이후 이에 고무된 민족 해방 투쟁들이 이어졌다. 알제리와 베트남 등지에서 제국주의에 대항하는 투쟁이 일어났다. 1959년에 쿠바의 카스트로는 미국의 후원을 받던 부패한 정부를 무너뜨리고 권력을 장악했다.

제2차세계대전 종전 이후 미국은 세계 여러 곳에 자신이 후원하는 독재 정부를 거느렸다. 그중 한국은 미국이 직접 개입해 전쟁까지 치르며 지켜 낸 냉전의 전진기지였다. 미국은 비용이 많이 드는 부패한 이승만 독재 정부를 후원하면서 이 전진기지를 지키고자 했다. 이런 미국에게 4월혁명은 분명 심각한 일이었다. 그래서 주한 미군 사령관 매그루더는 한국이 요청한 군대 출동을 허가했고 서울에 계엄군 투입도 허가했다.

하지만 시위가 더 확산되자, 상황이 더 심각해지는 것을 두려워한 미국은 이승만의 하야와 망명을 주선했다. 그리고 한국에 "또 다른 폭발"이 발생할 경우 쿠데타를 통해서라도 강력한 통제가 필요하다고 생각했다. 미국의 이익을 위해서는 반공의 보루인 한국을 강력한 군사독재를 통해서라도 지켜야 한다는 것이었다. 겉으로는 자유와 민주주의를 말했지만 말이다.

4월혁명은 반미를 직접 표방하지 않았다. 하지만 혁명을 초기에 이끌었고 혁명 이후에는 민족주의 운동을 주도한 학생들은 그들 자신이 한국의 경제적 후진성으로 고통받고 있었을 뿐 아니라 그 후진성의 원인이 외세에 의존적인 부패한 이승만 독재 정권이라고 봤다. 그래서 학생들은 저항했고 경제 발전에 대한 요구를 제기했다.

학생들이 제기한 경제 발전의 방향은 대체로 민족 자립 경제를 뜻했다. 당시에 독립한 국가들이 대체로 받아들인 것이 소련식 국가자본주의* 경제 모델이었다는 점이 반영된 것이다. 그리고 그 모델은 당시에는 성공적인 듯 보였던 점도 영향을 미쳤다. 인도·중국·이집트 등지에서 그 모델이 수용됐다. 당시에는 한반도 이북의 스탈린주의 국가가 이남보다 경제적으로 더 발전하고 있었는데, 이 사실은 통일로 남한의 경제 발전을 이룰 수 있다는 생각으로 이어졌다. 4월혁명 이후 일어난 통일운동은 이런 맥락에서도 이해할 수 있다.

둘째, 4월혁명의 국내적 배경과 원인은 다음과 같다.

1950년대 한국전쟁으로 폐허가 된 한국 경제를 지탱한 힘은 전적으로 미국에게서 왔다. 해마다 미국은 한국에 연평균 2억 달러

---

* 국가자본주의 국가가 경제에 깊숙이 개입하는 것을 뜻하는 말. 옛 소련과 북한은 그 수준이 전면적인 사회다. 제2차세계대전 종전 이후부터 1970년대까지 많은 나라들이 이 모델을 따랐다.

에 가까운 물자와 재원을 원조했다. 이것은 한국 경제에 지대한 영향을 끼쳤다. 한국전쟁 이후 남한에서 이뤄진 새로운 자본 투자는 오직 원조에 의존해 이뤄졌다고 해도 지나치지 않다.

이승만 정권은 이 원조를 바탕으로 공업화를 추진했다. 미국으로부터 온 원조가 주로 소비재 원료였기 때문에 이것을 활용해 발전시킬 수 있었던 공업은 '삼백 산업'이라 불리는 것이었다. 삼백은 설탕·밀가루·면을 일컫는데, 이것을 원료로 가공하는 산업이 자연히 한국 산업의 중심을 이뤘다. 하지만 국내시장이 협소했고 원조에 의존했기에, 한국 경제는 대단히 허약했다. 실제로 1958년에 미국의 원조가 감소하자 한국 경제는 곤두박질쳤다.

한국의 경제성장률은 1958년 6.5퍼센트에서 1959년 5.4퍼센트, 1960년 2.3퍼센트로 하락했다. 반면, 물가는 1958~1960년 사이 급격히 상승했다. 실업률도 증가했다. 경제기획원의 자료를 보면, 취업자 대비 완전 실업자의 비율은 1957년 3.42퍼센트에서 1960년 5.09퍼센트로 증가했다. 하지만 이 수치는 실제 실업률을 반영한 것은 아니다. 잠재적 실업을 고려하면, 1960년에 실업률은 사실상 34.2퍼센트에 달했다. 이런 상황에서 대중은 하루하루 살아 가는 것이 고통스러웠지만 이승만 정권, 군대와 경찰의 고위 간부, 그와 연결된 자본가들은 그렇지 않았다.

제2차세계대전 패전 후 일본인들이 남기고 간 재산(적산, 敵産)은 1948년 한국 정부에 귀속됐고, 이후 10년에 걸쳐 여러 기업에 불하됐다. 1948~1958년 사이 기업 2029곳이 불하됐는데, 이승만 정권과 연줄이 닿는 기업가들이 우선순위에 있었다. 기업가들에게 적산 불하는 자본 축적의 중요한 계기가 됐다. 원래 가격의 10분의

1에 불과한 가격에 불하됐고, 15년 이상 할부 조건으로 구입 대금이 책정됐다. 그 구입 대금마저도 저리의 은행 융자로 조달됐다. 사실상 거저 얻은 것이라고 할 수 있다. 게다가 미국에게서 받은 원조 물자도 그 기업들에게 분배됐다. 그 덕에 적산을 불하받은 기업들은 커다란 부를 축적할 수 있었다. 이 돈의 일부는 이승만 정권에 헌납돼, 정권을 유지하고 대중을 억압하는 데 쓰였다. 대표적으로 삼성이 이때 성장의 기초를 다진 기업이다. 삼성은 이병철이 1948년 서울에서 삼성물산공사를 설립하면서 시작했다. 이병철은 한국전쟁이 터지자 피난을 갔다가 1951년 부산에서 삼성물산을 세워 무역업으로 돈을 벌었다. 그것을 토대로 1953년과 1954년에 제일제당과 제일모직을 매입해 이윤을 얻었다. 모두 정부의 지원에 힘입은 것이었다. 한국의 재벌은 이렇게 국가와 긴밀히 연결돼 형성되기 시작했고, 부정부패는 한국 자본주의의 붙박이장 같은 것이 됐다. (▶ 더 알아보기: 재벌의 탄생과 역사, 132쪽)

4월혁명으로 부정 축재한 재산의 환수와 부패한 관료나 기업인 처벌 요구가 제기된 것은 계급적 불평등과 가난에 고통받던 대중의 처지에서는 자연스러운 일이었다.

4월혁명의 셋째 배경은 한국전쟁의 영향이다. 한국전쟁이 거대한 파괴와 죽음을 가져온 것은 사실이지만, 한편에서는 사회적 변동을 낳았다. 한국전쟁으로 인구이동이 급속히 진행됐다. 월남한 사람들이나 피난 갔던 사람들이 대거 도시로 몰렸다. 농촌이 피폐해지면서 농촌을 떠나 도시로 이동하는 인구도 늘어났다. 전체 인구에서 도시 인구가 차지하는 비율은 1949년 17.2퍼센트에서 1955년 24.5퍼센트, 1960년 28퍼센트로 높아졌다. 그리고 한국전쟁을 거치면서 지주계급이 거의 몰락했다. 이로써 자본주의적 발전의 기초가 놓였다.

1950년대에는 학생 수가 급격하게 증가했다. 학생 수는 1945년 약 150만 명에서 1960년 450만 명으로 증가했다. 그 덕에 전체 인구의 문자 해독률은 1945년 22퍼센트에서 1959년 78퍼센트로 증가했다. 1950년대 말 중등교육 이상의 교육을 받는 학생 수가 1945년에 견줘 10배 가까이 증가했다. 대학생 수의 증가도 두드러졌다. 1945년 8000명 남짓이던 대학생은 1960년 10만 명을 넘어섰다. 하지만 교육받은 인구가 늘어나는 만큼 일자리가 늘어나지는 않았다. 1958년 대학 졸업생 1만 5899명 중 취업자 수가 3836명에 그칠 정도로 실업 문제가 심각했다. 사람들은 대학이 실업 양성소냐며 비아냥거렸고 학생들의 불만도 상당할 수밖에 없었다.

4월혁명의 넷째 배경은 혹독한 정치적 억압이다. 이승만은 반공의 기수답게 한국전쟁을 거치면서 더욱 반공을 내세우고 민주적 권리를 억압하고 대중을 통제하는 방향으로 나아갔다. 특히 경찰 조직은 이승만의 권력을 유지하는 데 중심적인 구실을 했다. '경찰 테러 독재'라 할 만큼 대중에 대한 억압의 전면에 서 있었던 것이 경찰이었다. 이 때문에, 원한에 사무친 사람들이 경찰을 기름에 튀겨 죽인 일, 거창 민간인 학살 사건의* 책임이 있는 경찰을 사람들이 태워 죽인 일은 이해할 만한 일이었다. 이렇게 경찰에 대한 사람들의 분노는 상당히 높았다. 경찰의 이런 역사를 본다면, 검찰의 권

---

* 거창 민간인 학살 사건 한국전쟁 와중인 1951년 2월 남한군이 민간인 500여 명을 총살한 사건.

력을 경찰에게 나누는 것은 그다지 민주주의를 위한 것이 아니다. 물론 그렇다고 검찰이 민주주의적이지는 않았다. 둘 모두의 역사는 민주주의와는 거리가 멀다.

1950년대 학생들은 일상적으로 반공 등을 주제로 한 집회에 동원되고 군대식 규율 속에 학교 생활을 해야 했기 때문에 불만이 상당히 높았다. 4월혁명에서 학생들이 학원의 자유와 학내에서 경찰 철수 등을 요구한 것은 자연스러운 일이었다.

이승만은 온건한 개혁과 평화통일을 주장한 진보당조차 용인하지 않았다. 이승만은 1958년 진보당을 탄압해 당수인 조봉암을 사형시켰다. 조봉암은 이승만 정권의 초대 농림부 장관을 지냈을 만큼 이승만 체제와 타협도 한 인물이었는데 말이다. 조봉암은 1956년 대통령 선거에서 상당히 많이 득표했다. 선거 부정이 있었기 때문에 조봉암이 투표에서 이기고 개표에서 졌다는 말이 있었을 정도로 조봉암의 지지도가 높았다. 이승만은 그를 제거함으로써 최대의 정적을 제거할 뿐 아니라 사회 분위기를 냉각시켜 자신에 대한 저항을 억누르려고 했다. (▶ 더 알아보기: 1958년 진보당 조봉암 사형, 129쪽)

지금까지 설명한 배경을 바탕으로 경제적 불만과 정치적 불만이 결합돼 표출된 사건이 4월혁명이다.

혁명의 전개

이승만은 1950년대 내내 자신의 권력을 유지하려고 온갖 수단을 다 동원했고 그것은 대규모 부정선거로 나타났다. 1950년대는 여러 신조어가 탄생한 시대였다. 이승만은 영구 집권을 위해 발췌 개헌, 사사오입 개헌,[*] 4할 사전투표,[**] 3인조 공개투표,[***] 대리투표 등을 저질렀다. 1960년 3·15 대선을 앞두고 이승만 정권의 선거 부정은 더욱 기승을 부렸다.

1960년 2월 28일 대구에서 야당인 민주당의 선거 유세가 예정돼 있었다. 이승만 정권은 이 유세에 사람들이 참가하지 못하게 하려고 제일모직과 대한방직 등 노동자들을 출근시켰고 학생들은 여러 가지 이유를 들어 등교시켰다. 학생들은 그동안 당하던 억압에 대한 불만을 표출했다. '학원의 자유를 달라'며 시위에 나선 것이다. 이 시위를 시작으로 독재에 항의하는 학생들의 시위가 그리 큰 규모는 아니었지만 몇몇 도시로 확산했다.

3월 15일, 예견된 대로 대대적 부정선거가 벌어지는 가운데 투표가 진행됐다. 이전에 사용된 각종 부정 투표 방법이 사용됐다. 야당 참관인들에 대한 협박과 폭력으로 선거를 감시하기가 애초에 불가능했다. 어떤 지역에서는 아예 선거 포기를 선언해야 했다. 자유당 후보의 득표율이 너무 높게 나와서 자유당 관계자들이 하향

---

* 　사사오입 개헌 1954년 11월 이승만의 자유당이 국회에 제출한 개헌안이 재적 의원의 3분의 2인 136명에서 한 명 모자란 135명의 찬성을 받았는데도 가결로 처리한 사건. 사사오입은 반올림을 뜻한다.

** 　4할 사전투표 돈으로 매수하는 등 여러 방식으로 만든 기권표를 각 지역 유권자의 4할(40퍼센트) 정도 확보해서 투표 시작 전에 자유당 후보에게 기표하고 투표함에 넣으라고 한 자유당의 비밀 지침.

*** 　3인조(5인조) 공개투표 이미 매수한 유권자로 하여금 3명이나 5명의 조를 편성해 조원들의 기표 상황을 확인하고 모아 자유당 측 선거위원에게 보여 주고 투표함에 넣게 한 자유당의 비밀 지침.

조정을 해야 할 정도로 선거 부정은 극에 달했다.

부정선거에 항의하는 시위가 마산에서 시작됐다. 시청에서 개표가 진행된 오후 7시 30분경 시민과 학생 1만 명이 선거 무효를 주장하며 시위를 벌였다. 경찰은 발포로 응답했다. 이 발포로 8명이 사망했다. 시위는 민중 봉기 양상으로 발전했다. 자유당 인사의 집, 자유당사, 파출소, 친이승만 언론사가 분노한 대중에게 공격받았다. 경찰의 무자비한 폭력으로 마산 시위는 진압됐지만 대중의 분위기는 심상치 않았다.

부정선거로 부통령에 당선한 이기붕은 "총은 쏘라고 있는 것이지 가지고 놀라고 준 것은 아니다" 하며 경찰의 발포를 두둔해, 사람들의 분노를 자극했다. 서울과 부산 등 주요 도시에서도 마산에서 벌어진 경찰 폭력에 항의하고 부정선거를 규탄하는 시위가 벌어졌다.

1960년 3월 15일 부정 선거에 항의하려고 민주당 마산시지부 앞으로 모여드는 시민들.
ⓒ 3.15의거기념사업회

4월 11일, 3월 15일 마산 시위 때 행방불명된 중학생 김주열의 시신이 마산 앞바다에서 떠올랐다. 김주열이 경찰이 발포한 최루탄에 맞아 참혹한 모습으로 죽었다는 사실이 알려지면서 두 번째 마산 시위가 벌어졌다. 2차 마산 시위는 1차보다 규모도 커지고 격렬함도 심해졌다. 사람들은 자유당 관계자의 집, 자유당사, 경찰서를 공격했고 시위는 며칠 동안 계속됐다. 시위는 민중 항쟁으로 발전하고 있었다. 하지만 이승만 정권은 마산 시위가 공산주의자들에 의해 조종된 것이라며 대공 합동조사위원회를 꾸렸다. 절대 양보하지 않을 것임을 분명히 밝힌 것이었다.

하지만 시위는 서울로 확산됐다. 4월 18일 고려대생 3000여 명이 마산 사건 책임자 처단과 경찰의 학원 출입 엄금 등을 요구하며 시위에 나섰고 시내 진출을 시도했다. 시위 대열은 국회의사당

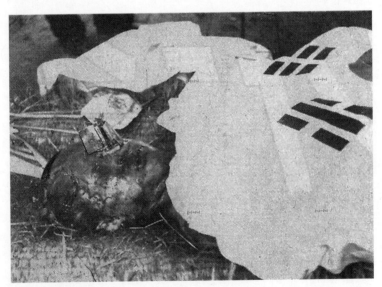

수습된 김주열의 시신.

(현재 서울시의회 본관) 앞에서 연좌 시위를 벌였다. 이에 대한 이승만 정권의 응답은 학생들이 집으로 돌아갈 때 우익 깡패를 동원해 학생들을 공격하는 것이었다.

이 소식에 분노한 사람들이 다음 날 거리로 쏟아져 나왔다. 사람들은 이제 부정선거 규탄을 넘어 "이승만 독재 정권 물러가라" 하는 구호를 외치기 시작했다. 국회의사당 앞에서 부정선거에 항의하던 시위 대열은 어느새 대통령이 있는 경무대(현재의 청와대)를 표적으로 하는 혁명의 대열로 바뀌고 있었다. 오후 1시에 서울 시내 시위 군중은 10만 명을 훌쩍 넘어섰다.

시위대는 경무대로 향했다. 경찰은 경무대 근처에서 최후 저지선을 설치했다. 시위대가 접근하자 경찰은 무차별 총격을 가하기 시작했다. 오후 3시에 이승만은 서울에 계엄을 선포했다. 하지만 시위는 더욱 확산되고 격화했다. 일부 시위대는 파출소를 습격해서 입수한 무기로 경찰과 총격전을 벌이기도 했다. 밤 10시경 계엄군이 서울로 진입하면서 19일 시위는 일단 잦아들었다.

19일 시위에 놀란 이승만은, 자신은 자유당 총재직에서 물러나고 부통령인 이기붕은 공직에서 물러나는 것으로 사태를 수습하려 했다. 하지만 시위는 전국 곳곳에서 이어졌다. 그리고 25일에는 서울에서 다시 대규모 시위가 벌어졌다. 탱크와 총칼로 무장한 계엄군의 시위 진압 시도에도 사람들은 물러서지 않았다. 일부 병사들이 시위대 편으로 넘어오기 시작했고 사람들은 탱크 위로 올라가 환호했다. 다음 날인 26일에는 새벽 5시부터 시위가 시작됐다. 오전 8시경에는 시내에 사람들이 가득 차기 시작했다.

서울 지역 계엄사령관 조재미는 군대를 동원해 시위대를 밀어내려 했지만 오히려 자신이 탑골공원 부근에서 포위됐고 병사들은 시위대에 섞여 버렸다. 이날도 사람들은 탱크 위로 올라가 환호성을 질렀다. 이제 대세는 기울었다. 지배 집단의 사기는 떨어졌다. 이대로 버티다가는 사태가 어디로 갈지 몰랐다. 위기감을 느낀 미국도 이승만의 사임을 강력히 요구했다.

4월 26일 오후 1시 이승만의 하야 성명이 발표됐다. 사람들은 환호성을 지르며 이승만의 동상을 무너뜨려 줄로 묶어서 끌고 다니며 승리를 축하했다. 4월 28일 이기붕 일가는 경무대 관사에서 자살했고 5월 말 이승만은 도망치듯 미국으로 떠났다.

이승만 정권의 붕괴 후에 내각제로의 개헌이 이뤄지고 7월에 선

계엄군 탱크에 올라타 환호하는 혁명의 주역들.

거가 다시 치러지면서 민주당 정부가 들어서 장면이 총리가 됐다. 하지만 민주당은 대중의 요구를 실현할 능력도 의지도 없었다. 민주당은 4월혁명에서 아무것도 못했다. 이 역사적인 현장에 나타나지도 않았고 두려운 눈으로 사태의 발전을 지켜보면서 눈치를 봤을 뿐이다. 그도 그럴 것이 민주당의 기반도 자유당 못지않았기 때문이다. 당시 민주당은 구파와 신파로 나뉘어 있었다. 일제강점기의 지주와 자본가를 기반으로 한 한민당을 모태로 하는 구파가 있었고 일제 시기의 관료 출신자, 자유당 출신자, 그리고 북한에서 내려온 세력을 기반으로 하는 신파가 있었다. 신·구파 모두 친일 행위자가 상당히 많았다. 장면 정권이 들어서 내각이 구성됐을 때, 그 내각을 두고 '친일 내각'이라는 평이 있을 정도였다.

그리고 민주당의 신·구파 모두 미국이 남한에서 만들려고 한 시스템에 충실했기 때문에 기본적으로 우파적이었을 뿐 아니라 이승만에 대항하는 대중운동과는 거리가 멀었다. 민주당은 정권을 잡은 후에도 신파와 구파 사이의 권력 다툼에 바빴다. 결국 구파는 따로 나가서 당을 만들었다.

태생부터 친제국주의적이었던 민주당은 집권 후에도 미국의 의사에 거슬러 뭔가를 하고자 하지는 않았다. 장면 총리는 주한 미국 대사관과 서울 주재 CIA 책임자와의 상의 없이 중요한 조치를 취한 적이 거의 없었다. 5·16 쿠데타가 났을 때도 몸을 숨기고 미국의 도움만을 간절히 기다리고 있었다.

박근혜 퇴진 이후 적폐 청산 요구가 제기된 것처럼 이승만 하야 이후에 대중은 이승만의 적폐를 청산하기를 강력히 원했다. 그러나 이승만 정권은 무너졌지만 이승만과 함께 그 체제를 지키며 이득을 얻은 세력들, 예컨대 군과 경찰 간부, 고위 판검사, 고위 관료, 기업주는 여전히 권력과 부를 누리고 있었다.

부정선거 책임자와 발포 명령자들에 대한 재판이 열렸지만 대부분 무죄로 풀려났다. 처벌받은 사람은 소수에 불과했다. 이에 분노한 사람들은 반민주 행위자, 부정선거 관련자, 부정 축재자 처벌을 강하게 요구했다. 4월혁명에서 부상당한 사람들은 국회의사당을 점거하고 특별법을 만들라고 강하게 요구했다. 압력에 밀린 민주당은 특별법을 제정할 수밖에 없었다. 하지만 이번에는 처벌 대상자를 두고 실랑이가 벌어졌다. 당연히 처벌 대상이어야 할 군인들은 아예 논의 대상에서 제외하자면서 처벌 범위를 최소화하자는 주장이 한쪽에 있었고, 처벌 범위를 대폭 늘려야 한다는 목소리가 다른 한쪽에 있었다. 부정 축재자 처벌에 대해서도 한편에는 엄벌에 처해야 한다는 입장이 있었고 다른 한편에는 경제 위축과 공산주의 침투 위험성이 있다며 반대하는 입장이 있었다. 결국 민주당은 애초 얘기되던 것에 한참 못 미치는 수준으로 처벌 대상을 결정했다. 부정 축재자 처벌은 논란 속에 아예 유명무실하게 돼 버렸다. 특별법에 따라 구성된 특검은 정부의 예산 배정도 제대로 되지 않아서 활동이 지연됐을 뿐 아니라 군부에 대한 부정선거 조사는 정부와 미군의 반대로 아예 이뤄지지도 않았다.

민주당 장면 정권이 대중에게 부여받은 적폐 청산 임무는 아주 미약하게만 수행됐을 뿐이다. 적폐 청산은 장면 정권이 기반을 둔 체제를 약화시킬 수도 있었다. 그래서 장면 정권은 자신의 오른쪽과 왼쪽의 눈치를 보면서도 분명히 오른쪽으로 향했다.

대중이 원하는 것을 얻기 위해서는 더 근본적인 변화가 필요했다. 혁명이 더 전진할 필요가 있었다. 이것은 가능성이 있었다. 4월 혁명 이후 급진화 흐름이 나타났다. 해방 정국과 한국전쟁을 거치며 파괴돼 침체에 빠져 있던 노동운동이 기지개를 켜기 시작했다.

1960년 3~4월에 발생한 사망자는 모두 186명이다. 이들의 다수는 실업자를 포함한 하층 노동계급 사람들이었다. 그다음이 학생이었다. 이것만 봐도 4월혁명을 학생 혁명이라고 부르는 것은 정확한 규정이 아니라는 것을 알 수 있다. 4월혁명은 노동자와 도시 하층민이 주되게 참여한 민중 혁명이라고 해야 옳다. 1차·2차 마산 시위, 4월 19일, 25일, 26일의 시위에 참가한 사람들은 주로 도시 하층민과 노동자였다.

거리의 혁명에 자신감을 얻은 노동자들은 직장에서도 자신들의 요구를 걸고 싸우기 시작했다. 1960년 한 해에만 새로 생긴 노동조합이 388개였다. 1960년에 쟁의 발생 건수는 1959년에 견줘 2배 이상 증가했다. 4월혁명 직후 노동자들은 쟁의 과정에서 빈번하게 가두에 진출해 시위를 벌였다. 4월혁명부터 그해 9월까지 노동자 가두시위가 458회 있었고, 시위 참가자는 22만여 명이었다. 그리고 1960년에 발생한 쟁의 가운데 19퍼센트인 44건은 동맹파업의 형태로 벌어졌다.

이 시기에 건설된 노동조합의 주요 사례는 교원노조다. 대구·경북 지역을 중심으로 전국에서 조직된 교원노조는 조합원이 4만 명에 가까운 상당히 큰 노동조합으로 등장했다. 하지만 장면 정부는 교원노조를 인정하려 하지 않았다. 이에 항의하는 교원노조의 투쟁은 1961년 5·16 쿠데타가 벌어질 때까지 계속됐다.

4월혁명이 낳은 정치적 급진화의 표현 중 하나는 통일운동이었다. 제국주의에 의해 강제로 분단되고 전쟁을 겪었으며 제국주의가 후원하는 독재 정부의 지배에 고통받던 사람들이 남북 사이의 자유왕래와 외세에 의존하지 않는 통일을 요구한 것은 완전히 정당한 일이었다. 하지만 반공을 내세워 체제를 유지하던 지배 집단의 처지에서 이것은 상당히 우려스러운 일이었다. 더욱이 이런 정치적 운동이 부활하고 있던 노동운동과 결합하는 것은 지배자들에게는 아주 안 좋은 일이었다.

장면 정부는 이승만 시대의 국가보안법을 보강한 반공법과 집회·시위를 제약하는 데모규제법을 도입해서 급진화 흐름을 억제하려 했다. 이 2대 악법 도입에 반대하는 집회가 계속해서 벌어졌다. 장면 정부의 퇴진을 요구하는 목소리도 나오기 시작했다. 이에 장면 정부는 반공법은 포기하고 국가보안법을 개정하겠다고 했지만 내용은 별반 다르지 않았다. 장면 정부는 국가보안법 개정안과 데모규제법을 반드시 통과시키겠다고 입장을 표명했다. 그러면서 '비둘기 작전'이라고 알려진 군사작전을 수립해 군을 투입해서라도 시위를 막겠다고 협박했다. 하지만 시위는 계속됐고 결국 2대 악법 도입은 무산됐다.

4월혁명과 5·16 쿠데타 사이 시기에 일어난 급진화에 대해 역사가 브루스 커밍스는 다음과 같이 묘사했다.

가두시위가 없는 날이 거의 없었으며 어떤 때는 학생들이 국회에 들어와 몸을 사리는 정치인들에게 호통을 치기도 했다. 그러자 서울의 지배 집단의 등골을 오싹하게 하는 시련이, 전쟁 전의 시기를 상기시키는 시련이 시작되었으니 그것은 다름 아닌 명백한 좌경화 경향이었다.

미완의 혁명

이렇게 한편에서는 급진화가 일어나고 있었지만, 다른 한편에서는 급진화 흐름을 제대로 억제하지 못하는 장면 정부에 대한 반혁명적 대안이 준비되고 있었다. 대중운동을 제대로 통제하지 못하는 정부를 제거하고 대중운동을 확실히 제압하는 것이 반혁명적 대안을 추구한 세력의 목표였다. 이것은 5·16 쿠데타로 표현됐다. 쿠데타 세력이 장면은 도입하지 못했던 2대 악법을 반공법과 집회·시위에관한법으로 계승해서 급진화하던 운동과 조직을 제거하는 데 사용했던 것을 보면 잘 알 수 있다.

이승만 하야 후부터 장면 정부 등장 전까지 존재한 허정 과도정부는 혁명적 시기에 비혁명적 방법으로 국정을 운영하겠다면서 들어섰다. 장면 정부도 이 노선을 계승했다. 장면 정부는 혁명의 힘을 빼고 날을 무디게 하는 일을 하고자 했다. 장면 정부가 혁명의 힘을 빼는 일을 잘할수록 반혁명적 대안이 성장할 길이 더 넓게 열렸다.

1961년 4월혁명 1주년에 이미 쿠데타냐 제2의 4월혁명이냐는 말이 돌고 있었다. 5·16 쿠데타가 일어나면서 결국 반혁명적 대안이 혁명을 파괴했다. 당시 부활하고 있던 노동운동과 좌파는 쿠데타를 저지하고 혁명을 더 전진시키기에는 아직 힘이 미약했다. 그로부터 20여 년이 지난 후에 그 힘을 제대로 발휘하게 되는 노동계급 운동은 일단 수면 밑으로 가라앉았다.

지금까지 4월혁명이라는 용어를 계속 사용했다. 보통 4·19혁명이라고들 하지만 혁명이 4월 19일에 한정된 것이 아니기 때문이다. 당시 운동은 4월 25~26일에 절정에 이르렀고, 4월 19일 이전에도 운동이 계속 벌어졌다.

5·16 쿠데타로 권력을 장악한 세력은 4월혁명을 4·19 의거라고 불렀다. 5·16이 진정한 혁명이고 4월혁명은 5·16을 위한 전 단계였다고 그 의미를 축소하기 위한 것이다. 하지만 위에서 살펴본 것처럼 4월혁명에서 제기된 대중의 여러 운동과 요구가 쿠데타와 함께 짓밟혔다는 사실을 보면, 5·16은 분명히 반혁명이었다.

대중은 반민주 행위자와 부정 축재자 처벌뿐 아니라, 한국전쟁기 민간인 학살에 대한 진상 규명과 제주 4·3항쟁에 대한 진상 규명 등도 요구했다. 통일운동이 일어나고 노동자 투쟁도 벌어졌다. 이런 요구들은 친미적인 한국 자본주의를 근본적으로 바꾸지 않고서는 완전히 실현될 수 없었다. 즉, 사회혁명이 필요했던 것이다.

4월혁명은 정치혁명이었다. 아래로부터의 대중행동이 이승만 독재 정권을 타도하고 정치 시스템을 바꿨다는 면에서 그렇다. 4월혁명은 미국 제국주의가 후원하는 끔찍한 독재 체제하에서도 아래로부터의 저항이 가능하고 승리할 수 있음을 보여 줬다. 또한 4월혁명은 사회혁명의 필요성을 제기했다. 하지만 사회혁명을 주도할 세력인 노동계급은 아직 그럴 힘이 없는 상태였기 때문에 반동을 맞게 됐다.

'4월혁명 정신 계승'이라는 말이 많다. 헌법 전문에도 4월혁명을 계승한다고 돼 있고 문재인 정부도 4월혁명을 계승한다고 말한다. 하지만 사실 4월혁명은 정치적 민주주의를 위한 운동으로 한정된 것이 아니었다. 4월혁명을 계승한다는 것은 4월혁명에서 제기됐지만 여전히 해결되지 않고 남아 있는 문제들(예컨대 계급 불평등과 차별)에 대해 근본적 도전을 제기한다는 것을 뜻한다.

사실 지금의 문재인 정부는 과거 장면 정부를 많이 닮았다. 문재인 정부는 장면 정부가 4월혁명의 수혜를 입어 집권한 것처럼 박근혜 퇴진 운동의 수혜를 입어 집권할 수 있었다. 4월혁명이 단지 이승만의 하야만을 원했던 것이 아니었듯이 박근혜 퇴진 운동도 단지 박근혜 개인의 퇴진만을 원한 것이 아니었다. 4월혁명이 그랬듯이 박근혜가 대표하던 체제가 강요한 열악한 삶의 조건이 개선되기를 원했다. 하지만 장면 정부와 마찬가지로 문재인 정부는 그런 대중의 염원을 하나씩 배신했다. 비정규직 정규직화는 물건너갔고 최저임금 인상은 무력화됐다. 문재인 정부는 박근혜 정부가 하던 노동 개악을 추진해 노동자들을 더욱 쥐어짜려 한다. 2019년 한·일 무역 갈등 와중에는 항일 투사인 척했지만, 한·일 군사정보보호협정(지소미아)을 연장하고 한·미·일 동맹에 충실한 모습을 보이는 등 친제국주의 정책에서도 박근혜 정부와 크게 다르지 않은 것이 현실이다. 이 때문에 우파의 목소리가 커지고 있다.

4월혁명기에 개혁의 열망을 배신하는 장면 정부에 맞서 싸우면서 대중의 힘이 충분히 강화되는 것이 반혁명 쿠데타를 막고 혁명을 전진시키는 길이었다고 한다면, 지금 문재인 정부의 개혁 배신에 맞서 싸우면서 대중의 힘을 강화하는 것이 우파의 부활을 막는 길일 것이다.

더 알아보기

- 1958년 진보당 조봉암 사형
- 재벌의 탄생과 역사

1958년 진보당 조봉암 사형

이 글은 2013년 말에 발표됐다. 당시 통합진보당에 대한 마녀사냥이 있었다. 결국 2014년 12월 통합진보당은 헌법재판소에 의해 해산당했다. 통합진보당 소속의 이석기 전 의원은 내란 음모 혐의로 2013년에 구속되고 2014년 유죄 판결을 받아 2020년 현재까지 수감 생활을 하고 있다. 그러나 당시 이석기 전 의원 등은 아무 폭력 사용도 없이 그저 정치 토론을 했을 뿐이다.

조선인들이 해방의 기쁨을 누리기도 전에 한반도는 미국과 소련에 의해 분할 점령됐다. 미국은 이승만을 적극 후원했다. 이승만은 제주 4·3항쟁과 여순반란을 잔악한 학살로 진압해 그 피의 강물 위에 분단 정부를 세우고, 국가보안법을 휘둘러 '불순분자'들을 솎아 내려 했다. 일제강점기에 수감자 수는 남과 북을 합해서 1만 2000명이었는데, 이승만 집권기에 3만 6000명으로 늘었다. 수감자는 대부분 좌파였다.

이런 억압적 상황에서 조봉암 등이 표방한 '혁신'은 민중의 변화 열망을 어느 정도 반영한 것이었다. 조봉암은 해방 이전 항일 운동을 하던 공산주의자였는데, 해방 이후에는 사회민주주의를 대안으로 삼았다(그러나 사회민주주의의 본뜻과는 달리 노동계급을 기반으로 하지는 않았다). 조봉암의 '진보당추진위원회'가 강령으로 삼은 평화통일은 동족상잔을 겪은 민중에게 대단히 큰 호소력이 있었다. 이는 북진통일을 선동하던 이승만에게는 불길한 신호였다.

2심 재판 중인 조봉암.

　그래서 이승만은 진보당이 만들어지기 전부터 조봉암 등을 집요하게 탄압했다. 1951년 이승만은 '대남 간첩단 사건'을 조작해 신당 추진 세력을 모조리 잡아들였다. 1954년 조봉암이 5·20 총선에 출마하려 할 때, 그의 선거사무차장 김성주가 밀실로 끌려가 고문 살해됐다.

　진보당에 대한 이승만의 히스테리가 극에 달한 것은 1956년 대선 때였다. 높은 실업률과 억압적 통치로 이승만에 대한 불만이 커지고 있었다. 사사오입 개헌으로 대선에 출마할 수 있게 된 이승만은 선거 내내 온갖 부정으로 '반칙왕'의 면모를 보여 줬다. 반면 조봉암의 진보당은 이승만의 자유당과 장면의 민주당이 내놓을 수 없는 공약들로 인기를 끌었다. 평화통일과 친일파 문제 해결 등을 내건 조봉암은 30퍼센트(216만 표)를 획득하며 약진했다.

1957년에는 한 달 걸러 한 번씩 간첩 사건이 터졌는데, 그때마다 조봉암의 이름이 거론됐다. 조봉암이 다음 표적이라는 것은 불 보듯 뻔했다. 1958년 1월 12일, 검찰은 진보당 간부들이 간첩단과 접선한 혐의가 있고 진보당의 평화통일 주장이 북한의 주장과 같다며 진보당 간부들을 검거·송치했다. "조봉암 씨 김일성과 모종 내통?", "거물 간첩 양명산과 접선" 등의 제목으로 조봉암 집에서 김일성에게 보내는 편지가 발견됐다느니 권총이 발견됐다느니 하는 기사들이 대서특필됐다.

재판 중에 이승만 정권은 진보당 등록 취소를 발표했다. 유엔 결의에 위반되는 통일 방안을 주장했다는 것이 이유였다. 유엔 결의안은 평화통일이었는데도 말이다.

1심에서 조봉암이 징역 5년을 선고받자, '반공청년'이라는 깡패 300명이 법원에 난입해 "친공 판사를 타도하자"며 난동을 부렸다. 2심 때 조봉암은 간첩 행위로 사형을 선고받았다. 당시 야당인 민주당은 자유당에 합세해 조봉암을 고립시켰다. 민주당 의원들은 철저한 반공주의자였다. 민주당 김준연은 "평화통일 발언이 대한민국 국시를 도끼로 찍는 것과 같다"며 마녀사냥을 편들었다.

그렇게 조봉암은 형장의 이슬로 사라졌다. 이후에도 이승만 정권은 "진보당을 재건하거나, 진보당과 유사한 단체를 만들어도 입건"하겠다며 진보 인사들에게 으름장을 놨다. 2011년이 돼서야, 대법원은 재심 공판에서 조봉암에게 무죄를 선고했다.

출처: 〈레프트21〉 114호(2014-10-26).

재벌의 탄생과 역사

2015년 기준 한국 10대 재벌의 매출액은 국내총생산GDP의 84.1퍼센트에 달한다. 재벌이 쥐고 있는 자산도 1070조 50억 원으로 GDP 대비 84퍼센트를 차지한다(2013년 기준, 정의당 박원석 의원). 30대 재벌 그룹의 계열사 수는 2012년 기준 1246개다. 소수 기업이 한국 경제를 지배하고 있는 것이다. 이런 막대한 부는 온갖 부패와 비리, 국가의 특혜, 노동자 착취가 없었다면 가능하지 않았다.

해방 이후 적산 불하와 원조 자금은 재벌 탄생의 시초가 됐다. 해방 당시 적산은 국내 총자본금의 91퍼센트나 됐다. 한때 노동자들이 직접 적산을 관리했다(공장자주관리운동). 그러나 이내 미군정이 무력으로 적산을 강탈했고 이승만은 정권과 결탁한 자들에게 적산을 불하했다.

이승만 정권은 자본가들이 적산을 인수할 수 있도록 은행에서 돈을 빌려 주고 상환 기간도 10년이나 됐다. 당시의 엄청난 인플레를 감안하면 거저 준 것이나 다름없었다. 한국전쟁 중에도 적산 불하는 계속됐다.

1950년대 미국의 원조 자금은 남한 예산의 100퍼센트에 이를 정도였다. 이런 원조 자금으로 원조 물자를 사서 가공해 파는 자본가들이 등장했는데, 삼성의 모태가 된 제일제당과 삼양제당 같은 기업들이 원조 자금을 거의 독차지했다. 럭키(현재 LG), 두산 등의 기업도 원조 차관을 받으며 성장했다.

한국전쟁도 재벌들에게는 돈벌이 기회였다. 이병철은 1951년에 삼성물산주식회사를 설립했고, 한국전쟁 통에 물자 부족과 물가 앙등을 이용해 급속하게 부를 쌓았다. 이 회사는 1952년에 17배나 성장했다. 정주영은 미군 막사 공사 등을 따내며 막대한 돈을 벌었다. 당시 정주영이 설립한 현대상운은 소금·식료품·양곡 등을 독점 운반하며 성장했다.

이승만 정권 말기인 1954년에 추진된 은행 민영화를 통해 은행들이 줄줄이 재벌들 손에 넘어갔다. 은행 민영화로 시중은행 4곳 주식의 절반이 삼성의 소유가 됐다.

이승만은 삼성의 이병철에게 제일모직과 제일제당 같은 옛 일본 기업을 헐값에 매각했다. 이병철은 이승만에게 막대한 정치자금을 제공해 이에 보답했다. 5·16 쿠데타 이후 설립된 부정축재처리위원회의 조사 결과에 따르면, '부정 축재자 1호' 이병철은 자유당 정부에 정치자금 4억 2500만 환을 제공했다.

4월혁명으로 이병철·정주영·구인회 등 주요 자본가들은 부정 축재자에 이름이 올라, 민중에게 지탄을 받는 대상이 됐다. 그러나 장면 정권이 부정 축재자들에게 부과한 벌금 196억 환을 낸 이는 단 한 명도 없었다.

박정희 정권은 부정 축재자가 공장을 건설해 그 주식으로 벌과금을 납부하도록 하는 부정축재환수절차법을 공포해 부정 축재자와 불법 정치자금 제공자에게 면죄부를 줬다. 박정희는 노동자와 민중을 혹독하게 탄압하고 쥐어짜면서 재벌들이 더욱 쉽게 돈을 벌 수 있도록 했다. 또한, 1960년대 국내 은행의 금리가 25~30퍼센트였는데, 박정희 정권은 5~6퍼센트의 낮은 차관 금리로 외국 은행에서 돈을 꿔서 그 돈을 재벌에게 빌려 줬다. 그리고 수출하는 자본가들은 소득세를 절반만 내도 됐다.

삼성은 원조 달러를 이용해 생산한 밀가루·설탕·시멘트를 되팔아 폭리를 챙겼다. 박정희 정권은 전자공업진흥법을 제정해 삼성이 산요와 합작해 삼성전자를 설립할 수 있도록 도왔다. 1966년 삼성과 박정희 정권이 막대한 검은 돈을 조성하고자 공모한 사카린 밀수 사건이 폭로돼, 대학생들은 "민족의 피를 빤 이병철을 즉각 구속하고 민족적 대죄를 진 악덕 재벌의 재산을 몰수하라"고 요구했다.

박정희 경제 건설의 믿음직한 파트너로 선정된 현대건설도 이 시기에 급속히 성장했다. 현대건설의 1966년 매출액은 전년도에 견줘 173.6퍼센트 성장했고, 자본 총액은 1961년에 견줘 29배나 늘었다. 정주영은 경부고속도로 건설의 계획 단계부터 "충실한 자문역"이었고 박정희는 저녁 식사 자리에서 정주영에게 경부고속도로 건설을 "하사"했다. 현대건설은 "단군 이래 최대 공사"라던 소양강 다목적댐 공사에도 불과 10분 만에 지명됐다.

박정희 정권은 불황 조짐이 보이던 1972년에 기업과 사채권자의 채무·채권 관계를 모두 무효화하고 새로운 계약으로 대체하는 8·3 조치를 취했다. 이를 통해 이자를 대폭 줄여서, 사채시장에서 고리 단기 사채를 끌어다 써서 재무구조가 악화하던 재벌 기업들은 일순간에 숨통이 트였다.

1977년 현대 계열사인 한국도시개발은 "그동안의 노고에 감사한다"며 압구정동에 아파트를 지어 고위 관료와 국회의원과 신문사 간부들에게 한 채씩 상납했다.

1986년 전두환 정권이 실시한 '부실기업 정리'로 재벌들은 더욱 몸집을 불렸다. 인수하는 기업에는 특별 자금 4600억 원이 저금리, 장기 상환으로 주어졌다. 원리금 4조 2000억 원은 상환 유예됐고, 은행 부채 1조 원은 갚지 않아도 됐다. 온갖 세금 면제 혜택도 주어졌다. 이렇게 퍼부어진 특혜 9조 원은 1988년 전국 노동자들이 투쟁으로 성취한 임금 인상액의 1.3배가 넘는다(이성태, 《감추어진 독점재벌의 역사》, 녹두, 1990).

전두환은 삼성에 율곡사업과 차세대 전투기 사업 등의 특혜를 주며 정치자금 220억 원을 받았다. 정주영은 올림픽추진위원장과 일해재단 이사장을 하면서 200억 원을 뇌물로 전두환에 갖다 바쳤다. 정주영은 이런 "공로"를 인정받아 평화의댐 건설 공사를 따내는 등 온갖 특혜를 누렸다. 구인회의 아들 구자경도 100억 원이 넘는 기부금과 30억 원의 일해재단 성금을 전두환에게 바쳤다. 전두환 정권은 1987년 제3나프타분해센터를 럭키에 낙점했다.

1980년 화학섬유기업이던 선경(현재 SK)은 자신의 몸집의 5배나 되던 대한석유공사(유공)를 인수했다. 선경의 최종현과 노태우의 커넥션 덕분이라는 얘기가 나돌았다. 이후 노태우와 사돈지간이 된 선경은 1992년 제2이동통신사업자로 선정됐다가 특혜 시비로 대중의 불만이 커지자 자진 반납했다. 이후 1994년 김영삼 정권은 한국이동통신 민영화를 추진했고 사업자 선정 전권을 전국경제인연합회(약칭 전경련)에 넘겼다. 당시 전경련 회장이던 최종현은 손쉽게 한국이동통신을 품에 안았다. 법적으로 부동산과 주식 처분 등으로 매입 자금을 마련해야 하는데도 체신부는 선경의 '자구 노력 유예' 신청을 인정했다. 선경은 사실상 거의 돈을 들이지 않고 "황금알을 낳는 거위"를 집어삼켰다(현재 SK텔레콤). 국영기업 두 곳의 민영화로 선경은 순식간에 한국 4대 재벌이 될 수 있었다.

한편, 노태우 정권은 정치자금 1조 7000억여 원을 마련했다. 이병철에 뒤이어 이건희는 250억 원을 노태우 정권에 헌납했다. 삼성이 역대 정권에 바친 불법 정치자금은 드러난 것만 해도 860억 원에 달한다(2005년 참여연대).

'금수저' 재벌 2세, 3세들은 손가락 하나 까딱 않고서 어마어마한 부를 소유하고 있다. 1987년 이병철은 당시 자산 총액 11조 원이었던 그룹을 단돈 150억 원의 세금만 물고 이건희한테 넘겼다. 이재용은 이건희로부터 "편법증여" 받은 에버랜드 전환사채 60억 원으로 그룹 전체에 대한 지배력을 행사하고 있다. 삼성의 이재용·이서현·이부진 삼 남매는 최근 삼성물산과 제일모직의 합병으로 주식 자산만 2조 원이 늘었다. SK 최태원은 자신이 지분 100퍼센트를 보유하고 있는 비상장사인 워커힐호텔과 SKC&C가 보유 중인 SK(주) 주식을 맞교환하는 방식으로 SK(주)의 대주주로 등극했다.

재벌들은 노동자들 없이는 단 하나의 공장도, 부품도 만들어 내지 못했을 것이다. 그러나 노동자들이 만들어 낸 부와 그에 따른 명예는 재벌에게 돌아갔다. 세계 1위라는 삼성전자의 반도체 공장에서 노동자들은 백혈병 같은 산업재해로 고통받아야 했다. 이건희가 프랑스의 스키장 세 곳을 통째로 빌려 즐기는 동안 노동자들은 도청과 사찰과 감시에 시달리며 노조 결성조차 가로막혔다. 2013년 폭로된 "S그룹 노사전략" 문건은 삼성의 노동자 탄압 실상을 드러냈다.

1973년 세계 조선소 건설 사상 최단 시일인 27개월 만에 완공된 현대조선소의 명성이 있기까지 노동자 60여 명이 목숨을 잃었다. 한 노동자는 "최고 40시간까지 잠 한숨 못 자고 일한 적이 있다"고 회고했다. 1989년 현대중공업 노동자를 테러할 때 식칼과 쇠파이프까지 등장했다. 1990년 현대중공업 노동자 파업에는 경찰이 1만 5000여 명이나 동원돼 파업을 파괴했다.

1980년대 말, 3저 호황으로 현대는 61퍼센트, 삼성은 46퍼센트, 럭키금성은 100퍼센트나 성장했지만 기업들은 "임금을 올릴 여유가 없다"며 쥐어짜기를 멈추지 않았다. 10대 재벌은 2008년 경제 위기 시기에도 자산과 매출액 증가율이 10.93퍼센트와 7.69퍼센트를 기록했는데, 이는 평균 경제성장률 2퍼센트를 크게 웃도는 수치다.

출처: 〈노동자 연대〉 156호(2015-09-12).

4장

–

박정희 정권과 유신
그에 맞선 저항

함께 토론할 쟁점

- 5·16은 혁명일까 쿠데타일까?

- 박정희가 추진한 급속한 산업화는 어떻게 가능했고 어떤 모순을 낳았을까?

- 박정희는 민주주의는 탄압했지만 경제는 발전시킨 지도자로 평가해야 할까?

- 1965년 한일기본조약은 왜, 어떤 맥락에서 체결됐을까? 단지 박정희가 친일파이기 때문이었을까?

- 1972년 10월 유신의 배경은 무엇일까?

- 박정희의 망령은 오늘날도 왜 없어지지 않는 것일까? 박정희 시대의 진정한 유산은 무엇이고 박정희를 극복할 수 있는 진정한 대안은 무엇일까?

1979년 10월 26일 박정희가 그의 부하인 중앙정보부장 김재규에게 죽임을 당했다. 어찌 보면 이로써 박정희의 소원이 이뤄졌다고 할 수 있다. 죽을 때까지 대통령을 하겠다고 한 말이 실현됐기 때문이다. 물론 박정희는 더 오랜 기간을 생각했겠지만 말이다.

박정희의 죽음은 박정희가 만든 체제 자체의 모순에서 비롯했다. 즉, 한국 자본주의의 발전과 떼려야 뗄 수 없는 관계가 있었다. 이번 4장의 주제는 바로 한국 자본주의의 발전과 모순에 관련된 것이기도 하다.

박정희는 1961년 5·16 쿠데타로 권력을 잡은 후 무려 18년이나 집권했다. 이 기간 동안 한국은 급속히 산업화했다. 한국은 농업이 큰 비중을 차지하는 후진 경제에서 산업자본주의로 급속히 발전한 사회가 됐다. 그 기간에 군대를 동원하는 계엄령이 3번, 위수령이 3번, 긴급조치가 9번 발동됐다. 비상사태하에 있었던 기간이 그렇지 않은 기간보다 훨씬 길었다. 수많은 사람들이 체포되고 감금돼 고문받고 심지어 살해됐다. 노동자들은 가혹한 노동조건과 생활하기도 힘든 저임금에 허덕였다.

박정희와 박정희 집권 시기를 어떻게 볼 것인가는 오래된 논란거리다. 박근혜가 우파의 대안으로 부상하며 대통령이 됐을 때 박정희를 찬양하는 주장이 많이 제기됐다. 박정희를 계승한다고 자임한 박근혜를 쫓아내서 감옥으로 보낸 대중운동의 파장이 여전히 존재하는 2020년에도 정도는 덜하긴 하지만 여전히 박정희의 망령을 되살리려는 움직임이 계속되고 있다. 미래통합당을 포함한 우파들은 박정희를 경제 발전을 이룬 위인으로 치켜세우면서 억압적 조치들은 경제 발전을 위해 어쩔 수 없이 치러야 했던 부수적 대가로 취급한다. 한편 민주당과 자유주의자들은 민주주의를 억압한 것은 잘못이지만 경제 발전의 공로는 인정해야 한다고 한다.

하지만 박정희가 경제 발전은 잘했다고 동의하면 경제 발전을 위해 억압이 필요했다는 우파의 주장에 반쪽짜리 비판밖에 제기할 수 없다. 우파의 주장을 근본적으로 비판하고 대안을 모색하려면 박정희 시기 경제 발전의 성격과 모순을 봐야 한다. 우선 박정희가 권력을 장악한 시점인 1961년 5월 16일로 돌아가 보도록 하자.

5·16 쿠데타

1961년 5월 16일 박정희를 중심으로 한 쿠데타 세력이 병력 3000여 명을 동원해서 서울로 진입하고 주요 시설을 장악했다. 한강 다리에서 짧은 교전이 있었지만 쿠데타 세력은 거의 저항을 받지 않고 장면 정부를 무너뜨리고 권력을 장악하는 데 성공했다. 대중 저항도 치열한 전투도 벌어지지 않았다.

당시 정부의 수장인 장면은 한 수녀원에 피신했다. 장면은 주한 미국 대사에게 연락해서 자신을 지지해 주고 쿠데타를 저지해 달라고 애원하는 것 말고는 한 것이 없었다. 장면은 주한 미국 대사에게 비밀리에 전달한 편지에서 미국이 쿠데타를 용인하면 미국의

5월 16일 쿠데타에 성공한 직후 박정희(가운데)와 그의 수하들.

권위와 위신이 손상되는 것이 아니겠냐며 당시 주한 미국 대사 매카나기를 설득하고자 했다. 장면은 집권 기간에도 그랬지만 끝까지 미국에 의존해서 정권을 유지하고자 했다. 장면은 쿠데타에 맞선 어떠한 저항도 스스로 하지 않았을 뿐 아니라 저항을 호소하지도 않았다. 대중 또한 장면 정부를 방어하려 하지는 않았다.

당시 대통령 윤보선은* 5월 16일 쿠데타 당일 국군 병력을 동원해 진압을 해야 한다는 요청을 수용하지 않았다. 북한과의 대치 상태에서 내부 충돌은 안보 위협을 부른다는 것이 명분이었지만, 사

---

* 윤보선(1897~1990) 해방 정국에 한민당 창당에 깊숙이 참여한 정치인. 이후 민주당(구파)으로 옮겼다. 1940년 4월혁명 이후 의원내각제로 헌법이 개정됐고, 그 뒤 치러진 총선에서 민주당이 승리해 장면을 총리로 하는 정부가 들어섰다. 당시 정부의 실권은 총리에게 있었다. 윤보선은 의원들의 간접선거로 대통령에 선출됐다.

실은 장면이 물러나면 자신에게 권력이 집중될 것이라는 기대 때문이었다. 장면 정부 임기 내내 권력투쟁에만 집중했던 윤보선으로서는 어찌 보면 당연한 대응이었다. 물론 그의 기대는 얼마 지나지 않아 물거품이 됐다. 그는 박정희에 의해 대통령 자리에서 쫓겨났다.

미국이 쿠데타를 사주했다는 주장이 있지만 아직 명백한 증거는 없다. 하지만 미국이 1960년 4월혁명과 대중의 좌경화에 대한 대안으로 쿠데타를 적극 고려하고 있었다는 점은 분명한 사실이다. 5·16 쿠데타 이후 미국 중앙정부, 서울의 미국 대사관, 유엔군사령부 사이에 잠깐 의견 차이가 있었다. 그러나 그것은 쿠데타 자체가 아니라 절차와 명분에 한정된 것이었다. 서울의 유엔군사령부와 미국 대사관은 자신의 동의 없이 군이 동원된 것에 대한 문제제기를 했을 뿐이다. 즉, 자신의 권위와 위신이 중요했던 것이다.

한편, 미국 정부의 주된 관심사는 쿠데타가 대중의 좌경화를 분쇄하고 반공의 보루로서 남한을 유지시킬 것이냐였다. 미국은 잠시 관망하다가 이내 쿠데타를 지지함으로써 자신의 진의가 무엇인지를 분명히 했다. 미국 국무부 장관은 7월 21일 공식적으로 군사정권 지지 성명을 발표했다.

쿠데타가 별 저항 없이 성공할 수 있었던 데는 민주당 장면 정권의 무능과 미국의 쿠데타 인정 외에 4월혁명 이후의 사태 전개도 영향을 미쳤다. 3장에서 살펴봤듯이, 4월혁명이 일어나면서 대중이 급진화했다. 민주당 장면 정권 10개월 동안 일어난 가두시위는 총 2000건이었고 참가 인원은 연인원 100만 명이었다. '데모로 해가 뜨고 데모로 해가 진다'는 말이 있을 정도로 대중은 그동안 쌓인 요구를 일시에 제기했다. 심지어 논산 육군훈련소 병사들이 장교의 폭정에 항의해 시위를 벌이려다 가까스로 무마된 일도 있었다.

하지만 4월혁명에 힘입어 정권을 잡은 민주당 장면 정부는 대중의 요구를 하나씩 배신하며 대중의 환멸을 불러일으키고 있었다. 노동운동이 부활하고, 한국전쟁을 거치며 붕괴한 좌파가 미약하게나마 활동을 재개했지만 혁명을 더 전진시킬 힘은 아직 부족했다.

다른 한편에서는, 이승만 정권 시절부터 부와 권력을 누리던 세력은 대중의 요구에 저항하고 있었다. 민주당 장면 정부는 둘 사이에서 동요하면서도 부와 권력을 가진 집단의 이익에 충실하게 행동하고 있었다.

이런 상황에서 주류 지배계급의 부패와 무능, 대중의 급진화 모두에 불만을 가진 세력이 등장했는데, 바로 박정희를 중심으로 한쿠데타 세력이었다. 박정희는《국가와 혁명과 나》라는 그의 책에서 "1퍼센트 내외의 특권층에게 증오의 탄환을 발사하여 주자"면서 주류 지배자들에 대한 불만을 내보이기도 했다. 하지만 그의 진정한표적이 노동자와 민중의 저항과 급진화였음은 금방 드러났다.

박정희는 5월 16일부터 혁신계* 인사와 사회단체·노동조합 활동가 등 모두 4000여 명을 체포했다. 진보적 신문이었던 〈민족일보〉발행인 조용수는 구속된 뒤 사형당했다. 5월 23일에는 4월혁명 이후 활성화되기 시작했던 노동조합 운동을 대표하던 조직인 한국노

---

* 혁신계 4월혁명 이후 자유당이나 민주당보다 왼쪽 대안을 표방하며 등장한 정치세력을 일컫는다. 해방 정국에서의 좌파와는 구별되는데, 한국전쟁 이후 상당히 우경화한 정치 지형을 감안해서 봐야 한다. 혁신계에는 해방 정국에서 우파 계열에 속해 있었던 세력이 다수였고 가장 좌파적이라 할 수 있는 세력은 여운형 계열 출신자들이 만든 사회당이었다.

동조합연맹이 해체됐다. 군사정부는 8월 30일 한국노동조합총연맹 (한국노총)을 만들었다. 한국노총은 "군사 혁명의 성스러운 봉화를 선두로 국가 재건에 전력을 다할 것"을 선언하면서 등장한, 국가에 종속된 노조였다.

군사정부는 구악을 일소한다면서 정치 깡패들을 잡아들여 참회 하는 거리 행진을 시키고 부정 축재자들을 잡아들이면서 이전 정 부와는 다르다는 것을 보여 주려 했다. 쿠데타 다음 날인 5월 17일 에 주요 기업인 17명이 부정 축재자 혐의로 체포됐다. 사람들이 이 전과는 다르다고 느낄 법했다.

하지만 얼마 지나지 않아 기업인들은 모두 풀려났고 1961년 8월 전경련의 전신인 한국경제인협회가 만들어지면서 정부가 추진하 는 경제개발에서 중요한 구실을 하게 됐다. 기업인들에 대한 벌금 은 최소화됐고 1961년 10월 21일 부정축재처리법이 통과되면서 부 정 축재자들은 사실상 면죄부를 받았다. 이것은 박정희가 어느 계 급과 함께하려 했는지 분명하게 보여 주는 일이었다. 박정희는 농 가 부채를 탕감하는 조처를 취했지만, 이후 농민은 국가에 의해 계 속 수탈당했다.

쿠데타 세력의 70퍼센트가량이 농촌 출신의 중하층 집단이었지 만, 그들은 자신들이 장악한 국가를 이용해서 급속한 자본 축적을 밀어붙이는 새 지배계급이 됐다. 대중은 아주 가혹하고 끔찍한 시 기를 거쳐야 했다.

쿠데타 초기, 4월혁명에 참여한 학생이나 지식인의 일부가 쿠데 타 세력을 지지했던 것은 사실이다. 빨치산 출신으로 《민족경제론》 을 쓴 좌파 경제학자 박현채, 나중에 박정희에게 죽임을 당하는 장준하 등이 그랬다. 박정희에 의해 감옥에 갇힌 혁신계 인사들도 1963년 대선에서 박정희에게 표를 던지라고 가족들에게 말했다.

혁신계 인사들이 박정희에게 투표하자고 했던 것은 1963년 대선에서 박정희와 맞붙었던 윤보선이 박정희의 좌익 경력을* 비난하는 우파적 선동을 주도하면서 박정희가 상대적으로 좌파로 보인 효과이기도 했다. 1950년대 조봉암의 진보당이 많이 득표한 지역에서 박정희의 득표가 더 높았다. 쿠데타 초기에 학생이나 지식인들이 쿠데타 세력을 지지한 것은 박정희가 부패한 옛 지배 세력을 타파하고 자립적 경제 발전을 하자고 주장하는 등 민족주의적 언사를 내세웠기 때문이다. 하지만 그 기대는 얼마 지나지 않아 환멸로 바뀌었다. 박정희는 부패한 지배 세력을 타파한 것이 아니라, 곧 그들과 함께했기 때문이다. 부패한 기업주들은 급속한 산업화의 동반자가 되면서 막대한 부를 쌓았다.

박정희가 내세운 민족주의도 전혀 진보적인 것이 아니었음이 얼마 지나지 않아 드러났다. 1965년 한일기본조약 체결과 1964년 베트남전쟁 파병으로 말이다. 박정희는 대중의 반대도 무릅쓰고 한일기본조약 체결을 밀어붙였다. 그리고 베트남 파병을 먼저 미국에 제안할 정도로 미국 제국주의의 이익에 부합하려 노력하면서 나름으로 자본 축적의 중심을 세우려 노력했다. 이 점은 잠시 후에 좀

---

* 박정희의 좌익 경력? 박정희는 일제강점기에 출세하려고 일본군 소속 만주군관학교를 들어가서 우등으로 졸업했다. 졸업식에서 박정희는 "대동아 공영권을 확립하는 성전에서 사쿠라와 같이 훌륭하게 죽겠습니다" 하고 맹세했다. 해방 직후에는 남조선노동당에 가입해 군사부장까지 했다. 그러나 박정희는 1948년 여순반란 때 군대 내 좌익의 명단을 넘겨주고 살아남았다.

더 살펴보도록 하자.

우파들은 5·16 쿠데타를 혁명이라고 포장한다. 지배계급 처지에서는 5·16 쿠데타를 통해 한국 자본주의가 진정한 발전을 시작할 수 있었고 자본 축적의 기틀을 마련할 수 있었으니 그럴 만도 하다. 즉, 지배자들의 관점으로 보면, 5·16 쿠데타는 한국 자본주의의 기틀을 마련한 위로부터의 혁명이다.

민주주의와 삶의 향상을 원한 대중의 처지에서 보면, 5·16 쿠데타는 4월혁명의 성과를 파괴하고 등장했다는 점에서 분명히 반혁명이었다. 한편, 5·16 쿠데타 이후 한국 자본주의의 발전을 통해 이전과는 비교할 수 없을 정도로 많은 노동계급이 창출되고 그들이 체제에 도전하는 강력한 세력으로 부상했다는 점을 보면, 모순도 있었다. 마르크스가 자본주의는 그 자신의 무덤을 파는 존재인 노동계급을 만든다고 말했던 것처럼 말이다.

1961년 11월 박정희(왼쪽)는 케네디(오른쪽)를 만나 먼저 베트남 파병을 제안한다.

급속한 산업화

이제 박정희 시기의 경제 발전을 살펴보자. 우파들은 박정희의
뛰어난 지도력과 위대함 덕분에 급속한 산업화(일명 '한강의 기적')
가 가능했다고 주장한다. 이렇게 박정희를 노골적으로 찬양하는
관점이 아니더라도 경제 발전에 대한 박정희의 역할을 강조하는 시
각은 흔하다. 하지만 박정희 시대의 급속한 산업화(급속한 자본 축
적)는 다음의 몇 가지 조건 때문에 가능했다.

첫째, 미국의 구실이다. 미국과 소련은 조선의 해방 직후 한반도
의 남쪽과 북쪽을 각각 점령해 아래로부터의 운동을 분쇄하고 자
신들의 이익을 대변할 정권을 세웠다. 얼마 지나지 않아 미국과 소
련의 경쟁(냉전)이 본격화하는 맥락에서 한국전쟁이 발발했다. 이
전쟁에 개입한 미국은 한반도 이남을 소련의 남하를 막는 '반공의
보루'로 삼겠다는 의지를 분명히 했다.

한국전쟁 이후 1950년대에 미국은 이 반공의 보루를 지키려고
군사 원조를 했다. 한국에 대한 미국의 군사 원조 액수는 유럽 전
체에 대한 미국의 군사 원조의 액수보다 상당히 많았고 남미 전체
에 대한 미국의 군사 원조 액수의 4배였다. 하지만 1950년대 후반
미국은 과도한 해외 군사·경제 원조로 재정적 압박이 심해지자 무
상 원조를 줄이고 1960년대부터는 새 방법을 모색했다.

미국은 한국이 경제적으로 자립할 수 있도록 도와줌으로써 공
산주의에 대한 방벽 노릇을 하기를 바랐다. 일종의 '쇼윈도 전략'이
라고 할 수 있다. 냉전 초기 미국은 유럽에서는 마셜플랜으로 서유
럽을 경제적으로 강화시켜서 소련을 봉쇄하려 했는데, 한국에 대

한 원조와 유럽의 마셜플랜은 맥이 통하는 정책이었다.

한국의 경제적 자립과 성장을 위해 미국은 한국전쟁을 거치면서 급속히 성장한 일본을 활용했다. 이미 냉전이 시작될 때부터 미국은 동아시아에서는 일본을 중심으로 한 방위 체제를 구상하고 있었고, 이 구상을 위해 한·일의 관계 개선을 바랐다.

1965년 한일기본조약 체결은 이런 배경에서 추진된 것이다. 이로써 일본은 한국에 기술과 자금을 제공하고 미국은 한국에 시장을 개방해 주는 관계가 형성됐다. 1960년대에 미국이 중국산 원료로 만든 가발의 수입을 규제하면서 한국산 가발의 미국 시장 점유율이 높아졌다. 이때 한국에서 가발 업체가 많이 늘었고, 그중 하나가 YH무역이었다. YH무역은 나중에 박정희 몰락의 도화선이 된 노동자 투쟁이 벌어진 회사다.

이렇게 한국·일본·미국의 '트라이앵글 관계'가 형성됐다. 한국이

한일기본조약 반대 시위.

일본에서 원료와 기술을 도입해 완제품을 생산해서 미국에 수출하는 구조가 만들어진 것이다. 1960년대 한국의 주요 수출품 가운데 하나인 의류의 경우, 한국은 일본에서 섬유와 재봉틀 등을 들여와 만든 생산물을 미국으로 수출했다. 텔레비전 같은 전자 제품도 마찬가지였다.

한일기본조약 체결은 동아시아에서 패권을 지키려는 미국의 이해관계, 1950년대 이래로 이룩한 성장을 바탕으로 나라 바깥으로 진출하고자 한 일본의 이해관계, 자본과 기술이 필요한 한국 지배자들의 이해관계가 맞아떨어진 결과물이다. 이 때문에 한국 대중의 염원인, 식민 지배에 대한 일본 국가의 진정한 사과와 배상은 무시됐다. 그러므로 대중의 반발은 지극히 당연했다. 1964년 6월 3일에 한일기본조약을 추진하는 박정희 정권의 퇴진을 요구하는 대규모 반정부 시위가 격렬하게 벌어졌다. 박정희 정권은 계엄령을 발동하고 대학에 군대를 투입해서 대중의 반발을 억누르고서야 한일기본조약을 체결할 수 있었다.

이때 형성된 한·미·일의 구조적 관계는 근본에서 바뀌지 않고 지금까지 유지되고 있다. 이처럼 한국자본주의 발전이 제국주의 질서와 그 이해관계에 긴밀히 연결돼 있어서, 일본군 '위안부'와 강제 징용 문제가 아직도 해결되지 않는 것이다. 이는 우파 정부뿐 아니라 한국 자본주의의 효율성 증대를 목표로 하는 민주당 정부에도 적용된다. 즉, 위안부와 강제 징용 문제는 식민지 시절에는 민족 억압 문제였지만, 2020년 현재에도 해결되지 않고 있는 것은 그 문제가 현재 자본주의의 구조와 긴밀하게 연결돼 있기 때문이다. 그리고 위안부와 강제 징용 등에 대한 문제 제기는 현재 미국이 일본을 중심으로 구축하려는 동맹 체제 구축에 걸림돌이 되기 때문이다. 따라서 이 문제는 한국 자본주의에 대한 근본적 도전, 강대국들의 경쟁 체제인 제국주의에 대한 근본적 도전과 결합돼야 해결될 수 있을 것이다.

미국이 자신의 패권을 유지하려고 벌인 베트남전쟁은 한국 지배자들에게는 또 하나의 기회였다. 한국은 미국 다음으로 많은 병력을 베트남에 파병했다. 한국군은 가장 많을 때는 5만 명에 이르렀고, 1965년에서 1973년 철수할 때까지 연인원 32만 명이 참전했다.

베트남전쟁 파병으로 병사들은 목숨을 잃었고 현재도 고엽제 피해 등으로 고통을 겪지만, 한국 지배자들은 그 대가로 미국에게 경제적 지원을 얻어 낼 수 있었고, 베트남전쟁으로 인한 건설 운송과 수출을 통해 상당한 이득을 얻을 수 있었다. 이 시기 베트남은 한

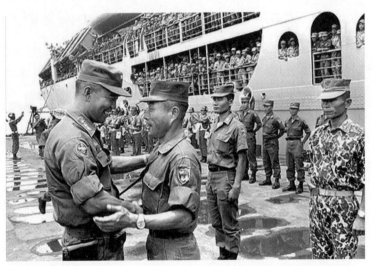

한국 지배자들에게 기회였던 베트남 파병. 맹호부대는 베트남에 파병된 외국 군대로는 미군을 제외한 첫 전투부대였다.

국이 수출한 강철의 94퍼센트와 수송 장비의 52퍼센트를 흡수했다. 한진은 전쟁 물자 운송으로, 현대는 건설 사업으로 많은 이득을 얻으며 자본 축적의 기반을 마련했다. (▶ 더 알아보기: 베트남전쟁과 한국, 165쪽)

한국이 급속한 산업화를 이룬 둘째 조건은 강력한 국가 개입이었다. 미국이 한국의 산업화에 중요한 구실을 했지만, 그렇다고 해서 박정희 정권이 이끈 한국 국가가 아무 구실도 하지 않은 것은 아니다. 역사학자 브루스 커밍스는 한국 자본주의 발전에서 국가가 한 구실을 비유적으로 설명했다. 다음 인용문에서 "나"는 국가로, "당신"은 자본가로 이해하면 된다.

나는 일본의 한 은행이 12인치 흑백 텔레비전을 만드는 자금으로 당신한테 시세보다 낮은 금리로 1000만 달러를 빌려 주도록 주선을 하고 은행에 대여금 상환을 보장한다. 나는 우리의 자유무역지대의 한 부지를 당신한테 떼어 주고, 당신 공장까지 이르는 도로를 건설해 주고, 우대금리로 에너지와 전기를 공급하고, 당신이 건물을 짓도록 미국의 잉여 시멘트를 챙겨 준다. 나는 시장과 기술과 유통 채널을 확보하고 있는 외국 회사를 찾아서, 당신의 텔레비전을 미국의 어느 곳에서나 심지어 식료품 가게에서도 팔 수 있게 해 준다. 나는 당신이 몇 개의 기업과 경쟁해야 할지를 결정하며, 당신의 연간 생산 목표액을 정해 주고 성장할 수 있는 여지가 있도록 확실히 배려한다.

한국 국가는 몇몇 산업에 자원을 집중시키고 기반 시설과 자금을 제공했으며 한국 자본가들이 뚫고 들어갈 국제시장을 지시해췄다. 당시에 세계 자본주의 발전의 특징이었던 국가자본주의적 방식이 적용된 것이다. 여기에 미국의 시장 제공 등이 결합되면서, 한국은 수출 지향적 국가자본주의 방식을 통해 경제 발전을 이뤘다.

한국의 급속한 산업화가 가능했던 셋째 요인은 둘째 요인과 결합돼 있다. 바로 가혹한 노동자 착취였다. 국가는 값싸고 순응적인 노동력을 공급하고 관리함으로써 자본 축적의 강력한 추진자 구실을 했다. 위에서 인용한 커밍스의 말은 다음과 같이 이어진다.

> 나는 교육과 훈련을 받은 노동력을 정해진 가격보다 싸게 지속적으로 공급할 것을 보장하고 노동조합을 불법화하고 노동 현장에서 위험스런 결사체들이 출현할 때에는 언제나 군대를 보내 준다.

박정희 시대의 가혹한 정치적·사회적 억압은 이런 맥락에서 이해할 수 있다. 박정희는 쿠데타 직후인 1961년 6월 10일 중앙정보부(일명 중정)를 만들었다. "폭력의 전문가들이 모인 집단"이라고 불린 중앙정보부는 1964년에는 그 규모가 4만 명이나 됐다. 비공식 요원까지 합치면 중앙정보부의 요원이 37만 명에 이르렀다는 말도 있을 정도다. 중앙정보부는 다방과 술집에까지 촉수가 미쳤을 정도로 사람들의 삶에 깊숙이 침투하려 했다.*

억압이 강화되면서 정말 웃지 못할 일도 벌어졌다. 선술집에서 막걸리를 마시다 정부 욕했다고 잡아가거나 길거리에서 장발과 미니스커트를 단속했다. 이런 억압은 지독한 착취를 위한 것이었다.

---

* 중앙정보부는 국가안전기획부(안기부)를 거쳐 현재 국가정보원(국정원)이 된다.

경제성장의 모순

이렇게 성장한 한국 자본주의는 다음과 같은 커다란 모순을 만들기도 했다.

첫째, 세계경제에 깊숙이 편입되는 방식의 자본 축적으로 말미암아 한국 자본주의는 세계경제의 등락에 민감하게 영향을 받으며 주기적 위기에 노출됐다. 1970년을 전후로 한 시기, 박정희가 죽은 1979년과 1980년에 그랬다.

1970년을 전후로 한국 경제는 산업화 이후 최초로 위기를 맞았는데, 이 위기 때문에 외국 차관을 받은 기업 가운데 파산한 기업이 1971년까지 200개에 달했다. 한국의 부채 규모는 국내총생산GDP의 30퍼센트까지 올랐다. 기업들은 위기 해소를 위해 정부가 개입해 대대적 지원에 나서야 한다고 아우성이었다. 삶이 더 어려워진 노동자 서민은 그동안 억눌렸던 요구를 제기하기 시작했다. 1971년에 벌어진 노동쟁의는 1656건으로 전년 대비 10배 증가했다. 1971년 8월에는 박정희 정권의 도시 개발에 따라 도시 외곽으로 쫓겨나 어떠한 지원도 받지 못하고 굶주리던 사람들이 폭동을 일으켜서 정부를 놀라게 했다. 바로 경기도 광주대단지 사건이었다.*

저항은 진압되긴 했지만 정부에 대한 불만은 1971년 대선에 반

---

* 광주대단지 사건 1971년 8월 경기도 광주군 중부면(현재 성남시 수정구·중원구)에서 빈민 수만 명이 벌인 소요. 서울시의 무허가 판자촌 철거 계획에 따라 철거민 10만 명이 광주대단지로 강제로 이주당했다. 광주대단지는 수도·전기·도로·화장실도 없을 정도로 열악했고 철거민들은 생계 수단도 없었다. 그런데 토지 대금과 세금 납부를 독촉받자 분노가 폭발했다.

영됐다. 박정희는 정부의 힘을 동원해 선거에 개입했는데도 겨우 94만 표 차이로 김대중 후보를 누르고 세 번째 대통령 임기를 시작했다. 뒤이은 총선에서 박정희의 공화당은 의석을 절반 이상 획득했지만 대도시에서는 야당에 완패를 당해서 대중의 정서가 달라지고 있음이 드러났다. 1967년 대선에서 박정희는 상대 후보인 윤보선보다 10퍼센트 이상 더 득표했고 도시 지역에서도 50퍼센트 이상을 득표했었는데, 4년 만에 상황이 많이 달라진 것이다.

이런 위기에 대응해 박정희 정권은 경제에 대한 국가 개입과 정치적 억압을 더 강화했다. 1972년 8월 3일 정부는 긴급경제조치를 발표했다. 기업은 사채를 앞으로 3년간 갚지 않아도 되고, 그 후 5년간 분할 상환토록 하며, 기업의 단기 고리 대출금 30퍼센트를 정부가 마련한 돈으로 저리로 대체해 준다는 내용이었다. 부채에 시달리던 기업들로서는 희망의 메시지였다. 그리고 다음 해 1월 박정희 정권은 중화학공업화 정책을 발표했다. 철강·석유화학·조선·기계·비철금속 등을 전략산업으로 선정하고 집중 투자해서, 그때까지 한국의 수출을 주도하던 경공업에서 탈피한다는 내용이었다.

1972년 10월 유신이 실시된 것도 위기 대응 맥락에서 벌어진 일이다. 위의 정책들을 추진하려면 착취를 강화해야 했고, 그러려면 억압을 더 강화할 수밖에 없었다. 1970년에 박정희 정권은 외국인 투자 기업에서 노동조합 활동을 불가능하게 만드는 법을 만들고 1971년에는 국가비상사태를 선포하며 노동조합의 단체교섭과 단체행동권을 제약하는 보위법을 만들었다.

유신은 이런 흐름의 결정판이었다. 박정희는 민주적 권리를 일체 제약하고 자신에게 권력을 집중시킴으로써 위기를 돌파하고자 했다. 대통령 직선제를 폐지해 자신이 죽을 때까지 대통령을 할 수 있게 만들고 국회의원의 3분의 1을 자신이 임명할 수 있게 하고, 국회해산권과 긴급조치권을* 가지게 됐다. 여기에 노동자들의 단체 행동권을 얼마든지 제약할 수 있는 조항을 유신헌법에 넣었다. 후속 조치로 산업별노조를 기업별노조로 만들고 공익사업장을 대통령이 직권으로 지정할 수 있도록 해서 노동조합의 활동을 원천 봉쇄할 수 있도록 만들었다. 그러나 위기가 해결되지는 않았다. 물론 경제는 다시 성장했지만, 동시에 모순도 더욱 누적됐다.

중화학공업을 육성하기 위해서는 더욱 많은 자본이 필요했고 따라서 더 많은 돈을 빌려 와야 했다. 세계경제가 괜찮을 때는 이런 부채가 문제가 되지 않았다. 중화학공업화는 한국 경제의 성장 동력이 됐다. 1976년에는 수출액이 1971년의 7배인 78억 달러에 달했다. 그러나 1970년대 말 세계경제가 다시 위기에 빠져들자 한국 경제도 더욱 심각한 위기를 맞았다. 이 위기는 한국 자본주의 발전의 둘째 모순과 결합되며 박정희가 만들어 놓은 끔찍한 억압 체제를 흔들었다.

박정희 시기 한국 자본주의의 성장이 낳은 둘째 모순은 노동계급이 대규모로 창출됐다는 것이다. 1960년대와 1970년대를 거치면서 한국의 노동계급은 카를 마르크스 생전에 전 세계에 존재했던 노동계급보다 규모가 훨씬 커졌다. 수많은 농민과 그 자녀들이 도시 산업 노동자가 됐다. 유럽에서 한 세기에 걸쳐서 이뤄진 노동계

---

* 긴급조치권 "필요가 있다고 판단할 때" 헌법에 규정된 국민의 자유와 권리를 잠정적으로 정지할 수 있는 권한. 박정희는 임기 동안 긴급조치를 9차례 발동했다.

급화가 한국에서는 한 세대 만에 일어났다.

전체 산업에서 농업 부문이 빠르게 감소하고 공업 부문이 급격하게 증가했다. 농업이 GDP에서 차지하는 비중은 1960년에는 40퍼센트였는데, 1980년에는 10퍼센트대로 떨어졌다. 반대로 공업 부문은 1960년 20퍼센트 이하에서 1980년 40퍼센트대로 급격히 증가했다. 이에 따라 노동자도 급격히 늘었다. 1985년 제조업 임금노동자 수는 1963년의 7.5배가 됐다.

이 노동자들은 한국 자본주의를 강력하게 떠받치고 있던 토대이자 기둥이었다. 자본가가 보기에 노동자는 이윤을 뽑아 낼 황금 광산 같은 존재다. 황금 광산에서 황금을 최대한 많이 캐내려면 노동조건과 임금은 열악한 상태로 머물러야만 했다. 당시 노동자들의 노동시간은 상상을 초월했다. 1970년대와 1980년대 초에는 많은 공장에서 잔업은 두어 시간 더 일하는 것이 아니라 밤새 일하는 것, 즉 24시간 계속해서 일하는 것을 뜻했다.

1970년 전태일이 분신하기 전에 박정희에게 보낸 탄원서에는 일주일에 하루는 쉴 수 있게 해 달라는 요구가 있었다. 1976년에 해태제과 여공들이 노동청에 제출한 탄원서에도 "하루 12시간만 일하게 해 주십시오. 일주일에 하루씩만 쉴 수 있도록 해 주십시오"가 주요 내용이었다. 그 정도로 노동자들의 현실은 열악했다. 노동자들은 자신의 이익을 지킬 어떤 권리도 인정받지 못하고 공순이·공돌이라는 천대까지 받으며 일해야 했다.

하지만 이렇게 한국 자본주의 성장의 진정한 동력인 노동자들이 저항에 나서기 시작하자, 무너지지 않을 것 같던 철옹성에 균열이 가기 시작했고, 노동자 저항은 결국 박정희 체제가 무너지게 하는 데서 결정적 구실을 했다. 이 과정은 다음 5장에서 자세히 살펴보겠다.

4장의 결론을 내려 보자. 지금까지 박정희 시대 한국 자본주의의 발전을 살펴봤다. 여기서는 박정희의 개인적 캐릭터나 친일파 행적이나 좌파와 우파를 오간 기회주의적 행적 등에 초점을 맞추지는 않았다. 물론 박정희는 친일파였고 기회주의자였고 부패하기까지 했다.

우파들은 박정희가 독재는 했어도 깨끗한 사람이었다고 말하지만, 전혀 사실이 아니다. 박정희의 부패 리스트를 뽑는다면 상당한 분량이 될 것이다. 박정희 정권은 주가를 조작하고 기업들을 후원하면서 막대한 정치자금을 모았다. 나중에 전두환이 청와대 금고에 있던 돈 가운데 6억 원(현재 가치는 환산 방식에 따라 27억 ~240억 원 정도다)을 박근혜에게 줬는데, 그 돈이 바로 그렇게 만들어진 것이다.

박정희 시대에 형성된 국가와 자본 사이의 유착 관계는 형태는 바뀌었어도 지금도 계속 이어지고 있다. 이것이 그의 딸인 박근혜가 감옥에 간 이유이기도 하다. 한국 자본주의에 아로새겨진 부패의 구조는 자본주의가 근본적으로 변화해야 완전히 없어질 수 있을 것이다.

박정희의 망령을 완전히 제거하려면 자본주의와 제국주의에 대한 근본적 대안이 필요하다. 그 대안의 중심에는 마르크스가 "자본주의의 무덤을 파는 사람들"이라고 일컬은 노동계급이 설 것이며, 5~6장에서 그 잠재력을 볼 수 있을 것이다.

더 알아보기

- 1972년 7·4남북공동성명 등
- 베트남전쟁과 한국
- 지역주의, 왜 생겨났고 어떻게 극복할 수 있을까?

1972년 7·4남북공동성명 등: 남북 지배자들은 "싸우는 형제"

이 글은 남한의 문재인 대통령과 북한의 김정은 국무위원장이 평양에서 정상회담을 한 직후인 2018년 9월에 발표됐다.

2018년 9월 20일 문재인 대통령이 백두산에서 김정은 북한 국무위원장과 손을 맞잡은 후 서울로 돌아오는 사이에, 여당과 보수 야당들은 박근혜 정부의 대표적 개악 공격이었던 규제프리존법을 국회에서 통과시켰다. 세간의 시선이 평양 남북 정상회담으로 쏠린 틈을 이용해, 용의주도하게 개악을 실행한 것이다.

이처럼 지배자들은 남북한 군사적 긴장만이 아니라 대화·유화 국면도 자신들에게 유리하게 이용해 왔다. 남북 관계를 자신의 체제를 강화하는 데 이용한다는 면에서는 북한 지배자들도 똑같았다. 가장 대표적인 사례로 1972년 7·4남북공동성명이 있다. 이 성명은 그 직전에 미국이 소련을 견제하려고 중국과 손을 잡으면서 형성된 긴장 완화 분위기(데탕트) 속에서 나왔다.

나는 새도 떨어뜨린다는 중앙정보부 부장 이후락이 비밀리에 평양을 방문해 김일성을 만났다. 북한 측에서도 부수상 박성철이 남한을 방문해 박정희를 만났다. 그래서 7·4남북공동성명이 발표되자, 사람들의 기대는 한껏 부풀어 올랐다. 서중석 역사문제연구소

이사장은 이때가 "해방 후 가장 들뜬 분위기"였다고 회고했다.

박정희 정권은 7·4남북공동성명을 "유신을 위한 멍석 깔기"로 이용했다. 그해 10월 남북 대화 분위기가 절정에 이른 시점에 박정희는 영구 집권의 길을 여는 유신헌법을 공포했다. 그러나 "7·4남북공동성명에 워낙 고무돼서 통일 세력이 반박도 못했고 그러면서 혁신계 일부에서는 10·17쿠데타[유신헌법 공포와 비상계엄령 선포]를 지지하기도 했다"(서중석). 같은 기간 북한에서도 흡사한 일이 벌어졌다. 북한도 자칭 사회주의 헌법을 선포하고는 김일성의 권력을 강화했던 것이다. 참으로 "싸우는 형제"다운 사건이었다. 지배자들은 정권에 대한 지지를 높이려는 의도에서 이산가족 상봉도 이용한다. 1985년 이산가족 상봉이 그 사례다.

1980년 광주항쟁을 피로 짓밟고 집권한 전두환 정권은 1985년 즈음에는 완연히 살아나는 노동운동(예컨대 대우자동차 파업, 구로 동맹파업)과 학생운동에 대처해야 했다. 1985년 2월 총선에서 여당이 사실상 패배하면서 곤란한 처지에 빠지게 됐다. 전두환 정권은 그해 9월에 분단 이래 처음으로 이산가족 상봉을 실행했다. 그리고 후속으로 남북 회담을 이어갔다. 사람들의 시선이 다른 쪽으로 옮겨 가길 의도했던 것이다. 그러나 이런 분위기는 오래가지 않았다. 1986년 10월 한 야당 의원이 통일이나 민족이 반공보다 우위에 있는 국가 이념("국시")이 돼야 한다고 말했다가 국가보안법 위반 혐의로 구속됐다. 비슷한 때에 전두환 정권은 운동을 강경하게 탄압하기 시작했다. 그러나 정부의 강경 대응은 몇 달 뒤 1987년 6월항쟁이라는 대대적인 반격에 부딪혔다.

물론 남북한 지배자들 모두 제국주의 세계 체제가 허용하는 범위 안에서만 남북 관계를 정략적으로 이용할 수 있었다. 그리고 남한 지배자들은 거의 언제나 미국 제국주의에 편승했다.

1988년 노태우 정권이 발표한 7·7선언을 계기로 남북 대화가 열렸다. 냉전 해체 분위기 속에 대화가 진전되면서 '남북 사이의 화해와 불가침 및 교류·협력에 관한 합의서(남북기본합의서)'와 '한반도 비핵화에 관한 공동선언'이 나올 수 있었다. 그러나 1991년 이라크전쟁에서 승리한 미국이 동아시아에서 패권을 재천명할 수단으로 북한을 악마화하자, 이 분위기는 지속될 수 없었다. 결국 1993~1994년 북핵 위기에서 남북기본합의서와 한반도비핵화공동선언은 아무 구실도 하지 못했다.

김대중 정부는 남북 관계 발전에 의욕적으로 달려든 정부였다. 그래서 2000년 6월 최초의 남북 정상회담이 성사되고 6·15 남북공동선언이 나왔다. 이 남북 정상회담은 김대중 정부가 국내 정치에서 운신의 폭을 넓히는 데 도움이 됐다. 당시 정부는 민족 화해·협력 분위기를 이용해 노동운동을 분열시켜 발목을 잡으려 했다. 그러나 긴장 완화 분위기는 2년이 채 못 갔다. 2002년 미국이 북한을 "악의 축"의 하나로 지목하고 새로운 북핵 개발 의혹을 제기했다. 여기에 북한이 반발하면서 북핵 위기가 다시 고조됐다.

비록 제국주의 세계 체제하에서 운신의 폭이 한정되긴 하지만, 이처럼 남북의 지배자들은 그 속에서도 남북 관계를 정략적으로 이용해 온 긴 역사가 있다. 이번에도 문재인 정부는 남북 정상회담으로 고조된 민족 화합 분위기를 이용해 노동자들에게 요구와 투쟁(민족을 분열시키는 계급투쟁)을 자제하라는 압력을 넣을 것이다. 그러면서 친시장 행보를 강화할 것이다. 따라서 운동 내 일각의 견해처럼 한반도 평화 문제에서는 정부와의 협력이 필요하고 심지어 가능한 일이라고 본다면, 노동운동이 정부의 당면한 공격에 맞서 일관되게 투쟁하기 어려워질 것이다. 우리가 노동계급의 역사적 경험에서 배워야 하는 까닭이다.

출처: 〈노동자 연대〉 260호(2018-09-27).

베트남전쟁과 한국

1968년 2월 12일 베트남 꽝남성 디엔반현에서 베트남 여성과 어린이 79명(또는 69명)이 총칼에 잔인하게 죽임을 당했다. 집이 불타고 잔혹하게 훼손된 시체들이 바닥에 나뒹굴었다. 한국군이 자행한 퐁니·퐁넛 학살 사건이다. 이외에도 한국군이 저지른 베트남 민간인 학살은 80여 건에 달한다고 알려져 있다. 총 5개 성에서 9000여 명이 사망했고, 꽝남성에서만 4000여 명이 죽었다.

베트남 빈딘성박물관에 보관돼 있는 베트남 정부의 공식 문서에는 당시 학살당한 이들의 이름과 나이, 성별이 적혀 있다. "2세, 3세, 4세, 5세. 아기와 꼬마들이었다. 그리고 71세, 68세, 62세, 55세. 노인들이었다. 베트콩으로 판단 내릴 수도 있겠다 싶을 사람을 굳이 찾자면 18세 남자 딱 한 명이었다"(《오마이뉴스》, 2014년 2월 26일).

미군조차 한국군을 "잘 싸우지만 지나치게 잔인하다"고 평가했다. 한국군의 전술 지침은 "물(인민)을 퍼내서 물고기(베트콩)를 잡는다"였다. 민간인 학살 사건 조사에 참여한 한 군인은 다음과 같이 말했다. "베트콩이 나타나면 마을을 몰살시켰어요. 할아버지, 할머니, 손자, 며느리 다 죽여 버렸어. 싹 쓸어 버렸어"(박태균, 《베트남전쟁: 잊혀진 전쟁, 반쪽의 기억》, 한겨레출판, 2015).

한국군과 국방부는 민간인 학살을 부인해 왔다. 북한군의 소행

일 뿐이라거나 당시 민간인과 베트콩의 구분은 무의미했다는 것이다. 한국의 역사 교과서도 한국군 민간인 학살을 제대로 다루지 않는다. 베트남전쟁이 가져온 전쟁 특수가 한국 경제를 부흥시켰다는 내용이 더 강조돼 있다. "한국의 어느 대학 교수는 베트남전쟁을 '신이 한국에 내린 선물'이라고 표현했다. 현재 한국 사회가 기억하는 베트남전쟁을 가장 직설적으로 보여 주는 표현이었다"(박태균,《베트남전쟁》).

끔찍한 학살의 기억은 결국 베트남인들의 몫으로 남았다. 베트남인들은 십시일반 돈을 모아 한국군 증오비를 세우고, 해마다 같은 날 '따이한(한국) 제사'를 지낸다.

박정희 독재 정권은 베트남전쟁 파병을 계기로, 5·16 쿠데타 이후 미국의 신임을 얻고 국내에서는 반공주의와 사회적 통제를 강화하고자 했다. 박정희는 1964년부터 9년 동안 32만 5000여 명을 베트남에 파병했다. 한국 역사상 최초의 대규모 장기간 해외파병이었다. 1972년에는 파병 한국군의 수가 미군의 수를 넘어서기도 했다. 파병된 한국군도 전쟁 피해자로 남았다. 한국군 5000여 명이 사망했고 살아 돌아온 병사들도 대부분 부상과 고엽제 후유증, 전쟁 트라우마로 삶이 망가졌다.

2017년 현충일에 문재인 대통령은 "베트남 참전 용사의 헌신과 희생을 바탕으로 조국 경제가 살아났다"며 찬양했다. 문재인 대통령은 노무현 정부가 국익 논리를 내세워 이라크에 파병했을 때도 그 일부였다.

베트남전쟁 당시 베트남인들은 믿을 수 없이 끈질기게 미국에 맞섰다. 그 저항은 끝내 미국을 포함한 전 세계에 반전운동을 촉발시켰다. 우리가 기억하고 이어받을 것은 끔찍한 전쟁과 민간인 학살을 자행했던 한미동맹이 아니라, 베트남인들의 영웅적인 전쟁 반대 정신이어야 한다.

출처: 〈노동자 연대〉 237호(2018-02-07).

지역주의, 왜 생겨났고 어떻게 극복할 수 있을까?

지역주의는 정확히 말하면 '호남인'(호남 출신 타 지역 거주자까지 포함하는 말로 외연이 지나치게 넓다)에 대한 차별 문제다. 호남인 차별을 왕건의 훈요십조로까지 거슬러 올라가는 것은 그릇된 주장이다. 일제강점기 고등계 형사들이 작성한 독립군 자금원 지도는 곡창지대인 호남에 부자들이 훨씬 더 많이 살고 있었고 일제는 이들을 달래고 있었음을 보여 준다.

호남인 차별은 1970년경 박정희가 김대중과 경쟁하기 시작하던 때로 거슬러 올라간다. 박정희는 1963년에 군 장성과 정부 고위 관료와 특히 대구·경북 지역의 자본가들을 모아 새로운 국가기구들을 구축했다(바로 그래서 1997년 대선을 통한 정권 교체를 "34년 만의 일당 국가 붕괴"라고 보는 것이다). 박정희는 김대중을 고립시키고 자본가들을 분열 지배하기 위해 호남인 멸시를 조장했다. 전두환 정권도 이 전략을 고스란히 이어받았다.

하지만 모순이 잉태되고 있었다. '일본에서 수입한 기계로 제품을 만들어 미국 시장으로 수출한다'는 말로 요약되는 한·미·일 삼각무역에 주로 의존한 경제성장은 섬유·경공업 중심의 공업화에서 중화학 공업화로 전환하고 있었다. 이 과정에서 부산·경남(특히 울산·마산·창원) 지역 자본가들이 성장했다. 김영삼은 바로 이 지역에 본거지를 두고 있었다.

1987년 6월항쟁과 7~9월 대중 파업 이후 폭발적으로 고양된 노동운동을 위협 수단으로 사용해 김영삼은 군부와의 협상에 성공하고 '3당 합당'을 이뤘다(미래통합당의 전신인 민자당의 탄생). 김영삼은 1991년 봄 강성 우파 총리 노재봉을 앞세운 군부의 반동 시도에 직면해 곤경을 겪었으나, 강경대 열사 치사 사건을 계기로 다시 폭발한 항의("분신정국")에 부딪힌 군부가 후퇴함으로써 이듬해 민자당 대선 후보가 됐다.

호남인이라 해서 30년 가까이 지배계급 내에서 배제당한 김대중은 1996년 12월 26일부터 1997년 1월 중순까지 김영삼 정권을 뒤흔들어 놓은 "노동법 파업" 덕분에 그해 대선에서 기회를 잡을 수 있었다.

군부 출신 독재자들이 출신지를 따져 야당 정치인들을 고립시키고 권력에 접근할 기회에서 배제하려 애쓰는 동안 그 정치인들은 자기들 나름의 지역주의를 개발했다. 지역주의가 지배계급을 분열시키는 한편으로, 특정 지역 지배자들과 그 지역 노동자들을 통합시키는 구실을 하기 때문이다.

또한 지역주의는 한 지역의 노동자와 다른 지역의 노동자를 서로 이간한다. 지역주의는 지배계급도 분열시키지만 노동계급도 분열시킨다. 그리고 해당 지역에서 계급 협력주의를 조장한다. 이것을 자신에게 이롭도록 이용하려는 정치인들이 우후죽순처럼 생겨났다. 김영삼·김대중에 이어 김종필이 가세했고, 이회창도 그랬다. 더 낮은 수준으로 내려가면 훨씬 더 많다. 지역주의가 노동계급을 분열시키고 해당 지역의 계급 화해를 고무하므로, 권세가를 대변하는 정치인들은 지역주의에 애착을 느낄 수밖에 없다.

지역주의를 없앨 수 있는 것은 출신 지역을 초월한 노동계급의 단결과 연대뿐이다. 1987년 6~9월 이래 성장한 대중적 노동운동의 지지를 받는 진보 정당들이 지역주의 문제로 골치 썩지 않는다는 사실이 이를 입증한다.

출처: 〈레프트21〉 79호(2012-04-13).

5장
—

광주항쟁
한 세대의 영혼을 울리다

전두환 물러가라

함께 토론할 쟁점

- 박정희 사망 이후 신군부는 어떻게 부상할 수 있었고, 이들은 왜 광주항쟁을 짓밟으려 했을까?

- 미국은 광주항쟁 진압에 책임이 없을까?

- 광주항쟁은 광주만의 일이었을까? 광주항쟁과 노동계급 운동은 어떤 관계가 있을까?

- 왜 전두환 등 학살자들은 여전히 잘 살고 있을까?

- 우리는 광주항쟁에서 무엇을 어떻게 계승해야 할까? 민주당이 광주항쟁 정신의 계승자일까?

2020년은 광주항쟁 40주년이 되는 해다. 그런데 광주 시민을 학살한 주범인 전두환은 반성하기는커녕 호화롭게 노후를 보내고 있다. 전두환은 한 번도 반성이나 사죄를 한 적이 없다. 2017년에 전두환은 회고록을 냈는데, 그것을 보면 전두환이 확신범임을 알 수 있다. 전두환 회고록의 1권은 지금 판매 금지된 상태다. 1권은 1979년 10월 26일 박정희의 죽음부터 광주항쟁에 이르는 시간을 다룬다. 전두환은 1권의 제목을 "혼돈의 시대"라고 지었다. 박정희가 만들고 유지하던 독재 체제가 아래로부터의 저항으로 흔들리던 상황이 전두환에게는 혼돈이었던 것이다. 즉, 전두환은 독재 정권에 생긴 균열을 뚫고 솟아나는 대중투쟁을 억누르고 착취와 억압의 박정희 체제를 유지하고자 했던 자신의 시각으로 이 책을 썼다. 당연히 온갖 왜곡과 거짓으로 가득 차 있다. 전두환의 시각으로 보면 광주항쟁은 여전히 폭동이다. 전두환은 오히려 자신이 피해자고("씻김굿의 제물"), 발포 명령자는 없었으며, 항쟁 진압은 정당했다고 주장한다.

　반면, 투쟁의 역사로 광주항쟁을 기억하는 시각에서 광주항쟁을 바라보는 그림은 완전히 다르다. 그것을 대표하는 책이 《죽음을 넘어 시대의 어둠을 넘어》일 것이다. 이 책에서 가장 기억에 남는 것은 전남도청을 마지막까지 지키다 목숨을 잃은 윤상원의 말이다.

윤상원은 "우리가 설령 진다고 해도 영원히 패배하지는 않을 것이다" 하는 말을 유언처럼 남겼다. 실제로 윤상원의 이 말은 나중에 현실로 나타났다. 광주항쟁의 영향으로 급진화한 1980년대의 운동이 1987년 6월항쟁과 7~9월 노동자 대투쟁으로 이어져 전두환을 무릎 꿇리고 감옥으로 보냈기 때문이다.

광주항쟁을 제대로 이해하려면 박정희 시기 한국 자본주의의 성장과 모순을 봐야 한다. 4장에서 살펴봤듯이, 한국 자본주의는 급속한 성장을 이루며 그와 함께 커다란 모순을 갖게 됐다. 첫째, 세계경제에 깊숙이 편입되는 방식의 자본 축적으로, 한국 경제는 세계경제의 등락에 민감하게 영향을 받아 주기적으로 위기에 노출됐다. 1970년을 전후로 한 시기, 박정희가 죽은 1979년, 1980년이 그랬다. 산업화 이후 최초의 위기인 1970년 위기에 대응해 박정희 정권은 경제에 대한 국가 개입과 정치적 억압을 강화했다. 1972년 유신은 이런 맥락에서 벌어졌다.

물론 이것이 위기를 해결한 것은 아니었다. 1970년대 말에는 더욱 심각한 위기가 찾아왔다. 1976년 14.1퍼센트였던 경제성장률이 1978년에 9.7퍼센트로 떨어지더니 1979년에는 6.5퍼센트, 급기야 1980년에는 마이너스 5.2퍼센트로 폭락했다. 위기의 대가는 노동자와 서민이 치렀다. 물가가 22퍼센트 올랐고 해고와 실업도 늘었다. 1979년 1~5월의 임금 체불액은 1978년 같은 기간의 무려 7배에 이르렀다. 이 위기는 한국 자본주의의 성장이 낳은 둘째 모순과 맞물리면서 박정희가 만들어 놓은 끔찍한 억압 체제를 뒤흔들어 놓았다.

그 둘째 모순은 노동계급이 대규모로 창출된 것이다. 이제 한국의 노동자 수는 마르크스 생전에 전 세계에 존재한 노동자 수보다 더 많았다. 그리고 한국 자본주의의 성장을 강력하게 떠받치고 있던 이 노동자들이 저항에 나서면서 무너지지 않을 것 같았던 체제에 균열이 가기 시작했다.

박정희 정권하에서 벌어진 투쟁들

노동자 저항은 경제적 불만이 정치적 억압에 대한 불만과 결합돼 표출되거나 그 둘이 서로 영향을 미치면서 때로 폭발적으로 나타났다. 가혹한 착취와 억압에 대한 초기 저항은 1970년 11월 13일 전태일의 분신으로 표출됐다. 전태일의 희생으로 소수의 노동자 사이에서 저항을 효과적으로 하려면 집단적이고 체계적인 노력이 필요하다는 생각이 자라나기 시작했다. (▶ 더 알아보기: 전태일, 196쪽)

1970년대 청계피복·동일방직·방림방적·YH무역 등에서 국가와 사측으로부터 독립적인 노동조합을 조직하고 지키기 위한 투쟁이 이어졌다. 1970년대의 폭압적 분위기 속에서도 노동자들의 저항은 끈질기게 이어졌다. 이런 움직임에 대한 국가 탄압이 집요했기 때문에, 노동조합을 지키면서 노동자들의 이익을 방어하기 위한 투쟁은 금방 정치적·사회적 문제로 발전하기도 했다.

1978년 동일방직 노동자들의 투쟁은 중앙정보부까지 개입해 노동자들을 탄압하면서 사회적으로 큰 영향을 미쳤다. 이 투쟁은 전국적으로 알려졌으며, 정부와 사측의 만행을 규탄하는 노동자와 학생이 늘어나면서 투쟁의 열기는 고조됐다.

1979년 YH무역 투쟁도 한 사업장에서 시작된 투쟁이 얼마 지나지 않아 정치적 초점이 된 사례다. YH무역은 1966년부터 미국에 가발을 수출하면서 성장해 1970년에는 수출 1000만 달러를 달성하고 1972년에는 사장 장용호가 고액 소득자 순위에서 8위에 오르는 등 급속히 이윤을 확대해 나갔다. 이런 성장의 이면에는 가혹한 노동자 착취가 있었다. 1970년대 중반 가발 시장이 쇠퇴하며 YH무역은 위기를 맞았고, 1979년 4월 사장 장용호는 폐업을 단행하고 300만 달러를 해외로 빼돌렸다. 노동자들은 이에 항의해 투쟁에 나섰다. 농성이 시작되자 경찰이 공격해 들어왔고 노동자들은 투쟁을 방어하고 지속하기 위해 당시 야당인 신민당의 당사에서 농성하기로 결정했다. 노동자들이 신민당사에 들어간 지 24시간 만인 8월 10일 청와대에서 열린 대책 회의에서 강제 해산 결정이 내려졌다. 8월 11일 새벽 경찰 1000명을 동원해 강제 진압에 나섰고, 이 과정에서 YH 노동자 김경숙 씨가 사망했다.

이 사건은 사회적으로 큰 파장을 낳았다. 학생, 종교계, 언론, 재야인사 등이 경찰 탄압을 강력히 규탄하고 나섰다. 박정희는 투쟁이 확대되는 것을 막아 보려고 신민당 총재인 김영삼을 국회의원에서 제명시켰다. 이 일은 더 커다란 항의를 불러일으켰다. 결국 YH무역 투쟁은 부마항쟁에 상당한 영향을 줬다. 부마항쟁의 시발점이었던 "부산대 선언문"에도 YH무역 투쟁을 탄압한 것에 대한 항의가 주요 내용으로 담겼다. (▶ 더 알아보기: 1979년 YH무역 투쟁, 201쪽)

부마항쟁은 '유신 대학'이라는 오명을 쓰고 있던 부산대에서 시작됐다. 유신 대학이란 유신에 고분고분한 대학이란 뜻으로 이전까지 박정희에 대해 아무런 저항도 못했던 부산대를 가리키는 말이었다. 그런 부산대에서 부마항쟁이 시작될 줄은 아무도 예상하지 못했다. 1979년 10월 16일 부산대생 200여 명이 유신헌법 철폐 등을 요구하며 시위를 시작했다. 대열은 금방 5000명으로 불어나 시내로 진출했다. 저녁이 되자 퇴근하는 노동자들이 합류해 시위대는 5만여 명에 이르렀다.

부마항쟁은 학생들의 투쟁으로 시작했지만 노동자와 도시 하층민도 대거 참가하면서 민중 항쟁으로 발전했다. 사람들은 그동안 쌓인 불만을 격렬하게 표출했다. 관공서와 파출소가 공격받았고 박정희 초상화가 불에 탔다. 부산의 투쟁은 마산으로 확산해 격렬하게 전개됐다. 당시 많은 취재기자들이 거리 분위기를 "축제"라고 표현했다. 숨막히는 억압에 시달리던 사람들에게는 해방감을 만끽할 시간이었던 것이다. 사람들은 잠시나마 세상이 변화될 수 있겠다는 희망에 들떠 있었다.

부마항쟁은 누적된 계급적 불만이 표출된 사건이기도 했다. 박정

박정희 정권을 궁지로 몰아넣은 부마항쟁. ⓒ 부마민주항쟁기념재단

희 정권이 경제 위기의 대가를 노동자와 서민에게 떠넘기려 했기 때문에 1979년 전기료와 물가가 급속히 올랐다. 체불임금과 실업이 증가하면서 노동자들의 고통이 심화돼 갔다. 부산과 마산의 기업 부도율과 체불임금은 다른 지역보다 월등히 높았다. 항쟁 기간 동안 고위층이나 부잣집이 시위대에 공격당한 것은 우연이 아니었던 것이다. 몇 달째 체불임금에 시달리던 현대양행 노동자들이 집단으로 부마항쟁 시위에 참가했다. 10월 16일부터 19일까지 나흘 동안 부산·마산 일대에서 시위 도중 체포된 사람은 모두 1563명이었다. 그중 500여 명이 학생이고 나머지 1000명이 노동자와 도시 하층민이었다는 사실을 보면, 부마항쟁이 그동안 쌓인 계급적 불만이 정치적 불만과 함께 표출된 운동이었음을 알 수 있다.

박정희 정권은 부산에 계엄령을, 마산에 위수령을 선포하고 공수부대를 투입해 시위를 잔인하게 진압했다. 이는 광주항쟁 진압의 예고편이었다고도 할 수 있다. 이렇게 부마항쟁은 군대를 동원한 탄압으로 "강요된 침묵" 속으로 빠져들었다.

하지만 부마항쟁을 겪으며 지배자들 사이의 분열이 가속화했다. 중앙정보부장 김재규는 부마항쟁에 관해 박정희에게 다음과 같이 보고했다. "유신 체제에 대한 도전이고 물가고에 대한 반발과 조세에 대한 저항에다가 정부에 대한 불신까지 겹친 민중 봉기입니다. 불순한 세력은 배후에 없습니다. 위와 같은 민란은 정보 자료로 판단컨대 5대 도시로 확산됩니다." 계속 강경 대처로 일관한다면 체제 자체가 위기에 처할 수도 있음을 경고한 것이다. 하지만 박정희는 김재규를 질책했다. 박정희는 "앞으로 서울에서 4·19 같은 데모가 일어난다면 대통령인 내가 발포 명령을 하겠다"면서 탄압을 더욱 강화하는 방향으로 나아갈 것임을 밝혔다. 경호실장 차지철은 "캄보디아에서는 300만 정도 죽어도 까딱없었는데 데모대원 100만 ~200만 정도 죽어도 걱정 없습니다" 하며 맞장구쳤다.*

결국 김재규는 박정희를 죽임으로써 위기에 처한 체제를 구해 보고자 했다. 한국 자본주의의 위기는 대중 저항과 맞물리면서 박정희가 만들어 놓은 끔찍한 억압 체제의 최상층 관료 한 명을 박정희에 대한 사형 집행인으로 만들었다.

하지만 박정희의 죽음 뒤의 상황을 결정지은 것은 김재규의 손끝이 아니었다. 김재규를 박정희 살해로 몰아간 아래로부터의 저항과 박정희의 뒤를 이어 억압적 착취 체제를 유지하고자 한 전두환 사이의 대립이 어떻게 전개되느냐였다.

1980년 '서울의 봄'

박정희가 죽은 후 대통령이 된 최규하는 실질적 권력이 없었다. 실제 권력은 군부에 있었다. 군부는 크게 두 세력으로 분열해 있었다. 육군 참모총장으로 계엄사령관인 정승화와 보안사령관으로 합동수사본부장인 전두환이었다. 지휘 계통으로는 상관이었던 계엄사령관 정승화는 아래로부터의 저항을 의식해 유신 체제를 조금씩

---

* 캄보디아 킬링필드 1975~1979년 캄보디아공산당(크메르루주)의 폴 포트 정권이 벌인 학살. 당시 캄보디아 전체 인구 800만 명 중 170만~250만 명이 사망한 것으로 추산된다. 베트남전쟁의 후반기인 1970년부터 미국은 캄보디아 등지로 폭격을 확대했는데, 그 폭격으로 70만 명이 사망하는 등 캄보디아가 황폐화한 것이 중요한 배경이 됐다.

완화하는 방향으로 가야 한다고 생각했다. 그래서 긴급조치 폐지와 김대중 복권 등 몇몇 유화 조처를 취했다. 그러나 전두환과 그 지지 세력의 생각은 달랐다. 전두환은 자신의 사조직 '하나회'를* 기반으로 조심스럽게 군부 내에서 지지 세력을 모았다. 하지만 둘 사이의 차이가 근본적인 것은 아니었다. 정승화는 김대중은 사상이 불투명하고 김영삼은 무능하며 김종필은 부패해서 그들이 대통령이 되면 쿠데타를 일으킬 것이라고 말한 인물이었다.

박정희는 자신과 고향이 같은 영남 출신자들을 중용했다. 전두환은 박정희의 5·16 쿠데타 직후 육군사관학교 생도들의 5·16 쿠데타 지지 시위를 조직해서 박정희의 눈에 든 이후 주요 보직을 거치면서 박정희의 총애를 받았다. 박정희의 '정치적 아들'이라 할 만한 전두환이 박정희 살해 사건의 수사 책임자인 보안사령관이었다는 점은 향후의 사태 전개에 중요한 영향을 끼쳤다. 합동수사본부장이 된 전두환은 경찰·검찰과 중앙정보부를 장악하면서 정승화 세력을 제압할 계획을 진행했다.

결국 전두환은 1979년 12월 12일 정승화를 박정희 살해 공모혐의로 체포했다. 이것이 12·12 쿠데타다. 1980년 3월 중순 주한 미국 대사 글라이스틴이 작성한 한국의 정치 상황 보고서는 전두환이 군을 장악하고 이제 정권을 장악하는 방향으로 나아가고 있다고 지적했다. 당시 상황을 잘 묘사했다고 할 수 있다. 지배 집단

---

* 하나회 1951년 육군사관학교 생도 중 전두환·노태우·김복동 등이 만든 사조직. 12·12 쿠데타를 주도했다. 하나회 회원들은 이후 군대의 주요 직책을 차지하고 전역 후에는 장관이나 국회의원으로 진출하기도 했다.

내에서 주도권을 쥔 전두환은 이제 아래로부터의 저항을 파괴하기 위해 움직이기 시작했다. 공수부대를 대상으로 대중 저항을 철저하게 진압하기 위한 충정훈련을 실시했다.

이런 상황인데도 야당들의 대응은 꾀죄죄함 그 자체였다. 김영삼은 군 장성급 출신자들을 영입하고 전두환에 대해 적극적으로 반대하지 않으면서 신군부와 흥정을 잘 하면 자기가 대권을 잡을 수 있을 것이라는 순진한 착각에 빠져 있었다. 김대중은 학생들이 신군부에게 탄압의 빌미를 주지 말아야 한다고 보고 폭력이나 물리적 힘의 행사를 자제해야 한다고 기회가 있을 때마다 강조했다. 김대중은 5월 16일 김영삼과 공동으로 "시국 수습 6개항"을 발표하면서 평화 유지를 호소했다. 하지만 전두환은 바로 다음 날 계엄령을 전국으로 확대하면서 김대중을 내란 혐의로 구속했다.

한편, 박정희 사망 이후 탄압이 완화되면서 그동안 숨죽이고 있던 학생운동이 부활하기 시작했다. 대학에서 학생회가 생겨나고 학생들은 학내 민주화와 정치적 민주주의를 요구하며 투쟁에 나서기 시작했다. 투쟁의 절정은 5월 15일에 있었던 서울역 집회였다. 서울 시내 30개 대학 학생 10만 명 이상이 5월 15일 서울역에 모여서 계엄 철폐 등을 요구하는 집회를 연 것이다. 그렇지만 학생들은 오후 8시 50분부터 해산을 시작했다. 시민들의 호응이 없는 상황에서 군인과 충돌하는 것은 현명치 못하다고 판단했기 때문이다. 이것이 이른바 '서울역 회군'이다. 서울역 회군 때문에 광주에서 대학살이 벌어졌다는 비판이 있다. 하지만 당시 학생들의 준비 정도와 경험과 자신감 수준을 고려하면 이것은 과도한 비판이다. 무엇보다 전두환의 쿠데타를 학생들만의 시위로 막을 수는 없었다. 노동계급의 광범한 참가가 관건이었지만, 그런 일은 벌어지지 않았다.

물론 노동자들은 1980년 유화 국면에서 그동안 억눌려 온 불만을 터뜨렸다. 노동쟁의가 급증했다. 1980년 초부터 4월 24일까지 전국에서 발생한 노사분규는 719건이었다. 1979년 한 해 동안 벌어진 노사분규 105건의 거의 7배인 것이다. 그런 투쟁의 하나가 사북항쟁이다. 사북항쟁은 매우 격렬하게 벌어졌다. 1980년 4월 16일 강원도 사북탄광에서 광원 25명이 친사측 노조의 형편없는 임금 인상안에 반대해, 임금 인상과 노조 지부장 재선거를 요구하고 전국광산노동조합 위원장실을 점거하면서 사북항쟁이 시작했다. 광원과 가족 3000여 명은 사북읍을 장악하고 저항했다. 정부는 강경 진압이 사태를 더 악화시킬 수 있다고 판단해 노동자들과의 합의를 이끌어 내고 투쟁을 종료시켰다. 하지만 합의는 기만이었다. 합의 이후, 투쟁을 주도한 노동자 100여 명을 연행해 가혹한 고문을 하고 구속한 것이다. 그 일주일 후에 발생한 부산의 동국제강 투쟁도 비슷한 양상을 보였다.

이처럼 인상적인 노동자 투쟁이 벌어지기도 했지만 투쟁은 확대되거나 지속되지 못했다. 장기간 이어진 노동 통제 때문에 노동자들은 투쟁 경험, 조직, 자신감 등 모든 면에서 아직은 취약했다. 그들에게는 경험과 시간이 좀 더 필요했다.

전두환은 1980년 5월 17일 계엄령을 전국으로 확대했다. 1979년 10월 27일에 선포된 계엄령에서 제주도만 제외돼 있었으므로, 형식적으로 전두환의 계엄령 확대는 제주도를 포함시키는 조처였다. 하지만 내용상으로는 전면적 탄압의 선포였다. 5월 17일 하루에만 재야인사, 학생운동 지도자, 언론인 등 600명 이상이 체포됐다.

대규모 투쟁을 벌인 사북 광원 노동자들. ⓒ 사북민주항쟁동지회

다른 지역에서는 투쟁이 멈춘 것과 달리 광주에서는 시위가 계속됐다. 광주에서 시위가 멈추지 않은 이유가 있었다. 박정희의 독재 정권은 분열 지배 전략의 일환으로 호남을 의도적으로 차별하는 정책을 썼다. 호남은 다른 지역보다 낙후했을 뿐 아니라, 호남 사람들은 온갖 멸시와 천대를 받았다. 그런 박정희의 계승자 전두환이 김대중을 체포한 것은 광주 시민을 더 분노케 했다.

전두환은 광주의 시위가 전국으로 확산될까 봐 두려워했다. 이 때문에 광주를 초기에 잔인하게 짓밟아 본보기를 보여 주겠다고 작심했다. 공수부대의 짐승 같은 야만 행위는 그 결과였다. 공수부대도 부마항쟁 때의 공수부대가 아니었다. 부마항쟁 진압 후 군은 "부마 사태 진압 작전에 대한 평가 과정에서 시위의 대규모 확산을 미연에 방지하기 위해서는 초동단계부터 공수부대를 투입해 강경 진압을 하는 것이 효율적"이라는 결론을 냈다. 그리고 위에서 언급했듯이, 전두환은 공수부대에게 시위 진압 훈련을 실시했다.

항쟁의 전개

5월 18일 오전 10시 전남대 정문에 학생 100여 명이 모여 농성을 시작했다. 학교를 지키고 있던 공수부대는 쇠심이 박힌 살상용 특수 곤봉으로 공격을 시작했다. 잠깐의 투석전이 있었지만, 학생들이 특수 훈련을 받은 공수부대를 상대하는 것은 무리였다. 공수부대는 학생들을 쫓아가 머리를 강타하고 실신하면 질질 끌고 갔다. 학생들은 시내로 나가 이 사실을 시민들에게 알리기로 하고 시내에서 시위를 시작했다.

시내에서 학생들을 중심으로 한 시위대 수백 명이 모였다 흩어지기를 반복하며 시위를 벌였다. 오후 4시 40분경 공수부대의 공격이 시작됐다. 군인들은 시위대를 잡으면 먼저 곤봉으로 머리를 때려 쓰러뜨리고 서너 명이 한꺼번에 달려들어 군홧발로 뭉개고 곤봉으로 쳐서 피 곤죽을 만들었다. 조금이라도 반항하는 기색이 보이면 가차 없이 대검을 사용하기도 했다. 투쟁이 격화하면서 사망자의 사망 원인은 처음에는 타박상이 많았다가 점차 자상과 총상이 늘어났다.

다음 날인 19일, 계엄군의 검문과 통제가 강화했지만 오전 10시부터 금남로에 사람들이 모여들기 시작했다. 이날도 잔인한 진압은 계속됐다. 계엄군은 체포한 사람들을 거리로 끌고 나와 많은 사람들이 보는 앞에서 발가벗기고 기합을 주고 괴롭혔다. 광주 시내 종합병원과 개인병원들에는 중환자가 넘쳐 나기 시작했다. 병원에서 죽는 사람도 많았는데 학생과 청년뿐 아니라 노인과 여성, 심지어 어린아이 시체도 있었다.

광주에 투입된 계엄군. ⓒ 5·18기념재단

이날부터 시위대의 중심 세력은 학생에서 일반 시민으로 바뀌었다. 시위는 시내 전역으로 확산되고 있었다. 20일 오후 시위대는 수만 명으로 늘어났다. 꼬마 손을 잡고 나온 할머니, 점원, 학생, 회사원, 가정주부, 음식점 종업원 등 다양한 사람들이 참가했다. 시위가 민중 항쟁으로 발전하고 있었다.

20일 오후 7시 대형 트럭, 고속버스, 시외버스, 택시 200여 대가 금남로를 가득 메운 채 시위가 벌어졌다. 공수부대가 택시 노동자 3명을 살해한 것에 항의해서 벌어진 시위였다. 시위 규모는 20만 명을 넘어섰다. MBC와 KBS도 불에 탔다. 수많은 사람이 죽어 나가는데도 이런 소식은 단 한마디도 보도하지 않고 정부 입장만 보도했기 때문이다.

21일 화정동과 동명동 등지의 고급 주택가는 부자들이 빠져나가 인기척이 없었다. 이날 전남도청 주변에 30만 명이 모여들어 투쟁

시위대를 향해
돌진하는 계엄군.
ⓒ 5·18민주유공자유족회

이 정점에 이르렀다. 공수부대가 곧 물러날 것이라는 희망 섞인 관측도 있었다. 하지만 정오가 되고 애국가가 울려 퍼지자 공수부대의 발포가 시작됐다. 조준 사격으로 많은 사람이 희생됐다.

이제 광주 시민들은 계엄군의 공격에 대응해 무장하기 시작했다. 21일 저녁 8시경 시민군이 드디어 도청에 진입했다. 22일 광주는 해방구가 됐다. 시민군은 계엄군의 반격에 대비하면서 시내 치안을 유지하는 일을 했다. 모든 차량을 등록하고 군호 연락, 수송·보급, 순찰, 전투 등의 임무를 조직했다.

사재기나 매점매석은 일어나지 않았다. 헌혈이 넘쳐 났고 은행이

해방 광주의 시민군.

나 신용금고 도난 사고는 단 한 건도 없었다. 시민군에 의한 폭력
사건도 없었다. '해방 광주'는 평범한 민중이 이 사회를 운영할 수
있다는 잠재력을 보여 줬다.

광주 시민은 항쟁을 확산시키려 애썼지만 항쟁은 고립돼 있었고
전두환의 신군부는 진압 기회를 노리고 있었다. 시민수습대책위원
회가 구성됐다. 지역 유지급 인사, 목사, 신부, 변호사 등 15명이 위
원으로 참석했다. 이들은 군과 협상을 시작했고 시민군의 총기 반
납을 추진했다. 이렇게 불필요하게 타협적인 행보에 반대해서 투쟁
적 지도부를 구성해야 한다는 주장이 나오기 시작했다. 시간이 갈
수록 지도부 내 이견은 더욱 심해졌다. 사람들은 시민수습대책위원
회의 태도가 투항적이라고 비판했다.

25일 투쟁적 항쟁 지도부가 세워졌다. 26일에 전남도청 앞에서
열린 5차 궐기대회 참가자들은 최후까지 투쟁하겠노라 다짐했다.

계엄군은 최후통첩을 보냈다. 항쟁 지도부는 시민들에게 이 사실을 알렸다. 계엄군과 싸워 이길 것이라고 생각하는 사람은 없었다. 사람들은 죽을 각오를 하고 전남도청에 남았다. 이들은 유언처럼 다음과 같은 말을 남겼다.

물론 우리는 패배할 것입니다. 죽을지도 모릅니다. 그러나 그냥 이대로 전부가 총을 버리고 계엄군을 아무 저항 없이 맞아들이기에는 지난 며칠 동안의 항쟁이 너무도 장렬했습니다. 앞으로 우리 시민들의 저항을 완성시키기 위해서도 누군가가 여기에 남아 도청을 사수하다 죽어야 합니다.

27일 새벽 3시 30분 계엄군이 시내로 진입하기 시작했다. 계엄군은 새벽 5시가 되기도 전에 전남도청을 완전히 점령했다.

이렇게 광주항쟁은 군사적으로는 패배했다. 하지만 정치적으로는 그렇지 않았다. 1980년대에 많은 사람들이 광주항쟁의 영향으로 급진화해서 전두환 정권에 맞서 기꺼이 싸우고자 했다. 실제 목숨을 바친 사람들도 많았다. 특히 사회 변화에서 노동자의 중요성을 인식한 투사가 늘어나기 시작했다.《한국 노동계급의 형성》의 저자 구해근 교수는 당시 상황을 다음과 같이 묘사했다.

역설적으로 한국 노동계급 운동은 전두환 정권 첫 1년 동안 더 강해지고 성숙해졌다. 표면적으로 정치적 안정이 유지되었지만 그 이면에서는 학생 노동자 재야 집단들이 1980년의 패배에 대해서 광주 학살의 의미에 대해서 그리고 그들의 미래 전략에 대해서 숙고하였다.

광주항쟁의 충격으로 급진화하고 민주주의를 염원하며 투쟁한 사람들의 열망은 1987년 6월항쟁과 7~9월 노동자 대투쟁으로 이어졌다. 이 투쟁으로 전두환이 몰락했으니, "역사의 복수"라 할 만하다. 이 투쟁들은 6장에서 살펴볼 것이다.

광주항쟁과 미국

광주항쟁 당시 붙었던 한 대자보에는 미군 군함이 전두환의 신군부를 견제하고 시민을 지원하러 왔다는 내용이 있었다. 이 사례에서 볼 수 있듯이, 당시 항쟁 참가자들이 미국에 어느 정도 기대를 하고 있었던 것은 사실이다. 하지만 이런 기대는 이내 미국에 대한 분노와 반발로 이어졌다. 미국은 사실상 광주 학살을 지원했기 때문이다.

미국은 1965년부터 베트남전쟁에 본격적으로 개입했지만 결국 패전했다. 1970년대 들어 미국은 중국과 평화 무드를 조성하면서 베트남전쟁 패전의 상처를 만회해 보려 했다. 그리고 해외에 직접 개입하기보다는 그 지역 동맹자를 통한 패권 유지 전략을 추구했다. 예컨대 미국은 중동에서는 이란의 독재자 샤를 지원하고 남미에서는 각국 독재 정부를 지원했다. 하지만 1979년 1월 이란에서 혁명이 일어나 미국의 후원을 받던 샤가 몰락했다. 1979년 7월 니카라과에서는 산디니스타 민족해방전선이 친미 독재자 소모사를 몰아내고 권력을 장악했다.

미국 카터 정부는 군비 팽창 정책을 강화하기 시작했다. 페르시아만 지역에 미군기지를 신설하고 제3세계에 즉각 투입할 수 있는 신속배치군을 신설했다. 보통 카터 정부는 인권을 강조하면서 군비 팽창에 반대했고 1980년대 레이건 정부가 대규모 군비 팽창을 했다고 알려져 있지만, 사실 레이건 정부의 정책은 1979년 카터 정부의 정책을 발전시킨 것이다.

1979년 6월 31일에 카터와 박정희의 정상회담이 있었다. 미국은 박정희 지지를 확실히 했다. 박정희가 암살된 이후에도 미국은 박정희의 죽음으로 한국의 지배 체제가 불안정해지고 동아시아에서 자신의 중요한 동맹자가 없어지는 것을 바라지 않았다. 미국은 전두환의 신군부를 지지함으로써 자신의 이익을 관철하려 했다.

미국은 광주항쟁을 진압하기 위해 투입된 한국군 20사단의 이동을 승인했고 사태의 확산을 우려해 미국의 항공모함과 조기 경보기가 한국에 배치될 때까지 진압 작전을 유보해 달라고 한국 군부에 요구했다. 실제로 미군 함대가 배치된 후 진압 작전이 시작됐다. 미국은 이와 같은 광주 학살 지원에 대해서 인정하거나 사과한 적이 한 번도 없다. 이런 미국의 제국주의적 본질이 드러나면서, 광주항쟁 이후 미국에 반대하는 운동이 성장했다. 1980년대에 전국의 미국문화원이 점거나 방화로 몸살을 앓았던 것은 이런 맥락 때문이다.

오늘날 미국은 북한을 계속 압박하고 한·미·일 동맹을 강화하면서 한반도의 긴장을 높이는 주범이다. 따라서 지금도 미국 제국주의에 반대하는 것은 중요하다. 하지만 그렇다고 해서 다른 제국주의 국가나 북한을 지지하는 것은 곤란하다. 1980년대의 좌파들이 미국에 반대하면서도 한편으로는 소련이나 북한을 대안으로 삼아 나중에 큰 정치적 혼란에 빠진 점을 상기해 볼 필요가 있다.

광주항쟁의 계승

광주항쟁 직후부터 학살에 대한 진상 규명과 책임자 처벌 요구가 계속됐다. 이것이 현실화하기 시작한 것은 1987년 6월항쟁과 7~9월 노동자 대투쟁을 통해 군부독재를 무릎 꿇리면서부터다. 1988년에는 전두환이 백담사로 쫓겨나고 이른바 '광주 청문회'가 열렸다. 1995년에는 전두환과 노태우가 구속됐다.

이런 성과가 투쟁의 결과물임을 아는 것이 중요하다. 특히 그 투쟁의 중심에 노동계급이 있었다. 박정희 시대의 진정한 유산이라 할 수 있는 한국 노동계급은 1980년에 패배를 겪기는 했지만, 1960년대 이래 양적·질적으로 계속해서 성장하면서 결국 1987년 6월항쟁과 7~9월 노동자 대투쟁을 통해 역사의 전면에 등장했다. 노동자들은 박정희가 만들고 전두환이 이어받은 체제에 도전하기 시작했고, 그 결과로 위에서 말한 성과들을 얻을 수 있었다.

광주항쟁에 대한 망언과 모욕을 일삼는 미래통합당과 우파와 달리, 문재인 정부와 민주당은 광주항쟁 정신을 헌법 전문에 넣겠다고 말하거나 광주항쟁 당시 헬기 사격 문제를 제기하면서 자신들이 광주항쟁의 정신을 계승하는 정치 집단이라고 광고한다. 그러면서 우파의 부활을 막으려면 자신들을 지지하는 것 외에 별다른 대안이 없음을 설파하려 한다. 하지만 그들이 광주항쟁의 정신을 대변한다고 하기는 힘들다. 광주항쟁의 요구인 민주주의를 가장 일관되게 옹호해 온 세력은 민주당이 아니라 노동계급이다.

1987년 6월항쟁으로 군부독재가 무릎 꿇은 뒤, 노동자들은 7~9월 노동자 대투쟁을 통해 6월항쟁의 성과를 공고히 했고,

1989~1991년 군부의 회귀 시도를 좌절시켰고, 1996~1997년 대중 파업을 통해 우파의 일당 지배를 무너뜨리며 민주주의를 확대해 온 주역이다. 그 결과로 민주당의 집권이 가능해졌다. 민주당이 민주주의를 가져온 것이 아니라, 노동계급이 투쟁으로 확대한 민주주의의 수혜를 민주당이 입었다고 해야 정확할 것이다.

이렇게 집권한 민주당은 대중의 열망과는 달리 광주항쟁 학살에 대한 진상 규명과 책임자 처벌에 그다지 열의가 없었다. 김대중은 당선하자마자 전두환과 노태우를 석방했다. 물론 5월 18일을 국가 기념일로 지정하는 등의 일을 했지만, 그것은 광주항쟁을 제도화된 틀 내에 국한시키고 광주만의 일로 가두려는 것이었다. 물론 그런 변화조차 투쟁의 성과물이라는 점에서 중요하지만, 김대중·노무현 정부도 한국 자본주의의 유지·발전이라는 목표를 우파와 공유하기 때문에 진상 규명과 책임자 처벌 문제에서 대중의 열망에 부합하지 못했다. 그래서 묻혀 있는 진실도 여전히 많다.

박근혜 정권 퇴진 운동의 힘 덕분에 집권한 문재인 정부는 이전 민주당 정부처럼 '5·18 문제 해결'을 들고 나왔다. 그래서 계엄군 발포 책임자를 밝히고 살해·성폭행·암매장 등 계엄군의 만행을 조사하는 조사위원회를 출범시켰다.* 하지만 김대중·노무현 정

---

* 2020년 5월 11일 '5·18민주화운동 진상규명조사위원회'가 공식으로 활동을 시작했다. 그렇지만 송선태 조사위원장의 말처럼 "수사권은 물론이고 많은 부분이 난도질을 당해 톱날이 다 빠진 톱" 같은 위원회가 밝혀낼 수 있는 것은 제한적일 수밖에 없게 됐다. 이렇게 된 것에 대해 민주당은 2020년 총선 전에는 미래통합당의 훼방을 핑계로 댈 수 있었지만, 이제는 혼자서 의석을 절반 이상 차지했으므로 더는 미래통합당 핑계를 댈 수 없게 됐다.

전남도청 앞 광장에서 열린 민족민주화대성회. ⓒ 5·18기념재단

부가 화해와 통합을 핑계로 우파와 타협한 것처럼, 문재인 정부도 광주 학살의 진상을 철저히 규명하리라 기대하기는 어려울 것이다. 과거사 문제에서는 문재인 정부도 이전 민주당 정부처럼 용서와 화합을 강조한다. 이런 태도는 문재인 정부가 우파의 과거를 비판해 정치적 이득을 얻고자 하면서도, 진지하게 우파에 맞서려 하지는 않는다는 것을 보여 준다. 2017년 대선 직전 전두환이 발포 명령을 내리지 않았다고 주장하는 특전사령관 출신 전인범을 영입했던 것도 이런 맥락이다.

결론을 내려 보자. 광주항쟁은 한국 노동계급 운동 역사의 중요한 일부다. 군부독재하의 혹독한 천대와 착취 속에서도 성장한 노동계급이 역사의 전면에 등장하는 과정 속에 광주항쟁은 자리 잡고 있다. 군부독재는 종식됐지만 오늘날에도 자본주의가 대중에게 강요하는 끔찍한 고통은 계속된다. 가난, 불평등, 온갖 차별, 대형 참사는 자본주의가 낳았고 앞으로도 낳을 끔찍한 '적폐'다. 이 문제들은 이윤을 위해 대중을 고통에 몰아넣는 자본주의 자체를 근본적으로 극복하지 않고서는 해결될 수 없다. 따라서 광주항쟁이 보여 준 것, 즉 대중이 스스로 사회를 운영할 수 있다는 잠재력과 진정한 해방을 위한 염원은 오늘날에도 여전히 유효하다. 그 잠재력과 염원은 노동계급에 의해 실현될 수 있을 것이다.

더 알아보기

- 전태일, 한국 노동자들의 영원한 등불
- 1979년 YH무역 여성 노동자 투쟁
- 지금도 드러나고 있는 신군부의 야만 행위
- 진실의 문턱도 밟지 못할 광주항쟁 북한군 개입설

전태일, 한국 노동자들의 영원한 등불

이 글은 전태일 사망 40주기를 기념해 2010년 10월 28일에 발표됐다.

전태일이 10대를 보낸 1960년대는 박정희 정권이 급속한 공업화를 시작하던 때였다. 저곡가 정책 때문에 농촌이 파탄지경이 되면서 1960~1975년에 무려 700만 명이 도시로 밀려들었다. 전태일도 1964년 상경해 구두닦이와 신문팔이로 연명하던 도시 빈민이었다. 전태일은 1965년 평화시장에서 '시다' 생활을 시작했다. 하루 14시간 일하고 한 달 월급은 1500원. 일당이 커피 한 잔 값밖에 안 되는 50원이었다. 당시 평화시장 일대는 나날이 성장했다. 업주들은 불과 1~2년 사이에 집도 사고 땅도 살 만큼 큰돈을 벌었지만, 평화시장에서 일하는 노동자들의 삶은 처참했다.

종업원 대부분이 여자로서 평균 연령 19~20세 정도가 미싱을 하는 사람들이고, 14~18세가 시다를 하는 사람들일세. 보통 아침 출근은 8시 반 정도. 퇴근은 오후 10시부터 11시 반 사이일세. … 그 많은 먼지 속에서 하루 14시간의 작업을 마치고 집으로 돌아가는 노동자들의 모습은 너무나 애처롭네(1969년, "원섭이에게 보내는 편지").

전태일이 재단사로 일하던 어느 날 시다 한 명이 울음을 터뜨리

청계천 평화시장 앞 전태일 동상.
ⓒ 이재혁

며 말했다. "재단사요, 난 이제 아무래도 바보가 되나 봐요. 사흘 밤이나 주사 맞고 일했더니 이제 눈이 침침해서 아무리 보려고 애써도 보이지도 않고 손이 마음대로 펴지지가 않아요."

질식할 듯 탁한 공기와 지저분하고 어두침침한 작업장. 한 평 넓이 공간에 노동자 4명 정도가 일하는 작업 환경. 게다가 다락방에서 일하는 노동자들은 허리를 제대로 펴지도 못하고 비좁은 작업장 사이를 걸어 다녀야 했다. 어느 날 한 미싱사 소녀가 일을 하다가 새빨간 핏덩이를 재봉틀 위에다가 왈칵 토해 냈다. 전태일이 급히 병원에 데려가 보니 치료가 어려운 폐병 3기라고 했다. 그 여공은 해고되고 말았다. "왜? 왜? 왜? …" 전태일은 절규하며 다음과 같이 썼다.

왜 가장 청순하고 때묻지 않은 어린 소녀들이 때묻고 더러운 부한 자의 거름이 되어야 합니까? 사회의 현실입니까? 빈부의 법칙입니까?(1970년 초의 소설 작품 초고에서)

인간을 필요로 하는 모든 인간들이여. 그대들은 무엇부터 생각하는가? 인간의 가치를? 희망과 윤리를? 아니면 그대 금전대의 부피를?(1969년 12월을 전후해 쓴 글)

전태일이 평화시장의 비인간적인 노동환경에 맞서 처음 택한 방법은 시다와 미싱사를 관리하는 재단사가 돼 노동자들의 현실을 개선하려는 것이었다. "나는 어서 빨리 재단사가 돼서, 노임을 결정할 때는 약한 직공들 편에 서리라고 결심했다." 그러나 어느 날 전태일이 피곤을 못 견디는 어린 시다들을 일찍 집에 보내고 작업장에 남아 할 일을 대신하다가 주인에게 들켰다. 그는 이 일 때문에 직장에서 쫓겨났다. 재단사로서 불쌍한 시다들에게 잘해 줄 수조차 없는 현실을 겪으며, 전태일의 고민은 깊어졌다.

이즈음에 '근로기준법'을 접한 전태일은 어둠 속에서 한 줄기 빛을 발견한 듯했다. 근로기준법에는 "1일 8시간 노동", "1주일에 평균 1회 이상의 유급 휴일을 줘야 한다" 등이 명시돼 있었다. 법으로 보장된 노동조건을 노동자들이 '바보'처럼 누리지 못하고 있다는 의미에서, 그는 바보회를 조직했다. 바보회는 평화시장 일대 노동자들의 노동 실태를 설문 조사했다. 바보회는 희생을 각오하고 힘들게 모은 설문 결과를 분석해 근로감독관실로 찾아갔다. 그러나 근로감독관은 "알았으니 서류 두고 가라"며 전태일을 내몰았다. 전태일은 충격에 빠졌다. 노동청이 기업주들과 결탁한 것 아닌가? 전태일은 가슴이 가위에 눌린 듯 답답해졌다. 그러나 그는 부조리한 현실과 절대로 타협하지 않겠다고 맹세했다.

1970년 9월 전태일은 평화시장에 돌아가 삼동친목회(삼동회)를 조직했다. 삼동회 회원들은 업주에게 들키지 않도록 주의를 기울여 가며 설문지 126매를 성공적으로 받았다. 노동부에 낼 진정서도 90여 명에게 서명받았다. 결국 1970년 10월 7일 〈경향신문〉 사회면 톱기사로 "골방서 하루 16시간 노동"이 실렸다. 오랜 침묵이 깨진 순간이었다. 다음 날 삼동회는 8개 요구 조건을 적은 건의서를 들고 평화시장주식회사 사무실을 찾아갔다. 그러나 조금만 참고 기다리라는 대답뿐이었다.

정부도 기업도 노동자의 요구를 들어주지 않는 상황에서 전태일은 시위를 해야겠다고 마음먹었다. 시위가 예정된 11월 13일 오후 1시. 삽시간에 노동자 500명이 국민은행 앞길에서 웅성거렸다. 시위를 시작하려던 삼동회 회원 몇 명이 경찰에게 심하게 맞고 끌려갔다.

잠시 후 전태일이 온몸에 휘발유를 끼얹고 불길에 휩싸인 채 국민은행 앞길로 뛰어나왔다. "근로기준법을 준수하라! 우리는 기계가 아니다! 일요일은 쉬게 하라! 노동자들을 혹사하지 말라!" 그는 몇 마디 구호를 외치다 그 자리에 쓰러졌다. "내 죽음을 헛되이 하지 말라!" 그는 온몸이 숯처럼 검게 탄 채, 마지막 힘을 다해 외쳤다.

22살 전태일의 투쟁은 어둠을 밝히는 불꽃처럼, 박정희 독재 시대 "선 성장, 후 분배" 구호에 가려진 노동자들의 현실을 드러냈다. 특히 학생·지식인들이 노동문제에 눈뜨는 계기가 됐다. 전태일이 죽은 뒤 대학생 수백 명이 "극단화된 계층화 … 현 정권의 개발 독재를 전 민중에게 고발"하며 투쟁에 나섰다. 전태일의 노력은 민주 노조의 씨앗도 낳았다. 11월 22일 전국연합노조 청계피복지부가 결성됐다. 그 뒤, 1972년에는 동일방직과 원풍모방에서, 1975년 중반에는 YH무역 등에서 민주노조 건설 투쟁이 벌어졌다. 1970년대 이들 노조에서 벌어진 여성 노동자들의 투쟁은 박정희 정권을 무너뜨리는 투쟁으로 이어졌다.

"우리는 기계가 아니다!" 하는 전태일의 외침은 오늘도 이어지고 있다. 2010년 10월에도 한 레미콘 건설 노동자가 임금 체불에 항의하며 자신의 몸에 불을 붙였다. 3개월간 임금을 못 받던 이 노동자는 근로기준법을 적용받지 못하는 특수고용 비정규직이었다. "왜 어린 소녀들이 때묻고 더러운 부한 자의 거름이 되어야 합니까?" 하는 전태일의 절규는 삼성전자 반도체 공장에서 일하는 23살 여성 노동자가 백혈병으로 죽었지만 기업도 정부도 책임지지 않는 오늘날에도 절절히 메아리친다. 지금도 노동자 8명 중 1명이 최저임금조차 받지 못한다. 이들의 월평균 소득은 78만 원 내외. 2인 가구 최저 생계비에도 못 미친다.

청소 노동자들이 따뜻한 밥 한 끼 먹고 씻을 권리, 이주 노동자들이 짐승처럼 '인간 사냥' 당하지 않을 권리를 위한 노동자들의 투쟁은 계속되고 있다. 경제 위기 고통을 노동자들에게 떠넘기는 기업과 정부에 맞서 노동자들의 투쟁은 더 커져야 한다. "내 죽음을 헛되이 하지 말라"는 전태일의 목소리가 우리 가슴에 여전히 살아 있어야 하는 이유다.

출처: 〈레프트21〉 43호(2010-10-28).

1979년 YH무역 여성 노동자 투쟁

이 글은 1979년 YH무역 투쟁 30주년을 기념해 2009년 9월 24일에 발표됐다.

2009년은 YH노조 투쟁의 주역인 김경숙 열사가 돌아가신 지 30년이 되는 해다. 이 투쟁은 박정희 군사독재하에서 여성 노동자들의 영웅적 투지를 보여 준 역사로 남아 있다.

1970년대 유신 체제에서 10~20대 여성 노동자들은 하루 16시간씩 장시간 노동과 열흘 이상의 철야 노동을 강요받고 휴일에도 일했다. 소변보는 시간을 줄이기 위해 물 마시는 것도 통제했다. 그러고도 버스비가 30원이던 시절 월급이 2만 원도 안 되는 박봉에 시달렸다. 하루만 결근해도 해고당하고 법정 수당이나 퇴직금 받기는 꿈도 꾸기 어려웠다. 그들은 사용자만이 아니라 유신 체제와 정부에 종속된 당시의 한국노총과도 맞서야 했다. 박정희 정권은 반공 이데올로기를 이용해 노동자들을 억압했다.

그러나 여성 노동자들은 천대와 착취 속에서도 단지 '불쌍한 어린 소녀들'이 아니라 그것에 '맞서 싸운 여성 노동자'로 자랑스러운 역사를 썼다. 삼원섬유 여성 노동자들은 친사측 노조를 세우려는 야비한 술수, 노동자 투쟁을 간첩 사건으로 조작하려는 경찰의 끔찍한 매질에도 굴하지 않고 민주노조를 건설했다.

'똥물 사건'으로 알려진 동일방직 여성 노동자들은 파업 농성을 해산하려는 경찰에 맞서 알몸으로 최후까지 저항했다. 콘트롤데이 타 여성 노동자들은 결혼·임신 퇴직을 없애고 유급 산전산후휴가를 쟁취했고, 삼성제약 여성 노동자들은 유급 수유 시간을 쟁취해 기혼 여성을 적극적으로 노동조합 투쟁에 동참시켰다. 삼립식품 노동자들은 친사측 노조 지도부를 거슬러 임금 인상과 하루 8시간 노동을 요구하며 대규모 파업을 벌였다.

YH노조의 김경숙 열사도 이런 투쟁에 앞장선 투사였다. 가발과 봉제품을 수출하던 YH무역은 1966년 자본금 100만 원에 10명 규모로 설립됐지만 4년 후에는 노동자 4000명을 거느리고 12억 7000만 원이라는 어마어마한 순이익을 내는 기업이 됐다. 이것은 모두 여성 노동자들의 등골을 뽑아 이룬 결과였다.

노동자들이 해고를 감수하며 싸운 끝에 드디어 민주노조가 건설됐다. 노조가 최초로 조직한 잔업 거부 운동은 노동자들에게 생전 처음 추석 보너스를 안겨 줬다. 조합원 전원이 함께한 일요일 연장 근로 거부로 해고된 동료들이 이틀 만에 원직 복직했다. 노조는 여성에게는 보장되지 않던 '부모 사망 5일 휴가'를 요구하며 여성차별적 관행에도 맞섰다. 이런 투쟁 속에서 여성 노동자들은 자신이 힘 없는 존재가 아님을 알게 되고 단결하면 승리할 수 있다는 자신감을 얻게 됐다.

노조가 성장하자 사측은 갑자기 공장을 이전하고 휴업한다고 발표했다. 그러나 노조는 당시 YH무역이 하청기업을 5개나 거느리며 작업 물량을 하청으로 빼돌렸고, 수출액이 계속 증가하고 있다는 사실을 폭로하며 싸웠다.

그러나 경영진의 계속된 자금 빼돌리기와 사업 확장으로 경영

상태가 악화해 회사는 결국 폐업 공고를 내기에 이르렀다. 부실의 책임자인 장용호 회장에게는 전혀 책임을 묻지 않고 노동자를 거리로 내모는 것을 노조는 두고 볼 수 없었다. 전 조합원이 폐업 반대 농성에 참여해 5일 만에 정부와 사측으로부터 폐업 철회 약속을 받아 냈다. 그러나 이 약속은 100일 만에 휴지 조각이 됐다.

결국 노동자들은 당시 제1야당인 신민당 당사에서 농성을 하기에 이르렀다. 노동자들의 정당한 요구는 세간의 이목을 끌고 지지를 이끌어 냈다. 지지 확산이 두려웠던 경찰은 농성 이틀 만인 1979년 8월 11일 새벽에 농성장에 난입했다. 이 과정에서 100여 명이 부상하고 노조 대의원인 김경숙이 사망했다. 경찰은 비열하게도 김경숙 열사가 "작전 개시 30분 전에 스스로 동맥을 끊고 투신 자살했다"고 발표했다. 그러나 2008년 3월 진실화해위원회의 재조사 결과 이 사건은 경찰에 의한 타살로 밝혀졌다. YH노조의 투쟁은 독재 정권하에서 많은 사람들에게 용기와 투지를 불어넣었다. 이 사건은 부마항쟁과 더불어 박정희 정권의 숨통을 끊는 데 중요한 구실을 했다.

당시 YH노조 사무국장이었던 박태연 씨는 30주기 열사 추모 다큐멘터리에서 다음과 같이 말했다. "그때 당시 농성했던 경험은 정말 훌륭했어요. 내가 어느 대학을 간들 그런 훌륭한 것들을 배울 수 있었을까 싶어요." 실제로 이 투쟁은 당시 참여한 여성 노동자들에게 훌륭한 '학교'였다. 이 '학교'의 '졸업생'인 YH노조 초대 위원장 최순영 씨는 민주노동당의 초대 국회의원이 됐고, 그때 농성에 참여한 조합원 다수가 지금도 여성운동에 기여하고 있다. 무엇보다 1970년대 그들의 투쟁이 오늘을 사는 우리들에게 주는 가장 큰 교훈은 여성 노동자 개개인은 연약해 보일지 몰라도 그들이 단결해서 싸울 때 이 모순투성이 사회를 바꿀 힘을 발산해 낸다는 것이다.

출처: 〈레프트21〉 15호(2009-09-24).

지금도 드러나고 있는 신군부의 야만 행위

이 글은 2017년 대선 직후 광주항쟁 관련 증언과 증거가 나오는 상황에서 발표됐다.

1980년 광주항쟁의 현장 이야기를 잘 그린 영화 〈택시 운전사〉가 개봉 19일 만에 관객 1000만 명을 넘겼다. '학살 진압'의 진상과 이에 맞선 용기 있는 민중의 역사에 새 세대가 관심을 보이고 더 많이 알게 되는 것은 좋은 일이다.

영화를 통해 광주항쟁에 관심이 고조된 상황에서, 항쟁을 진압하려고 군부가 공중폭격을 준비했다는 폭로가 JTBC의 단독 보도로 나왔다. 당시 조종사이자 장교였던 예비역 공군 장성들은, 각각 경기도 수원과 경남 사천의 공군 비행장에서 전투기들이 공대지(공중에서 지상을 폭탄으로 폭격) 무장을 한 채 출격 대기를 했다고 증언했다. 특히 사천 비행장에서 대기한 기종은 비행 거리가 짧아 북한의 남침 위협 대비용이라고 변명할 수 없다고 했다. 그 밖의 지역 비행단에서도 공군의 작전이 진행됐다는 기록도 확인됐다.

JTBC의 같은 날 방송에는 그동안 군부가 부인해 온 헬기의 기관총 소사 사실을 목격했다고 증언해 온 미국인 아널드 피터슨 목사의 부인 바버라 피터슨 씨의 관련 증언도 공개됐다. 이 부부는 당시 한국군 공습이 있을 테니 미국인은 대피하라는 말을 미국 관계자한테 들었다고 했다.

2017년 초부터, 광주항쟁의 초기 학살 국면에 관한 중요한 사실들이 발견되고 새로운 증언이 나오기 시작했다.

증언으로만 존재하던 공격 헬기의 기관총 소사 사실도 인정됐다. 당시 전남도청 앞 전일빌딩에 난 총탄 자국과 그 각도가 중화기의 공중 사격에 의한 것임을 국립과학수사연구소가 인정한 것이다. 이를 뒷받침할 증언도 있었다. 당시 대구에 본부를 둔 506항공대의 공격 헬기가 중무장을 하고 전주 비행장을 베이스캠프 삼아 매일 광주로 출격했다는 사실을 당시 근무한 병사들이 2017년 1월 광주의 지역 매체 〈전남일보〉에 증언했다. 베트남전쟁에 나가서 인명 살상을 경험하고 돌아온 공수부대 부사관들이 학살 진압의 선두였다는 증언도 나왔다. 신군부는 처음부터 '미친 사냥개'를 풀었던 것이다.

최근 공개된 미국 국방정보국의 기밀 보고서에도 전두환·노태우 신군부의 베트남전쟁 경험과 살인 진압을 연결시켜 이해하는 대목이 나온다. 권력 꼭대기부터 말단까지 광주에서 살육 전쟁을 치른 것이나 다름없다. 특히, 육군이나 공수부대만이 아니라 공군까지 동원된 것은 광주에서의 살인 진압과 발포 등이 우발적 사건이거나 군대의 자위권 차원에서 벌어진 일이 아니라 최고위층의 지시로 이뤄진 계획적 행위임을 입증하는 것이다. 당시 전두환 일당은 "공산화 저지"를 명분으로 광주를 신군부의 권력 장악을 위한 제물(속죄양)로 삼을 계획이었던 것이다.

박정희와 경호실장 차지철이 "캄보디아에서는 [크메르루주가] 300만 명을 죽이고도 까딱없었다"면서 부마항쟁에서의 대량 학살도 감수한다는 듯 말하다가 비명횡사한 것을 생각하면, 이 나라의 군사독재자들 전체가 권력 유지를 위해 대량 살인도 마다하지 않을 자들임도 새삼 확인됐다.

그동안 이런저런 증언이 있었지만, 학살 진압에 가담한 한국 군인들 중에서는 내부 고발자가 나오지 않았다. 보복이 두려웠을 것이고, 진압에 나선 군대 내 동료들의 눈치도 봤을 것이다. 어떤 이는 진실을 인정하기 두려워 자기 정당화의 논리를 스스로 세뇌해 왔을 것이다.

그러나 '독재자의 딸'이라는 상징성이 있던 박근혜가 민중의 거대한 시위로 쫓겨난 상황이 내부 고발자들에게 용기를 준 듯하다. 시간이 꽤 흘러 이들 중 일부는 인생을 정리해야 할 때가 됐다. 그동안 한국 사회는 변했다. 이제는 광주의 저항을 '정의'와 '민주주의'라 부르고, 전두환 일당을 '불의'와 '독재'라고 부른다.

이런 전두환을 대통령 당선증의 잉크가 마르기도 전에 사면해 준 것이 김대중 정부다. 민주당 정부도 여태 저들이 미쳐 날뛰는 일에 일부 일조한 것이다. 그 덕분에 전두환·노태우 일당은 지금까지 조작, 조직적 증언 거부, 왜곡으로 진압 명령 지휘 사실을 부인하며 처벌을 회피해 왔다. 문재인 대통령이 지시한 국방부 자체 조사는 국방부가 학살 범죄 집단(군부)의 일부였다는 점에서 마냥 믿고 기대하기는 어렵다(물론 고조된 여론 때문에 순전히 기만적이기만 한 결과를 내놓기도 쉽지는 않을 것이다). 구체적 증언이 나온 만큼 정부 차원에서 더 철저하게 재조사해 책임자들을 처단해야 한다. 그것이 정의다.

출처: 〈노동자 연대〉 219호(2017-08-23).

진실의 문턱도 밟지 못할 광주항쟁 북한군 개입설

이 글은 우파 정치인들이 광주항쟁 북한군 개입설 등 망언을 해 의원직 박탈 요구가 커진 2019년 초에 발표됐다.

2019년 2월 8일 자유한국당(미래통합당의 전신, 약칭 한국당) 의원 김진태와 이종명은 광주항쟁 북한군 개입설을 검증한다며 국회에서 토론회를 열고 우익 인물 지만원을 초청해 마이크를 맡겼다. 지만원은 2000년대 초부터 북한군 침투와 개입설을 주장해 왔다. 이날 한국당 의원들도 망언 대열에 합류했다. "정치적으로 이용하는 세력에 의해 폭동이 민주화 운동이 된 것"(이종명), "5·18 유공자라는 괴물 집단"(김순례) 운운한 것이다. 김진태는 이날 토론회에 참석하지 않았지만, 영상 축사에서 지만원과 이종명을 치켜세우며 "5·18 문제에 있어서만큼은 우파가 물러서면 안 된다"고 했다.

이종명은 다음과 같이도 말했다. "사실에 기초해 논리적으로 북한군이 개입한 폭동이라는 것을 밝혀내야 한다. … 5·18에 북한군이 개입됐다는 것을 하나하나 밝히는 역할에 최선을 다하겠다."

광주항쟁이 '북괴의 계획된 폭동'이라면, 군부의 무력 살인 진압이 정당했다는 말로 이어질 수 있다. '광주 학살 미화'는 (표현의 자유라는) 자유민주주의의 징표가 아니라 군사독재를 미화하는 반동의 표식이다. 의원직을 박탈하는 것이 마땅한 이유다.

여론조사 결과를 보면, 김진태·이종명·김순례 의원직 제명에 국민 10명 중 6~7명이 찬성한다. 현재의 한국당 지지율에 조금 더한 정도만이 제명에 반대한다. 한국당 지도부가 군사독재의 후예 정당답게 미적지근하게 대응하면서 역풍은 더 커졌다. 당론이 아니라면서도 다양한 역사 해석의 하나라는 등 하다가 된통 당한 것이다.

결국 2월 12일 한국당 비대위 지도부는 마지못해 이들을 징계하겠다고 밝혔지만, 의원 제명은커녕 당원 자격 박탈 같은 중징계는 하지 않을 것으로 보인다.* 그랬다가는 우파 지지층에 균열이 생길 것이기 때문이다. 강성 우파 일부는 황교안이 광주에 가서 "민주화가 이뤄진 거룩한 성지"라고 말한 것을 비난하고 있다.

지만원은 육사를 나와 베트남전쟁에 참가했던 육군 대령 출신이다. 전두환이 안전기획부(국가정보원의 전신) 부장도 겸임할 때, 안기부 정책보좌관이었다. 전역 후 한때 방위산업 비리를 폭로하며 김대중의 당에 접근하기도 했었다. 그러나 한국군의 베트남 참전을 옹호한 이후 2000년대부터는 일관되게 극우 인물로 활약해 왔다. 이종명, 김순례는 각각 육사를 나온 대령 출신, 여약사회 회장 경력을 이용해 친박계 비례대표로 정계에 입문한 초선 의원들이다.

광주항쟁이 북한 간첩 등이 개입해 일으킨 폭동이라는 설은 사실 새로울 게 없다. 1980년 5월 전 국민이 방송을 통해 들었던 소

---

* 논란이 일자 한국당 지도부는 이종명 의원 제명, 김진태·김순례 의원은 징계 유예 결정을 내렸지만 실제로 징계가 실행되지는 않다가 1년이 지난 2020년 2월 미래통합당의 비례 위성 정당인 미래한국당으로 보내기 위해 이종명을 최종 제명했다. 이종명은 미래한국당으로 이적해 중앙당 후원회장을 맡았다. 결국 김진태·이종명·김순례는 의원직을 무사히 마쳤다.

식이 바로 그것이기 때문이다. 중무장한 계엄군 2만여 명에 의해 봉쇄되고 전화마저 차단된 광주에서 시민들은 날조된 뉴스를 보며 분노와 절망에 몸부림쳤었다. 그러나 더 중요한 것은 민주화를 열망한 사람들 누구도, 당시나 그 이후에 신군부의 발표와 그에 따른 앵무새 방송을 믿지 않았다는 것이다.

이뿐 아니다. 노태우 시절 국회 청문회부터 김영삼 정권하 검찰 수사, 이후 수차례의 국방부 조사 등 국가기관의 공식 조사·수사에서도 북한군과 관련된 사실이 발견되거나 인정된 적은 단 한 번도 없다. 지만원은 북한 특수군 600명이 시민군으로 위장해 무기고(44곳)를 일거에 습격해 계엄군과 시민 양측에 총격을 가하거나, 범죄자를 석방해 사회를 혼란시킬 목적으로 광주교도소를 습격했다고 한다. 사악한 상상의 소치다.

지만원 말대로면, 10~15명 정도로 산개한 특수부대원들이 무기고들을 일시에 습격하고도 안 들켰다는 것인데, 항쟁 참가자들에 대한 계엄하 군사재판 기록에서도, 안기부 상황 일지에서도, 1995년 검찰 수사에서도 그런 기록은 나오지 않는다. 모든 기록은 계엄군의 무차별 발포 직후 시민들이 자위 차원에서 수백 명씩 파출소 등에 몰려가 소총 등을 탈취했다고 증언한다. 진압으로 모두 경찰이 차출돼 지키는 인원이 거의 없었기 때문에 그 과정에서 사상자가 생기지도 않았다.

광주교도소는 광주에서 담양으로 빠져나가는 길목에 위치해 있어서, 광주를 봉쇄한 계엄군은 봉쇄 목적으로 공수부대를 교도소에 배치했다. 그들은 화력을 집중시켜 교도소 앞 도로를 틀어막았다. 교도소 벽에는 접근조차 할 수 없었고 오히려 광주에서 탈출하려던 시민들이 도로에서 총격을 당했다. 지만원 말대로라면, 전국 계엄하에서 휴전선부터 3중, 4중의 한국군 방어벽을 뚫고 광주에 진입해 계엄군을 몰아낸 북한 특수군은 유독 광주교도소 방어벽은 뚫지 못했다는 것이다. 물론 북한의 간첩이 있었을 수도 있다. 그런데 미국 CIA의 첩보원은 없었을까? 사기를 떨어뜨리고 분란을 조장하려고 침투한 계엄군 프락치는 없었을까? 안기부와 보안경찰들이 남아 있었던 건 사실이다.

그런데 그런 존재 가능성을 인정한다고 해서 군부독재를 연장하려는 신군부의 폭압에 맞선 위대한 무장 민중 항쟁이라는 광주항쟁의 진실이 달라지는가? 그렇지 않다. 그저 가능성이 없지 않다는 이유로 모든 해석이 공평하게 취급돼야 하는 건 아니다. 북한군 개입설은 그저 북한을 주적으로 한 반공주의 억압 기제가 약화될 것을 우려한 우익들이 세월이 흘러 사람들의 기억이 희미해진 틈을 타 흑색선전을 하는 것일 뿐이다.

출처: 〈노동자 연대〉 275호(2019-02-13), 축약.

6장

–

1987년 6월항쟁과
7~9월 노동자 대투쟁

함께 토론할 쟁점

- 6월항쟁은 단지 학생들의 투쟁이었을까?

- 6월항쟁이 4월혁명이나 광주항쟁과 달리 반동으로 파괴되지 않은 이유는 무엇일까?

- 1987년 대선에서 정권 교체에 실패했으니 6월항쟁은 미완이거나 실패한 항쟁일까?

- 6월항쟁과 7~9월 노동자 대투쟁의 관계는 무엇일까?

- 1987년 투쟁의 진정한 성과는 무엇일까? 우리는 무엇을 계승해야 할까? 민주당은 6월항쟁의 계승자일까?

영화 〈1987〉을 많이들 봤을 듯하다. 이 영화는 주인공이 버스 위로 올라가 대중이 모여 있는 것을 보며 구호를 외치는 장면으로 끝난다. 6월항쟁의 시작을 보여 주는 가슴 뛰는 장면이다. 이렇게 시작한 6월항쟁은 전두환의 독재를 무너뜨린 위대한 민중 항쟁이었다. 1987년에는 또 하나의 거대한 투쟁이 있었다. 6월항쟁 직후에 벌어진 7~9월 노동자 대투쟁이다. 이 거대한 투쟁으로 1987년은 한국 역사에서 큰 전환점이 됐다. 그해 한국 노동계급은 자신들이 쉽게 무시할 존재가 아니라는 것을 지배자들에게 분명히 각인시켜 주면서 권위주의적 정치체제를 해체해 가기 시작했다.

이런 폭발적 투쟁은 어떻게 가능했으며 어떻게 전개됐을까? 이 투쟁들에서 우리는 무엇을 배워야 할까? 이것이 6장의 주제다.

1987년을 보는 눈

먼저 1987년에 벌어진 거대한 두 투쟁인 6월항쟁과 7~9월 노동자 대투쟁을 바라보는 관점을 간단히 살펴보자. 첫째, 6월항쟁과 7~9월 노동자 대투쟁을 별개의 운동이 아니라 연속적인 과정에 있는 투쟁으로 봐야 한다. 폴란드에서 태어나 독일에서 주로 활동한 혁명적 사회주의자 로자 룩셈부르크는 정치투쟁과 경제투쟁이 서로 영향을 미치고 갈마들면서 노동자 투쟁이 거대하게 발전할 수 있다고 말했다. 룩셈부르크는 그것을 '대중 파업'이라는 말로 표현했다. 룩셈부르크의 주장을 6월항쟁과 7~9월 노동자 대투쟁에 적용할 수 있다. 즉, 6월항쟁과 7~9월 노동자 대투쟁은 투쟁 주도 세력, 제기된 요구, 투쟁 방식 등에서 구별되지만 연속선상에 있는 하나의 과정으로 이해할 수 있다. 독재에 맞서 민주주의를 요구한 6월항쟁(정치투쟁)은 국가와 사측에 종속되지 않은 노동조합의 설립과 임금 인상 등을 성취한 7~9월 노동자 대투쟁(경제투쟁)을 고무했다. 7~9월 노동자 대투쟁은 군부와 권력자들의 반격 시도를 좌절시킴으로써, 한국 정치체제가 권위주의에서 자유민주주의(자본주의적 민주주의)로 전환하는 흐름을 공고히 했다.* 1987년에 고양되기 시작한 투쟁은 1989년까지 이어졌다.

이와 달리, 대체로 노동자 투쟁을 무시하거나 과소평가하는 자유주의 관점에서는 6월항쟁만을 중시하는 경향이 있다. 반면 노동조합 운동을 강조하는 관점에서는 7~9월 노동자 대투쟁만을 중시하는 경향이 있다. 하지만 두 투쟁 사이의 단절이 아니라 연속성을 봐야 하고 두 투쟁 사이의 분리가 아니라 결합을 중시해야 한다.

둘째, 아래로부터의 관점, 즉 노동계급의 자력 해방의 관점에서

---

* 권위주의, 자유민주주의, 자본주의적 민주주의 보통 의회 민주주의나 자유민주주의라고 부르는 것을 마르크스주의에서는 자본주의적 민주주의(또는 부르주아 민주주의)라고 부른다. 자본주의에서 허용되는 최대치의 민주주의라는 뜻을 담기 위해서다. 자본주의적 민주주의의 핵심은 잠재적 반체제 세력인 노동계급의 조직(노동조합, 노동계 정당, 혁명적 조직)의 결성과 활동을 허용하는 것이다. 그것을 허용하지 않는 정치체제를 권위주의라고 한다.

1987년의 투쟁들을 봐야 한다. 특히 6월항쟁의 계승자를 자처하는 민주당이 어떤 관점으로 6월항쟁을 바라보는지를 보면, 이런 관점이 왜 중요한지 알 수 있을 것이다. 문재인 정부와 민주당은 6월항쟁 뒤에 치른 1987년 대선에서 노태우가 당선해서 결국 6월항쟁이 미완으로 끝났거나 심지어 패배했다고 보고, 박근혜 정권 퇴진 운동 직후에 치른 2017년 대선에서는 죽 쒀어 개 주지 않으려면 민주당으로의 정권 교체를 이뤄 내야 한다고 강조했다. 민주당으로 정권이 교체돼야 박근혜 정권 퇴진 운동이 완성될 수 있다는 것이었다. 그리고 집권한 이후에는 노동자와 좌파가 투쟁하거나 좌파적 압박을 가하지 말고 기다리라고 했다. 마찬가지로 6월항쟁 직후 벌어진 노동자 대투쟁에 대해서도 당시의 민주당은 노동자들에게 자제하라면서 신경질적인 태도를 보였다. 민주당은 1997년 이후 10년 동안 집권하면서 노동계급을 공격했으며, 그 결과로 생긴 환멸 때문에 다시 우파 정권이 집권하게 됐다. 우파 정권에 대한 분노가 한몫한 대중투쟁의 여파로 집권한 문재인 정부는 2017년 대선 전에도 '우클릭'을 반복했고 당선 후에도 대중의 개혁 염원과는 거리가 먼 모습을 보여 주고 있다.

사실 문재인 정부와 민주당의 관점은 노동계급이 개혁을 기다려야지 스스로의 힘으로 뭔가를 쟁취하려 해서는 안 된다는 것이다. 하지만 그동안의 경험을 보면, 노동자들이 투쟁을 자제하고 비판을 꺼릴수록 우파의 목소리가 더 커졌다.

민주당의 주장과 달리, 아래로부터의 관점으로 보면 6월항쟁과 7~9월 노동자 대투쟁은 아주 다른 그림으로 보일 것이다. 그 그림 속에 6월항쟁과 노동자 대투쟁은 한국 노동계급이 조직·의식·자신감 면에서 급속히 성장하는 하나의 과정을 이룬다. 물론 그 전에도 수많은 투쟁을 거치면서 노동계급이 성장했지만 1987년에는 이전과 비교할 수 없을 만큼 질적 비약을 했다. 마르크스주의의 용어를 빌리면 한국 노동계급은 1987년에 '즉자적 계급'(사회를 근본적으로 변화시킬 수 있는 객관적 잠재력이 있지만 아직 그 잠재력이 발현되지 않은 존재)에서 '대자적 계급'(그 잠재력을 현실화해 나가며 계급의식을 획득한 존재)으로 발전하는 큰 걸음을 내딛었다. 그리고 그 뒤로도 여전히 이 과정은 계속되고 있다.

셋째, 1987년만 떼어 내 보기보다는 이전과 이후 적어도 10년을 하나의 과정으로 봐야 한다. 1980년 광주항쟁부터 1989년 정점을 찍은 운동의 사이클 속에 1987년을 자리매김하는 것이다. 1987년 투쟁은 어느 날 갑자기 찾아온 것이 아니고 이전 투쟁들이 누적된 결과이기 때문이다. 1987년의 투쟁을 넓은 시야로 보지 않으면, 그해 12월 대선 결과에 초점을 맞추면서 투쟁의 한계를 과도하게 강조할 수 있다. 1987년에 폭발한 노동계급 투쟁은 1989년까지 상승하며 군부독재의 회귀 시도를 좌절시키고 1987년에 얻은 성과를 되돌릴 수 없이 공고히 했다.

이런 세 가지 관점으로 6월항쟁과 7~9월 노동자 대투쟁이 어떻게 시작되고 전개됐는지 살펴보자.

전사 前史

1987년 1월 서울대생 박종철이 경찰청 대공분실에서 물고문을 받다가 죽었다. 이 사건은 6월항쟁의 한 계기였다. 전두환은 2월 2

일 열린 청와대 수석비서관회의에서 뻔뻔스럽게도 사고는 항상 일어나기 마련이고 경찰도 인간이니 실수할 수 있다고 말해서 사람들을 더욱 화나게 했다. 광주 민중을 학살하고 권력을 장악한 정당성 없는 군사독재 정권이 아무 죄 없는 학생을 죽인 일은 군부독재에 대한 대중의 환멸과 분노를 자극하기에 충분했다. 박종철 사망 사건은 그 전에 벌어진 크고 작은 투쟁들을 거치며 누적된 발화 물질에 던져진 불꽃이었다.

위에서 언급한 로자 룩셈부르크는 《대중 파업》이라는 책에서 1905년 러시아혁명은* 어느 날 갑자기 벌어진 일이 아니라고 지적했다. 1896년 러시아 수도 페테르부르크 직물 노동자 파업에서 시작한 크고 작은 투쟁들을 거치면서 러시아 노동계급이 "내적인 정치적 발전"을 한 결과라는 것이다. 룩셈부르크의 분석 틀은 한국 노동계급 운동에도 적용할 수 있다.

1970년대 박정희의 폭압적 유신 체제하에서도 노동자 투쟁은 끈질기게 지속됐다. 이런 투쟁의 전통에 YH무역 노동자들이 있다. 1979년 YH무역 노동자들의 투쟁은 부마항쟁에 영향을 줬고 권력자들의 내분을 격화시켜 결국 박정희가 죽게 됐다.

그다음은 1980년 광주항쟁이었다. 광주항쟁은 물리적으로는 패

---

* 1905년 러시아혁명 러일전쟁 패배를 배경으로 러시아에서 일어난 혁명. 해고된 노동자의 복직을 위한 파업이 당시 수도 페테르부르크 전역으로 확산하면서 대중 파업이 일어났다. 몇 달 뒤 파업을 조율하기 위한 목적으로 소비에트가 등장해, 이내 정부 구실을 하기 시작했다. 그러나 차르(황제)의 탄압으로 결국 소비에트는 파괴된다. 1905년 혁명은 노동자 국가의 모습이 어떨지를 보여 줬다는 점에서 1917년 혁명의 "예행 총연습"이라고 불린다.

배했지만 정치적으로는 그렇지 않았다. 1980년대 노동계급 운동은 광주항쟁을 계기로 정치적·조직적으로 더욱 단단해졌다. 광주항쟁의 여파로 군부독재에 맞서 목숨 걸고 싸우고자 하는 투사가 많이 생겨났고 노동계급의 중요성을 인식한 투사도 증가하기 시작했다.

전두환의 폭압 속에서도 노동자들의 저항은 끈질기게 벌어졌다. 전두환 정권이 1970년대에 건설된 민주노조를 파괴하려 하자, 이에 맞서 원풍모방 노동자들은 1982년 10월까지 격렬하게 투쟁했다. 매우 폭압적인 분위기 속에서도 영등포 일대에서 격렬한 가두시위가 벌어졌다. 1983년에는 노사분규가 증가하기 시작했다.

학내에 경찰이 상주하고 집회를 하기 아주 힘들었는데도 학생운동이 계속됐다. 시간이 갈수록 학생들의 시위 규모와 시간은 더욱 늘었다. 1983년 6월 국회에 제출된 정부 자료를 보면, 1983년 1~6월에 벌어진 교내 시위와 집회는 128건이었다. 이는 전년 같은 기간에 벌어진 시위의 3배에 해당한다.

전두환 정권은 폭압만으로는 대중을 통제하기 힘들다고 여기고 1983년 12월에 유화 조처를 취했다. 전두환은 유화 조처로 저항이 사그라지기를 바랐겠지만 역사가 지배자들이 뜻한 대로만 움직이는 것은 아니다. 유화 조처는 투쟁할 자신감을 높였다. 학생들은 학생회를 건설하고 정권 반대 투쟁을 전개했다.

1984년에는 노동자 투쟁과 노동조합 건설이 더 증가했다. 1984년 택시 노동자들의 투쟁이 분출했다. 택시 노동자들의 투쟁은 대구에서 시작해 전국으로 확산하면서 노동조건 개선과 노동조합 건설의 성과를 이뤄 냈다. 대구에서는 파업을 거치며 12개에 지나지 않던 노동조합이 단 2개월 만에 50여 개로 늘어났다. 전국적으로는 1984년 4월 말 330여 개이던 택시 노동조합 수가 6월 말에는 423개로 늘어났다. 택시 노동자 투쟁은 다른 노동자들에게는 자신감을 주고 전두환 정권에게는 정치적 타격을 입혔다. 1984년 9월에는 청계피복노조의 합법성 쟁취 대회가 열렸는데, 여기에 참가한 노동자와 학생의 규모는 1980년 5월 이후 서울에서 열린 집회 중에 가장 컸다.

이런 흐름 속에 치러진 1985년 2월 총선에서 여당이 패배했다. 노동자와 학생의 저항 정서는 더욱 고조됐다. 1985년 노동쟁의는 전년보다 120퍼센트나 급증했다. 특히 대우자동차 파업과 구로 동맹파업은 이후 폭발적으로 전개될 노동자 투쟁의 모습을 미리 보여 줬다.

전두환 정권은 점점 거세지는 저항 물결을 억누르려고 다시금 탄압을 강화했다. 1986년 시국 사범으로 검거된 사람은 7250명이었고 이 중 4610명이 구속됐다. 이 수치는 1985년보다 2.5배 늘어난 것이었다. 민주화운동청년연합(약칭 민청련) 의장 김근태 고문 사건, 부천경찰서 성 고문 사건,* 건국대 사태,** 박종철 고문 치사 사건 등이 이런 과정에서 일어났다.

탄압 강화 때문에 일부 활동가들은 상황을 비관적으로 보기도

---

* 부천경찰서 성 고문 사건 '위장 취업'(학생운동 활동가들이 노동운동을 하려고 취업하는 것을 이렇게 불렀는데 이것은 당시 불법이었다) 중이던 권인숙 씨가 부천경찰서에 연행돼 성 고문을 받은 사건. 성 고문을 한 경찰은 당시 무혐의 처리됐지만 1987년 투쟁으로 군부독재가 무너진 이후 구속돼 실형을 선고받았다.

** 건국대 사태 1986년 10월 건국대학교에서 열린 집회에 참가한 학생들을 무자비하게 진압한 사건. 당시까지 단일 사건으로는 최대의 구속자(1288명)를 낳았다.

했다. 하지만 물밑에서 대중의 분위기는 급진화하고 있었다. 당시 한 신문은 대학가 분위기를 언제 터질지 모르는 휴화산 같다고 묘사했다. 박종철 고문 치사에 항의해 벌어진 1987년 2월 7일 집회와 3월 3일 집회는 평범한 사람들의 참가가 이전보다 두드러지게 많았다. 경찰에 항의하고 시위에 직접 참가하는 등 사람들의 자신감이 이전과 달라지고 있다는 것을 볼 수 있었다.

대중의 자신감이 상승한 데는 경제 호황도 큰 영향을 미쳤다. 1985년 대우자동차 파업에서도 경제 호황의 영향을 볼 수 있었다. 당시 노동자들은 사상 최대의 흑자를 낸 회사에 임금 대폭 인상을 요구하며 투쟁해 승리했다.

이철희·장영자 사건* 같은 정권의 핵심부와 연결된 부패, 계속 누적된 빈부 격차 문제도 투쟁에 영향을 미쳤다. 산업화 과정에서 조금만 참고 기다리라는 소리를 계속 들은 노동자들은 자신의 처지는 나아지지 않는데 고위층과 부자는 부와 권력을 누리는 것에 분노하지 않을 수 없었다.

1986년 초 필리핀에서 일어난 대중투쟁이 독재자 마르코스를 쫓아낸 것도 큰 영향을 미쳤다. 전두환 정권은 이 소식이 퍼지는 것을 극도로 두려워해 언론 통제에 급급했지만 사람들은 '우리도

---

* 이철희·장영자 금융 사기 사건 1982년 사채시장의 큰손으로 불리던 장영자와 그의 남편 이철희가 벌인 거액의 어음 사기 사건. 이철희가 중앙정보부 차장 출신자이고 장영자의 형부가 전두환의 처삼촌이라는 점을 이용한 사기였다. 사기 피해액이 7000억 원에 육박하면서 철강업계 2위 기업과 건설 도급 순위 8위 기업이 부도를 맞았다. 이 사건으로 30여 명이 쇠고랑을 찼다. 법무부 장관이 두 번 교체되고 집권당 사무총장도 물러났다.

필리핀처럼 할 수 있다'는 자신감을 얻기 시작했다.

6월항쟁으로 가는 과정에서 수많은 의식적 노력이 있었다는 점도 중요하다. 예컨대 1985년 대우자동차 파업은 10여 명의 소수 활동가가 투쟁을 조직하려고 1984년부터 꾸준히 애쓴 결과였다. 1987년 상반기에는 울산의 현대 계열사들, 창원의 대우중공업, 거제의 대우조선소 등지에서 노동자들의 집단행동과 노조 건설 움직임이 일어났다. 이런 노력은 7~9월 대투쟁의 밑거름이 됐다.

학생들은 군부독재에 항의하는 정치적 투쟁을 계속 벌여 나가면서, 6월항쟁에서 거리 전투의 선두에 서게 되는 서울지역학생협의회(약칭 서학협)를 만들었다. 1987년 6월에 학생들은 더 많은 사람들의 집회 참가를 조직하고자 선전·선동을 강화했다. 6월 5일 연세대 총학생회는 고등학교 14곳과 중학교 1곳에서 6·10 범국민대회에 참가하자고 호소하는 유인물을 배포하고 6월 9일에 6·10 대회 출정식을 열었다. 여기서 연세대 학생 이한열이 경찰이 쏜 최루탄에 맞아 쓰러졌고, 이는 6월항쟁의 기폭제가 됐다.

6월항쟁의 전개

결국 6월 10일 마주보고 달리던 두 열차가 충돌했다. 이날 잠실 체육관에서 열린 민주정의당(전두환이 만든 정당, 약칭 민정당) 전당대회에서 노태우가 대통령 후보로 선출됐다. 전두환 정권은 대중의 열망과는 정반대로 군부독재를 지속하기로 결의했다.

반면, 거리에서는 1960년 4월혁명 이후 최대 규모의 격렬한 시위가 벌어졌다. 거리 곳곳에서 경찰은 무장해제를 당하는 등 곤욕을 치렀다. 한 경찰 간부의 말처럼, 1987년 6월 10일은 경찰로서는 "가장 힘들고 길게 느껴졌던 하루였다." 22개 지역에서 수십만 명이 시위에 참가했다. 어떤 지역에서는 경찰이 아예 진압을 포기했다.

사람들은 군부독재에 맞서 싸워 이길 수 있다는 자신감이 높아진 반면 전두환 정권의 사기는 땅에 떨어졌다. 6월 13일 시국 관련 책임자들이 참석한 회의에서 전두환이 시위 대중은 "사생결단으로 나오는데 우리는 안 그런 것 같다"고 투덜거릴 정도였다.

경찰력의 한계를 본 전두환 정권은 군대를 투입할까 말까 고민하면서 결론을 내리지 못하고 망설이고 우왕좌왕했다. 대중투쟁이 워낙 강력했기 때문에, 군대를 동원하면 군 내부에서 분열이 일어나거나 병사들이 시위대 편에 설 가능성이 얼마든지 있었다. 정부가 망설이는 사이 시위는 눈덩이처럼 커져 갔다. 6월 18일과 26일 집회는 6월 10일보다 더 많은 지역에서 더 많은 사람들의 참가 속

경찰의 직사 최루탄에 맞아 쓰러지는 이한열 열사. ⓒ 네이선 벤

에 치러졌다. 결국 전두환은 대중투쟁의 도도한 물결 앞에 무릎을 꿇을 수밖에 없었다.

6월항쟁의 상층 지도부는 국민운동본부(일명 국본)였다. 국민운동본부는 부르주아 야당, 재야인사, 학생운동 지도자를 포괄하는 계급 연합 조직이었다. 야당이 국민운동본부에 참여한 것은 야당도 정치적 자유가 제한되고 탄압받는 상황에 처해 있었으며 전두환 정권이 야당이 원하는 정치적 양보를 할 의사가 없음이 분명했기 때문이다. 하지만 당시 야당인 민주당(당시 당명은 신한민주당)은 6월항쟁 기간 내내 동요하며, 일관되게 투쟁을 이끌고 나갈 세력이 아님을 보여 줬다. 야당은 투쟁을 전진시키기보다 정치 협상을 통해 '파국을 막아야 한다'고 생각했다. 6월 10일 직후 민주당은 원내 복귀를 고민하기 시작했다. 6월 15일 김영삼은 등원을 선언했다. 야당의 우유부단함을 잘 알았기에, 전두환은 주로 야당을 향해 비상조치 선포설을 퍼트리며 야당이 위축되고 동요하도록 만들었다. 친위 쿠데타설이 돌았던 6월 20일 김대중은 김영삼과 함께 국민운동본부 내에서 신중론을 펴며 집회 연기를 주장했다.

야당이 동요할 때 실제 투쟁을 전진시킨 것은 주로 학생과 노동자 등 거리의 대중이었다. 국민운동본부가 주최한 세 번의 대규모 집회 외에도 거리 시위가 매일 벌어졌다. 명동성당과 부산의 가톨릭센터에서는 국민운동본부와 무관한 농성이 벌어졌다. 거리 투쟁의 발전에 주도적 구실을 한 것은 학생이었다. 당시 학생운동을 이끌던 대체로 혁명적이었던 좌파들이 거리 운동을 강화하는 데 크게 이바지했다.

대통령 직선제 요구를 받아들인 6·29 선언은 대중투쟁의 통쾌

이한열 열사 장례식. ⓒ 주리시

한 승리이고 성과물이었다. 하지만 군부독재는 투쟁이 더 전진하
는 것을 바라지 않았다. 군부독재는 여기서 투쟁을 일단 멈춰 세우
고 진정시켜서, 반격의 기회를 노리고자 했다. 하지만 군부독재의
의도와 달리 대중투쟁은 멈추지 않았다. 거리의 투쟁은 7월 9일 이
한열 장례식에서 최고조에 이르렀다. 장례식에는 6월항쟁 때보다
더 많은 사람들이 모였다. 대중은 승리의 기쁨으로 거리를 가득 메
웠다.

노동자들의 움직임도 중요했다. 6월항쟁이 7~9월 노동자 대투쟁
으로 이어졌기 때문에 6월항쟁의 성과가 공고히 될 수 있었다. 6월
항쟁에는 미조직 상태이지만 노동자들이 많이 참가했다. 이들은 군
부독재를 무릎 꿇리는 데 큰 역할을 했다.

6월항쟁 참가자의 다수는 노동자였다. '중산층'이라고 오해되는

'넥타이 부대'도 대부분 사무직 노동자였다. 노동자 밀집 지역에서는 6월항쟁의 초기부터 노동자들의 참가가 두드러졌을 뿐 아니라 노동자들의 요구가 제기되기도 했다. 6월 10일부터 마산·인천 등 노동자 밀집 지역에서 노동자들은 '노동3권 쟁취', '임금 인상' 등의 구호를 외치며 시위에 참가했다. 노동자들이 단지 소극적 개인들로서만 시위에 참가한 것은 아니다. 인천 등지에서 노동자들은 집회와 투쟁을 주도하면서 자신감을 느끼고 그 자신감을 자신의 직장으로 가지고 갔다. 예컨대 인천의 한독금속 노동자들은 6월항쟁이 한창인 6월 12일에 임금 인상 투쟁을 벌여 승리했다. 이 성과를 바탕으로 7월에는 노동조합을 설립했다. 부산 사상공단 노동자들은 6월 18일 집회에 잔업을 거부하고 참가했다. 이런 노동자들의 능동적 참여와 집단적 움직임은 전두환 정권을 두려움에 빠지게 하기에 충분했다. 전두환이 군대 투입 문제를 놓고 갈팡질팡한 것도 사실 노동자들의 투쟁 참여가 결정적 구실을 했다고 봐야 한다.

7~9월 노동자 대투쟁

거리에서 군부독재를 무릎 꿇린 경험을 한 노동자들은 직장으로 돌아가서, 군부독재가 다시 일어서지 못하게 만드는 노동자 대투쟁을 벌였다.

1987년 7월에서 9월까지 세 달 사이에 파업이 3311건이나 벌어졌다. 1987년 이전 20년 동안 발생한 전체 파업 건수를 능가한 것이다. 그야말로 "십 년을 하루에 뛰어넘은" 거대한 대중 파업이었다. 노동자 대투쟁은 전국에서 산업 부문을 가리지 않고 일어났다. 파업은 울산과 남동해안 공업지대에서 구미·대구·포항을 거쳐 강원도 광산 지역과 호남 지역, 그리고 중부의 경공업 지역을 휩쓸며 수도권으로 이어졌다. 파업은 대기업에서 중소기업으로, 중화학공업에서 경공업으로, 광공업에서 운수·항만·사무직·전문직·판매서비스직 부문으로, 전 산업으로 파급됐다.

이 기간에 벌어진 파업의 95퍼센트 이상이 불법 파업이었다. 단체행동을 제약하는 여러 법 조항이 있었지만, 전혀 힘을 발휘하지 못했다. 노동자들은 쟁의 발생 신고나 냉각 기간을 무시하고 일단 파업이나 직장 점거 농성에 들어가 힘을 과시한 다음에야 협상에 임했다. 이 기간에 나온 요구는 모두 1만 4957개였다. 이전부터 계속 쌓여 온 불만이 한꺼번에 터져 나온 것이다. 노동자들은 요구를 단계적으로 내세우지 않고 한꺼번에 제기하면서 자신의 힘을 최대한으로 끌어올렸다.

또한 현장 노동자들의 민주주의가 빛을 발했다. "노동조합의 비민주적 제도와 집행부는 거의 임시총회를 통해 파업 농성 중에 일거에 교체"될 정도로 노동자들은 투쟁을 지도부에게만 맡겨 두지 않고 능동성을 발휘했다. 노동자들은 지도부가 계획하지 않은 집회를 스스로 열거나, 거리 행진을 만류하는 지도부를 옆으로 들어옮기고 거리 행진을 할 만큼 높은 자신감을 보여 줬다. 투쟁은 한 노조 간부의 말처럼 "노동자들이 스스로 통제했고 노조 간부들은 그들 앞에서 걸어 가고 있었다"고 할 만했다. 인천의 대우자동차 노동자들은 자신들이 지켜보는 가운데 회사 정문 앞 아스팔트 바닥에서 사측과 노조 지도부가 협상을 진행하도록 했다.

노동자들은 투쟁을 통해 큰 폭의 임금 인상을 이뤄 냈다. 이미

1987년 8월 18일
대규모 행진에 나선
울산 현대그룹 노동자들.
ⓒ 금속노조신문

1987년 봄에 임금이 평균 7.5퍼센트 인상됐는데도, 노동자들은 임금을 평균 20~25퍼센트 재인상하라고 요구하며 투쟁했다. 대부분 최저생계비에도 못 미치는 임금을 받고 있던 노동자들은 자신들이 응당 받아야 할 몫을 투쟁을 통해 쟁취했다. 8월에는 파업이 2500여 건이나 벌어지며 투쟁이 절정에 이르렀다. 8월 18일에 현대 노동자 6만여 명이 각종 중장비를 앞세우고 거리를 가득 메웠다. 노동부 차관이 울산에 와서 노동자들의 요구 조건을 일부 수용할 수밖에 없었다.

8월 22일 대우조선 노동자 이석규가 파업 투쟁 중 경찰이 쏜 최루탄에 맞아 죽었다. 이 사건을 계기로 노동자 투쟁이 정치화하기

노동자 대투쟁 당시 임금 인상을 요구하는 노동자들. ⓒ 민주노총 울산지역본부

시작하자 정부는 '외부 세력의 개입' 운운하며 탄압을 본격화하기 시작했다. 그리고 협상 타결이 속속히 이뤄지면서 9월 중순이 되자 투쟁은 숨 고르기 국면으로 들어갔다. 그러나 투쟁이 끝난 것은 아니다. 12월 대선에서 대중의 기대와 달리 노태우가 당선했지만 노동계급의 전진이 멈춘 것은 아니었다.

노동자 대투쟁이 일어나고 1년 안에 노조 4000개가 생겨났다. 노동자 약 70만 명이 노동조합에 새로 가입했다. 전체 노동조합 수도 1986년 말 2658개에서 1988년 말 6142개로 대폭 증가했다. 1989년 초에 존재한 노동조합의 절반 이상이 1987년 노동자 대투쟁 이후에 설립된 것이었다.

노동자 투쟁의 고양은 1989년까지 지속됐다. 노동자들은 임금과 노동조건의 개선뿐 아니라 조직·의식·자신감 면에서도 괄목할 성장을 이뤄 냈다.

중장비를 앞세운 파업 노동자들의 행진. ⓒ 금속노조 현대중공업지부

이렇게 노동자 투쟁이 폭발적으로 일어난 데는 분명한 원인이 있다. 바로 한국 자본주의가 발전해 온 방식 그 자체다. 4~5장에서 살펴봤듯이 권위주의 정부는 급속한 자본 축적을 위해 노동자 착취율을 높이려고 억압적인 체제를 유지하면서 노동자들에게 수동성과 침묵을 강요했다. 정치적 권리를 최대한 제약했다. 직장에서 두발·복장에 대한 단속을 하고 작업 전 체조 등을 강제로 시킨 것은 이런 맥락에서 벌어졌다.

그래서 노동자들의 저항은 경제적 불만과 정치적 억압에 대한 불만이 결합돼 표출되기 쉬웠다. 그리고 경제투쟁과 정치투쟁은 서로 고무하며 발전할 수 있다. 1970년대에는 노동자 투쟁이 부마항쟁에 영향을 끼쳤다면, 1987년에는 6월항쟁이 노동자 대투쟁의 폭발에 기여했다.

권위주의 정권하에서 산업화를 거친 브라질이나 남아프리카공화국 같은 신흥공업국의 노동운동은 노동자들의 경제적 투쟁에도 국가가 적극적으로 개입하면서 금세 국가와 맞서는 성격을 띠는 특징이 있었다. 한국도 마찬가지였다.

1987년에 폭발해 계속된 투쟁의 상승을 억누르려는 시도는 1988년 12월 노태우가 '민생치안과 법질서 확립에 관한 특별지시'를 내리며 국가 탄압을 전면화하면서 본격화했다. 1987년 투쟁 이후 한참 자신감이 올라 있던 노동자들은 이에 격렬하게 저항했다. 이런 저항의 최선두에 있었던 것이 현대중공업 128일 투쟁이었다. 1988년 말부터 1989년 4월까지 벌어진 이 투쟁은 한 사업장의 투쟁으로 시작했지만 지배계급과 노동계급의 대리전이라 할 만큼 정치적 성격이 강한 투쟁으로 발전했다. 조합원의 의사를 대변하지 않는 지도부를 거부하고 파업위원회를 구성한 노동자들은 육해공 3면 작전을 펼치면서 진압해 오는 경찰에 맞서 노동자 거주 지역을 중심으로 여러 주 동안 격렬한 시가전을 벌였다. (▶ 더 알아보기: 1989년 현대중공업 128일 파업, 241쪽)

결론

이처럼, 노동자들이 거리와 직장에서 자신의 고유한 힘을 발휘한 덕분에 6월항쟁의 성과가 반동으로 파괴되지 않고 지속될 수 있었다. 이것은 1960년 4월혁명과 1980년 광주항쟁이 반동으로 파괴된 것과 결정적 차이점이다.

사실 1989년 3월에 보안사령부가 친위 쿠데타 계획인 청명계획을 세웠었다. 보안사령부는 1980년 전두환이 박정희 사망 이후 아래로부터 분출하는 운동을 유혈 낭자하게 짓밟고 권력을 장악하는 데 핵심 구실을 한 기구다. 청명계획의 존재가 1990년 10월에 폭로되면서 보안사령부는 기무사로 명칭이 변경됐다. 그런 기무사가 박근혜 퇴진 운동 때 쿠데타 계획을 세운 것을 보면 국가권력의 본질은 변하지 않았다는 것을 알 수 있다.

현재 민주당은 자신들이 민주주의 전진의 주체인 것처럼 말하면서 6월항쟁의 계승자임을 자처하지만, 6월항쟁을 진정으로 계승하는 것은 노동계급이었다. 6월항쟁 당시 야당은 직선제 개헌 이상으로 나아가는 것을 원하지 않았다. 6월항쟁 이후 노동자 대투쟁이 벌어지자, 그들은 노동자들의 투쟁이 민주화를 원하지 않는 세력에게 이용당할 수 있고 한꺼번에 모든 것을 해결하려 해서는 안 된다며 노동자들에게 자제를 촉구했다. 1987년 12월 대선에서 민주당은 대중의 열망과 달리 자신들의 정치적 이득을 우선시하면서 분열했고 이후 계속해서 군부독재 계승 세력과 타협하는 모습을 보여 줬다.

1987년 투쟁이 이룬 성과물에 대해 우리는 기성 정치의 제도적 틀에 국한해서 바라봐서는 안 된다. 노태우가 전두환의 뒤를 이어 대통령이 됐지만, 1987년 6월에서 9월에 이르는 대투쟁과 이후 투쟁들을 통해 한국은 권위주의에서 자본주의적 민주주의 체제로의 이행을 시작하고 지속할 수 있었다. 따라서 1987년은 한국 정치의 획기적 전환점이었다. 직선제 같은 절차적 민주주의를 전진시켰을 뿐 아니라, 자본주의적 민주주의의 사회적 내용이라 할 수 있는 노동계급의 조직이 성장하기 시작했고 노동계급의 의식도 성장했기 때문이다. 그 덕분에 나중에 노동계 진보 정당인 민주노동당이 탄생활 수 있었다.

이런 변화가 노동자 투쟁을 통해 이뤄졌다는 점이 중요하다. 즉, 아래로부터의 관점에서 보면 1987년에 시작된 한국 노동자들의 계급적 전진은 지금까지도 결정적 패배를 겪지 않고 계속되고 있다. 1987년에 노동자들이 고유의 힘을 발휘해 6월항쟁의 성과를 지키고 노동자들의 조직과 의식의 성장을 이룰 수 있었다고 한다면, 지금 또한 노동자들의 힘이 발휘될 수 있도록 하는 것이 개혁을 얻고 우파의 부활을 막으며 박근혜 정권 퇴진 운동의 성과를 공고히 하는 길일 것이다.

더 알아보기

- 1989년 남북 자유왕래 운동
- 1989년 현대중공업 128일 파업

1989년 남북 자유왕래 운동

이 글은 남한의 문재인 대통령과 북한의 김정은 국무위원장이 판문점에서 만나 정상회담을 하는 등 한반도 정세가 잠깐 해빙되고 있던 2019년에 발표됐다.

황석영 작가, 문익환 목사, 임수경 학생, 문규현 신부. 1989년 이네 사람의 방북이 남한 사회를 발칵 뒤집어 놨다. 당시는 전두환 군부독재를 이어받은 노태우 정권 시절이었다. 정부 허가 없이 민간인이 북한을 간다는 것은 중대한 반역 행위로 처벌받던 때였다. 오직 정부만이 대북 접촉을 할 수 있었고('창구 단일화'), 민간인은 정부의 특별한 허가가 없으면 북한 사람과 접촉을 시도하기만 해도 국가보안법 위반으로 무거운 처벌을 받았다.

황석영 작가는 1989년 3월 18일 일본에서 방북 성명을 발표한 뒤 중국 베이징을 거쳐 3월 20일 북한 땅을 밟았다. 그는 분단 고착 이후 북한에 들어간 최초의 남한 작가였다. 그는 나중에 수감 생활을 하면서 《사람이 살고 있었네》라는 제목의 방북기를 펴냈다. 같은 해 3월 25일에는 문익환 목사가 평양 순안비행장에 발을 내디뎠다. 문익환 목사는 대표적인 재야 민주·통일 운동가였다(1994년 1월 작고했다). 그래서 문 목사의 방북은 엄청난 파장을 일으켰다. 한국 사회 전체가 그의 방북을 두고 격렬한 논란에 휩싸였다. 얼마 뒤 6월 30일 한국외국어대 4학년 임수경 씨도 평양에 도착했다. 그는 평양 세계청년학생축전(평양 축전)에 전국대학생대표자협의회(전대협) 대표로 참가했다. 분단 이후 남측 학생 대표가 평양을 방문한 것은 처음이었다. 7월 25일에는 문규현 신부가 방북했다. 천주교 정의구현사제단이 천주교 신자인 임수경 씨를 국가 탄압으로부터 보호하려고 문규현 신부를 북한에 보내 귀국길을 동행하게 한 것이다. 8월 15일 임수경 씨와 문규현 신부가 손을 잡고 판문점 군사분계선을 넘었다. 두 사람은 분단 이후 최초로 판문점 군사분계선을 넘어 북에서 남으로 온 민간인이었다.

이들은 모두 마녀사냥에 이은 장기 수감 생활로 커다란 고초를 겪었다. 그들의 가족들도 말로 다할 수 없는 고난을 겪었다. 임수경 씨 언니는 직장에서 해고됐고, 아버지는 사직 종용과 욕설 전화에 시달렸다. 이들의 방북은 강대국들에 의해 강제로 분단되고, 남북 지배자들이 그 분단을 고착시켜 온 40년 시간을 끝내기 위한 투쟁이자 자유왕래를 향한 용기 있는 투쟁이었다. 황석영은 방북 의미를 다음과 같이 말했다.

저는 한반도에서 같은 땅에 살면서도 서로 만나지 못하는 우리 대중의 편이며 미국에 반대하는 아시아 대중의 편이며 무엇보다 반세기 동안이나 헤어져서 피눈물의 세월을 보내고 있는 이산가족들의 편입니다.

1989년 방북 투쟁은 1987년 6월항쟁과 뒤이은 노동자 대투쟁이 열어젖힌 민주주의 공간 속에서 전개됐다. 거대한 대중투쟁 덕분에, 군부독재 시절에 철저하게 억눌려 있던 일들을 상상하고 현실화할 가능성이 생겨난 것이다. 1960년 4월혁명 때도 비슷한 일이

벌어졌다. 이승만 독재 정권을 타도한 민주주의 운동은 통일 요구
도 제기했다. 학생과 민중은 다음과 같이 외쳤다. "이 땅이 뉘 땅인
데 오도 가도 못하느냐", "가자! 북으로, 오라! 남으로, 만나자! 판
문점에서."

1987년 6월항쟁과 7~9월 노동자 대투쟁 이후, 1988년 올림픽
공동 개최 요구 투쟁을 시작으로 통일운동이 불붙기 시작했다. 노
태우는 아래로부터의 통일운동 분출에 '창구 단일화' 조처로 대응
했다. '대북 제의나 접촉의 창구는 정부로 일원화돼야 한다.' 이것
은 아래로부터의 통일운동을 불허하겠다는 것이었다. 1988년 6월
10일 학생 1만여 명이 남북 학생 회담 성사를 위해 판문점으로 가
려 하자, 경찰이 이것을 원천 봉쇄했다. 890여 명이 연행되고 32명
이 국가보안법 위반 혐의로 구속됐다.

1989년 3월 문익환 목사가 방북하자, 노태우 정권은 그것을 빌
미 삼아 '공안 정국'을 형성해 노동자·민중 운동을 강경하게 탄
압하기 시작했다. 3월 30일 노태우 정권은 울산 현대중공업 파업
('128일 파업 투쟁')에 '아침 이슬'이라는 작전명으로 경찰력을 전
격 투입했다. '공안 정국'이 본격화됐음을 알리는 신호탄이었다.

1989년 4월 14일 새벽 〈한겨레〉 리영희 논설고문이 구속됐다. 한
겨레신문사가 방북 취재를 위해 북한의 초청이나 입국 허가를 타
진한 것을 두고 "반국가단체 지역으로 탈출을 예비음모했다"는 혐
의를 걸었다. 정부의 태도는 비슷한 시기에 이뤄진 현대그룹 회장
정주영의 방북 때와는 180도 달랐다. 정주영은 1989년 1월 24일
방북해 북한 정부 측과 금강산 사업에 합의하고 2월 2일 남쪽으로
돌아왔다. 정주영의 방북은 노태우가 격려하고 '6공의 황태자'로 불

리던 박철언이 지원했다. 임수경 씨는 평양 축전에 참가했다는 이유로 오랫동안 차가운 감옥에 갇혔지만, 같은 날 같은 장소에 있었던 박철언은 아무런 처벌도 받지 않았다. 이렇듯 국가보안법은 정부에 비판적인 아래로부터의 남북 자유왕래 운동은 탄압하고, 그 사람이 지배계급의 일원이라면 관용했다.

노태우 정권이 '공안 정국'을 조성해 운동을 탄압하자, 부르주아 자유주의자들이 가장 먼저 꽁무니를 뺐다. 현대중공업 파업에 경찰력이 투입되던 날 당시 야당 대표 김영삼은 문익환 목사를 강하게 비난했다. "남북한의 긴장 상황에서 문익환 목사가 북한을 방문한 것은 진정한 통일에 도움이 되지 않는다. 방북 중인 문 목사는 북한에서의 활동에 대해 귀국 후 국민 앞에 응분의 책임을 져야 할 것이다." 그리고 자신이 1988년 6월 30일 국회 본회의 연설에서 밝혔던 북한 방문 용의를 철회했다.

문제는 적잖은 좌파들 — 특히 PD(민중민주주의)계의 다수 — 도 방북자들을 비난했다는 점이다. 가령 인천지역민주노동자연맹(인민노련)은 "소영웅주의에 젖은 감상적 통일주의자들"이 "공안 정국 초래에 빌미를 줬다"고 했다. 이는 가랑잎이 떨어졌기 때문에 겨울이 왔다는 말처럼 틀린 주장이었다. 방북이 없었더라도 노태우 정권은 노동운동을 공격했을 것이기 때문이다. 1989년은 노동운동과 학생운동이 1987년 이후 최고 수위로 고양기에 접어든 해였다. 노태우 정권은 형식적 제스처만으로 이 투쟁을 가라앉힐 수 없었다. 정부는 물리력을 사용해 운동을 분쇄하는 쪽으로 지배 방식을 굳히고 있었다. 그게 바로 '공안 정국', 즉 일반화된 탄압 물결이 시작된 진정한 배경이었다. 따라서 일부 좌파의 이런 종파적 입장은 방북자들에 대한 혹심한 마녀사냥과 국가 탄압에 맞서기를 회피하는 태도에 지나지 않는 것이었다.

그러나 노동자들의 경제투쟁과 시민적·정치적 권리를 옹호하는 운동은 서로 밀접히 연관돼 있다. 하나에서 밀리면 다른 하나에서도 밀리기 쉽다. 1989년 봄 노태우가 본격적인 공안 탄압을 자행하면서 노동운동은 1990년 봄부터 교착상태에 빠졌다.

2018년 4월 남북 정상들이 손잡고 판문점 군사분계선을 넘는 장면을 연출했다. 그러나 남북 지배자들은 여전히 남북 주민의 자유왕래를 허용하지 않는다. 민주적 요구의 하나인 자유왕래의 견지에서 보면, 같은 민족의 일원은 원하는 곳에서 원하는 때에 자유롭게 만날 수 있어야 하고 지속적인 연락을 취하며 언제든지 상호 방문할 수 있어야 한다. 그러나 2018년 8월 이산가족 상봉조차 '이벤트'를 넘지 못했다.

남과 북을 자유롭게 여행하고 거주할 자유도 인정되지 않는다. 문재인 정부는 탈북민 김련희 씨의 귀환 요구를 묵살했다. 탈북자에 대한 위선적 선별 수용 정책은 바뀌지 않았다. 북한 당국의 방침도 이와 본질적으로 다를 바 없다. 그래서 "가자! 북으로"도(북한 방문), "오라! 남으로"도(탈북민 환영) 안 되는 현실은 여전하다.

이렇듯 남북 정부는 평범한 사람들의 출입국을 철저하게 규제하고 있다. 그런 점에서 남북 자유왕래 보장은 노동운동이 지지해야 할 민주적 요구 중 하나다. 1989년 남북 자유왕래를 위한 투쟁을 오늘날에도 잊지 말고 기억해야 하는 까닭이다.

출처: 〈노동자 연대〉 286호(2019–05–15).

1989년 현대중공업 128일 파업

이 글은 현대중공업 노동자들이 구조조정에 맞서 투쟁하던 2019년 5월, 현대중공업 128일 파업 30주년을 기념해 발표됐다.

현대중공업 노동자들이 법인 분할에 반대하는 투쟁을 하고 있는 이때, 30년 전인 1989년 128일 파업의 의미와 교훈을 새겨 보는 것도 의미가 있을 것이다.

1989년 봄 울산에서는 거리 행진과 시가전이 연일 벌어졌다. 3월 30일 경찰 병력 1만 5000명이 육·해·공 모두에서 현대중공업 파업 노동자들을 공격했다(작전명 '아침 이슬'). 이에 맞서 노동자뿐 아니라 전국에서 모여든 대학생까지 거리 전투에 참가했다. 여러모로 '제2의 광주'를 방불케 했다. 1987년 이후 최고조에 이른 두 강력한 운동(노동운동과 학생운동)이 연대했다. 노동자 가족들은 대책위를 만들어 시위대에게 주먹밥을 제공했다.

현대중공업 128일 파업은 1988년 12월 12일 시작해 1989년 4월 18일까지 이어졌다. 노동자들은 단체협약 체결(상여금 지급과 수당 인상, 토요일 오전 근무 등)과 해고자 4명의 복직을 요구했다. 노동자들은 현대그룹의 부를 늘려 주느라 20여 년간 배 밑바닥에서 용접을 하다 질식해 죽고, 불에 타서 죽고, 떨어져서 죽고, 다쳐서 불구가 됐다. 그런 노동자들이 1987년 7~9월 노동자 대투쟁을 체험하며 자신들의 힘을 자각하기 시작했다. 하늘 같기만 하던 회사 간부와 관리자가 쩔쩔맸다. 노동자의 삶에 눈길 한 번 안 주던 TV·라디오·신문이 매일 노동자 투쟁을 다루며 미주알고주알 걱정하는 것을 봤다.

7~9월 노동자 대투쟁에 참가한 노동자들을 중심으로, 친사측 노조 집행부를 대체하기 위한 움직임이 시작했다. 오좌불 독신자 숙소가 주요 근거지였다. 이곳에서 노동자들은 토론하고, 다른 현대그룹 계열사 노동자들과의 연대를 모색했다. 오좌불 숙소에서 시작된 투쟁 불씨가 사업장 안으로 번져 갔다. 현대중공업 사업장 내 비공식 그룹인 '선봉'이 발행한 유인물 〈선봉〉이 나오는 날이면 사업장 전체가 술렁거렸다. 당시 현대중공업 노동조합은 친사측이 통제하고 있었다.

1988년 11월 13일 개최된 전국노동자대회도 현대중공업 민주파 활동가들에게 큰 영향을 미쳤다. 노동자 3만여 명이 참가해 노동법 개정을 요구했다. 현대중공업 참가자들은 단결의 위력과 전국적 노동자 연대의 필요성을 느꼈다.

마침내 12월 12일 쟁의 행위 찬반 투표를 했다. 전체 조합원 1만 8693명 중 1만 3425명(71퍼센트)이 파업에 찬성했다. 친사측 성향의 노조 위원장 서태수는 조합원들의 열기에 떠밀려 파업을 선언했다. 서태수는 3일 만에 사측 안(생산 장려금 12만 원, 수당 1만 원 인상)을 찬반 투표에 붙이려 했다. 그러나 조합원들은 투표 자체를 거부했다. 그러자 서태수는 12월 18일 회사 측과 일방적으로 정상 조업에 합의하고 잠적했다. 서태수는 현대중공업 근처 산수장 여관에 사무실을 차리고 국가안전기획부(안기부), 울산경찰서, 친

사측 대의원 등과 함께 파업 분쇄 음모를 꾸몄다. 이 자리에 당시 현대그룹 총수 정주영이 고용한 제임스 리가 있었다. 이 자는 한국계 미국인으로서 노조 파괴 전문가였다. 요즘 악명 높은 노조 파괴 전문 업체 창조컨설팅의 원조 격이라 할 수 있다.

12월 20일 '이원건 권한대행 체제 인정 및 쟁의 계속 여부' 투표에서 조합원 1만 716명이 찬성표를 던졌다.

이 며칠은 노동자 파업의 역동성을 잘 보여 줬다. 파업 투쟁을 둘러싼 다양한 입장이 등장해 대립하다 하루 만에 사라지곤 했다. 이렇게 골리앗의 사슬이 끊어졌다. 골리앗(크레인)은 노동자들의 피와 땀으로 세웠지만, 그와 동시에 현대그룹의 착취와 억압의 상징이었다.

노동자 투쟁이 기세등등해지는 것이 두려워, 당시 대통령 노태우와 정주영은 노동자들의 요구에 매우 강경하게 대응했다. 정주영은 파업에 밀리면 자신의 통제력이 걷잡을 수 없이 약화될 것을 우려했다. 그래서 어떻게든 노동자들의 기세를 꺾고자 했다. 정주영에게 노태우 정권은 든든한 원군이었다.

노태우는 1987년 6·29 선언 이후 '보통 사람의 시대'라는 가면을 쓰고 등장했다. 노태우는 1988년 취임 첫해부터 노동자 투쟁이 격화하자 위기 의식을 느꼈다. 유화적 제스처만으로는 노동자 투쟁을 달랠 수 없게 되자 채찍을 더 세게 휘둘렀다. 1988년 12월 28일 노태우는 체제 수호를 다짐하며 '민생 치안의 확립을 위한 특별 지시'를 발표했다. 탄압을 전면화('공안 정국')하겠다는 선전포고였다.

1989년 1월 8일 새벽, 현대중공업 사측이 동원한 폭력배 40여 명이 '현대그룹 해고 근로자 복직 실천협의회' 사무실 등을 급습해 노동자들을 구타했다. 노태우 정권이 풍산금속과 모토로라 농성 노동자들을 강경 진압한 직후에 벌어진 일이었다. 파업 노동자들은 시내로 행진하며 폭력 테러 만행을 규탄했다. 1월 28일 파업 노동자 7000여 명이 일산해수욕장까지 거리 행진을 했다. 언론의 편파·왜곡 보도도 노동자들을 분노케 했다. 그래서 노동자들은 대규모 거리 행진을 통해 파업 투쟁의 정당성을 다른 노동자들에게 알리고자 했다. 투쟁은 정치화하기 시작했다. 1·8 폭력 테러는 노동자 연대가 확대(정치투쟁화)되는 계기가 됐다. 1월 15일 태화강 고수부지에서 '노동운동 탄압 분쇄 및 테러 만행 규탄 전국노동자대회'가 개최됐다. 전국에서 노동자 3만 명이 참가했다.

설 연휴가 다가오자 현대그룹은 파업 노동자들의 경제적 곤궁함을 파고들었다. 설 상여금 160만 원(당시로선 큰 돈이었다)을 지급하겠다고 미끼를 던졌다. 또, 일방적 조업 재개를 발표하고 조업에 참가하는 조합원들에게만 연·월차 수당을 지급하겠다고 했다. 사측의 조업 재개 방침은 파업 노동자들에게 빼앗긴 작업장을 탈환하겠다는 의도였다.

파업 노동자들은 '미꾸라지 소탕 작전'에 돌입했다. 파업 투쟁의 전열을 내부로부터 무너뜨리는 것은 배신 행위였기 때문이다. 2월 11일부터 파업 노동자들은 각 출입구를 봉쇄해 대체 인력의 출입을 막았다. 그러자 2월 21일 회사 측의 사주와 지휘를 받는 노골적인 파업 파괴자인 '구사대' 2000여 명이 회사 정문 앞에서 평화 시위를 하고 있는 파업 노동자들을 식칼로 찌르고, 쇠파이프와 각목으로 두들겨 패는 '식칼 테러 만행'을 저질렀다. 경찰 병력 수천 명이 이를 지켜보고만 있었다.

3월 12일 연세대에서 '현대 재벌 폭력 테러 규탄 국민대회'가 열렸다. 노동자와 학생 7000여 명이 집회 후 신촌 거리로 진출해 격렬한 시위를 벌였다.

노태우 정권은 경찰력 투입을 본격 준비해 나갔다. "2000여 명이 집단 농성 중인 회사 안에 화염병, 중장비 등이 많아 경찰을 투입하여 진압하기 위해서는 80개 중대의 1만여 명의 병력이 필요[하다.]" 경찰력 투입이 임박하자 파업 노동자들은 중장비와 부품 등을 동원해 현대중공업 정문에 바리케이드를 치고 정당방위를 위해 무장하기 시작했다. 최후까지 파업을 지키려는 파업 노동자들이 속속 바리케이드로 집결했다.

학생들도 연대 행동을 조직했다. 대구·영남 지역 학생들은 모금 운동을 해, 300만 원을 노동조합에 전달했다. 그리고 "만약 공권력이 개입한다면 화염병과 짱돌을 들고 전국의 현대 건물을 박살내겠다"고 약속했다. 3월 25일 부산 지역 11개 대학 대표자 300여 명이 현대중공업 파업 투쟁 지지 집회를 개최했다. 3월 26일에는 광주·전남 지역 대학생 400여 명이 현대중공업 파업 지지 울산 방문 출정식을 열었다.

3월 30일 경찰 병력 1만 5000명이 현대중공업에 투입됐다. 그 직전에 문익환 목사가 방북하자, 노태우 정권은 그 일을 빌미 삼아 진압 작전을 개시했다. 노동자들과 학생들이 울산 동구 곳곳에서 격렬하게 시가전을 벌였다.

결국 1989년 4월 18일 현대중공업 노조 지도부는 정상 조업 성명서를 발표하고 현장 조합원들이 지켜보는 가운데 경찰서로 자진 출두했다. 총 53명의 구속자와 55명의 해고자가 발생한 128일 파업은 가공할 국가 폭력과 사용자 측 테러에 의해 중단됐다. 그러나 128일 파업이 단순히 패배한 것은 아니다. 그 뒤 노조 지도부 선거에서 더 투쟁적인 집행부가 등장했고, 그해 8월 10일 구속자 석방과 해고자 복직에 관한 합의서를 쟁취했다.

128일 파업은 1987년 7~9월 노동자 대투쟁으로 고무된 노동자들이 자신의 직장과 거리에서 벌인 투쟁들 중 가장 멀리 나아간 투쟁이었다. 정부와 사용자가 합세해 무지막지한 폭력으로 강경 대응한 이유였다. 그러나 이에 맞서 노동자들과 학생들이 연대를 구축하면서 투쟁의 정치화를 촉진시켰다.

현대중공업 128일 파업은 프리드리히 엥겔스가 남긴 유명한 말을 실현할 잠재력이 노동자들에게 있음을 보여 준 영감 충만한 투쟁이었다. "단 한 명의 부르주아를 굴복시키기 위해 그토록 오래 견디는 노동자들은 전체 부르주아지의 권력을 전복할 수 있을 것[이다.]"

출처: 〈노동자 연대〉 288호(2019-05-30).

7장
–
1997년 대중 파업과
IMF 경제공황

함께 토론할 쟁점

---

* 1997년 대중 파업의 세계적·국내적 맥락은 무엇이었을까?

* 1987년 7~9월 노동자 대투쟁과 1997년 파업의 연속성과 차이점
  은 무엇이었을까?

* 1997년 대중 파업은 어떤 성과를 남겼고 한계는 무엇이었을까?

* IMF 경제공황의 원인은 무엇이었을까?

* 국난 극복을 위해 노동자들은 정부·사용자와 협력해야 했을까?

* 한국의 민주주의를 진전시킨 힘은 어느 사회세력에게서 나왔을까?

1996년 12월 26일 새벽, 당시 김영삼 정권과 여당인 신한국당
(군사독재자들이 세운 정당의 후신이자 미래통합당의 전신)은 노
동법 개악안을 국회에서 날치기로 통과시켰다. 또, 안기부법도 통
과시켰다. 개악된 노동법은 사용자가 노동자를 더 쉽게 해고할 수
있는 정리해고제와 노동자들의 노동조건과 임금 수준을 악화시키
는 변형시간근로제와 파견근로제를 포함하고 있었다. 노동자들의
연대를 가로막는 제3자 개입 금지 조항을 그대로 유지하고 교사·
공무원 노동자들의 노동조합도 인정하지 않았다. 안기부법은 안기
부(국정원의 전신)에 국가보안법 7조(찬양·고무죄) 등에 대한 수사
권을 준다는 것이었다. 국내의 적(좌파와 노동운동) 탄압에 사용돼
온 국가보안법의 7조에 대한 안기부의 수사권은 1987년 대중 파업
으로 폐지됐었다. 이것을 부활시키는 것은 노동운동을 더욱 옥죄
겠다는 선언이었다.

1987년 이래 이룬 성과들을 되돌리려는 시도에 노동자들은 분
노하지 않을 수 없었다. 민주노총은 즉각 파업을 선언했다. 김영삼
은 파업을 불법으로 규정하며 강경 대응하겠다고 으박질렀다. 하지
만 노동자들의 투쟁 열기는 계속 높아져 갔다. 1997년 1월 중순에
투쟁이 절정에 이르자 김영삼과 사용자들이 겁을 먹었다. 결국 1월
이 지나기도 전에 김영삼은 노동법 재개정을 약속하며 머리를 숙

일 수밖에 없었다.

1987년 노동자 대투쟁을 통해 역사의 전면에 등장한 한국 노동 계급은 10년이 채 지나기 전에 1996년 말부터 1997년 1월까지 이어진 파업을 통해서 다시 한 번 그 건재함을 과시했다.

국제적 투쟁 물결의 연장선

1990년대가 시작될 무렵은 세계사적으로 격변의 시기였다. 1989~1991년 동구권과 소련이 붕괴했다. 소위 '사회주의'를 표방했지만 실제로는 경쟁적 자본 축적을 위해 노동자들을 가혹하게 착취한 동구권과 소련의 정치체제가 아래로부터의 반란으로 붕괴한 것이다. 서구 지배자들은 이제 사회주의는 끝났고 자본주의가 최종 승리했다며 자축했다. (▶ 더 알아보기: 1989~1991년 소련 블록의 붕괴, 270쪽)

하지만 이후 역사는 서구 지배자들이 원하는 방향으로 흘러가지 않았다. 국가자본주의에서 시장자본주의로 게걸음 치듯 이동한 동유럽과 소련은 1990년대를 거치며 경제 기적을 경험하기는커녕 경제 위기와 대중의 삶의 파탄만이 남았다. 이 때문에 1990년대 동구권에서는 대중적 항의 시위와 파업이 벌어졌다.

냉전이 끝난 이후의 세계는 서구 지배자들이 장담한 평화, 자유, 민주주의와는 거리가 멀었다. 1990년대는 미국이 주도한 다국적군이 이라크에 무시무시한 폭격을 가하면서 시작됐다. 이 전쟁으로 어린이를 포함한 이라크인 20만 명이 희생됐다. 미국은 냉전에서 승리했지만 자신에게 도전장을 내밀 수 있는 상대들이 존재한다는 사실 때문에 힘을 과시해야 했다. 1994년 한반도에서 전쟁이 날 뻔한 것도 이런 이유 때문이었다. 1990년대 내내 세계 이곳저곳에서 폭탄 세례가 끊이지 않았다.

서구 자본주의 경제로 말할 것 같으면, 1990년에 접어들면서 1970년대 중반에 시작한 장기적 경기 침체 과정의 세 번째 위기가 벌어졌다. 1974~1975년, 1979~1981년, 1990~1992년이 그런 위기의 순간이었다.

흥미롭게도 1990년대 서구의 지배자들은 세계적 경기 침체의 영향권 밖에서 발전하는 듯한 동아시아 경제를 치켜세우면서 서구 노동자들에게 동아시아 노동자들처럼 성실하게 일하라고 요구했다. 반면 동아시아의 지배자들은 "서구 노동자들을 봐라. 어디 파업을 하느냐" 하며 더 열심히 일하라고 했다.

하지만 잘나가는 듯 보였던 동아시아 경제는 1990년대 말 심각한 위기에 빠졌다. 1997년 태국에서 시작한 위기가 인도네시아, 한국, 말레이시아, 홍콩 등을 거쳐 러시아와 브라질을 휩쓸었다. 그리고 얼마 후 선진 자본주의 나라들도 다시 한 번 위기에 빠졌다.

일련의 경제 위기에 대한 지배자들의 대응은 위기의 대가를 노동자와 서민이 치르게 하는 것이었다. 이 때문에 세계적으로 저항의 물결이 끊이지 않고 일어났다.

서구에서 1968년 반란으로 분출한 노동자 투쟁은 1974~1975년을 기점으로 쭉 침체를 겪었다. 하지만 1980년대에 급속히 발전한 경제들에서는 거대한 투쟁이 벌어졌다. 폴란드, 남아프리카공화국, 브라질, 한국이 그런 나라였다. 이 투쟁 물결은 1989~1991년 동유럽과 소련으로 이어져 권위주의 정치체제를 해체했고, 1990년대에는 서방 자본주의 나라들로 이어졌다.

1980년대에 신자유주의를 표방하면서 노동자들을 공격한 영국의 마거릿 대처 정부는 1990년 주민세 부과에 반대해 벌어진 격렬한 투쟁에 부딪혀 몰락했다. 1994년 이탈리아 노동자들은 복지 삭감에 반대하는 대중투쟁을 통해 우파 정부를 몰락시켰다. 1995년 12월 프랑스 노동자들은 연금 삭감에 반대해 거대한 대중 파업을 벌여서 우파 정부를 물러서게 했다.

이런 투쟁 물결의 연장선에 한국의 1997년 대중 파업이 있었던 것이다. 그리고 1998년에는 경제 위기를 맞은 인도네시아에서 혁명이 일어나, 쿠데타를 통해 집권해 33년 동안 통치한 독재자 수하르토를 끌어내렸다.

요컨대, 1990년대 세계 자본주의는 위기에 직면해 있었고, 곳곳의 권력자들은 그 위기의 대가를 노동자들과 평범한 사람들에게 떠넘기고자 했으며, 그에 대한 저항이 곳곳에서 벌어졌다. 이런 저항 물결은 1999년 미국 시애틀에서 세계무역기구WTO 회의를 무산시킨 시위를 시작으로 벌어진 세계적 반자본주의 운동으로 이어졌다.

노태우-김영삼 정권

1997년 대중 파업의 국내적 배경은 무엇이었을까? 6장에서 언급했듯이, 한국의 노동자 투쟁은 1989년까지 상승기를 맞이했다. 1990년대에는 일진일퇴의 공방 속에서 팽팽한 힘의 균형을 이루는 상황이 펼쳐졌다. 1990년대에 접어들면서 한국의 지배자들은 문제에 직면했다. 1986~1988년의 '3저 호황'이라는* 호재가 사라지고 경기가 후퇴할 조짐을 보인 것이다. 또, 한국 자본주의는 선진 자본주의와 경쟁하면서도 밑에서 추격해 오는 새로운 신흥공업국들도 따돌려야 했다. 이 때문에 한국 지배자들은 저항을 제압하는 데 더욱 힘을 기울이게 된다.

이런 배경에서, 1990년을 전후로 한 시기에 지배계급과 노동계급 사이에 치열한 공방전이 벌어졌다. 하지만 1989년부터 본격적으로 시작된 지배자들의 공격 시도는 결코 수월하게 진행되지 않았다. 노동자 투쟁의 고양기에 대통령이 된 노태우에 대해 자본가 언론은 '물태우'라고 비아냥거렸다. 왜 노동자들을 확실히 제압하지 못하느냐는 질책이었다. 이 상황을 극복하려고 노태우 정권은 두 가지 시도를 했다. 하나는 1990년 1월 22일의 3당 합당이다. 노태우 정권은 온건한 야당 지도자인 김영삼과 5·16 쿠데타의 주역이었던 김종필을 끌어들여 자신의 지배 기반을 확대하고자 했다.

또 다른 것은 아래로부터의 저항을 다방면으로 공격한 것이다. 이 공격은 단지 경제적인 것에 국한되지 않았다. 정치적·이데올로기적 공격이기도 했다. 1989년 문익환 목사의 방북을 핑계로 공안 탄압을 강화하고 1990년 10월에는 '범죄와의 전쟁'을 선언했다. 이것은 저항을 억누르려고 사회 분위기 전반을 냉각시키며 억압을 강화한 것인데, 이에 대한 반발로 터져 나온 것이 1991년 5월 투쟁이었다.

---

* 3저 호황 1980년대 중후반 한국 경제는 세계적인 저유가, 저금리, 저달러 현상 속에서 호황을 겪었다.

1987년 이래 최대 규모의 시위가 벌어졌다. 5월 초에 일어난 한진중공업 노동조합 위원장 박창수 씨의 죽음은 노동자들의 분노를 더욱 자극했다. (▶ 더 알아보기: 1991년 5월 투쟁과 강경대 열사, 277쪽)

전국노동조합협의회(약칭 전노협)는 5월 18일 정부에 항의하는 하루 총파업에 나섰다. 정부는 더욱 강경한 진압으로 맞섰다. 1987년처럼 거리의 시위가 생산 현장으로 확대할까 봐 두려워했기 때문이다. 며칠 후 노태우는 자신의 뒤를 이을 것으로 예정된 국무총리 노재봉을 사임시켜서 대중의 분노를 달래지 않을 수 없었다. 그 결과 김영삼이 집권당의 차기 대권 유력 주자로 떠오를 수 있었다. 이것이 김영삼 정권이 탄생할 수 있었던 한 맥락이다.

김영삼은 '문민정부'를 캐치프레이즈로 하고 개혁을 표방하며 집권했지만 그의 개혁은 노동운동을 억누르고 한국 자본주의의 경쟁력을 높이는 것이었다. 그래서 김영삼 임기 초부터 투쟁은 끊이지 않았다. 1993년 현대그룹노동조합총연맹(현총련) 투쟁, 1994년 전국지하철노동조합협의회(전지협) 투쟁과 전국기관차협의회(전기협) 투쟁, 1995년 한국통신 투쟁 등 노동자들의 아래로부터의 투쟁으로 김영삼이 표방한 '개혁'의 본질이 확연히 드러나고 대중적 분노가 확산했다.

이런 분위기 속에서 치러진 1995년 6·27 지방선거에서 김영삼의 민주자유당(약칭 민자당)은 참패를 당했다. 김영삼은 자신의 핵심 기반인 부산에서도 인기가 떨어지고 있었다.

1995년 7월 검찰은 광주 학살자들에 대해 "성공한 쿠데타는 처벌할 수 없다"면서 면죄부를 줬다. 학살자를 처벌하라는 목소리가 높아졌다. 학생들은 동맹휴업을 하고 거리로 나갔다. 여기에 김영삼의 대선 자금 문제까지[*] 불거지면서 대중의 분노는 더욱 커져 갔다. 이대로 가다가는 정권 자체가 위태로워질 수도 있었다. 주로 학생들이 중심이 된 투쟁이 노동자 투쟁으로 번질 수도 있었다. 실제로 노동자들도 투쟁에 동참하기 시작하고 있었다. 김영삼은 전두환과 노태우를 구속해서 대중의 분노를 달래지 않을 수 없었다.

1996년으로 넘어오면서 정세는 지배자들에게 더욱 안 좋아지고 있었다. 1990년대 초반의 불황 이래로 잠시 회복기에 있었던 경제가 다시 하강 조짐을 보이고 있었다. 기업주들과 정부의 처지에서는 노동자들에게 위기의 대가를 떠넘기기 위한 조처가 시급해지고 있었다.

이런 배경에서 노사관계개혁위원회(약칭 노개위)가 만들어졌다. 김영삼은 민주노총 합법화를 포함해 정리해고제, 변형시간근로제, 파견근로제 도입을 같이 논의해 보자며 민주노총을 협상 파트너로 끌어들였다. 김영삼은 노개위를 통해 민주노총 지도자들을 협상 테이블에 묶어 두고 시간을 끌면서 노동자들의 힘을 최대한 빼려 했다. 한편, 사회적 분위기를 오른쪽으로 이동시키려는 전통적 방법들이 동원됐다. 바로 학생운동과 좌파를 강하게 탄압한 것이다.

1996년 여름 '한총련 사태'는 이런 배경에서 일어났다. 김영삼 정권의 검찰은 노동운동에 연대를 선언한 한국대학총학생회연합(한총련) 산하의 연대사업위원회 등을 새로 이적단체로 규정하고(그 전에는 집행위원회·조국통일위원회·정책위원회가 이적단체로 규정

---

[*] 김영삼 대선 자금 의혹 1992년 대선에서 김영삼이 노태우와 한보철강 등 대기업들에게서 대선 자금으로 수천억 원을 받았다는 의혹.

돼 있었다), 8월 13~20일에 열린 범민족대회에 참가한 학생 수만 명을 연세대에 가둬 놓고 헬기까지 동원해 강제 진압했다.

하지만 1986년 건국대 사태가 1987년의 거대한 투쟁을 막을 수 없었듯이, 한총련 마녀사냥도 저항을 완전히 억누르지는 못했다. 오히려 학생들이 김영삼에 굴복하지 않고 끝까지 저항하면서 김영삼에 대한 대중의 반발심만을 키웠을 뿐이다.

1996년 9월에는 노개위에서의 논의가 별 효용이 없다는 점이 입증되고 있었다. 어느 기성 언론조차 노개위 토론이 진행될수록 노사 양측의 입장 차이만 크게 벌어져서 갈등을 해소하는 데는 별 소용이 없다고 말할 정도였다. 노동자들 사이에서는 이제 싸워야 할 때라는 목소리가 높아졌다.

김영삼은 한총련 사태와 곧이어 일어난 북한 잠수함 침투 사건을 이용해 오른쪽으로의 행보를 계속했다. 집회와 시위의 자유도 더욱 옥죄려 했다. 기업주들은 5년간 임금 동결을 주장하는 등 노동법 개악을 빨리 하라고 목소리를 높였다.

이렇게 양극화하는 두 세력 사이의 충돌은 불가피해져 가고 있었다.

노동자의 힘을 보여 준 대중 파업

결국 김영삼은 법안 처리가 해를 넘기면 노사 임금협상 시기와 맞물려 더 힘들어질까 봐 우려했다. 그래서 저항이 비교적 적을 것으로 보고 연말에 날치기를 한 것이다. 하지만 노동자들은 1987년 이후 자신들이 쟁취한 성과들을 빼앗아 가려는 정부와 사용자들

1996년 12월 30일 명동성당
에서 열린 노동법 개악 반대
파업 집회.
ⓒ 금속노동자

의 시도에 즉각 저항했다. 기아자동차 노동자들은 날치기 소식을
듣자마자 파업에 들어갔다. 곧이어 현대그룹노조총연맹과 금속 노
동자들도 파업에 들어갔다. 15만 명에 가까운 노동자들이 날치기
첫날인 12월 26일에 파업을 벌였다.

다음 날인 12월 27일에는 병원 노동자를 비롯한 20만 6000여
명이 파업에 들어갔다. 28일에는 지하철 노동자들이 파업에 동참하
면서 파업의 기세는 더욱 높아졌다. 30일에도 파업 사업장이 22군
데 더 늘었다.

새해 연휴 이후에도 파업 열기는 식지 않았다. 1월 7일 파업 참가 노조 수는 190개가 넘었다. 같은 날 김영삼은 연두 기자회견을 통해 개정된 노동법이 노동자에게 불리한 것이 아니라고 뻔뻔하게 거짓말을 늘어놓아서 노동자들의 분노만 더 샀다.

1월 11일 서울 종묘공원 집회에는 노동자 3만 명 이상이 참가했다. 노동자들은 민주노총이 가두시위를 체계적으로 조직하지 않았는데도 서울시청 앞까지 진출해서 경찰과 충돌을 벌였다. 노동자들이 단호하게 싸울수록 파업에 대한 국민의 지지도는 높아져 갔다. 파업 시작 전 50퍼센트 이하였던 파업 지지율은 이제 75퍼센트를 넘어섰다. 이 파업은 노동자들이 국민 여론에 맞춰서 투쟁의 수위를 낮출 것이 아니라 단호히 투쟁할 때 국민 여론도 이끌 수 있음을 보여 줬다.

1월 15일에는 노동자 37만 명이 파업에 참여했다. 한국노총 노동자들도 부분파업을 벌였다. 이날 집회에는 종묘공원이 생긴 이래로 가장 많은 인원인 5만 명 이상이 모였다. 민주노총 지도부는 인도로 평화적 행진을 하려 했지만, 노동자들은 집회가 끝나기도 전에 가두로 나가기 시작했다. 주변에 있던 미조직 노동자들도 행진에 동참하면서 대열은 순식간에 6만여 명으로 불어났다. 이날 가두시위는 기아차 노조 등의 현장 활동가들이 주도해서 밤늦게까지 벌어졌다. 투쟁은 더 전진할 가능성을 보여 주고 있었다. 새로운 노동조합을 만들려는 움직임도 늘어나고 있었다. 이 정치 파업에 고무돼, 개별 사업장 문제를 놓고 벌어지는 경제투쟁도 늘어나는 분위기였다.

투쟁이 확대되자 지배자들의 분열이 커졌다. 지배자들은 판돈이

1997년 파업은 김영삼을 궁지로 몰아넣었다. 1997년 말에 이르면 김영삼 지지율은 5퍼센트까지 추락한다. ⓒ 노동자역사 한내

커지고 있음을 알고 있었다. 대화를 모색하겠다는 신한국당 대표 이홍구의 발언에 대해 노동부 장관 진념은 "이적성 행위"라고 날선 비난을 했다.

이즈음 한보그룹이 부도 일보 직전 상태였다. 김영삼 정권은 한보그룹의 상태를 이미 알고 있었다. 1996년 12월 청와대에서 한보그룹 대책 회의가 몇 차례 열렸다. 김영삼은 노동자들의 파업과 한보그룹 부도가 몰고 올 정치적 파장이 결합돼 사태가 걷잡을 수 없이 될까 봐 두려워했다. 그래서 한보그룹 부도를 최대한 늦추려고 이미 가망이 없던 이 기업에 1조 원 이상을 쏟아부었다.

결국 김영삼은 노동법을 재개정하겠다고 양보하고 노동자 투쟁이 진정 국면에 들어선 후에야 한보그룹을 부도 처리할 수 있었다.

1997년 파업은 김영삼을 벼랑 끝으로 몰아넣었다. 1997년 2월 리영희 교수가 말했듯이, 당시 김영삼은 4월혁명으로 쫓겨나기 직

전인 1959년의 이승만 같은 처지였다. 한보그룹이 부도 위기에 빠진 상황에서 한보그룹 특혜 대출 비리 사건까지 터졌다.* 이 사건에 김영삼의 아들 김현철도 연루됐고, 더욱 궁지에 몰린 김영삼은 아들 김현철을 구속시키고서야 겨우 정권의 생명을 유지할 수 있었다. 김영삼은 자신을 중심으로 한 정권 연장은 꿈도 꾸지 못하게 됐고, 지배 정당의 내분이 심화하면서 수십 년 동안 한국을 지배해 온 일당 체제도 결국 무너졌다.

1997년 12월 대선에서 민주당(당시 당명은 새정치국민회의)이 승리할 수 있었던 매우 중요한 요인은 바로 1997년 노동자 파업 물결이었던 것이다.

1997년 파업은 노동자들이 정부를 굴복시키고 사회 변화를 이룰 힘이 있는 강력한 사회세력임을 보여 줬다. 6장에서 살펴봤듯이, 1987년에 군부독재를 무릎 꿇린 후 과거로 회귀하려는 시도를 좌절시키고 민주주의를 진전시켜 온 세력은 결정적으로 노동계급이었다. 민주당과 자유주의자들은 자신들이 민주주의의 주도 세력인 양 주장하며 노동계급과 그 투쟁을 적대하지만 말이다.

1997년 파업은 노동법 개악에 반대해 노동계급 전체의 이익이 걸린 문제를 놓고 정부에 대항한 정치 파업이었다. 이 파업으로 노동자들의 정치의식은 한 단계 더 발전할 수 있었고, 노동자들 자신의 정치적 표현체도 탄생했다. 1997년 파업 3년 후 민주노동당이 창당한 것이다.

---

* 한보그룹 특혜 대출 이미 부실해져서 부도설이 돌고 있던 한보철강 등이 정계 인맥을 동원한 로비를 통해 수조 원을 대출한 사건. 여야 정치인이 연루돼 구속됐다.

1997년 파업의 효과로 민주노총은 합법화됐다(1996년에 김영삼이 민주노총을 노개위에 끌어들인 것에서 드러나듯이, 실질적으로 민주노총은 그 전부터 활동을 보장받았다고 볼 수 있지만 말이다). 민주노총으로 조직되는 노동자도 늘어났다. 파업 이후로 1997년 5월까지 219개 노동조합의 4만 5000명이 민주노총에 새로 가입했다. 은행, 버스, 택시 등 이전에는 한국노총 소속이었던 노동자들이 파업으로 자신감을 얻어 한국노총을 탈퇴하고 민주노총에 가입했다.

아래로부터의 투쟁은 노동계급의 조직과 의식 등 모든 면에서 성장의 원동력이었다.

일각에는 1997년 파업으로 날치기 통과된 노동법은 폐기됐지만, 1997년 3월에 여야 합의로 다시 통과된 노동법이 개악 내용을 완전히 되돌리지 않았고 결국 1년 후 노사정위원회를 통해 정리해고제 등이 도입됐다면서 1997년 파업의 성과를 깎아내리는 시각이 있다. 당연히 1997년 파업은 약점과 한계가 있었지만, 그 투쟁이 사회적으로 끼친 영향, 노동계급 조직과 의식의 성장을 중요하게 봐야 한다.

파업이 최고조에 이른 1997년 1월 17일, 민주노총 지도부는 매주 수요일에만 파업한다('수요 파업')는 지침을 갑자기 내려보냈다. 이 전술 변경은 매우 아쉬운 일이었다. 이 전술 변경에는 다음과 같은 몇 가지 요인이 상호작용했다.

당시 야당인 새정치국민회의는 김대중 총재가 이끌고 있었다. 1987년 6월항쟁과 7~9월 노동자 대투쟁에 힘입어 한국의 정치체제가 자본주의적 민주주의로 전환하기 시작하자, 1987년 이전에는 사형선고까지 받을 정도로 탄압받는 정치인이었던 김대중은 정치

1997년 파업은 노동법 개악에 반대해 노동계급 전체의 이익이 걸린 문제를 놓고 정부에 대항한 정치 파업이었다. ⓒ 이정용. 노동자역사 한내

적 자유를 획득했다. 그는 1990년대를 거치며 우경화했다. 그는 옛 정부 인사들을 영입하고 보수 우파인 김종필의 자유민주연합(약칭 자민련)과 연대하면서 자신이 자본주의 체제를 운영하는 데 적합하다는 것을 지배계급에게 보여 주려고 애썼다.

김영삼의 노동법 개악에 대해서도 김대중 총재는 그 내용에 반대한 것이 아니라 법 처리 절차를 문제 삼았을 뿐이다. 당시 새정치국민회의 부총재는 중소기업협동조합중앙회 회장 출신인 박상규였는데, 그는 변형시간근로제 도입을 적극 지지하는 입장이었다.

김대중 총재는 노동자 투쟁을 제어함으로써 체제를 안정적으로 유지할 능력이 있음을 보여 주고자 노력했다. 1996년 12월 13일로 예정돼 있던 민주노총 총파업을 앞두고 김대중 총재는 노동운동가 출신 국회의원 방용석을 민주노총 지도부에게 보내서 총파업을 적극적으로 만류했고, 연내에 노동법이 통과되지 않을 것이라고 말하면서 민주노총 지도부를 방심하게 만들기도 했다.

김대중 총재는 투쟁이 고조돼 노동자들의 자신감이 높아져 가고 투쟁이 더 나아갈 가능성을 보여 준 때인 1월 15일에 가서야 황급히 노동자 파업에 지지를 표명했다. 강해지는 노동자 투쟁에 올라타 자신에게 유리하게 이용하려는 목적이었다.

1997년 1월 17일 민주노총이 수요 파업으로의 전환 방침을 정하고 1월 21일 김영삼과 김대중 총재의 영수 회담이 열리면서, 파업의 전진을 위해 어떤 기여도 하지 않은 김대중 총재가 김영삼에게서 노동법 재개정 양보를 얻어 내는 모양새가 만들어졌다.

2월 초에 김대중 총재는 권영길 민주노총 위원장을 만나서, 노동법 날치기에 이어 한보 사태로 나라가 결딴날 위기에 있는데 총파업까지 겹치면 치유 불능 상태에 빠진다면서 파업 재개를 적극 만류했다.

김대중 총재가 이렇게 할 수 있었던 데는 노동운동의 약점이 작용했다. 당시 파업에 정치적 지도를 제공하려 한 대표적 단체는 '민주적 노사관계와 사회개혁을 위한 범국민대책위원회'(범대위)였다. 민주주의민족통일전국연합, 참여연대, 민주사회를위한변호사모임, 민주화를위한전국교수협의회 등 재야 단체들과 민주노총 등 노동운동 단체들이 참여한 범대위는 노동법이 날치기로 통과됐다는 절차적 문제를 주로 제기하면서 '훼손된 의회 민주주의'를 방어하는 수준 이상으로 투쟁을 이끌려 하지는 않았다. 범대위는 투쟁이 야당과 함께하는 범국민적 운동이 돼야 한다는 입장이었고, 노동자들 고유의 계급적 이해관계가 부각되는 것을 막으려 했다.

정치적 성격의 대중 파업이 벌어지는 와중에 노동자들이 경제적 요구도 제기하며 싸우면, 파업의 저변이 더욱 확대되면서 투쟁이 훨씬 강화될 수 있었을 것이다. 그러면 노동자들의 필요와 요구에 맞는 성과를 더 얻을 수 있었을 테지만, 노동계급을 민중이나 국민 속에 용해시키려는 입장 때문에 노동자들의 요구와 투쟁 방식은 최대한 자제돼야 했다. 그 대신 정치 협상과 의회를 통한 문제 해결이 중요하게 부각된 것이다. 이런 범대위의 입장은 민주노총의 파업 전술과 맞아떨어지는 점들이 있었다.

1996~1997년 파업은 '총파업'이라는 말에는 걸맞지 않았다. 총파업이라면 산업 전반이 마비돼야 하는데 그러지는 않은 것이다.[*] 파업이 정점에 이른 1997년 1월 15일에조차 기간산업 가운데 지하철, 화물, 자동차만이 파업에 참가했다.

민주노총 지도부는 파업 수위를 조절하려 애썼다. 지하철과 병원은 시민의 불편을 이유로 며칠만 파업하도록 했고, 한국통신은 단 4시간만 파업하도록 했다. 기아차에서처럼 오전에는 정상 조업하고 오후에만 파업하는 곳도 있었다.

1987년과 그 후 몇 년 동안 노동자 투쟁이 고양될 때는 현장 노동자들이 자신감이 충만해서 지도부가 조합원의 의사를 제대로 대변하지 못하면 즉시 지도부를 갈아 치우고 새 지도부를 세워서 자신들을 대변하게 했다.

하지만 1990년대를 거치면서 자본주의적 민주주의가 진전하고 노동조합이 어느 정도 안착되고 산별 조직이나 민주노총 같은 상

---

[*] 총파업, 대중 파업 한두 사업장이 아니라 한 사회의 노동계급 다수가 파업하는 것을 대중 파업이라고 한다. 그중 노동계급의 거의 전부가 파업하는 것이 총파업이다.

급 단체도 생겨나면서, 협상을 주된 임무로 하는 층이 생겨났다. 아직 서구처럼 안정적이지는 않았지만 노조 상근 간부층이 생겨나 자본가계급과 노동계급 사이에서 중재자 구실을 하는 물질적 조건에 놓였고, 현장의 평조합원들과는 멀어져 협상 기구의 존재를 더 중시하게 된 것이다. 이들은 때로는 투쟁을 이끌지만 평조합원과는 다른 이해관계를 가지며 노동운동 안에서 보수적 구실을 한다.

민주노총 지도부가 노동자들의 힘을 더 끌어올려서 투쟁을 더 키우기보다 국민 여론을 핑계로 투쟁을 제어하려 했던 것, 정부에 맞선 정치 파업을 이끌면서도 국가를 결정적으로 위태롭게 하는 일은 극구 피하려 애쓴 것은 위와 같은 맥락에서 일어난 일이다. 민주노총 지도부는 수출 선적 기한을 걱정하며 기아자동차에서 정상 조업을 하게 하고, 국민경제의 어려움을 고려한다면서 수요 파업으로 전환한 것이다.

IMF 경제공황

경제 위기가 닥치자 노조 상근 간부층의 보수성이 더 발휘됐다. 김영삼의 노동법 개악을 저지한 지 1년 만인 1998년에 김대중 정부가 들어서고 나서 민주노총은 노사정위원회에 참여하고, 정리해고제를 수용해 버렸다. 노동자들의 반발 때문에 순탄하지만은 않았지만 말이다.

바로 1997년 말에 닥친 IMF 경제공황이 노조 지도자들의 태도에 큰 영향을 끼쳤다. 김영삼 정권이 IMF한테서 구제금융을 받기로 결정한 것은 1997년 11월이고 12월 3일에 구제금융 협약이 체결됐다. IMF 공황의 원인을 정부의 실책에서 찾는 견해가 흔하지만, 위기의 뿌리는 더 깊숙한 데 있었다.

앞에서 언급했듯이, 1990년대에 들어 한국 지배자들이 직면한 문제 가운데 하나는 후발 신흥공업국들과 선진 공업국들 사이에서 샌드위치 신세가 된 것이다. 이런 압박에 대응해서 1990년대에 자동차·반도체·석유화학·철강 산업에 많은 투자가 이뤄졌다. 투자금은 상당 부분 해외 차입으로 마련됐다. 해외 자금을 끌어오기 위해 종합금융회사가 만들어졌다. 그런데 그렇게 들여온 돈은 단기적 이득이 되는 주식이나 부동산 같은 투기적 부문에도 들어가면서 불안정을 더 키웠다.

이런 상황은 한국 경제에만 해당되는 것이 아니었다. 태국, 말레이시아, 필리핀, 인도네시아는 1990년대에 수출산업에 엄청나게 투자했다. 이 돈 역시 해외에서 많이 들어왔다. 수출이 잘 되고 경제가 성장할 때는 돈을 빌리는 것이 아무 문제가 안 된다. 하지만 성장이 둔화해 기업들이 부채를 갚지 못하게 되면 문제가 생긴다.

한국 경제는 실물경제의 이윤율이 하락하면서, 대기업들이 부도나기 시작했다. 그 기업들에 돈을 빌려준 은행들도 파산하기 시작하면서 나라 경제 전체가 위기에 빠질 위험한 상황에 몰리자 정부는 은행과 기업에 돈을 퍼부었다. 그 돈을 마련하려고 정부가 돈을 빌리다가 국가 재정이 파탄 나고, 결국 정부가 구제금융을 받을 수밖에 없었다.

이미 한국은 1990년대 중반에 경제성장이 꺾이면서 IMF에 구제금융을 신청하기 훨씬 전부터 위기의 징후가 나타나고 있었다. 1997년 한보, 기아, 삼미, 진로 등 대기업이 부도난 것은 그런 위기의 표현이었다.

요컨대 IMF 경제공황의 근본 원인은 자본가들의 맹목적 자본 축적 경쟁을 핵심 특징으로 하는 자본주의 체제 자체에 있었다. 따라서 그 대안은 자본주의 자체를 근본적으로 변화시켜서, 사회를 대중의 민주적 통제와 계획하에 두는 것이었다. 이런 관점으로 보면, 위기의 책임은 이 체제를 유지해서 이득을 얻는 소수의 지배자들이 져야지 다수의 노동자 대중이 져야 할 일이 아니다.

하지만 지배자들은 노동자들에게 위기의 책임을 떠넘기기 위해서 국민이 모두 구국 운동을 하듯 허리띠를 졸라매야 한다고 강조했다. IMF가 구제금융의 조건으로 요구한 긴축과 내핍 정책으로 이득을 보는 쪽은 단지 IMF만이 아니었다. 한국의 지배자들은 1997년 파업으로 내핍을 강요하지 못했는데, IMF 경제공황을 계기로 내핍 정책을 실시할 수 있었다. 따라서 노동자들은 IMF뿐 아니라 한국 지배자들에게도 반대해 자신들의 이익을 지키기 위한 투쟁을 해야 했다.

노동자들이 지배자들의 공격에 맞설 수 있다는 잠재력은 1997년에 1월에 분명히 드러났다. 1997년 투쟁 덕분에 일당 지배 체제가 무너지고 김대중은 12월 대선에서 당선할 수 있었다.

1997년 대중 파업과 더불어 IMF 경제공황으로 말미암아 대중은 기존 지배자들에 대한 환멸과 분노를 키웠다. 이것도 김대중 대통령 당선의 또 다른 배경이었다. 지배자들 처지에서도 극심한 위기 상황에서 기존의 정치 세력으로는 통치를 유지할 수 없다고 보게 된 것이다. 그러므로 김대중의 당선은 노동자 투쟁의 영향과 지배자들의 필요가 결합된 결과였다. 그리하여 김대중 정부는 저항을 더 효과적으로 제어하고 위기의 책임을 노동계급에게 떠넘겨서 한국 자본주의를 지키는 임무를 부여받았다.

결론을 내려 보자. "개혁이 혁명보다 어렵다"는 말을 되뇌던 김영삼은 노동자 투쟁으로 파산했다. 지금 문재인 정부도 좌우 모두를 만족시키지 못하는 가운데 오른쪽을 향해 가고 있다. 박근혜 정부가 못 이룬 노동 개악 추진이 대표적 사례다.

이런 시도를 좌절시키려면, 노동운동은 대화에 기대며 투쟁을 자제할 것이 아니라 1997년 파업 때 노동계급의 힘이 김영삼을 굴복시켰듯이 그 힘이 다시 발휘되도록 해야 한다. 그러려면 1997년 파업의 정치적 약점들을 극복하기 위한 대안 역시 중요할 것이다. 그것은 노동계급의 이해를 일관되게 옹호하면서 국가권력에 도전하는 것을 회피하지 않고 투쟁을 이끌 수 있는 혁명적 대안일 것이다.

더 알아보기

- 1989~1991년 소련 블록의 붕괴
- 1991년 5월 투쟁과 강경대 열사
- 1994년 김일성 사망을 계기로 본 그의 생애

1989〜1991년 소련 블록의 붕괴

이 글은 베를린 장벽 붕괴와 동유럽 혁명이 30주년을 맞은 2019년에 발표됐다.

　2019년 11월 9일은 베를린 장벽이 무너진 지 30년 된 날이다. 베를린 장벽은 1989년 무너질 때까지 동서 냉전의 상징이었다. 베를린 장벽은 냉전 체제의 이탈자들을 막기 위해 1961년 세워졌는데, 하루아침에 자유왕래가 불가능해지면서 동·서독의 주민들은 큰 고통을 받았다.

　베를린 장벽 붕괴는 당시 동독의 대규모 민주화 운동으로 가능했다. 1989년 10월 공산당 정권 40주년 기념일에 수천 명 규모의 민주화 시위가 벌어졌다. 탄압에도 불구하고 이후 시위는 더욱 커졌다. 11월 4일 동독 전역에서 100만 명이 참가하는 시위가 벌어졌다. 당시 동독 인구가 1500만 명가량이었던 것에 비춰 보면 엄청난 규모였다. 사람들의 불만을 달래기 위해 동독 지배 관료는 베를린 장벽의 개방을 약속했지만, 바로 열 생각은 아니었다. 그러나 11월 9일 수많은 사람들이 기대를 가지고 장벽에 모여들자 국경을 열지 않을 수 없었다. 사람들은 직접 장벽을 깨부수기 시작했다. 자유왕래를 바라는 대중의 염원이 그만큼 컸던 것이다.

　1989년은 동독뿐 아니라 동유럽 전체가 격변에 휩싸인 해였다. 특히 6월 4일은 상징적인 날이었다. 그날 중국 정부는 톈안먼 광장에 탱크를 보내 학생과 노동자 수백 명을 학살했다. 당시 정부에 개혁을 요구하던 학생들과 노동자들은 톈안먼 광장에서 단식 농성을 시작해 시위를 완강하게 이어 나가고 있었다. 중국 정부는 이를 잔혹하게 짓밟았다.

1989년 여름 소련을 휩쓴 광원 파업 물결에 이어, 10~11월 동독을 거쳐 11월 체코슬로바키아와 12월 루마니아로 투쟁이 이어졌다. 그런데 동유럽의 스탈린주의 정부들은 중국과 달리 탄압을 택할 수 없었다. 중국처럼 하기에는 동유럽 정부들의 위험 부담이 너무 컸기 때문이다. 동유럽의 여러 정권은 아래로부터의 압력에 밀려 일당 독재를 끝내고 자유선거를 도입하는 정치 개혁을 택했다.

그래서 톈안먼 광장의 학살이 있었던 6월 4일 폴란드에서 열린 선거에서는 독립 노조인 연대노조 후보들이 압승을 거뒀다. 연대노조가 추천한 후보들은 상원의원 100석 중 99석을 차지했다. 또, 460석 중 35퍼센트를 선거로 뽑은 하원 선거에서도 연대노조 추천 후보들이 전부 당선됐다. 변화의 열망이 압도적이라는 것이 드러났다. 이후 헝가리도 폴란드와 비슷한 선거를 치르기로 했다.

지배자들이 재빨리 개혁 조처를 도입하지 않고 강경하게 버틴 체코슬로바키아와 루마니아에서는 아래로부터 혁명적 요소들이 더 많이 분출했다. 특히 루마니아에서는 (유일하게) 폭력 혁명이 일어났다. 루마니아의 독재자 차우셰스쿠는 매우 억압적이기로 유명했다. 차우셰스쿠는 부모가 없는 아이들을 어릴 때부터 보안경찰로 키워 자신을 아버지로 부르게 하며 친위대를 형성했고, 노동력 공급을 위해 낙태와 피임도 금지하고, 출산을 하지 않는 가정에 큰 세금을 물렸다. 차우셰스쿠는 12월까지 버티다가 폭력 혁명으로 타도됐다. 그 과정은 영상으로 생생하게 기록됐다.

12월 루마니아의 산업 도시 티미쇼아라에서 노동자와 주민이 폭압 정치에 반대해 거리에 나섰다. 그때 차우셰스쿠는 탱크를 보내 73명을 죽였다. 그러나 티미쇼아라의 저항은 패배하지 않았다. 노동자들이 석유화학 공장을 폭파하겠다고 위협하자 군대는 철수해야 했다. 그 후 차우셰스쿠는 일부 양보 조처를 발표하는 한편, 관제 시위를 조직했다. 그러나 관제 시위 현장에서 환호는 야유로 바뀌었고 사람들이 차우셰스쿠를 몰아내는 혁명을 일으켰다. 차우셰스쿠는 헬기를 타고 도망가다 붙잡혔고, 결국 총살당했다.

1989년 동유럽 격변 이후 1991년 소련이 붕괴하고 14개 독립국가로 쪼개지면서 냉전은 해체됐다.

이처럼 1989년과 1991년은 스탈린주의 독재 정권들이 잇달아 무너져 내린 해였다. 노동계급과 차별받는 사람들이 민주주의 혁명을 일으켜 역사의 수레바퀴를 돌린 해였다. 일각에는 옛 소련과 동유럽 같은 국가에서는 저항이 불가능하다고 여기던 사람들도 있었지만, 동구권 대중은 그런 가정이 틀렸음을 입증했다.

또한 이 과정은 자칭 사회주의였던 동구권 사회가 진정한 사회주의와는 관계없다는 것을 분명히 보여 줬다. 마르크스가 말한 사회주의는 노동계급의 자력 해방이다. 노동계급은 누군가 대신 해방시켜 줘야 할 대상이 아니라 투쟁을 통해 스스로 의식도 바꿀 수 있고, 스스로 새 사회를 건설할 수 있다. 그래서 마르크스는 1864년 국제 노동운동 조직이었던 제1인터내셔널 창립 선언문에 "노동계급의 해방은 노동계급 자신의 행위"라고 썼다. 반면 옛 동구권 사회는 노동자 권력은커녕 기본적인 권리도 보장되지 않은 사회였다는 것이 민주주의 혁명 과정에서 분명히 드러났다.

옛 소련은 서방과의 경쟁에서 이겨야 한다는 압박 속에 세계 최초로 인공위성을 쏘아 올리고 수많은 핵무기를 만들었지만, 노동자들에게는 기초 생필품도 제공하지 못했다. 위에서 1989년 7월 소련 탄광 광원들이 파업을 일으켰다고 했는데, 그때 제기된 주요 요구가 임금을 인상하라, 배급을 늘려라, 비누를 더 많이 제공하라, 겨울에 따뜻한 옷을 달라 등이었다. 고위 공직자들은 온갖 사치품과 고급스런 음식들을 손쉽게 구할 수 있었지만 노동자들은 기본적인 음식과 생필품을 구하기 위해서도 긴 줄을 서야 했다. 서구에서와 마찬가지로 노동자들은 임금 인상, 노동조건 개선, 주택문제 해결 등을 위해 투쟁해야 했다.

옛 동구권은 가난했지만 평등했다는 말이 있지만, 전혀 사실이 아니다. 그래서 동구권에서는 1989년 이전에도 수많은 저항이 있었다. 1953년 노동강도 강화와 임금 삭감에 맞선 동독 건설 노동자들이 촉발한 항쟁, 1956년 헝가리 혁명, 1968년 체코슬로바키아의 대중 시위, 1980~1981년 폴란드 연대노조의 도전이 있었다. 당시 폴란드에서는 외채 위기로 물가 인상을 하려 했던 정부에 맞서 벌어진 파업 물결로 폴란드 인구 3500만 명 중 1000만 명이 시위에 참가하는 혁명적 상황이 벌어졌다. 1989년 민주주의 혁명은 이런 투쟁들의 연장선에 있었다.

좌파들의 혼란

따라서 노동계급의 해방을 바라는 사람이라면 1989년, 1991년 동유럽·소련 노동자·민중의 민주주의 투쟁을 마땅히 지지해야 했다.

그런데 당시 좌파들은 대부분 이 투쟁을 지지하지 않았다. 소련과 동유럽 사회를 사회주의 사회라고 보았고, 이 때문에 동구권이 붕괴한 후 좌파 활동가들은 방향감각을 잃고 사기 저하했다. 한국에서는 1987년 민주화 운동 이후 노동자 투쟁이 거세게 벌어졌는데, 그런 상황에서 좌파들이 큰 혼란을 겪었던 것이다.

그 과정에서 사회주의노동자동맹(사노맹)이나 인천지역민주노동자연맹(인민노련) 같은 좌파 단체의 주요 활동가들이 자본주의를 혁명으로 뒤엎으려는 전망을 버리고 개혁주의로 전향했다. 2019년 조국 법무부 장관 임면 사태가 한국 사회에서 뜨거운 쟁점이었는데, 조국은 사노맹 출신이었다. 사노맹은 중국의 톈안먼 학살을 열렬하게 지지하고, 1991년 소련에서 노동자 투쟁을 분쇄하기 위해 벌어진 수구파 쿠데타도 열렬하게 지지했다. 이를 보면 조국이 좌파였을 당시에도 지독히 엘리트주의적이었다는 것을 알 수 있다. 오늘날 정의당의 주요 지도자들 중에도 당시의 충격파 속에서 개혁주의적으로 변신한 사람들이 많다. 일부는 심지어 우익으로 전향했고, 더 많은 사람들은 큰 회한 속에서 운동을 포기했다.

좌파들이 이런 사상적 혼란을 겪은 것은 사회주의 개념이 잘못돼 있었기 때문이다. 흔히 국가가 생산수단을 통제했다는 점을 들어 옛 소련과 동구권 사회를 사회주의였다고 본다. 그러나 국유화와 사회주의는 결코 같은 말이 아니다.

이 점은 마르크스와 엥겔스도 중요하게 제기한 바 있다. 마르크스와 엥겔스가 살던 시대에 독일에서는 라살이라는 국가사회주의를 추구하는 노동운동 지도자가 등장했고, 마르크스와 엥겔스는 그와 논쟁을 벌였다. 라살은 당시 독일에서 비스마르크 정부가 국유화 조처를 취하는 것을 보며 그것을 사회주의라고 말했다. 그러나 마르크스와 엥겔스는 이런 식의 사회주의를 "사이비 사회주의"라고 강하게 비판했다. "담배 사업의 국유화가 사회주의적이라면 나폴레옹도 사회주의의 건설자에 속할 것"이라고 비꼬며 말이다.

마르크스와 엥겔스는 자본주의는 경쟁적 축적이라는 본질 때문에 자본의 규모가 커지고 국가가 통제하는 기업들이 늘어나기 마련인데, 이런 "산업 국유화"로는 사회주의를 이룰 수 없다고 강조했다. 노동계급이 자본주의적 생산관계를 뒤엎고 스스로 생산을 통제하고 기존의 자본주의적 국가를 폐지해야 한다고 주장했다.

마르크스와 엥겔스가 예측했듯 경제에서 국가 부문이 확대되는 것은 단지 옛 소련이나 동구권 사회만의 특징은 아니었다. 1930년대를 거치며 서구 자본주의에서도 국가 부문은 크게 확대됐고, 오늘날에조차 주요 국가들이 국내총생산GDP에서 차지하는 규모는 33~45퍼센트에 이른다. 특히 1950~1960년대 개발도상국들은 대부분 국가 주도의 산업화 전략을 채택했고, 그 대표적인 나라가 한국이었다. 1960년대부터 1970년대까지의 박정희 정권은 자본 축적을 위해 기업들에 강력히 개입했다. 따라서 만약 국가가 생산수단을 소유하고 통제하는 것이 사회주의라면 1970년대 박정희 시절 남한이야말로 사회주의였다고 해야 할 것이다.

또, 많은 사람들은 지배계급이 표방하는 이데올로기만 보며 그 나라들을 사회주의라 규정했다. 박정희가 '한국식 민주주의'를 말했다고 해서 당시 남한이 민주주의 국가였다고 말할 수 없듯이, 전두환의 당 이름이 민주정의당이었지만 전혀 민주적이지도 정의롭지도 않았듯이, 이데올로기를 우선하는 관점은 틀렸다. 한 사회를 규정할 때 그 체제의 진정한 동학을 보는 역사유물론의 방법에 충실해야 한다.

　진정한 사회주의 개념이 중요하다는 것이 단지 과거의 일이 아니라는 것은 2019년 홍콩 항쟁에 대한 많은 좌파들의 태도를 보면서도 알 수 있었다. 여전히 중국이나 북한 같은 국가자본주의 체제가 존재한다. 진영논리에 빠져 이들 체제하에서 벌어지는 운동을 지지하지 않는다면 사회주의에 대한 대중의 오해를 바로잡을 수 없다.

출처: 〈노동자 연대〉 304호(2019-11-11), 축약.

1991년 5월 투쟁과 강경대 열사

이 글은 강경대 열사 사망 20주기를 맞아 2011년에 발표됐다.

1991년 4월 26일 명지대학교 1학년이었던 강경대 학생이 전투경찰 체포조, 일명 '백골단'이 휘두른 쇠파이프에 맞아 죽었다. 이날부터 1987년 6월항쟁 이후 최대 규모의 시위들이 연속적으로 벌어졌고, 수많은 학생과 청년 그리고 노동자가 노태우 정권에 맞서 거대한 항쟁을 벌였다.

1991년 5월 투쟁의 배경에는 경기후퇴가 있었다. 이 같은 경제 상황에서 노태우 정권은 1987년 민주화 항쟁과 노동자 대투쟁에 밀려 양보했던 것들을 다시 빼앗으려고 했다. 이미 1989년 봄부터 노동운동과 학생운동을 대대적으로 탄압하기 시작했고, 울산 현대중공업 파업에는 군대까지 투입했다.

1990년 1월 22일 김영삼과 김종필을 끌어들인 이른바 '3당 합당'을 통해 여소야대 국회를 여대야소로 바꾸며 노태우의 공격은 더 강화됐다. '범죄와의 전쟁'을 평계로 헌병들이 서울 시내 곳곳에서 M16 소총을 지닌 채 순찰을 하기도 했다. 공안 정국 속에서 양심수는 1989년 1525명, 1990년 1628명으로 늘어났다. 강경대를 시위 현장에서 살해한 것은 이 같은 탄압의 결과였다.

당시에도 물가 인상과 등록금 인상이 이어지며 대중의 불만은 높아지고 있었다. 소비자물가는 정부 공식 통계로도 1990년 8.6퍼센트, 1991년 9.3퍼센트 치솟았다. 강경대 열사가 사망한 바로 그날 집회도 등록금 인상 반대 투쟁을 했다는 이유로 연행된 총학생회장의 석방을 요구하는 시위였다. 이런 상황에서 노태우 정권의 대형 비리와 부패가 연일 폭로되면서 불만은 더욱 커졌다.

바로 이런 불만과 분노가 강경대 열사의 죽음을 계기로 5월에 이르러 폭발했다. 노태우 정권은 강경대 열사가 사망한 바로 다음 날 내무부 장관을 경질하고 현장에 있었던 전투경찰 5명을 구속했지만, 이런 조처는 대중의 불만을 잠재우지 못했다. 거리의 학생들은 "해체 민자당, 타도 노태우"를 외쳤고, 시민들의 큰 호응을 받았다. 전투경찰에 쫓기는 학생들을 숨겨 주는 사람들도 많았고 음식이며 물이며 시위대에게 주고 가는 사람들도 많았다.

안타깝게도 일부 젊은 학생과 청년, 노동자들이 울분을 참지 못해 분신으로 저항했다. 이들의 죽음은 당시 노태우 정권이 얼마나 많은 사람들을 깊은 절망 속에 빠뜨렸는지를 보여 줬다. 학생들의 투쟁은 노동자들에게도 영향을 미쳐 노동조합들이 항쟁에 동참하기 시작했다. 게다가 5월 6일 당시 한진중공업 노조 박창수 위원장의 옥중 의문사는 노동자 투쟁에 기름을 부었다.

학생들은 5월 8일 전국의 대학 145곳에서 동맹휴업에 돌입했고, 노동자들은 5월 18일 156개 작업장에서 '박창수 위원장 옥중살인 규탄과 폭력 통치 종식을 위한 전국 총파업'을 조직했다. 학생들은 강경대 열사가 죽은 후 6월 말까지 거의 매일 밤낮으로 시위를 벌였다.

한편, 강경대 열사가 죽임을 당한 바로 다음 날 '고 강경대 씨 폭력살인 규탄과 공안통치 종식 범국민 대책회의'(이하 대책회의)가 꾸려졌다. 대책회의는 당시 김대중이 이끌던 신민주연합당(약칭 신민당)부터 학생운동을 대표하던 전국대학생대표자협의회(전대협) 그리고 노동조합까지 포함하는 조직이었다. 그런데 신민당은 대책회의가 노태우 정권 퇴진을 내거는 것에 반대하면서 노태우 정권의 숨통을 틔워 줬다. 많은 단체들이 신민당 김대중 총재를 비판했지만 그와는 독립적으로 노태우 정권과 맞서려 하지는 않았다.

거리의 학생들은 김귀정 열사처럼 최루탄에 질식사하면서도 독재 정권에 끝까지 영웅적으로 맞섰다. 노동자들도 투쟁을 함께했지만, 전노협이 나중에 "구체적인 요구와 목표를 바탕으로 투쟁이 집중되고 확대되지 못했다"고 자평했듯이, 정치적 요구에 물가 인상과 임금 감소에 반대하는 경제적 요구를 결합시키며 더 많은 노동자들을 투쟁에 동참시키는 것으로 나아가지는 못했다.

노태우 정권은 이 틈을 파고들어 '유서 대필' 사건을* 날조했다. 검찰은 강경대 열사의 장례식 날 '유서 대필' 사건을 조작 발표했다. 그러나 '유서 대필' 사건이나 총리 정원식이 한국외대에 갔다가 계란과 밀가루를 맞은 사건 때문에 5월 투쟁이 사그라든 것은 아니다. 이미 그 전에 운동이 투쟁 확대의 기회를 놓치고 있었다.

2011년 〈경향신문〉은 강경대 사망 20주기를 다루며 "5월 투쟁의 실패"가 "전투적 운동 일변도서 대중성 확보로 대전환"하는 계기였

---

* 유서 대필 조작 사건 노태우 정권에 항의하는 분신이 잇따르는 가운데 전국민족민주연합 사회부장이었던 김기설 씨가 분신 자살한 사건에 대해 검찰이 친구 강기훈을 유서 대필과 자살 방조 혐의로 기소·처벌한 조작 사건.

다고 했다. 그러나 5월 투쟁이 더 나아가지 못한 이유는 전투성이 아니라 정치에 있었다. 민주주의 투쟁을 승리로 이끌기 위해서도 노동계급의 독립적 투쟁이 필요하다는 정치가 필요했다.

또, 1991년 투쟁 이후 학생운동이 상당히 후퇴한 이유는 단지 1991년 5월에 벌어진 사건들 때문이 아니었다. 학생운동 활동가들은 같은 해 8월 소련 몰락으로 결정타를 맞았다. 소련 몰락은 소련이 사회주의이며 대안이라고 생각하던 수많은 활동가들을 좌절하게 했다. 서방 자본주의와 다를 바 없는 착취·억압 체제를 사회주의라고 착각한 스탈린주의 정치가 파산한 것이었다. 좌절한 많은 투사들이 스탈린주의에서 벗어나 진정한 마르크스주의로 나아간 것이 아니라, 운동을 청산하거나 포스트모더니즘·포스트마르크스주의 같은 쪽으로 빨려 들어갔다.

소련을 국가 관료들이 주도하는 또 다른 착취 체제로 분석하며 아래로부터 노동계급의 자력 해방이라는 진정한 마르크스주의 전통을 복원하는 국가자본주의 이론이 그래서 중요했다. 국가자본주의 이론은 당시 일부 활동가들이 좌절하지 않고 사회변혁의 길에 계속 헌신할 수 있도록 길을 열어 주는 구실을 했다.

출처: 〈레프트21〉 56호(2011-05-05).

1994년 김일성 사망을 계기로 본 그의 생애

1994년 7월 8일 북한의 김일성 주석이 사망했다. 김 주석 사망 전 한반도는 군사적 긴장이 한껏 고조돼 있었다. 북한이 영변 핵 시설에 대한 국제원자력기구(IAEA)의 사찰을 받았는데도, 미국이 새로운 의혹을 제기하며 특별 사찰을 요구하고 한·미 연합 군사훈련을 재개하는 등 압박했기 때문이다. 이 위기는 김 주석 사망 후 1994년 10월 제네바 합의로 봉합됐다. 미국은 북한이 격변에 휘말려 예기치 못한 일이 일어날까 봐 우려했다. 북한이 대폭 양보한 요인도 있었다. 이 글은 김 주석 사망 직후에 발표됐다.

1994년까지 45년간 한반도의 반쪽을 지배한 김일성은 과연 어떤 인물이었나?

1930년대에 김일성은 몇백 명도 채 안 되는 규모의 항일 게릴라 부대를 이끌었다. 그러나 그는 공산주의자는 전혀 아니었으며, 노동계급의 해방이 그의 목표도 아니었다. 그는 스탈린주의 사상을 흠모한 단지 항일 민족주의자였다.

1932년 이후 그는 (민족주의 농민 게릴라 정당이 된) 중국공산당의 당원 자격으로 만주 지역 게릴라 부대에 들어가 조선인 리더로 활동했다. 당시에는 스탈린의 '1국 1당주의' 강요로 중국공산당에 입당해야만 만주 지역에서 항일 게릴라 운동에 참여할 수 있었다.

1937년에 김일성이 이끄는 부대는 함경남도 조선 국경 오지의 작은 마을인 보천보의 경찰 주재소(오늘날의 파출소)를 습격했다. 객관적으로 이 전투는 무장이 형편없는 소규모 게릴라 부대가 벌인 거의 무시해도 좋을 규모의 교전이었지만, 당시 만주 지역 항일 게릴라 운동이 너무도 지리멸렬했음을 감안하면 의미 있었을 법한 전공戰功이었다.

그러나 1938년 말 일본군의 엄중한 소개疏開 작전으로 이곳저곳을 쫓겨 다니던 김일성 부대는 1940년 12월경 항일 게릴라 투쟁을 포기하고 소련으로 갔다. 그 뒤 김일성은 소련 극동군 병영에서 군사훈련을 받다가 1942년 8월에 정식으로 소련군에 입대했다.

이런 변신은 놀랍지 않다. 농민 게릴라 운동을 통해서 '사회주의'를 건설할 수 있다고 생각한다면, 소련군의 탱크를 통해서도 얼마든지 '사회주의'를 건설할 수 있다고 생각할 수 있다. 그러나 문제는 그렇게 해서 건설한 사회는 사회주의가 아니라 소련에 종속된 관료적 국가자본주의에 지나지 않을 것이라는 점이다.

이때부터 김일성은 '자주민주국가'라는 민족주의적 이상과도 아무 상관없는 소련의 조선 공작 부대 책임자로 일하게 됐다. 실제로 최근 공개된 문서를 보면, 스탈린은 1945년 8월 12일에 김일성이 속해 있던 조선인 부대에 전보를 보내, 이 부대의 임무가 "대일 작전에 종사하는 것이 아니라 전후 건설에 있다"는 점을 주지시켰다.

1945년 9월 19일에 김일성은 소련군과 함께 북조선에 진주했다. 소련군 장교 신분이던 김일성은 같은 해 10월 14일 '김일성 환영 평양시 군중대회'에서 "노력을 가진 사람은 노력으로, 지식이 있는 사람은 지식으로, 돈 있는 사람은 돈으로" 국가 건설에 협력하자고 호소하면서 "소련 군대와 스탈린 원수 만세"를 외쳤다.

김일성은 같은 해 12월 17일 조선공산당 북조선분국 책임비서 자리에 오름으로써, 민족주의자에서 소련군 장교로, 소련군 장교에서 마침내 북한에 대한 소련의 대리 지배자로 변신했다. 그러나 이 과정은 순탄치 않았다. 김일성은 처음에는 조만식 같은 우파 민족주의자들과, 그다음에는 소련으로부터 비교적 독립적이었던 국내파 공산주의자들과 권력투쟁을 벌여야 했다.

1948년 9월 9일 출범한 조선민주주의인민공화국의 수반에 공식으로 취임한 김일성은 1950년에 한국전쟁을 일으켰다. 그러나 김일성만이 "용서받지 못할 전범"인 것은 아니다. 거창 민간인 학살이나 보도연맹 사건만 봐도 금방 드러나듯이 이승만과 미국 역시 이 전쟁에서 수많은 민중을 도살했다.

요컨대, 김일성과 소련은 1946년 이후 북한에 건설했던 소련식 국가자본주의 체제를 남한에도 이식하기 위해, 이승만과 미국은 미국식 시장자본주의를 북한에도 강요하기 위해 피비린내 나는 제국주의 간 전쟁을 벌인 것이다.

한국전쟁이 끝나고 김일성은 박헌영·이승엽 등 남조선노동당 계열의 자기 동지들에게 피비린내 나는 마녀재판을 자행했다. 그럼으로써 김일성은 남한의 이승만과 똑같이 억압적인 권위주의 통치를 유지했다. 이승만의 대한민국이 민주주의 체제가 아니었던 것과 꼭 마찬가지로 김일성의 조선민주주의인민공화국도 민주주의와 아무 관계가 없었다.

소련의 헝가리 침공과 중소 분쟁이 벌어진 시기인 1950년대 말에서 1960년대 초까지 김일성은 소련에 대한 의존에서 벗어나기 위해 애썼다. 이 과정에서 김일성은 북한 국가의 창립 공신들 가운데 이른바 '빨치산 그룹'을 제외한 지배 분파('연안파'와 '소련파')를 숙청했다.

1970년대 초에 김일성은 경제·정치 위기를 벗어나기 위해 스탈린보다 더 스탈린주의적인 독재로 나아갔다. 1972년에 김일성은 박정희와 손잡고 7·4남북공동성명을 발표했지만, 이것은 남한의 유신 체제와 똑같이 극악무도하고 흉측하기 이를 데 없는 유일 체제를 확립하기 위해 남한 지배자들과 야합한 것에 불과했다. 같은 해 12월에 김일성은 박정희 평계를 대면서 주체사상과 수령제를 앞세운 권위주의 통치 체제를 확립했다. 김정일을 후계자로 양성하기 시작한 것도 바로 이 시점부터였다.

그러나 죽기 전까지 김일성은 그 어떤 수단으로도, 다른 스탈린주의 체제와 마찬가지로 겪은 북한의 위기를 해결하지 못했다. '능구렁이 같이 노련한 책략가' 이미지가 무색하게도 김일성은 죽기 전까지 북한 노동자들의 투쟁이나 남한 지배자들에 의한 흡수통일을 모두 두려워했다. 그는 죽기 바로 얼마 전에는 "나는 남한에서 공산주의 혁명은 불가능하다고 생각한다. 그리고 그럴 의사도 없다"고 선언할 정도로 서방 지배자들에게 온순해졌다.

물론 그는 1968년 김신조 부대 남파 사건이나 1983년 아웅산 폭발 사건처럼 돌출적인 테러 행위를 가끔씩 저질렀다. 하지만 이것은 남한 지배자들이 남한 노동자들을 탄압하기 위해 우파적 광풍을 일으키는 빌미만 수없이 제공했을 뿐, 실제로는 아무런 위협도 되지 못했다.

출처: 〈노동자 연대〉 북한 특집호(1994-07-11).

8장

–

1990년대 후반 이후
역사를 이해하는 틀

함께 토론할 쟁점

─────────────

- 민주당의 성격은 무엇일까?

- 비정규직, 불안정 노동은 왜 생겨나는 것일까?

- 이제는 파업이나 시위라는 방식으로 자기 주장을 강변하는 시대는 지난 것 아닐까?

- 자유민주주의(또는 자본주의적 민주주의)는 무엇일까?

- 강력한 양당 구도 속에서 진보 정당이 과연 집권할 수 있을까?

7장의 내용을 복습하면서 2000년대로 넘어가 보자. 1997년은 공교롭게도 최근의 역사를 이해하는 데서 중요한 세 가지 사건이 일어난 해다. 그 세 사건은 2000년대 이후 역사에 큰 영향을 끼쳤다. 가장 중요한 것은 경제공황이다. 이 경제공황은 국제적으로는 '동아시아 경제공황'이라고 불렸고, 한국에서는 'IMF 공황', 'IMF 사태'라고 불렸다.

한국 경제가 큰 위기를 겪은 것이 1997년이 처음은 아니었다. 1980년 위기 때도 경제성장률이 마이너스를 기록했다. 그러나 좀 더 긴 시야로 보면 한국 경제는 1997년까지는 거의 직선형에 가깝게 고도 성장을 했다. 1997년 경제공황 이전의 위기들에서 한국 자본주의의 이윤율은 하락하는 국면이 아니었고, 경제가 금세 회복했다. 이와 달리, 1997년 경제공황 때는 한국의 몇몇 주요 수출품 시장이 세계적 과잉생산 문제를 겪고 있었고, 이와 더불어 한국 경제는 이윤율의 하락을 겪고 있었다. 한국 경제는 1997~1998년 공황에서 회복한 뒤에도 그 이전 시기의 이윤율 수준을 회복하지 못했다. 국가의 외환 보유고가 바닥나고 은행이 파산하는 '국가 부도' 상황이었지만, 그 바탕에는 산업 공황이 있었던 것이다.

1997년 IMF 경제공황은 정치·사회·문화 등 곳곳에 큰 영향을 끼쳤다. 1997년 경제공황은 신자유주의가 한국에 본격적으로 도입되는 국면에서 벌어진 위기였는데, 이 공황으로 신자유주의적 변화가 더 빨라졌다. 2008년 발생한 세계적 경제공황과 이후 침체는 그 추세를 강화했다. 그 속에서 김대중·노무현·이명박·박근혜·문재인 정부는 모두 경제 위기의 책임과 고통을 노동자·서민에게 전가해서 경제를 활성화해야 한다는 압박을 받으며 그리 실천했다.

또, 1997년의 위기는 또 다른 중요한 면에서도 과거의 위기와 달랐다. 위기의 고통을 하층계급에게 전가하고 저항을 다루는 방식의 차이다. 가령, 1979~1980년 위기 때 부마항쟁, 박정희 암살, 사북항쟁, '서울의 봄'으로 불린 민주화 시위 등이 벌어졌다. 당시 군부는 광주항쟁을 유혈 진압하고 새로운 군부독재 정권을 신속하게 수립해서 이 '문제'들을 해결했다. 그러나 IMF 경제공황 때는 그럴 수 없었다. 조직 노동운동이 강력하게 성장해 있었기 때문이다. 이것이 둘째로 언급할 사건이다. 바로 1997년 1월 대중 파업이다.

7장에서 다뤘듯이, 1997년 1월에 민주노총이 이끈 대중 파업이 일어났다. 이 파업은 한국 국가가 권위주의에서 자본주의적 민주주의로 전환(이른바 민주화)하는 과정이 역전되지 않도록 쐐기를 박은 사건이다. 또, 1997년 파업은 정리해고와 파견법 등 고용 유연화를 초래할 노동법 개악에 반대한 파업이었고 승리를 거뒀다. 이 투쟁은 한국 노동운동이 노동계급 전체의 이익을 보호하려고 전국적 수준의 정치투쟁을 벌이고 승리를 거둘 역량을 갖추게 됐다는 증거였다. 당시 집권당인 신한국당은 날치기로 법 개악을 밀어붙이는 도박을 벌였으나, 통과된 법을 철회하고 대통령 김영삼이 사과하는 수모를 겪었다. 이 패배의 여파와 때마침 터진 권력형 부패 혐의(한보철강 부도와 부정 대출)로 대통령 김영삼은 자신의 오

른팔 구실을 하던 아들을 구속해야 했다. (▶ 더 알아보기: 한국의 자유민
주주의, 321쪽)

사회의 변화를 촉발하고 이후 정치적 일상에 특정한 방향성을
부과했다는 면에서 1997년 파업은 '사건'이다. 첫째, 1997년 파업
으로 한국 지배계급은 조직 노동운동을 정치의 한 행위 주체로 대
접해야 했다. 그래서 이 파업은 한국 국가형태가 권위주의에서 자
본주의적 민주주의로 변하는 과정을 본 궤도에 올린 사건이다. 민
주당으로의 정권 교체, 민주노동당의 등장, 민주화 운동의 정치적
분화 등이 1997년 파업의 여파 속에서 일어난 일들이다. 둘째, 노
동운동이 체제 내로 포섭되는 것은 그 정치가 순치되는 것, 즉 노
동운동 안에서 목적의식적인 개혁주의의 구조물이 성장한다는 것
을 뜻한다. 한국 지배계급은 이제는 노조 상층 지도자들이 정치체
제 안에 자리 잡도록 허용하면서도 아래로부터의 투쟁은 제약하고
혁명적 정치는 약화시키는 방향으로 움직였다. 셋째, 1997년 이후
한국 노동운동의 주요 의제는 경제 위기와 그 효과에 맞서는 것이
됐다.

한편, 1997년 대중 파업의 영향으로 그해 말에 정권이 교체됐다.
대중 파업의 승리로 집권당인 신한국당이 만신창이가 됐기 때문이
다. 여기에 더해, 대선 직전에 IMF 경제공황이 터졌다. 그래서 민주
당으로의 정권 교체는 이 두 사건의 결과물로 볼 수 있다. 민주당
으로의 정권 교체가 1997년에 벌어진 셋째 주요 사건이다. 한국에
서 평화적 선거로 정권이 교체된 것은 이때가 처음이다. 그 전에도
정권이 교체되는 일이 한 번 있었는데, 바로 이승만 정권을 타도한
정치혁명의 결과였다. 보통 4·19혁명이라고 부르는 1960년 4월혁명

이다. 4월혁명은 4월 19일 하루에 벌어진 일이 아니다. 1960년 2월 대구 등지에서 벌어진 시위로 시작해서 서울 시내에서 총격전이 벌어지는 등 격렬한 투쟁이 전개됐다. 그 결과 대통령 이승만이 강제로 하야했다. 그 뒤에 등장한 허정 과도정부는 내각제로 개헌을 했고, 그에 따라 치러진 1960년 여름 총선에서 민주당이 집권한 것이다. 당시 민주당은 이승만에게 배제당한 한민당 출신자와 임시정부 출신자 등이 진보계를 배제하고 장면 등 자유당 출신자 일부를 영입해 반反이승만 연합으로 1955년에 창당한 정당이다. 이 민주당이 오늘날 민주당의 공식 출발점이다.

IMF 경제공황, 1997년 대중 파업, 민주당으로의 정권 교체 이세 가지 사건이 1990년대 후반 이후 한국 사회에 지속적으로 큰 영향을 끼쳤다. 우선 이 사건들은 국제적 흐름 속에서 이해해야 한다. 1997~1998년 경제 위기는 세계적 과잉생산이 초래한 위기가 신흥공업국들을 강타한 사건이었다. 1980년대에 세계화된 신자유주의적 처방은 1990년대 중반부터 제대로 도전받기 시작했다. 1995년 말 프랑스의 공공 부문 파업이 승리했다. 1996년 영국 노동당의 집권으로 시작해, 프랑스·독일 등 유럽에서 사회민주주의 정당들이 연이어 집권했다. 이런 1990년대 중후반의 세계적 흐름은 한국의 1997년 파업과 민주당으로의 정권 교체, 1998년 인도네시아 혁명 등과 무관하지 않다. 이 국제적 운동의 고조는 1999년 반자본주의적 대안 세계화 운동의 탄생, 2000년대 초 국제 반전운동, 2000년대 초중반 라틴아메리카 민중 봉기와 좌파 정부들의 등장으로 이어졌으나, 이후 위기를 겪었다.

둘째, 경제 위기에 대응하는 방식으로 신자유주의 기조가 한국 권력자와 사용자의 기본 방향으로 자리 잡았다. 이제는 고성장 국면이 끝나서 노동자들도 이전과는 다른 환경에 놓이게 됐다.

셋째, 그러나 정부와 기업주들은 경제적·정치적으로 성장한 노동계급을 상대해야 했다. 2000년대에 한국 조직 노동계급은 (공식)정치 영역에서도 중요한 행위자로 등장했다. 노동조합 지도자, 진보 정당, 개혁주의가 공식정치와 대중을 연결하는 유력한 매개물이 됐다. 넷째, 민주당이 집권하며 명실공히 지배계급의 (제2선호) 정당으로 자리 잡기 시작했다. 이제 민주주의를 더 진전시킬 이해관계와 책임은 노동계급에게 남겨졌다. 이 세 가지 변화가 결합해 작용하면서, 국가형태로서 자본주의적 민주주의가 자리를 잡아 가면서도 경제적 취약성 때문에 불안정과 분열이 내재된 특징이 강해졌고, 노동운동은 민주당을 지지하는 정치에서 분화해 나와서 정치적·조직적으로 독자적 세력을 꾸리는 여정을 본격적으로 시작했다.

이렇게 1997년에 일어난 사건들을 중요하게 본다고 해서, 진보 학계 일각의 "97년 체제론" 담론과 유사한 것은 전혀 아니다. 학자들의 97년 체제론은 자본주의 경제의 객관적 상태와 변화, 그에 따른 노동자·자본가 계급 간 모순과 투쟁이라는 (변증법적) 역사 유물론의 관점에 서 있지 않다. 97년 체제론은 현실 노동계급의 자기 활동과 자신감·의식·활력 상태를 중시하지 않는다. 그래서 아래로부터의 투쟁과 조응해 벌어진 정치적 변동을 간과한다. 그래서 97년 체제론은 일면적이고 정태적인 관점으로, 주로 상층에서 신자유주의가 도입·구축된 것에만 배타적으로 주목하고는 여기에 "체제"라는 어울리지 않는 이름을 붙인 것이다.

이와 달리, 이 책이 1997년의 세 가지 사건들에 주목한 것은 경제공황이나 대중 항쟁 같은 사건이 그 뒤의 정치적 일상에 미친 영향을 중시하기 때문이다. 그리고 1997년 대중 파업은 이전 시기와 단절(하고 97년 체제가 수립)돼 일어난 사건이 아니라 1987년에 개시한 점진적 전환의 흐름 속에서 벌어진 사건이다. 1997년 1월 파업과 1997년 12월 정권 교체는 1987년 이후 한국 국가의 형태가 변하고 있던 맥락에서 이해해야 한다. 1997년 말 경제공황은 한국 자본주의에 큰 변화를 가져오고 한국 정치에 큰 영향을 끼쳤지만, 자본주의적 민주주의로의 전환이라는 방향성을 역전시키지는 못했다. 세계 자본주의 체제를 출발점으로 삼고 노동계급을 역사의 중요한 행위 주체의 하나로 둬야 현실의 변화를 제대로 분석할 수 있다. 요컨대, 객관적 경제 현실과 이를 둘러싼 계급투쟁이라는 두 축을 기본으로 삼고, 연속과 단절의 맥락을 종합해서 봐야 역사를 정확히 이해하고 이후를 전망할 수 있다.

미증유의 경제공황, 그 효과

이런 점을 유의해 1997년 경제공황을 좀 더 자세히 살펴보자. 2018년에 개봉한 영화 〈국가부도의 날〉은 IMF 경제공황 당시 한국 국가의 대응을 압축적으로 매우 단순화해 그렸지만, 어떤 특징은 잘 표현했다. 당시 한국이 IMF에게 차관을 받은 것은 국가가 보유한 외환(외환 보유고)이 바닥나서였다. 그래서 IMF 경제공황을 보통 외환 위기라고 표현한다. 그러나 당시 위기의 핵심 특징은 제조업 기업들의 도산이었다. 즉, 산업 공황이 일어났고, 이 산업 공황의 여파로 기업들에 돈을 빌려준 은행들이 파산했고, 그 은행들을 살리다가 국가가 부도를 맞는 순서로 위기가 확산했다. 1997년 1월 한보철강이 충격적일 정도의 부실을 드러내며 부도났다. 이것이 충격을 준 이유는 당시 대통령 김영삼의 차남 김현철이 개입해서 한보철강에 어마어마한 특혜 대출을 해 준 일이 함께 폭로돼서였다. 그런데 왜 '특혜' 대출이었을까? 기업이 이미 부실한 상태인데도 막대한 돈을 대출해 줬기 때문이다. 즉, 한보철강의 부패는 기업 수익성이 추락하는데도 과거처럼 국가에 기대는 방식으로 해결하려다가 발생한 일이었다. 그런 특혜에도 기업 부도를 막지 못하면서 위기의 실체가 드러나고 말았다. 이른바 실물경제가 위기에 빠져 있었기 때문에, 한보철강의 부도 이후 철강 산업 전체로 위기가 확산됐다. 1997년 여름에는 기아특수강에서 시작해 기아그룹 전체가 위기에 빠졌다.

(당시로서는) 초유의 경제공황을 두고 온갖 해석이 난무했다. 노동운동 내 좌파 중에는 경제공황이 발생하기 전에 있던 위기 경고를 두고, 임금을 올려 주지 않으려고 기업주와 정부가 펼치는 이데올로기적 공격이라고 주장한 곳도 있었다. 그러나 당시 한국 경제의 핵심 산업인 반도체, 자동차, 철강 산업이 세계적으로 1996년부터 포화 상태에 이르러서 과잉 축적, 과잉 생산이 문제가 되고 있었다.

IMF 경제공황의 충격은 어마어마했다. 경제가 수축하고 기업이 줄줄이 도산하면서 임금노동자의 10분의 1 이상이 순식간에 일자리를 잃었다. 1년 사이에 160만 명이 일자리를 잃었고 그중 100만 명이 대기업 노동자였다. 위에서도 언급했듯이, IMF 경제공황의 충격은 사람들의 의식에까지 영향을 끼쳤다. 그 전까지는 사람들이 좀 더디더라도 미래에는 상황이 나아질 것이라고 여겼다. 노력하면 더 나은 대학에 입학하고, 부지런히 일하면 시간은 좀 걸려도 월급이 오르고 번듯한 내 집을 마련할 것이라고 여겼다. 그래서 앞으로 세상이 나아질 것이라고 여겼다. 이런 생각이 경제공황으로 와장창 깨진 것이다. 1997년 이후 20여 년은 그런 사고방식이 점점 더 희박해지는 시간이었다. 지금 20대 청년은 단군 이래 최초로 부모 세대보다 못사는 세대가 될 것이라고들 하는데, 불과 20여 년 만에 사람들의 생각이 크게 역전된 것이다. 경제가 성장하는 시기에 한국을 통치한 독재자들을 찬양하는 현상이 주로 보수적 중간계급 대중을 중심으로 일어나는 이유가 능히 짐작된다.

그런데 이 공황을 극복할 종잣돈을 IMF한테 빌렸기 때문에, 한국은 IMF가 돈을 빌려주는 조건으로 요구한 구조조정을 시행해야 했다. 지금 우리에게 익숙한 신자유주의적 조처가 다 포함돼 있었다. 공기업 민영화, 정리해고 도입, 부실기업 퇴출 등등. 한국 기업들이 정부가 통제하는 은행 대출에 의존해서 사업을 확장하던 패턴이 실패한 결과로 경제공황이 닥쳤다는 진단하에, 기업들은 자기자본 비율을* 높이고 자금 조달 경로를 다변화해야 했다. 이를 위해 금융시장이 개방되고 활성화됐으며, 은행들은 기업 대출만이 아니라 가계 대출과 보험·파생상품 판매 등을 통한 수익의 비중을 늘려야 했다.

---

*　자기자본 비율 총자산 대비 자기자본의 비율. 자기자본은 총자산에서 부채를 뺀 것을 뜻한다. 자기자본 비율이 높을수록 부채가 적고, 자기자본 비율이 낮을수록 부채가 많다.

IMF는 돈을 빌려주는 조건으로 혹독한 구조조정을 요구했다.

　IMF가 한국에 구제금융을 제공하는 대가로 요구한 조처 중 지금의 경제 위기 대응책과 다른 것은 금리정책이다. 지금은 어느 나라나 저금리 기조다. 그러나 IMF 경제공황 직후 한국에서는 금리가 20퍼센트까지 올라갔다. IMF가 한국 경제의 회생보다는 투자자·채권자의 손실을 최소화하는 데 더 관심이 있었기 때문이다. 그러나 나중에는 IMF가 금리를 낮춰 줬다. 흑자도산 문제가 생겼기 때문이다. 흑자도산은 기업이 흑자를 내고 있는데도 자금 조달어려움 탓에 파산 위기에 처하는 것을 말한다. 돈을 빌려주는 자본이 거두는 소득, 즉 이자는 결국 기업 수익에 의존한다. 그런데수익성(이윤율)이 낮은데 이자율이 높으면 기업의 부담이 커질 수밖에 없다. 그래서 IMF 내부에서도 가령 '신자유주의 전도사'라고불린 제프리 색스 같은 사람들이 제조업이 탄탄한 한국 같은 나라는 금리를 낮춰서 우량 기업을 살려야 한다고 주장했다. 금리 인하는 1998년 당시 민주노총의 요구이기도 했다. 집을 구하거나 갑작스런 해고 후 생활비를 마련하기 위해 대출을 받은 노동자들이 큰 타격을 입었기 때문이다. 기업 파산으로 노동자들이 하루아침에 일자리를 잃어버리는 일이 생긴 것도 금리 인하 요구의 배경이었다.

정부가 달러를 모아서 빚(구제금융으로 받은 돈)을 갚으라는 IMF의 요구는 자본주의의 세계적 강자들이 약자를 다루는 방식을 잘 보여 준다. 쉽게 말해, 형편이 어려워져서 돈을 빌린 사람들에게, 빚을 갚으려면 굶으라고 강요하는 것이다. 이처럼 자유 시장 경제는 투자 실패의 책임을 투자자에게 묻는 것이 아니라, 악덕 고리대금업자처럼 돈 빌린 사람들을 쥐어 팬다. 그러나 이런 위선과 특혜는 그림의 한쪽 면이다.

한국 자본주의는 수출 지향적 국가자본주의로 성장해 왔는데, IMF 경제공황을 거치며 대외(세계시장) 의존도가 더 높아졌다. 그러면 한국은 어디에 물건을 팔아서 달러를 벌 수 있었을까? 1차적으로는 미국 시장이었다. IMF를 지배하는 국가가 미국인데, 미국이 '너희들, 우리 시장에 와서 물건 팔고 달러 벌어서 돈 갚아라' 한 것이다. 경제 자립을 이룬 듯한 시점에서 대미 종속이 더 강화되는 듯 보일 수 있었다. 어떤 좌파는 당시 한국을 'IMF 식민지'라고 불렀다. 진보 대중 일부도 이런 생각을 받아들였다.

그러나 경제의 신자유주의적 세계화는 1970년대 이후 기업 수익성 회복을 목적으로 벌어진 세계적 경제 통합 증대(자본의 세계화) 흐름 속에서 봐야 한다. 사실 IMF 같은 국제 채권자 처지에서 봐도 가령 한국은 수출 제조업이 경쟁력을 회복해야 빌려준 돈을 회수할 수 있었다. 그래서 IMF가 요구한 구조조정은 대체로 한국 자본주의에 필요한 경쟁력 회복 방안이었다. 개별 기업에게는 가혹했을지라도 말이다. IMF의 조처를 식민지 수탈처럼 보는 것은 민족적 관점의 발로이고, 이는 한국 기업을 한국 노동자 대중과 같은 편으로 보는 태도로 이어질 수 있다. 한국에서 수익을 거두려는 다국적기업들이 한국 기업들을 경쟁자로 여긴 것은 사실이지만, 미국 국가와 IMF와 다국적기업들이 당시에 하고자 한 일은 위기에 빠진 한국 자본주의를 다시 일으켜 세우는 것이었다. 다만 그 일을 자신들에게 더 유리한 방향으로, 시장경제 질서를 더 공고히 하는 방향으로 실행하려 했다. 바로 한국 자본주의를 다시 일으켜 세운다는 목적하의 처방이었기 때문에, IMF의 구조조정 요구는 한국 자본들의 필요와도 들어맞는 것이었다.

대외 의존은 국내시장의 대외 개방과 한 몸이다. 1990년대 이후 한국 경제는 중국 경제와 관계가 점점 긴밀해졌다. 이 시기에 미국·일본 경제도 중국과의 관계가 긴밀해졌다. 즉, 세계 자본주의의 통합 정도가 진전된 것이다. 독자적인 자본 축적의 중심을 형성한 (즉, 경제적으로 자립한) 한국 자본주의도 세계시장으로의 통합(세계시장에 종속)을 더 심화해 성장한다(이미 그렇게 성장해 왔지만 더 그렇게 하겠다)는 고유의 이해관계를 추구한 것이다. 그런데 한국이 시장을 개방하면서 반대급부로 바라는 것은 다른 나라들도 그만큼 개방하고 규제를 풀어서 한국 자본들의 해외 진출도 용이해지는 것이다. 바로 이런 세계화를 경제적·지정학적으로 추동하는 데서 중요한 구실을 한 것이 미국 제국주의였다. 즉, 한국이 미국 주도의 제국주의 질서에 편승하는 것은 한국 자본주의의 이익을 위해서였다. 1970년대 미국의 소련 봉쇄 전략의 일환으로 서방 경제와 결합하기 시작한 중국 국가자본주의도 세계화 진척 국면을 이용해서 미국과 유럽 시장에 저가의 제조업 상품을 수출하며 성장했다. 이제 중국은 경제 규모가 세계 2위인 경제 대국으로 미국과 경쟁하는 위치에 올라섰다. 그러나 아무도 20년 전의 중국이든 지금의 중국이든 식민지라고 보지 않는다.

사실 IMF에 빌린 돈을 갚는 과정에서 제조업이 충분히 발전하지 않은 나라들은 큰 어려움을 겪었다. 왜냐하면 가령 커피 같은 수출 작물이나 광물 자원을 수출해 외화를 벌어서 구제금융을 갚는 방식으로는 산업 성장이나 국내 식량 소비를 위한 농업 육성이 어려웠기 때문이다. 그래서 그런 나라들의 경제는 세계적 원자재 시장(의 가격 등락)에 더 종속되게 됐다. 그럼에도 한국 등 몇몇 신흥공업국들이 자본주의적 발전에 성공한 사례는, 제3세계가 선진국 경제와의 불균등 교환 때문에 결코 저성장을 벗어날 수 없다는 종속이론이 틀렸다는 것을 보여 준다. 1997년에 한국 사회가 겪은 경제공황은 강대국에 대한 종속 심화라기보다는 신흥공업국의 경제 발전도 자본주의 고유의 모순을 피할 수 없다는 것을 보여 주는 사례다.

한국 경제는 박정희 정권 때는 물론이고 전두환 정권 초기까지도 저임금·장시간 노동으로 수출 경쟁력을 뒷받침하는 경제였다. 그러다가 1987년 6월항쟁과 7~9월 노동자 대투쟁으로 저임금 강요가 깨지기 시작하고 산업도 생산성과 효율성이 증대하는 '내포적 성장'이 중요해지는 쪽으로 고도화하기 시작했다. 그런데 1997~1998년 경제공황으로 10년 만에 이런 진보에 역행하는 압력

요인이 생긴 것이다. 수출 의존도가 커질수록 세계시장에서 많은 경쟁자를 상대해야 한다. 게다가 2000년대 이후 세계경제의 성장이 부진했다는 점도 봐야 한다. 또, 한국의 공공 부문과 민간의 주력 기업들에서 장기 근속자가 늘어나며 기업의 임금 비용 부담이 커졌다. 그래서 이전 정부들도 그렇고 박근혜 정부를 이은 문재인 정부도 그렇고 인건비 억제를 위해 임금체계 개편을 계속 시도하고 있다.

임금 억제

물론 이제는 다국적기업 대열에 들어선 한국의 몇몇 대기업에게는 단순 인건비 절감보다 기술 개발 투자가 더 중요해졌다. 이제 삼성전자는 연구개발R&D 투자액이 많은 기업으로 세계 1~2위를 다툰다. 그러나 역설인 것이 '노는 물'이 달라질수록 비용 절감 압력이 더 전방위적으로 커질 수밖에 없다는 점이다. 이제 한국 경제와 기업들은 선진국 경제와 그 기업들과 겨뤄야 하는데, 경쟁자의 기술 투자와 축적 수준이 아직 더 우월하기 때문이다. 한국의 기초과학 투자가 다른 선진국의 상대가 안 될 만큼 적다는 얘기는 뉴스에서 자주 들린다. 정부가 적극 나서 투자를 독려하는데도 그렇다. IMF 경제공황 이후 20여 년이 지난 지금, 한국 정부의 연구개발 예산 총액은 세계 5위 수준이다. 국내총생산 대비 비율로 보면 세계 1위다. 그러나 절대 규모로 따지면 미국·중국의 5분의 1, 일본의 절반 수준이다. 연간 연구개발 투자액 대비 기술 수출액은 아직 세계 28위에 불과하다. 사실 한국은 세계 최고 기술 보유 건수나 특허 건수 등에서도 경쟁력이 충분하지 않다. 미국의 기술 수준을 100으로 볼 때, 유럽과 일본이 95 정도라면 한국은 84 정도다. 게다가 기초과학보다는 선진국 추격형 기술에 투자하는 비중이 높다. 노무현 정부부터 이명박, 박근혜, 문재인 정부에 이르기까지 최근의 정부가 모두 미래 성장 동력에 대한 투자를 강조했는데도 아직 그 수준이다. 그래서 연구개발 투자액이 많은 기업 1000곳 중 한국 국적의 기업은 24곳에 불과하다(1위는 한국 기업이지만 말이다). SK텔레콤과 KT가 200위권 안에 들지만, 절대 액수는 미·중·일 통신 기업들의 절반에도 못 미친다. 한국 경제는 비약적으로 성장했고, '공부 잘하는 놈 한두 명에게 집중 투자'해서 일부 과목에서는 1등도 하지만, 전체적으로는 선진국의 뒤를 쫓는 수준인 것이다. 또, 어떤 분야에서는 완제품 수출이 느는 만큼 부품 수입과 특허 비용 지출도 늘어난다. 2019년 일본과의 경제 갈등에서 한국 정부가 꼬리를 내린 배경에는 기술 격차 문제도 있었다. 세계적 경쟁에 노출된 수출 중심의 한국 경제가 세계 경제 상태와 비용 경쟁에 민감하고 취약할 수밖에 없는 이유다. 게다가 1990년대 이후 세계 경제 상태는 그리 좋지 못했다. 1990년대 후반, 2000년대 초반, 2008년에 위기가 발생했고, 2020년 초에는 코로나19 대유행과 함께 세계적 공황이 닥치고 있다. 한국 지배자들이 경제성장과 민주화를 동시에 이뤘다고 자랑하지만, 제2차세계대전 종전 후 유럽에서 생겨난 복지국가와 달리, 경제성장과 민주화를 결합해 안정적 정치체제를 만들지 못한 배경이 여기에 있다.

최근 20여 년 동안 사용자(와 그들을 대변하는 정부)의 가장 큰 관심은 투자 활성화를 위한 규제 완화였고, 노동운동과 갈등을 일으키는 가장 큰 직접적 쟁점은 임금 억제였다. 2008년 세계경제 위기 이후에는 더욱 그랬다. 가령 박근혜 정부를 퇴진시킨 촛불 운동의 마중물이 된 투쟁은 (직무·성과급제로의) 임금체계 개편 시도에 저항하는 노동자 파업이었다. 그 임금체계 개편 시도는 공기업과 수출 대기업의 임금 억제를 위한 것이었다. 그런데 박근혜의 때이른 몰락 덕분에 집권한 문재인 정부는 박근혜 정부와 똑같은 임금 개악을 추진하고 있다.

그러나 모순이게도 임금의 절대적 수준을 군부독재 시절처럼 억제할 수만은 없다. 왜냐하면 그때보다 훨씬 고도화한 산업이 한국의 수출 주력 사업이 됐기 때문이다. 반도체 등을 만드는 데 월급 50만 원 주고 일을 시킬 수는 없는 노릇이다. 임금을 충분히 줘서 노동자들이 잘 쉬고 더 자발적으로 필요한 기술을 익히도록 해야 한다. 애사심이 크면서도 생산성이 높은 노동자가 필요하다. 그러려

IMF 경제공황 이후 비정규직이 크게 늘었다. ⓒ 조승진

면 생활수준을 어느 정도 개선하는 것과 더불어 정치적 자유도 진전돼야 한다.

IMF 경제공황 이후 변화에서 또 다른 중요한 것은 일자리가 불안정해졌다는 것이다. 한국 경제는 160만 명을 해고하는 등 급속한 구조조정으로 IMF 경제공황을 3년 만에 극복했다. 김대중 정부의 임기가 끝나기도 전에 위기를 극복한 것이다. 경제가 회복해서 생산을 재개하거나 늘리려면 노동자가 필요했다. 그래서 해고당했던 사람들이 다시 돌아오게 됐다. 그런데 정규직이 아니라 비정규직으로 돌아왔다. 위에서 IMF 경제공황 동안에 160만 명이 해고되고 그중 100만 명이 대기업 노동자라고 했다. 그런데 그 사람들이 이른바 'IMF 졸업'이라고 표현된 위기 극복 이후에 모두 기존의 일자리로 그대로 돌아간 것이 아니다. 일부는 그대로, 일부는 비정규직으로 돌아왔고, 일부는 돌아오지 못했다. 그런데 기업 활동은 다시 회복돼 생산이 확장되기 시작했으니, 노동시간이 늘어날 수밖에 없었다.

대체로 한국통신계약직노조가 투쟁을 벌인 2000년을 한국 비정규직 운동의 시작으로 여긴다. 500일 이상 파업을 벌인 이 노동자들은 대부분 1997년까지는 한국통신의 정규직이었다. 그랬던 노동자들이 경제공황 이후에 돌아왔는데, 비정규직이 돼서 임금을 해고 전의 2분의 1이나 3분의 1만 받고 일하게 됐다. '기존에 하던 일을 똑같이 하는데 왜 내가 월급을 적게 받아야 하지' 하는 문제의식이 싹트기 시작한 것이다. 정규직과의 차별 철폐가 초기부터 비정규직 운동의 요구가 된 것에는 이런 사정(맥락)이 있었다.

IMF 경제공황 때 은행이 많이 퇴출됐다. 일부는 다른 은행에 합병되고 일부는 사라졌다. IMF 경제공황 이전에 잘 나가던 은행들이 대기업들에 돈을 빌려줬다가 회수하지 못하고 부실해져 버리자, 당시에는 순위가 낮은 은행들이 다른 은행을 인수·합병해서 덩치를 키웠고, 정부는 은행 합병을 유도했다. 이 과정을 거치며 은행 산업 종사자가 반 토막이 났다. 은행 산업 종사자 14만 명 중 6만 명이 잘렸다. 이후 은행 산업이 회복되자 일자리도 일부 회복됐는데, 사라졌던 일자리 6만 개 중 4만 개만이 그것도 비정규직으로 채워졌다. 그런데 대형화된 은행들끼리의 시장 점유율 경쟁 때문에 2004년 즈음에는 은행 영업점 수가 위기 전보다 거의 두 배로 늘어났다. 쉽게 말해, 2명이 일하던 일을 이제는 1.5명이 하게 된 것이다. 장시간 노동, 임금, 비정규직 문제가 중요해지는 변화가 생겼다. (▶ 더 알아보기: 비정규직, 왜 늘었고 어떻게 해결할 수 있을까?, 317쪽)

한국 자본주의가 성장하는 데서 권위주의 독재국가가 필요했던 이유는 말 그대로 급속한 축적을 위해 노동자들의 임금과 노동조건 등을 억제해야 했기 때문이다. 그런데 바로 그 결과로 한국 자본주의가 성장하면서 마르크스의 표현대로 "자본주의의 무덤을 파는 사람들"도 성장했다.

"역사의 복수"라는 말처럼 힘 있는 노동계급이 등장해서, 1987~1989년 대투쟁과 1997년 대중 파업으로 그 힘을 발휘했다. 그 덕분에 노동운동도 더는 민주당에 의존하지 않고 (공식)정치에 관여할 자신들의 정치적 표현체, 즉 개혁주의 정당을 만들 수 있었다. 바로 2000년 1월 말에 창당한 민주노동당이다. 민주노동당은 민주노총의 정치 세력화 방침에 따른 인적·물적 지원을 바탕으로 해서 창당했다.

노동계급 정치의식의 발전

그런데 경제공황의 발생, 노동계급의 성장과 그것을 토대로 한 노동자 조직(노동조합과 노동자 정당)의 탄생과 성장이 결합하며 그 이후의 노동운동에 새로운 변화가 벌어졌다. 경제가 호황일 때는 노동자들이 투쟁적으로 싸우기만 하면 임금을 올리고 노조를 만드는 데 크게 부족함이 없었다. 호황은 쉽게 말해 물건이 잘 팔리는 시기이므로, 공장 생산을 멈추는 것이 사용자들에게 더 손해다. 그러니 노동자들이 공장을 점거하고 파업하면 요구를 빨리 들어주는 것이 자본가들에게도 손해를 줄일 방법일 수 있다(물론 노동자들의 요구를 너무 쉽게 들어주면 자본가 입장에서는 노동자들을 잘못 길들이는 일일 수도 있으니 마냥 쉽게 들어주지만은 않겠지만 말이다). 그래서 호황기의 노동자 투쟁은 전투적이지만 빨리 끝나는 특징이 있다. 이런 특징을 반영한 것이 1987년 노동자 대투쟁이다. 그 투쟁은 독재 정권에 억눌려 온 대중의 폭발이기도 했지만, 경제 호황을 배경으로 한 투쟁이었다. 1987~1989년은 단군 이래 최대 호황이라고 불리던 시기다. 노동자들은 경제 활황을 배경으로 투쟁을 벌였기 때문에 임금과 노동조건을 대폭 향상시킬 수 있었다.

1997년에 벌어진 대중 파업과 경제공황은 변화를 낳았다. 노동자들에게 전자는 자신감을, 후자는 위기감을 자극하는 일이었다. 노동자들이 자신감 있는 상황에서 경제 위기를 맞았기 때문에, 경제공황은 선진 노동자들의 정치의식이 (위기감과 당혹감 속에서도) 성장하는 방향으로 영향을 미쳤다. 노동운동은 이제 투쟁성뿐 아니라 정치도 중요하다는 것을 알게 된 것이다. 위기를 돌파하려면 노동자들은 정치적 물음을 던져야 했다.(여기서 말하는 '정치'는 공식정치만을 가리키는 것이 아니다. 계급 전체와 국가권력을 둘러싼 문제를 뜻하는 마르크스주의의 용어다.) 우량 기업도 파산하는 마당에 투쟁만으로는 부족한 것 아닐까? 부실기업의 일자리는 어떻게 지키지? 공장을 점거하고 파업하더라도 공장이 망해 버리면 어떡하지? 법으로 노동자를 보호하는 게 필요한 것 아닐까? 경제를 돌아가게 하려면, 또는 일자리를 지키려면 어떻게 해야 하지? 경제 위기는 왜 생기는 것일까? 경제 위기의 책임을 노동자들에게 전가하려는 것을 막으려면 무엇이 필요할까? 집권한 민주당은 왜 야당일 때와 달리 노동자를 편들지 않고, 해고 등 노동 개악에 대한 합의를 요구할까? 사회를 어떻게 바꿔야 할까? 등등.

그런데 동시에 어떤 정치냐도 중요해졌다. 1997년 대중 파업은 정리해고 도입에 반대해서 일어났고 승리했다. 그런데 1997년 파업을 이끈 바로 그 민주노총 집행부가 1년 만에 입장을 뒤집어서 제1기 노사정위원회에 참여해 정리해고 동의서에 사인해 버렸다. 그 과정에서 민주노총 내부에서 격렬한 갈등이 벌어졌다. 당시 민주노총 집행부는 '국민파'라고 불렸다. 그들의 모토가 '국민과 함께하는 노동운동'이었다. 쉽게 말해, 국민파의 문제의식은 다음과 같았다. '노동운동이 독자적 정치 세력화를 해야 하지만, 사회적·경제적 민주화를 이루려면 노동자들이 국민의 지지를 받아야만 한다. 그러려면 국가적 위기 상황에서 책임 있는 모습을 보여 줘야 한다. 그래야 노동자 정당이 선거에서도 국민적 지지를 받을 수 있다. 따라서 나라 경제가 위태로운 상황에서는 경제 살리기에 협조해야 한다. 자본주의와 노동계급이 상생할 방법을 찾아야 하고, 피해를 보는 노동자들을 위한 사회 안전망은 정치(입법)로 마련해야 한다.' 이처럼 정치의 내용이 문제가 된 또 다른 사례가 기아차 노조다. 기아차 노동자들은 1997년 파업 때 하루도 안 빠지고 가장 앞장서서 싸웠다. 그런데 그 노조 집행부가 1년도 안 돼서 '회사 살리기'로 노선을 바꾸고 월급을 반납하는 일까지 했다. 기아그룹이 위기에 빠진 상황에서 일어난 극적 변화다.

1980년대까지 한국 노동운동에서 강력했던 흐름은 국제 노동운동의 용어로 '전투적 노동조합운동'(신디컬리즘)이었다. '전투적 노동조합운동'은 국가적 위기 앞에서 제기된 여러 물음에 답을 주지 못했다. 오히려 국가적·국민적 위기 앞에서, 자신들이 온건하다고 비난하던 국민파와 다를 바 없이 행동했다. '전투적 노동조합운동' 경향이 약화하기 시작했고 혁명적 좌파는 취약했기 때문에, 그 자리를 민중주의와* 사회민주주의가 채우면서 성장하기 시작했다.

1998년 민주노총이 합법화되고 개별 기업 단위에서도 노사 교섭 관행이 안착하면서 노동조합 상근 간부층이 안정적으로 자리 잡기 시작했다. 노동운동 안에서 개혁주의의 성장은 이처럼 노동자 대중의 정치의식이 성장하는 과정과 노동조합 상근 간부층이 체제 내에 자리 잡고 길들여지는 과정이 결합되는 모순 속에서 일어났

---

* 민중주의 좌파적 버전의 포퓰리즘을 뜻한다. 포퓰리즘은 계급을 가로질러 연합하는 전략을 뜻한다. 객관적 이해관계가 충돌하는 계급들의 연합을 추구하므로 결국에는 개혁주의로 미끄러지게 된다. 급속한 산업화와 권위주의를 경험한 신흥공업국의 노동운동은 '전투적 노동조합운동' 경향과 민중주의 경향이 강력하다는 특징을 갖고 있다.

다. 자본주의적 민주주의의 진전은 이렇게 모순 속에서 이뤄진다. 노동운동의 정치적 성장이 자본주의적 민주주의로의 전환을 추동했지만 동시에 노동운동의 정치에서 개혁주의가 득세했고, 민주노총이 정리해고와 파견법을 받아들인 것이 내부 반발을 사면서 노동운동 내 정치가 본격적으로 성장한 동시에 분화가 벌어졌다. 민주노동당은 노동계급의 개혁주의 정치 운동이 본 궤도에 오른 사건이었다. 창당 시점에서 민주노동당에는 온건 개혁파부터 혁명적 좌파까지 포함돼 있었는데, 민주노동당 자체는 비혁명적 개혁주의를 명확히 표방했다. 민주노동당 내 각 경향은 이런 차이를 인식하고 있었다. 민주노총 상근 간부층을 기반으로 한 개혁주의 정당이 형태를 명확히 드러내고서야, 개혁이냐 혁명이냐 하는 문제가 노동운동 내에서 벌어지는 여러 논쟁의 배후 프레임으로 명확히 자리 잡기 시작했다. 이것이 1997년의 세 가지 중요한 사건이 낳은 숨겨진 효과다.

정권 교체와 민주당

이제 정치체제의 변화를 살펴보자. 위에서 언급했듯이 권위주의 국가가 자본주의적 민주주의 국가로 바뀌면서, 선거를 통한 첫 정권 교체의 결과로 1998년 민주당 정부가 등장했다. 그 전까지 민주당은 국가 운영에서 배제된 정당이었다. 지금의 미래통합당의 뿌리가 되는 정당들이 그 전까지 정치권력을 독점했다. 미래통합당의 직접적 뿌리는 전두환의 민주정의당(약칭 민정당)이다. 이 정당은 김영삼 정권 때는 신한국당이었고, 1997년에 한나라당으로 개명해서 그 당명을 10년 넘게 쓰다가 이명박 정권 말기에 박근혜가 새누리당으로 당명을 바꿔서 집권했고, 박근혜 정부 말기에 자유한국당과 바른미래당으로 쪼개졌다가 2020년 총선을 앞두고 다시 미래통합당으로 합쳐졌다. 수십 년간 한국 자본주의를 지배하고 통치한 세력은 군부, 국가 고위 관료, 자본가였다. 미래통합당의 전신인 정당들이 바로 이들을 대변했다. 미래통합당은 우리나라 지배계급을 가장 명확하게 대변하는 정당이다.

그렇다면, 민주당의 전통과 성격은 무엇일까? 이 문제는 대한민국 건국과 관계있다. 대한민국은 친미·반공의 기치 아래 냉전의 전초기지라는 성격을 바탕으로 미군정의 지원을 받아 건설됐다. 반소·반북, 반좌파, 미국 중심의 패권 질서 지지, 자유 시장 지지, 미국식 자유민주주의 지향 등을 공식 이데올로기로 삼았다. 1948년 건국 직후에는 야만적인 반란 진압과 국가보안법으로 그것을 뒷받침했다. 한국전쟁 과정에서 낡은 사회적 관계망이 파괴되고 노동운동과 좌파는 분쇄됐다. 국가는 피폐하고 궁핍한 사회 위에 군림하면서 통제할 힘과 자격을 갖춘 유일한 존재로 확립됐다. 장차 군부와 국가 관료층이 현대화 열망의 보수적 화신이자 신흥 엘리트층으로 등장하게 된 것은 이런 배경에서였다. 그러면서 한국 국가는 1948년 제헌의회 선거 때부터 만 20세 남녀 모두에게 보통선거권을 부여했다. 다른 선진국들에서는 보통선거권이 제대로 보장되기까지 오랜 세월이 걸린 것과는 다른 점이다. 이것은 정치 영역의 불균등 결합 발전이라고 할 수 있는데, 국가가 형식적으로는 자유민주주의를 표방하고 자유민주주의적 권리를 부여했음에도, 실제로는 권위주의 체제를 수십 년 동안 유지했다는 점에서 그렇다. 이런 현상이 벌어진 것은 민주적 권리를 하층계급의 정치적 의사 표현으로 조직하고 대변할 노동계급의 조직이 (전쟁과 탄압으로) 파괴돼 부재했기 때문이다. 그럼에도 1970년대와 1980년대 민주화 운동에서 "민주 회복"이라는 구호가 자주 등장한 것을 보면, 국가의 공식 이데올로기는 중요하게 다뤄야 한다는 것을 알 수 있다. 아무튼 민주당은 이런 대한민국 건설에 참여했으나, 이승만 정권의 독재 체제 확립 과정에서 배제된 기성 정치인들이 만든 정당이다. 그래서 민주당의 근본적인 국정 철학, 즉 국가 운영 방향은 미래통합당 세력과 별 다를 바가 없고, 집권하면 근본적 차이 없이 행동하는 것이다. 게다가 두 번(2017년부터는 세 번)의 집권기를 거치면서 인적 기반 면에서도 더 지배계급의 정당으로 자리 잡았으므로 앞으로 더욱 그럴 것이다.

그럼에도 민주당은 일당 국가 시절에 국가 운영에서 배제됐고, 그래서 민주당의 '민주화'는 '우리도 집권할 수 있게 해 달라'는 것을 뜻했다. 그러나 민주당이 국정에 참여하기 위해서는 (민주당 인자들이 개별적으로 국가에 흡수되는 것이 아니라면) 국가형태의 변화가 필요했는데, 이는 민주당이 홀로 이룰 수 있는 과제가 아니었다. 그래서 한때 민주당은 재야 민주화 운동과 연계를 맺고 때로는 노동운동을 지원하기도 하면서 아래로부터의 대중투쟁의 힘을 빌리려 했다. 그럼에도 그 투쟁이 일정 수준을 넘지 않게 하려고도 애썼다. 1980년 '서울의 봄' 시위를 자제시키는 입장에 선 것이나 1987년 대통령 직선제와 언론 개혁 약속을 받아 내자 거리 운동과 거리를 두고 7~9월 노동자 대투쟁을 비난하며 공격한 것이 그 사례다(그러므로 민주화 운동의 분화는 이미 그때부터 시작한 것이다). 민주당은 1987년 대통령 직선제 개헌 후에 태도가 많이 달라졌다. 자신들이 선거로 집권할 수 있다면 그 너머로 민주주의를 진전시키는 데 관심이 없었기 때문이다. 1987년 9월 개헌 정국에서 노동법 개선이 가능했는데도 김영삼은 물론 김대중도 이를 외면했다.

민주당 인사들은 일당 국가 아래서 국가보안법으로 구속되고 탄압받았다. 김대중은 내란 음모 혐의로 사형선고까지 받았다. 그런데도 민주당은 집권하고 나서는 국가보안법을 하나도 바꾸지 않았다. 2004년에 노무현 정부는 국가보안법을 역사의 박물관으로 보내자고까지 말했는데, 지금은 오히려 그 '말'이 박물관에 가 있다. 정작 국가보안법이 바뀐 것은 노태우 정권 때였다. 소련이 해체되고 동구권이 붕괴하자 이제 한국이 중국 등과 '북방 외교'를 할 필요가 생겼고, 그 편의에 맞게 개정한 것이다. 그러나 그 개정의 핵심 내용은 북한이나 소련과 연계되지 않은 자생적 사회주의자들도 처벌할 수 있게 한 개악이었다. 당시 민주당은 그런 개정을 찬성해 줬다. 다만, 불고지죄가* 완화돼서 친족은 죄를 면해 주는 개선이 있었는데, 이는 민주화 운동의 성과라고 할 수 있겠다. 이처럼, 자본주의적 민주주의만 놓고 보더라도 민주당은 노동계급보다는 미래통합당 세력과 더 가깝다. 노동계급에게는 정권 교체 정도의 민주주의 전진은 전혀 충분하지 않다. 그래서 그 뒤로도 계속 투쟁이

---

* 불고지죄 법 위반자를 알고 있으면서도 이를 수사기관에 알리지 않는 죄. 개정 전 국가보안법은 심지어 가족이어도 국가보안법 위반자를 신고하지 않으면 불고지죄로 처벌할 수 있도록 규정했다.

필요했다.

그런데 1997년 말에 민주당이 정권을 잡는 변화가 생긴 것이다. 전통적 지배계급 정당인 신한국당이 노동자 대중 파업으로 타격을 입고 초유의 경제공황 속에서 사분오열한 덕이었다. 전통적 여당으로는 위기를 수습할 수 없을 것 같으니, 경제 상황을 수습하고 노동운동의 저항을 무마하는 등의 구실을 할 구원 투수로서 민주당(당시 당명은 새정치국민회의)이 지배계급의 지지를 받고 국가 운영에 투입된 것이다. 그 과정에서 김대중의 새정치국민회의는 김종필의 자유민주연합(약칭 자민련)과 연합해서 집권했다. 사실 1997년까지도 중간계급 자유주의 지식인과 일부 중소 자본가의 지지를 받는 김대중의 정당은 바로 그 기반 때문에 정권을 잡을 수 없다는 것이 거의 상식처럼 돼 있었다. 1987년 대선 때는 김대중이 대통령이 되면 쿠데타가 일어날 것이니 김대중에게 투표해 봐야 아무 소용없다는 말이 흔했다. 1992년 대선에서 패배하고 정계를 은퇴했던 김대중은 1996년에 복귀해서는 판사 출신인 추미애 같은 이들을 국회의원 후보로 공천하는 등 더 우경화하며 1997년 대선에 도전했다. 그때 책까지 써내면서 김대중이 야권의 대표 후보가 되면 안 된다고 강력히 반대한 인물이 유시민이다. 유시민은 김대중이 기득권층과 영남에서 표를 얻지 못할 것이므로 대선에서 이길 수 없다고 했다. 당시 유시민이 지지한 인물은 경제학자이자 노태우 정권에서 경제부총리를 역임한 조순이었다. 그런데 조순은 보수 우파의 정통 후보였던 이회창과 힘을 합쳤다. 한나라당은 이회창이 조순과 합치면서 만든 당명이다. 이것에서도 알수 있듯 유시민은 전형적으로 과대 포장된 지식인인데, 그가 중요하게 예측하는 것이 맞는 일이 드물다. 유시민은 2016년 퇴진 운동 직전에는 박근혜의 지지율 40퍼센트는 콘크리트라고 했다. 노무현 정부 말기에는 이명박이나 박근혜가 집권해도 나라에 별일 안 생긴다고 '쿨한' 논평을 했다. 유시민은 사실 노무현 정부에서 보건복지부 장관을 하면서 한미FTA 추진과 국민연금 개악 등 신자유주의 강경파의 대변인 구실을 하며 우파가 회생해 재집권하는 데 한몫했다고 할 수 있다.

민주당은 정권을 잡는 정당(수권 정당)으로서는 후발 주자이지만, 김대중·노무현 정부 10년간 집권하면서 국가 고위 관료와 군부, IT·금융 부문 등의 신흥 자본가 세력, 상층 전문 지식인층 사이에서 점차 기반을 구축했다. 1992년 총선에서 김대중은 보안사령관을 역임한 강창성(전두환의 전임자) 등 군 장성 출신자 두 명, 박정희 정권에서 국세청 차장과 한국주택은행장을 지낸 장재식(유명 경제학자 장하준 교수의 아버지)을 영입하고는 기뻐 어쩔 줄 몰라 했다. 그러나 오늘날에는 고위 장성, 국가 관료, IT·금융 부문의 신흥 자본가들이 제 발로 민주당을 찾아와 선거에 나가려고 한다. 이런 변화는 민주당도 미래통합당 세력과 별반 다르지 않게 부패에 휘말리고 또 그 부패를 변호하는 것을 봐도 알 수 있다. 2019년 민주당 세력은 조국 일가의 특권형 부패 의혹을 감싸면서 매우 위선적인 모습을 드러냈다. 대중은 부패로 몰락한 구 여권의 적폐를 청산하겠다고 등장한 정부가 왜 그들과 다를 바 없냐고 항의했는데, 민주당 지도자들은 '우리는 왜 그들과 다르면 안 되느냐'고 되물은 셈이다. 그러면서 '저들과 다르게 더 엄격한 도덕 기준을 들이대면 적폐를 청산할 세력이 계속 집권할 수 있겠냐'고 협박했다. 즉, 자신들도 부패 문제에서는 전통적 여권 세력과 다르지 않다는 것을 인정한 것이다.

독재 정권하에서는 정부의 부패가 드러나도 정권이 바뀌어야 수사 대상이 됐다. 노태우 정권이 들어서고 나서 전두환 정권의 부패가 수사되는 방식으로 말이다. 그런데 김영삼 정권 때부터는 정권 핵심부의 부패가 임기 내에 드러나서 정권 실세들이 구속되는 일이 일어났다. 1997년에 김영삼의 분신이라고도 불린 김영삼의 아들 김현철이 구속됐고, 김대중 정부 때는 김대중의 아들 셋이 다 구속됐다. 노무현 정부 때는 노무현의 형 노건평과 노무현의 오른팔·왼팔이 다 구속됐다. 이명박 정권 때는 이명박의 형 이상득을 비롯해 실세들이 구속됐다. 이상득은 당시에 엄청난 권세가 있었다. 그래서 이명박 정권 초기에는 '만사형통', 즉 만사가 형을 통한다는 말이 우스갯소리로 돌았다. 그런 이상득을 포함해 정부 실세들이 구속됐다. 이명박 본인도 내곡동 사저 구입 문제로 사실상 특검 대상이 됐다. 급기야 박근혜는 대통령 본인이 탄핵당해 구속됐다. 지금 문재인 정부도 여러 부패 의혹에 직면해 있다. 그만큼 민주당 정부도 미래통합당 세력의 정부들과 점점 닮아 가는 것이다.

대중의 처지에서 보면, 자본주의적 민주주의는 정치적·경제적·사회적 시민권이 보장되느냐가 중요하다. 그중에서도 노동자들이 노동조합이나 정당 등 자신의 조직을 쉽게 설립할 수 있느냐, 급진적 정치사상이 자유롭게 토론되고 유포될 수 있느냐가 중요하다. 결국 지배계급의 처지에서 보면, 힘으로만은 누를 수 없는 노동계급의 운동과 조직을 허용하고, 그 일부를 기존 국가로 포섭하고 통합하는 것이 자본주의적 민주주의의 핵심이다.(그래서 노동계급의 운동과 조직이 탄탄하게 유지되고 있으면 독재국가나 파시즘 체제로 쉽게 바뀔 수 없다. 그러려면 노동계급의 운동과 조직이 파괴돼야 하기 때문이다.)

노동운동·좌파 활동가들이 선거법상 등록된 정당을 만들어서 국회의원과 지방의원을 배출할 수 있게 하는 것, 득표율에 따라 국가보조금을 받을 수 있게 하는 것이 국가에 통합하는 과정이다. 노동조합이 인정받아 공식적으로 국가기구와 교섭할 수 있게 되는 것도 마찬가지다. 구속·수배 등 탄압받거나 해고당하던 노동조합 위원장 출신자가 국회의원이 되고, 정부나 사용자의 문제점을 조사하고 규탄 성명을 쓰던 활동가가 국회의원 보좌관이 되는 것도 노동계급의 운동과 조직이 국가에 통합되는 과정의 일부다. 이런 통합은 모순된 효과를 낸다. 국가 안에서 노동계급의 요구와 목소리를 제기할 수 있게 돼 국가가 노동계급의 요구와 필요를 공식 의제로 다루게 되지만, 그런 것이 가능해 보일수록 혁명적 도전과 전투적 저항은 불필요하게 보이게 된다(그러나 그런 도전과 저항이 없다면 노동계급의 요구와 필요가 제대로 실현될 수 없다). 지배계급은 그런 효과를 노리고 노동계급의 운동과 조직에도 정치적 개방을 한 것이다. 하지만 지속되는 경제 위기는 그런 길들이기 효과가 안정적으로 지속될 수 없게 만든다.

결론

그러면 결론을 내려 보겠다. 잠깐의 호황과 양보의 시기가 끝나고 1990년대 말 이래 한국 자본주의는 세계경제가 예전만 못 한 상황에서 수출에 더 의존하고 경쟁력을 높여야 하는 모순에 놓였다. 즉, 유럽에서 장기 호황을 배경으로 복지국가가 세워질 때와는 상황이 다르다. 그래서 한국의 자본주의적 민주주의는, 그리고 그와 연동해서 공식정치는 불안정할 수밖에 없다. 노동계 지도자들을 포섭해서 양보를 받아 내기도 어렵다. 아래로부터의 저항이 만만찮기 때문에, 그 대처 방법을 두고 민주당과 미래통합당이 굉장히 첨예하게 분열해서 대립할 수밖에 없다. 물론 두 세력은 제국주의 질서 문제나 계급적 문제에서는 협력한다. 그럼에도 경제 상황이 녹록지 않고 미국과 중국의 갈등이 깊어지는데, 이에 어떻게 대처할지 딱 부러지는 해법이 두 세력 모두에게 없다.

이명박·박근혜 정부는 반동적 성격을 띠었지만 자본주의적 민주주의의 정착 흐름을 역진시킬 의지는 없었다. 당시 친민주당 지식인들의 독재 회귀 담론은 상당히 과장된 것이었다. 자유주의적 국가형태를 권위주의적으로 변형시킬 의사가 없었고 오히려 의회 등에서의 우위를 이용해 통치하려 했다는 점에서, 이명박·박근혜 정부는 둘 다 본질적으로 자유주의 정부였다. 자유주의 정부에서 자유주의 정부로의 정권 교체(박근혜 정부에서 문재인 정부로의 정권 교체)가 그 자체로 어떤 진보적 변화를 담보하지 않는 것은 당연하다.

더 알아보기

- 비정규직, 왜 늘었고 어떻게 해결할 수 있을까?
- 한국의 자유민주주의

비정규직, 왜 늘었고 어떻게 해결할 수 있을까?

이 글은 2020년 1월에 발표됐다.

2020년 1월 7일 문재인 대통령은 신년사에서 "일자리가 뚜렷한 회복세를 보이고 있[다]"며 자화자찬했다. 이 말 자체도 과장이지만, 늘어난 일자리 중 비정규직이 많다. 몇 달 전 통계청은 비정규직 노동자가 약 748만 명이라고 발표했다(2019년 8월 기준). 이는 전년 대비 86만 7000명이나 증가한 수치였다. 통계청은 집계 방식 변화 때문에 새롭게 통계에 포함된 비정규직 부문이 있다고 변명했다. 하지만 그것을 제외해도 비정규직은 최소 36만 7000명이나 증가했다. 문재인 정부의 "비정규직 제로" 약속이 거짓말이었음이 통계로도 드러난 셈이다.

특히 시간제 노동자가 크게 늘었다. 최근 한국노동사회연구소는 기업주들이 최저임금 인상을 무력화하려고 노동시간 쪼개기와 초단시간 근로를 확대해서 오히려 월 임금 인상률이 하락했다고 지적했다. 또, 초단시간 노동자가 증가하고 월 임금 격차가 확대되고 저임금 계층이 증가했다고도 지적했다. 상황이 이런데도 문재인 정부는 2020년 최저임금 인상률을 역대 최저 수준으로 결정한 것도 모자라 최저임금 인상률을 제약하기 위해 추가 개악을 하려 한다.

한편, 보수 언론들은 정규직 고용이 확대되려면 기업 투자를 활성화해야 하고, 그러려면 "파견근로를 확대하는 등 노동 유연성을 높이는 수밖에 없다"고 주장한다(《매일경제》). 기업을 살리고 경제를 살려야 미래도 있다면서 노동자들의 희생을 강요하는 것이다.

문재인 정부가 약속한 "비정규직 제로"를 진지하게 추구하려면 이런 이윤 논리에 정면 도전해야 한다. 그러나 문재인 정부는 정반대로 '돈 안 드는 정규직화'를 제시하며 공공 부문 정규직화 약속을 배신하고, 시간제 저질 일자리를 늘리고, 민간 부문 비정규직 문제를 방치했다.

비정규직이란 고용 기간이 한시적이거나(기간제 등), 고용 형태가 간접고용(파견, 용역, 도급, 사내 하청)이나 특수고용이거나, 전일제가 아니라 시간제인 일자리 등을 포괄하는 용어로 사용된다. 이 노동자들은 고용·임금·노동조건·복지 등에서 차별을 받는다.

IMF 경제공황 당시 기업주들은 대규모 정리해고와 조기 퇴직 압박으로 인력을 감축했다. 동시에 비정규직을 확대하고 외주화를 늘렸다.

그 뒤로 실업률이 어느 정도 줄어든 이후에도 노동자들이 얻게 된 일자리는 불안정한 저임금 일자리였다. 제조업에서는 사내 하청 비정규직이 늘었고, 공공 부문에서는 직접고용 노동자들이 외주화되거나 간접고용으로 밀려났다. 직접고용이거나 정규직이었던 화물차·건설기계 노동자, 보험모집인 등은 자영업자로 둔갑했다.

비정규직 확대는 경제 위기 시기에 떨어진 이윤율을 만회하려는 방안이었다. 사용자들은 비정규직에게 정규직과 같은 일을 시키면서 절반밖에 안 되는 임금을 줬고, 비정규직이라는 이유로 각종 복지 혜택, 4대 보험, 퇴직금 등을 보장하지 않을 수 있었다.

비정규직 확대는 사용자로서 책임을 회피하기에도 용이하다. 파견·용역의 경우, 실제 사용자는 근로계약서상 고용 당사자가 아니라는 이유로 노동자들의 요구가 무시된다. 특수고용의 경우에도 사용자들은 근로기준법 적용과 노동3권(단결권·단체교섭권·단체행동권) 인정을 기피할 수 있다.

비정규직 확대는 경기 위축 때 인력 규모를 상대적으로 쉽게 조정하려는 목적도 있다. 정규직을 해고하는 것보다 부담이 적기 때문이다. 이는 1987년 이래로 강력해진 노동조합의 저항을 우회하는 방편이기도 했다. 그러므로 기존 노동조합들이 외주화 등 비정규직 확대를 막고 비정규직 노동자들과 연대해 투쟁하는 것이 중요하다.

정부와 사용자들은 차별받는 집단을 이용해 노동자들을 이간질하고 단결하지 못하도록 만들려고 한다. 기간제 교사와 정규직 교사, 사내 하청과 정규직 등으로 말이다. 또, 비정규직 확대를 통해 고용 불안과 임금 하향 압력을 부추겨서 정규직들이 조건 개선에 쉽게 나서지 못하도록 압박한다.

이런 점에서, 노동자들 사이에 분열이 심해질수록 사용자에게 맞설 단결의 힘이 약해질 것이다. 한 사업장의 비정규직과 정규직이 서로의 투쟁에 대체 인력으로 투입되는 등 파업 파괴에 이용되는 경우도 있다.

오늘날 정규직과 비정규직의 이해관계가 서로 다르다는 일각의 주장은 부적절하다. 오히려 어느 한쪽의 조건 악화는 다른 한쪽의 조건 악화로 이어진다. 정규직·비정규직의 단결이 중요한 이유다.

비정규직이 크게 확대되자, 어떤 사람들은 이제 노동자들은 사용자들이 필요할 때 쓰다가 버릴 수 있는 '일회용'이 됐다고 주장한다. 특히, 최근 플랫폼 노동에 대해 불안정성을 강조하는 주장이 많다. 이런 견해는 심각한 불안정성 때문에 비정규직이 싸우기 힘들다는 결론으로 이어지기도 한다.

물론 많은 비정규직 노동자가 고용 불안에 시달린다. 하지만 사용자 처지에서도 단기 비정규직을 무한정 늘리기에는 어려움이 있다. 비정규직 고용은 사용자들에게 인건비 감축과 책임 회피 등 이익을 가져다주지만, 동시에 회사에 대한 충성심을 기대하기 어렵게 만든다. 업무에 집중하지 못하거나 이직이 잦은 것은 사용자에게 골칫거리다. 사용자들은 숙련 노동자가 필요하다. 비정규직이 대거 늘어난 시기에도 전체 노동자의 절반가량은 정규직이었다. 비정규직 노동자 중에는 계약 기간을 연장하면서 장기간 일하는 노동자도 적지 않다. 불안정성이 크다는 시간제 중에도 고용이 비교적 안정된 노동자가 있다.

무엇보다 자본주의에서 사용자들은 이윤을 얻으려면 노동자에게 의존해야 한다. 이는 비정규직에게도 마찬가지다. 그렇기에 2000년대부터 비정규직 노동자 투쟁이 확대돼 왔고, 문재인 정부 들어서도 공공 부문 비정규직 노동자 투쟁이 많이 벌어졌다. 플랫폼 노동자들도 조직되고 저항에 나서고 있다. 그리고 비정규직 노동자들이 저항에 나섰을 때, 정규직 노동자들과 마찬가지로 자본주의의 무덤을 파는 잠재력이 있음을 거듭 보여 줬다.

출처: 〈노동자 연대〉 311호(2020-01-08).

한국의 자유민주주의

이 글은 박근혜 정권 퇴진 운동의 초반인 2016년 12월에 발표됐다.

마르크스주의의 핵심은 노동계급의 자력 해방 사상이다. 그만큼 마르크스주의는 대중에게 사회를 이끌 능력이 있다고 확신한다(이에 비춰 보면, 북한은 마르크스주의나 사회주의와 관계없는 권위주의 체제의 사회다). 물론 이 능력은 평소에는 잠재력으로 남아 있지만, 1871년 파리코뮌이나 1917년 러시아혁명 등 노동자와 대중이 권력을 잡았을 때, 그에 미치지는 못해도 박근혜 퇴진 운동처럼 커다란 투쟁이 벌어질 때 종종 발현한다.

이와 반대로 대중의 능력을 불신하는 관점이 있다. 대표적인 것이 '중우정치'론이다. '촛불은 바람 불면 꺼지게 돼 있다'는 둥 운동을 모욕하는 우파 정치인들의 머릿속에는, 대중은 정치적 판단 능력과 실천 능력이 없다는 불신이 뿌리 깊게 박혀 있다.

이렇게 대중을 불신하는 박근혜와 우파들도 자신들이 민주주의를 추구한다고 주장한다. 그러나 그들이 칭송하는 한국 국가는 탄생부터 민주주의와 거리가 멀었다.

해방 직후 일본인 자본가들이 도망가며 남긴 '적산'은 당시 남한 총자본금의 91퍼센트나 됐다. 노동자들은 이 적산에 대한 자주관리 운동을 벌였다. 수많은 공장, 언론사, 학교, 광산, 교통 시설이 노동자들의 민주적 통제에 놓였다.

그러나 미군정과 그들이 복권시킨 친일파는 온갖 수단을 동원해 이 운동을 탄압했다. 미국의 후원으로 권력을 잡은 이승만은 노동자들한테서 강탈한 적산을 자기 정권과 결탁한 자들에게 사실상 공짜로 나눠 줬다. 현재 한국 경제를 좌지우지하는 재벌은 바로 이렇게 탄생했다.

우파들이 찬양하는 1948년의 남한 단독정부 수립은 수없이 많은 사람들의 희생을 대가로 했다. 단독정부 수립은 분단의 고착화를 뜻했고, 그래서 많은 사람들이 이에 반대했다. 이승만은 단독정부 수립 반대 항쟁을 벌인 제주도민 2만~3만 명을 학살했다. 제주도 항쟁 진압을 거부하며 여수와 순천 군인들이 벌인 반란도 학살로 진압했다.

1961년 쿠데타로 집권한 박정희는 1972년 유신헌법을 만들었다. 이때 "자유민주적 기본 질서"라는 말을 헌법 전문에 삽입했다. 이것이 우파와 뉴라이트가 칭송하는 '헌법 정신'의 기원이다. 박정희 정권은 노동운동과 좌파는 말할 것도 없고 온건한 자유주의자들까지도 탄압했다.

마찬가지로 쿠데타로 집권한 전두환의 신군부는 1980년 5월 광주에 공수부대까지 투입해 학살을 벌였다. 1981년에는 온건한 자유주의자인 김대중 전 대통령도 내란죄로 사형선고를 받았다. 노태우 정권은 1987년 항쟁의 성과를 되돌리려고 1989년 봄부터 노동운동과 학생운동을 대대적으로 탄압하기 시작했고, 울산 현대중공업 파업에는 군대까지 투입했다.

이에 맞선 아래로부터의 투쟁들 덕분에 한국은 현재 수준의 민주주의를 누릴 수 있게 됐다. 결정적으로 1987년 6월항쟁과 뒤이은 7~9월 노동자 대투쟁으로 한국은 권위주의 체제에서 자유민주주의 체제로의 이행을 시작할 수 있었다.

이처럼 한국 사례만 보더라도 자본주의의 발전과 민주주의의 확대는 직접적이고 필연적인 상관관계가 없다. 서구에서도 자유민주주의의 기본 제도라고 일컬어지는 보통선거권이 확립된 결정적 시기는 1917~1920년이었다. 보통선거권은 제1차세계대전이 끝난 뒤 유럽을 휩쓴 혁명 물결의 부산물로 노동계급이 획득한 것이라고 말할 수 있다.

유물론의 사상인 마르크스주의의 관점으로 볼 때 자유민주주의의 핵심은 잠재적 반체제 세력인 노동계급의 조직과 활동을 보장하는 것이다. 노동조합 같은 일상 조직, 정의당이나 진보당 같은 노동자 정당, 노동운동 내 혁명적 좌파 조직이 자유롭게 활동할 수 있는 것이 자유민주주의의 실제 내용이다. 그래서 마르크스주의자들은 자유민주주의를 파괴하려는 군부 쿠데타나 파시즘에 반대해 투쟁한다. 자유민주주의의 파괴는 그 실제 내용물인 노동계급 조직과 활동의 파괴를 뜻하기 때문이다.

한편, 마르크스주의는 자유민주주의가 온전하게 발전해도 여전히 한계가 있다고도 본다. 첫째, 부의 불평등으로 말미암은 한계다. 예를 들어 2012년 대선에서 박근혜가 쓴 선거비용은 공식으로만 479억 원이었다. 비밀리에 불법으로 쓴 돈도 상당할 것이다. 주류 정치인들이 기업주들에게서 받는 정치자금에 기대는 이유다. 그래서 이건희나 노동자나 형식적으로는 똑같이 한 표씩 행사할 수 있지만, 그 표의 실질적 무게는 매우 다르다.

둘째, 이 때문에 정치적 대표자들에 대한 영향력과 통제 면에서도 불평등이 있다. 기업주들과 부자들은 대통령, 국회의원, 장관 등과 수시로 만나고 접촉하며 정책 결정에 큰 영향을 끼친다. 그 과정에서 뇌물도 오간다. 최순실 같은 자는 어떤 관직이 있는 것도 아닌데 대통령 측근이라는 이유로 정책 결정에 영향을 끼치고 사익도 챙겼다. 이와 반대로 보통 유권자들은 몇 년에 한 번 선거철에나 정치적 대표자들을 볼 수 있다. 또, 선출해 놓은 정치적 대표자들을 통제할 길이 거의 없다.

셋째, 자유민주주의가 가장 발전하더라도, 중앙정부와 지방정부의 수장, 입법기관을 제외하면 선출되지 않는다. 그 외 국가의 핵심을 이루는 고위 관료와 치안·사법·군사 기구들은 대중의 삶에 큰 영향을 미치며 막강한 권력을 휘두르지만 대중의 통제를 전혀 받지 않는다.

넷째, 계급 불평등이라는 근본적 불평등이 있다. 우리가 인생의 가장 많은 시간을 보내는 학교와 직장에는 민주주의가 전혀 없다. 다른 말로 해서, 우리는 인생을 대부분 독재하에서 살아가는 것이다. 극소수 자본가와 국가 관료의 수중에 있는 경제 권력은 누가 대통령이 돼도 건드릴 수 없다. 그러려고 하면 자본가들은 자본 유출 등을 일으켜 국가 경제를 위기에 빠뜨리는 한이 있더라도 그 정부를 굴복시킨다. 최근 사례가 그리스의 시리자 정부다.

자유민주주의는 자본주의가 제공할 수 있는 최대치의 민주주의인데, 그 성격과 한계를 밝히고자 마르크스주의자들은 자본주의적 민주주의, 또는 부르주아 민주주의라는 말을 쓴다. 그 본질을 고려하면 자본주의적 민주주의는 자본가 독재의 다른 이름이다. 우리는 그 한계를 뛰어넘는 민주주의를 바란다.

민주주의가 자본주의적 한계를 뛰어넘어 확장된 역사가 있다. 노동자 권력이었던 1871년 파리코뮌과 1917년 러시아 소비에트가 그것이다.

파리와 러시아의 대중은 노동자 평의회라는 아래로부터 건설한 대안 권력 기구를 통해 잠깐 동안 사회를 직접 통제했다. 노동자 평의회는 자본주의 사회에서 허락되는 그 어떤 민주주의보다 앞서가는 민주주의를 구현했다. 풀뿌리 대중의 참여, 주거 지역과 직장에서 이뤄지는 탈중앙화된 의사 결정, 상급 단위 대의원들이 유권자에 의해 언제든 소환될 수 있고 노동자 평균임금만 받는 것 등이 노동자 평의회의 특징이었다. 이것이 파리와 러시아에 나타났던 노동자 민주주의의, 또는 사회주의적 민주주의의 모습이었다. 무엇보다 노동자들이 집단으로 생산을 통제했다.

사실 노동자 평의회가 만들어지는 계기 가운데 하나는 공공서비스가 '정상 운영'되지 않는 대중 파업의 시기에 노동자들이 지방정부의 기능을 대신 떠맡아야 할 필요성이다. 노동자 평의회가 전국으로 확산되는 상황이라면 노동자 평의회는 그 나라 국가를 통째로 대체할 조직적 역량과 경제 권력을 쥐고 있을 것이다. 천대받고 착취당하는 다수가 힘을 발휘할 수 있는 것은 바로 노동자 민주주의를 통해서다.

그 과정에서 대중이 보인 자의식은 대단했다. 1917년 10월 러시아혁명 때, 문맹률이 60퍼센트나 되는 나라에서 대중의 독서 열의가 솟구쳐 신문 등 인쇄물이 쏟아지고, 사람들이 골목 모퉁이마다 모여 돌아가며 정치 연설을 했다. 노동자들은 기업주가 도망가거나 폐쇄한 생산 시설을 접수해 생산을 조직했다. 이처럼 자본주의의 틀을 뛰어넘어 노동자와 여타 차별받는 사람들이 스스로 정치·경제 권력을 장악할 때 진정한 민주주의가 가능해질 것이다.

그러나 혁명을 파괴하려는 외국의 침공과 혁명 확산의 실패로 경제가 붕괴하고 노동계급이 해체되면서 러시아에서 노동자 민주주의는 질식당했다.

출처: 〈노동자 연대〉 188호(2016-12-02).

9장

–

좌회전 깜빡이 켜고 우회전
김대중 정부

함께 토론할 쟁점

- 최초의 정권 교체, 어떻게 가능했을까?

- 초유의 경제공황에 대처하는 김대중 정부의 기조는 무엇이었을까?

- 2000년 6·15 남북공동선언이 있었는데도 왜 한반도의 평화는 요원할까?

- 국가보안법으로 부당하게 사형선고를 받은 인물이 대통령이 됐는데도, 국가보안법은 왜 사라지지 않았을까?

- 민주노동당의 탄생과 성장은 어떻게 가능했을까?

8장에서 다룬, 1990년대 말 이후 역사를 관통하는 경제적·정치적 상황 변화를 염두에 두고 김대중 정부 시절을 살펴보자.

1997년 대선에서 민주당(당시 당명은 새정치국민회의)이 승리해서 정권이 교체됐다. 2020년 현재 문재인 정부는 친노무현계여서 노무현 정부와 흔히 비교된다. 그런 비교는 유용하지만, 문재인 정부의 집권 과정과 맥락은 김대중 정부와 더 비슷한 면이 있다. 첫째, 심각한 정치적·경제적 위기를 배경으로 정권이 교체됐다. 둘째, 정권이 우파 정당에서 민주당으로 넘어갔다. 셋째, 그 과정에서 우파가 분열해 있었다.

1997년 경제공황으로 마침내 한국 정부가 IMF에게 구제금융을 받는 지경에 이르자, 김영삼은 대중에게 나라를 말아먹은 역적 취급을 받았다. 대통령 지지율이 겨우 5퍼센트가 나온 여론조사 결과도 있었다. 이 위기에 대처하는 방법을 두고 전통적 집권 세력이 분열했다. 김영삼의 신한국당이 세 개로 쪼개졌다. 이회창은 당권을 장악하고는 김영삼과 선을 그었다. 대선 과정에서 이회창은 민주당에서 이탈해 나온 조순과 연합해, 김영삼이 지은 당명인 신한국당을 버리고 '한나라당'을 당명으로 삼았다. 유력 대선 주자였던 이인제는 신한국당 내 대선 후보 경선에 나왔다가 이내 경선이 불공정하다며 뛰쳐나가 대선에 따로 출마해서 500만 표나 얻었다. 김영삼에게 배신당하고 진작에 자유민주연합(약칭 자민련)을 만들어 나가 있던 김종필은 김대중과 연합했다. 1990년 노태우·김영삼·김종필이 '3당 합당'을 할 때 권력을 분점하고 순차적으로 집권하기로 합의했는데, 노태우와 김영삼만 대통령을 하고 내각제 합의는 무산됐으며 김종필에게는 차례가 돌아오지 않았다. 그래서 김종필이 만년 야당 정치인 김대중과 내각제 실시를 약속하고 연합한 것이다. 그런데 이 약속도 지켜지지 않아서 나중에 김대중과도 분열했다. 1987년 이후 민주화로 대통령 직선제가 재도입됐기 때문에, 대중은 내각제 개헌을 구 집권 세력의 권력 복귀 음모로 보고 반대했다.

한국 자본주의의 구원 투수

김영삼은 정치적으로 녹다운 상태였다. 그래서 김대중은 당선하자마자(정식 취임 전부터) 사실상 대통령 구실을 하기 시작했다. 김대중 대통령직 인수위원회는 가동하기 시작하자마자 사실상 비상 내각 구실을 했다. 그런데 민주당은 그 전 오랫동안 야당이었기 때문에 국가 관료 사이에 기반이 형성돼 있지 않았다. 그래서 김대중 정부는 연립정부를 약속하고 동맹한 김종필의 자민련에 꽤 의존했다. 한국의 지배계급이 일당 국가 시절에 만년 야당이었던 민주당의 국정 운영 능력에 품었음 직한 의심을 풀기에도 이것이 나았다. 자민련은 주로 박정희 유신 정권에서 관료(공기업 경영자 포함)를 한 자들이 김종필을 중심으로 모여(김영삼의 신한국당에서 탈당해) 주로 충청 지역주의에 기반해 의석을 얻는 우파 정당이었다. 김종필 자신은 군부 출신자로 박정희의 쿠데타에 주도적 구실을 했고, 중앙정보부(현 국가정보원)의 초대 수장을 역임한 인물이었다. 그리고 대통령직 인수위원회 비상경제대책위원장이라는 중책 중 중책은 당시 자민련 부총재인 김용환에게 돌아갔다. 김용환은 박정희 정권에서 재무부 장관을 지낸 관료 출신자로 전형적 보수 우파 인사다. 그는 훗날 박근혜를 대통령으로 만드는 '7인회'의 일원으로 다시 회자된다.

김대중 대통령은 일당 국가를 이끌던 세력의 정부가 막지 못한 초유의 위기 상황에 투입된 구원 투수였다. 김대중 정부는 지배계급 내 합의를 존중했다. 그는 IMF의 요구 사항(구제금융을 받는 대가로 김영삼 정권이 이행하기로 합의한 사항)을 집권 후에도 모두 준수·이행하겠다고 각서를 썼다.

김대중 정부가 체제의 구원 투수였다는 점은 대통령직 인수위원회 시절에 이룬 '업적' 두 가지에서 확연히 드러난다. 첫째, 김대중 정부는 인수위원회 구성 직후 전두환과 노태우를 사면했다. 당시 전두환과 노태우는 12·12 군사 반란 등 내란죄 유죄 판결을 받고 감옥에서 수십 년을 보내야 하는 처지였다. 김대중 정부는 자민련 측의 요청에 응답하는 형식으로 이 둘을 사면했다. 이는 보수 우파와 지배계급에게 기득권을 위협하지 않을 테니 정권에 협력해 달라는 추파를 던진 것이었다. 그러나 그 뒤 여러 차례 확인됐듯이, 이런 추파 던지기는 헛된 시도였다.

둘째, 김대중 정부는 노사정위원회라는 틀을 활용해 정리해고제와 파견제 등을 도입하는 노동법 개악에 대한 노동계 지도자들의 동의를 받아냈다. 바로 그 1년 전에 김영삼 정권은 같은 개악안을 날치기 통과시키려다가 대중 파업의 역풍을 맞고 만신창이가 됐는데 말이다. 그런데 김대중 정부는 같은 개악을 노동계 지도자들의 동의까지 얻어서 통과시킨 것이다. 물론 그 대가로 김대중 정부는 민주노총과 전교조를 합법화했지만, 이는 지배계급에게 손해되는 양보는 아니었다. 아마 이때만큼 사용자들이 정권 교체를 잘된 일로 여기고 기뻐한 적도 없었을 것이다. 바로 이것이 한국 지배계급에 대한 민주당의 쓰임새다.

독재 정권 아래서 김대중과 민주당이 재야인사와 사회운동·노동운동 상층의 온건 개혁 성향 지도자들과 맺어 온 관계가 그 과정에 이용됐다. 개혁주의 지도자들 또한 국가적 위기 앞에서 노사정이 '국난' 극복을 위해 협력해야 한다는 부담을 느꼈다. 개혁주의가 약속하는 자본주의 체제 내 개혁 제공이 성공하려면 일단 체제가 번영해야 하기 때문이다. 김대중 정부는 이를 이용했다. 그리고 김대중 정부는 개혁주의 조직들(노조와 정당)이 합법의 틀로 들어오도록 개방하는 게 낫다고 봤다. 혁명적 좌파는 여전히 배제하면서 말이다.

노동운동 안에서도 국가적 이익을 위해서나 위기 극복을 위한 개혁(외세 반대, 재벌 반대 등)을 위해 민중이 단합해야 하고 이를 위해 노동계급의 요구와 투쟁은 억제될 수 있다거나 억제돼야 한다고 보는 좌파적 포퓰리즘(민중주의나 국민주의) 정치가, 중대한 위기의 시대를 맞아 본격적으로 성장했다. 1997년 대선에 민주노총을 대표해 출마한 권영길 선본은 "일어나라 코리아"를 슬로건으로 내놓았다(항의를 받고 즉시 철회했지만 말이다). 1998년 2월 9일 민주노총은 임시 대의원대회를 열어, 정리해고에 합의한 노사정위원회 결과를 거부하고 파업을 벌이기로 결정했다. 노사정위원회에 참여했던 국민파 성향의 기존 지도부는 사퇴하고 비상대책위원회가 꾸려졌다. 그러나 비상대책위원회는 며칠 만에 대의원대회 결정을 뒤집었고, 그 뒤 3월에 신디컬리즘 성향의 좌파 지도부가 들어섰다. 새 지도부는 5월 총파업 지침을 내렸으나 파업 직전에 철회했다. 즉, 1998년의 경제공황 국면에서 국민주의와 신디컬리즘 모두 실패했다. 평소에 국민파의 애국주의를 비판하던 신디컬리즘 성향 좌파도 파업을 철회하면서 국가적 위기 운운하고 국가 경쟁력 향상을 위해 협조해야 한다고 주장했다. 1998년 5월 파업을 미루면서는 당시 김대중 대통령의 방미를 앞둔 시점에 대통령이 미국에서 성과를 얻도록 지원하기 위해서라고 밝혔다. 1998년 인도네시아에서 민중 혁명이 일어나서 33년 동안 철권 통치를 한 수하르토 군부독재를 무너뜨렸을 때, 민주노총이 뿌린 유인물에는 인도네시아 같은 폭동이 안 일어나게 하려면 정부가 민주노총의 요구를 수용해야 한다는 내용이 있었다.

한국 자본주의는 1990년대에 들어 더욱 고도화해야 하는 과제를 안고 있었다. 그런데 수출 중심의 한국 경제가 내수 비중을 갖춘 경제로 한 단계 올라서려면 산업 구조도 개편하고* 기술력도 올려야 했다. 노동자들의 숙련도를 올리려면 정치적 자유를 늘리고 임금 수준을 올려야 했다. 구조조정을 하는 동시에 생산성을 전반

---

* 구조조정 구조조정에는 나라 전체의 산업 구조를 재편하는 산업 구조조정, 한 기업 내 영업 분야를 재편하는 기업(또는 사업) 구조조정, 고용된 노동자를 재편하는 인력 구조조정이 있다. 어떤 구조조정이든 노동자 해고가 수반되기 마련이다.

적으로 훨씬 더 향상시킨다는 것은 모순을 일으키는데, 당시 한국 경제의 역량에서는 생산성 향상을 위한 투자를 늘리려면 임금이 억제돼야 했기 때문이다. 게다가 경제공황으로 일자리가 대량으로 사라지면서 내수가 매우 크게 위축했다. 한국 경제가 IMF에게 받은 구제금융을 갚을 달러를 벌리려면 해외 시장에서 물건을 팔아야 했다. 수출에 의존할수록 임금 억제 압박이 있는데, 국제 경쟁이 치열해지면 비용 절감 압박이 커지기 때문이다.

경제공황의 한복판에서 집권한 김대중 정부는 긴급하게 부실기업을 정리하는 구조조정을 대폭 실행해 한국 경제를 더 효율적으로 만들고, 그 과정에서 취해질 경제 위기 고통 전가 조처가 아래로부터의 저항 때문에 좌절되지 않도록 관리해야 했다. 그리고 긴급한 구조조정이 어느 정도 마무리되면 국내 소비도 활성화시켜야 했다.

이런 과제는 아래로부터의 저항을 억눌러 정치체제를 안정시키는 어려운 일을 전제로 했다. 김대중 정부 임기 동안 구속된 노동자는 892명으로 독재 정권을 계승한 김영삼 정권 때의 632명보다 260명이나 증가하고 국가보안법 구속자는 1164명이나 발생한 반면, 민주노총과 전교조는 노조로 인정받았다. 이는 세력균형상 인정할 수밖에 없는 조직들의 합법성을 인정하는 대신, 저항이 체제를 겨냥하는 투쟁으로 발전하지는 못하도록 관리하려는 조처였다. 노동운동은 이런 배경을 활용해 한국 최초의 (좌파적 버전의) 사회민주주의 정당을 만들어 냈다. 민주노동당이 창당한 것이다. 그래서 노동조합과 노동계 정당이 각각 경제 영역과 정치 영역을 맡아 개입하는 개혁주의적 노동운동 진영이 꼴을 갖추기 시작했다.

3대 비전 ① 민주주의

이런 시대적 상황을 반영해 김대중 정부가 취임 초에 내놓은 '한국 사회 개혁 3대 비전'은 시장경제, 민주주의, 생산적 복지였다. 위에 8장에서 언급했듯이, 이 중 민주주의는 일차적으로 일당 국가 시스템의 변경을 뜻했다. 좀 더 구체적으로 말해, 자신들도 정권을 잡게 됐으니, 각종 국가기관, 공기업, 공영 방송사, 공공·교육기관 등에서 지지 기반을 구축하고, 제도를 바꾸고, 자기 사람을 임명하거나 없으면 기존 인물을 포섭하겠다는 것이었다. 이는 향후에도 민주당 세력이 정권을 잡을 수 있는 토대를 마련하는 작업이었다. 국가보안법 개폐(개정 또는 폐지) 입장이었던 민주당이 집권하고 5년 동안 국가보안법 구속자가 1000명 이상 발생했다는 사실은 민주당의 민주주의가 노동계급에게 필요한 수준에 크게 못 미치는 것임을 드러냈다.

일례로, 1998년 5월 1일 노동절 집회에서 정리해고와 구조조정에 직면한 노동자들을 대변해 "김대중은 노동자의 적"을 1면 헤드라인으로 내건 기관지를 공개적으로 판매한 국제사회주의자들[8]이라는 조직은 일주일 뒤 회원 26명이 국가보안법 위반으로 구속되는 보복 탄압을 당했다. 이는 노동자를 선동하는 혁명적 좌파는 단속하겠다는 신호였다. 5월 하순 미국을 방문한 김대중 대통령은 미국 스탠퍼드대학교 강연에서 국제사회주의자들 대량 구속에 대한 항의성 질문에 다음과 같이 답했다. "그들은 자신들의 신념을 바꿀 기미를 도무지 보이지 않는다. 적어도 말과 행동에서 그들은 더 이상 정부를 비난하지 말아야 한다. 내 생각으로는 어느 국가든 이런

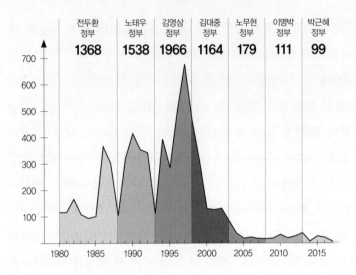

국가보안법 위반 구속·기소 인원

	전두환 정부	노태우 정부	김영삼 정부	김대중 정부	노무현 정부	이명박 정부	박근혜 정부
	1368	**1538**	**1966**	**1164**	**179**	**111**	**99**

노태우 정부(1988~1992년)는 기소 인원, 나머지는 구속 인원.

출처: 1980~1997년은 국가인권위원회, '국가보안법 적용 인권 실태 조사'(2004).
1998년 이후는 e나라지표, "범죄유형별 공안사건 처리현황 – 국가보안법 위반사범" 통계.

종류의 사람들을 수감할 것이다." 국제사회주의자들은 김대중 정부 5년 동안에만 무려 50명 이상이 국가보안법으로 구속됐다. 국제사회주의자들은 북한을 사회주의가 아니라 국가자본주의 독재 사회로 규정하며 남한과 북한 모두 대안이 아니고, 아래로부터의 사회주의를 추구해야 한다고 주장한 단체였다. 그러므로 국가보안법이 북한의 위협 때문에 존재한다는 것은 반쪽 진실인 것이다.

그럼에도 선거적 민주주의의 개정 과정에서 김대중 정부는 '민주적 사회주의' 강령을 채택한 진보 정당인 민주노동당의 제도권 진입을 허용할 수밖에 없었다.

3대 비전 ② 시장경제

3대 비전 중 시장경제는 다음의 네 가지를 뜻했다. 첫째, 국가가 엄청난 돈을 쏟아부으며 경제에 개입하면서도 자유 시장 원리와 사유재산권 등을 침해하지 않겠다는 약속이었다. 둘째, 심각한 경제공황을 겪으며 약해진 체제를 수호하겠다는 다짐이었다. 셋째, 시장주의 방식으로 경제를 회복하고 신자유주의 세계화 흐름에 합류하는 것을 중단 없이 수행하겠다는 약속이었다. 넷째, 경제 회복을 위해 노동계급과의 전투에 성실히 임하겠다는 다짐이었다. 당시 국제적 위기 속에서 여러 나라에서 항쟁이 일어났다. 위에서 언급했듯이, 1998년 인도네시아에서 민중 혁명이 일어나서, 33년을 집권한 수하르토 독재 정권이 타도됐다. 2019년 칠레 등지에서 일어난 세계적 반란과 비슷하게 1998년 인도네시아 혁명도 생활 물가 폭등이 계기였는데, 그 물가 폭등의 원인이 IMF가 요구한 유가 보조금 폐지였다. 이는 서민의 생활고를 가중시키는 신자유주의 정책이었다. 동아시아 위기라고도 불린 당시 경제공황 상황에서 김대중 정부는 한국에서도 비슷한 일이 일어날까 봐 걱정이 컸을 것이다.

김대중 정부는 시장경제 기조하에 기업 개혁, 금융 개혁, 노동 개혁, 공공 개혁이라는 4개 개혁을 내세웠다. 쉽게 말해, 경쟁력 없는 기업을 퇴출시키고, 은행을 통폐합해서 기업 지원을 더 효율화하고, 알짜 공기업을 민영화하겠다는 것이었다. 그 과정에서 당연히 노동자들은 잘려 나갈 것이었다. 당시 165조 원이나 되는 공적자금이 기업과 은행을 구제하는 데 투입됐기 때문에, 구조조정은 기업들만이 아니라 정부의 필요와 요구이기도 했다. 김대중 정부도 IMF와 마찬가지로 기업들에게 비용을 줄여서 구제금융을 빨리 갚으라고 요구했다. 그러나 김대중 정부의 '4대 개혁' 모두에서 이른바 '개혁'을 위해 뼈를 깎는 고통을 감내할 최종 대상은 노동자들이었다.

김대중 정부는 집권 첫해부터 노사정위원회를 통해 정리해고를 법제화하고 파견제 등 노동 개악을 실행했다. 사기업에서든 공기업에서든 노동자들에게 고통을 전가하며 저항을 억누르기 시작했다. 기업의 생산성과 효율성을 위한 것이었든 노동자들의 저항을 억누르려는 것이었든, 기업과 은행 등이 취약해진 경제공황 시기에 국가가 오히려 강력한 구실을 했던 것이다. 김대중 정부 이래 한국의 신자유주의 세계화는 정부가 핵심 추진자였다. 신자유주의 세계화로 재벌과 다국적기업의 시대가 왔고 국가는 조연이 됐다는 일각의 관측은 현실에 부합하지 않았다.

김대중 정부는 금융 개혁도 추진했는데, 그 전까지 한국에서 은행은 정부 산업 정책의 직접적 수단이었다. 예를 들어 '반도체 산업을 육성해야 하니 A은행은 B반도체기업에 돈을 대출하시오' 하고 정부가 명령하는 식이었다. 흔히 이를 두고 '관치금융'이라고 부른다. IMF 경제공황은 산업 공황으로 시작했기 때문에, 은행들을 파산 위험으로 몰고 간 요인은 대부분 부실 대출 문제였다. 부실 대출은 대마불사* 신화 속에서 기업들이 부채가 늘어나는 것에 둔감한 결과이기도 했고, 정부의 지시나 정치 로비의 결과이기도 했다. 그래서 기업 부실과 부정부패는 흔히 겹쳐져서 불거졌다. 한보

---

* 대마불사 큰 말은 죽지 않는다는 뜻으로, 바둑에서 유래한 말이다. 경제 분야에서는, 다국적기업은 정부의 지원 덕분에 웬만해서는 도산하지 않는 현상을 가리킨다.

철강 부도와 대우그룹 부도가 대표 사례였다.

이 때문에 당시의 경제공황은 한국의 정실 자본주의* 탓이라는 신자유주의 경제학의 주장도 일각에서 유행했다. 이는 경제공황의 책임을 자본주의 자체가 아니라 자본주의의 특정 형태 탓으로 돌리는 주장이었다. 그러나 8장에서 살펴봤듯이, IMF 경제공황은 세계시장이 과잉생산 상태에 이르렀고 한국 기업들이 이미 부실해진 상황에서 닥친 위기였다. 정실주의를 문제의 핵심으로 지목하면, 그 이전의 경제성장을 설명하지 못하고 실천적으로도 오류에 빠질 수 있다. 실제로 당시 정부의 구조조정에 반대한 은행 노동자들이 관치금융에 반대했다. 이는 잘못의 책임 소재를 지적하는 취지에서는 부분적으로 정당했다(해당 경영진의 책임도 있기 때문이다). 그러나 '관치금융 반대' 주장은 전혀 다른 맥락에서 제기되기도 한다. 바로 사기업, 투기적 금융시장, 신자유주의자들도 투자자를 위한 규제 완화를 목적으로 관치금융 반대를 주장한다. 그러므로 관치금융 반대 주장은 신중하게 다뤄야 한다. 이와 함께 '한국은행 독립' 요구도 당시에 많이 제기됐는데, 이것은 진보적 요구로 비쳤다. 권위주의 독재의 경험 때문이었을 것이다. 그러나 중앙은행 독립 요구는 전형적인 신자유주의적 요구로, 선출된 정부가 기술관료와** 은행가의 결정에 간섭하지 말라는 뜻에 불과하다.

---

* 정실 자본주의(Crony Capitalism) 혈연·학연·지연 등으로 정경 유착이 강하게 나타나는 경제를 일컫는 말.

** 기술관료(테크노크라트) 전문 지식이나 기술을 보유해 국가정책이나 경제정책 결정에 큰 영향을 끼치는 관료. 대체로 선출되지 않는다.

관치금융은 한국 경제가 국가 주도로 성장한 역사의 흔적이었다. 물론 은행을 민영화하면서 해외투자를 개방하기 시작한 것은 전두환 정권이었다. 전두환 정권은 정부가 보유한 은행 지분을 삼성이나 현대 등에 파는 방식으로 한일은행, 제일은행, 조흥은행을 민영화했다. 농산물 시장 개방도 그때 시작됐다. 그래서 전두환 정권을 한국 신자유주의의 시초로 보는 해석도 있다. 세계적으로는 1980년대에 미국의 레이건 정부와 영국의 대처 정부의 주도로 신자유주의가 보편화하고 힘을 얻었으므로, 그런 해석도 타당한 면이 없지 않다. 그러나 국가와 자본의 관계를 볼 때, 국가가 주도력을 발휘하며 자본을 지도하는 관계는 노태우·김영삼 정권 때까지 강력하게 유지됐다.

김대중 정부는 1998년 하반기에 은행 다섯 곳을 퇴출하고 다른 은행으로 강제 합병시켰는데, 이를 주도한 것은 금융감독위원회였다. 당시 금융감독위원회 위원장 이헌재의 회고에 그 과정이 생생하게 잘 묘사돼 있다. 퇴출되지 않은 일부 은행은 정부가 공적자금을 투입해 살렸다. 공적자금이 투입되지 않은 두 은행이 현재 KB국민은행의 주축인 국민은행과 주택은행이었다. 원래 소매금융을*다루는 소규모 국책은행이었던 두 은행은 기업금융을 다루지 않았기 때문에 오히려 IMF 경제공황의 직격탄을 피했다. 그리고 김영삼 정권 말기에 진행된 해외투자 개방과 민영화 정책으로 두 은행의 대주주는 해외 기업인 골드만삭스(국민)와 ING생명(주택)이었다.

---

* 소매금융 개인과 개인사업자를 대상으로 하는 금융 업무. 법인(기업)이나 기관을 대상으로 하는 금융 업무는 도매금융이나 기업금융이라고 부른다.

그런데도 김대중 정부는 2000년에 두 은행의 합병을 강행했다. 두 해외 대주주는 통합 은행의 경영권(은행장)을 두고 다퉜는데, 당시 두 은행의 은행장은 모두 호남 엘리트 출신자였다. 그러나 청와대의 뜻이 당시 주택은행 행장을 통합 은행의 행장으로 하는 쪽으로 기운 것으로 알려지자, 골드만삭스는 한국에서 청와대와 갈등을 빚으면서 수익을 얻기는 어렵다고 보고는 행장 경쟁에서 철수하고 곧이어 지분도 처분했다. 이것은 당시 합병위원회에 참가한 실무진에게서 나온 증언이다.

한국의 국가와 자본의 관계가 변한 과정은 일방적으로 국가가 약해지고 후퇴한 과정이 아니라 둘의 관계가 재조정되는 과정이었다. 세계화론의 신화를 그대로 받아들이면 안 되는 이유다.

김대중 정부는 IMF한테 받은 구제금융을 임기 안에 다 갚았다. 그 과정에는 200만 개 가까운 일자리 상실이 동반됐다. 1999년부터 경제성장률이 회복하기 시작했지만, 노동소득분배율이* 이전 시기보다 낮게 유지되는 등 계급 간 격차는 더 커졌다.

그런데 해고와 임금 삭감으로 일관하는 것은 소비를 축소시켜 경제 상황을 더 악화시킬 수 있다. 그래서 김대중 정부는 소비를 진작시키려고, 사람들이 빚을 내서 소비하도록 했다. 이를 위해 1999년부터 신용카드 규제를 풀기 시작했다. 이 정책의 압권은 월별 현금서비스 한도를 카드사 자율에 맡긴 것이다. "소비가 애국"이라고 하는 캠페인이 벌어졌고, 삼성과 LG 등이 주도한 신용카드 업계는 카드를 뿌리다시피 했다. 신용카드를 만드는 사람에게 현금

---

* 노동소득분배율 국민소득에서 노동소득(임금)이 차지하는 비율.

노동소득분배율 추이

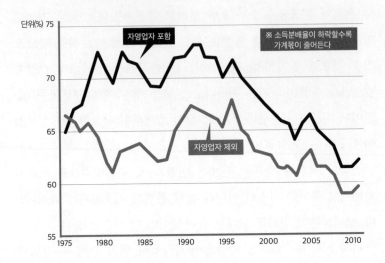

을 줬다. 정부는 신용카드 영수증 복권 제도까지 시행해서 신용카드 사용을 장려했다. 그 덕에 2002년에는 신용카드 사용액이 약 623조 원이 됐다. 1998년 신용카드 사용액이 63.6조 원이었으니, 4년 만에 열 배로 증가한 셈이다. 정부의 신용카드 이용 장려에는 소비 진작이라는 큰 목표도 있었지만, 카드사를 지원하고 세금 탈루를 막아 세수를 늘리는 부수적 목표도 있었다. 이 과정은 민간 소비가 막대한 가계 부채에 의존해 이뤄지는 오늘날의 불안정한 한국 경제 실태의 출발점이기도 하다. 김대중 정부 이후 거품 호황이 가계 부채를 유지하는 버팀목이 됐다. 그러나 거품이 폭발해 위기를 낳기도 했다.

1997년 경제공황 이후 한국 기업들의 부채는 예전처럼 높은 수준으로 돌아가지 않았다. 1997년 제조업 부채비율은[*] 약 400퍼센트에 이르렀다. 높은 부채비율은 방만 경영과 비효율 경영(투자)의 표상이라며 문제점으로 지목됐다. 부채비율은 2000년대 중반에 100퍼센트로 떨어지고 2010년대에는 80퍼센트 언저리에서 유지됐다. 이는 재무 건전성 규제가 강화된 효과이기도 했지만, 기업의 신규 투자 증가 폭이 줄었다는 뜻이기도 했다. 1990년대에 40퍼센트 대를 기록하던 총고정투자율은 경제공황 이후 떨어져 30퍼센트 언저리에서 유지됐다. 이 때문에 국가가 나서서 기업 투자를 촉진하려고 애썼다. 물론 투자 활성화를 위한 규제 완화에 열을 올리면서도, 때로는 재벌 총수를 구속하는 등 갈등을 빚으며 당근과 채찍이 모두 동원됐다. 그럼에도 기업 수익성이 충분히 회복하지 않으면서 상당한 자금이 부동산이나 주식시장 등에 유입되고 자산 시장 거품이 생겼다. 김대중 정부가 일으킨 IT 벤처기업 투자 붐은 1999년과 2000년 주식시장 거품에 힘입은 것이었다. 물론 그중 극히 일부는 살아남아 IT 분야의 신흥 자본으로 성장했다.

노동자들은 고통 분담을 가장한 고통 전가에 맞서 저항했다. 김대중 정부 임기 첫해 8월에 벌어진 현대자동차 공장점거 파업은 상징성이 매우 큰 투쟁이었다. 김대중 정부는 이미 1998년 상반기에 만도기계 파업과 조폐공사 파업 등을 경찰 투입을 통해 파괴했다. 그런데 현대자동차에서 1만 명을 정리해고하려다가 노동자들의 공장점거 파업에 직면한 것이다. 현대자동차 노동자들도 정부가 앞서 벌인 탄압을 봤기 때문에 태세가 만만찮았다. 가족들까지 다 공장

---

[*] 부채비율 기업의 총자산 중 부채가 차지하는 비율.

에 들어와서 점거하고 투쟁했다. 여기서 잘리면 끝이라는 마음으로 싸운 것이다. 현대자동차 울산 공장은 여의도 면적의 1.5배로 엄청나게 큰데, 그 큰 공장을 경찰이 포위하고는 진압 작전을 개시하겠다고 협박했다.

현재 문재인 정부의 경제사회노동위원회(약칭 경사노위)의 위원장 문성현 씨가 당시 현대차 노조가 소속된 금속연맹 수석부위원장이었다. 나중에 그가 회고한 것을 보면, 당시 현대자동차 노동자들은 해고돼서 죽나 경찰에 맞아 죽나 똑같다, 너 죽고 나 죽자 하는 심정으로 실제로 품 안에 식칼을 하나씩 품고 격렬하게 저항했다. 결국 정부는 진압을 포기했고, 사측은 노동자들을 해고하는 대신 무급 휴직을 시키기로 노조와 합의했다. 사측으로서는 당장 비용 부담을 줄이는 방법이었지만, 노동자들에게는 큰 손해였다. 그래서 투쟁한 노동자들은 합의안을 부결시켰지만 재협상은 이뤄지지 않았다. 노동자들은 2년 후 복직했지만 그 2년 동안 큰 고통을 겪어야 했다.

현대자동차 공장점거 파업 투쟁은 중요한 투쟁이었고, 해외에서도 크게 보도됐다. 현대자동차 울산 공장은 당시 재계 순위 1, 2위를 다투던 현대그룹의 주력 공장이자 한국 경제 수출의 핵심 기지였으며 한국에서 가장 큰 자동차 공장이었기 때문이다. 현대자동차 공장점거 파업이 결정적인 계기가 돼서, 정리해고 위주의 구조조정은 주춤했다. 이 투쟁 과정에서 노동자들에게 정리해고를 수용하라고 설득할 임무를 맡은 김대중 대통령의 특사가 바로 노무현 당시 새정치국민회의 부총재였다. 1980년대에 부산과 울산, 경남의 공단에서 꽤 급진적인 노동 변호사를 한 그의 이력 때문이었다. 1989년에 노무현은 현역 국회의원으로서 현대중공업 공장에서 열린 노동자 집회에 참석해서 노동자가 권력을 쟁취해야 한다고 연설하기도 했다. (▶ 더 알아보기: 1998년 현대자동차 공장점거 파업, 360쪽)

또 다른 상징적 투쟁이 롯데호텔 파업이다. 노동자들은 호텔 건물 34층을 점거하고 농성을 했다. 롯데호텔 노동자들의 요구는 임금 인상과 비정규직 정규직화였다. 여기에도 IMF 경제공황을 거치며 비정규직이 된 노동자들이 있었고, 동료들이 그 노동자들을 정규직화하라며 싸운 것이다.

김대중 정부는 노동자들의 농성장에 경찰 특공대를 투입해 진압했다. 경찰 특공대는 옥상에서 줄을 타고 내려와 유리창을 깨고 들어와서 노동자들을 구타했다. 진압에 투입되기 직전 경찰들이 술을 마셨다는 사실이 보도되기도 했다. 경찰이 임신부인 조합원을 발로 차서 그 노동자가 유산하는 일도 있었다. 이 파업은 2000년 남

1998년 현대자동차 공장점거 파업. ⓒ 노동자역사 한내

북 정상회담 직후에 폭력 진압을 당했다는 점 때문에 상징적 투쟁이 됐다. 민족 대화합의 상황에서도 계급 적대적 탄압은 지속된 것이다.

3대 비전 ③ 생산적 복지

김대중 정부가 내세운 생산적 복지는 노동계급에게 이로운 복지 국가를 만들겠다는 것이 아니었다. 그저 경제 위기 고통 전가에 대한 다급한 보완책과 당시 유럽에서 유행하던 '제3의 길' 복지 개념을 조잡하게 조합한 것이었다(점차 꼴을 갖춰 가기는 했다). 생산적 복지의 기조는 정부가 기본적 사회 안전망을 제공하되, 복지 제공이 생산성 향상에 도움이 되는 것으로 입증돼야 한다는 것이었다. 그러나 그 사회 안전망의 수준은 얕고 협소했다.

김대중 정부는 고용보험을 신설해서 노동자가 실직해도 몇 달 동안은 기존 월급의 일부만큼을 생활비로 받을 수 있게 했다. 그러나 그 목표는 실직자를 재빨리 노동시장으로 복귀시키는 것이었다. 실직자는 결코 만족할 만한 양질의 일자리가 아니더라도 취업하기를 강요받았다. 그것이 생산적 복지의 요체였다.

직장의료보험과 지역의료보험이 단일 재정하의 국민건강보험으로 통합됐고, 국민연금이 전 국민을 대상으로 확대됐다. 이 조처는 의료비 지원과 노후 연금 부분에서 보편적 복지의 형식을 도입한 것이어서 개선으로 보였다. 하지만 이 조처도 한계와 모순이 뚜렷했다. 건강보험은 보장성이 낮았고, 무엇보다 직장 가입자(사용자가 보험료의 절반을 부담)와 지역 가입자(개인이 보험료를 100퍼센트

부담) 사이의 격차 문제를 전혀 해결하지 않고 형식적으로만 통합한 것이었다. 이는 장차 밝혀지듯이, 관료적 효율성을 위한 통합에 불과했다는 뜻이다. 이 문제는 초기에 해결되지 않았고, 지역 가입자를 위해 정부가 재정을 투입하겠다는 약속도 제대로 지키지 않았다. 국민연금도 자격 요건이 너무 높고 보험료 부과 상한선이 낮아서, 애초에 노후 생활을 보장하는 연금이 될 수 없었다.

소득이 일정 수준 이하인 사람들에게 기초 생활은 보장하겠다는 기초생활보장제도가 처음 도입된 것도 이때다. 이 제도는 극빈층 복지가 거의 없던 시절에 도입된 것이라, 없는 것보다는 낫다고 여겨졌고 김대중 정부도 치적으로 꼽았다. 그러나 사실 잔여적 복지로서의 한계가 더 컸다. 일단 수혜 대상이 너무 적었다. 게다가 소득 수준이 최하인 극빈층보다 10만~20만 원 더 벌 뿐인 차상위계층은 이 제도에서 배제돼 혜택을 받지 못했다. 게다가 '형평성' 논리에 따라 최하층이 받는 지원 수준도 차상위계층의 소득 수준을 넘지 않도록 제한되기 마련이었다. 그러나 최극빈층으로 내몰린 사람들이 구할 수 있는 일자리나 돈벌이는 열악해서, 생활 보장금을 포기할 만큼의 수준이 결코 못 된다. 그래서 일부는 수급자 자격 조건을 유지하려고 취업을 기피해 오히려 경제적 빈곤이 고착화하는 부작용도 생겼다.

햇볕 정책

김대중 정부 하면 떠오르는 것이 남북 정상회담과 남북 화해 정책이다. 요즘 말로 하면, 김대중 대통령은 통일이나 평화로 자신을 브랜드화하는 데 성공한 정치인이다. 김대중 정부의 최대 치적으로 일컬어지는 것이 남북 정상회담이다(그 덕에 김대중 대통령은 노벨 평화상을 받았다). 2000년 6월 15일 북한 평양공항에서 김대중 대통령과 김정일 국방위원장이 만나 악수한 장면은 평화 염원 대중에게 큰 인상과 감동을 준 장면이었다. (▶ 더 알아보기: 2000년 6·15 남북 공동선언, 371쪽)

금강산 관광(1998년 11월 유람선 왕복 방식으로 사업 시작)과 개성공단(2000년에 합의하고 부지 개발 등을 거쳐 2005년에 생산 시작)에 관한 합의가 김대중 정부 때 이뤄졌다. 그리고 두 사업 모두 현대그룹이 관여했다. 현대 회장 정주영이 '소떼 방북'을* 해 북한 정권과 관계를 튼 뒤에 북한에 자금 지원을 했다. 현대그룹은 금강산 관광 사업의 운영을 맡았으며 개성공단 부지 개발과 공장 건축에는 주 시공사로 참여했다. 이런 관계 때문에 김대중 정부와 현대그룹의 정경 유착 의혹이 불거졌다. 이는 결국 노무현 정부 첫 해에 대북 송금 특검 수사 대상이 됐다.

1990년대 중반 북한이 경제 위기와 식량 위기 등으로 곤경을 겪으면서 사실상 양국 간 종합적 국력 경쟁(폐쇄적 국가자본주의와 시장자본주의 간 경쟁)은 끝났다고 볼 수 있게 됐다. 지배계급 안에서 북한을 새 투자처로 여기는 시각이나 경제가 더욱 개방되는 조건에서는 한반도 정세의 안정이 투자 유치에 이롭다는 의견도

---

* 소떼 방북 1998년 6월과 10월 두 차례에 걸쳐 현대그룹 명예회장 정주영이 소 1001 마리를 트럭에 싣고 판문점을 거쳐 방북한 일. 2차 방북인 10월에는 김정일 국방위원장과 정주영의 면담이 열렸다.

생기기 시작했다. 무엇보다 1999년 8월 일본이 미국의 전역미사일 방위체제TMD에 참여하기로 하는 만족스러운 성과를 거둔 미국이 대북 제제를 완화하고 북미 고위급 회담을 여는 등 북미 관계에서도 잠시 유화 국면을 열었다. 민주당 정부의 햇볕 정책은 이런 틈새가 생긴 것을 배경으로 가능했다. 전통적 집권당인 우파 정당과 경쟁하는 민주당에게는 한반도에 온풍이 부는 것이 국내 정치 지형에서 유리하다는 계산도 있었다.

하지만 김대중 정부가 정말로 한미동맹을 거슬러 민족 자주 노선이나 통일을 추구한 것은 아니었다. 김대중 정부는 임기 첫해에 햇볕 정책이라는 이름의 대북 정책을 발표하고 그것을 뒷받침할 '대북 포용 3대 원칙'을 내놨다. 그 원칙의 1번이 "북한의 무력 도발을 용납하지 않는다"는 것이었다. 그 1년 뒤이자 정상회담 딱 1년 전인 1999년 6월 15일에 제1차 연평 해전이 일어났다. 이 교전을 승리로 이끈 송영무가 문재인 정부의 초대 국방부 장관이 됐다. 서해 앞바다에서의 남북 해군 간 교전은 정상회담 뒤에도 일어났다.

대북 포용 3대 원칙의 2번은 북한을 달래는 내용으로, "흡수통일을 시도하지 않는다"는 것이었다. 그런데 북한이 붕괴하는 상황이 아니라면 흡수통일은 곧 무력 통일을 뜻하는 것이므로, 이런 공언은 역설적으로 한국이 경제적·군사적으로 우위에 있다는 점을 드러내는 것이었다. 또한 대북 압박의 주체도 미국과 한국 등임을 암시하는 것이었다. 한반도 주변 강대국들은 이 지역 세력균형에 크게 균열을 일으킬 북한의 갑작스런 붕괴와 한반도 통일국가의 등장을 바라지 않는다. 김대중 정부는 물론이고 한국의 지배계급 정당들 모두 주변 강대국들의 현상 유지 전략과 어긋나게 행동할 의사가 없었다. 그것이 한국 자본주의의 안정적 성장에도 유리하다고 보기 때문이었다. 대북 포용 3대 원칙의 3번은 "화해 협력을 적극 추진한다"였다. 이처럼 3대 원칙의 내용과 순서를 보면, 김대중 정부는 명백히 한미동맹의 틀(즉, 미국 중심의 동아시아 질서) 안에서 대북 화해를 추진하겠다고 한 것임을 알 수 있다. 이 점을 이해하는 것이 중요했는데, 이것이 당시 좌파들의 실천에 영향을 끼치는 쟁점이었기 때문이다.

한편, 햇볕 정책과 남북 정상회담에는 한계와 모순이 담겨 있었지만, 이조차도 집권 세력 내부에서는 균열을 낳았다. 연립정부를 이루던 자민련이 대북 화해 기조에 반대한 것이다. 지배계급이 보기에는 대북 화해 기조가 그 전 50년 동안 가장 강력한 통치 기제이자 대한민국의 한 기둥이었던 반북·반공주의를 약화시킬 수 있다고 여겨졌다. 사실 지배계급은 대북 화해 국면에 걸린 모순된 이해관계를 인식하고 있었고 그들 스스로도 그에 맞춰 행동했다. 예를 들어, 2000년 남북 정상회담에는 4대 재벌과 경제단체장들이 동행했다. 우파 언론인 〈조선일보〉와 〈동아일보〉 사주도 방북해 북한 지도부에게 찬사를 늘어놓았다. 2002년 박근혜도 방북해서 김정일과 만났다. 박근혜와 김정일은 서로의 아버지 박정희와 김일성에 대한 찬사를 주고받았다. 그러나 지배계급은 이런 일들이 우파적 통치 기제의 약화로 이어지지는 않게 하려고 애썼다.

지배자들은 자신들의 방북과 피억압자 운동의 민족 화해적 요구(운동)를 철저히 구분했다. 박근혜가 방북하거나 훗날 이명박 정권이 돈을 주면서라도 남북 정상회담을 열려고 한 일을 봐도, 지배자들은 자신들의 집권이나 통치에 유리하다면 남북 화해를 이용할 의지가 있었다. 하지만 남북 갈등이 벌어지거나 미국이 대북 압박을 강화할 때는 얘기가 달라진다. 남한 지배자들에게 북한은 유혈 낭자한 전쟁을 사생결단으로 치른 적대적 경쟁국이다. 또, 미국이 우위에 서서 동북아시아의 세력균형을 유지하는 관리자 구실을 하는 것이 한국 자본주의에 유리하다고 본다. 이 두 사실은 지지 정당을 막론하고 한국 지배자들의 공통된 이해관계다. 그래서 미국이 대북 압박을 강화할 때나 남북 갈등이 고조되는 국면에서는 민주당과 미래통합당의 태도가 다르지 않다. 김대중 정부도 이후 노무현 정부도 필요할 때는 미국의 대북 압박에 동조하고 북한과의 교전을 마다하지 않았다. 김대중 정부는 2000년 남북 정상회담 국면에서 노동자 투쟁 탄압과 국가보안법을 이용한 좌파 탄압을 이어 갔다.

대북 갈등 국면은 국내 정치 분위기를 냉각시켜 단기적이고 부분적으로 우파에게 유리한 분위기를 조성하기도 한다. 예컨대 2001년 9월에 우파는 남북 정상회담 성사의 1등 공신으로 알려진 임동원 통일부 장관 해임 건의안을 국회에서 통과시켰다. 2001년 미국 부시 정부 등장 이후 냉랭해진 대북 관계 상황을 이용해 정치적 지형(세력균형)을 자신들에게 유리하게 만들기 위해서였다. 연립정부의 한 축을 이루던 김종필의 자민련도 한나라당과 공조해 이 안건을 통과시켰다.

내각제 약속이 파기된 뒤에 위태위태하게 유지되던 김대중·김종필 연합은 이 표결로 최종 파탄이 났다. 그 전해에 치른 2000년 16대 총선에서 민주당은 원내 제1당이 되려는 목표를 세웠으나, 남북 정상회담이라는 호재에도 목표 달성에 실패했다. 민주당은 집권

경찰은 맨몸으로 누워 있는 대우차 노동자들에게 유혈 낭자한 폭력을 휘둘렀다.
© 대우자동차 노동조합 영상패

여당이라는 이점을 이용해서 최초로 의석을 100석 이상 차지했으나(115석) 제1당 자리는 한나라당(133석)에 내주고 말았다. 민주당은 정권 안정을 위해 자민련(17석)과의 공조를 복원해 여소야대를 막았고 의원을 꿔 줘서 자민련을 원내교섭단체(20석)로 만들어 '여2 : 야1'의 구도를 간신히 유지했다. 그러나 임동원 해임 이후 김대중·김종필 공조는 완전히 파기되고 꿔 주기로 자민련에 갔던 의원들은 민주당으로 돌아갔다. 이후 우파 표가 한나라당으로 결집하고 지역주의가 약화하면서 자민련은 몰락했다.

한편, 자주파나 자민통(자주·민주·통일의 약자)이나 NL(민족해방)계로 불리는 좌파(그 주류는 오늘날 진보당을 이루고 있다)는 2000년 초까지만 해도 김대중 정권 퇴진 입장이었다. 자민통계를 포함해 민족주의 좌파들은 한국이 IMF한테서 구제금융을 받은 일을 한국이 미국의 경제 식민지가 되는 일로 분석했다. 그래서 IMF

의 요구를 따르면서 노동자들의 생존을 파괴하고 무엇보다 미국의 호전적 대북 노선에 호응해 연평 해전 등을 치른 김대중 정부를 사대·매국 정권으로 규정하고 나름의 퇴진 운동을 펼쳤다. 그러다가 남북 정상회담 직후에 김대중 정부 지지 입장으로 180도 전환했다. 물론 그 전에도 1998년 현대그룹 회장 정주영의 '소떼 방북'을 지지하는 등 통일 우선 관점은 이어지고 있었다(나중에 정주영 사망 때 자민통계는 "조국 통일에 기여한 생의 마지막 순간을 더 기억하게 될 것"이라며 애도하고 조문했다).

김대중 정부의 계급적 성격

김영삼 정권에 이어 김대중 정부에서도 부패 혐의로 현직 법무부 장관이 물러나고, 급기야 아들들이 구속되는 일이 일어났다. 흥미로운 것은 노태우 정권 때만 해도 후임 정부가 전임 정부의 부패를 청산하는 식이었는데, 김영삼 정권 이후로는 모든 정부가 임기 내에 자기 정부에 대한 검찰 수사와 특검을 수용했고 핵심 측근이 구속됐다는 점이다. 정경 유착 부패는 한국 공식정치가 불안정한 원인이자 결과다. 민주당도 부패 문제에서 자유롭지 않은 것은 그들도 인적 기반과 정치자금 조달 면에서 지배계급의 정당임을 보여준다. 물론 압권은 임기 중에 형사 피의자가 되고 결국 탄핵까지 당해 구속된 박근혜지만 말이다.

가진 자들과 부패로 얽힌 김대중 정부의 계급 적대적 폭력성이 상징적으로 드러난 일은 2001년 대우자동차 정리해고 반대 파업 때였다. 당시 자동차 산업에 위기가 닥쳐서 대우자동차가 부도났고,

김대중 정부는 대우자동차에서 정리해고를 하겠다고 했다. 그런데 대우그룹이 40조 원 규모의 분식 회계를 한 사실이 드러나 위기의 책임을 누가 져야 하느냐는 의문과 공분이 일었다. 대우그룹 부도와 해체로 생기는 고통은 대부분 노동자들이 지고 있었기 때문이다. 대우자동차 노동자들은 크게 반발하며 파업으로 저항했다.

대우그룹 총수 김우중을 정권 초에 우대했던 김대중 정부는 파업이 시작되자 신속하게 공장을 폐쇄해 노동자들을 몰아내고 탄압에 나섰다. 급기야 노동자들의 비폭력 행진을 잔인하게 진압한 사건이 일어났다.

경찰이 노조 사무실 출입을 막은 것은 부당(불법)하다는 판결을 받아 낸 대우자동차 노동자들이 2001년 4월 9일 노조 사무실에 출입하겠다고 행진을 시작했다. 행진 도중 진압경찰에 가로막히자, 노동자들은 경찰과 싸우지 않겠다는 의미로 웃통을 벗고 눕거나 앉았다. 경찰은 그 노동자 대열을 공격해서, 맨몸의 노동자들을 방패로 찍고 군홧발로 짓밟았다. 유혈이 낭자한 그 장면이 다행히도 비디오로 촬영돼 전국으로 퍼져 나갔다.

'민주 정부'를 자처한 김대중 정부하에서도 그렇게 잔인한 노동자 탄압이 벌어진 것에 수많은 사람들이 충격을 받았다. 정권이 교체됐어도 정부가 노동자 저항을 대하는 태도는 전임 정부들과 다르지 않다는 것이 만천하에 드러났다. 이 사건은 영화 〈부러진 화살〉 등으로 유명해져서 유튜브 등을 통해 볼 수 있다. 이처럼, 경제 공황에서 빨리 회복하기 위해 김대중 정부는 정신없이 친기업 정책을 추진했고, 따라서 저항하는 노동자들과 계속 충돌했다. 이것이 김대중 정부가 김영삼 정권보다 더 많은 구속 노동자를 양산한 이유다.

김대중 정부는 2002년 봄에는 철도·발전·가스를 민영화하려고 했다. 3사 노동자들이 반대 파업을 벌였다. 이 파업으로 철도와 가스의 민영화는 유보됐고, 그래서 노동자들은 파업을 접었다. 그러나 양보를 얻지 못한 발전 노동자들은 파업을 40일 넘게 이어 갔지만 결국 민영화 철회 약속을 얻지 못하고 파업을 접었다.

애초 김대중 정부는 2000년 하반기에 한국전력을 쪼개서 민영화하려고 했으나 한국전력 노동자 전체가 파업에 들어갈 기미가 보이자, 계획을 바꿨다. 그래서 수력발전소와 핵발전소를 떼어 내 한국수력원자력주식회사를 세우고, 화력발전소를 떼어 내 5개 회사로 분할했다. 아직 공기업이었지만 민간 기업에 팔기 좋게 만든 것이었다. 이 5개 화력발전사의 노동자들이 발전 노조를 따로 만들어 2002년에 파업을 벌였다. 노동자들은 이기지는 못했지만, 회사가 민간에 매각되는 것은 막았다. 그러나 발전 회사가 발전소를 수익성 위주로 경영하는 것까지는 막지 못했다.

그리고 노무현·이명박 정부 시절에 발전 회사의 투쟁적 노동자들은 지속적으로 탄압당했다. 민영화에 반대해 파업했던 노동조합은 계속 공격을 당하면서 점진적으로 거의 와해되다시피 했다. 그 결과, 발전소 내 외주화 등이 늘어났고 작업 안전도 제대로 보장되지 않았다. 그 결과가 2019년 김용균 씨 사망 사건이다. 김용균 씨 사망 때 그 항의 운동을 돕는 정규직 노동자가 없었던 것은 이런 지속된 탄압에 제대로 대처하지 못했기 때문이다. 투쟁적 정규직 노조 운동의 존재는 같은 사업장의 비정규직 노동자에게도 유리한 면이 있다.

민주노동당의 탄생

김대중 정부에게 가졌던 환상이 깨지면서 노동자 정치세력화 운동도 전진하기 시작했다. 민주노총은 출범할 때부터 노동자 정치세력화와 산별노조 건설을 양대 목표로 삼았었다. 노동자 정치세력화는 1997년 대선에 권영길 선본의 출마로 전초전을 치른 셈이었다. 1997년 1월 파업으로 향상된 민주노총의 정치적 위상과 조합원들의 높아진 정치적 사기와 의식에 기대를 걸고 민주노총이 대선 후보를 내기로 했고, 1997년 1월 파업을 이끈 권영길 위원장이 후보로 출마했다. 민주노총과 권영길 후보의 첫 도전은 30만 표를 얻고 마무리됐다. 이 대선 성적 자체는 사람들을 고무하지 못했지만, 조직 노동자 대중운동이 자신의 정당을 만들어 사회 개혁을 추진하는 정치투쟁을 해야 한다는 생각은 노조 상근 간부층을 중심으로 점점 더 반향을 얻어 나갔다. 1997년 1월 파업으로 확인된 노동운동의 경제적 비중과 파급력, 노사정위원회에서 노조 지도자들이 경제활동인구의 3분의 2가량을 대변했다는 점에 견줘, 노조 고위 상근 간부층의 공식정치에 대한 영향력은 너무 약했다. 그리고 경제 위기 국면에서 노동자·민중을 보호할 정부와 각종 법·제도가 필요하다는 의식도 자라났다. 1998년을 겪으며 노동자 대중도 민주당 정부가 노동자의 편이 결코 아님을 느끼고 있었다. 위에서 살펴봤듯이 김대중 정부는 노동자의 벗을 자처하더니 집권하자마자 해고와 탄압으로 노동자들에게 경제 위기의 고통을 떠넘겼다. 1997년 1월 대중 파업으로 자신의 힘을 확인하고 정치의식이 고양된 민주노총 조합원들이 노동계 진보 정당 건설의 핵심 지지 기반

2000년 1월 30일 민주노동당 창당 대회. ⓒ 신동준, 노동자역사 한내

이었다.

김대중 정부 시절에 진보 정치 운동이 조금씩 전진했다. 1998년 지방선거에 노동계 진보 정치인들이 무소속으로 출마해서 울산 북구와 동구에서 구청장에 당선했다. 김대중 정부는 노동계 정치인들을 견제하려고 김창현 울산 동구청장을 국가보안법 사건으로 엮어 구속시켰다(반국가단체 결성 혐의). 그러나 김 구청장이 유죄 판결을 받은 다음 다시 치러진 선거에서 그의 부인 이영순 씨가 국가보안법 반대 캠페인을 벌이며 당선했다.

2000년 1월에는 마침내 한국 최초의 대중적 노동조합 운동을 대표한 정당이 창당했다. 민주노총 공식 기구, 진보적 빈민 단체, 진보적 지식인들, 노동운동의 진보·좌파 다수, 소련 붕괴 이후 일찌감치 의회정치로 방향을 튼 진보 정치인, 좌파 학생운동의 일부가 민주노총이 1999년에 내놓은 진보 정당 창당 계획에 지지를 보냈다. 여러 당명이 경쟁했지만 민주노총이 원한 '민주노동당'이 채택됐다. 민주노동당은 사회주의를 지향한다는 강령을 채택했다. 이 창당 강령은 시장 자본주의 체제, 소련과 북한식 사회주의 체제, 서유럽 주류 사회민주주의 정부들의 제3의 길(사회민주주의가 신자유주의를 강령과 정책에 수용한 노선) 노선을 모두 거부한다고 밝혔다. 당시 국제적으로 반자본주의 대안 세계화 운동과 급진 좌파가 떠오르는 맥락에서 좌파적 사회민주주의 강령이 채택된 것이다. 그러나 실제로 민주노동당 초기의 실천이나 슬로건은 그다지 급진적이지 않았다.

민주노동당은 창당하자마자 도전한 2000년 16대 총선에서 의석 확보에 실패했다. 하지만 노동자 밀집 지역인 울산 북구와 경남 창원에서 출마한 후보들이 당선권에 근접한 결과를 내, 계급 투표의 가능성을 보였다. 이후 2002년 지방선거에서 민주노동당은 울산에서 북구청장과 동구청장을 차지했다. 그리고 울산·창원 등 영남의 공단 지대, 김대중 정부에 실망했으나 한나라당을 지지할 생각은 없는 광주·전남의 진보층 등에서 지지를 획득해서, 정당명부 비례 투표에서 전국 평균 8.3퍼센트를 득표했다. 이 '조용한 약진' 덕분에 민주노동당은 그해 말 치른 대선에서 주류 양당의 후보와 함께 텔레비전 토론에 나갈 기회를 잡았다. 여기서 민주노동당의 권영길 후보는 "국민 여러분, 살림살이 많이 나아지셨습니까?" 하는 어록을 남겼고, "한나라당은 부패 원조당, 민주당은 부패 신장개업당"이라고 신랄하게 비판했다.

더 알아보기

- 1998년 현대자동차 공장점거 파업: 파업 참가자에게 직접 듣다
- 2000년 6·15 남북공동선언

1998년 현대자동차 공장점거 파업:
파업 참가자에게 직접 듣다

1998년 현대자동차 노동자들은 정리해고에 맞서 7월 20일부터 8월 24일까지 36일간 공장점거 파업을 했다. 이 글은 당시에 점거에 참여한 현대자동차 노동자가 쓴 투쟁 기록이다. 당시에 정부와 재계든 노동계든 이 파업을 "한국 자본가계급과 노동계급 사이의 대리전"이라고 규정하기를 주저하지 않았다. 1998년 현대자동차 노동자들의 점거 투쟁은 노동자들의 요구를 완전히 성취하지 못한 아쉬움을 남기긴 했으나, 동시에 정리해고에 맞서 싸울 수 있다는 가능성을 보여 줬다.

1998년 고용 안정 사수와 정리해고 반대를 위한 36일간의 현대자동차 공장점거 파업은 김대중 정부에게는 정치적 파산을 의미했고, 사측에게는 수천억 원의 피해를 입혔다. 또, 노동자들의 엄청난 단결력과 힘을 보여 줬다.

사측은 1998년 6월 30일 교섭을 하다가 갑자기 울산 노동부에 정리해고 명단을 접수하고 정리해고 통보서를 개인들에게 전달했다. 통보서를 받은 평조합원들은 모두 관리자들에게 대항하기 시작했다. 공장 생산이 모두 중단됐다. 1공장 조합원들은 현장 사무실 집기를 불태웠고, 특히 불만이 높았던 3공장 조합원들은 부장, 과장, 기사, 반장 할 것 없이 폭행했다.

7월 16일 노동조합 집행부는 임금 삭감안을 제시하고, 사측의 요구안을 수용하려고 했다. 그러나 그날 아침 임시 대의원대회를 앞두고 조합원들은 집행부에 항의했다. 그리고 대의원들에게 함께 싸우자고 호소했다. 임시 대의원대회에서 집행부는 어쩔 수 없이 평조합원들의 투쟁 열망과 대의원들의 요구를 받아들이며 다시 투쟁을 결의했다. 가족대책위가 꾸려져서 조합원의 부인들이 아이들과 함께 매일 농성을 했다. 부인들은 아침마다 아이들과 함께 공장 주변을 돌면서 조합원들의 단결을 고무했다. 다음은 가족들의 말이다.

우리 가족들이 이 싸움에 얼마나 열의가 있고 진지한지 경찰들은 모를 거예요. 가족들이 제일 많이 모였을 때가 300여 명 정도였으니까요. 진정한 가정 파괴범은 사측이에요. 이번에 희망퇴직한 노동자들 가운데 부인이 퇴직금을 가지고 도망간 사람도 있답니다. 그리고 어떤 부인은 먹고살기 위해 몸까지 판다고 하더군요. 어떻게 이런 사람들에게 죄를 묻겠어요? '희망'퇴직만 없었다면 이런 상황이 벌어졌겠어요? 정말 안타까울 뿐입니다.

가족대책위는 이렇게 절망하는 가족들을 전화로 위로하고 한번 만나자, 현장에 한번 오라며 하루에 100통의 전화를 한답니다. 제가 집에서 전화를 많이 했더니 전화료가 8만 원이나 나왔더라고요. 제 남편이 전화국에 가서 확인했는데 이번에 정리해고 명단을 받은 조합원들의 집 전화번호가 나온 걸 보고는 아무 말도 안 하더군요. 또 가족대책위는 MBC 방송국에 매일 항의 전화를 300통씩 해요. 최소한 사실만이라도 보도해야 되는데, MBC는 완전히 왜곡 보도를 하더라고요. 지금껏 취재한 건 하나도 방송에 나오지 않았어요. 다른 방송국도 마찬가지예요. 하도 열이 받아 얼마 전에는 UBC(울산방송) 방송국에 가서 난리를 쳤어요.

활동적 조합원들로 구성된 '녹색 사수대' 500여 명이 공장에 진을 치고 있었다. 각 사업부 대의원들과 조합원들은 자전거와 오토바이 주차대를 끌어 와서 비닐을 덮어 농성장을 만들었다.

7월 31일 회사는 조합원 1569명에 대해 퇴직금을 일방으로 입금하고 정리해고를 단행했다. 한 조합원은 정리해고 통지서를 받고 충격이 너무 컸던 나머지 심장마비로 사망했다. 그 조합원은 1987년 노동자 대투쟁 때 대의원을 역임한 노동자였다. 이날 1만여 명이 모인 집회에서 조합원들은 그 동지의 몫까지 투쟁할 것을 결의했다.

사측은 관리자(이사, 부장, 차장과 과장), 비조합원, 후진적 조합원을 동원해 각 사업부 사무실에 배치해 노동자들을 자극했다. '녹색 사수대' 500여 명이 이들을 쫓아내기 위해 오토바이를 타고 각 사무실로 달려갔다. 승용3공장 부서 사무실에는 관리자 50여 명이 안에서 문을 잠그고 있었다. 한 사수대 동지는 "3분의 여유를 주겠다. 공장 밖으로 나가지 않으면 그 뒤 벌어질 사태의 책임은 전적으로 사측에 있다" 하고 경고했다. 그리고 아무 반응이 없자 철문을 부수고 사무실 안으로 들어갔다. 이사 전무(현대자동차에서 제일 악질인 인력관리부 전무)를 비롯해 그들은 벌벌 떨고 있었다. 일단 전무를 끌어내서 땅바닥에 내팽개치고 관리자들을 전부 공장 밖으로 밀어냈다. 공장 밖 명촌삼거리에 있던 전투경찰 몇백 명이 이 광경을 지켜보고 있었다. 공작사업부 관리자들도 사수대가 사무실을 한번 휘저으니까 다들 도망가 버렸다.

또 다른 사수대 일부가 사무실 2층으로 들어가서 부품사업부 관리자들을 내쫓았고, 나머지 사수대들은 1층 문 밖에서 대기하고

1998년 현대자동차 공장점거 파업. ⓒ 노동자역사 한내

있었다. 도망가는 이사급 관리자를 잡으니까 "한 번만 살려 달라"
고 애원했다.

사수대가 현장을 한 바퀴 돌자 평조합원들은 많은 힘을 얻었다.
그런데 노조 집행부는 이후 제시한 행동 지침에서 사수대가 현장
순회하는 것을 금지시켰다. 한번은 정몽규 사장이 3공장에 왔을 때,
보디가드들(태릉선수촌 3급 이하를 스카우트함)이 조합원들에게 달
려들었다. 이 광경을 본 사수대는 집행부에게 불만을 터뜨렸다.

여성 조합원들의 빛나는 투지

식당 여성 조합원들은 노조 사무실 앞에서 천막 농성을 했고,
144명 집단 해고에 반발해 '여성 사수대'를 조직했다. 여성 동지들
은 본관 식당을 접수해 밥도 짓고 국도 끓여 지도부와 가족대책위
와 사수대 동지들에게 아침·점심·저녁 식사를 제공했다.

사측은 컨베이어 중앙 스위치와 컴퓨터를 작동시키기 위해 '희망'(사실은 강제) 퇴직자들을 승용1공장 현장에 투입했다. 여성 조합원들은 굴뚝에 올라간 전직 위원장들에게 아침 인사를 하러 갔다가 이들을 발견하고 천막 농성장으로 데려왔다. 한 여성 조합원은 "우리와 함께 싸울 때만이 당신들도 일자리를 지킬 수 있다"고 20여 분 동안 애절하게 설득했다. 퇴직자들은 여성 조합원들에게 설득돼 농성 천막 안으로 들어가려고 했다. 이때 노조 간부가 나와 여성 조합원들을 만류하며 "회사 밖으로 보내 줘야 한다"고 말했다. 조합원들은 한참 동안 노조 간부에게 항의했지만 끝내 그를 막지 못했다. 여성 동지들의 요구에 따라 '희망' 퇴직자들은 "진짜 죄송합니다"를 열 번 외치고 공장 밖으로 나갔다.

여성 조합원들은 자신들을 집단 해고한 장본인이 복지 후생팀장임을 드러내는 문서를 입수했다. 그래서 여성 조합원들은 공장 밖에 있는 문화회관으로 달려가 후생팀장과 과장을 잡아 농성장으로 끌고 왔다.

7월 31일 여당인 새정치국민회의의 노무현 부총재와 노사정위원회 위원장과 경총 회장 등이 중재하러 찾아왔다. 식당 조합원들은 "중재는 필요 없다! 정리해고 철회하라!"는 항의로 답변했다.

조합원들의 단호한 의지가 경찰 투입을 막아 내다

대의원들과 평조합원들은 각 공장마다 바리케이드를 설치했다. 승용1공장은 대형 차체 팰릿과 그랜저 자동차 수십 대를 몰고 와 정문을 막았다. 그리고 조합원들은 자신을 방어하기 위해 쇠파이프로 무장했다. 아침마다 출근 투쟁도 조직했다.

상용4공장도 대형 팰릿, 그레이스, 포터, 대형 지게차, 산소통 등으로 바리케이드를 세웠다. 조합원 누구나 쇠파이프와 쇠를 날카롭게 갈아 몸에 품고 있었다. 구 정문 밖 길 건너편에 있는 전투경찰들은 조합원들을 슬슬 피했다. 승용2공장은 대형 컨테이너 2대로 단조 정문을 봉쇄했다.

각 공장의 모든 조합원들과 사수대들은 매일 아침 7시에 기상해 노조 사무실을 중심으로 공장을 한 바퀴 돌면서 구보도 하고, 서로 아침 인사를 주고 받았다. 얼마나 규율 있는 모습인가! 각 사업부 평조합원들의 천막에는 뉴스를 보기 위해 텔레비전도 있고, 냉장고를 비롯한 웬만한 시설은 다 갖춰져 있었다. 조합원들은 자신의 일자리를 지키기 위해 점거 파업하면서 36일 동안 천막에서 살았다 해도 과언이 아니다!

8월 1일부터 일주일 동안 휴가가 시작됐다. 집행부는 많이 걱정했다. 그렇지만 사수대와 가족대책위를 포함해 평조합원 2500여 명은 휴가를 가지 않고 공장을 사수했다. 조합원들은 본관 잔디밭에서 고기를 구워 먹고, 투쟁을 어떻게 조직해 나갈 것인지 이야기했다. 그리고 선착장(수출차를 싣기 위해 아주 큰 배를 대는 곳)에 가서 낚시도 했다. 휴가도 가지 않고 공장을 지킨 평조합원들이야말로 진정한 점거 파업 지도부였다.

8월 8일 검찰청 '공안사범 합동 수사부'(검찰·경찰·노동부)는 공장 밖에 있는 현대A/S와 문화회관에 본부를 차리고 경찰력 투입을 결정했다.

경찰력 투입이 초읽기에 들어갔을 때, 가족대책위의 부인들은 회사 담벼락 옆 큰 소나무 위에 올라가 매일 새벽 4시 30분까지 보초를 섰다. 가족대책위는 경찰이 투입되려던 그날도 가족대책위 숙소 창문을 반쯤 열고 뜬눈으로 날을 샜다.

사수대의 호각 소리에 저희 가족들은 눈을 떴어요. 이날은 아주 차분하게 대처했어요.

애엄마들은 신속하게 움직이기 위해 신발을 항상 머리맡에 놔두고 잠을 잤어요. 호각 소리에 바로 마스크를 쓰고 애들을 업고 침착하게 행동했지요. 애들도 얼마나 긴장을 했는지 울지도 않더라고요. 상황 해제가 되니까 그때서야 울음을 터뜨리데요.

여성 특수 경찰대 6명이 파업 현장에 투입됐다고 한 노조 간부가 말했다. 하지만 크게 걱정할 필요가 없었다.

가족들은 이번 정리해고 철회 싸움에 아주 진지하고 철저하게 대처했어요. 그게 뭔가 하면, 정리해고 명단을 받았거나 2년 무급휴가를 받은 조합원 가족들이 가족대책위에 찾아오면 먼저 남편의 사업부가 어디며, 이름은 무엇이고, 집은 어딘지를 묻습니다. 그리고 연락처를 말해달라고 하죠. 그런 다음 명찰 뒷면에 우리만 알 수 있는 표시를 해 두죠. [그러면 정말 조합원의 가족인지 아닌지를 확인할 수 있다.]

8월 18일 새벽 3시 40분경, 백골단과 전투경찰이 구호를 외치며 서서히 움직이기 시작했다. 사수대 동지들은 "이제 진짜 한번 붙어보자. 너희들이 죽든지 내가 죽든지" 하며, 비장한 각오로 안전모와 쇠파이프를 들었다.

현장에 들어와 있지 못했던 조합원들은 공장 담벼락을 뛰어넘어 들어와서 결합했다. 이 광경을 본 전투경찰들은 기겁을 했고, 담벼락을 허물기로 한 굴삭기 기사가 도망쳤다. 평조합원들은 "내가 이 공장을 날려 버리고 죽더라도 절대 물러서지 않겠다"는 굳은 의지를 갖고 있었다. 가족대책위는 "우리는 애들과 함께 싸운다. 경찰력 투입은 제2의 광주항쟁이 될 것이다" 하고 결연한 심경을 밝혔다.

경찰은 "새벽에 있었던 일은 예행 연습일 뿐이었다"고 일종의 해명성 발표를 했다. 하지만 이날 경찰이 투입됐더라면 그것은 김대중 정부의 정치적 파산 선고나 다를 바 없었을 것이다.

노조 지도부, 정리해고를 받아들이다

8월 21일 저녁 8시경, 본관 정문에는 그랜저 고급 승용차, 산소 가스통, 대형 팰릿으로 바리케이드가 쳐져 있고, 한쪽에서는 노동자 1만여 명이 모여 집회를 열고 있었다. 연일 신문과 TV에서는 정부 중재안을 노조가 수용해 협상을 벌이고 있다는 보도가 나왔다. 조합원들은 설마설마하며 김광식 노조 위원장의 발표를 기다렸다. 집회 분위기가 이전과는 달랐다. 노조 간부가 구호를 외쳐도 잘 따라 하지 않았다. 김광식 위원장이 "노조가 정부안을 수용해 협상에 임하고 있다"고 말하자 평조합원들은 술렁이기 시작했다. 여기저기서 조합원들의 항의가 터져 나왔다.

김 위원장은 "조용히 하세요. 제 이야기 끝나고 말하세요" 하더니, 계속 말을 이었다. "정리해고 최소화는 인정하고 협상을 해야 한다. 정리해고 최소화의 내용은 260여 명을 정리해고하고 나머지는 순환 휴가를 하자는 것이다. 정리해고 철회가 아니라 해고 회피

노력을 다했나 하는 게 중요하다."

조합원들이 대열에서 빠져나가기 시작했다. 조합원들은 "한 달여 동안 싸운 것은 정리해고 철회를 위해서였는데 정리해고 수용이라니 …" 하며 허탈감과 배신감이 교차하는 표정으로 현장을 나가 버렸다.

김 위원장이 이내 단상 밑으로 내려가고 민투위 5기 지도부 이상욱 씨가 단상 위에 올라가 마이크를 잡았다. "동지 여러분! 이렇게 분열하면 안 됩니다. 우리가 분열하게 되면 누가 제일 좋아하겠습니까? 바로 사측과 정부 아닙니까? 단결합시다. 정리해고 철회될 때까지 투쟁합시다."

그다음 여성 식당 조합원이 울먹이면서 말했다. "오늘 아침에 위원장님이 우리들과 간담회를 하자고 했어요. 그 전까지 정부 중재안이 어떤 것인지 우리 식당 아줌마 조합원들은 아무것도 몰랐어요. 그런데 위원장님이 '식당을 노조에서 운영하면 고용 승계가 되지 않느냐'고 했어요. '위로금도 2500만 원 정도 따내겠다'면서 말이에요. 억장이 무너지더라고요. 우리가 정리해고 수용할 수 있습니까? 수용할 수 있어요? 우리 식당 조합원들은 절대 수용 못 합니다. 끝까지 투쟁하겠습니다."

가족대책위는 가족들을 모아 노동조합 사무실로 향했다. 노조 사무실 앞에서 가족대책위 150여 명은 '정부 수용안 백지화'를 요구하는 항의 집회를 열었다. 사수대원들은 천막 농성장에 모여서 앞으로 어떻게 할지 의견을 주고받았다.

한 여성이 절규했다. "저희 가족들은 위원장님을 믿었습니다. 그런데 정리해고 수용이라니, 이제 저희 가족들은 어떻게 합니까? 위원장님은 저희와 간담회를 하고 정부 수용안을 반드시 백지화해야 합니다. 그럴 때만이 우리 가족과 남편, 아이들이 살 수 있습니다."

저녁 9시 50분경, 사수대 250여 명과 조합원 1000여 명은 노조 사무실 앞에서 '정부 수용안 백지화'를 요구하며 항의 집회를 열었다. 위원장실은 불이 꺼져 있었다. 거기에 모인 평조합원들은 정부 안 수용 결정을 성토하기 시작했다.

조합원 1: "위원장님은 정부안(정리해고 최소화)을 수용해서 전체 조합원 총회에 부치겠다고 했는데, 그러면 안 된다. 투쟁에 참여한 조합원들이 결정해야지, 총회에 부치면 되겠는가?"

조합원 2: "나는 한 달이 넘도록 집에도 못 가고 천막 농성을 했다. 이 와중에 우리 아기가 어떻게 된 줄 아는가? 눈이 휙 돌아가고 까무러쳤다. 이렇게까지 싸웠는데 정리해고 인정이라니. 위원장! 내일 아침까지 시간을 주겠다."

조합원 3(식당 여성 조합원): "위원장이 얼토당토않은 정부 수용안을 내놓으면 어떻게 하는가? 조합원들을 분열시키고 있다. 단상 위에 올라가서 '투쟁! 투쟁!'만을 외치는 것이라면 나도 할 수 있다. 위원장 자리에서 물러나라. 중재안을 수용하면서 회사에 질질 끌려 다니는가? 모든 조합원이 싸우겠다는데, 왜 위원장만 힘 없이 걸어 나오는가? 사측 인간들은 협상장에 나올 때 어깨 쭉 펴고 나오는데, 기운 빠진 걸음으로 나오지 마라. 우리의 사기가 떨어지는 행동을 제발 하지 마라."

조합원 4: "구속·수배 철회 받아 냈는가? 왜 여성 조합원들을 자르는가? 나도 집회 때마다 '김광식'을 연호했다. 위원장! 여성 조합원은 놔두고 나를 자르라."

조합원 5(식당 여성 조합원): "위원장, 한번 물어 보자. 철탑에 뭐하러 올라갔는가? (두 번 물었는데도 대답이 없자) 정리해고 철회 아니었는가? 나는 위원장 삭발식 때 많이 울었다. 이번 기회를 전화위복으로 삼고, 남자답게 싸워라. 나는 죽는 게 두렵지 않다."

조합원 6: "위원장! 차라리 정리해고 명단을 노동조합이 정해서 사측에 제시하라. 왜 여성 조합원을, 그것도 앞장서서 가장 잘 싸운 식당 아줌마를 해고하는 데 인정하는가? 차라리 해고하려면 이번 파업 투쟁에 참여하지 않은 조장·반장을 명단에 올려 해고하라. 아줌마 조합원들은 절대로 안 된다."

8월 24일 오전 7시 30분경 김광식 집행부는 정부안에 잠정 합의했다. 사수대원들은 '녹색 사수대' 티셔츠를 모아 노조 사무실 앞에서 불태워 버렸다. 함께 싸운 조합원들은 현장에 거의 없었다. 하지만 빈 천막들만 남은 현장에는 저항의 불씨가 아직 남아 있었다.

출처: 《열린 주장과 대안》 7호(2001년 1월).

2000년 6·15 남북공동선언

이 글은 6·15 남북공동선언이 발표된 지 1년 후인 2001년에 발표됐다. 이 글의 필자인 김하영 씨는 《제국주의론으로 본 동아시아와 한반도》(2019, 공저), 《문재인 정부와 노동운동의 사회적 대화: 좌절과 재시도》(2020), 《문재인 정부, 촛불 염원을 저버리다》(2019, 공저), 《오늘날 한국의 노동계급: 고전적 마르크스주의의 관점》(2017), 《한국 NGO의 사상과 실천: 마르크스주의적 분석》(2009)의 저자다.

남북 정상회담을 두 달여 앞둔 2000년 4월, 필자는 남북 정상회담에 대해 다음의 세 가지를 지적한 바 있다. 첫째, 남북 정상회담은 불안정한 세계 정세에 연동될 수밖에 없다. 둘째, 미국의 동의 아래서만 남북 합의의 폭이 정해질 것이다. 셋째, 김대중 정부는 대북 관계와 국내 정치 사이의 모순에 봉착해 좌충우돌할 것이다. 지난 1년 동안 이것이 현실로 나타났다.

남북 정상회담이 열린 뒤 1년 동안 그것에 걸었던 기대만큼 실질적인 변화가 있었다고 생각하는 사람은 거의 없을 것이다. 1년 전에 국민의 압도 다수가 정상회담을 지지했던 것은 그것이 한반도 평화를 정착시키고, 북한을 핑계로 한 국내 억압을 완화하는 계기가 되기를 바랐기 때문이었다.

하지만 북한 미사일을 겨냥해 동해 바다에 이지스함을 배치하려는 마당에 한반도가 1년 전보다 더 평화로워졌다고 말할 수 있을까? 북한 상선이 제주해협과 북방한계선NLL을 넘었다고 "무력 대응"

운운하는 남한 정권이나, 남한 어선이 NLL을 넘었다고 총을 쏘는 북한 정권이나 여전히 똑같이 적대적이다.

이산가족 상봉이 세 차례 있었지만 가족을 만나기 위해 남북을 여행할 자유는 여전히 없다. 이산가족은 당국이 정하는 때에 정하는 장소에서만 만나야 한다. 면회소도 아직 설치되지 않았다. 남북 정상회담과 함께 국가보안법이 "무력화"되리라는 기대도 실현되지 않았다. 김대중 대통령은 노벨 평화상을 받았지만, 지난 1년 동안에도 국가보안법 구속자와 수배자를 양산했다. 2001년 4월 임시국회는 국가보안법 개정안을 상정조차 하지 않았다.

김대중 정부는 2001년 5월에 김정일의 답방이 언제 이뤄질지를 6월 15일까지는 답변해 달라고 북한에 공개 요청했다. 김대중 정부는 6·15 남북공동선언 1주년에 성과로 내세울 만한 것이 없어 전전긍긍하고 있는 형편이다.

남북한 정권 모두 미국의 대북 정책의 추이를 살피느라 조지 W 부시의 대통령 당선 이후 몇 달 동안 남북 관계는 답보 상태였다. 2001년 3월 장관급 회담과 적십자 회담과 국방 장관 회담이 중단된 이래 당국 간 회담은 아직 재개될 기미를 보이지 않고 있다.

김대중 정부는 최근 미국 부시 정부가 북미 대화 재개를 선언함으로써 이제 남북 대화에도 서광이 비치게 됐다고 주장한다. 하지만 이것 자체가 남북 정상회담의 한계를 스스로 인정하는 꼴이다. 1년 전에 남북 정권은 각각 남북 정상회담이 김대중 "대북 정책의 성과"요 김정일 "자주 외교의 승리"라고 하지 않았던가.

2001년 6월 6일 부시의 대북 대화 재개 선언에 김대중 정부는 쌍수를 들어 환영했다. 외교부 장관 한승수는 "조건 없이 포괄적 대북 협상에 나서겠다고 한 부시 대통령의 성명 발표로 한국은 이제 한시름 놓게 됐다"고 말했다.

기성 언론들은 대화를 재개하겠다는 점만 크게 부각해 헤드라인을 뽑았지만, 상황이 그렇게 간단치만은 않다. 부시의 말을 찬찬히 뜯어 보면 북한이 받아들이기 어려운 조건들로 가득 차 있다. 미사일 문제 하나만으로도 타협을 끌어내기 어려운 판에 부시는 핵과 재래식 무기 문제까지 보탰다. 그래서 미국의 보수 언론 〈월 스트리트 저널〉조차 "북한이 이런 새 조건에서 미국이나 남한과 대화하려 할지 심각한 의문"이라고 썼다. 워싱턴의 한 한반도 전문가는 "북한과의 대화를 기피해 남북한의 화해를 막는다는 비판을 면하기 위한 것일 뿐, 진정한 의미에서 대화를 하겠다는 것으로 보기 어렵다"고 평가했다.

부시가 대화 재개를 선언한 것은 국내외 정치적 요인이 작용한 결과였다. 〈한겨레〉 워싱턴 특파원 윤국한 기자가 지적했듯이, 민주당이 다수를 차지한 상원의 구도 변화와 이번 주로 예정된 부시의 유럽 순방이 그것이다.

부시는 "이제 공은 북한으로 넘어갔다"고 말한다. 이제부터 대화가 안 되는 건 북한 탓이라는 것이다. 부시는 유럽의 정상들에게 '북한은 변하지 않았기 때문에 미사일방어체계MD가 필요하다'고 말할 명분을 쌓고 있다.

부시가 제시한 세 가지 의제는 사실상 모든 것을 원점으로 되돌리자는 얘기나 마찬가지다. 부시 정부는 마치 1994년에 맺은 제네바 합의는 인정하는 선에서 일부만 "개선"하자는 것인 양 말한다. 하지만 북한과 미국이 1994년 8월부터 10월까지 씨름한 핵심 쟁점이 바로 '과거 핵' 규명을 위한 특별 사찰 문제였다는 점을 기억한 다면, 미국이 제네바 합의까지 깡그리 무시하고 있음을 알 수 있다. 1994년 10월 당시에 미국이 북한의 '과거 핵' 문제를 일단 덮어 두 기로 함으로써 제네바 합의가 성사됐던 것이다.

그런데 이제 와서 다시 "과거 핵 활동 검증을 위해 조기 특별 사 찰을 실시해야 한다"고 하는 것이 제네바 합의 전으로 돌아가자는 얘기가 아니고 무엇인가.

얼마 전 북한을 방문하고 돌아온 셀리그 해리슨은 "지금 북한은 지난 8년 동안 허송세월했다고 느끼고 있다"고 북한 당국자들의 심 정을 전했다. 미국이 제네바 합의마저 무시하려 드니 자연스런 반 응일 것이다.

'1994년 10월 북한-미국 기본합의문' 4-③항에 따르면 "경수로 사업의 상당 부분이 완료될 때, 그러나 주요 부품의 인도 이전에" 북한이 사찰을 받도록 돼 있다. 하지만 2003년까지 완공하기로 한 경수로는 건설이 계속 지연돼 몇 년이 더 걸려야 완공될지 기약할 수도 없는 상황이다.

2001년 6월 9일 북한이 경수로 건설 지연에 항의하자 미국은 "2003년은 목표일 뿐 계약상 또는 국제법상 구속력을 갖는 것은 아니"라고 응수했다. 미국은 중유 제공 약속(1-②항)도 제대로 이 행하지 않고 있다.

미국은 자기들이 지켜야 할 것을 하나도 이행하지 않은 채 북한 에 특별 사찰을 조기에 받으라고 공평치 못한 요구를 하고 있는 것 이다. 북한은 특별 사찰을 선뜻 받아들이지 않을 것이다. 적대국이 자기 나라 곳곳의 시설을 훑어보겠다는 데 선뜻 수락할 나라가 어디 있겠는가?

특별 사찰 문제를 둘러싸고 실랑이가 벌어지는 동안 미국은 '뭔가 있는 게 분명하다'며, '북한이 국제원자력기구의 사찰도 받지 않으려는 깡패 국가'라고 비난할 것이다. 하지만 북한은 이미 여러 차례 국제원자력기구의 사찰을 받은 바 있으며 미국은 번번이 아무 혐의도 찾아내지 못했다. 명백하고 현존하는 핵 위험의 장본인은 북한이 아니라 미국이다. 미국은 "핵무기 사용 문제와 관련해 시인도 부인도 않는 정책이 우리의 안보에 기여하고 있다"며 "핵 선제 사용 전략"을 고수하고 있는 세계 최고 핵 강국이다. 이런 미국이 북한의 과거 핵을 물고 늘어지는 것은 완전한 위선이다.

부시가 북한이 받아들이기 어려운 세 가지 의제를 제시하고 있는데도 김대중 정부는 미국의 '대화 재개 입장'에 환영의 뜻을 나타내고 있다. 김대중 정부는 국가안전보장회의NSC 상임위원회를 곧 열어 북미 대화 지원과 한미 공조 강화를 위한 대책을 마련할 예정이라고 한다.

김대중 정부는 부시가 자신의 대북 정책을 수용했다고 강조하지만, 상대방의 입장을 수용하고 있는 것은 부시가 아니라 김대중 정부다. 김대중 정부는 2차 남북 정상회담에서 '남북 평화 협정 또는 선언'을 하겠다고 발표했다가 올해 3월 한미 정상회담 뒤에 '1992년 남북기본합의서 활용'으로 입장이 후퇴했다. 미국의 국가미사일방어체제NMD 문제와 상호주의 문제에서도 후퇴했다. 재래식 무기 문제도 남북 간에 다루자는 것이 김대중 정부의 애초 계획이었다.

김대중 정부가 미국과의 관계에서만 흔들리는 것은 아니다. 북한 상선이 제주해협·NLL을 '침범'했을 때 처음에 정부는 북한 상선의 영해 통과를 긍정 검토하겠다고 했다. 그런데 하루 만에 정부의 대응은 "영해 침범 엄중 경고"로 180도 돌변했다. 북한 상선이 우리 영해 안에서 "장군님이 개척한 항로를 따라" 유유히 다니게 방치할 것이냐는 냉전 우익의 비난에 직면해 그들에게 영합한 것이다.

김대중 정부가 초지일관 추구하고 있고 그나마 성공을 거두고 있는 것은 남북 정상회담 지지를 기반으로 좌파의 손발을 묶어 두는 일일 것이다. 이것은 범민련·전국연합·한총련 지도부가 한반도 통일 과정에서 북한 당국과 회담을 해 나갈 당사자가 남한의 최고 당국자임을 인정하고 있기 때문에 가능한 일이다. 범민련·전국연합·한총련 지도부가 가장 중요하게 여기는 과제(통일) 수행에서 그 주도권을 남한 최고 당국자가 갖고 있는 것이다. 또, 남북한 당국이 서로의 체제를 인정하는 통일 방안을 합의한 이상, 통일 이전에 남한 사회의 근본 변혁을 위해 투쟁할 수는 없는 노릇이다.

근본 변혁을 위한 투쟁은 그다음 단계이고, 현 단계인 통일 투쟁 단계에서는 6·15 남북공동선언을 지지하는 모든 세력이 힘을 합쳐야 한다는 것이 범민련·전국연합·한총련 지도부가 공유하고 있는 관점이라고 할 수 있다.

이런 태도는 김대중 정부의 인기가 바닥을 향해 떨어져 가던 지난 1년 동안 여러 모순을 빚지 않을 수 없었다. 범민련·전국연합·한총련 지도부가 통일 문제에서는 김대중 정부와 연합을 하면서 다른 문제, 예컨대 개혁 파탄이나 노동자 투쟁 탄압에 대해서는 김대중 정부에 맞서 일관되게 싸울 수 있었겠는가? 더군다나 다른 과제에 견줘 통일을 비할 데 없이 중요하게 여기는데 말이다.

2000년 겨울에 일부 인권 단체와 통일운동 단체는 "정세를 너무

안이하게 봤다"며 국가보안법 폐지 투쟁에 적극 나서지 못했던 것을 반성했다. 남북 두 최고 당국자가 만들어 낸 남북 정상회담 정세 속에서 남측 당사자인 김대중 대통령이 국가보안법을 철폐(또는 개정)하리라고 믿었던 것이다. 손 놓고 최고 당국자만 쳐다본 결과는 그의 배신으로 일단 막을 내렸다.

더 비극인 것은 범민련·전국연합·한총련이 김대중 정부의 대북 정책을 옹호하는 동안에도 이적단체라고 탄압받았다는 것이다. 똑같은 일이 6·15 1주년 기념 행사를 추진하는 과정에서도 반복됐다. 통일연대는 사실상 정부 기구인 민족화해협력범국민협의회(약칭 민화협)와 민족공동행사추진본부를 공동으로 구성하기로 했으나, 정부는 통일연대 안에 범민련과 한총련이 포함돼 있는 것을 문제 삼고 있다. 김대중 정부는 4월 초에 범민련과 한총련이 포함돼 있다는 이유로 통일연대의 방북을 불허한 일도 있다.

통일연대가 민족공동행사추진본부를 민화협과 공동으로 구성하는 것에 민주노총이 반대한 것은 다행스러운 일이다. 단병호 민주노총 위원장은 "민화협이 관변 단체나 다름없다는 것은 이미 다 아는 사실이며 만약 함께 사업을 한다면 관은 위상이 높아지고 우리는 축소될 것이다" 하고 옳게 말했다.

2000년에도 8월 15일 민화협 행사에 참가할 것인가 하는 문제는 중요한 쟁점이었다. 더구나 같은 시간에 노동자 집회가 열리고 있었다. 한총련 지도부는 민화협 행사에 가는 것을 택했으나 정부는 그들을 문전 박대했다.

그런데도 올해 또다시, 그것도 노동자 투쟁이 가장 뜨겁게 벌어지는 이때, 정부와 공동 행사를 추진하려는 것은 정말 안타까운 일이다. 심지어 일부 재야인사는 6·15 민족 공동 행사를 망칠까 봐 6월 16일에 민중대회를 개최하기를 꺼렸다고 한다.

6·15 남북공동선언이 발표된 뒤 1년은 두 당국자 간 회담으로 우리가 원하는 진정한 변화가 이뤄질 수 없음을 보여 준 기간이었다.

미국은 한반도에서 두 차례 전쟁 위기를 불러일으킨 바 있는 핵 문제를 다시 꺼내 들고 있다. 한반도는 "평화는 전쟁의 전주곡"일 뿐임이 입증되는 전장이 될 수도 있다.

진정한 평화는 제국주의와 회담을 통해서가 아니라 그에 맞서 싸움으로써만 쟁취할 수 있다. 그리고 제국주의와 싸울 수 있는 세력은 국제 노동계급이다. 이 점을 이해해야만 노동자 투쟁이 가장 뜨겁게 달아오르는 6월에 좌파들의 손발을 묶어 두려는 김대중 정부의 시도를 좌절시킬 수 있다.

출처: 《다함께》 2호(2001-07-01), 축약.

10장
–
노무현 정부의
"좌파 신자유주의"

함께 토론할 쟁점

- 김대중 정부가 개혁 염원을 배신하며 실망을 줬는데도 어떻게 노무현 정부가 들어설 수 있었을까?

- 2004년 총선에서 여당인 열린우리당은 국회에서 과반 의석을 차지했는데, 왜 개혁 입법에 실패했을까?

- 노무현 정부 때 구속 노동자가 많았던 이유는 무엇일까?

- 이라크 파병 등 미국의 대외 정책을 돕는 것은 한반도 평화에 도움이 될까?

- 노무현 정부 때 시작해서 이명박·박근혜 정부 때 완성된 반노동·친기업·친제국주의 정책은 무엇이 있을까?

- 진보 정당이 노무현 정부와 함께 추락한 것은 불가피했을까?

2002년 여름 경기도 의정부에서 중학교 2학년생 심미선·신효순이 사망하는 사건이 일어났다. 2002년 6월 13일 훈련을 마치고 부대로 돌아가던 미군 장갑차가 길에서 둘을 치어 숨지게 한 사건이었다. 시체 사진을 보면 그냥 치인 정도가 아니었다. 장갑차가 깔아뭉개고 지나갔다. 그날이 지방선거 투표날이어서 이 사건은 별로 알려지지 못했다. 언론은 선거 결과 보도에 열중하느라 이 사건을 제대로 보도하지 않았다. 게다가 지방선거 후반부에는 한국에서 최초로 개최된 월드컵 열기가 한창 고조되고 있었다. 그래서 그 뒤 6개월 동안은 말 그대로 운동권들만 항의 운동을 벌였다. 활동가들은 경기도 의정부까지 가서 항의 집회를 열었다. 그러다가 11월에 사고를 낸 미군 병사들을 처벌하지 않는 판결이 나왔다. 항의 운동이 진보적 청년과 청소년의 호응을 받기 시작했다. 주한 미국 대사관이 있는 서울 광화문사거리에서 대규모 촛불 집회가 벌어졌다. 이 운동은 한 달도 안 돼 20만 명이 모이고 최대 40만 명이 모인 운동으로 발전했다. 이 운동이 가장 고조된 시점에 2002년 대선이 치러졌다. 이 운동 덕분에, 한반도 평화와 세력 교체를 앞세운 민주당 노무현 후보가 대통령에 당선했다. 대중운동이 크게 벌어진 정세에서 민주노동당의 첫 대선 도전(후보는 권영길 민주노동당 대표)도 약 96만 표를 얻으며 나름의 성과를 거뒀다.

2002년 미군 장갑차 여중생 압사 항의 운동.

　제국주의 군대인 주한미군의 범죄에 항의한 여중생 사망 항의 운동은 두 가지 배경 속에서 일어났다. 첫째, 이 운동은 전 세계에서 벌어지던 반전 여론의 영향을 받았다. 2001년 9·11 공격을[*] 평계로 당시 미국 조지 W 부시 정부는 아프가니스탄을 침공했다. 2003년 3월에는 이라크도 침공했다. 미국의 이라크 침공 1달 전인 2월 15일 전 세계 도시 수백 곳에서 1500만 명 이상이 거리로 나오는 거대한 반전 시위가 벌어졌다. 이는 1999년부터 활성화된 국제적 대안 세계화 운동이 2002년부터는 전쟁 반대 운동을 펼치고

---

*　9·11 공격 2001년 9월 11일 오전 9시 납치된 항공기가 미국 세계무역센터 건물과 국방부 건물(펜타곤)을 들이받은 사건. 사망자가 3000명에 육박했는데 대체로 출근했거나 하고 있던 사무직 노동자였다. 미국이 전 세계에서 벌이는 제국주의적 악행이 낳은 비극이었다.

연대한 결실이었다. 이처럼 미국의 전쟁 몰이에 반대하는 여론이 국제적으로 고조되는 시점에 한국에서는 주한미군의 살인 범죄에 항의하는 운동이 크게 벌어졌다.

둘째, 2002년 한반도에서는 미국의 대북 압박이 심해지며 군사적 긴장이 고조됐다. 미국 대통령 부시는 2002년 신년 연설에서 이라크·이란·북한을 '악의 축'으로 지목했다. 그해 가을 미국은 북한이 핵무기 개발을 위해 고농축우라늄 프로그램을 가동하고 있다며 대북 압박 수위를 높이더니, 11월에는 1994년 제네바 합의에 따른 대북 중유 지원을 중단했다. 한국의 청년들은 눈앞에서 벌어진 주한미군 범죄뿐 아니라 세계 곳곳에 배치된 미군을 지휘하는 워싱턴에 반감을 표출했다. 게다가 원조 친미·친제국주의 세력인 한나라당이 2000년 총선과 2002년 지방선거에 연달아 승리하면서 집권 가능성이 높아지고 있었다. 이런 사태에 대한 청년층의 불안·불만·분노가 여중생 사망 항의 운동에도 반영됐다. 우파인 한나라당 대선 후보 이회창이 여중생을 추모한답시고 촛불 집회가 열리는 광화문사거리에 선거 차량을 끌고 왔는데, 성난 청년들은 이회창을 쫓아냈다. (▶ 더 알아보기: 2002년 미군 장갑차 여중생 압사 항의 운동, 422쪽)

2002년 대선에서 노무현 후보는 이 대중운동의 덕을 크게 봤다. 노무현 후보는 선거 TV 광고에 "전쟁이냐 평화냐" 하는 문구를 넣었고, 반미면 어떠냐는 말을 했다고 알려졌다.(물론 이 말은 와전된 면이 있다. 이는 아래에서 좀 더 자세히 다루겠다.) 이 운동 덕분에, 김대중 정부가 레임덕에 빠진 상황과 민주당 내에서 소수파였던 악조건을 뚫고 노무현은 당내 경선에서도 이기고 결국 대통령이 될 수 있었다.

노무현 전 대통령은 부산 지역에서 조세 변호사로 이름을 날리다가 1981년 부림 사건 변호를 맡으면서 이른바 운동권 변호사로 변신한 정치인이었다. 부림 사건은 공안 당국이 부산의 노동자와 대학생 22명을 불법 체포하고 고문해서 국가보안법 위반 조직 사건으로 부풀린 사건이었다. 이 사건을 변호사 노무현의 관점에서 다룬 영화가 〈변호인〉이다. 1982년 노무현 변호사는 인생 경로의 전환 과정에서 문재인 변호사와 인연을 맺었다. 노무현 변호사는 1987년 민중 항쟁 때 부산 지역에서 지도적 인사로 활동했고, 1980년대 내내 노동운동에 투쟁 지원과 법률 변호 등을 제공했다. 그 뒤 노무현 변호사는 김영삼의 권유로 1988년 총선에 출마해 국회의원에 당선했다. 1988년 국회에서 열린 광주항쟁 청문회에서 초선 의원인 노무현은 전두환을 날카롭게 추궁하고 의원 명패를 던지며 진보 대중에게 주목받기 시작했다. 1990년에는 노태우·김종필·김영삼의 3당 합당을 거부하며 (꼬마)민주당에 남았고, 그 탓에 부산에서 출마한 그는 계속 낙선했다. 선거에 나가 당선하지 못하니, 노무현과 영남계는 민주당 내에서 김대중계에 밀려 늘 열세를 면치 못했다. 그래서 민주당 내 영남계 정치인의 일부가 한나라당으로 가서 의원이 됐는데, 그중 한 명이 대구 출신 김부겸이었다. 그럼에도 정치인 노무현은 1990년대 내내 영남 지역 노동운동과 서울 지역 은행권 노조들과의 연계를 이어 갔다. 바로 이 경력 때문에, 노무현은 민주당 내 보수파와 한나라당과 조중동 등 우파 언론의 공격을 받았다. 물론 이것은 진보적 청년층의 지지를 모으는 데는 유리하게 작용했다. 그러나 정치인 노무현의 실질적 후원자는 부산 지역 기업가들이었다. 훗날 정치자금 제공으로 옥고를 치르는 강금원과 박연차 등이 그들이다.

노무현은 노동운동에 친화적인 경력 덕분에 개혁적 대중에게 기대감을 불러일으키면서 2002년 4월에 극적으로 민주당의 대선 후보가 됐다. 김대중 정부와 현대그룹의 인연 때문이었는지, 김대중계를 중심으로 한 민주당 주류는 정몽준과의 단일화를 추진하며 정몽준을 대선 후보로 만들려고 지독하게 방해 공작을 펼쳤다. 그러나 청년들이 중심이 된 주한미군 규탄 운동이 크게 벌어진 상황을 등에 업고 노무현이 극적으로 대선에서 승리했다. 그러나 대통령 노무현은 과거의 노무현이 아니었다. 사실 노무현 전 대통령의 진정한 고난과 억울함은 친노동 좌파가 아닌데도 좌파 취급을 받은 데 있다. 우파의 억지와 위선은 참 대단했다. 그 때문에 상식의 시대를 만들자는 노무현 전 대통령의 호소가 통할 수 있던 것이다. 2002년 대선에서 이회창·노무현·권영길 후보의 3자 TV토론에서는 좌우 양쪽의 비판을 받는 중도파 노무현 후보의 처지가 생생하게 드러났다.

그럼에도 노무현 정부 첫해에 진보 염원 대중은 옛 일당 국가 세력이 5년 만에 복귀하면 어쩌나 하는 염려를 떨쳐 내고, 개혁파를 자임한 대통령의 등장에 개혁 기대감을 품었다. 비록 선거에서는 비정규직의 눈물을 닦아 주겠다던 노무현 대통령이 취임사에서는 "노동자, 근로자, 비정규직"이라는 말은 한마디도 하지 않고 "기업하기 좋은 나라, 투자하고 싶은 나라"만 강조했지만 말이다. 이런 괴리와 모순은 곧 드러났다. 1990년대 후반부터 새롭게 기운을 차린 대중운동이 기대감과 자신감 속에서 한동안 활기를 띠었다. 그런데 아래로부터의 저항은 예외 없이 노무현 정부와 충돌했다. 노무현 정부 임기 첫해에 벌어진 굵직한 투쟁만 나열해도 다음과 같다. 이라크 파병 반대 운동, 임금 인상과 노조 인정을 위한 화물연대 파업, 철도 민영화 반대 파업, 조흥은행 매각 반대 파업, 전교조 네이스 반대 투쟁, 전북 부안 핵폐기장 반대 투쟁 등등.

친위 세력을 구축하라

노무현 정부가 내놓은 국정 비전은 '정치 개혁', '자주 외교', '개방형 통상국가', '사회투자국가'로 요약할 수 있다. 첫째, 정치 개혁. 노무현 정부의 정치 개혁은 지역주의 타파와 탈권위주의를 핵심 지향으로 했다. 노무현 대통령 자신이 민주당의 후보로 줄곧 영남에서 출마해서 낙선한 경험이 있기 때문에 이런 지향 설정은 노무현 대통령의 강점을 부각하는 효과가 있었다. 둘째, 개방형 통상국가와 사회투자국가. 경제와 복지 분야에서 노무현 정부는 김대중 정부 때 자리 잡은 '제3의 길' 노선을 이어받았다. 경제 분야 비전은 '개방형 통상국가'로, 복지 분야 비전은 '사회투자국가'로 표현됐다. '제3의 길'은 1990년대에 서구 주류 사회민주주의가 신자유주의를 받아들이며 복지국가를 공격한 것을 정당화하는 개념이다. 특히 영국 총리 토니 블레어가 이끈 신노동당 정부가 채택하면서 유행했다. 그런데 복지가 턱없이 모자란 한국에서는 이 노선을 따른 정책으로도 복지가 확대되는 듯 보이는 착시 효과가 있었다. 셋째, 자주 외교. 이는 미국의 제국주의 침략 전쟁을 지지하는 것이 한국 자본주의의 자주적 이해관계에서 비롯한 것임을 보여 줬을 뿐이다. 노무현 정부는 대통령의 과거 경력을 이용한 개혁적 언사로 진보 진영을 끊임없이 헷갈리게 하면서 친기업 신자유주의 정책과 친제국주의 정책을 추진했다. 노무현 정부는 말과 행동이 달라서 임기가 끝나 갈수록 좌우 양쪽의 비판이 거세졌다(우파는 말도 개혁적으로 하지 말라고 요구했다). 노무현 대통령은 스스로 "좌파 신자유주의"라는 형용모순의 말까지 하며 불만을 드러냈다. 노무현 정부의 비전과 실천을 하나씩 살펴보자.

노무현 정부는 임기 초부터 민주당 내에서든 국회에서든 소수파인 자신의 처지를 역전시킬 정계 개편에 목을 맸다. 김대중 정부 시절 15~16대 국회에서 민주당은 원내 제2당이었지만 원내에서 자민련의 지원을 받았다(2001년에 자민련이 임동원 통일부 장관 해임안에 찬성하며 갈라서기 전까지). 반면, 노무현 대통령이 취임한 2003년, 16대 국회의 마지막 해에 민주당은 그 전해 대선 후보 선출 과정의 여파로 사분오열해 있었고 야당의 협조를 받기도 어려운 상태였다. 노무현 정부로서는 여권 재편과 정계 개편이 절실하게 필요했다. 재편된 친위 여당으로 집권 1년 만에 열리는 2004년 총선에서 원내 다수당 지위를 확보하는 승부수를 걸겠다는 계산이었다. 여권 내 권력 쟁투가 벌어질 수밖에 없었다.

노무현 정부가 취임하자마자 전임 김대중 정부의 '최고' 업적을 훼손하는 대북 송금 특검에 찬성한 것도 여권 내 권력 쟁투라는 맥락이 있었다. 대북 송금 의혹은 2000년 남북 정상회담 성사를 위해 김대중 정부와 대기업들이 북한에 비자금을 건넸다는 의혹이다. 나중에 그 의혹 일부가 사실로 밝혀졌다. 한나라당은 김대중 정부 때부터 이 의혹을 줄기차게 제기했고, 민주당과 김대중계 정치인과 친민주당 언론은 그 문제를 수사하는 것 자체가 남북 화해에 역행하는 일이라며 반대했다. 결국 2003년 3월 국회에서 한나라당과 자민련의 공조로 대북 송금 특검법이 통과됐다. 노무현 대통령은 자신의 권한으로 이 특검법에 거부권을 행사할 수도 있었다. 당시 국무회의에서도 거부권을 행사하자는 입장이 다수였다. 그렇지만 노무현 대통령은 거부권을 행사하지 않았다. 남북 지배자들의 뒷거래는 밝혀져야 마땅한 일이었지만, 특검 시행의 효과는 김대중계 숙청이었다. 이 특검으로 김대중계 핵심 인사들이 구속되고 힘을 잃었다. 2003년 가을에 노무현계와 천정배, 정동영 등이 연합해 열린우리당 창당을 추진할 때, 김대중계는 따라가지 않았다. 열린우리당이 이탈해 나가고 남은 민주당은 2004년 2월 국회에서 한나라당과 함께 대통령 탄핵소추안을 가결하는 어리석은 정치적 복수를 자행했다가 2004년 총선 이후 몰락했다. 당시 노무현 대통령 탄핵 움직임에 동참한 민주당에는, 지금 문재인 정부에서 중용되는 추미애와 이낙연이 있었다. 지역구가 호남이고 노무현 대통령직 인수위원회 대변인을 지낸 이낙연은 탄핵소추안 투표에 기권했다. 그러나 탄핵소추안에 찬성한 추미애는 2004년 총선에서 낙선했다.

노무현 정부가 여권의 분열을 감수하면서까지 추진한 이 정계 개편의 명분은 지역주의 타파였다. 민주당을 전국 정당으로 변모시켜서, 즉 민주당의 인적 기반과 득표 기반을 영남으로 확대해서 지역주의를 타파한다는 것이었다. 사실 영남으로의 기반 확대는 김대중계의 숙원이기도 했다. 그 일환으로 2002년에 정당명부식 비례대표제(1인 2표제)를 도입했다. 1997년 대선에서 승리하기 전까지 민주당은 지역구에서 당선한 의원이 서울·경기·호남에만 있었다. 그나마 여당 프리미엄을 등에 업고서 치른 2000년 16대 총선에서 (비록 야당인 한나라당에 패했지만) 의석이 없던 강원·대전·충청에서 13석을 확보했다. 그렇지만 민주당의 기반을 영남 지역으로 확대하는 것은 민주당 내 세력 관계에서 열세인 노무현계(부산·경남 기반)에게 이익이었다. 민주당이 영남에서 의석을 확보한다는 것은 노무현계 의원이 많아진다는 뜻이기도 했기 때문이다. 그런데 그러려면, 호남에서는 의석을 일부 잃을 각오를 해야 했다. 이후 노무현계는 당권을 쥐고 있을 때 두 번 호남계와 분당했다. 2003년 말 이부영과 김부겸 등 재야 출신 한나라당 의원들을 영입해서 열린우리당을 만들었을 때, 2016년 더불어민주당을 만들며 박지원·천정배·정동영 등의 국민의당과 분열했을 때가 그랬다.

위와 같은 상황을 보면, 노무현 정부의 지역주의 타파는 1970년대에 박정희가 조장해서 굳어지고, 1987년 대선에서는 선거에까지 큰 영향을 끼친 지역주의를 진정으로 해체하는 것이 아니었음을 알 수 있다. 한국 정치의 지역주의는 삼국시대로 거슬러 올라가는 일도 아니고, 자발적 애향심이 선거에서 표현되는 현상도 아니다. 자본주의는 지리적으로 불균등하게 발전하는 경향이 있다. 미국·일본과의 교역 속에서 성장한 한국 자본주의는 수도권과 영남의 해안 지역을 중심(경부선 경제)으로 산업을 키웠기 때문에 호남은 상대적으로 경제성장에서 소외돼 있었다. 독재자들은 일당 국가에 대한 도전을 약화시키려고 지역적 불균등을 이용해 체계적으로 노동계급을 분열시켰다. 이 책략으로 생겨난 것이 지역주의다. 국면마다 양상은 조금씩 변해 왔지만 말이다. 지역주의 투표의 효시는 1971년 대선에서 박정희가 대구 출신임을 이용해 영남에서 몰표를 받은 일이다. 박정희 사후 박정희 없는 박정희 체제를 이어받은 신군부 정권의 전두환·노태우도 공교롭게도 대구·경북 출신자였다. 신군부가 1980년 광주항쟁을 유혈 진압하고 김대중에게 내란음모죄 사형선고를 하면서 호남에서는 반反독재, 반反우파당 정서가 강해졌다.

그렇지만 호남에서 김대중계 민주당에게 몰표를 던지는 현상이 곧바로 생긴 것은 아니다. 1985년 총선에서는 그런 현상이 없었다. 호남의 민주당 몰표는 1987년 대선부터 나타난 현상이다. 반독재 정서가 묘하게 뒤틀려 나타난 일이다. 당시 전두환 정권은 1987년 6월항쟁과 7~9월 노동자 대투쟁에 밀려서, 대통령 직선제를 허용하고 노동조합을 일부 허용하고 언론을 일정 부분 자유화했다. 전두환 정권은 노동계급의 저항에 두려움을 느끼며 지역주의적 분열을 더 부추겼다. 그해 말 대선에서 노태우의 민주정의당은 대구·경북(TK), 김영삼의 통일민주당은 부산·경남(PK), 김대중의 평화민주당은 호남, 김종필의 신민주공화당은 대전·충청에 기반해 득표 경쟁을 벌이며 지역주의 대결 구도의 틀이 잡혔다. 이 틀은 1990년대 중반에 정점에 이르렀다가 점차 약화됐다.

김대중 전 대통령과 김영삼 등은 그 구도에 안주해 고정적 득표 기반을 유지하려고 했다. 역사적 경험을 감안하면, 호남의 민주당 몰아주기 정서는 이해할 만한 요소가 있지만, 지역주의는 노동계급에게 이롭지 않다. 노동계급을 지역별로 분열시키기 때문이다. 지역주의는 민주노조 운동이 발전하고 노동자들의 의식이 성장하고 계급(에 따른) 투표 캠페인이 벌어지면서 약해졌다. 결국 지역주의를 극복하는 핵심 방법은 계급 간 갈등과 계급투쟁이 사회적 중심 의제로 떠오르는 것이었다. 계급투쟁이 활성화돼야 계급 투표도 가능하다. 2000년대 초 민주노동당이 영호남 모두에서 고르게 득표하며 그 가능성을 보여 줬다. 민주노동당은 선진 노동자들의 낙관적이고 성장하는 정치의식을 대변할 때, 영남 노동자 밀집지역과 광주·전남 지역에서 종종 2위를 했다.

위에서 언급했듯이, 노무현 정부의 지역주의 타파는 사실 영남지역에서 득표를 늘리는 것을 뜻했고, 그 핵심 방안은 영남에 기반을 둔 자본가들의 지지를 더 얻어 내는 것이었다. 2006년 지방선거 직전 문재인 당시 청와대 민정수석은 부산을 방문해 기자들에게 다음과 같이 말해 파문을 일으켰다. "아시아태평양경제협력체APEC 정상회의와 신항 및 북항 재개발 등 정부로서는 할 수 있는 만큼 부산에 신경을 쓰고 지원을 했는데 시민들의 귀속감이 전혀 없다. … 대통령도 부산 출신인데 부산 시민들이 왜 부산 정권으로 안 받아들이는지 이해가 안 된다." 그해 여름에 문재인 법무부 장관 기용설이 돌았으나, 이 발언이 발목을 잡아 실패했다.

노무현 정부는 지역 차별을 극복하자며 국토 균형 발전론(발전에서 소외된 지역이 없게 하겠다는 것)도 내놓았지만, 이는 소외된 지역에 공공서비스 등 생활 편의를 확대하는 것이 아니었다. 그저 건설 개발 붐과 기업도시 정책을 정당화하고, 집값이 전국에서 고르게 상승하는 효과만 냈다. 바로 이것이 민주당식 지역주의 극복론의 계급적 성격과 관계있다. 가령 노무현 정부는 부동산 분양 원가 공개를 대선 공약으로 내세웠지만, 집권 후 말을 바꿨다. 2004년 6월에 "장사에는 10배 남는 장사도 있고 10배 밑지는 장사도 있다. 시장을 인정한다면 원가 공개는 인정할 수 없다"며 반대한 것이다. 한국의 역대 정부는 경제와 고용 실적이 부진할 때, 건설업 규제 완화로 토건 활성화 정책을 폈다. 건설업이 고용 유발 효과가 크기 때문이다. 김대중 정부에 이어 노무현 정부 시절에 크게 늘어난 가계 대출은 주식시장과 부동산시장으로 흘러 들어갔다.

노무현 정부의 탈권위주의는 어땠을까? 노무현 대통령은 임기 초 검찰 개혁을 하겠다며 판사 출신 강금실을 법무부 장관에 임명하고 직접 검사들과 대화하는 자리를 열었다. 그렇지만 노무현 대통령 자신의 대선 자금이 불법 정치자금 수사 대상이 되면서 검찰 개혁 시도는 사실상 시작도 못 해 보고 끝났다. 당시 이 수사로 한나라당, 노무현 대통령의 측근, 재벌이 모두 곤경을 치렀다. 아래로부터의 저항을 대하는 국가의 태도도 별로 변하지 않았다. 노무현 정부는 임기 초반에는 여당이 국회에서 소수파여서 개혁을 못 한다고 했지만, 2003년 말 집회 규제를 강화하는 집회 및 시위에 관한 법률(약칭 집시법) 개악안을 국회에 제출한 것은 노무현 정부 자신이었다. 그 내용은 "집시법을 사실상 '허가제'로 바꾼 것"으로 (참여연대의 표현), 온건한 시민단체들도 격렬히 반대했다. 집회와 시위의 자유를 제약한 것에 관해서는 노무현 정부 첫해에 터진 부안 핵폐기장 유치 반대 투쟁이 좋은 사례다.

노무현 정부는 지역 균형 발전(!) 차원에서 전북의 서해안에 핵폐기장을 짓겠다고 했다. 전북과 맞닿은 전남 영광(이곳에 핵발전소가 있다)과 전북 부안·군산 등이 유치 경쟁을 벌였다. 정부는 수억 원씩 보상금이 나온다는 말을 은밀하게 퍼뜨리는 공작을 펼쳤다. 당시 전북의 서해안 지역은 김대중 정부의 새만금 사업으로 어업이 축소돼 심각한 경제적 곤경을 겪고 있었다. 그러나 현금 보상은 사실이 아니었다. 그래서 핵폐기장 신청을 주도한 전북도지사 강현욱과 부안군수 김종규에 대한 부안군민의 분노가 터져 나왔다. 2003년 7월 22일 전체 인구가 7만 명인 부안군에서 1만 명이 모여 집회를 열었다. 경찰이 과잉 대응을 했고, 이 때문에 물리적 충돌이 벌어졌다. 노무현 대통령은 부안군수 김종규에게 직접 전화해 격려했다. 다음 날 열린 국무회의에서는 노무현 대통령이 직접 엄정 대처와 경찰 병력 지원(증강)을 지시했다. 이 지시로 부안군에 진압경찰이 2만 명이나 들어와서는 폭력 집회를 막는다며 주민 이동까지 통제했다. 주민들은 경찰이 계엄군을 방불케 한다며 분노했다.

일부 자율주의[*] 운동가들은 노무현 정부의 탄압에 너무 충격을 받아서 노무현 정부를 '신자유주의 파시즘 정부'라고까지 (잘못) 보기도 했다. 그러나 파시즘은 경제적·사회적 위기의 시대에 반동화된 중간계급이 자본주의적 민주주의 자체를 파괴하려고 벌이는 정치적 대중운동이다. 특히 자본주의적 민주주의의 사회적 내용인 노동계급의 조직과 운동을 파괴하려 한다. 파시즘 용어를 남발하면, 진짜 파시즘의 위험이 얼마나 큰지 보지 못할 뿐 아니라, 잘못된 정치 전략을 받아들일 수 있다. 이런 약점의 폐해는 훗날 이명박·박근혜 정부 때 나타났다.

-----

[*] 자율주의 아나키즘의 최신 형태. 각각의 운동에 고유의 자율성이 있다고 보며 사회 변화에서 노동계급 투쟁이 결정적으로 중요함을 인정하지 않는다. 고통받는 '다중'이 자생적으로 결속하면 국가권력에 도전하지 않고도 체제를 무너뜨릴 수 있고, 이 과정에서 전략·조직·정당 따위는 백해무익하다고 주장한다.

파병, 평택 미군기지, 제주 해군기지, 군비 확대

위에서 언급했듯이, 노무현 대통령은 "반미 좀 하면 어떠냐?"는 파격적 발언을 했다고 알려져 청년층의 지지를 받았다. 그 진상은 다음과 같다. 2002년 9월 영남대 강연에서 노무현 당시 민주당 대선 후보는 미국에 한 번도 가 보지 못한 것이 약점 아니냐는 청중 질문에 다음과 같이 답했다. "미국 한 번 못 갔다고 반미주의자냐? 또 반미 좀 하면 어떠냐? … [그러나] 대통령 하겠다는 사람이 반미 한다는 건 말이 안 된다. 국정에 큰 어려움을 줄 것[이다.]" 대통령은 반미를 해서는 안 된다는 말은 그의 회고록에도 나온다. 이라크전쟁에 전투병을 파병하고 한미FTA를 추진한 것을 변명하는 대목에서 말이다.

2003년 3월 20일 전쟁(이라크의 도시들을 겨냥한 미군의 일방적 폭격과 포격)이 시작되자마자 노무현 정부는 전쟁을 지지하며 미군과 함께 싸울 군대를 파병할 용의가 있다고 밝혔다. 노무현·문재인의 회고록을 보면, 바로 그때부터 자기 지지층이 와해되기 시작한 것을 그들도 알았다. 많은 청년층이 한나라당과 이회창을 냉전 세력이자 호전적 세력으로 보고 노무현을 지지했다. 이를 잘 알면서도 노무현 정부는 침략 전쟁을 지지한 데 이어 파병까지 강행했다. (▶ 더 알아보기: 미국의 이라크전쟁과 한국의 파병 반대 운동, 429쪽)

노무현 대통령은 그해 5월에 미국에 가서 미국 대통령 조지 W 부시를 만나 미국 지배자들에게 아부했다. "53년 전 미국이 우리를 도와주지 않았으면 저는 지금쯤 북한의 정치범 수용소에 있을지도 모릅니다." 2017년 문재인 대통령이 트럼프와 정상회담을 하러 미국을 방문해 "[한국전쟁 중 흥남 철수 당시] 장진호의 용사들이 없었다면, 흥남 철수 작전의 성공이 없었다면, 제 삶은 시작되지 못했을 것이고, 오늘의 저도 없었을 것"이라고 발언한 것과 거의 같다. 이라크 침략으로 전 세계에서 지탄을 받던 전쟁광 부시에게 노무현 대통령이 가정법까지 써 가며 아첨한 것에 많은 사람이 실망했다. 한미동맹을 한국 자본주의가 해외로 뻗어 나가는 지렛대로 삼는 전략을 노무현 정부도 충실히 따랐던 것이다. 한국 지배자들이 이견 없이 한미동맹에 충실하고 나아가 한·미·일 안보 동맹 강화를 지지하는 것은 미국 중심의 패권 질서 속에서 경제적·군사적 이득을 취하려는 것이다. 그러려면 미국이 자신의 패권을 재천명하려고 벌인 전쟁에 적극 참가해야 했다. 그것이 아무리 무고한 이라크 민중과 한국 젊은이들을 희생시키는 결과를 낳을지라도 말이다.

이라크전쟁과 한국군 파병에 반대해 서울에서 벌어진 대규모 시위.

노무현 정부는 또 다른 이유도 댔다. 미국과의 관계를 공고히 해야 남북이 화해 국면으로 가는 데 미국의 지지를 받아 낼 수 있다는 이유였다. 그러면서 진보 진영에게는 세상이 어떻게 돌아가는지 좀 알라고 타박했다.

그런데 그런 노무현 정부가 대북 화해를 진전시켰을까? 그렇지 않다. 비록 임기 마지막 해인 2007년에 노무현 대통령이 평양에 가서 김정일 국방위원장과 정상회담을 하며 폭락해 있던 지지율을 잠시 올렸지만 그것도 잠시였다. 당시 남북 정상이 한 합의는 주로 경제 협력이었다. 저렴한 북한 노동력을 이용하는 등 남한 기업들이 바라던 내용이었다. 반면, 7년 만에 열리는 남북 정상회담에 거는 평화 염원 대중의 기대는 그다지 충족되지 않았다. 특히 2000년 남북 정상회담이 미뤄 둔 군비 통제가 제대로 다뤄지지 않았다. 군사적 긴장 완화와 자유왕래 논의도 진전이 없었다. 그러나 그런 합의조차 지켜지지 못했다. 노무현 정부에게 남은 시간도 없었고, 대중의 환멸이 너무 커서 정권을 연장할 도리도 없었다.

노무현 정부가 정상회담을 통한 경제 협력을 바란 것이 진심이었을지라도, 임기 말에 가서야 뒤늦게 회담을 할 수 있었던 것은 미국의 대북 정책을 충실히 따랐기 때문이다. 이는 국내 우파의 눈치를 본 것이기도 하다. 노무현 정부의 배신이 2004년 총선 이후 기진맥진해 있던 우파의 기를 살려 준 핵심 요인이었는데, 대북 정책에서도 마찬가지였다. 미국 부시 정부는 들어서자마자 대북 압박을 가중했다. 북한은 1994년 북·미 제네바 합의대로 플루토늄 원자로와 재처리 시설을 동결하고 약속을 지켰지만, 부시 정부는 그 대가인 중유 공급을 2002년에 중단해 버렸다. 미국의 북한 무시

정책 속에 북한은 핵실험으로 돌입하고 마침내 2006년 10월 핵실험에 성공했다. 한국의 우파는 민주당 정부의 북한 퍼 주기가 핵 개발 자금으로 들어갔다고 하지만, 본질은 미국의 대북 압박이 북한으로 하여금 핵 보유를 통한 대미 협상력 증대 전략으로 몰고 간 것이다. 게다가 미국의 이라크 침략은 북한 정부에게는 대량살상무기가 없으면 오히려 미국의 침략을 받을 수 있다는 교훈을 줄 수밖에 없었다. 미국 부시 정부는 북한을 핵 보유국으로 인정할 수도 없어서 계속 무시 정책으로 일관했다. 이런 상황을 반대하거나 돌파하려 한다는 의미의 자주 외교는 없었다. 미국을 도와 한반도에서 재량권을 얻어 내겠다는 호언장담은 결국 허풍이 됐다.

만약 미국이 북한을 공격하지 않은 요인을 꼽으라면, 이라크전쟁에 발목 잡혀 북한에 신경 쓸 여력이 없었던 것이 제1번일 것이다. 노무현 정부는 제국주의 강도가 전쟁에서 승리하도록 도와서 한반도의 군사 긴장을 완화할 수 있다고 봤지만, 상황은 반대였다. 미국은 이라크의 후세인과 그 정권을 제거하는 데는 성공했지만, 이라크 침공과 점령을 통해 이루려던 목표 달성에는 실패했다. 바로 그 타격 때문에 한반도에서도 더 공격적으로 할 수 없었던 것이다. 부족하나마 한반도 평화에 기여한 것은 당시 "또 다른 슈퍼 파워"로 불린 광범위한 국제 반전 운동과 이라크 민중의 저항, 그리고 그들과 연대하려 한 한국의 반전 운동이었다. 노무현 정부는 반전 운동에 경찰을 보내 폭력이나 휘둘렀지만 말이다.

요컨대, 노무현 정부의 '자주 외교' 노선은 한반도 평화와 반제국주의와는 거리가 멀었다. 노무현 정부가 미국의 세계 패권 전략에 협력한 사례는 또 있다. 제주 해군기지 구상을 실제 사업으로 개시한 것, 주한미군의 주력을 휴전선 이남(경기도 북부, 서울 용산)에서 서해안 항구도시인 경기도 평택으로 옮기도록 미군기지 확장·이전을 개시한 것 등이다. 노무현 정부는 평택 미군기지 건설을 위해 인근 농민을 모두 쫓아냈다. 게다가 반대 시위를 진압하려고 현역 군부대까지 투입했다.

당시 미국 부시 정부는 전 세계의 미군을 신속기동군으로 재편하려 했다. 이는 미군이 여러 군데서 동시에 작전을 수행하며 승리할 수 있고 그래야 한다는 '신보수주의자(네오콘)'의 새로운 군사전략 개념에 따른 것이었다. 이에 따라 주한미군도 해외 다른 곳으로 이동하기 쉽게 지리적으로 재편돼야 했다. 또 주한미군을 휴전선 근방에서 서해안으로 옮긴 것은 이 지역에서 미국의 진정한 견제 대상이 북한이 아니라 중국임을 보여 주는 것이었다. 노무현 정부는 미국 정부와 2004년에 평택으로의 미군기지 이전에 합의했지만, 당시에는 용산 미군기지 반환 문제만 공론화하고 평택으로의 이전 문제는 공표하지 않고 뒤로 준비했다. 평택 미군기지 공사는 2007년에 시작해, 공교롭게도 문재인 정부 때 완료됐다. 2017년 문재인 대통령은 방한한 미국 대통령 도널드 트럼프를 평택 미군기지에서 맞이했다.

물론 노무현 정부는 중국과의 선린 관계를 무시할 수는 없었다. 대외 의존도가 높은 한국 경제에서 중국과의 교역 비중이 미국과의 교역 비중을 앞지른 해가 바로 노무현 정부 첫해인 2003년이다. 이후 한국 경제와 중국 경제는 갈수록 더 긴밀해졌다. 중국은 2000년대에 줄곧 고속 성장했다. 당시는 중국이 경제와 군사 안보 두 측면 모두에서 미국과 경쟁할 수준은 아니었다. 노무현 정부는 미국과 중국 사이 "[동북아시아] 균형자 외교"를 표방했지만 그럴 능력이 없었으므로 그저 줄타기를 하면서 줄에서 떨어지지 않으려고 균형을 잡을 뿐이었다. 이 줄타기가 "자주" 외교의 실체였다. 그리고 "균형자"라는 표현은 미국과의 동맹이 언제나 우선인 균형이라는 점을 잘 드러내지 않는다. 이는 흡사 현재 문재인 정부가 중국을 가벼이 대하지 않으면서도 중국 견제 용도인 미국의 무기 체계인 사드의 한국 배치를 기정사실화한 것과 비슷하다. 촛불 염원보다 계급 이익이 더 중요한 것이다.

노무현 정부식 "자주"는 오히려 애국주의 미사여구와 버무려진 군비 확충으로 표현됐다. 이른바 자주국방론이다. 김대중 정부는 미국이 한국에 부과한 미사일 사거리 제한을 완화시켜, 미사일 전력 강화의 길을 열었다. 당시 한국 해군은 연안 해군(한반도 방어)에서 대양 해군(해외 진출)이 되겠다고 표방했다. 노무현 정부는 이

노무현 정부는 평택 미군기지 확장·이전 반대 시위를 진압하려고 현역 군부대를 투입했다.
ⓒ 임수현

를 이어받아 막대한 자금을 들여 이지스함 3척을 건조했다. 자주 국방을 이루기 위해서라고 했다. 그 일환으로 노무현 정부는 전시 작전권을 환수하려 했는데, 이는 독자적 이해관계를 가지는 한국 자본주의의 성장과 위상 변화를 반영하는 시도였지만, 그것이 한미동맹을 훼손하는 것으로 비칠까 봐 우파는 이를 반대했다. 결국 노무현 정부가 합의한 전시작전권 환수는 이명박 정권 때 파기됐다. 노무현 정부는 균형자론을 내세워 진보 진영을 교란하고는 미국의 중동 전쟁에 파병하기, 평택과 제주 등 미국이 원하는 곳에 미군기지 만들어 주기, 한미FTA로 미국과의 동맹 관계 강화하기 등 친미 정책을 펴 나갔다. 한국군의 중동 파병을 직접적 배경으로 해서 한국인이 여럿 죽었는데도 노무현 정부는 꿋꿋했다. 훈련 중이던 미군 장갑차에 중학생 2명이 깔려 죽은 사건에 분노해 거리로 나오고 노무현에게 투표했던 청년 세대에게 노무현 정부 5년은 분개할 수밖에 없는 시간이었다.

"해고는 쉽게 파업은 어렵게"

노무현 정부의 친노동 언사도 기만이었음이 드러나는 데 반년이 채 걸리지 않았다. 화물연대와 철도노조가 2003년 3월에 파업을 벌였을 때, 정부가 개입해 노조의 요구를 일부 수용하는 듯했다. 하지만 투쟁이 끝나자마자 정부와 사용자들이 약속을 뒤집어서 결국 두 노조 모두 그해 초여름에 2차 파업을 벌였다. 그러자 정부는 경찰력을 투입해 파업을 탄압했다. 6월에 신한은행으로 강제 합병되는 것에 반대하며 일어난 조흥은행 파업도 경찰력 투입 직전 상황까지 갔다.

　노무현 대통령과 문재인 당시 청와대 민정수석 등 당시 청와대 권력자들의 회고를 종합하면, 노무현 정부는 처음부터 노동자 투쟁에 우호적이지 않았다. 정권을 곤란케 하는 방해 요소로 봤다. 화물연대와 철도노조의 투쟁은 국가 시스템을 위협하는 요인으로 다뤘다. 노무현 정부 초기 2년 동안 대통령 비서실 내 제1부속실 행정관으로 일한 이진은 회고록에서 화물연대 파업에 대응하면서 정리한 매뉴얼이 기초가 돼 국가위기관리기본지침이 짜이고 그것이 이듬해 재난및안전관리기본법의 모태가 됐다며 자랑했다. 노동자 파업을 "사회 재난"으로 상정한 셈이었다. 파업으로 금융 전산이 마비되거나 물류가 봉쇄되면 재난에 준하게 다루는 것이 당연하지 않냐고 반문할 수도 있겠다. 그러나 그 효과를 생각해 봐야 한다. 파업을 재난 발생 요인으로 간주한다면, 그 파업이 국가에 의해서 어떻게 다뤄질지를 말이다.

　이처럼 노무현 정부는 노동자를 직접 탄압한 장본인이었다. 노무현 정부 첫해인 2003년 공공 부문에서 파업 노동자들에게 부과된 손해배상 명목의 가압류 액수가 400억 원을 넘는 상태였다. 이 중에는 노무현 정부가 철도노조에 건 75억 원이 포함돼 있다. 바로 이 손배가압류로 파업이 무력화되자 좌절해 스스로 목숨을 끊은 한진중공업 노조 지회장 김주익 열사의 죽음을 두고 노무현 대통령은 "이제 죽음으로 투쟁하는 시대는 지났다"고 모욕했다. 김주익 열사는 생전에 노무현 변호사의 변호를 받았던 인물이었는데 말이다.

　상업고등학교 졸업자로 온갖 차별과 멸시를 이겨 낸 대통령 아

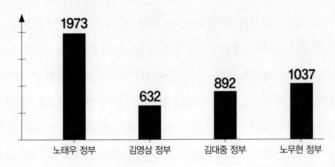

정부별 구속 노동자 수 (단위: 명)

- 노태우 정부: 1973
- 김영삼 정부: 632
- 김대중 정부: 892
- 노무현 정부: 1037

출처: 민주노총·구속노동자후원회

래서 처지가 개선되리라고 본 노동자들은 노무현 정부 첫해부터 모래알을 씹는 기분이 됐다. 노무현 대통령은 지난한 투쟁으로 겨우 시민적 자유를 얻어 낸 조직 노동자들을 "노동귀족"이라고 비난하고 조롱하기까지 했다. 노무현 정부는 노동귀족론을 개발해 조직 노동운동을 고립시키려 하면서 파업권을 제약하는 노사관계로 드맵을 추진했다. 당시 언론은 이를 두고 "해고는 쉽게, 파업은 어렵게" 하는 법이라고 불렀다.

노무현 정부 첫해에 일어난 주목할 만한 사건으로는 하반기에 터진 카드 대란도 있다. 김대중 정부가 시작한 신용카드 소비 호황 거품이 2003년 경제가 안 좋은 상황에서 팍 꺼져 버린 것이다. 카드사의 부실채권이 늘어나 생긴 일인데, 이는 본질적으로 사람들의 소득이 줄어든 탓이다. 신용카드의 기본 원리는 개인들이 카드사에게서 단기 대출을 받아서 소비하는 것이다. 이런 소비는 한 달 후든 몇 달 후든 소득이 일정하게 생긴다는 기대 속에서 이뤄진다.

그 소득이 예상대로 들어오지 않는다면, 그 소비는 갚지 못할 부실 대출이 되는 것이다.

이 카드 대란은 김대중 정부가 구조조정과 정리해고를 하는 와중에 카드 발급 규제 완화로 소비를 진작하려던 방식이 한계에 이르렀음을 보여 줬다. 앞서 8~9장에서는 한국 경제가 1997년 경제공황 이후 이윤율 저하를 극복하는 수단의 하나로 임금 억제에 큰 주안점을 뒀다고 언급했다. 그럼에도 일정한 소비가 필요했으므로 정부와 자본은 대출을 늘려 소비를 진작하려고 했다. 지금까지도 가계 대출은 꾸준히 증가해 왔고, 이는 부동산 거품 등을 가라앉힐 수 없는 요인이 되고 있다.

2003년에 이르자 카드 호황에 기초해 급속히 덩치를 키운 재벌 기업의 카드사들(당시 카드 업계 1~3위는 삼성카드, 엘지카드, 국민카드였다)이 각각 수조 원대의 연체(부실채권)에 시달렸다. 다급해진 노무현 정부의 금융 당국은 카드사의 모회사가 그 부실을 떠안으라고 요구했다. 이에 따라 삼성그룹은 삼성전자에서 얻은 수익으로 삼성카드의 손실을 메웠다. 이 조처를 거부한 당시 국민은행장은 얼마 안 가서 다른 부정 혐의로 금융감독원에 의해 징계를 받고 은행권에서 퇴출됐다. 결국 국민은행도 자회사인 카드사를 합병하는 방식으로 손실을 떠안았다. 그런데 엘지그룹 총수 일가는 카드사 부실이 터지기 전에 엘지카드 지분을 다 팔아 치워 버린 상태였고 그래서 정부의 요구를 따르지 않을 수 있었다. 엘지그룹은 무책임과 뻔뻔함으로 일관하다 미운털이 박혀 몇 년간 검찰 수사에 시달렸다. 그렇지만 총수 일가는 제대로 수사받지도 처벌받지도 않았다.

대통령 탄핵 시도 좌절과 여당의 총선 승리,
그러나 개혁은 …

임기 첫해부터 정부 지지율이 추락하는 등 정부가 취약해지자, 우파들은 이때다 싶었는지 2004년 3월 12일에 국회에서 노무현 대통령을 탄핵했다. 이 탄핵에 반대해서 큰 운동이 벌어졌다. 노무현 정부에 크게 실망해서 지지를 철회한 사람이더라도, 민주적 선거로 선출된 대통령을 대중의 지지도 없이 우파가 제거하려는 것을 우파의 의회 쿠데타로 여기고 거리로 뛰쳐나왔다. 탄핵 반대 운동은 단순히 노무현 지지 운동이 아니었다. 이는 여론조사 결과로도 알 수 있다. 한국갤럽의 여론조사 결과를 보면, 이 기간에 노무현 정부의 지지율은 평균 30퍼센트대였고, 가장 높았던 수치는 45퍼센트였다. 이 국면 전에는 정부 지지율이 25퍼센트까지 떨어져 있었다. 그러다가 국회에서 대통령 탄핵소추안이 가결된 뒤에 반우파층이 결속하면서 정부 지지율이 오른 것이다. 그러나 탄핵 반대 여론은 모든 여론조사 결과에서 70~80퍼센트를 기록했다. 쉽게 말해, 노무현 정부를 지지하지 않으면서도 우파의 대통령 탄핵 시도에 반대한 사람이 더 많았던 것이다.

노무현 대통령을 탄핵한 국회는 임기가 다 끝나 가는 국회였다. 그런 국회가 이제 임기를 1년 보낸 대통령을 탄핵한 것이다. 탄핵 이유는 아주 사소했다. 대통령이 자기 소속 정당을 지지해 달라고 호소한 것이 위법이라는 것이다. 오히려 정치적 자유를 제약하는 선거법이 문제인데 말이다. 한나라당도 설득력이 부족하다고 생각했는지 탄핵소추 사유에 부패 혐의도 포함시켰다. 그러나 (노무현 정부와 사이가 안 좋았던) 검찰이 수사한 결과, 2002년 대선 자금 비리 문제에서 한나라당은 노무현 후보보다 몇 배나 많은 재벌 비자금을 가져다 쓴 것으로 드러났다. 그런 한나라당이 부패를 문제 삼는 것은 더 설득력 없었다. 1년 만에 인기를 많이 잃은 대통령이었지만, 탄핵 반대 운동에 국민적 지지가 쏠린 이유다. 그런데 당시 노무현 대통령은 대통령 직무 정지 상태 중에 다음과 같이 말했다. "난 촛불 시위 하는 사람들을 보면 한숨이 팍팍 나옵니다." 대중의 기대 염원이 부담스러웠던 것이다.

결국 대통령 탄핵은 불발로 끝났고, 그 직후에 치른 2004년 총선에서 한나라당은 참패했다. 한나라당은 121석을 얻었다. 1987년 6월항쟁의 여파 속에 치러진 1988년 13대 총선 때보다 저조한 성적이었다. 물론 한나라당은 더 큰 참패를 막았다며 안도의 한숨을 내쉬었다. 2004년 총선에서 한나라당을 진두지휘한 박근혜에게 "선거의 여왕" 호칭이 붙은 것이 이때다. 노무현 대통령의 열린우리당은 152석을 차지했다. 1960년 4월혁명 이후 치러진 8월 총선 이후 최초로 민주당계 정당이 의석의 절반 이상을 차지한 일이 벌어진 것이다. 그리고 민주노동당이 10석을 차지해서 한국에서 최초로 노동계 정당이 국회에 입성했다. 이 2004년 총선 결과를 보며 대중의 기대감이 다시 커졌다. 김대중 정부도 노무현 정부도 국회에서 소수파이고 우파가 발목을 잡아서 개혁이 어렵다고 평계를 대 왔는데, 이제 국회에서 단독으로 과반 의석을 차지한 제1당이 됐다. 개혁 입법에서는 민주노동당 의원 10명도 도움이 될 것이었다. 게다가 당시 민주노동당 의원들은 모두 길게는 1970년대부터 한국의 노동운동을 이끌거나 대표해 온 지도자들이었다. 민주노총

위원장을 지낸 권영길 의원과 단병호 의원을 포함해서 말이다.

그런데 노무현 정부가 총선이 끝나자마자 한 일은 이라크전쟁에 마침내 전투병을 파병하기로 한 것이었다. 2004년 4월에는 공병 부대와 의료 부대가, 8월에는 전투병 3000명으로 구성된 자이툰 부대가 이라크로 떠났다. 자이툰 부대 파병은 베트남전쟁 이후 최대 규모의 전투병 파병이었다. 이로써 한국은 이라크전쟁에 셋째로 많은 병사를 보낸 나라가 됐다. 자이툰 부대가 파병되기 석 달 전인 5월 31일에 김선일 씨가 이라크 무장 단체에게 납치당하는 일이 일어났다. 이 무장 단체는 한국 정부가 파병을 철회하지 않으면 김선일 씨를 공개 처형하겠다고 했다. 파병 결정을 철회하라는 수천 명 규모의 집회가 광화문사거리에서 매일 열렸다. 요즘 친노·친문 인사들은 박근혜가 세월호 참사 때 7시간이 지나서야 나타난 것에 견줘서 당시 노무현 정부는 김선일 씨가 납치되자마자 24시간 비상 회의를 했다며 자랑하듯이 말한다. 그러나 "죽고 싶지 않다"는 김선일 씨의 절규에 노무현 정부는 무장 단체와는 협상하지 않고 무슨 일이 있어도 파병한다고 답했다. 결국 김선일 씨는 처형당했고, 그 영상을 뉴스로 접한 많은 사람들은 슬픔과 충격에 빠지고 분노를 느꼈다. 이라크 전쟁·파병 반대 운동의 경고가 옳았음이 비극적으로 입증된 셈이었다. (▶ 더 알아보기: 미국의 이라크전쟁과 한국의 파병 반대 운동, 429쪽)

2004년 가을에는 국가보안법 개정·폐지가 쟁점이 됐다. 열린우리당이 '4대 개혁 입법'(국가보안법·사립학교법·과거사진상규명법·언론관계법의 폐지나 개정)을 내건 것이다. 재차 열린우리당에 대한 "미워도 다시 한 번"이 시도됐다. 노무현 대통령은 국가보안법을 박물관으로 보내자고 말했는데, 결국 한나라당의 저항을 핑계로 스스로 포기해 버렸다. 결국은 국가보안법을 박물관으로 보내자는 말이 박물관에 가 있다.

당시 열린우리당 의장 이부영이 2020년 1월 자신의 SNS에 올린 회고의 내용이 흥미롭다. 이부영은 열린우리당 의장 자격으로 한나라당 대표 박근혜와 협상해서, 국가보안법을 폐지하지 않는 대신 핵심 독소 조항이 포함된 7조를 폐지하기로 하고 나머지 3법은 개정하기로 합의할 뻔했지만, 친노 직계 의원들이 이를 뒤집었다고 밝혔다. 이부영의 이 회고가 어떤 취지였든지 간에 한나라당의 훼방 탓에 국가보안법을 털끝도 건드리지 못한 것이라는 변명은 반박이 된다. 중요한 것은 노무현 정부가 2004년 말에 4대 개혁 입법을 관철할 의지가 없었다는 사실이다. 실효도 없는 행정수도 이전

고 김선일 씨의 죽음은 노무현 정부의 친제국주의 면모를 백일하에 드러낸 비극이었다.

방안을 국회에서는 일단 관철시켰던 사례만 보더라도, 국가보안법 폐지 등 4대 개혁 입법에 실패한 것을 박근혜가 이끌던 한나라당과 우파의 저항 탓으로만 돌리는 것은 비겁한 일이다.

17대 국회의 첫해인 2004년의 마지막 날에 여야 합의로 국회를 통과한 것은 개혁 입법이 아니었다. 자이툰 부대 파병 연장(해마다 연장해야 했음), 경제특구 내 외국인 개설 의료기관의 내국인 진료 허용, 국민연금 기금의 주식과 부동산 투자 허용 같은 개악안들이었다. 이 개악안들은 모두 2004년 총선에서 대승을 거둔 뒤 노무현 정부와 열린우리당이 제출한 것이었다. 특히 노무현 정부는 국민연금 개악에 집착했다. 2007년에는 연금 수령액을 계속 깎는 법안을 통과시켰다(기존 소득의 60퍼센트 수준을 지급하던 것을 2008년에 50퍼센트로 낮추고 그 뒤 20년 동안 40퍼센트까지 낮추기로 했다).

또 노무현 정부는 비정규직 악법을 추진했다. 2004년부터 '비정규직 보호법'이라는 이름으로 추진된 세 법안이 2006년에 통과했다. 주요 내용은 파견법상 파견 가능 업종을 확대하고 상시 업무에도 비정규직 사용을 제한하지 않고 오히려 2년간 허용해 주는 것이었다. 노무현 정부는 2년 이상 고용된 비정규직은 정규직화될 수 있게 되므로 모든 비정규직을 위한 법이라고 홍보했다. 그러나 이 법은 비정규직 사용을 더 늘리고 합법화(장려)했을 뿐 아니라, 업종에 따라 노동자를 2년만 쓰고 버리는 일을 정당화해 주는 악법이었다. 2년 이상 고용된 비정규직은 '정규직화'될 수 있지만 임금 차별과 고용 차별은 유지됐다. 2007년 7월 1일 파업을 시작한 이랜드 비정규직 노동자들이 직접적 피해자였다. 바로 그 '비정규직 보호법' 때문에 대량 해고를 당한 것이다. 이랜드 비정규직 노동자들은 서울에 있는 홈에버[지금의 홈플러스] 상암월드컵점을 점거하고 파업했다. 이 파업은 나중에 영화 〈카트〉의 소재가 됐다. 다음 정권인 이명박 정권은 이 법의 독소 조항을 이용해서 비정규직 사용 기간 제한을 4년으로 늘리려는 개악을 추진했다. 그 명분도 비정규직 고용 안정이었다.

2006년 당시 열린우리당 의원으로 '비정규직 보호법' 제정의 실무를 책임진 인물은 노동운동 출신자인 이목희였다. 이목희는 2008년에 이명박의 비정규직법 개악에 반대하는 토론회에 나와서, 2006년 당시 비정규직법은 사실은 비정규직 전체가 아니라 사용자가 계속 쓰고 싶어 하는 일부 숙련 비정규직에게만 도움이 되는 법이었다고 실토했다. 2006년 비정규직법 제정을 전후로 몇몇 대형 사업장에서 정규직과 업무가 구분된 무기계약직을 사용하는 사례

노무현 정부의 '비정규직 보호법' 때문에 대량 해고를 당한 이랜드 노동자들. ⓒ 성경현

가 생겨나 보편화했다. (▶ 더 알아보기: 2007년 이랜드 비정규직 투쟁, 436쪽)

정부가 기업 편인 것이 분명해 보이자, 제조업 기업들은 법으로 파견이 금지된 생산 라인에도 파견 형식으로 비정규직을 썼다. 필요할 때 쉽게 해고하고, 무엇보다 노동자들을 고용 형태별로 분열시켜 단결을 약화시키려는 계략이었다. 이 불법 파견이 현대자동차 공장에서 문제가 됐지만, 정부는 아무 일도 하지 않았다. 대법원에서 불법 파견을 시정하라는 판결이 나도 사측은 요지부동이었다. 오히려 노무현 정부는, 법을 준수해 불법 파견 노동자를 모두 정규직화하라는 정당한 투쟁을 탄압했다. 노무현 정부는 비정규직의 눈물을 닦아 주기는커녕 피눈물을 쥐어짰다. 임기 첫해부터 노동운동 단속의 의지를 드러낸 노무현 정부가 원내 다수당이 됐다고 입장이 바뀔 리 없었던 것이다.

개혁 염원을 배신했다가 위기에 빠진 정부를 대중이 구해 줬지만, 노무현 정부는 또다시 지지층을 배신했다. 배신을 반복하면 용서가 안 되는 법이다. 2004년 총선으로 국회가 물갈이됐는데도 노무현 정부가 배신을 거듭하자 지지층은 더 야멸차게 등을 돌렸다. 이때 등 돌린 지지층은 노무현 정부 임기가 끝날 때까지 돌아가지 않았다. 노무현 대통령은 회고록에서 2005년 초에 자포자기 심정이었다고 썼다. 그러나 그 심정으로 한 행동이 더 가관이었다. 바로 박근혜가 당 대표로 있던 한나라당에 연립정부를 구성하자고 제안한 것이다. 사실상 박근혜를 국무총리에 앉힐 수 있다는 것이었다. 그런데 박근혜가 제 아비에게 배운 것 하나는 권력은 나누는 것이 아니라는 것이다. 그래서 박근혜는 집권한 뒤로도 권력을 다른 공직자들과 나누지 않았다. 최순실은 곁에 뒀지만 말이다. 노무현 정부는 박근혜에게 매몰차게 거절당했고, 그때부터 레임덕 상태였다. 그렇지만 노동 악법, 한미FTA, 이라크 파병 연장 등은 순조롭게 처리됐다.

개방형 통상국가론과 한미FTA

노무현 정부는 2005년부터 '한미 자유무역협정FTA'을 추진하기 시작했다. 8장에서 다뤘듯이, 한국은 IMF 경제공황을 거치며 대외 의존도가 더 높아졌다. 노무현 정부는 한국 경제를 더 적극적으로 개방하고 FTA 체결이라는 충격요법을 써서, 신자유주의적 구조조정을 추진하려고 했다. 수출 제조업 기업들이 더 유리한 조건에서 해외시장에 진출할 수 있게 하려는 목적도 있었다. 그런데 위에서 언급했듯이, 2003년부터는 한국 경제 교역의 무게중심이 미국에서 중국으로 점차 옮겨 갔다. 당시 대두하는 중국보다 미국과 FTA를 먼저 추진한 것은 중국과의 교역 확장에도 불구하고 한국이 미국과의 동맹을 우선할 것임을 확인시키는 일이었다. 따라서 한미 FTA 체결은 한국 정부의 능동적 선택이었다. 미국의 경제 식민지가 되는 문제 따위가 전혀 아니었다. 노무현 정부는 한미FTA 체결을 이용해서, 공공 부문을 더 민영화하고 노동·환경 규제를 완화하고 금융 등 기존 서비스 산업을 구조조정해 효율성을 높이고 의료 등 새로운 서비스 산업을 육성하려고 했다. 이는 동북아 금융허브론 같은 허황된 프로젝트로 표현됐다. 정부가 부실 위험을 과장해 외환은행을 무리하게 투기 자본인 론스타에 헐값에 매각한 것도 금융시장 개방과 규제 완화를 위한 일이었다. 노무현 정부는 의료와 금융 서비스 산업의 영리화를 더욱 촉진하고 기업을 위한 규제 완화를 추진하는 데서 한미FTA가 지렛대이자 촉진제가 돼 주기를 기대했다. 결국 한국 자본의 이윤 추구를 더 잘 보장하려 한 것이 한미FTA 추진의 핵심 목적이었다. 짧게 말해, 한미FTA는 민족 문제가 아니라 공공성과 계급의 문제였다.

한편, 한미FTA의 구조조정 효과가 미칠 대표적 분야가 농업이었다. 당시 미국 쪽이 한국 국회에 제출한 보고서를 보면, 한미FTA 체결로 한국 농업이 45퍼센트 줄어들 터였다. 당시 한국 농업 종사자가 140만 명(농촌 인구는 350만 명)이었는데, 그중 60만 명이 일자리를 잃게 된다는 예측이었다. 당연히 농민들이 거세게 저항했다. 노무현 정부는 농민의 저항을 폭력으로 탄압했다. 그래서 2005년 11월 농민대회에서 농민 두 명이 경찰 폭력에 목숨을 잃었다. 이에 더해서 노무현 정부는 두 농민의 시신을 탈취하려고도 했다. 박근혜 정부가 백남기 농민을 죽이고 그 시신을 빼앗으려고 한 것과 마찬가지의 일이 노무현 정부하에서도 일어난 것이다.

현재 친문 인사들은 이 사실을 두고도 박근혜 정부와 노무현 정부를 대비시킨다. 노무현 정부는 경찰 폭력을 사과했다는 것이다. 물론 노무현 대통령이 경찰 폭력을 사과하는 대국민 담화를 발표한 것은 사실이다. 그러나 그 '사과' 담화문의 3분의 2는 이른바 폭력 시위를 비난하는 내용이었다. 그 뒤 실천을 봐도 노무현 정부는 제대로 반성하지 않았다. 이듬해인 2006년 3월에 노무현 정부는 집회·시위의 자유를 제약하는 조처를 내놓았다. 그 내용은 시위 참가자 처벌 강화, 민사상 배상 청구 실시, 채증 강화, 물대포 등 시위 진압 장비 확충, 진압경찰 병력 증원 등이었다. 농민들이 사망한 지 몇 달 뒤에는 건설 노동자 하중근 씨가 경북 포항에서 집회 도중 경찰 폭력에 사망했다. 당시 경찰은 경고 방송도 하지 않은 채 소화기를 뿌리고 방패를 휘두르며 시위 대열을 거칠게 몰아붙였다. 경찰 폭력에 노동자 16명이 잇달아 피를 흘리며 쓰러졌다. 하중근 열사도 뒤통수에 경찰의 방패를 맞고 쓰러졌다. 곧장 경찰 기동대원 여러 명이 달려들어 하중근 열사를 군홧발로 짓밟고 소화기로 내리찍었다. 하중근 열사의 죽음은 포항건설노조의 파업과 관계있는데, 이 파업에 노무현 정부는 사망 3명, 부상자 250여 명, 구속 70명, 손배가압류 16억 5000만 원으로 화답했다. 김대중 정부 때부터 민주화 조처라며 시위 진압에 최루탄을 사용하지 않았다. 그런데 최루탄을 쓰지 않고 집회를 해산시키려니 직접 두들겨 패는 구타 폭력은 더 심해졌다. 당시 서울경찰청 1기동대(특히

2001년 12월 농민 대회를 진압하는 서울경찰청 1기동대.

1001·1002·1003중대)는 시위를 폭력으로 진압하는 전문 부대로 악명 높았다. 특히 노무현 정부 때 시위 진압 과정에서 사망한 사람이 많았다.

노무현 대통령은 경제기획원 출신 관료들과 함께 "비전 2030"이나 "사회복지 2030" 문서를 작성했다. 이 문서들은 정부의 개방형 통상국가 비전을 기초로 한 계획을 담았고, 한미FTA 추진을 정당화하는 내용도 있었다. 노무현 정부의 이 정책 방향은 임기 중반기를 달군 2005년 황우석 사기극으로 연결됐다. 이 황우석의 줄기세포 연구 부정 사건도 새 산업 육성 정책과 관련 있었다(나중에 박근혜 정부의 미래창조과학부도 비슷한 구실을 했다). 좀 더 구체적으로 말해, 황우석의 줄기세포 연구는 바이오 산업 육성 정책과 관계있었다. 위에서 언급했듯이, 노무현 정부가 한미FTA라는 충격 요법으로 육성하려던 서비스 산업에는 의료 산업(특히 바이오헬스 산업)이 있었다.

당시 황우석의 사기 행각을 밝혀내는 과정은 쉽지 않았다. 친정부 인사들이 의혹을 제기하는 사람들을 엄청나게 못살게 굴었다. MBC 〈PD수첩〉이 앞장서서 황우석의 사기 행각을 파헤쳤는데, 그 과정에서 오히려 당시 책임 PD였던 최승호 씨 등이 징계를 받았다. 황우석이 서울대학교 교수였던 데다가, 국가를 빛내는 연구를 흠집 내면 안 된다고 〈PD수첩〉이 엄청나게 공격받았다. 김어준 씨는 황우석 때리기 음모가 있다며 음모론을 펼쳤다. 최승호 PD는 그 뒤 〈뉴스타파〉에서 활동하다가 지금은 MBC의 사장이 됐다. 당시 상황을 다룬 영화가 〈제보자〉다.

당시 노무현 정부 안에도 황우석을 적극 지지하는 사람들이 있었다. 그들을 '황금박쥐'라고 불렀는데, 황우석과 정부 내 옹호자들의 성을 따서 만든 말이다. 황우석의 황, 김병준 청와대 정책실장의 금金, 박기영 청와대 정보과학기술보좌관의 박, 진대제 정보통신부 장관의 진(쥐). 이 중 박기영은 문재인 정부 초기에 차관급인 과학기술정보통신부 과학기술혁신본부장으로 임명됐다가 나흘 만에 낙마했다. 이렇게 그때와 지금이 연결돼 있다.

노무현 정부의 인사들이 황우석의 연구(와 성공)를 중시한 또 다른 이유도 있었다. 그 연구가 삼성 같은 재벌이 미래 사업 분야로 꼽는 바이오헬스 산업과 관련 있었기 때문이다. 즉, 황우석 연구의 성공이 의료 민영화로 가는 장밋빛 길을 열 것이라는 기대였다. 노무현 정부가 의료 민영화라는 재앙의 길에 레드카펫을 깔고 있었던 것이다.

당시 노무현 정부가 삼성그룹과 밀접하게 연계해 움직인다는 의혹도 동시에 제기됐다. 노무현 대통령의 심복 이광재가 〈중앙일보〉(와 JTBC) 소유주이자 이건희의 처남인 홍석현과 손잡고 삼성과 청와대를 연결했다는 것이다. 이것이 노무현 정부 시절에 "삼성 공화국" 담론이 유행한 배경이었다. 그리고 실제로 홍석현은 노무현 정부의 도움을 많이 받았다. 노무현 정부는 홍석현을 주미 대사로 임명해 차기 유엔 사무총장으로 밀어주려 했다. 그런데 국가안전기획부(안기부)의 국내 정치 사찰과 삼성의 정치권 로비 사실이 담긴 녹음 파일이 2005년에 폭로돼 버렸다. 이른바 "안기부 X파일 사건"이다. 홍석현의 목소리가 그 파일에 직접 등장한다. 노무현 정부와 삼성의 관계가 돈독했던 것은 사실이다. 노무현 정부 시절에 여러 재벌 기업 총수가 부패 혐의로 구속됐지만, 삼성의 이건희는 구속되지 않았다. 2004년에 삼성전자 출신 황영기가 공적자금이 투입돼 정부 소유였던 우리은행의 은행장이 됐다. 마찬가지로 삼성전자 출신인 진대제는 2003년에 정보통신부 장관이 되고, 2006년 지방선거에는 열린우리당의 경기도지사 후보로 출마했다.

한편, "삼성 공화국"은 삼성이 원활한 사업과 경쟁에서의 우위 확보를 위해 광범하게 구축한 인적 네트워크를 가리키는 말이다. 자본주의 경제에서는 수백억 원을 순식간에 이동시킬 수는 있어도, 한 나라에 구축해 놓은 인적 네트워크를 이동시킬 수는 없다. 삼성 같은 다국적기업이더라도 본국에 구축해 놓은 네트워크를 통해 특혜를 얻는 등의 방식으로 성장해야 해외로 진출할 수 있다. 그리고 새로 진출한 나라에서도 그런 네트워크를 구축해야 한다. 그런데 그런 네트워크로 맺은 관계는 상호적이다. 기업은 정치인과 국가 관료가 뒤를 잘 봐주기를 바라고 정치인과 국가 관료는 기업(과 더 넓게는 국가 경제)이 잘되는 것을 국가 전체의 이익으로 본다. 즉, 기업인과 정치인과 국가 관료의 긴밀한 네트워크는 상호적이고 자본주의 체제의 핵심적 일부다. 그러므로 세계화론의 신호와 달리, 자본이 일방으로 국가보다 우위에 서는 것은 아니다.

사회투자국가

경제 침체기에는 복지 지출 수요가 늘어난다. 그래서 경제 침체기에야말로 복지 예산을 늘려야 한다. 그러나 경제 실적이 저조한 국면에서 세금이 올라가는 것을 반길 자본은 없다. 기업들은 감세를 요구한다. 그러나 기업과 부자를 위한 감세를 해 줘도 정부 지출이 획기적으로 줄기는 어렵다. 따라서 정부 자체도 점점 수익성 논리로 운영하게 된다. 1990년대 유럽의 주류 사회민주주의 정당들은 복지를 국가의 보장 책임이나 대중의 권리가 아니라 일종의 투자로 보는 식으로 개념을 바꿔서, 복지 지출 필요와 경제성장을 위한 투자 필요를 절충하려고 했다. 늘 그렇듯이 이런 절충은 공평하지 않다. 경제성장이 목적이기 때문이다. 복지 지출은 그 목적에 종속된다. 전통적으로 좌파가 복지 제도의 진보성을 해당 분야를 얼마나 탈상품화하는지를 기준으로 판단한 것에 비춰보면, 당시의 변화는 현격한 후퇴였다.

이렇게 복지 지출을 일종의 투자로 보면, 복지와 교육 제도에서 시장주의가 더욱 강해지게 된다. 복지 수혜 대상은 스스로 투자 대상이 될 가치, 즉 수익성을 입증해야 한다. 김대중·노무현 정부에서 교육부의 명칭이 교육인적'자원'부가 된 것도 그와 같은 발상에서였다. 한국에서 사회투자국가론을 소개하는 데 앞장섰고 지금 문재인 정부의 청와대 사회수석인 김연명은 2017년 5월에 한 인터뷰에서 다음과 같이 말했다. "사회투자국가의 핵심은 경제성장과 복지 확충이 선순환하도록 하는 것[이다.] … 이를 위해서는 가장 중요한 것이 인적자본 확충[이다.]" 이런 노선하에서 대학에서는 인문학이 위축되고 취업을 중시하는 교육으로의 전환이 이뤄졌다. 국립대 법인화도 바로 이때에 추진됐다. 노무현 정부는 국가 재정에서 교육 지출 비중을 높이겠다고 공약하면서도, "대학은 산업이 돼야 한다"고 했다. 노무현 정부는 자립형 사립학교를 도입하고 국립대 법인화를 추진했다. 대학 등록금은 치솟았다. 학생들은 사립대학들이 적립금을 교육에 써서 등록금 의존율을 낮추도록 하라고 요구했는데, 노무현 정부는 임기 마지막 해에 사립대학들이 적립금으로 대학발전기금을 만들어 주식 투자를 할 수 있게 허용했다. 그러다가 사립대학들은 수십억~수백억 원을 날려 먹었다. 그리고 노무현 정부는 대학 소유 부동산의 상업 임대도 허용했다. 노무현 정부 때 대학 등록금 1000만 원 시대가 열렸다.

노무현 정부는 지지율이 아주 형편없는 채로 임기를 마쳤다. 위에서 지적했듯이, 이미 환멸이 커서 임기 마지막 해에 극적으로 성사된 남북 정상회담도 지지율 회복에는 아무런 소용이 없었다. 창당하자마자 2004년 총선에서 운 좋게 의석의 절반 이상을 차지했던 열린우리당은 국회의원 임기 4년이 지나기도 전에 해체돼 버렸다. 그러고는 기존 민주당과 합당했다. 그렇게 만들어진 대통합민주신당 내에서는 노무현 대통령과 갈등을 빚었거나 친노 세력에게 밀려났던 세력이 주도권을 잡았다. 대통합민주신당은 2007년 대선에 통일부 장관을 지낸 정동영을 후보로 냈지만, 무려 500만 표 차이로 한나라당의 이명박에게 참패를 당했다. 10년 동안의 민주당 정부가 입으로만 개혁을 말하고 실천으로는 배신을 일삼은 것에 대중이 환멸을 느꼈기 때문이다. 민주당 지지층이 투표를 대거 포기했다. 대중은 국회에서 과반 의석을 얻고도 개혁 염원을 배신한 것은 변명할 여지가 없다고 여겼다.

IMF 경제공황 이후 한국 경제는 성장이 예전만 못하게 됐다. 게다가 그 경제공황을 벗어난 방식은 위기의 고통과 대가를 노동자·서민에게 떠넘기는 것이었다. 그래서 김대중 정부 이후 불평등과 소득격차가 심화했다. 노무현 정부 임기 내내 양극화 해소가 화두였고, 정부는 해결을 약속했지만 격차는 더 심해졌다. 노무현 정부가 편 정책의 책임이 컸다. 따라서 노무현 정부 5년은 진보를 자처한 민주화 운동 출신 민주당 정치인들의 위선적 실체만 드러냈다.

보론: 한국의 선거제도

자본주의에서 선거는 애초에 계급 차별적 조건에서 치러진다. 유권자의 "표심"(여론)에 영향을 미칠 권력과 수단을 지배계급이 갖고 있기 때문이다. 그런 수단을 활용해 사표死票 논리(될 사람 찍자), '미워도 다시 한 번' 논리, 지역주의 등을 부추긴다.

그렇기 때문에 진보·좌파가 선거에서 성과를 얻으려면, 근본적으로는 노동계급 자신의 조직과 의식이 활성화해야 한다. 특히, 아래로부터의 집단행동 경험은 대중의 정치의식이 체제 도전적이고 낙관적으로 되도록 고무할 수 있다.

선거제도도 차별적이다. 한국은 농촌이 도시보다 더 적은 인구로도 의원 1명을 뽑게 해 놨기 때문에 도시 노동계급은 과소 대표된다.

정당명부식 비례대표제가 도입돼 1인 2표제가 된 것은 진보 정당의 득표 성장에 도움이 됐다. 그러나 일각의 몰지각한 주장과 달리, 민주당 지지층이 선심 쓰듯 진보 정당에 표를 줘서 그런 것은 아니다. 비례대표제의 효과는 미래통합당 세력이 당선하는 것이 싫어서 어쩔 수 없이 민주당에게 투표하던 유권자, 또는 '그놈이 그놈'이라고 여기며 투표 의욕을 잃은 유권자에게 투표할 동기를 제공한 것이다. 그러므로 비례대표제는 지배계급 양당이 지배하는 정치를 거부하고 싶은 사람들에게 부분적으로 투표할 곳을 제공하면서 자본주의적 민주주의에 대한 신용과 참여도를 높이는 제도다. "부분적으로 투표할 곳을 제공"한다고 말한 이유는 비례대표에 할당된 의석수가 여전히 지역구로 배정된 의석수보다 훨씬 적기 때문이다. 그래서 계급 차별적이다. 민주당은 진보 대중이 지역구 투표에서는 민주당 후보에게 투표하는 관행을 정착시키려고 노력했다.

가령 2004년 총선 투표 직전 "지역구는 열린우리당, 정당 투표는 민주노동당"을 주장한 유시민 호소문의 제목은 "민주노동당 지지자 여러분께 피를 토하는 심정으로 호소합니다"였다! 즉, 민주노동당 지지자들에게 2표 중 1표를 열린우리당에게 달라고 호소한 것이다. 그러면서 지역구 투표에서 민주노동당에게 던지는 표는 "심리적 위안"에 불과하며, "민주노동당의 원내 진출을 … 위해서 굳이 한나라당을 제1당으로 부활시키고 탄핵 3당에게 과반수를 넘겨야 할 이유는 전혀 없[다]"고 협박했다. 이 주장은 당시에 '집권 여당이 소수 정당에게 표를 구걸한다'는 비아냥을 들었다.

결국 1인 2표제라는 선거제도가 어느 정치 세력에게 더 도움이 될지는 미리 정해지지 않는다. 경제 상황과 그에 따른 정치 상황이 중요하고, 그에 조응하는 대중의 정치 의식이 중요하다. 대중행동이 활성화돼 있고 좌파의 영향력이 크다면 진보 정당의 독자성과 활약도도 영향을 끼칠 것이다. 제도도 중요하지만, 근본에서는 투쟁이 만들어 내는 세력균형의 변화와 노동자 대중의 각성이 중요하다.

더 알아보기

- 2002년 미군 장갑차 여중생 압사 항의 운동
- 미국의 이라크전쟁과 한국의 파병 반대 운동
- 2007년 이랜드 비정규직 투쟁

2002년 미군 장갑차 여중생 압사 항의 운동

2002년 말, 미군 장갑차에 깔려 두 여중생이 사망한 사건에 항의하는 수십만 명 규모의 운동이 벌어졌다. 이 글은 그 직후인 2003년 1월에 발표됐다. 이 글에서 "반미"는 미국인 일반을 반대하는 의미가 아니라 미국의 권력자들과 그 정책을 반대한다는 의미로 쓰였다.

역사에서 인간이 만든 달력은 그리 중요하지 않다. 역사는 수십 수백 년 세월을 기록하기 위해 연대기순으로 사건들을 배열하는 것이 아니다. 그러나 이따금 어떤 사건이 특별히 중요한 역사적 의미를 지닐 수 있다. 1999년 12월 시애틀의 WTO 반대 투쟁이 그랬다. 한국에서는 12월 7일과 14일의 반미 촛불 시위가 그럴 것이다.

이 시위는 정치적 전환점이었다. 2001년 9·11 공격 이후 국제적으로 성장하고 있는 반미·반전 운동에 한국도 가세했다. 우리는 새 운동의 등장을 보고 있다.

두 시위는 남한 반미 투쟁 역사상 최대 규모였다. 12월 7일 시위에는 전국에서 5만여 명이 참가했다. 14일에는 서울에서만 5~6만 명이 참가했다. 서울시청에서 광화문사거리로 행진하면서 시위대는 더욱 늘었다. 전국에서 대략 30만 명이 시위에 참가했다.

시위 참가자들은 두 여중생을 장갑차로 깔아뭉개 죽인 미군이 무죄 평결을 받은 것에 항의했다. 불평등한 주한미군지위협정SOFA 개정을 요구했다. 그래서 어떤 사람들은 이 운동은 '반미' 운동이 아니라고 말한다. 물론 이 운동은 미군의 두 여중생 살해에 대한 항의에서 출발했다. 운동의 즉각적 요구도 주되게 이에 맞춰져 있다.

그러나 대중적 반미 시위의 위대한 승리는 사람들의 생각이 바뀌었다는 점이다. 올해 각종 여론조사에서 수많은 사람들이 미국에 대한 거부감을 나타냈다. 이들이 반미 시위에 모습을 드러냈다. 대중적 저항이 분출하자 '반미'는 운동에 겁을 집어먹은 언론들이 상투적으로 쓰는 용어가 됐다. 아마 그들은 다른 적절한 표현이 있었다면 '반미'라는 선동적 단어를 피했을 것이다. 냉전 시절에 정부는 '반미'를 '용공', '친북'이라고 비난했다. 권력자들의 사전에서는 다른 적절한 단어를 찾을 수 없었다. '반미'는 시위대가 스스로 사용하는 용어였다.

대규모 반미 시위는 어느 날 갑자기 하늘에서 뚝 떨어진 것이 아니다. 이 운동은 1990년대 중엽부터 고양되기 시작한 계급투쟁의 일부다. 노동운동이 계급투쟁의 견인차 구실을 했다. 1996년 연말에서 1997년 1월 중순까지 이어진 '노동법' 파업이 분수령이었다. 대중 파업의 영향으로 34년 일당 독재가 막을 내렸다.

이런 상황에서 맞이한 1997년 IMF 경제공황은 파업과 대중 시위 못지않게 노동계급의 의식을 바꿔 놓았다. 노동계급은 IMF 경제공황을 통해 미국의 경제적 패권주의를 경험했다. 대중의 삶을 망가뜨리는 신자유주의와 경제 세계화를 미국이 강요하고 있다는 인식이 확산됐다. '미국은 한국의 우방'이라는 전통적인 지배 이데올로기가 도전받기 시작했다. 미국의 여론조사 기관인 퓨리서치센터가 발표한 "2002 세계인의 생각" 보고서를 보면, 비이슬람권 나라 가운데 미국의 '테러와의 전쟁'을 반대하는 비율이 절반을 넘는 나라는 한국과 혹독한 경제 위기를 겪고 있는 아르헨티나 두 나라였다.

IMF 경제공황이 미국의 경제적 패권주의를 자각하는 계기가 됐다면, 미국 대통령 조지 W 부시의 대북 강경 몰이는 대중이 미국의 군사적 패권주의를 자각하는 계기가 됐다. 미국 정부는 북한을 '테러 지원국'에 포함시킨 데다 '악의 축'으로 규정했다. 미국은 '악의 축' 국가들에 선제 핵 공격을 하겠다는 태세다. "미국이 고압적이고 둔감하며, 특히 북한과 관련한 문제에서 그렇다는 인식이 확산"하면서 한국인의 반미 감정이 더욱 깊어졌다(《뉴욕 타임스》 2002년 12월 8일).

미국의 군사적 패권 야욕 때문에 한반도는 세계의 화약고 가운데 하나가 됐다. 이러다 전쟁이 터질지도 모른다는 두려움이 팽배하다. 상당수 한국인들이 미국의 전쟁 몰이를 반대하는 것도 이 때문이다. 퓨리서치센터의 보고서에 따르면, 한국인 응답자의 72퍼센트가 '테러와의 전쟁'에 반대했다. 73퍼센트는 미국의 외교정책이 일방주의적이라고 비판했다. 그런 점에서, 반미 시위는 미국의 이라크전쟁에 반대하는 국제적 운동의 일부다. 실제 반미 시위에서 미국의 이라크전쟁을 반대하는 주장이 많았다. 12월 7일 시위에서 촛불 시위 최초 제안자는 "'세계 시민'인 우리는 미국이 일으킨 전쟁 때문에 이라크에서 효순이, 미선이 같은 아이들이 100만 명씩 죽어 가는 것을 슬퍼해야 한다"고 말해 큰 박수를 받았다. 14일 시위에서도 전쟁을 반대하는 목소리가 많았다.

미국의 경제적·군사적 패권주의에 대한 대중적 자각 때문에 "이번 사건을 계기로 미국에 대한 분노가 3만 7000명의 주한미군 철수를 요구해 온 좌파 학생들의 범주를 넘어 확산되고 있다"(《뉴욕 타임스〉2002년 12월 8일).

한국의 반미 운동은 종종 주한미군을 반대하는 형태를 취한다. 역사적으로 특수한 조건, 특히 냉전 시절에 미국과 소련이 강요한 분단과 전쟁 경험 때문이다. 게다가 주한미군은 오만하게 '점령군' 행세를 하고 있다. "미국은 서울에서 공공연히 자신들의 정치적 비중을 과시하고 있다. 미국인들은 시내 중심가의 가장 좋은 위치를 차지한 거대한 부지에 머물고 있어 한국인들을 자극하고 있다. 서울에 거주하는 여러 유럽인들도 미국인들의 오만한 태도로 인해 한국을 '미국의 나라'로 여기는 경향이 있다"(〈프랑크푸르트 알게마이네 차이퉁〉 2002년 12월 3일).

최근의 반미 시위는 대중의 심오한 정치적 각성만큼이나 새로운 특징을 보여 줬다. 다른 운동과 구별되는 가장 뚜렷한 특징은 대중의 자생성이다. 시위에는 중고등학생, 대학생, '안티조선' 활동가, 종교인, 아기를 등에 업은 젊은 부부, 연인, 좌파 활동가, 노동자 등이 참가했다. 시위대의 압도 다수는 젊은이들이었다.

12월 7일 시위 때도 대중의 자생성을 보여 주는 사건이 있었다. 사회자가 "14일 집회가 있으니 오늘은 이쯤에서 끝내자"고 제안하자 시위 참가자들은 그 제안을 거부하고 미국 대사관을 향해 행진했다. 경찰도 시위대의 규모와 기세에 눌려 행진을 막을 수 없었다.

운동이 이토록 거대하게 발전하리라고는 아무도 예상하지 못했다. 놀라운 성과 때문에 모두가 기뻐하고 있다. 여섯 달 가까이 정부의 혹독한 탄압에 맞서며 운동을 건설해 온 좌파들은 더욱 그럴 것이다. 너무 기쁜 나머지 정치적 차이를 둘러싼 논쟁을 기피하는 경향도 있는 듯하다. 친미 우파 정당인 한나라당이 전국비상시국회의에 참가했는데도 한나라당 비판을 삼간 것이 그런 경우다.

반미 시위 현장의 지배적 분위기는 미국에 대한 즉각적 분노였다. 당연하게도, 시위 참가자들의 의식은 매우 모순돼 있다. '대한민국'을 외치거나 태극기를 몸에 두른 사람도 있었다. 그러면서 미국에 대한 적대감을 드러냈다. 어떤 이들은 운동이 SOFA 개정이나 부시 사과에 머물러야 한다고 말한다. 또 다른 이들은 주한미군의 존재 자체를 문제 삼는다.

많은 사람들이 이 운동을 통해 처음으로 정치 활동에 입문하기 시작했다. 그러니 다양하고 이질적인 이데올로기가 섞여 있는 것은 어찌 보면 당연하다. 좌파는 이런 사람들을 겸손하게 대해야 한다. 그러면서도 운동의 전진을 위한 논쟁을 회피해서는 안 된다.

지금 필요한 논쟁점은 다음과 같다. 미국에 맞서 싸우기 위해 김대중 정부의 친미 노선에 대한 비판을 삼가야 하는가? 노동계급은 단지 국민의 일부인가 아니면 운동의 성패를 가를 핵심 세력인가?

반미 시위를 주도하고 있는 좌파 포퓰리스트들은 투쟁의 표적을 미국에만 한정하는 경향이 있다. 반미 시위대의 행진을 가로막는 것은 한국 경찰이다. 김대중 정부는 '반미는 안 된다'고 거듭 강조했다. 김대중 정부가 친미주의로 일관하는 것은 한국 지배계급이 미군 주둔에 밀접한 이해관계를 갖고 있기 때문이다. 김대중 대통령은 이렇게 말했다. "미군이 없었다면 우리[한국 지배계급]가 오늘날 살아남아 이런 경제적 번영을 이룰 수 있었겠는가." 따라서 김대중 정부 비판에 인색하거나 기피해서는 안 된다. 반미 운동은 국내 지배계급에 맞서는 투쟁과 결합돼야 한다. 계급 협력적(민족 대단결) 방식으로는 미국에 일관되게 맞설 수 없다.

이것은 반미 시위가 계급투쟁적 방식에 기초해야 한다는 것을 뜻한다. 그러려면 조직 노동계급의 동원이 필수다. 노동계급 없이 강력하고 지속적인 운동을 건설하기 어렵다. 그런 운동은 로케트처럼 솟아올랐다가 나무토막처럼 떨어질 수도 있다. 일부 사람들은 지금의 운동을 1987년 6월항쟁에 비유한다. 그러나 6월항쟁은 운동 초기부터 노동자들의 참가가 두드러졌다. 일부 지역(부산, 성남 등)에서는 처음부터 노동자들이 주도력을 발휘했다. '제2의 6월항쟁'이 되려면 지금보다 더 많은 노동자들이 조직적으로 참가해야 한다.

그리되면 정치투쟁과 경제투쟁의 결합 가능성이 더한층 높아질 것이다. 노동자들이 반미 투쟁에 적극 동참한다면 장차 벌어질 경제투쟁에 신선한 활력을 불어넣을 수 있다. 거리의 활력은 경제적 조건 개선 투쟁을 자극할 수 있기 때문이다. 1987년 6월항쟁은 7~9월 노동자 대투쟁으로 이어졌다.

이런 주장들은 불가피하게 조직된 정치조직이 펼 수밖에 없다. 많은 경우에 그렇지만, 특히 세계 초강대국 미국에 저항하는 운동은 하나의 슬로건이나 불안정한 연합체만으로는 성공할 수 없다. 효과적인 운동을 건설하려면 지도력, 전략, 조직 중핵을 발전시켜야 한다.

그럼에도 상당수 시위 참가자들은 정당에 대한 거부감을 나타냈다. 물론 한나라당 같은 보수 정당들이 운동을 선거에 이용하려는 것은 경계해야 마땅하다. 순전히 선거를 의식해 운동을 지지하는 척하는 보수 정당들이 운동에 발을 들여놓게 해서는 안 된다.

그렇다고 조직(정당) 문제 그 자체를 회피하는 것은 잘못됐다. 이것은 문제를 다른 형태로 되풀이할 뿐이다. 서구 반자본주의 운동에서 봤듯이, 반자본주의 정서의 수혜자는 처음에 우파 사회민주주의 정당들이었다. 1997년 영국 총선에서 토니 블레어의 신노동당이 반보수당 분위기 덕분에 승리했다. 1995년 12월 프랑스 공공부문 파업의 논리는 조스팽이 이끄는 사회당의 정책과는 달랐지만 파업의 정치적 수혜자는 사회당이었다.

운동 내 활동가들은 정치적 지도력을 창출하기 위해 의식적으로 노력해야 한다. 그래야만 대중운동이 올바른 정치적 표현을 채택할 수 있다. 모든 정당을 거부한다는 것은 달리 말해 정치를 거부한다는 뜻이다. 그러나 반미 운동에는 다양하고 이질적인 이데올로기가 뒤죽박죽 섞여 있다. 운동의 목표를 성취하기 위해서는 올바른 전술을 채택해야 한다. 이것은 첨예한 정치적 논쟁을 수반할 것이다. 정치를 기각하는 운동주의는 미국과 보수 정당들에 맞서 승리할 수 있는 이론과 전술을 제시할 수 없다.

12월 10일에 부시는 미사일을 싣고 항해하던 북한 선박을 나포했다. 14일 대규모 반미 시위와 19일 대선을 겨냥한 것이었다. 북한의 '위협'이 현존한다는 점을 한국인들에게 상기시켜 주한미군의 존재를 정당화하려는 시도였다. 이것은 우파를 돕는 한편 주한미군 철수를 주장하는 좌파를 고립시키려는 것이었다.

14일에 대규모 시위가 예정대로 벌어짐으로써 반미 운동은 첫 고비를 넘긴 듯하다. 그러나 미국과 우파들은 다시 반격할 기회를 노릴 것이다. 미국의 반격은 정치적 양극화를 심화시킬 것이다. 이것은, 당장은 아닐지라도, 앞으로 더욱 격렬한 충돌을 낳을 것이다.

출처: 《다함께》 20호(2003-01-01).

미국의 이라크전쟁과 한국의 파병 반대 운동

이 글은 미국과 이란의 갈등이 심화하면서 전쟁 위기가 발생하고 한국의 문재인 정부가 미국을 도우려 호르무즈해협 파병을 결정한 2020년 1월에 발표됐다. 2000년대 초 한국을 비롯한 전 세계에서 반전 운동이 성공적으로 벌어진 것을 돌아본다.

2003년 3월 20일 미국은 이라크를 침공했다. 당시 조지 W 부시 정부는 이 전쟁에서 쉽게 이길 것이라 굳게 믿었다. 전쟁 발발 약 40일 만에 부시는 승리를 선언했다. 그러나 그 후 미국은 이라크라는 수렁에 빠졌다. 전쟁 '승리' 후 17년이 지난 지금도 미국 지배자들은 이라크전쟁 패배의 망령에 시달리고 있다.

어떻게 이런 일이 가능했을까? 먼저, 미국의 힘이 상대적으로 쇠락하는 현실이 있다. 다른 하나는 미국의 이라크전쟁이 전 세계에서 강력한 저항에 부딪혔다는 점이다. 이라크 현지에서 점령에 맞서 끈질기고 거센 저항이 벌어졌고, 그 저항이 '또 다른 슈퍼 파워'와 결합됐다. 〈뉴욕 타임스〉 2003년 2월 17일 자 1면 머리기사가 말했듯, 당시 "지구 상에는 두 개의 슈퍼 파워"가 있었다. "하나는 미국이고 다른 하나는 전 세계의 반전 여론이다." 미국 제국주의는 중대한 저항과 도전을 받았다.

당시 반전 운동이 놀라웠던 점은 전쟁이 시작하기 전부터 대중 운동으로 벌어졌다는 것이다(베트남전쟁 반대 운동도 전쟁 발발

후 몇 년이 지나서야 본격화했다).

2003년 2월 15일 영국·미국·이탈리아·스페인·호주·이집트 등 전 세계 6대륙 60여 나라 600여 도시에서 약 2000만 명이 거리로 나왔다. 제2차세계대전 종전 후 최대 규모의 국제 반전 시위였다. 남극 국제과학기지에서 일하는 과학자들도 영하 30도 추위를 무릅쓰고 실외 집회를 했다! 서울에서도 약 5000명이 거리에 나왔다.

그 전해인 2002년 영국 런던에서 40만 명이, 이탈리아 피렌체에서 100만 명이 반전 시위를 벌였다. 이런 대규모 운동은 1999년 시애틀 시위 이후 만개한 '대안 세계화'(국제 반신자유주의) 운동이 반전 운동과 연결됐기에 가능했다. 이런 연결은 특히 영국과 이탈리아에서 두드러졌다. 당시 영국 총리 토니 블레어는 국내 정책 실패로 정치적 파산 직전이었다. 이탈리아의 경우 2001년 7월 제노바에서 G8(주요 8개국) 정상회담 반대 시위가 대규모로 벌어졌고, 뒤

100만 명이 참가한 2003년 2월 15일 영국 런던 반전 시위. ⓒ 〈소셜리스트 워커〉

이어 당시 총리이자 부패한 우익 정치인 베를루스코니에 맞선 거대한 반정부 운동이 분출했다.

대안 세계화 운동과 반전 운동의 연결에서 혁명적 좌파가 중요한 구실을 했다. 일례로, 영국에서는 사회주의노동자당SWP을 비롯한 급진 좌파와 무슬림 단체들이 2001년 9·11 공격 후 열흘 만에 공동전선인 전쟁저지연합을 건설해 전쟁 반대 운동 건설에 착수했다.

이런 운동들 덕에, 미국은 국제적으로 상당히 고립된 채 전쟁을 시작해야 했다. 유엔 등 국제기구의 거의 전적인 지지를 받았던 1991년 걸프 전쟁 때와는 사뭇 다른 분위기였다. 당시 프랑스 대통령 자크 시라크와 독일 총리 게르하르트 슈뢰더는 공공연히 전쟁 반대 입장을 발표했고, 이라크와 국경을 맞대고 있던 친미 국가 터키도 미국의 전쟁을 돕지 않겠다고 선언했다.

애초에 미국은 이라크전쟁(과 '테러와의 전쟁')으로 미국의 세계 패권을 재천명하려 했다. 9·11 공격을 명분으로 전쟁을 시작하면서 아프가니스탄 다음으로 이라크를 겨냥한 이유였다. '테러와의 전쟁'은 '새로운 미국의 세기를 위한 프로젝트'에 입각한 도박이었다. 미국은 이라크를 장악해 중동 통제력을 강화하고, 이로써 중동 석유에 크게 의존하는 유럽과 아시아의 잠재적 경쟁자들보다 자신이 우위임을 보여 주려 했다(부분적으로는 군사력을 동원해 중동에 미국식 정치·경제 체제를 이식한다는 목표도 있었다).

그러나 미국의 목표는 첫 단추부터 어긋났고, 미국은 헤어날 수 없는 수렁에 빠졌다. 점령에 맞선 이라크 현지의 저항과 국제 반전 운동이 서로 갈마들며 미국의 점령에 중대한 도전을 제기했다. 점령군은 끝없는 게릴라 투쟁에 시달렸다. 당시 미국 국방부 장관 도널드 럼스펠드가 주창한 (소규모 첨단 군대로 전투를 치르고 '외과수술식' 정밀 폭격을 한다는) '전환적 전투' 이론은 점령에 반대해 분노한 대중의 저항 앞에서 무기력함을 드러냈다. 이런 저항에 고무된 아랍 지역 저항 운동가들이 훗날 2011년 아랍 혁명을 이끄는 주역이 됐다.

국제 반전 운동은 점령군의 전쟁 수행 능력을 심각하게 제약했다. 미국 본토에서 부시 정부를 정조준한 대규모 반전 운동 때문에 미군의 이라크 증파 시도는 계속 제약됐다. 국제 반전 운동 때문에 그나마 있던 동맹들도 하나둘 발을 빼야 했다. 2003년에 부시의 전쟁을 지지해 파병했던 스페인과 이탈리아의 총리는 모두 반전 운동으로 실각했고, 두 나라 모두 군대를 철군해야 했다.

부시와 그 동맹들은 심각한 도덕적·정치적 타격을 입었다. 사상자 수치가 끝없이 올라가고 점령군이 이라크인들에게 저지른 고문·가혹행위가 폭로됐다. 침공의 명분이었던 '대량살상무기'는 없었고 점령이야말로 대량 살상 행위임이 만천하에 드러났다.

미국의 전쟁을 적극 지지해 '부시의 푸들'이라 불리던 당시 영국 총리 토니 블레어는 대규모 반전 시위에 밀려 2006년에 사임했다. 부시 자신도 2006년 중간선거에서 참패했다(부시가 2004년 대선에서 승리해 재선한 것은, 민주당 대선 후보 존 케리가 이라크전쟁을 부시보다 더 잘 치르겠다고 나섰기 때문이었다). 결국 이라크 철군을 공약한 버락 오바마가 다음 대통령이 됐다.

어떻게든 현지 저항을 잠재우기 위해 미국은 이라크에서 시아파·수니파 무슬림을 이간질해 끔찍한 내전을 야기했다. 이 술수는 이라크를 혼돈으로 몰아넣었다. 결국 미국은 이라크 정권을 친이란

계 시아파 정치 세력에 넘기는 커다란 후퇴 끝에 이라크를 부분적으로마나 안정시킬 수 있었다. 이 안정조차 오래가지 못했지만 말이다. 미국의 애초 목표였던 패권 재천명은 사실상 실패했다.

노무현은 "전쟁이냐 평화냐"를 선거 광고 문구로 내세우며 이라크전쟁이 벌어지기 직전에 열린 2002년 말 대선에서 승리했다. 미국이 북한을 '악의 축'으로 지목하는 등 대북 강경 노선을 천명한데 대한 불안감 속에 벌어진 40만 명 규모의 미군 장갑차 여중생압사 항의 운동 덕이 컸다.

그러나 노무현 대통령은 취임 직후 한국군의 이라크 파병을 결정하고 2003년 4월 파병 동의안을 국회에서 통과시켰다. 국민의 약 75퍼센트가 반대한 파병을 감행한 것이다. 그러고도 모자라 9월에 부시 정부의 요청에 따라 추가 파병을 결정했다. "미국에 할 말은 하겠다"더니 미국의 전쟁에 앞장서 동참한 것이다.

이는 커다란 대가를 치렀다. 미국의 전쟁을 지원한 대가로 한반도 평화를 구하겠다던 노무현 정부의 "평화 교환론"은 완전히 파산했다. 노무현 정부가 파병으로 "어려울 때 미국을 도"운 것은 한반도 긴장 완화에 아무런 효과가 없었다.

"우리 기업의 이라크 진출도 고려[한] … 국익에 부합하는 선택"(노무현 대통령의 대국민 담화)이라던 파병 때문에 평범한 한국인도 희생됐다. 2004년 6월 미군 군납업체 노동자였던 김선일 씨가이라크 무장집단에 피랍·살해됐다. 2007년 2월 미국 부통령 딕체니의 아프가니스탄 바그람 기지 방문을 경호하던 윤장호 하사가폭탄 공격에 목숨을 잃었다. 바그람 기지는 미군이 아프가니스탄·이라크의 점령 반대 저항 인사들을 납치·고문하기로 악명 높은 곳이었다(이 고문 때문에 여러 명이 기소됐다). 같은 해에는 선교차 아프가니스탄을 방문한 한국인 두 명도 피살됐다. '평화 재건 부대'라 최전방에 주둔하지 않았으니 안심이라던 이라크 북부의 자이툰 부대도 최소한 한 차례 공격받았다.

파병 문제는 노무현 정부가 위기에 빠지는 중요한 계기가 됐다. 노무현 정부는 김선일 씨가 살해되는 것에도 아랑곳없이 파병 철회 요구를 거부했지만 수만 명이 파병에 반대해 집회에 나섰다. 우파의 노무현 대통령 탄핵 시도에 맞서 거리 운동이 벌어진 지 고작 3개월 만이었다. 정부는 파병 결정 이후에도 계속된 반전 운동과 드높은 반전 여론을 피해 출병 일정 보도도 통제하는 '도둑 출병'을 해야 했다. 노무현 대통령 자신조차 이라크 파병으로 "지지자 절반이 무너질 수 있다"고 우려했는데, 실제로 대중은 노무현 정부의 친제국주의·신자유주의 정책에 실망하면서 노무현에 등을 돌렸다.

마침내 노무현 정부는 임기 마지막 해인 2007년에 자이툰 부대 파병 연장을 중단시켜야 했다. 전 세계 곳곳에서 자국 지배자들을 강도 높게 압박해 때로 정권도 날려 버렸던 국제 반전 운동의 압력이 한국에서도 발휘돼, 세계 3위 파병 부대가 끝내 철군한 것이다.

미국 지배자들의 '테러와의 전쟁' 도박 때문에 외려 미국의 취약함이 드러났다. "21세기는 미국의 세기"가 될 것이라던 부시의 호언장담은 된서리를 맞았다. 국제 반전 운동이 중요하게 한몫한 덕이었다. 반전 운동은 강력한 대중운동으로 지배자들의 전횡을 심각하게 타격할 수 있음을 보여 줬다.

그러나 그 후에도 중동에서 전쟁은 끝나지 않았다. 그렇지만 당시 이라크 전쟁·점령은 미국의 세계 제패 전략의 핵심 고리였(고 그에 맞서 전 세계 반전 운동도 중동 전쟁에 맞서 집중했)다. 반면 지금 트럼프는 중동 수렁에서 벗어나려 몸부림치는 와중에 이란과 충돌하고 있다.

트럼프는 오바마처럼 중동보다 중국이 부상하는 아시아에 미국의 역량을 집중하고자 했다. 그런데 트럼프는 오바마와 달리 이란과 타협하지 않고 협박을 가해 이란의 양보를 받아 내고자 했다. 그러면 중동에 대한 통제력을 지키면서 아시아로 갈 수 있으리라 계산한 것이다. 그러나 그 계산은 오판임이 드러났다.

미국 지배자들은 중동에서 대규모 전쟁을 또 벌이는 것을 달가워하지 않지만, 미국의 '몸부림'이 중동에서 예측 불허의 상황을 낳고 피와 오물을 뿜어낼 수 있음을 경계해야 한다. 그런 미국의 이란 압박에 동참하는 문재인 정부의 파병에도 계속 맞서야 함은 물론이다.

당시 이라크 전쟁·점령에 줄기차게 반대해 "한국에서 반전 운동을 건설하는 기적"을 낳는 데에 기여한 혁명적 좌파가 할 일이 많을 것이다. "새로운 미국의 세기"를 '새로운 저항의 세기'로 바꿔 버린 위대한 반전 운동의 경험은 바로 그런 사람들에게 꼭 필요한 영감과 교훈의 보고다.

출처: 〈노동자 연대〉 312호(2020-01-30).

2007년 이랜드 비정규직 투쟁

2007~2008년 이랜드 비정규직 노동자들이 영웅적 파업 투쟁을 벌였다. 당시 노무현 정부의 비정규직 '보호'법 탓에 대량 해고에 직면했기 때문이다. 다수가 여성인 이 노동자들은 한 달 동안 마트를 점거하는 등 격렬한 투쟁으로 비정규직 노동자들도 노동계급으로서 고유의 힘을 발휘할 수 있음을 보여 줬다. 이 투쟁은 승리하지 못했지만 사회 전체에 큰 파장을 일으키고 노무현 정부 노동정책의 위선을 폭로했다. 이 투쟁은 영화 〈카트〉의 소재로도 쓰였다. 이 글은 투쟁 기간에 발표된 세 글을 엮은 것이다.

2007년 7월 1일 비정규직 '보호'법 시행을 앞두고 곳곳에서 비정규직 대량 해고 등 악랄한 공격이 자행되고 있다. "비정규직의 눈물을 닦아 주겠다"던 노무현 정부는 비정규직을 확대·양산할 악법을 통과시키고 한미FTA를 추진하며 노동자에게 피눈물을 강요하고 있다. 노무현 정부의 비정규직 '보호'법에 따라 기업주들은 계약 해지, 외주화, 분리직군화라는 세 가지 방식으로 비정규직 노동자들을 공격하고 있다.

노무현 정부 비정규직 확대 정책의 가장 충실한 추종자가 바로 이랜드 회장 박성수다. 1000억 원이 넘는 비상장 주식을 보유하고 있는 박성수는 매년 130억 원을 교회에 십일조로 바친다고 한다. 그러나 '돈으로 천당을 살 수는 없'다. 박성수는 비정규직 노동자들에게 '3·6·9'라 불리는 3개월 초단기 계약을 강요해 왔고 최근에는 0개월 계약까지 강요했다. 2006년 문을 연 '2001아울렛' 부평

점은 전체 직원 1000명 중 단 33명만이 정규직이다.

박성수는 이 같은 '비정규직 피눈물의 땅'을 확대하려고 이제 뉴코아와 홈에버에서도 대량 해고, 외주화, 정규직 노동자 전환배치 등을 자행하고 있다. 뉴코아 관리자들은 "비정규직보호법을 지켜야 할 의무가 있기 때문에 [아웃소싱과 해고를] 진행하고 있다"고 뻔뻔스레 말했다. 노골적으로 "비정규직이 아니라 정규직이 타깃"이라고 말하기도 했다. 또 박성수는 "노동조합은 성경에 없다"며 악랄하게 노조를 탄압한다. 이처럼 "예수의 이름에 똥칠하는"(박경양 목사의 말) 박성수가 아무리 십일조를 많이 낸다 한들, 그가 "천국에 가기는 낙타가 바늘구멍에 들어가기보다 힘들" 것이다.

이랜드 사례는 비정규직 '보호'법이 비정규직 확대·양산법이라는 것을 명백하게 보여 주고 있다. 따라서 이에 맞선 뉴코아·이랜드 노동자들의 공동 파업은 완전히 정당하다. 이 투쟁은 하루 종일 화장실도 제대로 못 가며 억지 친절과 웃음을 강요당해 온 노동자들의 인간 선언이다. 이 투쟁은 박성수의 탄압에 맞서 노동자들의 생존권을 지키기 위한 투쟁이다. 이 투쟁은 비정규직 악법에 맞서 전체 노동자들의 권리를 지키기 위한 선봉 투쟁이다.

지금, 박성수는 '3단봉'까지 휴대한 용역 깡패를 동원해 "일하게 해 달라"고 울부짖는 비정규직 여성 노동자들을 무참히 내동댕이치는 만행을 저질렀다. 박성수는 "징역 가도 되는 건달들"까지 동원했다.

이런 탄압에도 굴하지 않는 뉴코아·이랜드 노동자들의 영웅적 투쟁은 매우 고무적이었다. 김경욱 이랜드일반노조 위원장의 지적처럼, 이제 뉴코아·이랜드 노동자들은 "비정규직 투쟁의 최전선"에서 있다. 수많은 노동자들이 이랜드 파업을 주시했다. 악랄한 "무노조 신화"를 지켜 온 삼성 계열사 신세계는 이마트에서도 노동자들이 노조 건설과 투쟁에 나설까 봐 조바심을 냈다. 이마트가 비정규직 정규직화를 서둘러 발표한 것도 이 때문일 것이다.

뉴코아·이랜드 투쟁은 한국 노동운동에 새로운 활력을 불어넣어 줬다. 그동안 억눌려 온 여성 노동자들이 투쟁 속에서 놀라운 용기와 잠재력을 보여 줬다. 구속된 김경욱 이랜드일반노조 위원장은 다음과 같이 말했다. "모든 게 기적이었다. 아줌마 노동자의 힘이 장기 투쟁을 이끌어 왔다. … 하루도 못 갈 줄 알았고, 아무런 준비조차 없어 이렇게 오래 진행될 줄은 상상도 못 했는데 아줌마들의 의지 때문에 우리의 투쟁이 체계화됐다." 한시적 점거(1박 2일)로 시작된 홈에버 상암점 1차 점거를 무기한으로 이어 간 힘도, 2차 점거의 성공도, 세 차례 이상 이어진 3차 점거 시도도 현장 조합원들의 굽힐 줄 모르는 투지와 자발성에서 나왔다. 이것이 이번 투쟁의 진정한 원동력이었다.

뉴코아·이랜드 노동자들은 점거 파업이 효과적 무기임도 보여 줬다. 점거 파업이 없었다면 박성수에게 500억 원의 매출 타격을 입히지 못했을 것이다. 점거 파업은 초점 구실을 하며 강력한 연대 투쟁을 촉발했다. 1차 점거 파업은 민주노총의 2007년 7월 8일과 7월 21일 '매출 제로 투쟁'을 이끌어 냈다. 2차 점거 파업은 민주노총의 2007년 8월 18일 전국노동자대회 개최와 8월 21일 비상 임시 대의원대회 개최 결정을 이끌어 냈다. 또, 점거 파업은 시민·사회단체의 지지를 모아 냈다. 점거 농성장 앞에서 교수, 변호사, 종교인 등이 연이어 이랜드 회장 박성수와 노무현 정부를 규탄하는 기자회견을 열었다. 2차 점거 파업 때 뉴코아 강남점 앞에서는 매일 500~1000여 명이 모이는 연대 집회가 열렸고 수백 명이 노숙 농성을 하기도 했다.

무엇보다 중요한 것은 점거 파업의 정치적 효과였다. 점거 파업은 뉴코아·이랜드 투쟁과 비정규직 문제를 전국적으로 뜨거운 쟁점으로 떠오르게 했다. 뉴코아·이랜드 파업 지지 여론은 갈수록 커졌다. 이랜드 사측을 교섭 테이블로 끌어내고 양보하는 시늉이라도 하게 만든 것도 점거 파업이었다.

노무현 정부가 두 차례나 경찰력을 투입해 점거 파업을 파괴한 것도 이런 효과가 두려웠기 때문이다. 그러나 뉴코아·이랜드 노동자들의 투지와 자신감은 꺾이지 않았다. 〈오마이뉴스〉와 인터뷰한 이랜드 조합원은 "[7월 31일 경찰력 침탈로 유치장에 갇혀서도] '빨리 나가서 다시 점거해야 하는데' 하는 생각밖에 없었다"고 했다. 8월 7일 이랜드일반노조 수련회에서도 조합원들은 '제3 거점 마련'을 '가장 필요한 일'로 꼽았다. 그러나 '무슨 수를 써서라도 점거만은 막겠다'는 노무현 정부와 박성수의 필사적 발악으로 3차 점거 시도는 계속 무산됐다. 노동자들은 경찰이 도·감청과 핸드폰 위치 추적까지 했다고 의심했다.

이랜드 투쟁과 달리 뉴코아 투쟁은 쓰라린 패배로 끝났다. 뉴코아 노조 지도부는 안타깝게도 무파업 선언을 합의하고 외주화를 사실상 인정해 줬다. 그러나 뉴코아 노조의 패배가 불가피했던 것은 아니다. 뉴코아 파업은 2007년 7월 시행된 비정규직 악법의 본질을 적나라하게 폭로했고, 투쟁 초기에 정규직과 비정규직 연대의 모범을 보여 줬다. 여성 노동자들이 보여 준 용기 있는 투쟁은 전체 노동운동에 잊지 못할 영감을 줬다.

국민의 70퍼센트 이상이 뉴코아·이랜드 파업을 지지했다. 무엇보다 이 파업은 기업주들이 비정규직 노동자들을 함부로 대량 해고하거나 외주화하지 못하게 제동을 걸었다.

정부와 기업주들은 이 투쟁의 승리가 다른 비정규직 노동자들의 연쇄적 투쟁을 불러올 수 있다는 것을 잘 알고 있었다. 그래서 검찰, 경찰, 법원이 총동원됐고, 자본가들은 이랜드 회장 박성수에게 물러서지 말라며 온갖 지원을 했다. 따라서 이 싸움이 승리하기 위해서는 우리 편도 전 계급적으로 대응했어야 했다.

2007년 7월과 8월, 두 번의 매장 점거 파업은 이 투쟁을 정세의 중심으로 올려놓았고 연대의 초점을 형성했다. 그러나 안타깝게도 민주노총 지도부는 승리를 낳을 정도로 강력한 연대를 조직하지 못했다. 승리의 기회를 놓친 후 결국 투쟁은 지지부진한 장기화로 이어졌다. 노조의 90퍼센트를 차지하는 정규직 조합원들이 장기 투쟁에 지쳐 거의 다 현장으로 복귀한 상황에서 사측은 노조 간부에게 35억 원, 노동조합에 100억 원의 손해배상 가압류를 청구했다. 이런 혹독한 압박이 투쟁을 어려움으로 몰았지만, 그럼에도 뉴코아 노조 지도부의 무파업 선언과 외주화 인정을 정당화할 수는 없다.

출처: 〈맞불〉 49호(2007-06-23), 〈맞불〉 54호(2007-08-15), 〈저항의 촛불〉 4호(2008-09-04).

11장

-

우파의 귀환, 이명박 정부

함께 토론할 쟁점

- 우파가 재집권할 수 있었던 이유는 무엇일까?

- 이명박 정부 취임 100일도 안 돼 어떻게 100만 촛불 운동이 일어
  날 수 있었을까?

- 2008년 촛불 운동의 성과와 한계는 무엇이었을까?

- 2008년 시작된 세계경제 대불황, 왜 10년 넘게 해결되지 않을까?

2007년 대선은 우파인 한나라당이 승리할 것이 뻔한 선거였다. 한나라당이 '개를 후보로 내도 당선한다'는 말이 나올 정도였다. 그래서 본선보다 한나라당 내 후보 경선이 더 치열했다. 결국은 연달아 집권하게 되는 이명박과 박근혜가 당내 경선에 나와 박빙의 대결을 펼쳤다. 2017년 박근혜가 탄핵된 이후 이명박과 박근혜가 구속된 핵심 사유가 모두 2007년 한나라당 대선 후보 경선에서 처음 알려졌다. 박근혜는 이명박이 금융투자 회사 BBK를 설립해 투자를 받고는 이 돈을 빼돌리는 사기와 횡령을 저질렀다는 혐의를 제기했다. 이명박의 부패 비리 전과가 그렇게 많은지도 그때 알려졌다. 이명박은 박근혜와 최태민·최순실 가족의 관계를 폭로했다. 이명박과 박근혜는 대통령 자리를 눈앞에 두고 사생결단의 상호 폭로전을 벌이다가 각자의 치명적 약점을 들춰냈다.

박근혜는 박정희의 딸로 박정희 정권 말기에는 저격 사건으로 사망한 어머니 육영수 대신 퍼스트레이디 역할을 수행했다. 한마디로 박근혜는 박정희 유신 체제의 꼭대기에서 정치를 배웠다. 박근혜는 1998년 4월 보궐선거에서 한나라당 후보로 출마해 국회의원이 된 이후 줄곧 전통적 우파의 대변자로 자리매김해 입지를 다져 왔다. 이 1998년 보궐선거 때 당시 김대중 대통령은 박근혜에게 정치 화합 차원에서 여당인 새정치국민회의 후보로 출마하라고 권유했는데, 박근혜는 거절했다. 10장에서 언급했듯이, 노무현 정부도 박근혜에게 연립정부를 제안했다가 거절당했으니, 김대중·노무현 대통령은 모두 박근혜에게 정치적 동행을 제안했던 셈이다. 박근혜는 2004년 한나라당이 노무현 대통령 탄핵을 추진하다가 역풍을 맞아 총선에서 참패할 상황에서 한나라당의 대표를 맡아 121석을 얻는 성과를 내, 한나라당의 구세주 대접을 받았다. 그러나 2007년 당내 대선 후보 경선에서는 이명박에게 패했다.

현대건설 회장 출신인 이명박은 1992년 총선에서 당시 거대 여당이던 민주자유당의 후보로 출마해 국회의원에 당선하면서 정계에 진출했다. 이명박은 대학생 시절인 1965년에 벌어진 한일기본조약 체결 반대 투쟁에 참가했다가 구속된 경험이 있다. 그러나 현대건설에 취업한 뒤로는 사주인 정주영 가문에 충성하면서 냉혹하고 비열한 경영자로 승승장구했다. 이명박은 불법 선거운동 혐의로 재판을 받다가 국회의원직을 사퇴한 적도 있다. 2007년 대선 때 이명박의 별명은 "전과 14범"이었다. 대학생 때 시위에 참가했다가 구속된 것을 빼면, 모두 현대건설 노조 설립 방해 공작, 선거법 위반, 범인 도피죄, 건축법 위반 등 파렴치한 부패 범죄였다.

이명박은 재벌 대기업의 최고경영자를 지낸 경력을 박근혜와의 차별점으로 내세웠다. 경제 살리기를 내세운 것이다. 그는 대선 선거운동 홍보 문구로 "실천하는 경제 대통령", "국민 성공 시대", "부자 되세요" 따위를 썼다. 노무현 정부 임기 첫해에 터진 카드 대란 이후 한국 경제는 주식·부동산 거품에 의존하면서 급격한 침체를 겪지는 않았지만, 과거보다는 경제성장률이 완만해졌다. 이는 투자가 줄었기 때문인데, 한나라당은 기업의 투자 의욕을 고취하려면 노무현 정부보다 더 노골적이고 과격하게 친기업 신자유주의 정책을 써야 한다고 주장했다. 거기에 양념처럼 노무현 정부의 경제정책이 좌파 이념에 사로잡혀 있다는 비판을 곁들였다. 이명박이 경제 살리기를 내세운 것은 민주당과의 차별화를, 중도 실용주의를 표방한 것은 강성 우파 이미지가 강한 박근혜와의 차별화를 노린 것이었다. 그리고 이명박 정권의 노선을 미리 보여 준 것이기도 했다.

그런데 이명박이 한나라당의 대선 후보가 된 뒤에도 당내 경선 때 폭로된 BBK 관련 사기·횡령 의혹은 가시지 않았다. 해명할수록 오히려 더 큰 의혹이 생기고, 의혹은 갈수록 더 구체화했다. 대선에서 압도적으로 당선할 것이 유력했기 때문에 이명박의 부패 혐의는 더 주목받았다. 검찰 수사를 해야 한다는 여론도 커졌다. 따 놓은 당상으로 본 대선에서 자당 후보가 검찰 수사를 받을 돌발 상황이 벌어지자, 한나라당은 수사 개시를 저지하려고 정치 공세 운운하며 몸부림을 쳤다. 김대중·노무현에게 연달아 패했던 이회창은 이명박이 검찰 수사로 중도 하차할 경우에 생길 기회를 잡아 보겠다고 한나라당을 탈당해서 독자 출마했다. 그러나 이명박 수사를 선거 기간에 하지는 않기로 하면서 결국 이명박이 대통령이 됐다. 훗날 알려지기로는, 당시 이명박에 대한 검찰 수사를 막는 거래에 노무현 대통령의 형 노건평 씨가 관여했다.

대중의 보수화?

이명박이 대통령에 당선하며, IMF 경제공황 국면에서 정권을 민주당에 넘긴 지 10년 만에 전통적 집권 세력인 우파가 청와대로 돌아오게 됐다. 그것도 그냥 오는 것이 아니라 공공연히 "잃어버린 10년"을 되찾겠다고 벼르며 돌아왔다. 수십 년 동안 일당 통치를 한 자들답게, 정치권력은 자기들만 잡아야 한다는 오만이 그 말에 깔려 있었다. 임기 중에 입증되지만, 이명박의 중도 실용주의는 가면이었다. 우파는 대한민국을 자기들 것으로 여기고, 선명하고 노골적으로 지배계급의 이익을 대변한다. 그래서 이들의 정당(지금은 미래통합당)은 한국 지배계급의 제1선호 정당이다. 이제는 민주당도 집권할 수 있도록 좀 더 유연한 체제가 됐지만, 지배계급에게 민주당은 여전히 제2선호 정당이다. IMF 경제공황이나 박근혜 탄핵 국면처럼 우파 정당으로는 안정적 정치 질서를 유지하기 어려울 때에야 민주당에게 집권 기회가 오는 것이다. 민주당이 지배계급의 요구에 충실하게 행동해 운동이 가라앉고 환멸이 자라 우파가 강화되자, 정권은 우파 정당에게로 되돌아갔다. 이런 배경에서 이명박 정권과 한나라당은 "잃어버린 10년"을 되찾겠다며 살벌하게 임기를 시작했다.

그러나 이명박 정권의 등장은 대중 전반이 보수적으로 변한 결과가 결코 아니었다. 대중이 보수화했다고 보면, 불필요한 비관과 낙담에 빠져 잘못된 전략으로 기울 수 있었다. 2007년 대선 투표율은 63퍼센트로, 1987년 이후 최저치를 기록했다. 이명박이 48.7퍼센트를 득표해 500만 표 차이로 승리했지만, 투표율 자체가 워낙 낮았기 때문에 유권자 전체를 기준으로 하면 이명박은 겨우 30퍼센트의 지지율로 당선한 것이다. 이는 김대중·김영삼 등 유력 후보가 많았던 1987년 대선에서 당선자인 노태우가 전체 유권자 32퍼센트의 지지를 얻은 것보다 적은 수치다. 그런 낮은 지지율로도 이명박이 대통령에 당선한 것은 김대중·노무현 정부 10년 동안 대중의 개혁 기대감이 실망과 환멸로 바뀐 결과, 전통적인 민주당 지지층 일부와 진보층 상당수가 투표를 아예 포기해 버린 결과였다. 이것이 2007년 대선의 두드러진 특징이었다. 예를 들면, 민주당이 몰표를 받는 지역인 광주는 대선 투표율이 전국 평균보다 대개 5~10퍼센트포인트 높다(대체로 80퍼센트를 넘는다). 그러나 2007년 대선에서 광주의 투표율은 64.3퍼센트에 불과했다. 당시 전국 투표율(63퍼센트)과 겨우 1퍼센트포인트 달랐던 것이다.

한편, 민주노동당은 2002년 대선보다 득표가 20만 표 이상 줄었다. 이 저조한 대선 성적이 계기가 돼서 민주노동당은 극심한 분열을 겪고 이명박 정권 출범 전후로 분당했다. 노동운동이 노무현 정부와 협력하거나 사회적 대화로 문제를 해결해 보려는 기조로 시간을 놓치고 각종 개악 저지 투쟁 조직에 실패한 것에서 민주노동당은 타격을 입었다. 2004년 총선에서 화려하게 부상한 민주노동당은 노무현 정부와 개혁 공조를 하려다가 노무현 정부와 함께 지지율이 추락하는 처지가 됐다. 노무현 정부도 진보를 자처했기에 (이는 '기의'에 충실하기보다 '기표'만 탐낸 것이다*), 당시 진보 진영 전체에 대한 환멸이 자라났고 이것이 청년층에서는 탈정치화와 반反정치 정서를 부추겼다. 이런 상황은 민주노동당에게 불리했다. 그러나 그렇게 되기 전에 민주노동당이 당장은 어렵고 외롭더라도

---

* 기표와 기의 스위스 언어학자 페르디낭 드 소쉬르가 사용한 용어. 기표(記標, 시니피앙)는 언어의 감각적 측면을 가리킨다. 예를 들어 "바다"라는 문자와 그 음성을 뜻한다. 기의(記意, 시니피에)는 기표로 표시되는 것의 내용을 가리킨다. "바다"라는 문자와 음성이 나타내는 실제 바다를 뜻한다.

노무현 정부의 위선을 폭로하며 그와는 다른 좌파적 대안을 구축하면서 민주당에 실망해 왼쪽으로 향하는 대중을 획득하려고 노력했더라면, 작더라도 기회가 왔을지도 모른다. 그러나 민주노동당은 안팎의 사정이 겹치며 그리하지 못했고, 그 결과 노무현 정부와의 동반 추락에서 빠져나오지 못했다.

2007년 대선에서 한나라당과 민주당의 성적, 민주노동당의 저조한 성적, 이회창이 무소속으로 출마해 350만 표를 얻은 사실을 보면, 보수가 전반적으로 성장하고 압도했다는 인상을 받을 수 있다. 그리고 보수 진영은 파죽지세로 2008년 4월 총선에서도 압승했다. 그런데 2008년 4월 18대 총선도 2007년 대선과 마찬가지로 투표율이 역대 총선의 최저치였다(46.1퍼센트). 유권자가 절반도 투표를 안 한 총선은 그때가 유일하다.

진보층의 환멸과 탈정치화에서 반사이익을 얻어 유리해진 우파가 지지층을 효과적으로 결집한 것과 사회 전반이 보수화한 것은 엄연히 다른 현상이다. 설사 유권자들이 민주당 정부에 너무 실망하고 화나서 항의 표현으로 이명박과 한나라당에 투표했다고 해도 그것을 보수화와 같은 것으로 보면 곤란하다. 자본주의적 선거에서는, 특히 양당 구도에서는 정권 심판 정서를 표현할 기회가 그런 방식으로 제약된다는 점을 알아야 한다.

게다가 물밑의 정서가 우파로 기운 것이 아님이 드러나는 데는 채 몇 달이 걸리지 않았다. 2008년 5월 광우병 위험 쇠고기 수입 반대 촛불 운동이 터져 나왔다. 정치에 관심이 적다고 여겨지는 청년·청소년층이 오히려 공식정치 내 세력균형 변화에 위축되지 않고 저항에 나섰다. 이 운동은 한 달여 만에 100만 명 규모로 성장했다. 이명박·박근혜 정부 9년의 시작과 끝이 대규모 촛불 운동이었다는 점도 흥미로운 사실이다.

"노명박" 정부

한나라당은 대통령직 인수위원회 시절부터 사회 전체에서 우경화를 촉진하려고 했다. 그렇지만 친민주당 지식인들이나 민중주의적 지식인들의 호들갑과 달리, 그 변화는 (민주화 이전) 과거로의 회귀는 아니었다. 이제 새롭게 정권을 쥔 자들이 권력과 이익을 얻을 고지들을 차지하겠다는 것이었다. 인사 문제가 가장 치열했다. 정부 정책의 손발이 될 공공 기관들을 장악하고, 감투를 두고 논공행상 잔치도 벌인 것이다. 이명박 정권 초기 청와대에서 고위직 인사 실무를 총괄했던 박영준은 대통령이 임명할 수 있는 자리가 2000개 정도 된다고 밝힌 적이 있다. 박영준은 이명박의 최측근으로 별명이 "왕의 남자"였다. 박영준은 그 자리들을 활용해 대통령이 임기 5년 동안 5000명 이상을 챙겨 줄 수 있다고 했다. 2~3회 인사를 교체한다면 말이다. 어쩌면 이것이 잃어버린 10년을 되찾자는 것의 실체였을 수도 있다.

그런데 민주화 이후에는 공공 기관 임명직도 대체로 임기제였기 때문에, 정권이 바뀌었다고 즉시 교체하려 하면 갈등이 일어날 수밖에 없었다. 이명박 정권 초 인사에서 가장 요란했던 일은 〈한겨레〉 출신인 KBS 정연주 사장을 밀어내는 것이었다. 이명박 정권은 정연주 사장에게 배임 혐의까지 걸어서 자리에서 물러나게 했는데, 나중에 무죄판결이 나왔다. 물론 이런 일은 모든 정권의 관행이다.

노무현 정부에서도 임기 초에 비슷한 일이 벌어졌다. 김대중 정부가 임명한 KBS 사장을 그의 임기가 끝나기 전에 교체한 것인데, 차이가 있다면 KBS 사장이 자진 사퇴됐다는 것 정도다. 곧바로 노무현 대선 캠프의 언론 담당 특보였던 서동구가 KBS 사장으로 임명됐다가 내부 반발에 직면해 열흘도 안 돼 사퇴했다. 그 후임자가 정연주였다.

사실 경제정책이나 노동정책에서는 노무현 정부 때와 큰 차이를 느끼기 어려웠다. 노무현 정부가 임기 후반으로 갈수록 친기업적 신자유주의를 기치로 삼아 돌진했기 때문이다. 오죽하면 "노명박 정부"라는 말이 유행했을까. 가령 노무현 정부의 마지막 국무총리인 한덕수와 이명박 정권의 첫 국무총리 한승수는 둘 다 김앤장의 고문이었다는 공통점이 있었다. 김앤장은 법조계의 삼성으로 불리는데, 당시 경제 관료와 투기 자본과 연계한 새로운 기득권 동맹의 축으로 불리기 시작했다. 이명박 정권이 임기 초반에 추진한 한미 FTA 국회 인준(노무현 정부에서 한·미 정부 간 체결까지 완료됐다), 국민연금과 대학 재단의 주식 투자 활성화, 노조법 개악 등은 노무현 정부가 임기 말에 다 입법을 완료해 놔서 이명박은 활용만 하면 되는 정책이었다.

물론 이명박 정권이 유별난 면도 있었다. 노골적으로 "비즈니스 프렌들리 정부"를 표방한 것부터 그랬다. 대통령직 인수위원회 위원장을 맡은 이경숙 숙명여대 교수는 초등학교 고학년부터 영어 외 과목도 영어로 수업하는, 이른바 영어 몰입 정책을 꺼내 소동을 일으켰다. 이경숙은 자신의 미국 생활을 언급하며 미국인들이 '오렌지' 하면 못 알아듣고 '오뤈지' 해야 알아듣더라는 체험담을 근거로 대, 불만에 찬 청소년들의 조롱거리가 됐다. 이명박 정권에게는 불운이게도, 2008년 3월에 한 유명 과자 제품에서 생쥐 머리가 나오는 사고가 났다. 그래서 '오륀지 오륀지 하다가 진짜 어린 쥐가 나왔다'는 풍자가 유행했다. 이명박 정권은 '0교시 수업'도 합법화하려 했다. 마치 우파가 정권을 유지하려면 학생들을 어릴 때부터 단단히 교육시켜야 한다고 맘먹은 듯했다. "2MB OUT"으로 상징된 그해 초여름의 촛불 운동에서 청소년들이 초기 주축이었던 것은 우연은 아니었다. 청소년들은 이미 4월부터 "잠 좀 자자, 밥 좀 먹자" 구호를 외치며 0교시 수업 합법화 정책에 반대하는 운동을 벌이고 있었다.

이명박 정권 초기의 장관 내정자들도 너무 우파적이고 부패한 인사 일색이었다. 장관 후보자 청문회는 가관이었다. 땅 투기, 표절, 위장 전입이 기본이었는데, 그 해명조차 서민으로서는 도저히 이해할 수 없었다. 왜 땅 투기를 그렇게 많이 했느냐고 물으니 땅을 너무 사랑해서라고 답한 후보, 왜 살지도 않는 서울 강남에 아파트를 가지고 있느냐고 물으니 유방암이 아니라는 진단이 나온 기념 선물로 남편이 사 줘서라는 후보 등. 완전히 별세계를 사는 사람들이었다.

그럼에도 취임 후 한 달 만에 치른 총선에서 이명박은 또다시 압승했다. 한나라당이 혼자서 의석의 과반인 153석을 얻었다. 2007년 대선에 무소속으로 출마했던 이회창은 옛 자민련 출신자들을 모아 자유선진당을 만들어서 18석을 얻었다. 한나라당 내 대선 후보 경선에서 박근혜를 지지한 것에 대한 보복으로 공천에서 대거 밀려난 박근혜계 정치인들은 한나라당을 탈당해 친박연대를 만들어서 14석을 얻었다(박근혜는 한나라당에 남았다). 반면, 민주당은 4년 전보다 반토막 난 81석을 얻었다. 민주노동당도 4년 전 10석에서 5석으로 의석이 줄었다. 이 2008년 총선의 최대 특징은 무관심과 낮은 투표율이었다. 이렇게 사회 분위기가 냉각되고 대중이 수동화될수록 우파가 유리한 법이다.

"불도저"를 잠깐 멈춰 세우다

그러나 이 총선을 치른 지 한 달도 안 지났고, 이명박의 대통령 취임 이후 석 달도 안 지난 2008년 5월 2일 서울 청계광장에서는 장차 석 달간 이어질 광장 점거 운동이 시작했다. 광우병 위험 쇠고기 수입을 반대한 이날 집회에는 청소년과 청년 2만여 명이 모였다. 더욱 노골화하는 신자유주의 기조에 대한 대중의 불만과 우파 정부의 등장에 대한 경계심이 터져 나온 것이었다.

이 운동의 핵심 특징은 청년층의 반신자유주의·반우파 정서였다. 광우병 위험이 있어서 수입을 제약해 왔던 미국산 쇠고기의 수입 조건이 완화되는 것이 이 운동의 계기였다. 미국산 쇠고기 수입 조건 완화는 한미FTA 체결 때 미국이 내건 선결 조건이었다. 그런데 10장에서 언급했듯이 한미FTA 체결은 국내 경제의 신자유주의적 구조조정을 촉진하기 위한 것이었다. 그러므로 2008년 촛불 운동은 광우병 위험 쇠고기 수입 조건 완화를 계기로 터졌지만 더 광범한 불만을 반영한 운동이었다. 노무현 정부 후반 좌파와 사회운동이 한미FTA 체결에 반대하며 수행한 대중적 반신자유주의 교육·선전·선동·투쟁은 촛불 운동의 밑거름이었다. 사실 한미FTA

이명박 정부에 분노해 거리로 나온 청소년들. ⓒ 임수현

는 노무현 정부가 추진해 체결까지 한 것이다. 광우병 위험이 있는 미국산 쇠고기의 수입 조건을 완화하기 시작한 것은 노무현 정부였고, 이명박은 그 조건을 더 완화해 주려고 했다. "노명박" 노선이 여기서도 발견된다.

운동이 커지자 참가자들은 여러 사회문제를 연결 지어서 생각했다. "미친 소 반대한다"는 구호에서 "미친 교육 반대", "일터의 광우병 비정규직 철폐하라" 등의 구호가 파생됐다. 여러 불만이 우파 정권 등장에 대한 반감과 불안감과 겹쳐지면서 이 운동은 한 달 만에 100만 명 규모의 운동으로 발전했다.

2008년 촛불 운동 기간에 노동운동에 희망을 준 투쟁이 벌어졌다. 2008년 7월 중순, 무리한 인수 합병으로 경영 위기를 맞은 금호타이어 광주 공장에서 정리해고에 반대하는 파업이 일어나 승리를 거둔 일이다. 촛불 운동이 벌어지는 국면을 이용해 과감하게 벌인 전면파업의 성과였다. 경제공황의 전조 증상이 나타나고 있었으므로, 금호타이어 투쟁은 경제 위기 시기에 어떻게 싸워야 조건을 방어할 수 있을지를 보여 준 좋은 선례였다. 그러나 민주노총 지도자들은 그 교훈을 살리지 못했다.

2008년 촛불 운동은 2016년 박근혜 정권 퇴진 운동이 일어나기 전까지는 한국에서 가장 큰 운동이었다. 초기 3주 동안에는 청계광장에서 매일 집회가 열렸고, 참가자들은 열띤 자유 발언과 토론을 이어 나갔다. 규모가 더 커지자 참가자들의 거리 행진 욕구가 커졌다. 당연한 일이었다. 참가자들의 광범한 분노와 열기는 청계광장으로는 다 담을 수 없이 컸기 때문이다. 참가자 다수는 도심 행진을 기대하면서도 공식 지도부의 결정을 따르겠다는 태세였는데, 성미 급한 일부 청년들은 자기들끼리 거리로 나가려고 하고 있었다. 이때가 2008년 촛불 운동이 첫 번째 기로에 놓인 시점이었다. 전체 대열이 거리 행진에 나서지 않았더라면 운동이 분열할 수도 있는 상황이었다. 그러나 참가자들의 행진 바람이 컸기 때문에, 운동의 공식 지도부인 '광우병 위험 미국산 쇠고기 전면 수입을 반대하는 국민대책회의(약칭 광우병 대책회의)'의 다수는 거리 행진을 반대하면서도, 대책회의에 소속돼 있던 좌파 단체인 '다함께'가 첫 거리 행진을 이끄는 것을 묵인할 수밖에 없었다.

도심 행진이 시작되자 운동의 규모와 활력은 더 커졌다. 사회운동과는 거리가 멀던 청년들이 운동으로 빨려 들어왔다. 광장 점거의 공간적 중심은 청계광장에서 서울시청 앞 서울광장으로 옮겨갔다. 한 달 넘게 매일 수만 명이 광장에 모여 행진하고 집회를 열었다. 광장에는 천막 수십 동이 설치됐다. 곳곳이 토론하는 사람들과 밤샘 시위를 벌이는 사람들로 북적였다. 운동의 규모와 활력 때문에 경찰은 인력으로 행진을 막기 힘들었고, 그래서 이명박 정권은 거리에 경찰 버스나 컨테이너를 설치해 시위 대열의 행진을 가로막았다. 그 저지선을 두고 사람들은 '명박 산성', 'MB 산성'이라고 불렀다. 명박 산성은 이명박 정권의 불통 정신을 보여 주는 상징으로 인식됐다.

거리 행진을 시작한 운동은 매일같이 도심을 휘저으며 세를 불렸다. 낮에는 출근하거나 등교하고 저녁에는 촛불을 들고 거리로 나와 밤새 시위하는 것이 당시의 일상이었다. 이명박은 대통령 담화를 발표했지만 소용없었다. 6월 10일에는 드디어 100만 명이 거리로 나왔다. 6월 19일 이명박은 또다시 반성한다는 말을 해야 했다. 이처럼 2008년 촛불 운동은 "불도저"라고 불리던 이명박의 돌진에 브레이크를 걸었다.

그러나 100만 명이 쏟아져 나온 날, 운동은 두 번째 기로에 섰다. 이명박 정권은 대국민 사과를 하고 미국산 쇠고기 수입 조건을 완화하는 고시를 몇 차례 연기했지만, 철회할 생각은 추호도 없었다. 이제 100만 명이 운집한 운동이 어디로 향해야 할지 두고 고민이 생길 수밖에 없었다. 국민의 뜻을 이만큼 보여 줬으니 이제 정치권에 맡기면 될까? 아직 요구가 성취되지 않았으니 계속 집회를 유지하면 될까? 운동은 처음부터 "2MB OUT"이라고 표현된 정권 퇴진을 주장했는데 정부는 요지부동이니, 정말로 정권을 퇴진시키는 데로 나아가야 할까? 그러려면 무엇이 필요할까? 6월 10일 집회는 정부에게 열흘의 말미를 주고 그때까지 한미FTA를 재협상하지 않으면 정권 퇴진 운동을 불사하겠다고 선언했다.

운동이 100만 명 규모로 성장하자, 이 운동의 잠재력을 제약해서 의회 정치 쪽으로 돌리려는 자유주의 정치인들과 지식인들의 시도가 시작됐다. 이제는 국회에 맡기자는 것이 골자였다. 국민이 시위로 의사를 표현하는 것은 이 정도면 충분하고 이제는 정치인들에게 맡기는 것이 민주주의라는 얼토당토않은 훈수까지 두면서 말이다.

이 운동에서는 비정치를 표방하는 청년들의 자율주의 정서가 지배적이었다. 민주당 정치인들은 뒤늦게야 지지를 표명하며 운동을 기웃거렸으나 인정받지 못했다. 자율주의에 친화적인 개혁주의 정치를 표방한 진보신당의 심상정과 노회찬, 그리고 민주노동당 강기갑 대표는 운동 속에서 지지를 받았다. 민주노총은 이 운동에 연대 파업이나 집회로 기여하지 않고 그저 조합원들에게 노조 조끼

손 팻말을 들고 거리를 가득 메운 2008년 촛불 집회 참가자들. ⓒ 임수현

를 입지 말고 참가하라고 호소하는 정도에 그침으로써 운동 안에서 주목받거나 좋은 영향력을 발휘하지 못했다. 자율주의적 청년들이 흔히 빠지는 노동운동에 대한 편견은 운동 참가 경험 속에서 도전받지 못했다. 청년들은 운동의 향방을 둘러싼 날카로운 정치 토론을 좋아하지 않았다.

수십 년 동안의 독재 경험과 개혁을 표방한 민주당 정부 10년의 경험을 보면, 청년들의 정치 혐오 정서는 이해할 만했다. 그러나 정치를 협소하게 공식정치로 환원하지 않는다면, 정치 일체를 거부하는 것은 현명하지 않은 태도였다. 위에서 언급했듯이, 운동은 앞으로의 향방을 둘러싼 고비에 놓여 있었다. 이미 현실에서 여러 견해가 나오고 있었고 운동 참가자들은 저마다 지지할 견해를 선택하고 있었다. 어떤 견해가 더 옳은지, 운동은 그 견해를 어떤 방식으로 채택해야 하는지, 채택한 견해를 실현하려면 무엇을 해야 하는지가 모두 '정치적인 것'들이다. 운동이 격렬한 논쟁을 수반할 수밖에 없는 중대한 의사 결정을 해야 하는 상황에서 머뭇거리면 동력이 스멀스멀 떨어지기 마련이다.

바로 이 지점에서, 촛불 운동에서 지배적이었던 자율주의 정서의 약점이 드러났다. 그저 거리에서 해방감을 느끼며 각자 하고 싶은 것을 하자는 관점으로는 자유주의자들의 시도에 대안을 제시할 수 없었다. 촛불 운동의 공식 지도부였던 광우병 대책회의의 다수파는 NGO와 자민통계였다. 그들은 사실상 자유주의자들의 시도에 기여했다. 6월 10일 집회 이후 광우병 대책회의는 정권 퇴진 운동을 불사하겠다는 선언을 정말로 이행할 마음이 없었다. 그저 운동의 자발성을 찬양하면서 시간을 까먹고 있었다.

이 운동은 미국산 쇠고기 수입 반대라는 단일 요구를 내걸고 시작했지만, 그 이면에는 더 광범한 정치적·사회적 분노가 있었다. 그 분노를 바탕으로 100만 명이 참가하는 운동으로 성장한 상황에서는, 요구를 받아들이지 않는 정부를 직접 타격하는 투쟁으로 급진화했어야 한다. 그랬더라면, 운동의 동력을 유지하고 확대할 가능성이 있었다. 이 가능성을 실현하려면 두 가지가 필요했다. 하나는 청년들의 자율주의 정서와 운동 지도부의 개혁주의 둘 다와 우호적으로 협력하며 운동을 건설할 줄 알면서도 잘못된 전략·전술에는 날카롭게 도전하고 적절한 대안을 제시할 수 있는 혁명적 좌파의 존재였다. 그 혁명적 좌파는 만만찮은 세력과 영향력을 갖춰야 한다. 다른 하나는 노동자들의 집단적 투쟁이었다. 1987년 7~9월 노동자 대투쟁에서 봤듯이, 노동자들의 투쟁은 거리의 운동이 지속될 동력을 제공하면서 정부에 타격을 줄 수 있다(훗날 2016~2017년 박근혜 정권 퇴진 운동의 초기 국면에서는 그런 요소들이 나타났다).

운동이 그렇게 전환하지 못하고 우왕좌왕하는 동안, 지지율이 10퍼센트대까지 폭락했던 이명박 정권은 전열을 가다듬어 반격을 시작했다. 100만 명 시위가 일어난 것의 여진으로 시위는 어느 정도 이어졌지만, 운동은 점차 사그라지고 있었다. 2008년 촛불 운동은 우파 정부를 코너까지 내몰고 미국산 쇠고기를 수입할 때 검역 조건을 일부 강화하는 성과를 거뒀다(그 덕에 조금은 더 안전해졌다). 그렇지만 정치적으로는 패배했다.

이명박은 결국 미국산 쇠고기 수입을 강행했다. 그리고 촛불 운동 와중부터 국가정보원을 통해 '댓글 부대'를 운영하기 시작했다.

국가기관이 직접 나서서 진보 인사와 단체를 온라인에서 매도하고 마녀사냥하는 공작이 본격 가동된 것이다. 이명박 정권은 집회를 금지하고 사회 비판적 글을 출판하거나 온라인에 게시하는 사람들을 구속했다. 미국산 쇠고기의 위험성과 광우병 문제를 보도한 MBC 〈PD수첩〉 제작진을 수사하고 재판에 넘겼다. (▶ 더 알아보기: 2008년 100만 촛불 운동, 496쪽)

세계적 대불황의 발생

이명박 정권이 촛불 운동의 충격에서 완전히 벗어나기도 전에 세계경제 공황이 닥쳤다. 이미 2007년에 미국에서 서브프라임 모기지(비우량 주택 담보 대출) 위기가 터지면서 경고등이 켜졌다. 어찌어찌 넘긴 듯 보였던 문제가 결국은 폭발했다. 2008년 9월 미국계 투자은행 리먼브러더스가 충격적으로 파산하면서 세계경제가 추락했다. 리먼브러더스가 파산하기 한 달 전에 이명박과 당시 기획재정부 장관 강만수는 비밀리에 리먼브러더스를 인수하는 협상을 하고 있었다. 만약 이 거래가 성사됐더라면 한국 경제는 어마어마한 타격을 입었을 것이다. 그래서 당시에 금융권에서는 이명박의 리, 강만수의 만을 따서 '리-만 브러더스'가 나라를 말아먹을 뻔했다는 우스갯소리가 유행했다.

2008년 경제공황은 1997년 IMF 경제공황과 달랐다. 1997년에는 미국 경제가 닷컴 호황 등 덕분에 멀쩡했지만, 2008년에는 미국에서 공황이 시작된 것이다. 미국은 많이 약해졌어도 세계 총생산의 4분의 1 가까이 차지하는 나라고, 국제화된 금융의 중심지고, 무엇보다 세계 각국에 수출 시장을 제공하는 나라다. 그리고 그 많은 거래가 달러로 이뤄진다. 그래서 2008년 경제공황은 유례 없는 장기 침체로 이어졌다. 실물경제와 금융 부문 모두에서 위기 가 빠르게 세계로 전파됐다. 한국에서는 미국발 위기가 곧바로 유 동성 위기(유통되는 현금의 부족)로 나타나 기업과 은행이 모두 위 기를 겪었다. 이명박 정권은 즉각 시중은행들에 200조 원의 지급보 증을 해 줬다. IMF 경제공황 이후 대외 의존도가 더 높아진 한국 은 실물경제에도 큰 타격을 입었다.

2000년대에 중국, 일본, 산유국들은 안전 자산인 미국의 달러를 많이 보유하고 있었다. 이 나라들은 수출로 달러를 벌었는데, 미국 이 시장을 제공한 덕이 컸다. 그러면 미국의 소비 여력(과잉 소비) 은 어디서 생겨났을까? 미국도 노동자들의 소득을 억제하는 정책 을 펴 왔기 때문에, 소비를 뒷받침한 것은 자산(주로 부동산) 시장 거품에 기댄 저금리 대출이었다. 비우량 대출인 서브프라임 모기 지도 이를 배경으로 유행한 것이었다. 게다가 주택 담보 대출 채권 을 기반으로 한 파생상품도 우후죽순 생겨났다. 자산 거품이 꺼지 자, 이 파생상품들은 위기를 곳곳에 퍼뜨리는 벨트가 됐다. 파생상 품은 개별 자본에게는 투자 실패 위험을 분산시키는 합리성의 표 현이었겠지만, 위기가 찾아오자 자본주의 전체에는 위기를 더 빠르 고 깊게 확산시키는 불합리성의 상징이 됐다.

미국 정부가 부채 경제를 유지할 수 있었던 것은 저금리 대출 로 달러를 풀었기 때문인데, 이는 그렇게 해도 인플레이션이 생기 지 않았기 때문이다. 이는 수출국들이 벌어들인 달러로 미국 국채 를 잔뜩 사서 보유했기 때문이다(외환 보유고가 바닥난 경험을 했던 한국도 이 대열의 일부였다). 이는 달러가 기축통화이기에[*] 가능했다. 만약 미국이 자국의 수출 경쟁력을 위해 달러 가치를 떨어뜨리려고 하거나 동아시아 수출 경제들이 위기에 빠지는 등, 미국 국채를 경쟁적으로 내다 파는 상황이 되면 미국 경제가 타격을 입을 터였다.

이 때문에, 미국 정부는 2008년 위기를 맞아 자국 경제만이 아니라 세계 경제를 구하려고 돈을 무지막지하게 쏟아부으며 경제에 개입했다. 2008년 9월 초에만 해도 미국 조지 W 부시 정부는 국가 개입의 필요성과 신자유주의 교조 사이에서 오락가락했다. 부시 정부는 9월 초에는 모기지 업체인 패니메이와 프레디맥을 국유화했는데, 그 일주일 뒤에는 리먼브러더스가 파산하도록 방치했다. 그러나 리먼브러더스 파산의 여파가 너무 크자 방향을 틀었다. 보험 회사 AIG 국유화를 시작으로 역대 최대 수준의 구제금융을 쏟아부었다.

미국의 중앙은행 격인 연방준비제도이사회FRB는 10월 말 한국·브라질·싱가포르·멕시코 등과 통화스와프[**] 계약을 체결해 달러 지급을 보증했다. 사실 9월에만 해도 미국 정부는 통화스와프 체결에 시큰둥해서, 당시 한국 기획재정부 장관인 강만수가 미국을 직접 방문해 사정을 할 정도였다. 그러다가 미국 정부가 경제가 양호한 신흥공업국과 통화스와프 계약을 맺기로 방향을 튼 것이다. 그

---

[*] 기축통화 국제적 결제나 금융 거래의 기본이 되는 화폐.

[**] 통화스와프 서로 다른 통화를 미리 약정된 환율에 따라 일정한 시점에 서로 교환하는 외환 거래. 환율·금리 변동에 따른 위험을 낮추거나 외화 확보를 위해 사용한다.

것이 미국 경제와 패권 모두에 유용하다고 판단했기 때문이다.

2008년 공황으로 신자유주의는 세계적으로 신뢰가 하락했고, 금융화가 지탄받았다. 금융시장은 기본적으로 투기성이 강하고, 더군다나 부채(빚)에 기반한 경제는 기대 소득이 실제로 들어오지 않으면 무너지게 마련이다. 2007~2008년에 일어난 일이 바로 그것이었다. 할리우드에서 금융계를 폭로하고 규탄하는 영화가 여럿 만들어질 정도로 금융화에 대한 반감이 자랐다. 이런 반감이 청년들의 행동으로 표출된 것이 2011년 월스트리트 점거 운동이었다. 이 운동은 "1퍼센트 대 99퍼센트"의 세계를 비난하며 99퍼센트를 위한 경제를 요구했다. 이 때문에 금융자본이 문제라는 담론이 유행했다. 금융자본의 비대화와 금융화는 문제였지만, 그것은 2008년 공황에 대한 정확한 진단은 아니었다. 자금이 금융시장에 몰린 것은 실물경제의 이윤율이 저조했기 때문이다. 그래서 2008년 공황 이후 여러 정부가 금리를 인하하고 돈을 풀었지만 투자가 제대로 회복하지 못한 것이다. 금융은 실물경제의 그림자일 수밖에 없다. 금

2011년 월스트리트 점거 운동.

융자본이 문제인 이유는 그것이 자본이기 때문이다. (▶더 알아보기: 2008년 세계경제 공황, 504쪽)

이윤율이 낮았기 때문에, 각국 정부는 2000년대에 저금리 기조를 유지했다. 2000년대 중반 노무현 정부가 금융허브론을 내세우며 금융산업을 서비스산업의 국가적 미래 모델로 삼은 것도 이런 세계적 유행에 편승한 것이었다. 이 점에서 이명박 정권의 금융정책은 "노명박" 노선을 따른 것이었다. 이명박은 대통령 취임 전 당선자 시절에 은행 최고경영자들을 모아 '금융기관'이 아니라 '금융회사'로서 정체성을 가지라고 주문했다. 공공성보다 수익성을 추구하라고 대놓고 요구한 것이다. 이명박은 메가뱅크(총자산 500조 원 이상의 대형 은행)를 설립하려 했고, 위에서 언급했듯이 리먼브러더스를 인수하려 했다. 이는 노무현 정부가 김대중 정부를 이어 은행들을 합병시키면서 대형화를 추진하고 "한국판 투자은행"을 만든다며 한국투자공사를 설립한 것의 연장선에 있는 일이었다. 노무현 정부는 금융시장 개방을 추진할 때도 한미FTA 추진 때와 같은 논리를 폈다. 실전에서 선진 기법을 배우며 진짜 경쟁력을 갖춘 산업을 육성하자는 것이었다. 그 사례가 외환은행을 사모펀드인 론스타에 매각한 것이다. 론스타는 성과주의 경영과 노조 무력화 등 '선진 기법'을 선보였다.

김대중·노무현 정부가 은행 합병을 지속해서 은행을 대형화시킨 결과, 생존한 대형 은행들 사이에서 자산(대출) 확대 경쟁이 심화했다. 자산 거품에 기초한 부채 경제는 사람들의 욕망 때문에 아래로부터 생겨난 것이 아니다. 한국 기업들은 IMF 경제공황을 겪은데다가 세계적으로도 이윤율이 낮아 투자에 조심스러워졌다. 은행들이 기업 대출 대신 가계 대출에 집중한 배경이다. 9장에서 언급했듯이, 한국 제조업의 부채비율은 IMF 경제공황 직전 400퍼센트에 육박했다가 급격하게 줄고 노무현·이명박 정부 기간에는 100퍼센트 초반대를 유지했다(이후에는 더 떨어졌다). 이런 배경에서 은행들의 대출 영업 경쟁으로 늘어난 것은 주택 담보 대출이 중심이 된 가계 대출이었다. 가계 대출은 노무현 정부 첫해에 벌어진 카드대란 여파로 축소됐지만 2005년부터 다시 꾸준히 증가했다. 바로 그때 한국에서도 부동산 시장 폭등이 본격화했다. 실소득 대비 가계 부채 비율은 노무현 정부 임기 말에 120퍼센트를 넘겼고, 이명박 정권하에서 150퍼센트를 넘겼다. 쉽게 말해, 소득보다 빚이 더 빨리 는 것이다. 가계 부채의 증가는 이후 모든 정부가 부동산 거품을 억제할 수 없게 된 경제적 배경이다. 2020년 1월 현재 가계 부채 총액은 국내총생산의 95.5퍼센트에 이른다. 많은 사람들이 지적하듯이, 이렇게 가계 부채가 증가하는 것은 경제에 위험할 수 있다. 이런 상황은 1997년 경제공황 이후 이윤율 저하를 상쇄하는 수단으로 신자유주의 정책을 추진하며 임금 억제 기조를 이어 온 한국 지배자들에게 딜레마로 작용한다.

결국 2008년에 한국 경제도 1997년 경제공황 이후 가장 큰 불황을 겪었다. 모든 지표가 악화했다. 그래도 한국 경제는 성장률이 마이너스로 떨어지는 상황은 피했다. 미국이 돈을 어마어마하게 쏟아부은 데다가(양적완화) 통화스와프 체결 등으로 지원했다. 무엇보다 중국 경제가 정부의 적극적인 경기 부양책으로 빠르게 회복해 성장 속도를 유지한 덕이 컸다. 한국 경제는 중국 시장을 버팀목으로 2008년 경제공황을 견뎌 냈다. 이미 한국 경제에는 중국과의 무역 비중이 가장 컸지만, 2008년 공황을 거치며 한국 경제와 중국 경제의 긴밀성이 더 커졌다. 한국 경제는 2008년 경제 위기를 중국 덕분에 넘겼고, 미국 경제도 중국 경제의 도움을 받았다. 한국 주류 언론에서도 "경제는 중국과, 안보는 미국과" 하는 표현이 등장했다. 그러나 2010년을 경과하며 중국이 경제 규모 면에서 마침내 일본을 추월해 세계 2위로 올라서자 상황이 달라지기 시작했다. 미국은 "동아시아로의 회귀"를 선포했다(미국이 동아시아에서 손뗀 적은 없으므로, "회귀"라기 보다는 "조정"으로 봐야 한다). 중국을 포위·압박·견제하려고 북한을 압박하고 일본과의 공조와 한·미·일 동맹을 다지는 일을 부쩍 강화하기 시작한 것이다. 이런 상황은 한국의 외교·안보에 뿐 아니라 국내 정치에 날카로운 긴장을 일으킨다.

그 사례 하나가 2010년 3월에 일어난 천안함 침몰 사건이다. 그 날 서해안 백령도 앞바다에서 한국 해군의 초계함인 천안함이 폭발하고 침몰해서 장병 46명이 사망했다. 지금도 정부의 공식 입장은 북한의 어뢰 공격으로 인한 폭침이라는 것이다. 그렇지만 당시 북한은 이를 공식 부인했고, 진상 조사 기간과 정부의 결과 발표 이후에 제기된 많은 의문이 제대로 해명되지 않았다. 그런데도 이명박 정권은 정부의 입장에 반대 의견을 내면 반反대한민국 세력 취급하며 분위기를 옥좼다. 그런데도 그 직후 6월에 치러진 지방선거에서 여당인 한나라당은 패배했다. 그 뒤 이명박은 자신의 측근 임태희를 통해 북한과의 뒷거래를 시도하며 남북 정상회담 실시를 비밀리에 타진했다.

한편, 미국은 한국 정부와 함께 천안함 침몰 사건의 주범이 북한이라고 재빠르게 단정하고, 이를 자국의 동아시아 전략에 이용했다. 당시 미국의 버락 오바마 정부는 2009년 북한의 2차 핵실험과 뒤이어 벌어진 2010년 3월 천안함 침몰 사건, 11월 연평도 포격 사건 등을 이용해 중국 봉쇄에 진전을 이뤘다. 오바마 정부는 북한 핵실험을 이용해 당시 일본 민주당 하토야마 정부가 오키나와와의 주일 미군을 오키나와 밖으로 이전하려던 시도를 좌절시켰다. 연평도 사건 직후에는 핵항공모함 조지워싱턴호를 서해 한·미 연합 군사훈련에 투입했다. 중국의 코앞에 핵항공모함을 들이민 것이다. 한국의 이명박 정권은 전시작전권 이양 시기를 늦췄다. 그리고 2012년에 미국은 한국과 일본이 미국 미사일방어체계MD 편입의 핵심 요소인 한일군사정보보호협정을 비밀리에 체결하도록 유도했다(당시에는 반발에 부딪혀 좌절되고 박근혜 정부 때 체결됐다). 이런 일을 보면, 북한 악마화가 미국의 패권 전략에 유용한 수단이라는 것을 알 수 있다. 반면, 중국은 이런 사태 전개에 불쾌해하며, 천안함 북한 폭침설에 동조하지 않았다. 한국과 미국이 천안함 북한 폭침설을 강하게 주장하던 2010년 5월 중국 최고 지도자 후진타오는 북한의 최고 지도자 김정일 국방위원장을 중국 베이징으로 초청해 정상회담을 열었다.

또 다른 사례는 일본군 위안부 문제다. 미국은 동아시아에서 미국의 하위 파트너로서 일본을 중심에 두고 나머지 나라들을 엮는 안보 동맹을 구축하고 싶어 하며 줄곧 한·일 관계의 개선을 촉구한다. 한국 정부는 이런 안보 동맹에 편입해서 미국 중심의 세계화 질서에서도 한몫 보려고 한다. 이 과정에서 걸림돌이 되는 것이 위안부와 강제 징용 등 과거사 문제다. 두 문제는 일본 국가가 한반도를 강점하고 저지른 제국주의 범죄(전쟁범죄)여서, 민족주의를 무기로 경제성장을 위한 동원을 해 온 한국 주류 정치인들이 미국·일본 지배자들과 대놓고 협력하기가 껄끄럽기 때문이다. 그래서 역대 한국 정부는 모두 해결에 소극적이면서도 위안부 피해자와 그 운동을 지원했다. 그렇다고 해도 한·미·일 동맹과 경제성장을 한 묶음으로 추구해 온 국가적 전략을 천대받는 사람들을 위해 어그러뜨릴 수도 없다. 그래서 역대 한국 정부의 태도는 오락가락하면서도, 여론을 의식한 언행은 제스처에 그치고 근본으로는 한·미·일 동맹을 유지·강화하는 쪽으로 기울었다. 그래서 마치 위안부나 강제 징용 피해자들이 모두 죽기만을 기다리자는 태도인 듯하다.

2004년 노무현 대통령은 당시 일본 총리 고이즈미를 만나 다음과 같이 말했다. "내 임기 동안에는 정부 차원에서 [위안부 문제를] 공식적인 의제나 쟁점으로 제안하지 않을 생각[이다.]" 이명박 정권도 마찬가지였다. 이명박은 임기 초에 다음과 같이 말했다. "일본에게 만날 사과하라고만 요구하지 않겠다." 그러다가 한일군사정보보호협정을 비밀리에 추진한 것이 드러나서 여론이 악화하고 지지율이 18퍼센트까지 떨어지자 갑자기 독도를 방문하는 쇼를 벌였다. 이명박 정권은 한일 위안부 합의도 비밀리에 추진했다(이 사실은 당시 청와대 외교안보수석의 발언으로 최근에야 알려졌다). 박근혜 정권은 아예 일본과 기만적인 합의를 해 버렸다. 이 한일 위안부 합의로 미국은 크게 기뻐했다. 문재인 정부는 위안부 피해자들을 청와대로 초청했지만, 박근혜 정부가 맺은 위안부 합의의 파기는 거부했다. 박근혜 정권의 위안부 위헌으로 판결해 달라는 위안부 할머니들의 소송에 대해, 문재인 정부는 이 청구를 기각하라는 의견을 재판부에 제출했다.

그럼에도 이명박이 단순히 대미 종속적이었던 것은 아니다. 한국 자본주의의 이해관계가 그 단계를 넘어선 지 오래였기 때문이다. 임기 중 중국과의 관계에 특별히 문제가 생기지는 않았다. 이명박 정권은 한미FTA 국회 비준을 마치고 나서 한중FTA 체결 협상을 개시했다. 미국의 사드 배치 요구에 대해서도 김대중·노무현 정부를 이어 소극적 반대 기조였다. 이명박은 한국이 국제사회에서 "국격"에 맞는 역할을 해야 한다고 했는데, 이는 노무현 정부가 이라크 파병 등으로 한국 국가의 국제적 위상을 높이려 한 것과 일맥상통한다. 이명박도 아랍에미리트 등지에 파병을 충실하게 했다. 아랍에미리트 파병은 핵발전소 수출의 대가일 공산이 크다. 이명박은 자원 외교라는 이름으로 공적개발원조ODA 예산을 늘렸다. 이는 마치 중국이 아프리카 등지에 투자하는 것과 비슷해 보이기도 하는데, 두 국가의 '사이즈'가 달라서 이명박이 의도한 효과가 나타난 것 같지는 않다. 2000년대 이후 한국 정부는 모두 동남아시아 외교(통상·안보)를 중시했다. 이런 사례들은 한국 국가는 정부가 바뀌어도 한국 자본주의의 독자적 이해관계를 동력으로 움직인다는 것의 방증으로 볼 수 있다.

정리해고 등 공격, 그에 맞선 저항

임기 첫해에 거대한 규모의 반정부 시위와 세계경제 공황을 겪은 이명박 정권이 2008년 말부터 선택한 대처법은 우파적 공안 통치 의존이었다. 촛불 운동이 사그라든 이후 집회 금지가 늘어났고, 출판물이나 인터넷 게시물을 이유로 구속되는 사람들이 생겨났다. 미네르바 구속, MBC 〈PD수첩〉 제작진 수사 등이 그 사례다. 촛불 운동 때 도심 행진을 이끌어 내고, 이명박 퇴진 운동으로의 전환을 강력히 주장한 단체인 '다함께'는 중앙 사무실이 사찰당했다(이렇게 임기 내내 민간인 사찰을 한 것은 결국 들통나 측근들이 구속됐다). 촛불 운동 기간에 철회할 것처럼 했던 대운하 사업은 4대강 개발이라고 이름을 바꿔 추진했다. 거짓말과 혹세무민을 일삼는 어용 교수들을 총동원한 4대강 사업은 큰 실효도 없이 수질 등 환경만 파괴하고 예산만 수십조 원 낭비한 것으로 드러났다. 이명박은 촛불 운동의 배후에 친노계가 있다는 의심을 하고 노무현 전 대통령에게 정치 보복을 자행했다. 노무현 전 대통령의 불법 비자금 수령 혐의는 결국 미확인으로 끝났지만, 당시에는 신빙성 있는 의혹이었다. 문제는 관례를 깨고 노무현 전 대통령을 검찰에 공개 소환하는 등 망신 주기 수사로 일관했다는 것이다. 결국 노무현 전 대통령은 자신이 버티면 자기 세력이 더 피해를 볼 수 있다고 보고 2009년 5월 자살을 선택했다. 그 충격 때문인지 석 달 후 김대중 전 대통령도 노환으로 사망했다.

당시 가장 비극적인 죽음, 즉 참사는 2009년 용산 철거민 살인 진압 사건이었다. 용산 참사의 발단은 재벌 기업도 참여해 용산역 일대를 사업용 부동산으로 재개발하는 큰 사업이었다. 2008년 경제공황 이후 추진한 친기업 드라이브와 직결된 사업이었다. 그래서 이명박 정권은 이 사업에 걸림돌이 되는 철거민들의 투쟁에 더욱 강경하게 대응했다. 하루아침에 생계 수단을 잃게 된 철거민들은 단지 철거를 반대하며 옥상에 올라가 있었을 뿐인데, 거기에 경찰 특공대를 투입해서 화재 사고를 내 철거민 5명과 경찰 1명이 죽었다. 경찰이 무리한 진압으로 화재를 내 놓고도 철거민들을 대거 구속했다.

이렇게 왼쪽으로부터 제기되는 불만을 폭력으로 억누른 이명박은 2009년 중반부터는 서민·중도·공정을 표방하며 지지율 반등을 위한 아첨을 개시했다. 그러나 이것 역시 입발림이었음은 금방 드러났다. 바로 도산 위협과 정리해고에 직면해 공장을 점거하고 투쟁한 쌍용자동차 노동자들을 살인적으로 진압한 것이다.

2009년 초 한국경영자총협회(경총)가 회원사를 대상으로 한 조사에서 다수 기업은 2008년 경제 위기에도 해고보다는 임금 삭감

2009년 용산 철거민 살인 진압 현장. ⓒ 서울특별시 소방재난본부

이나 무급 휴직 등으로 대처하겠다고 응답했다. 이것이 모든 것을 말해 주지는 않지만, 사용자들에게는 본질적으로 총인건비 억제가 중요하다는 사실을 알려 준다. 해고도 본질적으로는 인건비 절감이다. 자본이 해고의 자유를 부르짖는 것은 해고가 능사여서는 아니다. 생산을 지속하려면, 자신의 설비와 기술에 잘 적응하고(숙련도가 높고) 회사를 계속 다니고 싶어 하는(충성도가 높은) 노동자를 계속 붙잡아 두는 것도 필요하다. 그러나 해고의 자유는 최후의 유용한 수단일 뿐 아니라, 실직 압박을 줘서 임금을 억제하고 노동강도를 강화하는 데 노동자들이 고분고분하도록 만드는 수단이기도 하다. 영국의 마거릿 대처 정부가 노동운동을 약화시키려고 1980년대 초 실업률 상승을 방치했던 까닭이다. 보통의 경우에 사용자들은 경기가 좋아지면 신규 채용을 하기보다 연장 근무를 늘려 고정 지출의 증가를 막고, 경기가 나빠지면 일을 줄여 임금을 줄인다. 자본이 탄력근로제 확대를 요구하고 노동시간 단축에 반대하는 이유다. 2009년 금호타이어 경영진은 수백 명을 정리해고 하겠다고 노조를 압박해 결국 임금 동결과 복지 삭감을 얻어 냈다.

물론 기업이 파산 지경에 이르고 자본이 경영을 포기하고 싶어 한다면 얘기가 다를 것이다. 2009년 쌍용자동차 상황이 그랬다. 당시 쌍용차의 경영권은 중국 기업 상하이차에게 있었는데, 쌍용차를 상하이차에 매각한 것이 바로 노무현 정부였다. 1997년 경제공황 때 세계적인 자동차 과잉생산 문제가 있었다. 그래서 한국의 완성차 업체 중 현대차를 제외하고 기아자동차·삼성자동차·쌍용자동차 등이 망했다. 현대차도 위기 때문에 8000명을 정리해고하려 했다. 결국은 김대중 정권과 유착해 있던 현대가 기아차를 가져갔고 삼성차는 매각하는 대신 삼성이 르노자동차의 투자를 받는 형식으로 살렸다(훗날 삼성은 완전 철수한다). 쌍용차는 김우중의 대우차에 합병됐다. 그러나 2001년 대우차가 위기에 빠지고 수십조 원의 분식 회계가 발각돼, 대우그룹 전체가 산산조각 나고 산업은행이 대우차를 일시 소유하게 됐다. 산업은행은 대우차를 곧바로 GM에 넘겼다. 쌍용차는 시간이 더 지나서 노무현 정부가 중국 상하이차에 팔았다. 상하이차는 처음부터 가치 있는 기술만 빼 가고 회사는 다시 뱉는 '기술 먹튀' 의혹을 받았다. 이 의혹은 신빙성은 있었지만 밝혀지지는 않았다. 여기서도 대우차는 미국 기업에, 쌍용차는 중국 기업에 넘긴 것은 시사적이다. 중국과 한국은 서로 수출 시장을 제공하는 사이지만, 또 다른 시장에서는 경쟁하는 관계다.

결국 5년 만에 상하이차가 위기에 빠진 쌍용차를 사실상 한국 정부에 다시 떠넘기는 상황이 됐다. 이명박은 모르쇠로 일관하다가 노동자들이 공장점거 파업에 나서자 개입하기 시작했다. 쌍용차 노동자들은 정리해고 명단이 발표된 뒤 5월 22일부터 경기도 평택시에 위치한 공장을 점거하고 파업에 돌입했다. 그 뒤 77일간 노동자들은 대오를 거의 흐트러뜨리지 않으면서 "해고는 살인이다"를 외쳤다. 사측은 정리해고 명단에 포함되지 않은 노동자들을 구사대로 동원해 파업 노동자와 공장 앞 연대 집회 참가자에게 폭력을 휘두르게 했다. 그리고 공장에 들어가는 전기와 물을 끊어 버렸다. 경찰은 공장을 포위하고, 헬기로 독성 물질을 섞은 최루액을 뿌리고, 테러 진압 무기인 테이저건을 쏴 댔다. 점거가 고립되면서 환자와 부상자가 속출하는데도, 경찰은 의료진·의약품·식료품·생수까지 차단해 버렸다. 민주노총과 금속노조가 약속한 연대 파업을 회피하고 연대 집회도 성의 있게 조직하지 않자, 사측은 밤마다 고성능 확성기를 이용해 점거 노동자들에게 "민주노총은 너희를 버렸다"고 방송을 해 댔다. 결국 8월 6일 77일간의 초인적인 점거 파업은 패배로 끝났다. 이 패배로, 노동운동은 투쟁이 저조한 시기를 몇 년 더 보내야 했다. 살인적 진압이 남긴 트라우마로 노동자와 가족 수십 명이 자살하고 사망했다. 한 노동자는 집 안을 요새처럼 꾸미고 생수를 수백 통 쌓아 놓고 살다가 자살했다. 그래도 노동자들은 포기하지 않고 농성과 집회 등으로 투쟁을 이어 갔다. 결국 쌍용차가 다시 인도 기업 마힌드라에 매각되고 한참 뒤부터 노동자들이 하나둘씩 복직했다. 쌍용차 노동자들을 위한 연대 파업을 거부한 민주노총 지도자들의 보수적 자세는 당시 경제공황의 여파 속에서 싸움을 앞둔 노동자들에게 좋은 신호가 아니었다.

쌍용차 공장점거 파업이 한창일 때 금호타이어에서도 투쟁이 일

영웅적 점거파업을 벌인 쌍용자동차 노동자들. ⓒ 이미진

어났다. 2009년 7월 말 사측의 706명 정리해고 방침에 반대해 사흘 동안 전면파업이 벌어졌다. 쟁점도 비슷했으므로 두 투쟁이 만났다면 좋았을 텐데 그렇게 되지 않았다.

금호타이어가 속해 있던 금호그룹은 경제 위기를 이용해 사업을 확장하려다가 오히려 무리한 확장의 덫에 걸려 경영 위기에 몰렸다. 대우건설과 대한통운 같은 대기업을 인수하려다 재정 위기에 몰린 것이다. 사실 금호그룹이 그 기업들을 인수하는 것은 냉장고에 코끼리를 넣는 격이었다(한편, 이 사태에서는 경영 실적이 부실해진 기업을 인수하는 데 점점 더 막대한 돈이 들게 돼서 구조조정을 통해 과잉 축적된 자본을 충분히 파괴하지 못하는, 즉 이윤율 회복이 갈수록 어려워지는 현대 자본주의의 취약점을 볼 수 있다). 그래서 금호타이어의 대우건설·대한통운 인수 시도는 도박에 가까운 일이었다. 한편, 금호타이어는 중국과 베트남에 공장을 지었는데, 이것도 결과적으로 무리한 투자가 됐다. 이처럼 경제 위기 시기에는 성공 가능성이 낮고 실패의 대가가 커서, 기업들이 투자를 기피한다. 2000년대에 금융화가 크게 진척된 현상은, 이윤율이 낮아서 모험적 투자가 더는 기업가의 미덕이 아니게 된 시기에 금융시장 도박이 활성화된 결과였다. 금호타이어 사례가 보여 주는 또 다른 점은 기업주가 투자에 실패한 대가를 노동자들이 치른다는 것이다.

금호타이어 노동자들은 경영진의 투자 실패가 불러온 부실의 대가를 노동자에게 떠넘기지 말라며 싸웠다. 금호타이어 노조는 투쟁과 승리의 전통이 있는 노조였다. 위에서 언급했듯이, 경제 상태가 악화하기 직전인 2008년 7월에는 전면파업을 벌여 승리했다. 그런데 2009년에는 조건이 달랐다. 경제 상태가 훨씬 더 나빠서 사측이 완강했다. 노조 지도자들은 쌍용차 파업에 연대하는 파업을 벌이기를 거부하여 그 투쟁의 패배에 일조했기 때문에 사기가 낮았다. 사측의 직장 폐쇄에 맞서 점거 파업을 선언한 9월은 쌍용차 파업이 패배한 직후라 정세도 좋지 않았다. 글로벌 경제 위기의 여파로 잔업이 줄어서 금호타이어 노동자들 임금 수령액이 30~40퍼센트 줄어든 상황이었다. 결국 2009년 9월 초 금호타이어 노조는 정리해고 철회 약속만 받고 임금과 복지 등에서는 양보해 버렸다. 그랬는데도 금호타이어는 부실을 견디지 못하고 결국 산업은행의 관리하에 들어갔고, 산업은행은 자금 지원의 대가로 인력 감축을 요구했다. 2010년 초 금호타이어는 희망퇴직을 받는 형식으로 인력을 감축했다. 그 후에도 금호타이어는 매년 구조조정과 임금 삭감 시도를 반복했다.

2010년에는 한진중공업 사측이 정리해고를 시도했다. 2008년 경제공황의 여파로 교역과 선박 수요가 줄어서 선박 수주가 크게 줄었기 때문이다. 이후에도 한국 조선업은 2008년 세계적 대불황의 여파와 중국 조선업의 성장으로 말미암은 경쟁 심화로 거듭거듭 구조조정 대상이 됐다. 10년에 걸쳐서 수많은 중소 조선소가 문을 닫았다. 현대중공업도 2017년에 군산 조선소를 폐쇄했다. 덩치가 워낙 커서 오랫동안 산업은행 관리하에 있던 대우조선은 결국 2019년에 조선업계 1위인 현대중공업에 인수됐다. 한진중공업도 나중에 산업은행 주도의 채권단 관리하에 들어갔다.

처음에 한진중공업 노동자들은 사측의 정리해고를 잘 막아 냈다. 2010년 초에는 전면파업을 벌여 단 10시간 만에 구조조정을 하지 않겠다는 약속을 사측에게서 받아 냈다. 그러나 사측은 선박을 수주하지 못하는 대가를 계속해서 노동자에게 떠넘기려 했다. 결국 사측은 2011년 1월에 노동자 290명에게 정리해고 예고 통지서를 발송하고 부산지방고용노동청에 해고 계획서를 제출했다. 절차상 2월 14일이면 효력이 발생해 해고가 확정되는 상황이었다. 한진중공업 노조는 재차 파업에 들어갔고, 한진중공업 노동자였던 김진숙 당시 민주노총 부산본부 지도위원이 공장 내 85호 크레인에 올라 고공 농성을 벌였다. 2003년 노무현 정부 때 김주익 전 금속노조 한진중공업 지회장이 정리해고와 임금 동결에 반대해 129일 동안 고공 농성을 하다가 사측이 청구한 18억 6000만 원의 손해

크레인에서 내려오는
김진숙 당시 민주노총 부산본부
지도위원. ⓒ 이명익

배상·가압류에 절망해 자결한 그 크레인이었다.

'희망버스' 운동이 일어났다. 희망버스 운동은 전국에서 사람들이 버스를 타고 한진중공업 공장 앞으로 모여서 연대 집회를 하는 운동이었다. 반년여 동안 6차례의 희망버스 운동에 전국에서 3만여 명이 동참했다. 결국 2011년 11월 10일 사측은 해고 노동자를 1년 안에 재취업시키고 근속 연수를 인정하고 생계비 2000만 원을 지원하기로 약속했다. 사실상 정리해고를 철회한 것이다. 희망버스 운동이 승리했다. 무려 306일 만에 85호 크레인에서 내려온 김진숙 지도위원은 밝게 웃으며 "투쟁"을 외쳤고, 아래에 모여 있던 사람들은 기쁨의 눈물을 흘렸다. 당시 한미FTA 국회 비준에 반대하는 운동이 벌어져 이명박이 레임덕에 빠지고, 희망버스 운동이라는 강력한 연대 운동이 일어난 덕분이었다.

그러나 안타깝게도 기쁨은 잠깐이었다. 한진중공업 사측은 해고 노동자를 복직시킨 지 바로 이틀 뒤에 무기한 휴업 발령을 냈다. 손해배상 가압류를 퍼붓고 노조 사무실을 폐쇄하겠다고 협박하는 등 탄압을 지속했다. 결국 1년 뒤인 2012년 12월 21일 최강서 한진중공업 노조 조직차장이 35세의 젊은 나이에 스스로 목숨을 끊었다. 당시 노조에 158억 원의 손해배상 가압류를 청구하는 등 사측의 집요한 탄압에 좌절해서였다. 이명박 정권을 이어 박근혜 정부가 들어서게 된 상황도 이 비극적 선택에 영향을 줬을 것이다. 최강서 열사는 다음과 같은 유서를 남겼다. "가진 자들의 횡포에 … 심장이 터지는 것 같다. … 태어나 듣지도 보지도 못한 돈 158억: 죽어라고 밀어내는 한진 악질 자본. 박근혜가 대통령 되고 5년을 또 … "

사실 2011년 한진중공업 파업은 효과가 크지 않았다. 해고당하고 파업에 돌입한 노동자들은 공장 밖에서 투쟁을 했지만, 공장 안에서는 조업이 계속 이뤄지고 있었다. 공장 바깥에서 벌어진 사회적 연대 운동 덕분에 당장의 해고는 막았지만, 일터에서의 노동자 투쟁과 조직이 강하지 못했다. 생산에 실질적 타격을 주는 공장점거 파업이 일어났더라면, 공장 바깥에서 벌어졌던 연대 운동의 힘을 얻어 더 확실하게 승리하고 일터 내 세력균형도 노동자들에게 더 유리하게 됐을지도 모른다. 2011년 한진중공업 투쟁은 공장 내 투쟁과 조직이 결여돼 공장 바깥의 연대가 그것을 대리한 투쟁이라는 한계가 있었다.

경제 위기 시기 일자리를 지키는 대안

위에서 다룬 세 투쟁은 시기와 구체적 조건은 조금씩 달랐지만, 모두 기업이 위기에 빠진 상황에서 노동자들의 고용 보장을 위해 벌어진 투쟁이라는 공통점이 있었다. 세 투쟁을 돌아보면, 세 가지가 필요했다. 첫째, 국유화라는 대안이다. 경제가 어려운데 위기에 처한 산업이나 기업의 노동자들이 일자리와 조건을 지키겠다고 고집하면 경제 전체가 더 나빠지는 것 아닐까? 한진중공업처럼 복직돼도 결국 무급 휴직을 시키면 어쩌지? 경제 위기의 시기에는 노동자들의 머릿속에 이런 의문이 끊임없이 떠오른다. 국유화 요구는 명확한 대안을 제시함으로써, 정치적 혼란과 대안 부재로 말미암은 불필요한 양보론을 차단할 수 있다.

그리고 국가만이 노동자들의 일자리와 기존 생활수준을 보호하는 데 필요한 자원을 동원할 능력이 있다. 국가 말고 대기업 파산에 대처할 수 있는 행위자를 찾기 어렵다. 국가는 국민의 삶을 보호할 의무가 있다는 대중의 압력도 받는다. 파산 위험에 처한 기업의 고용 문제에 대해 국가의 책임을 묻는 것은 또 다른 중요한 의미도 있다. 자칫 해당 기업만의 노사문제로 치부될 수 있는 쟁점을 국가적 차원의 정치 문제로 부각할 수 있다. 그리고 이를 통해 대안 부재로 실의에 빠질 수 있는 노동자들에게 해고에 맞서 싸우는 것이 가능하다는 자신감을 줄 수 있다. 이것은 기업이 망하면 일자리 잃는 것이 당연하다는 시장의 논리를 거스르는 것이기도 하다.

게다가 쌍용차·금호타이어·한진중공업 세 사업장은 결국 산업은행이 지분을 보유하게 되거나(쌍용차) 산업은행의 관리하에 들어가게 됐다(금호타이어·한진중공업). 국책은행인 산업은행이 관리한다는 것은 바로 그 기업이 국유 상태라는 뜻이므로 정리해고 반대 투쟁 당시에 국유화를 요구하는 것은 전혀 무리한 일이 아니었다. 게다가 쌍용차를 소유하고 있던 상하이차는 대주주로서 책임을 이행하지 않고 있었으므로 경영권을 박탈하면 되는 일이었다.

그러나 당시 노동운동 안의 온건하고 소심한 개혁주의 지도자들은 국유화 요구라면 화들짝 놀라 거부했다. 가령 당시 민주노동당은 국유화를 민주노동당의 요구로 채택하는 것에 반대했다. 노동조합 상근 간부층과 노동계 정치인들의 인식에는 '우리 경제가 살아야', '우리 회사가 살아야' 일자리도 보호될 수 있으니, 기업과 경제 살리기에 하는 수 없이 협조해야 한다는 생각이 깔려 있다. 그래서 해고를 면하는 대신 무급 휴직이나 임금 삭감을 수용하는 노사 합의를 추진하고, 사회적 대화에 참여해 사회 안전망을 강화하는 정부 정책이 입안되도록 하는 것이 대안이라고 본다. 그러나 노동자들에게 요구되는 양보는 결코 한 번으로 끝나지 않는다. 자본가들은 노동자들이 오른뺨을 내주면 왼뺨도 내라 한다. 이른바 양보 교섭은 지속 가능한 미래를 보장하지 못한다

물론 국유화는 그 자체만으로는 충분하지 않다. 예를 들어 2008~2009년 위기 때 대기업의 파산이 경제 전체에 심각한 피해를 입힐까 봐 우려한 미국과 영국 등 각국 정부는 총체적 추락을 막고자 일부 은행과 기업을 국유화했다. 그런데 각국 정부는 해당 기업을 매각할 때까지 임시적 조처로서만 국유화를 유지하려 한다. 이것은 능력이 없어서가 아니라 채권자 보호와 인수자 특혜를 위해서다. 일시 국유화 정책에는 매각 여건에 맞추기 위한 노동자 해고와 노동조건 악화가 수반된다. 한국에서도 산업은행 관리하에 들어간 기업들에서 해고와 노동조건 악화가 요구되는 일은 비일비재했다. 그러므로 노동운동은 매각까지의 임시 조처로서 일시 국유화가 아니라 노동자들의 일자리를 보호하는 상시 국유화를 요구해야 한다. 기업에게 퍼 주던 돈을 노동자 일자리 보호에 쓰라는 것이다. 또, 국유화했던 기업을 매각하는 것에 반대해야 한다.

그리고 국유화는 무상으로 이뤄져야 하고, 흔히 노동자 통제가 필요하다. 단지 공적 소유가 아니라 민주적으로 노동자들에 의해 운영돼야 하는 것이다. 노동자 통제는 자본주의적 경영권을 제어하는 것으로, 노동자 국가가 수립되기 전에도 여러 상황 속에서 쟁취할 수 있다. 노동운동의 역사적 경험을 보면, 특히 투쟁이 거대하게 분출할 때 노동자 통제 경험이 거듭 나타났다. 노동자들은 업무 현장에 기초한 민주적 위원회를 만들어 고용과 해고, 임금, 노동시간, 관리자 배치 등을 통제했다. 그러나 자본주의 사회에서 노동자 통

제는 그렇게 멀리 나아갈 수 없다. 노동자 통제는 오직 민주적 계획의 틀 안에서만 지속 가능한데, 이것은 자본주의 자체를 타도해야 함을 뜻한다.

이런 한계가 있더라도 일자리 보호를 위한 국유화라는 대안은 중요하다. 일자리 보호를 위한 국유화 대안은 대량 실업 위기에 처한 노동자들의 즉각적 필요(즉, 정부가 노동자 일자리를 책임지라는 것)에 초점을 맞추고 있다. 위에서도 지적했듯이, 자본주의하에서 그렇게 할 능력이 있는 행위자는 국가밖에 없다. 이 명백한 현실을 회피하고는 노동자들의 일자리를 지킬 자원을 동원할 수 없다.

둘째, 공장점거 파업이다. 정부가 국유화를 추진하도록 만들려면 노동자들이 상당한 수위로 투쟁하지 않으면 안 된다. 경제 위기 시기에는 자본가들도 필사적이기 때문에, 며칠 파업으로는 사업장 폐쇄나 매각을 막지 못한다. 일감이 부족해 며칠 파업이 대단한 위협이 되지 않는 경우도 흔한 데다, 파업 노동자들이 일터를 벗어나면 사측이 기계와 원자재를 멋대로 처분할 수도 있기 때문이다. 이를 방지할 가장 효과적인 방법은 노동자들이 사업장을 점거하고 농성하는 것이다. 점거(연좌) 파업은 사용자들이 실업 불안을 이용해 노동자들을 이간질거나 대체인력을 투입해 투쟁을 와해시키는 것을 막을 수 있는 방법이기도 하다.

셋째, 다른 노조의 연대 파업을 포함한 강력한 연대 운동이다. 점거 투쟁이 승리하려면 연대가 못지않게 중요하다. 정부와 사용자들은 일감을 다른 공장으로 넘기겠다고 위협하거나, 실제로 다른 공장에서 생산을 유지해 점거 파업에 타격을 가할 수 있다. 이를 저지하려면 연대 파업이 필요하다. 점거 농성장은 고립된 섬이 아니라 투쟁을 확대하는 거점이 돼야 한다. 일자리 지키기 투쟁은 많은 노동자들의 공감과 지지를 얻을 수 있다. 더구나 노동자들이 단호한 투쟁을 벌이면 파산 위험 기업의 노동자 일자리를 어떻게 할 것인지가 매우 중요한 정치적 쟁점으로 떠오를 수 있다. 그러면, 그렇지 않아도 특정 기업이나 산업의 구조조정을 둘러싸고 지속돼 온 지배계급 내부의 갈등이 깊어지고 정치 위기가 심화할 수 있다. 그에 따라 사업장 폐쇄나 매각 등이 추진력을 잃고 마비될 수 있다. 이런 상황은 투쟁하는 노동자들에게 자신감을 주고 투쟁을 더 전진시키는 추진력을 제공할 수 있다.

이런 관점으로 당시 투쟁을 다시 살펴보자. 쌍용차 투쟁은 노동자들의 단호한 공장점거 파업이 벌어졌지만, 연대 파업과 국유화 대안이 결여돼 있었다. 정리해고 명단이 나온 뒤에야 파업을 시작했다는 점도 약점이었다. 금호타이어 투쟁은 초반에는 잘 싸웠으나 노조가 경제 위기 상황과 쌍용차 투쟁 패배 등을 핑계로 양보 교섭을 하기 시작하더니 갈수록 무기력해졌다. 몇 차례 파업 끝에 사측이 직장 폐쇄를 단행하자 노조는 점거 파업을 선언한 다음 날 불필요하게 양보하는 합의를 해 버렸다. 세 가지 모두 결여돼 있었던 것이다. 한진중공업 투쟁은 강력한 연대가 제공돼 일시 승리했지만, 공장 내 투쟁이 없어서 일터에서의 세력균형이 불리했고 대안이 부재해 금세 상황이 역전됐다. 한진중공업 노조는 처음부터 저자세로 양보 교섭에 나섰다. 민주노총 지도자들은 완전히 무기력했다. 부실기업을 살려야 한다는 전제를 받아들이고는, 진지하게 애써 보지도 않고 연대 파업이 불가능하다며 투쟁들이 고립되는 데 일조했다. 노동조합의 부문주의 경향, 노동조합 지도자들의 온건함과 보수적 태도와 계급 협력주의가 나쁜 영향을 끼쳤다. 일자리 보장을 위한 국유화 요구, 단호한 점거 파업과 연대 운동, 이를 위한 노동계급 연대의 정치가 필요했는데, 이를 잘 조직할 수 있는 정치적이고 혁명적인 세력은 아직 작았다.

2009년에서 2011년까지 벌어진 노동자 투쟁에 대처하는 진보 진영 내 주된 흐름은 '사회적 연대'라는 이름으로 벌어진 개인들의 거리 연대 집회와 '정치적 해결'이라는 말로 표현된 선거 정치(야권 연대)였다.

2011년, 희망의 해

2011년에는 한미FTA 비준 반대 운동과 대학생들의 반값 등록금 요구 운동 등이 크게 벌어졌다. 2008년에 촛불 운동이 패배하고 2009년에 쌍용차 파업과 연대 운동이 패배하며 이명박 정부가 40퍼센트대의 지지율을 회복한 뒤로 실로 2년 만에 사회운동이 활기를 띠었다.

그 덕분에 공식정치에서는 보편적 복지와 무상 급식 같은 주장이 힘을 얻었다. 당시 한나라당 소속 서울시장 오세훈은 무상 급식에 반대한다며 서울시 주민투표를 밀어붙였다. 무상급식 운동 측은 주민투표 거부 운동을 펼쳤고 결국 투표율 미달로 주민투표가 무산됐다. 이 주민투표에 시장직을 걸었던 오세훈은 사퇴했다. 그러고 2011년 10월 말에 치러진 서울시장 보궐선거에서 (민주당·민주노동당·무소속 후보들의 단일화 경선에서 승리한) 무소속 박원순 후보가 서울시장이 되는 '이변'이 벌어졌다. 우파가 지금도 오세훈을 미덥지 못하게 여기는 것은 이 일 때문이다.

이처럼 2011년에 분위기가 바뀐 데는 그해에 세계가 반란에 휩싸인 것의 영향이 있었다. 2010년 말 튀니지에서 시작된 반독재 시위와 파업이 대통령 벤 알리의 23년 독재를 무너뜨렸다. 2011년 1~2월에는 이집트에서 혁명이 일어났다. 수도 카이로의 타흐리르 광장 점거와 파업이 결합돼 호스니 무바라크의 30년 군사독재가 막을 내렸다.

5월에는 스페인 청년들이 수도 마드리드의 푸에르타 델 솔 광장을 28일 동안 점거하고 불평등한 체제의 변화를 요구했다. 이 청년들은 스스로를 현 사회의 기득권에 "분노한 사람들"이라고 불렀다. 연말에는 미국에서 금융 투기의 상징인 월스트리트를 점거하는 운동이 벌어졌다. 유럽에서는 2008년 경제 위기에 천문학적인 돈을 투입한 각국 정부들이 그에 따른 국가 재정 적자를 메우고자 벌

2011년 아랍 혁명은 전 세계에 영향을 미쳤다.

인 긴축정책에 반대하는 운동이 연이어 벌어졌다. 특히 위기가 심각했던 그리스에서는 30여 차례의 총파업이 벌어졌다. 이런 세계적 반란 물결 속에서 한국에서도 여러 운동이 활기를 띠었던 것이다. 2011년은 경제만이 아니라 운동의 흐름에서도 세계적 동조화가 일어난 해였다.

이런 낙관적 분위기에서, 2011년 말부터는 이명박이 과연 제 임기를 채울 수 있을까 의심이 들 만큼 심각한 부패 사건들이 폭로됐다. 2011년 서울시장 보궐선거 때 선거관리위원회 웹사이트 디도스 공격 의혹, 내곡동 사저 의혹(이명박이 서울시 서초구 내곡동 사저 부지를 매입하면서 청와대 공금을 쓴 의혹, 편법 증여 의혹, 부동산실명제 위반 의혹 등), 한나라당 전당대회 돈 봉투 사건 등이 줄줄이 터져 나왔다.

게다가 2007년 대선 때 겨우 덮었던 이명박 BBK 실소유주 의혹을 더욱 짙게 하는 새로운 증거도 나오기 시작했다. 무엇보다 청와대 실세들이 주도해 불법으로 민간인 사찰을 벌인 것이 폭로됐다. 민간인을 사찰한 기간은 무려 2008년 촛불 운동 때부터 3년 동안이었다. 당시 공개된 '사찰 수첩'의 내용은 2008년 동향 파악이었는데, 대형 단체부터 (촛불 운동에서 두드러졌던) '다함께' 같은 좌파 조직에 관한 메모까지 있었다. 이 불법 사찰이 꼬리를 잡히자, 청와대와 국무총리실은 사찰 데이터가 들어 있는 컴퓨터를 폐기하고, 당시 대통령실장이던 이명박 측근 임태희는 관련 구속자들에게 변호사비와 위로금을 주는 식으로 입막음을 하려는 등 정부가 조직적 은폐를 시도했다. 국정원과 경찰이 노동조합 파괴 시도에 연루된 일도 있었다.

야권 연대

그러나 이런 낙관적 분위기는 오래가지 못했다. 2010년 지방선거 때부터 '야권 연대'라는 이름으로 민주당과의 연합을 중시하는 흐름이 노동운동 전반에서 강해졌다. 이는 결국 민주당이 한나라당에 대항해 승리해 주기를 바라는 것이었다. 민주당이 승리하면, 민주당과 국회에서는 개혁 입법 공조를 하고 지방정부나 중앙정부에서는 연립정부를 구성해 개혁을 성취해 보겠다는 전략이었다. 이는 당장에는 선거적 이득이 있을지도 모르지만, 장기적으로는 진보 정치의 기반과 노동자 대중의 정치의식을 갉아먹는 일이 될 터였다. 민주당은 자본가 기반 정당으로서, 진보 진영과 노동운동과는 객관적 이해관계가 다르기 때문이다. 선거를 앞두고는 민주당이 중도 표를 얻는 데 방해되면 안 되니까 투쟁을 자제해야 하고, 민주당이 집권한 뒤에는 민주당 정부를 투쟁으로 약화시키면 우파가 반사이익을 얻으니까 투쟁을 자제해야 하고 등등.

결국 끊임없이 부도수표와 부도어음만 받으면서 발목 잡히는 쪽은 노동계급 운동이다. 게다가 선거적 이득을 보더라도 한나라당을 쉽게 이기겠다고 지역구마다 일대일 구도를 만드는 것은 양당 구도 심화에 기여해 진보 정당이 설 자리를 좁히는 역효과를 낼 수 있다. 그렇게 일대일 구도를 만들 경우, 지역구 출마를 양보하는 쪽은 압도적으로 진보 정당 후보일 것이다. 전국적으로 볼 때 진보 정치는 독자적 대안 세력이 아니라 민주당의 친구나 민주당의 보완재 정도로만 여겨질 것이다. 야권 연대의 그런 급진화 억제 성격은 2011년부터 시작됐다.

2011년 당시 민주노동당 당권파(자민통계)는 노무현계의 방계인 유시민계의 국민참여당과 합당해 그들을 매개로 민주당과 연립정부를 구성하는 노선을 추구해 보려고 했다. 그 계획의 일환으로 당 강령에서 사회주의 지향과 자본주의 극복 등 급진적 내용을 폐기해 버렸다. 그러고는 엄청난 반대를 무릅쓰며 부결된 안건을 다시 표결에 부치는 등 온갖 무리수를 썼다. 결국에는 국민참여당과 합당해 통합진보당을 창당했다. 이 때문에 정작 진보 지지층과 민주노총 조합원들이 기대했던 민주노동당과 진보신당의 재통합은 무산됐다. 진보신당에서는 심상정·노회찬·조승수 등 대중적으로 잘 알려진 지도자들과 소수 당원들이 탈당해 통합진보당에 합류했다. 진보신당 당대회에서 민주노동당과의 통합안이 부결되자 지도부가 결정을 어기고 탈당해 버린 것이다. 통합진보당은 2012년 총선에서 의석을 13석 차지하며 역대 최고 성적을 거뒀지만 이내 내분에 빠져 폭력 사태까지 겪고는 분당해 버렸다. 민주노동당 내 좌파 성향 당원들은 당의 우경화가 낳은 이 일련의 촌극들 속에서 거의 다 탈당해 버렸다.

2012년 총선에서는 박근혜의 지도하에 새누리당으로 당명을 바꾼 집권 여당이 승리했다. 야권 연대가 선거에서조차 패한 것이다. 2008년 총선과 비교해 민주당과 통합진보당의 의석이 늘기는 했지만 말이다. 그리고 그해 말 실시된 대선에서는 박근혜가 대통령에 당선했다. 1987년 이후 처음으로 우파가 분열하지 않고 일치단결해서 총선과 대선에서 박근혜를 밀었기 때문이다. 1930년대 대공황 이래 가장 심각한 경제 불황의 발생과 그 여파로 말미암은 지정학적 불안정 심화 속에서, 지배계급은 위기감을 크게 느끼며 강력한 우파 정권을 세워서 아래로부터의 저항을 완전히 누르기를 바랐다. 그럼에도 박근혜는 2007년 한나라당 대선 후보 경선 패배의 경험에서 교훈을 얻었다. 득표의 확장을 위해서는 너무 우파처럼 보이지는 않게 변장하는 시늉을 해야 한다는 것이었다. 그래서 '줄푸세'(세금은 줄이고 규제는 풀고 법질서는 세운다)를 내세운 2007년과 달리, 2012년 대선에서는 "내 아버지의 꿈이 복지국가였다"는 흰소리를 했다. 그리고 모든 노인에게 기초연금을 기존의 두 배로 올려 주겠다고 공약해서 재미를 봤다. 그러나 이 공약은 대통령으로 정식 취임하기도 훨씬 전에 뒤집혔다.

그런데 당시 대선에서 민주당의 문재인 캠프는 박근혜의 기초연금 인상 공약을 예산 퍼 주기라고 공격했다.(2020년 코로나19 대유행 국면에서 미래통합당이 전 국민 소득 지원을 비난한 것이 떠오른다고 하면 지나친 비약일까?) 예산을 아껴야 하는데 복지를 대책 없이 늘리면 안 된다고 말이다. 문재인 대선 캠프는 박근혜보다 더 신자유주의적인 태도를 취한 것이다. 문재인 후보는 박근혜에 맞설 제대로 된 대항마가 아니었다.

노동자들은 박근혜의 당선을 보며 일시적으로 사기 저하를 겪었다. 이명박 정권 아래서 학을 뗀 사람들에게 더 악랄한 자의 5년이 좀 버겁게 느껴졌던 듯하다. 위에서 언급했듯이, 천문학적 손해배상에 짓눌린 한진중공업의 투사 최강서가 박근혜 당선 직후 생을 스스로 마감했다. 그 뒤로 노동자와 활동가 넷이 세상을 등졌다. 많은 사람들이 때마침 개봉한, 1830년대 프랑스 민중 봉기를 소재로 한 영화 〈레미제라블〉을 보면서 위로를 받았다. 그러나 현실에서 위안을 얻게 되는 것도 그리 오래 걸리지는 않았다.

보론: 세계화, 종속, 국가 간 경쟁

신자유주의 세계화로 불린 과정은 한국 자본주의가 세계시장에 더욱 깊숙이 들어가는(통합되는) 과정이었다. 국내시장을 해외 금융기업과 다국적기업에게 대폭 개방한 것은 서로의 필요를 충족시키기 위해서였다. 역대 한국 정부는 국내 산업을 국제 경쟁에 노출시켜서 생산성을 더 높이는 구조조정의 계기로 삼고자 했다. 한국 기업들은 그 반대급부로 세계 수준에서 원료·기술·노동력·시장 등에 더 저렴하게 접근하기를 바랐다. 노무현 정부가 열정적으로 한미FTA를 추진한 것도 이런 목적에서였다.

한국의 권력자들은 이를 위해서는 신자유주의 세계화를 추동하는 미국 중심의 패권 질서가 잘 유지돼야 한다고 본다. 그리고 한미동맹을 유지·강화하는 것을 그 질서 안에서 한국의 서열과 위상을 높이는 길이라고 본다. 한국이 미국의 제국주의 행위에 적극 협력한 배경이다. 모든 한국 정부는 미국이 요구한 해외 파병에 예외 없이 협력했다.

과거의 한국 자본주의는 국가가 자본의 투자를 지도하고 육성했지만, 이제는 국가가 자본의 투자를 촉진하고 해외 진출을 조력하는 구실을 하는 양상으로 바뀌었다. 이는 국내 기업 지원, 정치 안정, 노동운동 관리에 더해서 다채널 통상 외교, 해외 파병, 공적개발원조ODA 확대, 산업으로서 한류 지원 등으로 국가의 임무가 확장됐음을 뜻한다. 이는 국가 후퇴론이나 자본 우위론이 틀렸다는 뜻이다.

한국 경제는 수출 제조업에 의존하면서 세계시장에 더욱 통합되고, 갈수록 미국·중국 등의 경제 상황에 더 민감해졌다. 그러면서 지정학적 쟁점이 국내 정치에 더 영향을 미치게 됐다. 물론 무역 다변화로 미·중 의존도를 낮추려는 시도가 2010년대 이후 지속돼 왔다(1990년대에도 한국 정부는 미·일 의존도를 낮추려고 새 무역 시장 개척에 공을 들였다). 동남아시아가 그 대상이다. 이명박 정권은 베트남과 '전략적 협력 동반자 관계'를 맺는 등 "신아시아 외교"를 표방했고, 이 기조는 박근혜 정부로 이어졌다. 문재인 정부도 "신남방 정책"을 표방하며 중시하고 있다. 2010년대에 한국과 베트남 사이의 무역이 급속히 증가했다. 2017년 베트남은 중국과 미국의 뒤를 잇는 한국의 주요 무역 상대국이 됐다. 인도네시아는 한국산 무기를 가장 많이 사 주는 나라다. 동남아시아를 한 단위(아세안)로 보면, 동남아시아는 한국의 무역에서 차지하는 비중이 미국보다 높다. 동남아시아 지역은 지정학적 차원에서도 중요한데, 동북아시아와 중동 앞바다인 인도양을 잇는 해로가 동남아시아의 말라카해협과 바시해협이기 때문이다. 한국이 동남아시아와 가까워지는 것은 이 지역에서 한국이 중국·일본 등과 정치적·경제적 경쟁을 하고 있다는 뜻이다.(비록 한국은 추격자 처지이지만 말이다)

이처럼, 한국 경제가 세계시장에 통합되는 것은 반세기 이상 굳어진 경제성장의 주된 방식이지 발전에 역행하는 종속이 아니다. 교조적이고 관념론적인 모델에 비춰 한국 경제가 대외 종속으로 기형화하고 저발전한다고 주장하는 것은 잘못됐다. 이론에서도 현실에서도 종속이론은 반박됐다. 한국 자본주의는 나름의 독자적 이해관계를 갖고 다른 국가들과 협력하고 경쟁한다.

보론: 민주노동당의 분열, 그리고 재통합의 실패

2004년 총선에서 화려하게 부상한 민주노동당은 그 뒤 노무현 정부와 개혁 공조를 하려다가 노무현 정부와 함께 지지율이 추락하는 처지가 됐다. 노무현 정부도 진보를 자처했기에, 당시 진보 진영 전체에 대한 환멸이 자라났던 것이다. 마음이 다급해진 민주노동당 지도부는 2006년 말부터 노무현 퇴진과 한미FTA 결사반대 등을 내걸고 반≈노무현 기조로 전환했으나 이미 때가 늦었다. 노무현 정부의 배신과 진보 진영의 패착을 이용해 우파가 이미 세력을 회복한 상태였다. 반면, 노무현 정부에 실망해 왼쪽으로 떨어져 나온 대중을 붙잡을 진보대연합 시도는 좌절했다. 그 결과, 권영길 후보를 다시 앞세운 민주노동당의 2007년 대선 도전은 5년 전보다 저조한 성적(72만 표)을 남기며 실패했다.

결국 민주노동당은 부진한 대선 결과와 노무현 정부하의 활동 평가 문제로 내분을 겪다가 분열했다. 심상정·노회찬 등 신예 지도자들은 민주노동당을 탈당해 진보신당을 창당했다. 이들은 민주노동당이 너무 민주노총 당으로 보인 점, 북한 핵실험을 비판하지 못하고 북한에 반대하지 못한 점, 친북 성향을 이유로 국가보안법으로 구속된 당원들을 당권파가 제명하지 않는 점을 문제 삼았다. 이에 당시 민주노동당 당권파는 말로는 민주노총과 거리 두기에 반대했지만, 2008년 총선에서는 노조 운동 색을 약화시킨 공천을 했다. 사실 심상정·노회찬 두 지도자도 돈·사람·표가 나오는 핵심 기반으로서 노동조합(민주노총)을 멀리한 것은 아니었다. 그러니 두 세력이 노동조합과의 관계 문제에서 차이가 큰 것은 아니었다.

　노무현 정부에 대한 태도도 분열의 쟁점이 아니었다. 분열한 뒤 두 정당(민주노동당과 진보신당)의 행보를 보면, 민주당과 효과적으로 차별화해 노동계급의 지지를 구축해야겠다는 교훈을 얻지는 않은 듯하다. 두 정당 모두 이명박·박근혜 정부 9년 동안 민주당과의 야권 단일화로 선거 성적을 내기를 원했고, 이는 민주당과 연립정부를 꾸려 개혁을 얻어 내겠다는 전략으로 발전했다. 이 점에서도 사회민주주의 진영(진보신당)과 친북 스탈린주의 진영(민주노동당 당권파)이 별반 다르지 않았다. 2011년에 추진된 진보 정당 재통합에 진보가 아닌 유시민과 국민참여당을 포함시키려고 온갖 추태를 부린 쪽은 민주노동당 당권파였다. 민주노동당과 국민참여당이 합쳐 만든 통합진보당은 2012년 총선 이후 분열했다. 이때는 옛 민주노동당 당권파도 분열해서, 당권파의 일부와 심상정·노회찬이 유시민과 손잡고 진보정의당(오늘날의 정의당)을 창당했다.

　민주노동당은 민주노총 고위 간부층이 중심이 돼 다른 사회 세력을 이끌고 만든 좌파적 개혁주의 정당이었다. 민주노동당의 성장은 노조 상근 간부층의 정치적·경제적 성장을 보여 주는 일이었다. 동시에, 노동계 정당을 정치체제 안에서 용인함으로써, 한국의 자본주의적 민주주의도 더 자리 잡고 있음을 보여 주는 일이었다. 그런데 그 효과로 진보 정치의 개혁주의화와 온건화가 촉진됐다. 진보 정당이 헌법 안에서 보호받는 경험을 하면서 더 많은 사람에게, 특히 국가기구의 일원이 된 의원단 지도자들에게는 체제 내 개혁을 추구하는 것이 더 굴곡 없이 성장하면서 정치권력에 다가갈 가장 유력한 전략으로 여겨지게 됐다. 정치적 실용주의가 자라난 것이다. 그 효과는 노동운동 전체에 영향을 줬다. 2008년 민주노동당이 분당한 뒤 10년간 진보 정당들의 궤적을 보면, 당시보다 더 좌경화하거나 원칙을 유지한 세력이 거의 없다. 대부분 민주당에 대해 더 협력적인 전략을 강화했다. 실용주의의 극단에는 민주당으로 간 민주노동당 출신 민주노총 고위 간부가 있다. 안철수에게까지 간 인물도 있다.

그러나 2008년 분열 당시부터 지금까지 화해되거나 절충되지 않는 쟁점이 있다. 북한의 핵실험에 대한 태도였다. 한국 국가에게는 명백한 안보 위기로 다가오는 문제이기 때문에 북한의 핵무장 성공은 날카로운 논쟁을 일으켰다. 그러므로 사회민주주의 진영과 친북 스탈린주의 진영 사이에서 훨씬 더 좁히기 어려운 큰 쟁점은 북한에 대한 태도 문제였다. 이는 북한의 경쟁국인 대한민국 국가에 대한 태도 문제로 연결된다. 북한을 적으로 둔 남한 국가의 안보에 어떤 태도를 취할 것인지가 쟁점이다. 따라서 두 세력의 분열은 한반도의 지정학적 위기 심화와 진보 정당 운동의 개혁주의화가 낳은 주류 사회민주주의와 친북 스탈린주의의 정치적 분화였다.

두 세력은 각각 정의당과 진보당으로 분화해 성장했다. 2014년 정의당은 통합진보당이 해산당할 때 제대로 방어하지 않았다. 그 혐의가 내란음모였기 때문이다. 그러나 당시 통합진보당의 이석기 의원 등이 한 행위는 아무런 폭력 행위가 없는 정치 토론이었다. 말로 한 토론이 국가 탄압의 대상이 된 것이므로, 이 사건의 본질은 사상과 토론의 자유 문제였다. 통합진보당을 방어하지 않은 것은 체제 내 개혁을 추구하는 사회민주주의의 면모를 보여 준 일이다. 당시 심상정 정의당 원내대표는 "국민들은 헌법 밖의 진

보를 결코 용납하지 않을 것"이라며 선을 그었다. 현재 진보당 쪽
은 정의당을 반북·반통일·친미 세력으로까지 분류한다.

그러나 북한이 민생 경제에 투자하지 못하면서도 핵 개발로 진
격한 핵심 요인은 미국의 대북 압박과 경제봉쇄다. 냉전 종식 이
후 미국은 동북아시아에서 패권을 유지하는 수단으로 북한을 악
마화했고, 북한 다루기(길들이기)를 지렛대로 해 역내 세력균형
을 유지하는 정책을 썼다. 소련 붕괴 후 북한은 미국에 접근했고
1994년에 미국 클린턴 정부와 제네바 합의를 맺고 핵 개발 시설
을 봉인했다. 그 합의를 먼저 깨면서 대북 지원을 중단하고 군사
적 위협을 가한 것은 미국이었다. 따라서 동북아시아의 긴장과
군사적 경쟁 심화의 진정한 원인인 미국의 대북 압박과 패권 전
략에 대한 반대가 좌파의 중심 기조가 돼야 한다. 그러나 일본·
중국·러시아 등 동북아시아의 나머지 강국들도 제국주의 국가이
므로 미국 패권주의 반대는 제국주의 체제 일반에 대한 반대(반
제국주의 정치)로 발전해야 한다. 미국의 대북 압박과 패권 추구
도 이런 국가 간 경쟁 체제에서 우위를 유지하려는 행동이다.

역사적 책임과 원인을 제국주의 체제와 강대국들의 경쟁으로
보더라도, 핵무장이 제국주의적 압박에 저항하는 효과적인 수단
이냐는 쟁점은 여전히 남아 있다. 상대국 노동계급을 절멸시킬 수
도 있는 대량살상무기는 제국주의에 맞서는 데 꼭 필요한 국제주
의적 연대를 가로막을 것이다. 또 대중의 생필품보다 군비 투자를
우선하는 것도 정치적으로 옳지 않다. 따라서 핵무장 등 대량살
상무기를 갖추는 것이 효과적 저항 수단일 수 없다는 비판도 제
국주의 반대 주장에 포함시켜야 한다. 친북 스탈린주의와 주류
사회민주주의는 둘 다 이런 균형을 잡을 수 없다.

더 알아보기

- 2008년 100만 촛불 운동
- 2008년 세계경제 공황

2008년 100만 촛불 운동

이 글은 2008년 촛불 운동 10주년을 기념해 2018년에 발표됐다. 이 글을 쓴 김지윤 씨는 2008년 당시 총리 한승수가 고려대를 방문해 연 강연에 참석해서 이명박 정권의 신자유주의 정책을 통렬하게 비판했고, 이 사실이 알려지면서 "고대녀"라는 별칭을 얻었다. '다함께'라는 단체의 회원이기도 했던 김지윤 씨는 2008년 촛불 운동에 열심히 참여했다. 현재는 반자본주의 주간신문 〈노동자 연대〉의 기자로 활동하고 있다.

"이명박은 물러나라!" 2008년 5~6월 거리는 이명박 정권 항의 시위로 물들었다. 최대 100만 명이 집결한 이 운동은 정권을 실질적으로 위협하는 수준으로 발전했다. 정권 출범 100일 만에 벌어진 일이었다.

이명박이 미국 정부에게 쇠고기 수입 제한 연령을 풀겠다고 약속한 것이 방아쇠 구실을 했다. 이 결정은 이명박 정권이 몇몇 자본가의 이익을 위해 다수 평범한 사람들의 건강을 거래 대상으로 삼을 수 있음을 보여 준 일이었다. MBC 〈PD수첩〉의 광우병 위험 보도를 보며 사람들은 분노했다.

5월 2일 2만여 명이 서울 청계광장에 모였다. 이날 시위는 '이명박 탄핵을 위한 범국민 운동본부'라는 인터넷 커뮤니티가 최초로 제안했다. 시위 참가자는 매우 젊었다. 특히 청소년의 참가가 두드러졌다. 영어 몰입 교육과 0교시 시행 등 이명박 정권의 경쟁 교육 강화에 진저리가 난 청소년들은 "미친 소 반대, 미친 교육 반대"를 외치며 거리로 모여들었다. 참가자의 절반 이상이 이명박 정권의 정책에 대한 분노 때문에 집회에 나왔다고 답했다(《촛불집회와 한국사회》, 문화과학사, 2009). 미조직 노동자와 청년도 시위에서 중요한 부분을 이뤘다. 날마다 열린 시위는 순식간에 규모가 몇 배로 커졌다. 미국산 쇠고기 수입 결정이 불을 댕겼지만 그 바탕에는 이명박 정권과 그 정책 일반에 대한 광범한 불만이 있었다.

이명박 정권은 2007~2008년 세계경제 위기를 배경으로, 김대중·노무현 정부 10년에 대한 대중의 깊은 환멸 속에 등장했다. 개혁을 염원한 많은 사람들은 민주당 정부가 정리해고, 비정규직 확대, 한미FTA 추진, 파병 등 온갖 시장화·친기업·친제국주의 정책을 편 것에 깊은 분노를 느끼며 냉소했다. 민주당도 우파인 한나라당도 싫다는 분위기가 어찌나 컸던지, 대선 투표율이 무척 낮았다. 이명박은 전체 유권자 중 겨우 30퍼센트 남짓한 지지를 얻었는데도 당선했다.

이명박 정권은 "불도저"라는 별명처럼 취임 직후부터 공세를 퍼부었다. 공기업 민영화·통폐합, 기업과 부자를 위한 법인세 인하, 의료 산업화(민영화), 경쟁 교육 강화, 물·전기·가스 민영화, 신문사의 방송 진출 허용, 대운하 건설 시도 등이 연이어 발표됐다. 광우병 위험 쇠고기 수입도 한미FTA의 일환으로 그 자체가 부자들을 위한 신자유주의 정책이었다. 물가 인상도 불만을 자극하는 주요 요인이었다.

그래서 시위 첫날부터 이명박 정권 자체를 겨냥한 요구들이 등장했다. "미친 소 먹고 아파도 의료 민영화로 치료 못 받고 죽거든 대운하에 뿌려 주오"라는 말이 유행했다. 이 문구는 여러 불만이 한데 녹아 있음을 재치있게 보여 줬다.

열흘이 넘도록 집회가 계속되자 이명박은 5월 22일에 대통령 담화를 발표해 대중을 달래려 했다. 그러나 이 발표는 분노에 기름을 붓는 격이 됐다. 5월 24일 집회의 분노와 열기는 청계광장에만 갇혀 있지 않았다. 집회 참가자들은 거리로 진출했다. 5월 26일 행진은 1만여 명으로 시작해 3만여 명으로까지 확대됐다. 행진 대열은 "이명박은 물러나라"를 외치며 기세를 올렸다. 이 열기는 참가자들에게 큰 자신감과 용기를 불어넣었고, 촛불 운동의 결정적 전환점이 됐다. 31일에는 청와대 코앞까지 진출해 이명박의 간담을 서늘하게 만들었다.

6월 10일 마침내 이 운동 최대 규모인 100만 시위가 벌어졌다. 정말이지 시위대의 끝이 보이지 않았다. 박근혜 퇴진 운동 전까지 이 시위는 1987년 이래 가장 큰 규모의 시위로 기록됐다. 당시 경찰은 경찰 버스를 촘촘히 세워 만든 '명박 산성'을 광화문사거리 일대에 둘러쳐 시위대의 청와대 행진을 가로막았다. 그럼에도 운동의 기세에 놀란 이명박은 6월 19일 반성하는 모양새를 취했다. 청와대 뒷산에서 시위대가 부르는 〈아침 이슬〉을 들었다면서 말이다.

시위가 시작된 지 나흘 만에 단체 1500곳이 모여 '광우병 위험 미국산 쇠고기 전면 수입을 반대하는 국민대책회의'(이하 대책회의)가 구성됐다. 노무현 정부의 실패와 이명박 정권의 등장이 사회 보수화 탓이라 여겨 침울해 하던 NGO 활동가들은 운동의 폭발성에 놀라면서도 금세 이 운동에 합류했다. 자민통(자주·민주·통일) 계열 좌파인 한국진보연대도 적극 동참했다. '다함께'라는 이름의 혁명적 좌파도 시위 첫날부터 참가해 대책회의에서 헌신적으로 활동했다. '다함께'는 우파가 압승한 대선·총선 결과가 사회 세력균형의 진정한 변화를 뜻하지 않다고 봤고, 경제 위기로 말미암아 정권이 위기에 처할 수 있다는 분석·전망을 세웠었다.

거리의 분위기는 날로 뜨거워졌지만, 대책회의 내 개혁주의 지도자들은 시위 규모가 100만에 이르자 공식정치권으로 주도권을 넘기려 했다. 6월 10일 대회에서 '정부가 20일까지 쇠고기 재협상에 나서지 않으면 정권 퇴진 운동도 불사하겠다'고 선언했지만, 이 선언을 실현할 의지도 계획도 없었다. 일부는 퇴진은 수사적 표현이었을 뿐이라며 애써 의미를 퇴색시켰다.

이명박 정권은 그 틈에 전력을 정비할 수 있었다. 이내 무자비한 공격이 시작됐다. 검찰은 광우병 쇠고기 위험을 보도한 〈PD수첩〉 제작진을 수사하기 시작했다. 시위를 이끄는 지도부와 시위 참가자에 대한 무차별적 연행과 경찰 소환이 벌어졌다. 이를 거부한 대책회의 간부 5인은 수배 상태가 돼 조계사로 피신해야 했다(2017년 문재인 정부는 특별 사면 대상에 2008년 시위 관련자들을 포함하라는 요구를 받아들이지 않았다). 검찰은 참여연대 사무실을 압수수색했다. 이명박 정권은 이 운동을 계기로 단단히 교훈을 얻은 이후 한편에선 중도와 서민을 내세우면서도, 한편에선 노조와 좌파 단체를 포함한 민간인 사찰을 강화하고 언론 장악에 열을 올리고 집회와 시위의 자유를 제약하는 온갖 개악을 추진했다. 최근 폭로된 기무사 문건도 촛불 시위대 제압을 위한 사찰 동원에 저들이 골몰했음을 확인해 줬다.

시위대의 눈치를 보며 국회 등원을 미루던 기성 야당들도 슬슬 국회 등원으로 가닥을 잡았다. 가장 늦게 운동에 발을 담근 민주당은 서둘러 등원 채비를 갖췄다. 자유주의 성향의 언론들과 학자들도 국회로 공을 넘기자고 주장했다.

개혁주의 지도자들은 "재협상" 요구만 반복하다가 7월 5일에 "국민이 승리했다"는 (그 자신을 포함해) 누구도 믿지 않을 선언을 하고서는 불매 운동으로의 전환을 발표했다. 열성적 참가자들은 이런 결정에 분노했지만 뚜렷한 대안을 찾지 못했고 그중 상당수는 '100만 명이 모여도 안 된다'는 식의 자신감 저하를 겪어야 했다.

그럼에도 이 운동은 이명박 "불도저"에 제동을 거는 구실을 했다. 당장에 수입 쇠고기 연령 제한 등 검역 조건이 강화됐다. 무엇보다 대중운동이 우파 정권에 맞설 수 있음을 증명했다. 운동에서 주요한 대열을 이룬 청년·학생들의 정치적 각성과 급진화도 이 운동이 남긴 퇴적물이다. 2011년 폭발한 반값 등록금 운동이 그 위에서 자라난 운동 중 하나였다. 당시 〈조선일보〉는 이를 두고 "언제든지 거리로 뛰쳐나올 수 있는 잠재적 시위자들이 생겼다"며 두려워했다.

당시 자유주의자들과 자율주의를 받아들이는 학자·단체들은 대중의 자발성을 찬양하며 리더십의 구실을 폄하했다. 이런 주장은 조직된 좌파를 겨냥한 것이기도 했다. 분명, 이 운동에서 보인 대중의 자발성은 눈부신 것이었다. 3개월가량 매일 거리를 촛불로 물들이는 광경은 쉽게 보기 힘든 일이었다.

그러나 자발성, 자생성의 고취는 리더십과 대립하지 않는다. 이 운동에도 처음 발의한 집단이 존재했고, 시위를 확대하기 위해 노력을 기울이는 동력이 존재했다. 초를 구입하고, 무대를 쌓고, 행진 차량을 운영하는 일 등등은 조직적 과정이었다. 또한 보건의료단체

연합의 우석균, 국민건강을위한수의사연대의 고故 박상표, 서울대 우희종 교수 등 진보적 전문가들의 주장은 운동을 정당화하고 시위대에게 이데올로기적 자신감을 주는 주요한 구실을 했다.

언뜻 보면 운동은 물 흐르듯이 벌어지는 듯해도, 자세히 보면 운동의 향방을 둘러싼 치열한 논쟁과 투쟁이 있다. 의제를 확대할 것인가? 집회 장소를 여의도로 옮길 것인가? 행진을 조직할 것인가? 따라서 대중의 자발성이 가리키는 바를 잘 이해하고 대변하는지, 그런 바탕 위에서 운동을 전진시키려면 어떤 방향으로 이끌어야 하는지 등 '선택'의 문제가 진정한 쟁점이다.

최근 진보 진영 내 일부는 2008년 촛불 운동을 박근혜 퇴진 운동과 비교하며, 선거라는 공식정치로의 전환이 없었던 것이 2008년 촛불 운동의 한계였다고 주장한다. 당시에도 최장집 교수 등 학자·언론인·정치인들이 "제도 정치로의 수렴"을 주장하면서 시위를 중단해야 한다고 주장했다. 의회와 정부를 통해 위로부터 사회를 바꾸려는 개혁주의 전략은 대중의 자주적 행동을 통한 사회 변화를 불신한다.

그러나 당시 운동에서 민주당은 완전히 찬밥 신세였다. 그도 그럴 것이, 이명박 정권이 강화한 신자유주의 정책의 기반은 민주당이 집권한 동안에 닦은 것임을 대중은 생생히 기억하고 있었기 때문이다.

이 운동의 결정적 약점은 노동계급 투쟁의 부재였다. 만일 기업 이윤에 타격을 주는 노동자들의 집단적 잠재력이 발현됐더라면 그 효과는 엄청났을 것이다. 노동자들이 꼭 이 쟁점이 아니라 임금이나 노동조건 등 각자의 쟁점으로 비슷한 시기에 파업을 했더라도 그 효과는 비슷했을 것이다.

그러나 민주노총 지도자들은 조합원들에게 "노조 조끼를 벗고 나오라"며 조직적 힘을 사용하기를 거부했다. 이명박 퇴진 요구를 극구 반대하는 NGO 지도자들은 파업은 민주노총이 알아서 할 일이라며, 파업을 호소하는 '다함께'를 자제시키려 했다. 민주노총은 2시간 상징 파업을 하는 데 그쳤다.

PD계열 좌파는 대부분 매우 뒤늦게 운동에 발을 들여 영향력이 없었다. 그들은 대책회의에서 NGO나 자민통 계열이 주도권을 쥐고 있다는 점을 크게 의식한 듯하다. 그러나 이런 태도의 핵심은 회피로서, 오히려 운동의 주도권을 개혁주의 지도자들이 쉽게 쥘 수 있게 한다. 개혁주의를 비판하는 것만으로는 개혁주의를 극복할 수 없다. 여전히 개혁주의 지도자들에게 기대를 품고 있는 대중은 투쟁 경험 속에서 혁명적 정치가 개혁주의보다 낫다는 것을 배울 수 있다.

그래서 '다함께'는 이 투쟁에 처음부터 뛰어들어 개혁주의 지도자들과 협력적으로 활동하면서도 비판하고 투쟁해 운동이 더 나은 방향으로 나아가도록 이끌려고 분투했다. 예컨대 5월 24일 대책회의 내 온건파 지도자들은 "역풍이 불 수 있다"는 이유로 거리 행진을 꺼렸지만, 결국 '다함께'가 앞장서 거리 행진을 시작하는 것을 묵인할 수밖에 없었다. 앞에서 말했듯 이날의 행진은 운동이 확대되는 데서 결정적이었다.

그럼에도 '다함께'는 이 운동의 결정적 물줄기를 바꿔 놓지 못했다. 규모의 한계, 특히 노동계급에 뿌리내린 정도가 아직은 얕아서 영향력이 적었기 때문이다. 혁명적 정치가 결정적 순간에 충분히 영향력을 발휘하려면 활동가들은 충분한 규모로 미리 조직돼 있어야 한다. 이 조직은 일상적 시기에도 투쟁 속에서 배우며 노동계급 속에 뿌리내리려 해야 한다. 2008년 촛불 운동은 혁명적 조직 건설의 중요성을 곱씹게 한다.

출처: 〈노동자 연대〉 246호(2018-04-29).

2008년 세계경제 공황:
자본주의는 왜 고장났고, 대안은 무엇인가?

이 글은 영국 사회주의노동자당(SWP)의 지도적 당원이었던 고(故) 크리스 하먼이 2009년 7월에 방한해 강연한 내용을 녹취한 것이다. 국내에는 《좀비 자본주의: 세계경제 위기와 마르크스주의》를 비롯해 《민중의 세계사》, 《21세기의 혁명》, 《세계화와 노동계급》(공저), 《크리스 하먼의 마르크스 경제학 가이드》, 《세계를 뒤흔든 1968》 등 수십 권의 저서가 국역·출판돼 있다.

오늘날 우리가 목격하고 있는 사태는 1930년대 이래 가장 심각한 세계경제 위기입니다. 한국에서도 10여 년 전인 1997년에 매우 심각한 경제 위기가 찾아와 사람들을 충격에 빠뜨렸습니다. 그때 한국 사람들은 수많은 노동자가 갑자기 실직하고 가난에 빠지는 것을 보면서 처음으로 자본주의 경제 위기가 어떤 것인지 실감했을 것입니다. 하지만 그조차 전 세계 3분의 1의 지역에만 영향을 준 위기였습니다. 오늘날 위기는 지구 상의 모든 나라를 강타하고 있습니다. 미국에서는 매달 노동자 50만 명이 일자리를 잃습니다. 중국에서는 2009년 1월에 농민공 2000만 명이 일자리를 잃고 농촌으로 돌아가야 했습니다. 일본은 엄청난 위기에 빠져 있습니다. 위기의 규모가 워낙 커서 각국 정부는 은행들을 구제하려고 수조 달러를 쏟아부었습니다.

이번 위기는 경제 위기일 뿐 아니라 이데올로기 위기이기도 합니다. 지난 30년 동안 자본가들이 체제를 정당화하려고 동원한 사상들이 더는 현실에 들어맞지 않기 때문입니다. 30년 동안 그들은, 누구도 국가에 경제적 도움을 기대해서는 안 된다고 말했습니다. 그래 놓고 이제 와서는 은행들을 보호하려고 수조 달러를 퍼 주는 것입니다.

이번 위기는 정치 위기이기도 합니다. 어느 나라 정부도 위기에 대처할 명확한 방안이 없습니다. 대처 방식을 두고 지배계급 내 분열이 일어나고 있고 사람들은 더는 정부를 신뢰하지 않습니다. 지금 이 순간에 지배자들은 위기가 끝나 간다는 분위기를 조장하려 합니다. 제가 묵고 있는 호텔에서는 TV로 CNN을 시청할 수 있는데, CNN에서 요즘 방영하는 경제 프로 제목이 〈경기 회복으로 가는 길〉입니다. 오늘 아침 이 프로에서는 한국의 경제 여건이 좋아지기 시작했다는 보도가 나왔습니다. 그러나 좀 더 수준 있는 경제 전문가들은 위기에서 어떻게 탈출할지, 탈출한다면 언제쯤 할 수 있을지 모르겠다고 솔직히 인정합니다. 그들은 은행에 쏟아부은 수조 달러가 은행 시스템을 정상화하기에 충분한 돈인지도 잘 모릅니다. 하지만 이들은 그 많은 돈을 결국은 어딘가에서 회수해야 하며 다른 대안이 없는 한 평범한 노동자들을 더욱 쥐어짜서 회수할 수밖에 없다는 것을 잘 알고 있습니다.

저는 한국 전문가가 아니기에 이 점이 한국에 시사하는 바가 구체적으로 무엇인지는 모르겠습니다. 그러나 영국·독일·프랑스, 그리고 더 장기적으로 미국에서는 교육·복지·보건 예산으로 들어갈 돈이 은행들의 빚을 갚는 데 쓰일 것임을 뜻합니다. 한국도 별반 다르지 않을 듯합니다. 요컨대 저들은 지금 당장 우리에게 실업과 해고의 고통을 안겨 줄 뿐 아니라, 향후 5~10년 동안 복지 지출을 삭감하고 공공 부문 노동자들을 공격하려 들 것입니다.

위기의 원인

이 같은 공격에 맞서 싸우려면 위기의 원인을 제대로 이해해야 합니다. 위기의 직접적 원인은 다들 알다시피 전 세계 금융 시스템의 문제에 있었습니다. 지난 5~10년 동안 세계 곳곳의 은행들은 미국의 가장 가난한 계층 사람들에게 돈을 빌려주면 그 전보다 큰 이윤을 벌어들일 수 있다고 믿었습니다. 그래서 미국의 주택 담보 대출 회사들은 살 집이 절실히 필요한 가난한 사람들에게 돈을 빌려주기 시작했습니다. 첫 2~3년 동안은 대출을 유도하려고 낮은 금리를 적용하다가 그다음부터는 이익을 내려고 금리를 왕창 올리는 수법을 사용했습니다.

주택 담보 대출 회사들은 가난한 사람들이 이자를 납부해서 엄청난 수익을 가져다주기를 기대했습니다. 그래서 주택 담보 대출 회사들은 다른 은행과 금융기관에서 돈을 빌려 가난한 사람들에게 대출해 줬습니다. 설사 일부 가난한 사람들이 이자를 갚지 못하더라도 그들의 집을 압류해 되팔면 이윤을 남길 수 있을 테니 아무 문제없다고 계산했습니다.

이 방법이 한동안 통하는 듯 보였습니다. 그러나 갑자기 많은 사람이 이자를 갚을 수 없는 상황이 닥쳤습니다. 갑자기 은행들도 기대한 가격에 되팔 수 없는 집을 잔뜩 보유하게 됐습니다. 상황이 이렇게 되자 은행 시스템 전체가 위기에 빠져들었습니다. 자본주의가 작동하려면 은행의 대출이 원활히 이뤄져야 합니다. 은행 시스템이 위기에 빠지자, 자본주의 체제 전체의 작동이 갑자기 중단됐습니다. 일부 경제학자들은 은행 위기를 자본주의 체제의 심장마비로 비유했습니다. 그러므로 이번 경제 위기의 단기적 원인은 은행들의 탐욕에 있습니다.

그러나 가난한 사람을 쥐어짜 이윤을 추출하는 데서 은행만이 아니라 다른 자본가들도 한몫했습니다. 미국에서는 이런 금융화 과정에 거대 제조업 자본들도 참여했습니다. 제너럴모터스, 포드, 제너럴일렉트릭 등이 이윤을 벌려고 높은 이자율로 돈을 대출했습니다. 따라서 단지 금융계나 금융자본이 이번 경제 위기를 불러온 것은 아닙니다. 자본주의 작동 방식 자체가 문제였습니다. 이 점이 중요합니다. 왜냐하면 자본주의 체제를 옹호하는 많은 이들이 이번 경제 위기를 은행가들의 실수가 빚은 우연한 사건으로 규정하고 싶어 하기 때문입니다. 은행에 대한 규제가 좀 더 강했더라면 위기도 없었을 것이란 얘기죠.

그러나 이번 위기가 발생한 과정을 자세히 들여다봅시다. 사실, 자본주의에서 위기는 반복적으로 발생했습니다. 1820년 이래 거의 10년마다 위기가 발생했습니다. 그리고 매번 위기의 원인은 달랐습니다. 그러나 더 깊숙이 들여다보면, 위기가 자본주의 체제 자체의 성격 때문에 발생한 것임을 알 수 있습니다.

자본주의는 서로 경쟁하는 자본가들이 이윤을 남길 수 있다고 판단할 때만 재화와 서비스를 생산하는 체제입니다. 이윤을 남길 수 있다는 확신이 생기면 모든 자본가들이 원재료를 사고 노동자를 고용하고 돈을 빌리고 생산을 늘리느라 야단법석을 떱니다. 자본주의 체제 전체에는 계획이 존재하지 않기 때문에, 생산 활동의 규모를 제한하는 움직임이 없습니다. 그래서 돈을 빌리려는 자본가들의 경쟁은 이자율을 높이고, 원자재를 둘러싼 경쟁은 원자재 가격을 높이고, 노동자들을 고용하려는 경쟁으로 임금도 어느 정도 올라갑니다. 결국 일부 자본가들은 생산을 해도 이윤이 별로 남지 않는 상황에 직면하게 됩니다. 그러면 그들은 생산을 중단하고, 노동자들을 해고하고, 공장을 폐쇄합니다. 이 때문에 다른 자본가들도 생산한 재화와 서비스를 판매할 곳을 잃게 됩니다. 이런 식으로 자본주의 호황이 불황으로 전환됩니다.

마르크스의 경제 위기 설명

마르크스는 1867년에 쓴 《자본론》에서 이 과정을 생생히 묘사했습니다. 마르크스가 150년 전에 쓴 자본주의 위기 분석을 읽으면, 마치 오늘날 일어나는 사건에 대한 설명인 듯 너무나 잘 들어맞는 것을 발견할 것입니다. 마르크스는 자본주의에서 호황이 찾아오고, 호황은 불황으로 연결되며, 불황이 오면 어느 순간부터 임금이 하락하고 원자재를 더 싸게 살 수 있게 되기 때문에 자본가들이 투자를 재개하고 다시 호황이 찾아온다고 설명했습니다. 이런 호황-불황 사이클은 사회 전체에 영향을 미칩니다. 호황이 발생하면 많은 이들이 일자리를 얻으려고 먼 거리를, 심지어는 수천 킬로미터를 이동합니다. 그들은 한동안 자신의 생활이 안정됐다고 믿을 것입니다. 그러나 불황이 찾아오면, 그들의 삶은 파괴됩니다.

그러나 마르크스는 다른 측면도 말했습니다. 마르크스는 이런 경제의 상승-하강 사이클에 더해서, 더 장기적인 다른 변화도 일어난다고 지적했습니다. 그리고 그 변화 때문에 자본주의 위기가 갈수록 더 심각해진다고 말했습니다.

마르크스의 가장 핵심적 주장 중 하나는, 모든 생산물은 인간 노동을 자연에 적용한 결과라는 것입니다. 마르크스는 노동이 가치를 생산한다고 말했습니다. 노동 외에 다른 것이 가치를 생산할 수 없다고 말했습니다. 마르크스는 이윤이 어디서 창출되는지 찾아 나선다면 결국 고용된 노동자들에서 나옴을 알게 될 것이라고 말했습니다. 마르크스는 흡혈귀가 인간 피에 의존해 살듯이 자본이 노동에 의존한다고 말했습니다. 마르크스는 자본가를 흡혈귀에 비유하는 것을 좋아했습니다.

그러나 꼬마 흡혈귀가 인간의 피를 많이 필요로 하지 않듯이, 자본주의가 작은 기계와 작은 공장으로 구성됐을 때는 소수의 노동자만으로 큰 이윤을 뽑아낼 수 있습니다. 그러나 시간이 지날수록 투자 규모가 커지고, 자본가들도 갈수록 많은 자금을 기계와 공장을 확보하는 데 사용해야 합니다. 그런 대규모 투자에서 기대한 이윤을 얻으려면 자본가들은 노동자들을 더 쥐어짜야 합니다. 흡혈귀의 몸집이 커질수록 더 많은 피가 필요하게 되는 것이죠. 마르크스는 이것을 '이윤율 하락 경향'이라고 말했습니다. 이것은 마르크스주의 경제학에서 가장 이해하기 어려운 개념 중 하나입니다. 나는 처음 이 말을 들었을 때 한참 머리를 긁적이며 골똘히 생각해야 했습니다. 그러나 간단히 말해서, '이윤율 하락 경향'은 자본주의가 발달할수록 투자한 자본에 견줘 충분한 이윤을 얻기 힘들어지는 경향을 가리키는 말입니다. 즉, 자본주의에는 단기적인 경기 상승과 하락 외에, 시간이 갈수록 위기가 심각해지는 경향이 존재한다는 것입니다.

만약 그 경향이 사실이라면 자본주의가 유지되는 이유는 무엇일까요? 마르크스는 자본주의가 두 가지 방식으로 이 문제를 해결한다고 말했습니다. 첫째는 노동자들을 쥐어짜 더 많은 가치를 얻는 것입니다. 그래서 자본주의는 그토록 빨리 성장하면서도 노동자들의 생활수준을 계속 압박하는 것입니다. 둘째는 단기적 위기로 일부 자본가가 망하고, 살아남은 자본가가 망한 자본가의 기계와 원료를 값싸게 사들이는 것입니다. 다시 말해서, 일부 자본가가 다른 자본가를 먹어 치워 장기적 이윤율 하락의 압박에서 벗어나는 것입니다. 일부 흡혈귀가 다른 흡혈귀의 피를 빨아먹는다고 말할 수도 있겠습니다. 그래서 1997~1998년에 아시아 경제 위기가 발생했을 때 제너럴모터스나 포드 같은 미국 자동차 기업들이 헐값에 한국 자동차 회사들을 사들일 수 있었던 것입니다.

현재 위기의 기원을 보면, 마르크스주의의 분석이 잘 들어맞습니다. 자본주의는 1970년대 중반 이래 국제적인 이윤율 위기를 겪고 있습니다. 그래서 1974~1975년, 1980년, 1990년, 1997년, 2000년과 지금까지 위기가 반복되는 것입니다. 자본주의는 위기를 극복하려고 먼저 노동자들을 쥐어짜는 고전적 수단을 사용했습니다. 일부 사람이 '신자유주의'라고 부르는 것은 사실 노동자들에게서 더 많은 이윤을 짜내려고 온갖 방법을 동원하는 자본주의를 뜻합니다. 둘째 수단은 일부 기업들을 도산시키는 것이었습니다. 그러나 오늘날 자본주의의 문제는, 많은 자본의 몸집이 너무 커서 만약 이들이 도산한다면 다른 자본도 큰 타격을 입을 것이란 점입니다. 즉, 자본주의의 고전적 위기 타개책 중 하나는 더는 과거처럼 효과를 발휘할 수 없게 됐습니다.

누가 위기의 대가를 치를 것인가

따라서 만약 한 가지 수단이 없었더라면 자본주의는 1970년대 중반 이래 지속적 위기를 겪었을 것입니다. 이것은 돈을 생산에 투자하기보다 대중에게 빌려주는 것이었습니다. 자본가들은 여기서 더 많은 이윤을 얻을 수 있다고 기대했습니다. 그래서 이런저런 거품이 발생했고, 자본주의는 지난 30년 동안 이에 의존해서 위기를 피할 수 있었습니다. 그리고 내가 위에서 묘사한 지난 5년간의 부동산 거품은 그중 가장 최근의 것입니다.

이것은 매우 이상한 상황을 낳았습니다. 한편으로 자본주의가 이윤을 회복하려고 노동자들(특히 미국 노동자들)의 임금 인상을 억눌렀습니다. 그러자 은행들이 나서서 "고율의 이자만 낼 수 있다면 돈을 빌려주겠다" 하고 유혹했습니다.

이것은 두 가지 효과를 낳았습니다. 첫째, 눈 깜짝할 사이에 이윤을 창출할 수 있다는 환상이 광범하게 퍼졌습니다. 그래서 2005년이나 2006년에 금융 전문가들은 자본주의가 잘 돌아가고 있고 영원히 그럴 것이라고 말했습니다. 둘째, 미국인들은 돈을 빌렸고, 그 덕분에 다른 나라 자본가들은 하마터면 못 팔았을 물건을 미국인들에게 팔 수 있었습니다. 중국 경제는 미국에 물건을 팔아 빨리 성장할 수 있었고, 일본과 동아시아 나라들은 중국에 중간재를 팔아 성장했고, 라틴아메리카와 아프리카의 일부 나라도 중국에 원자재를 팔아 높은 경제성장률을 기록했습니다. 그래서 미국의 대출이 세계경제의 원동력이 되는 황당한 상황이 벌어졌습니다. 중국 자본가의 이윤(그리고 일본과 동아시아 나라 자본가들의 이윤 중 일부)이 미국 은행으로 흘러 들어가 미국 주택 시장에서 대출됐습니다.

그리고 이것은 전 세계적으로 자본주의 체제가 잘 돌아가고 있다는 환상을 불러왔습니다.

그러나 결국 체제의 작동은 미국의 가난한 사람들이 제공하는 이윤에 달려 있었던 것입니다. 이 과정은 2007년 8월 갑작스레 중단됐습니다. 그 뒤로 12개월 동안 전 세계 은행 시스템은 위기에 빠졌습니다. 그리고 2008년 9월 미국 최대 은행 중 하나인 리먼브러더스가 파산하고 거의 모든 선진국에서 은행이 파산했습니다. 그리고 위기가 다른 나라로 확산하면서 대단히 심각한 경제 위기가 발생했습니다.

사실, 이번 위기는 자본주의 체제의 이중의 위기입니다. 금융 호황과 미친 대출 붐이 없었더라면 세계경제는 이만한 성장률을 기록할 수 없었을 것입니다. 그러나 그 호황이 지금 끝났습니다. 그뿐 아니라 은행 시스템 붕괴에 따른 위기를 겪으면서 산업들도 더는 물건을 팔지 못하게 됐습니다. 체제 전체가 엄청난 공포감에 빠져

경제 위기의 고통을 평범한 사람들에게 전가하는 자본주의 체제. ⓒ 조승진

있습니다. 2008년 9월과 10월, 각 정부는 어마어마한 돈을 은행 시스템에 들이부었습니다. 그들은 은행 시스템 붕괴를 막을 수 있다는 희망에 의지했습니다. 그러나 그들은 확신이 없습니다. 귀를 기울일 만한 분석가들의 글을 읽으면, 어떤 이는 은행 위기가 끝났다고 말하고, 다른 이는 반년이나 1년 뒤 위기가 다시 찾아올 것이라고 예측합니다.

그러나 문제는 이뿐이 아닙니다. 정부들은 은행 시스템을 구하려고 엄청난 돈을 썼고, 어디선가 그 돈을 회수해야 합니다. 미국과 영국 정부는 세금 수입보다 10퍼센트 더 많은 돈을 지출했습니다. 그리고 대중이 그 대 가를 지불하게 해야 한다는 일부 자본가들의 주장이 갈수록 영향력을 키우고 있습니다. 영국의 언론들은 정부 부채를 갚기 위해 공공 부문 노동자들이 희생해야 한다고 주장합니다. 한편, 민간 기업들은 과거에 노동자들에게 약속한 연금을 더는 지불할 수 없다고 주장합니다. 노동자들은 경제 위기 해결을 위해 임금 동결이나 삭감을 받아들여야 한다는 주장도 듣고 있습니다.

이 주장들을 종합해 보면, 결국 은행가와 기업가가 위기를 일으켰지만 노동자한테 대가를 치르라는 것입니다. 노동자는 다음과 같이 답해야 합니다. "경제 위기는 자본주의가 다른 사람들이 생산한 부를 가지고 도박판을 벌였기 때문에 발생했다." 자본가들의 압력으로 미국 노동자들의 임금이 하락했고, 노동자들은 돈을 빌려야 했습니다. 자본가들은 노동자들에게서 받은 돈으로 도박을 벌였습니다. 지금 이 과정 전체가 붕괴했습니다.

자본가들은 "우리가 만든 실수를 너희가 책임져라" 하고 말하고 있습니다. 우리는 이렇게 답해야 합니다. "우리가 위기를 불러오지 않았다. 우리가 이윤이 아니라 인간의 필요를 위해 생산하는 이성적 체제에 살고 있다면 이런 위기는 발생하지 않았을 것이다. 만약 자본가들이 우리에게 대가를 떠넘기려 한다면 우리는 모든 수단을 동원해 싸울 것이다."

"부가 부족하기 때문에 위기를 해결하려면 공장을 폐쇄하는 등 더 적게 생산해야 한다"는 자본가들의 주장만큼 황당한 것은 없습니다. 그렇기 때문에 공장 폐쇄에 맞서 공장을 점거하고 싸우는 한국·영국·미국 노동자들의 투쟁은 너무나 정당합니다. 이 자체로 위기가 해결되지는 않을 것입니다. 그러나 이런 투쟁은 자본가들에게 위기의 책임이 있음을 명백히 보여 줄 수 있습니다. 우리가 자본주의를 무너뜨려야 경제 위기를 없앨 수 있습니다.

출처: 〈레프트21〉 12호(2009-08-13).

12장

—

유신 스타일 박근혜 정부

함께 토론할 쟁점

- 어떻게 독재자의 생물학적·정치적 후계자인 박근혜가 대통령에 당선할 수 있었을까?

- 박근혜 정권하에서 벌어진 아래로부터의 저항은 어떤 양상이었을까?

- 철옹성 같던 박근혜 정권이 제 임기도 마치지 못한 일은 어떻게 가능했을까?

- 아직도 해결되지 않은 박근혜 정권의 적폐를 일소하려면 무엇이 필요할까?

한국 지배계급은 세계경제가 심각한 위기에 빠진 상황에서 활로를 찾으려고 박근혜라는 강성 우파 정치인을 전면에 내세웠다. 그 결과 2013년에 박근혜 정권이 출범했다. 1997년 경제공황과 뒤이은 김대중·노무현 정부의 실패로 박정희 신화가 되살아난 것도 그 배경이었을 것이다. 박근혜가 승리한 2012년 대선은 한국 역사에서 거의 유일하게 민주당과 우파 정당의 일대일 구도로 치러진 선거였다. 민주당의 문재인 후보는 대선 운동 기간에 진보성이나 차별점을 뚜렷하게 보여 주지 못했다. 오히려 박근혜의 복지 공약이 과도하다며 비판했다. 민주당의 선거 도전에 방해될까 봐 2012년 내내 몸을 사린 진보 진영과 노동운동은 대선 국면에서도 무기력했다. 이명박 정권 시절에 민주당과의 야권 단일화와 연립정부 노선에 충실했던 진보 정당들은 2012년 대선에서 모두 중도 사퇴했다(이정희, 심상정). 반년 가까이 투쟁을 자제해, 투표일이 가까워질수록 사회적 분위기도 식었다. 반면 우파는 경제 살리기와 안보 위기 대응을 위해 똘똘 뭉쳐 박근혜를 지원했기 때문에, 사람들이 그토록 싫어한 박근혜의 승리가 가능했다.

지배계급의 주문대로 박근혜 정부가 가장 큰 역점을 둔 일은 수단·방법을 가리지 않는 대기업 살리기였다. 그리고 경제·안보 위기에서 기댈 든든한 버팀목으로 한·미·일 동맹을 강화하는 것이었다. 이 목표를 이룰 수단도 부패하고 냉혹하고 지독했다. 그래서 박근혜 정권은 나중에 "적폐"라고 불린 악행의 대부분을 임기 첫해부터 선보였다. 복지 삭감과 경제 위기 고통 전가, 부패 인사 등용, 민영화, 국가기관을 동원한 정치 공작, 노동조합 공격과 민주적 권리 제약, 그리고 이런 일을 그럴싸하게 포장해 대국민 사기를 치기 위한 언론 통제 시도 등. 이런 일을 수행하려고 집권한 박근혜는 지배계급 중에서도 가장 '구체제'스러운 자들에게 정치적 기반을 뒀지만, 박근혜의 친기업·친제국주의 정책과 비열한 블랙리스트 통치는 한국 자본주의의 현재 위기를 해결하려는 시도였다.

그렇지만 하고 싶은 것과 능히 할 수 있는 것은 같지 않다. 임기 4년 동안 박근혜는 제 아비에게서 배운 대로 하려 했지만 제 아비처럼 될 수는 없었다. 40년 전과 달리 노동자 조직들이 성장해 민주주의가 진전했고, 따라서 많은 경우에 청와대가 강압으로 사태를 좌지우지할 수 없게 됐다. 역사유물론의 관점에서 보면, 사회구조는 행위 주체에게 잠재력을 부여하기도 하지만, 그 실현을 제약하기도 한다. 박근혜의 유신 스타일 통치는 유신 체제의 부활로 이어지지 못했다. 그저 유신 체제의 우스꽝스러운 패러디로 끝나고 말았다. 8장에서 설명했듯이, 이명박·박근혜 정권은 우파적이지만 본질적으로 자유주의 정권이었다. 우파의 집권에 대해 괜한 공포를 부추기는 사람들은 여러모로 함량 미달인 대안(민주당 정부)을 들이밀며 협박하는 것에 지나지 않는다.

박근혜 정권 4년은 반동적 정책으로 불평등과 고통이 더 심화한 4년이기도 했지만, 저항과 반격의 4년이기도 했다. 특히, 박근혜식 경제 살리기의 주된 표적이었던 조직 노동운동이 처음부터 선두에

섰다. 조직 노동운동은 4년 후 벌어진 정권 퇴진 운동을 추동한 핵심 동력이었다. 박근혜 정권 퇴진 운동은 진공 속에서 등장한 것이 결코 아니었다.

처음부터 뿜어 댄 부패의 악취

박근혜는 부패로 시작해서 부패로 끝났다. 전쟁에서는 상대의 강점이 곧 약점인 경우가 있는데 박근혜에게 부패 문제가 그런 것이었다. 박근혜 정권의 인적 기반이 한국 지배계급의 가장 핵심적인 인사들이라는 점은 정권의 안정성 면에서는 강점이었지만, 그 때문에 부패에 결박돼 있어서 위기를 낳을 수 있다는 면에서는 약점이었다.

첫 위기부터 그랬다. 박근혜가 취임 후 처음 내놓은 내각 명단은 악취가 펄펄 풍겼다. 위장 전입과 아들 증여세 탈루와 공금 유용 등 십수 개 의혹을 받은 후보자, 부동산 투기와 아들 병역 특례 의혹을 받은 후보자, 수백억 원어치 주식을 매각하기 거부한 후보자 등 그야말로 가관이었다. 악화한 여론 때문에, 내정자들이 임명되기도 전에 낙마하는 일이 속출했다. 그래서 박근혜는 취임 후 한 달이 지나도록 전임 이명박 정권의 장관들을 데리고 국무회의를 해야 했다. 이처럼 박근혜는 인사 문제로 처음부터 휘청거리며 임기를 시작했다. 박근혜의 인사 참사는 그의 당선 직후 의기소침하던 조직 노동자들의 사기를 높이는 효과를 냈다.

특히 임기 첫해의 절반도 안 지난 2013년 늦봄에는 2012년 대선 부정 의혹이 사실로 드러나기 시작했다. 국가기관들이 총동원돼 박근혜를 음으로 양으로 불법 지원한 일이 폭로된 것이다. 이명박의 (심복인 원세훈이 원장으로 있던) 국가정보원은 민간인과 사회운동을 사찰·탄압하고 대선에 개입하는 컨트롤 타워 구실을 했다. 국가가 '댓글부대'를 운영했다. 그들은 사이버 안보 전쟁을 한 것이라고 변명했는데, 이 개념에 따르면 그들은 국민을 상대로 전투를 벌인 셈이다. 박근혜 못지않게 해 먹은 이명박(그 일부가 임기 중 들통나 박근혜처럼 임기 중에 수사 대상이 됐다)은 박근혜를 당선시켜서 자신의 퇴임 후 안전을 보장받으려 했다(결국 박근혜가 탄핵된 뒤 둘 다 차례차례 구속됐다). 정치적 부패와 부정한 결탁이 만천하에 드러나자, 박근혜는 집권의 절차적 정당성에도 큰 타격을 입었다.

이 때문에 각종 개악이 차질을 빚을까 봐 박근혜는 당시 법무부 장관 황교안을 통해 국정원의 대선 개입에 대한 검찰 수사를 가로막았다. 또한 유신 체제에서 중앙정보부 소속 검사로 잘나갔고 공안 검사의 중시조인 김기춘을 대통령 비서실장으로 등용했다. 김기춘은 노태우 정권 때 1988년 검찰총장, 1991년 법무부 장관을 맡으면서 공안 정국(탄압의 전면화)을 지휘하는 등 민주화 과정을 되돌리려고 앞장선 인물이다. 검찰총장이던 시절 김기춘은 좌파를 "무좀"이라고 불렀다. 대충 탄압하면 되살아나니 철저하게 싹을 뽑아야 한다는 의미였다. 그는 박근혜 정권의 실세로 등용되자마자 노동운동을 공격해서 임기 초 어수선함을 정리하려 했다. 전교조 법외노조 통보와 통합진보당 해산 청구 등이 대표 사례다. 박근혜 정권은 통합진보당의 일부 간부와 일부 당원이 토론회에서 한 말을 과장해 그들을 구속하고 통합진보당을 해산해서 정치적 자유도 위축시키려 했다. 김기춘의 지휘 아래, 정부에 비판적인 사람을 각종 영역에서 배제하는 블랙리스트 통치가 범정부적으로 시행됐다. 시위 참가자 처벌과 집회 진압 등도 강화했는데, 그것이 낳은 비극적 사건이 백남기 농민 사망 사건이다. 2015년 11월 민중총궐기 집회에 참가한 백남기 농민은 경찰이 직사한 물대포를 맞고 중태에 빠졌다가 결국 사망했다. 이 집회를 주도한 한상균 민주노총 위원장도 구속돼 징역 3년(1심에서는 5년)을 선고받았다. 박근혜 정권은 민중총궐기 집회를 핑계로 이듬해인 2016년 초에 테러방지법을 제정했다. 테러방지법은 국정원장에게 더욱 강력한 권한을 부여하고 집회·시위의 자유를 억압하는 법이다.

그럼에도 박근혜 정권은 각종 개악을 성공시키지도, 민주적 자유를 위축시키지도, 무엇보다 노동운동의 저항 능력을 약화시키지도 못했다. 국가기관의 대선 개입에 항의하는 대중 시위가 2013년

직사 물대포를 맞고 쓰러져 317일 만에 숨진 백남기 농민. ⓒ 조승진

여름 동안 벌어졌는데, 파업을 준비하던 철도노조가 조합원들을 데리고 이 집회에 대거 참가했다. 철도노조는 2013년 말 파업으로 박근혜에게 첫 지지율 추락 위기를 안겼다. 박근혜 정권은 통합진보당의 법적 자격은 빼앗았지만, 그 조직 전체를 파괴하지는 못했다. 통합진보당의 주축이던 자민통계 경향은 박근혜 정부하에서 합법 정당(지금의 진보당)을 재건하고 2016년 총선에서 국회의원 2명(당선 당시는 무소속)을 배출했으며 정권 퇴진 운동의 한 축이 됐다.

박근혜의 우파적 통치를 보조하는 데는 법원도 나섰다. 이명박 때 대법원장에 임명된 양승태가 지휘한 법원은 법원과 고위 법관들의 권한을 늘리는 제도를 도입하려고 청와대와 국회에 로비를 하면서 재판 판결을 거래 수단으로 삼았다. 이것이 바로 사법 농단 사건이다. 법원은 대법원 말고도 3심을 다루는 상급 법원(상고법원)을 신설해 달라고 요구하면서, 박근혜 정부에 도움이 되는 우파적 판결을 양산하고 그 판결 목록을 협상 카드 들이밀듯이 청와대에 제시했다.

가진 자들의 이익을 수호하려고 음모를 꾸민 자들답게 법원은 노동자들과 차별받는 사람들의 고통과 미래를 거래 품목으로 삼았다. 일제 강제 징용·동원의 피해자, 유신 독재 피해자, 세월호 참사 유가족, 쌍용차 노동자, KTX 승무원 노동자 등등. 일제 강제 징용자들의 국가배상 요구 판결을 미루는 데는 법무부 장관 황교안과 대통령 비서실장 김기춘도 연루됐다. 사법 농단은 삼권분립을 위태롭게 한 일이 아니었다. 권력 3부가 보통 사람들의 삶을 패로 삼고 각자의 권한을 이용해 서로 거래를 한 일이었다.

이런 가진 자들의 담합, 정권의 탄압과 교란 책략도 3년 후 박근

혜와 재벌 간의 뇌물 거래 부패가 폭로되고 이에 항의하는 운동이
터져 나오는 것을 막지 못했다.

신자유주의

박근혜 정권은 신자유주의적으로 공공성을 훼손하는 정책을 일
관되게 추진했다. 경제가 2008년 위기에서 아직 회복하지 못한 상
황에서 치러진 2012년 대선에서 박근혜를 지지한 유권자는 그 아
비 박정희의 신화를 떠올렸을지도 모른다. 국가가 강력하게 개입해
경제를 성장시켰다는 신화 말이다. 그러나 박근혜는 제 아비보다는
최신 우파였다. 민영화, 규제 완화, 감세, 경쟁 강화, 임금 억제 등
신자유주의에 충실하다는 면에서 말이다.

박근혜가 취임한 후 처음으로 일어난 반동은 공공 병원인 진주
의료원 폐쇄였다. 공공 의료 기관 공격은 곳곳으로 이어졌고, 이와
짝을 이뤄 철도·의료 등 민영화와 각종 규제 완화가 추진됐다. 공
공서비스 민영화는 당연히 공공 부문 노동자들의 노동조건 악화
를 동반했다. 이에 저항하는 과정에서 조직 노동운동이 불가피하
게 반정부 운동의 선두에 서게 됐다. 2013년 말 벌어진 철도노조
의 민영화 반대 파업은 박근혜 정권의 지지율을 처음으로 추락시
켰다. 철도 파업은 다른 노동자와 청년에게 박근혜 정권에 맞서 싸
울 수 있다는 용기를 줬다. 청년들과 대학생들은 "안녕들 하십니까"
라는 제목의 대자보를 붙이며 철도 파업에서 얻은 용기와 영감을
표현하고 철도 파업을 응원했다.

여기서도 박근혜는 자신이 아는 유일한 방법으로 대처했다. 강

경 탄압이었다. 박근혜 정권은 사회적 대화 방식을 쓰고 싶어도 잘 할 소질도 없고 활용할 자원도 많지 않았다. 물론 공무원연금 삭감은 그런 방식을 써서 효과적으로 노조들의 저항을 무력화하고 좌절시킨 사례였다. 그러나 그 밖에는 그런 방식이 잘 통하지 않았고 강경 대처할 수밖에 없었다. 더구나 지배계급이 박근혜에게 바란 것이 바로 그런 면모였다. 그래서 철도 파업 때는 민주노총 중앙 사무실이 경찰에게 침탈당하는 일이 벌어졌다. 파업으로 수배 중이던 철도노조 위원장을 체포하겠다는 것이 이유였다. 민주노총 중앙 사무실이 경찰의 습격을 받은 것은 1995년 민주노총 설립 이래 처음 벌어진 일이었다. 이 초유의 사태를 보며 많은 노동자가 분노했고 철도노조뿐 아니라 다른 노조들에서도 항의 파업을 하자는 정서가 컸다. 그러나 민주노총 지도자들은 이 기회를 유실했다. 그 뒤 철도노조 지도부는 노조의 요구를 국회에서 논의하겠다는 여야 합의를 믿고 별 성과 없이 파업을 철회했다. 이 합의를 새누리당 의원 김무성이 주도했는데, 철도노조 지도부는 그 약속을 진심으로 믿었을까? 아니면 조합원 의사와 무관하게 파업을 종료할 명분이 필요했을까? 무엇이든 잘못된 판단이었다.

노동운동을 노골적으로 탄압하는데도 노동조합 지도자들의 저항 태세가 시원찮은 것을 좋은 신호로 여긴 박근혜는 이듬해인 2014년부터 임금 억제를 목표로 한 노동 개악을 본격 추진하기 시작했다. 박근혜는 청년과 기혼 여성 노동자들에게 열악한 시간제 일자리를 주고는 대단한 일이라도 한 듯이 생색을 냈다. 박근혜는 이 저임금 일자리 창출을 핑계로 기존 노동자들에게 임금피크제 도입 등 임금체계 개악을 강요했다. 그다음 해인 2015년부터 임금

피크제가 공공 부문에 보편화됐고, 공무원연금도 삭감됐다. 박근혜 정권은 2016년에는 성과연봉제를 도입하려고 공기업·사기업 가리지 않고 행패를 부렸다. 기업주들에게 총 1조 원이 넘는 법인세를 깎아 준 박근혜 정부는 노동자들에게는 내핍을 강요했다. 법인세 절감 등으로 생긴 세입 감소를 인건비 삭감이나 담뱃세 같은 간접세 인상으로 벌충하려고 했다. 박근혜의 노동 개악은 기업주들에게 인력 감축, 임금 삭감, 노조 약화 등 이윤 보호를 위한 무기를 제공하는 정책이었다. 기업주들은 박근혜와 그 측근 최서원(최순실)에게 말을 사 주는 등 수십억 원을 먹이면서 당연히 반대급부를 기대했을 것이다. 박근혜 정권의 친기업 노동 개악 추진과 부패는 이렇게 거의 한 몸이었다.

한·미·일 동맹 추구

친제국주의적이고 군사주의적인 외교정책도 문제였다. 박근혜 정권은 호전적인 대북 적대 노선을 펴서 한반도 긴장 고조에 일조했다. 이런 정책은 중국과의 외교적 마찰을 일으켜 오히려 동북아시아의 군사적 긴장만 부추겼다. 전통적 우익의 대변자답게 친미주의·냉전주의·반공주의를 계승한 박근혜 일당은 안보 위기를 국내 억압을 강화하는 명분으로도 써먹으려 했다.

그러나 이데올로기와 현실은 이 문제에서도 달랐다. 한국 경제는 2000년대 이후 중국과도 경제적 통합을 이루면서 성장했다. 앞 장들에서 언급했듯이, 2000년대 이후 한국과 중국의 공산품 교역 등 경제적 긴밀성은 꾸준히 커졌다. 2008년 위기 때 한국은 중국이 엄청난 경기 부양책을 펴면서 경제를 회복시킨 덕을 크게 봤다. 박근혜 정권은 이명박 정권이 말년에 시작한 한중FTA 협상을 2014년 11월에 타결하고 2015년에 국회에서 비준하며 마무리했다. 한미FTA만큼 개방도가 높지는 않지만 경제적 긴밀성 진전이라는 상징성이 있었다. 엄연한 경제적 현실 때문에, 박근혜는 중국과 친해지려는 제스처를 취했다. 박근혜가 당선 직후 가장 먼저 특사를 보낸 곳이 중국이었다. 박근혜는 임기 내내 최측근을 중국 대사로 보냈다. 2015년에는 중국의 전승절에 초대돼 무기 사열을 했다. 이런 일 때문에 박근혜는 미국의 불만과 우파의 비판을 받기도 했다. 이렇게 미·중 사이에서 모호한 태도를 취하는 것은 2000년대 이후 한국 정부가 모두 따른 노선이다. 심지어 "안미경중"(안보는 미국과 경제는 중국과 함께한다는 뜻)이라는 실용주의적 구호가 재계 일각에서 나오기도 했다.

그러나 중국이 세계 2위의 강대국으로 부상하며 미국이 응전을 본격화하고 패권 경쟁이 점차 궤도에 오르자, 이런 모호한 태도는 갈수록 지속되기 어려워졌다. 이것이 한국이 처한 안보 위기의 실체다. 중국과의 관계를 가벼이 볼 수는 없더라도, 경제 침체가 길어지고 지정학적 불안정이 심해질수록 미국과의 동맹을 공고히 다지며 그것을 대외적으로 과시하는 쪽으로 노선을 더 분명히 해야 한다는 선택(줄서기) 압력이 커진 것이다. 특히 미국이 (한국 지배자들이 경계하는) 일본의 본격 재무장을 지지하자, 박근혜의 안보 브레인들은 미국에게 한국이 일본보다 열등한 파트너로 취급되는 것에 위기감을 느꼈던 듯하다. 그런데 한미동맹을 강화하는 것은 미국의 전략상 한·미·일 안보 공조를 강화하는 것이었다. 이에 따라 박근혜 정권은 임기 3년 차 말부터 한일 위안부 합의와[*] 한일군사정보보호협정을 체결하고, 사드 배치를 결정했다. 이런 행보는 민심 이반의 중요한 계기가 됐다.

이처럼 부패한 체제의 수혜자들을 위한 우파적 정책을 실행하고 한·미·일 공조를 정당화하려면, 바로 그렇게 성장해 온 한국 자본주의의 과거도 고쳐 써야 했다. 역사 교과서 국정화 시도였다(이는 전교조를 법외노조로 만들어 침묵시키려 한 것과도 어느 정도 관계있다고 할 수 있다). 그 내용은 너무 많은 거짓말, 독재 정권 미화, 기업주들의 악행 정당화로 점철돼 있었다. 그래서 광범한 반발을 샀다. 결국 국정 역사 교과서는 중고교 5566곳 중 단 1곳에서만 채택됐고, 박근혜 정권 퇴진 운동 국면에서는 그 학교마저 학교 구성원들의 반대 시위에 직면했다. 결국 역사 교과서 국정화 정책은 폐기됐다.

세월호 참사

박근혜 정권의 죄악 중에 가장 충격적인 것은 뭐니 뭐니 해도 2014년 봄에 일어난 세월호 참사일 것이다. 구조 실패로 304명의 생명이 눈앞에서 바닷속으로 가라앉아 버렸다. 박근혜와 우파는

---

[*] 한일 위안부 합의 2015년 12월 28일 체결된 합의. 일본 국가의 법적 책임과 배상 책임을 여전히 인정하지 않고 일본 정부가 돈을 출연해 재단을 설립하겠다는 기만적 합의였다. 그런데 이것으로 위안부 문제를 "최종적이고 불가역적"으로 해결했다고 합의해서 공분을 샀다. 문재인 정부는 당시에는 감춰져 있던 이면 합의를 들춰냈지만 이 합의를 파기하지는 않았다.

지금까지도 세월호 참사는 자기 탓이 아니고, 단지 교통사고인 것을 대통령 탓으로 돌렸다며 억지를 부린다. 그러나 세월호 참사는 규제 완화, 민영화, 공공서비스 해체 등 박근혜 정부가 추진한 친기업 정책을 배경으로 일어난 참사다. 박근혜는 규제와의 전쟁을 선포해 임기 첫해에만 600개 넘는 규제를 없앴다. 이명박이 선박 수명 규제를 완화했다면, 박근혜는 과적과 화물 결박 점검 규제를 완화하고 재난 관리 예산을 줄여 해경의 구조 능력을 약화시켰다. 또, 친미 우파 정권답게 미국의 동아시아 군사전략을 위해 제주 해군기지 건설을 서두른 것도 세월호 침몰의 직접적 원인 중 하나였다. 세월호에 제주 해군기지 공사 현장으로 가는 철근 수백 톤이 과적돼 있었다. 국정원과 기무사까지 나서서 진상을 한사코 감추려 한 데는 이런 사정이 연관돼 있었을 듯하다.

권력욕이 많고 통치 기술에 능한 박근혜는 자기 계급의 이익을 충실히 보장하도록 국가를 운영하는 것이 자신의 권력을 공고히 다지는 것임을 잘 알았다. 그렇게 국가를 운영하라고 이재용 등 기업주들이 박근혜의 뇌물 지급 요구에 순순히 협력한 것이다. 목표를 위해 수단과 방법을 가리지 않았던 냉혹하고 잔인한 박정희처럼 박근혜도 그러려고 했다. 친기업·친제국주의 정책 추진에 방해가 될까 봐 세월호 참사 문제를 그렇게도 덮으려 애썼다. 박근혜는 세월호 참사 유가족을 정권 위협 세력 취급하며 감시했고 진상 규명도 방해했다. 기무사가 유가족을 사찰해서 누가 어느 야구팀 팬인지까지 파악했다. 법무부 장관 황교안과 청와대 민정수석 비서관 우병우는 세월호 수사를 축소하도록 검찰에 압력을 넣었다. 박근혜 정권은 '4·16 세월호 참사 진상 규명 및 안전 사회 건설 등을

삭발 투쟁에 나선 세월호 유가족들. © 조승진

위한 특별법'(약칭 세월호 특별법) 제정을 끝까지 반대했고, 그나마
만들어진 반쪽짜리 조사위원회의 활동도 방해하더니 끝내 해체해
버렸다. 생때같은 자녀들이 죽은 이유라도 알고 싶다는 소박한 호
소에 경찰봉과 물대포로 답했다. 박근혜 정권의 비정함과 냉혹함
과 무책임성에 수많은 사람이 치를 떨었다. 세월호 참사는 국민적
분노를 자아냈고, 그 항의 운동은 박근혜 정권에 도전하는 저항의
한 축을 담당했다. 특히 10~20대 청년 세대가 급진화했다. '세월호
세대'라는 말이 나올 정도로 말이다. 박근혜가 결국 임기도 마치지
못하고 구속되는 수모를 겪은 것은 이런 악행에 대한 민중의 복수
였다.

　세월호 참사 진상 규명 운동은 처음부터 범국민적 지지를 받았
다. 특히 조직 노동운동과도 연대해 더 강해질 수 있었다. 그럼에도
이 운동은 목표를 특별법 제정으로 환원하면서 자꾸 국회 논의에

간히고, 특별법 제정을 국회에서 대변하겠다며 계속 뒤통수를 친 민주당의 술책에서 자유롭지 못한 정치적 약점도 있었다. 이 운동에서 유력했던 인권 단체 등 NGO와 진보 진영의 온건 지도자들은 민주당에 대한 유가족과 운동 참가자의 불만을 무마하고, 민주당을 곤란케 할 박근혜 퇴진 구호가 운동 안에서 제기되지 않도록 단속하고, 이 운동이 정권을 정면으로 겨냥하는 투쟁으로 급진화하지 못하도록 애썼다. (▶더 알아보기: 2014년 세월호 참사, 544쪽)

지금 문재인 정부는 인기가 떨어질 때마다 세월호 참사 수사 카드를 꺼내 든다. 참사의 주된 책임이 우파 정권들에 있으니, 그에 대한 분노를 이용해 지지율을 지키려는 목적에서 말이다. 그러나 참사 당시부터 민주당은 박근혜·새누리당과 불필요한 타협을 계속했다. 세월호 특별법을 취약하게 만드는 합의를 한 것만 문제가 아니었다. 운동이 친기업적 규제 완화나 제주 해군기지와의 연관성보다는 박근혜 정부의 진상 규명 방해 행위에만 집중하도록 시야를 협소하게 만들기도 했다. 이 문제점은 문재인 정부가 들어선 뒤로도 진상 규명이나 책임자 처벌에 진척이 없는 것과도 관련 있다. 게다가 참사 당시에 세월호 수사를 부실하게 만든 책임자들이 친민주당 성향의 검사들이었다. 세월호 참사 검경 합동수사본부의 본부장(총책임자)이었던 이성윤은 최근에 문재인 정부가 윤석열 검찰총장을 견제하려고 (추미애 법무부 장관을 통해서) 서울중앙지검장에 임명한 그 이성윤이다. 그는 최근에는 문재인 정부의 부패 의혹을 수사하는 데 반대 의견을 냈다. 이를 보면, 문재인 정부가 박근혜 정권하에서 일어난 수사 부실조차 잘 밝혀낼 수 있을까 깊은 의문이 든다.

박근혜 정부에 맞선 운동에 좋은 효과를 낸 민주노총 파업. 2015년 4월 24일 서울광장. ⓒ 이미진

유신 스타일 통치를 하려는 박근혜 정권에 맞서 싸워야 한다는 정서가 있었음은, 특히 조직 노동자들이 그렇게 느꼈음은 2014년 민주노총 지도부 선거에서도 확인할 수 있었다. 설립 이후 최초로 조합원 직선제로 실시한 이 선거에서는 박근혜 정부에 맞서 투쟁하겠다고 한 좌파 연합 후보인 한상균 선본이 예상을 깨고 수월하게 당선했다.

사실 박근혜 당선 직후에도 진보 진영 일각에는 이명박 당선 때처럼 박근혜 당선은 대중의 우경화 때문이라며 자신들의 후퇴와 비관주의를 정당화하려는 그릇된 경향이 있었다. 박근혜 정권하에서 노동자 투쟁이 앞장서면 오히려 운동이 고립될 것이라거나, 조직 노동자들은 배불러서 안 싸울 것이라거나, 종북 몰이 때문에 진보는 힘을 못 쓸 것이라는 잘못된 주장이 많았다.

반노동 공세와 박근혜의 위기

박근혜 집권 3년 차인 2015년부터 대중적 저항이 벌어지기 시작했다. 세월호 참사 1주기 투쟁과 노동 개악 저지 민주노총 파업의 시기가 겹치면서, 2015년 4월 정국을 달궜다. 박근혜는 우여곡절 끝에 큰 한계를 안고 제정된 세월호 특별법조차 무력화시키는 시행령을 만들려고 했고, 이에 분노가 컸다.

신임 지도부가 발의한 민주노총의 4월 파업은 아쉬움이 없지는 않았지만 좋은 효과를 냈다. 성완종 스캔들이* 낳은 정부의 위기와 맞물려, 민주노총 4월 파업은 박근혜가 4월 안에 완료하겠다고 공언한 공무원연금 개악과 노동시장 구조 개악의 추진에 차질을 줬다. 한국노총이 노사정위원회 협상을 결렬시키는 데도 영향을 줬다. 민주노총 지도부가 공언한 대로 4월 파업을 첫걸음이자 도약대로 삼고 투쟁을 계속 조직했더라면 박근혜 정권의 위기를 더 심화시킬 수 있었을 것이다.

그러나 민주노총 지도부는 4월 이후에는 제대로 된 파업 투쟁을 조직하지 않았다. 그 대신에 항의 시위를 대규모로 조직했다. 이는 박근혜 정권의 공격을 물리치려면 실질적 파업을 조직해야 한다는 좌파적 압력, 다른 노조 상근 간부층의 보수적 압력, 총파업 조직

---

* 성완종 스캔들 2015년 4월 초 경남기업 회장이었던 성완종은 자신이 정치인들에게 뇌물을 제공했다는 메모를 쓰고 자살했다. 그 메모에는 다음과 같이 쓰여 있었다. "허태열 7억, 홍문종 2억, 유정복 3억, 홍준표 1억, 부산시장 2억, 김기춘 10만 불, 이병기, 이완구." "김기춘 10만 불" 옆에는 "2006. 9. 26日 독일 벨기에 조선일보"라는 문구가 적혀 있었다.

의 정치적 부담 사이에서 절충한 결과였다. 이런 정치적 약점이 있었지만, 그럼에도 민주노총이 나서서 수만 명 규모의 집회를 개최한 것은 박근혜 정권에 맞선 투쟁을 노동운동이 주도한다는 의의가 있었다. 그 결과 2015년 11월 민주노총이 주도한 민중총궐기 집회에는 조직 노동자를 중심으로 약 10만 명이 모여서 격렬한 시위를 벌였다.

이런 흐름 속에서 실시된 2016년 4월 총선에서 박근혜의 새누리당은 참패했다. 새누리당은 집권 여당이었는데도 30석을 잃었다. 우파가 가장 크게 패배한 2004년 총선 수준의 의석만을 얻은 것이다. 2016년 총선에서 진보 정당들은 좋은 성적을 거뒀다. 특히 정의당은 비례투표에서 170만 표를 얻으며 지역구 2석 포함 총 6석을 획득했다. 울산 북구와 동구에서는 민주노동당-통합진보당 출신의 전직 구청장들이 무소속으로 출마해 당선했다(나중에 민중당 소속이 되는 김종훈·윤종오 의원). 경남 창원에서는 정의당 노회찬 의원이 당선했다. "노동 정치 1번지"라는 영남의 세 선거구에서 진보 정치 후보가 당선한 것이다.

진보 정치에 대한 지지표는 직전 전국 선거인 2014년 지방선거보다 눈에 띄게 늘었다. 2015년 투쟁을 거치면서 노동자들 사이에 변화 염원과 투쟁적·낙관적 정서(비록 개혁주의적이었지만)가 고조되고 있던 상황이 반영된 결과였다. 이런 흐름은 민주노총 조합원이 2016년부터 큰 폭으로 증가하기 시작한 사실에서도 확인된다. 민주노총 조합원 증가 폭은 박근혜가 탄핵된 이후 2년 동안 더 커졌다. 민주노총 조합원은 2016년부터 2019년 봄까지 25만 명 넘게 증가해, 100만 명을 넘어섰다. 같은 기간 한국노총 조합원도 20만 명 가까이 늘어, 100만 명을 넘어섰다. 2018년에는 노조 조직률이 15년 만에 11퍼센트대로 올라섰다.

박근혜의 총선 패배는 여러 요인이 복합적으로 결합돼 작용한 결과였다. 2016년에 들어서면서 박근혜 정권을 향한 지배계급의 압박이 강해지기 시작했다. 경제적·지정학적 위기 속에서 노동 개악 등을 힘 있게 밀어붙이라고 세워 놨는데 왜 몇 년째 시간을 허비하고 있느냐는 압박이었다.

경제 실적은 임기 후반으로 갈수록 악화했다. 박근혜 정권하에서 경제성장률이 더 떨어져서, 연평균 3퍼센트에 못 미쳤다. 성장은 더뎌지는데 중소기업 대출(부채)은 계속 늘어나는 것도 좋은 신호가 아니었다. 그런데 기업들의 투자를 촉진할 (임금 삭감을 포함한) 규제 완화도 이렇다 할 진척이 없었다. 그래서 박근혜 정권은 2015년에 완수하지 못한 노동 개악과 구조조정을 추진하려고 서둘렀다. 이것은 박근혜 정권에게는 독이 됐다.

자본가계급 전체에게 구조조정은 필요한 일이다. 그렇지만 구조조정은 일부 기업을 퇴출시키는 일이어서 자본가들이 분열하기도 한다. 자본가들은 일반론으로는 한국 경제 전체를 위해 부실하거나 위험한 기업을 퇴출시키는 것이 이롭다고 보겠지만, 그 칼날이 자신을 향하면 사정이 달라지는 것이다. 이런 이해관계의 엇갈림은 자본주의가 자본가들의 경쟁을 토대로 하는 체제이기 때문에 생긴다. 자본가들은 구조조정을 하더라도 내 기업이 아니라 다른 기업이 손해 보기를 바란다. 그래서 인맥과 연줄 등 온갖 수단을 동원해 관련 정책을 담당하는 국가기구의 관료들에게 영향을 끼치려 한다. 국가 관료들도 나름으로 각자의 권한과 권력을 유지하고 확대하기 위해서 움직인다. 그러면서 지배계급 내에서 균열과 갈등이 생긴다.

이렇게 지배계급이 분열할 때 흔히 일어나는 일이 서로 약점과 치부를 폭로하는 것이다. 총선 후 박근혜가 지배계급에게 경제 살리기를 위해 단결하자는 메시지를 주려고 시작한 구조조정은 오히려 지배계급 간 갈등을 증폭했다. 당시 조선업계와 금융계에서 구조조정의 대상으로 지목되던 대우조선해양에 대한 특혜 제공 의혹이 불거졌다. 무엇보다 박근혜 자신과 그 측근들에 대한 폭로가 드디어 터져 나오기 시작했다.

사실 박근혜와 최서원(최순실)·정윤회 부부의 관계를 처음 파기 시작한 것은 〈세계일보〉였다. 2014년 11월 〈세계일보〉는 정윤회가 정권의 실세라고 보도했다. 그런데 그때는 박근혜가 아직 건재할 때라 오히려 반격을 당해서 이듬해 2월 〈세계일보〉 사장이 교체되는 수모를 겪었다. 그런데 2016년 여름에는 〈조선일보〉가 비선 의혹을 캐기 시작했고, 〈한겨레〉가 뒤를 이었다. 이런 상황에서 아래로부터의 저항이 일어나면 지배자들을 더 큰 분열과 위기에 빠뜨릴 수 있다.

2016년 하반기에 벌어진 일이 바로 그것이었다. 2016년 하반기에 박근혜 정권이 더는 늦출 수 없다며 임금 삭감과 억제를 위한 성과연봉제 도입 등 임금체계 개편을 밀어붙이자, 공공 부문 노동자들은 파업으로 맞섰다. 이렇게 고조된 분위기에서 JTBC가 최순실의 비선 국정 개입을 입증할 태블릿PC의 존재를 특종 보도했다. 며칠 만에 3만 명이 거리로 나와 "박근혜 정권 퇴진하라"고 외치며 시위를 벌였다. 이날 시위대는 경찰 저지선을 뚫고 서울 종로와 광화문사거리 일대를 행진했다.

이렇게 고삐가 풀리자, 검찰이 태도를 돌변해 최순실을 기소하는 공소장에서 박근혜를 공범으로 묘사했다. 박근혜는 하는 수 없이 특검 실시를 받아들였다. 특검으로는 민주당이 추천한 조승식 변호사와 국민의당이 추천한 박영수 변호사 중에서 고를 수 있었다. 친노계를 혐오하는 우파답게 박근혜는 국민의당이 추천한 박영수를 특검으로 임명했다.

그런데 박영수 변호사는 검찰에 몸담고 있을 때부터 유명한 재벌 수사 전문가였다. 박영수 특검팀은 박근혜와 재벌의 뇌물 수수 혐의에 초점을 맞췄다. 여기에 촛불 운동의 압력이 가해지며 재벌 총수들이 줄줄이 구속됐다. 이번에는 삼성도 빠져나가지 못했다. 최순실의 딸 정유라에게 말을 사 주고 미르재단과 K재단에 수십억 원을 투자한 삼성의 이재용도 뇌물죄로 촛불 운동 와중에 구속됐다.

이재용은 박근혜 일당에게 뇌물을 준 대가로 삼성그룹 경영권 승계에 도움을 받았다. 이는 보통 사람들의 노후 생활비가 돼야 할 국민연금 수천억 원이 재벌의 권력과 재산을 지키는 데 낭비된 사건이었다. 이처럼 박근혜는 자신에게 권력을 집중시켜 놓고(권력 농단), 법원과 재벌 등 체제의 다양한 수혜자들과 거래를 했다. 권력 농단과 부패는 한 몸이었고, 이에 대한 분노는 계급적 분노였다. 보통 사람들에게 모욕과 한숨과 절망을 안기던 사악한 권력자는 이제 증오의 표상에서 손대면 쓰러질 듯한 만만한 표적이 되고 있었다. 박근혜 정권 퇴진 운동은 사기가 오른 대중의 전폭적 지지를 받으며 시작됐다.

박근혜 정권 퇴진 촛불 운동의 강점과 약점

박근혜의 권력형 비리가 폭로되고 이에 노동자들의 저항이 맞물리면서, 박근혜 퇴진 염원이 현실의 운동으로 분출하기 시작했다. 혁명적 좌파 단체인 '노동자연대'가 기회를 놓치지 말고 집회를 열자고 한 제안이 받아들여져서, 민주노총 등 노동운동 단체들이 모인 연대체 민중총궐기투쟁본부가 박근혜 퇴진 요구를 내건 대중집회를 10월 29일에 개최했다. 서울 청계광장에서 열린 이 집회에는 파업 중이던 철도노조 조합원 수천 명과 민주노총 조합원, 미조직 노동자, 청년과 대학생 등 수만 명이 몰려들었다. 이 집회는 온라인으로 생중계됐는데, 전국에서 수만 명이 시청했다. 당시 이재명 성남시장이 전국구 정치인으로 떠오른 것도 이 집회의 연단에 정의당 노회찬 의원과 함께 서면서부터였다. 일주일 뒤의 2차 집회는 규모가 커질 것이 분명해 광화문광장에서 열었는데, 20만 명이 참가했다.

3차 집회는 민주노총이 주최한 전국노동자대회와 민중총궐기 집회와 결합돼 열렸다. 서울시청 앞 광장에 민주노총 노동자 20만 명이 모여서 포문을 연 이날 집회는 저녁에 이르러 참가자가 드디어 100만 명을 넘어서며 박근혜 정권 퇴진 운동을 대세로 만들었다. 그 후 파죽지세로 성장한 운동은 100만 명 집회가 벌어진 지 3주 만에 집권 여당을 분열시키며 국회에서 박근혜 탄핵소추안이 압도적으로 가결되게 만들었다. 이처럼, 이 운동은 조직 노동자들이 초기 종잣돈이 돼 중심을 이루고 거기에 미조직 노동자와 청년이 대거 합세하며 규모와 폭을 넓혔다. 박근혜 정권하에서 전개된 반제

퇴진 운동 성장의 지렛대 구실을 한 2016년 11월 12일 민주노총 전국노동자대회. ⓒ 조승진

국주의, 반부패, 반차별, 민주주의 투쟁들이 뭉쳤다.

이 운동은 거의 반 년 동안 이어져 박근혜를 탄핵시키고 구속시켰다. 통쾌한 승리였다. 체제의 수호자인 보수적 헌법재판소(재판부의 다수가 이명박·박근혜 정권하에서 임명됐다)가 만장일치로 박근혜 탄핵을 인정한 것을 보면, 흔들린 정치 질서를 다잡으려면 대중이 가장 증오하는 통치자를 버려야 한다는 것에 지배자들이 합의했음을 미루어 짐작할 수 있다. 이 짐작은 군부의 무력 진압 논의를 보면 어느 정도 확신할 수 있다. 당시 군부 내에서는 계엄령을 선포해 촛불 운동을 무력으로 진압하려는 모의가 있었고, 이는 2018년에 드러났다. 폭로된 군부의 문건을 보면, 당시에 청와대와 기무사뿐 아니라 수도방위사령부(수방사), 국방부, 육군본부의 일부도 연루된(또는 묵인한) 쿠데타 모의가 실재한 듯하다. 그러나 당시 촛불 운동의 기세가 조성한 세력균형을 보면, 국회도 계엄령에 동의하지 않고, 대중도 가만히 보고만 있지는 않을 터였다. 군부도 이를 알았기 때문에, 계엄 실행(검토) 문건은 전격적 도심 점령 계획을 담고 있었다. 이런 무모한 계획이 필요했던 이유는 역설이게도 성공 가능성이 희박했기 때문이다. 만약 박근혜와 군부가 오판해 일을 벌였다면, 그 결과는 5·16의 재판再版이 아니라 혁명적 상황의 시작이었을 것이라고 보는 편이 더 현실적인 추론이다.

폭로된 기무사 문건을 두고, 통상 2년마다 갱신하는 합동참모본부의 계엄실무편람에 불과하다는 말도 있었고, 두 문서가 다르다는 청와대의 해명도 있었다. 어쨌든, 여기서 확인할 수 있는 사실은 군이 늘상 계엄 실행 작전 계획을 갖고 있으면서 주기적으로 갱신한다는 것이다. 이는 선출되지 않은 군대의 본질이 무엇인지 알려 준다. 즉, 군대는 유사시에는 자본주의적 민주주의를 언제든 중단시킬 잠재적 위험 세력이라는 점 말이다. 그런데 당시 군부는 헌법재판소의 결정과 자신들의 쿠데타 결행 의지를 연동시켜 놓았다. 결국 헌법재판소는 강력한 저항을 달래서 체제 안정을 이루려고 만장일치로 박근혜를 탄핵해 버렸다. 그래서 헌법재판소에서 박근혜 탄핵이 기각될 경우를 상정한 군부의 쿠데타 계획은 감행되지 않았다. 이렇게 실제의 사태 전개를 봐도, 군부 등 반동적 집단의 음모를 막는 힘은 노동계급의 저항에 내재한 혁명적 잠재력에 있음을 알 수 있다. 이처럼 지배계급은 혁명의 현실성을 계산에 넣음으로써 오히려 체제를 지켰고, 운동의 요구를 헌법 내 절차로 수렴함으로써 자본주의적 민주주의 체제의 탄력성을 입증해 대중의 신뢰를 높이는 효과를 얻으려 했다. 이 운동은 매우 정치적이었고, 참가자의 사회적 구성이 압도적으로 노동계급이어서 급진적으로 발전할 잠재력이 있었다. 그러나 운동 안에서 득세한 정치는 갈수록 온건 개혁주의였다. 그래서 급진적 자발성이 두드러지지는 않았다. 그 결과 이 운동은 잠재력을 만개시키지 못하고 범국민적 지지를 받은 반反부패 민주주의 운동으로 마무리되며 노동계급 청년층의 급진성은 충분히 고무되지 못했다.

운동의 잠재력이 충분히 발현되지 못한 데는 여러 정치 세력의 기만적 노력이 기여한 바도 있었다. 뒤늦게 퇴진 운동에 올라타 정권 교체 수준으로 운동의 잠재력을 제한하려 고군분투한 민주당, 자신이 지지하는 민주당 개혁파 정치인에게 도움이 되도록 운동의 효과를 제한하려 한 운동 내 온건파, 그리고 체제 안정과 대중의 염원을 절충해 자신의 정치적 위상을 높이려 한 개혁주의 지도자들. 이들의 노력과 지배계급의 양보는 조응한 반면, 혁명적 세력의 규모는 무척 작아 영향력이 작았다. 그 때문에 운동의 잠재력은 실현되지 못했고, 그 규모에 걸맞은 좌경화 효과를 내지 못했다.(그럼에도 선거 정치 수준에서는 진보화 효과가 있었다. 박근혜가 탄핵된 후 열린 대선에서 정의당 심상정 후보가 진보 정당 최초로 200만 표를 득표했다.)

퇴진 운동의 초기 견인차였던 철도노조 파업을 한사코 끝내려한 것도 운동의 잠재력 실현을 억누른 시도였다. 철도 파업은 당시에 벌어진 공공 부문 파업의 중심이자 선두였다. 촛불 운동이 시작된 뒤로도 한 달 이상 이어진 철도 파업에 대해, 개혁주의 지도자들은 계속해서 중단을 종용했다. 철도노조 조합원들은 투쟁 종료 시도를 수차례 거부하며 투쟁을 끌고 갔다. 아마 지배계급은 박근

혜 탄핵소추안 가결을 더는 미룰 수 없는 상황에서 철도 파업 중
단을 하나의 조건으로 요구했을 가능성이 크다. 노동자들의 투쟁
이 박근혜 탄핵소추안 가결의 주요 동력이었음이 널리 인정되는
데다가 파업이 계속 이어졌다면, 당시 200만 명에 육박한 촛불 집
회의 기세가 더 오르고 파업이 더한층의 힘을 얻으며 상승 효과를
일으켜서 사태가 겉잡을 수 없이 전개될지도 몰랐기 때문이다. 물
론 이는 가능성이 높은 일이 아니었다. 운동의 지도자들이 운동이
급진적으로 도약하는 것을 바라지 않았기 때문이다. 그들은 어떻
게든 그런 사태 전개를 막으려 했을 것이고, 실제로 그렇게 됐다.

지배계급에게는 다행이게도, 민주당과 정의당 지도자들의 개입
으로 철도 파업은 국회에서 탄핵소추안이 가결되기 직전에 종료됐
다. 민주노총은 공언했던 박근혜 퇴진 요구 파업을 취소했다. 탄핵
소추안이 가결된 뒤, 주류 정당과 주류 언론은 정국의 주된 흐름

진보 염원 대중의 자부심이 된 박근혜 정권 퇴진 운동. ⓒ 이미진

을 파업과 거리 시위에서 원내 정당 간 협상과 차기 대선 논의로 옮기려 애썼다. (▶ 더 알아보기: 박근혜 정권 퇴진 운동, 551쪽)

범국민적 지지를 받았던 만큼, 촛불 운동은 그 내부에서 다양한 계급 세력과 정치 세력이 헤게모니 투쟁을 벌이는 장이기도 했다. 결국 2017년 1~2월을 경과하며 민주당으로의 정권 교체 염원이 운동 안에서 득세하게 됐다. 촛불 운동의 온건화는 더 뿌리 깊은 변화를 바란 사람들에게는 모자란 결과를 낳았다. 운동이 충분히 급진적이지 못해서 경제적·정치적 소외(개입하거나 통제하지 못하는 상황)의 뿌리를 건드리지 못했기 때문에, 촛불 운동의 승리를 자신의 승리로 여긴 청년 다수의 의식은 문재인 정부를 촛불 정부로 여기며 문재인 정부가 개혁을 수행해 주리라 기대하는 수준에 머물렀다. 청년들은 여전히 정치적으로 소외돼 있는 것이다. 운동의 급진적 성장을 제약하는 개혁주의에 맞서며 기층 대중에게 정치적 무기를 제공할 역량이 있는 혁명적 좌파를 조직하는 것은 운동에 발전에 기여할 수 있다.

노동계급 청년들은 2019년 조국 법무부 장관 임면 국면에서 여전한 불평등과 위선에 직면해 또다시 소외와 배신을 맛봤다. 이들에게 정치적 희망을 제공하려면 더 급진적인 운동이 필요하다. 그런 운동을 마음만 가지고 만들어 낼 수는 없다. 계기가 쌓여야 하고, 경험이 쌓여야 한다. 그러나 변화를 갈구하는 청년들에게 함께 경험한 사건들을 설명해 줄 수는 있다. 소수는 그 이야기에 귀를 기울일 것이다. 태산 같은 운동도 그렇게 조촐하게 시작하기 마련이다. 기억해야 한다. 개혁주의 지도자들이 2016년 10월까지도 박근혜 퇴진 요구를 공상적이라고 비웃고 반대했음을.

더 알아보기

- 2014년 세월호 참사
- 진보 염원 대중의 자부심이 된 박근혜 정권 퇴진 운동

2014년 세월호 참사

이 글은 세월호 참사 6주기인 2020년 4월에 발표됐다.

오늘날 각국 지배자들이 코로나19 대유행에 대처하는 방식은 너무나 비합리적이다. 생명을 살리려면 마땅히 해야 하고 할 수 있는 조처들이 이윤 논리에 부딪혀 외면당하고 있다. 6년 전 세월호 참사도 사회 전체가 완전히 뒤집어진 우선순위로 돌아가고 있음을 드러낸 사건이었다. 304명이 물 속에 잠겨 가는 모습을 생중계로 지켜보던 사람들은 말로 다 표현 못 할 슬픔과 충격을 느꼈다. 그리고 참사의 구조적 원인이 무엇인지 근본적인 의문을 품었다.

2014년 4월 16일 오전 8시 50분경, 오른쪽으로 살짝 방향을 틀려던 세월호가 갑자기 말을 안 듣고 계속 돌았다. 급선회 때문에 세월호는 기울고 말았다. 세월호가 인양된 뒤 선체를 조사한 선체조사위는 조타기 조작 장치(솔레노이드 밸브)가 오래돼 고장 나 있었다는 사실을 확인했다.

정상적인 배는 아무리 심하게 급선회해도 10도 이상 기울지 않아야 한다. 그러나 세월호는 여객실을 늘리려고 비정상적으로 개조돼 왼쪽이 더 무거웠다. 그래서 금세 20도까지 기울었다. 이후에는 화물의 이동이 결정적이었다. 세월호에는 기준치를 훨씬 넘기는 많은 화물이 대충 고정돼 있었다. 더 많은 이윤을 위해 안전이 밀려났다.

과적의 배경에는 제주 해군기지가 있었다. 한미동맹을 우선해 온 한국 지배자들은 미국의 패권을 돕기 위해 제주 해군기지 건설을 강행하고 있었다. 배가 기울고서 제일 먼저 쓰러져 내린 화물이 제주 해군기지행 철근 묶음이었다. 이 철근은 400톤 이상 실려 단일 화물로는 가장 많았다. 과적의 주요인이었던 것이다.

사실 제주 해군기지는 세월호의 탄생부터 매우 긴밀한 관련이 있었다. 청해진해운은 이명박 정권이 제주 해군기지 건설에 착수하는 것을 보며 그 물동량을 노리고 서둘러 세월호를 중고로 구입했다. 화물칸을 늘리려고 불법 증개축을 했다. 뇌물을 뿌린 덕분에 위험천만한 배가 운항을 할 수 있었다. 이후 세월호는 제주 해군기지 건설 재료 운송에서 주된 구실을 했다. 이런 연관성을 고려하면, 국정원이 세월호를 실소유주처럼 깊숙이 관리한 일, 침몰 직후 청해진해운 물류팀 직원과 국정원 직원이 수차례 통화한 일 등이 왜 벌어졌는지 짐작할 수 있다.

이처럼, 세월호 참사의 배경에는 이윤 우선주의와 제주 해군기지 건설이라는 친제국주의 정책이 있었다.

구조 방기

한편, 세월호 참사는 대중 안전에 관한 국가의 무관심·무책임·무능을 적나라하게 드러냈다. 2012년 이명박 정권은 "해양 사고가 연간 계속 발생하는 것이 아니"라는 이유로 구조·구난의 많은 부분을 민간에 맡겼다. 뒤이어 박근혜 정부는 집권 첫해에만 규제를 600개 넘게 없앴다. 결국 예산 부족 때문에 인명 구조, 수난 구호 명령, 선박 좌초·전복 대처를 담당하던 지방 해양경찰청 수색

제주 해군기지 건설을 위해
세월호 화물칸에 과적된 철근.
© 정성욱, 4.16가족협의회

구조계가 없어졌다. 이것은 참사 당일 구조 무능에 영향을 끼쳤다. 7000톤짜리 배가 침몰했는데 출동한 해경 선박은 100톤짜리 목포해경 경비정 123정 한 척이었다. 게다가 123정 대원 10명은 물에 빠져 있는 사람에게 구명볼을 던져 주는 훈련만 해 왔다. 그마저도 2014년 2월 정기 인사로 직원이 바뀐 뒤에는 훈련이 없었다. 구조 방기로 유일하게 처벌받은 김경일 정장도 이때 부임한 직원 중 한 명이었다.

말단 공무원들이 현장에서 허둥대는 사이, 관료들은 오직 책임을 회피하는 데 급급했다. 초기 대응에 실패하면서, 차라리 아무 일도 안 하는 것이 낫겠다고 생각했을지 모른다.

반면에 국가는 유가족 탄압과 감시에서는 일사불란했다. 박근혜 정권과 경찰·국정원 등 국가기구들은 사람들의 기억 속에서 세월호를 지우려고 진상 규명 노력을 악랄하게 방해했다. 진상 규명과 책임자 처벌을 요구하는 운동을 강하게 탄압했다. 우파 정치인들은 거리로 나온 유가족을 돈벌레나 세금 도둑으로 모욕했다(막말은 지금도 계속되고 있다). 국가는 책임자 처벌 시도도 가로막았다. 그 칼끝이 박근혜와 고위 관료들을 향할 것이 뻔했고, 앞으로도 반복될 안전사고를 처리하는 데 선례로 남아 국가 관료와 기업주들을 불편하게 할 것이었기 때문이다.

결국 이런 악행은 박근혜 정권 퇴진 운동이라는 부메랑으로 돌아왔다. 박근혜는 쫓겨나 구속됐고, 그제야 세월호는 드디어 뭍으로 올라올 수 있었다. 그러나 아직 세월호 참사의 책임을 지고 제대로 된 법적 처벌을 받은 권력자가 없다. 세월호 참사의 정의로운 해결을 위한 과제는 여전히 남아 있다.

기업에 안전 규제를 강제하고 대중 안전, 공공 의료, 방역 체계에 투자할 책임과 능력은 국가에 있다. 그러나 동시에 자본주의에서 국가는 자본과 공생 관계를 맺고 있다. 이 때문에 경제공황, 참사, 자연재해, 감염병 유행 등 위기의 순간에 국가는 자본가들의 사정부터 걱정한다. 그리고 대중이 이런 국가의 우선순위에 항의하지 못하도록 기존 질서를 억압적으로 유지하려고 한다.

양상은 조금씩 다를지언정, 선진국 국가든 후진국 국가든 이런 압력을 근본에서 피해갈 수 없다. 코로나19 대유행 대처에서 선진국들이 보이는 무능도 이와 연관 있다. 그래서 세월호 참사와 코로나19 대유행은 모두 자본주의의 문제고 그 때문에 계급적 문제다.

우리는 자본주의가 인류가 이룩한 최선의 체제라고 교육받았다. 하지만 지금 두 눈으로 보는 현실은 그런 가르침을 산산조각 내고 있다. 오히려 반복되는 참사를 끝내려면 소수의 이익을 위해 다수의 안전이 희생되는 자본주의 체제에 도전해야 한다. 세월호 참사를 기억하며 '돈보다 생명'인 사회를 바라는 사람들이 반자본주의적 관점으로 나아가야 하는 이유다.

문재인 정부의 세월호 약속 배신과 반복되는 참사

세월호 참사 6주기 하루 전에 치러진 21대 총선에서 세월호 적폐이자 유가족 모욕에 앞장서 온 우파 정치인들이 대거 낙선했다. 특히 자신을 포함한 세월호 참사 책임자 처벌을 번번이 가로막아 온 황교안, 유가족을 비방하고도 뻔뻔하게 선거를 완주한 차명진, 가장 악질로 꼽히는 김진태, 민경욱, 조원진, 심재철 등이 떨어졌다. 이처럼 여전히 많은 사람들은 세월호 참사의 고통을 어제 일처럼 기억하고, 처벌받지 않은 책임자들에 분노한다.

그러나 이런 현실은 문재인 정부 3년간 세월호 적폐 해결이라는 약속이 지켜지지 않았음도 보여 준다. 문재인 대통령은 박근혜와 달리 온화한 말투를 쓰며 유가족을 위로했지만, 실제로 유가족이 바란 약속들은 제대로 이행하지 않았다.

예를 들어, 유가족이 진상 규명을 위해 요구한 '사회적 참사의 진상 규명 및 안전사회 건설 등을 위한 특별법'(일명 2기 특조위법)이 2017년 12월 제정됐지만, 박근혜 정권 때 제정된 '4·16 세월호 참사 진상 규명 및 안전사회 건설 등을 위한 특별법'과 마찬가지로 강제력 없는 누더기 법이 됐다. 세월호 5주기를 기점으로 24만 명이나 서명한 세월호 재수사 청와대 청원은 단칼에 거부당했다. 이후 검찰이 돌연 특별수사단을 설치하고 해경 책임자 11명을 기소했지만, 공소장에는 새롭게 밝혀진 사실이 없다.

책임자 처벌은 어떤가? 핵심 책임자 중 한 명인 황교안은 기소한 번 되지 않았다. 고명석·여인태 등 참사 책임자들이 해경 고위직으로 승진했고, 참사 초기 부실하고 부정의하게 수사한 세월호적폐 검사들이 정부 최고 요직에 앉았다.

문재인 대통령은 세월호 참사 6주기 위로문을 발표해, "코로나19에 대응하는 우리의 자세와 대책 속에는 세월호의 교훈이 담겨 있습니다" 하고 말했다. 그러나 '돈보다 생명'이라는 핵심 정신은 여전히 외면당하고 있다. 규제 완화와 공공투자 삭감 문제도 그대로 남아 있다.

그래서 해상 사고도 계속 일어나, 2017년 12월 인천 영흥도에서 낚싯배 침몰 사고로 15명이 사망했다. 2017년 12월 제천 스포츠센터 화재 사고, 2018년 1월 밀양 요양병원 화재 사고 등 대형 화재 사고도 거듭 일어났다. 이 글을 쓰는 시점까지 220명 넘게 사망한 코로나19 대유행 사태도 이런 문제의 일부다. 메르스 사태 이후 감염병에 대처하기 위한 공공 의료 확충은 그다지 이뤄지지 않았다. 문재인 정부와 민주당도 국가 운영에서는 박근혜 정부와 똑같은 우선순위를 공유하고 있기 때문이다. 즉, 경제 위기하에서 기업주들의 돈벌이부터 지켜야 한다는 것 말이다.

민주당은 (지배계급의 두 번째 선호 정당이기는 하지만) 미래통합당과 마찬가지로 자본가계급에 주된 기반을 둔 노골적 친자본주의 정당이다. 심각한 경제 위기는 그런 성격을 더 노골적이게 만든다.

2020년 총선에서 민주당과 그 위성 정당은 의석을 절반 이상 차지했지만, 그 '승리'는 막말에나 의존하는 반동적인 인사들에 대한 반사이익 덕분이 컸다. 민주당이 의석을 압도적으로 차지한 만큼 이제 문재인 정부가 세월호 약속을 배신할 명분은 더더욱 없어졌다. 그러나 오히려 문재인 정부는 선거 승리를 동력으로 기존에 추진하던 친기업적 정책들에 가속도를 붙일 가능성이 크다.

출처: 〈노동자 연대〉 319호(2020-04-16).

진보 염원 대중의 자부심이 된 박근혜 정권 퇴진 운동

이 글은 박근혜 정권 퇴진 운동이 2년을 맞이한 2018년에 발표됐다.

2016년 10월 29일 오후, 서울 청계광장은 발 디딜 틈이 없을 정도로 인파로 가득했다. 박근혜 퇴진을 공식적으로 내건 1차 촛불집회에 3만 명이 모였다. 이 대회를 주최한 민중총궐기투쟁본부의 예상을 훌쩍 뛰어넘는 규모였다.

장장 다섯 달 동안 벌어진 박근혜 정권 퇴진 시위에 연인원 1700만 명이 참가했고 가장 많을 때는 230만 명에 달했다. 1987년 6월항쟁 이후 최대 규모의 시위가 몇 번이고 서울 도심에서 열렸고 반정부 시위대가 청와대 코앞까지 행진했다.

'최순실 게이트'의 실상이 본격적으로 폭로된 지 며칠 만에 수만 명이 거리로 나섰고, 처음부터 퇴진을 요구했다. 이는 이 운동이 박근혜 일당의 정치적 부패에 항의하는 민주주의 투쟁이었지만, 그 이면에는 경제적 불평등, 세월호 참사, 노동 개악, 한일 위안부 합의, 사드 배치 등 우파 정권 9년에 걸쳐 쌓인 광범한 불만과 분노가 있었음을 뜻한다.

서슬 퍼렇던 박근혜는 이 위대한 운동으로 대통령직에서 쫓겨나 감옥에 갇힌 신세가 됐고, 이 정권의 "부역자"들과 이재용 등 재벌 총수들이 법정에 서야 했다. 이 투쟁의 강력한 여파는 이명박에 대한 구속과 수사로까지 이어졌다. 무소불위로 여겨지던 권력자들이 촛불에 떠밀려 고개를 숙이고 곤욕을 치르는 모습에 운동 참가자들은 그간 억눌린 울분을 토해 냈고, 싸우면 바꿀 수 있다는 자신감을 얻었다. 이런 정서는 문재인 정부 집권 이후 계속된 노동자 투쟁과 새롭게 등장한 여성운동의 부상에서도 드러나는 듯하다.

박근혜는 경제 위기 고통 전가를 사명으로 삼고 지배자들의 전폭적 지지 속에 집권했지만, 바로 그 문제 때문에 정치적 위기를 겪었다. 장기 불황 속 지배자들의 고통 전가 시도가 이어지면서 박근혜를 향한 불만도 깊어졌다. 이런 물밑 정서는 2016년 총선에서 집권당의 패배로 드러났다. 정권 재창출이 어려울 수 있다는 불안감과 한진해운 퇴출로 말미암은 지배계급 내 일부의 불만 등이 겹치면서 지배자들 내부에서 분열이 가속됐다. 이 과정에서 부패와 비리의 구체적 양상과 실체가 본격적으로 폭로되기 시작했다. 우병우와 '문고리 3인방'에 대한 폭로가 시작됐고, 〈조선일보〉까지 가세했다.

박근혜 정권에 금 가게 한 돌파구는 우파 정부의 공격에 저항한 노동자 투쟁이 냈다. 이것은 분명 박근혜 당선 직후 일부 사람들이 사기 저하를 겪던 것과는 달라진 점이었다. 2013년 말 비록 패배했지만 철도 파업이 박근혜에 맞설 수 있음을 입증했다. 2015년 박근혜의 노동 개악에 맞선 저항은 충분하지는 않았지만 박근혜의 개악 시도를 일부 저지하거나 지연시키는 효과를 냈다. 2016년 쟁의행위로 인한 근로손실일수가 그 전해보다 4배나 늘어나(190만 9788일) 1998년 이후 최대치를 기록했다. 조선업 구조조정 반대 투쟁, 공공 부문 성과연봉제 반대 파업, 갑을오토텍 공장점거 파업,

기아차와 GM대우 비정규직 노동자 투쟁 등이 벌어졌다. 이런 상황이 2016년 총선 결과에 반영된 것이다.

퇴진 운동은 이렇듯 노동자 투쟁이 쌓아 온 밑거름 위에서 터져 나왔다(저항의 또 다른 축은 세월호 참사 항의 운동이었다). 퇴진 운동의 사회적 구성에서 노동계급이 큰 비중을 차지했다. 퇴진 운동의 규모가 비약적으로 성장한 것도 11월 12일 전국노동자대회가 결정적 구실을 했다. 파업 중이던 철도 노동자들을 비롯해 투쟁하는 노동자들이 연단에 오를 때마다 뜨거운 박수가 터져 나왔다.

일부 자유주의 언론은 퇴진 운동이 논쟁 없이 자연스러운 합의 속에서 물 흘러가듯 벌어진 듯이 평가했다. 그러나 운동의 방향을 둘러싸고 날마다 치열한 논쟁이 벌어졌다. '박근혜 정권 퇴진 비상 국민행동(약칭 퇴진행동)'에서 공동상황실장으로 활동한 최영준 씨

노동자 투쟁이 박근혜 퇴진 운동의 밑거름 구실을 했다. 2016년 11월 12일 전국노동자대회.
ⓒ 조승진

는 다음과 같이 돌아본다. "[운동 동참 세력의] 다양성은 운동의 강력함의 원천이었다. 그러나 다른 한편으로는 운동이 어디로 나아갈지, 그에 따른 구체적 전술은 무엇이어야 할지 등을 둘러싼 논쟁이 불가피한 이유이기도 했다." 특히 주류 야당과의 관계는 운동 내 가장 뜨거운 쟁점이었다. "'노동자연대' 등 좌파는 퇴진행동이 주류 야당과 독립적으로 운동을 건설해야 함을 강조했다. 퇴진행동 안에서 날카로운 논쟁이 벌어졌다"(최영준, "좌파적 시각에서 본 박근혜 퇴진 운동의 주요 쟁점과 교훈",《마르크스21》26호).

자본주의 국가 질서 속에서의 변화를 꾀하는 NGO들과 온건 개혁주의자들은 나중에서야 운동에 뛰어들고는 어떻게든 운동이 국회 탄핵과 조기 대선이라는 헌정 절차로 수렴되게 하려고 애썼다(NGO 지도자들은 박원순 서울시장이 정치적 수혜를 입기를 바랐지만 박원순 시장은 운동 초기에 어정쩡한 입장을 유지해 기회를 잃었다). 국회의 탄핵소추안 가결 후에는 집회도 멈추려 했다. 그러나 올해 기무사 문건이 폭로된 것에서 보듯이, 만일 그때 촛불 집회를 중단했다면 일부 우익들이 (오판해) 행동에 나섰을지도 모른다.

운동 내 온건한 지도자들은 어떤 실천적 입증도 없이 마치 자신들이 다수 여론을 대표한다는 듯이 행동했다. "광장의 민심", "광장 민주주의" 운운하며 한상균 당시 민주노총 위원장 석방 촉구 발언을 연단에 올리는 것을 제약하려 하기도 했다. 하지만 정작 광장의 민심은 그렇지 않았다. 당시 여론조사에서 62퍼센트가 즉각 퇴진을 지지한 반면에 탄핵 절차로 가야 한다는 응답은 14퍼센트였다(서울대 사회발전연구소). 그래서 이 운동을 발의하고 투쟁적 여론을 대변한 좌파 진영이 운동 초기에 주동성을 발휘할 수 있었다.

민주당은 한참 지난 뒤에야 박근혜 퇴진을 지지했다. 박근혜 2선 후퇴와 거국 중립 내각 구성을 요구하다가 첫 시위가 벌어진 지 보름이나 지나서야 박근혜 퇴진을 언급한 것이다. 12월 3일 230만 명 시위가 있고 나서야 민주당은 탄핵을 반드시 가결시키겠다고 했는데, 그조차 철도 파업 종료를 전제로 그랬다. 이것은 자유주의자들이 탄핵 가결 이후 노동운동이 강화돼 만에 하나라도 정세를 주도하는 일이 벌어지는 것을 원치 않았음을 드러낸 일이다(그러나 노동자들의 저항이 강해 세 번이나 시도하고서야 파업 종료를 관철할 수 있었다).

이 시점까지 아래로부터의 퇴진 운동에 주도권을 빼앗겼던 민주당은 탄핵안 통과라는 의회 절차로 옮겨 가면서 정치적 주도권을 쥐게 됐다. 개혁주의자들은 민주당이 수용할 만한 수준으로 운동의 요구를 낮춰 국회 개혁 입법 과제 정도로 제한하려 했고, 좌파를 견제했다. 탄핵안 가결 이후 개혁주의자들은 "적폐 청산"을 국회 개혁 입법 연대나 대선 야권 연대를 위한 고리 정도로만 여겼다.

퇴진 운동은 분명 통쾌하게 승리했지만, 계급투쟁으로 심화할 잠재력이 충분히 발휘되지는 못했다는 아쉬움도 있다. 운동 초기에 좌파들과 노동운동의 구실은 빛났다. 이것은 퇴진 운동과 종종 비교되는 2008년 촛불 운동과의 결정적 차이였다. 2008년 촛불 운동은 우파 정부의 집권에 대한 진보·좌파 진영 내 광범한 낙담 속에서 예상치 못하게 터져 나온 것이었다. 당시 민주노총 지도부는 조직 노동자들이 계급을 앞세우지 말고 광장 속으로 스며들어야 한다고 주장했고 실질적 노동자 파업을 조직하지 않았다. 이는 촛불 운동에도 도움이 되지 않았다. 당시 운동은 100만 시위를 조직하고 100일 넘게 싸웠지만 결정적 승리를 거머쥐지 못한 채 이명박 정권의 반격을 맞이했다. 이 여파 속에 노동운동도 상당 기간 어려움을 겪어야 했다.

반면에 박근혜 정권 퇴진 운동에서 자신감을 얻은 노동자들은 문재인 정부하에서도 지속적으로 투쟁에 나서고 있다. 공공 부문 비정규직, 청소 노동자, 마트 노동자, 조선 노동자 등은 불만을 드러내고 싸움으로써 문재인 정부의 말뿐인 개혁의 실체를 훤히 드러냈다.

퇴진 운동 초기에 발휘된 노동운동의 주도력은 끝까지 유지되지 못했다. 민주노총 지도자들은 갈수록 노동계급 고유의 힘을 발휘하려 하지 않았다. 노동자들이 퇴진 운동에 한껏 고무되는 상황을 이용해 노동계급 자신의 요구를 내걸고 투쟁했더라면 큰 지지 속에 성과를 거두고, 퇴진 운동도 강화할 가능성이 컸을 것이다. 2016년 11월 30일에 벌인 파업은 정치적 상징성은 분명히 있었으나 실질적이지 못했고, 이후에는 아예 그런 시도조차 없었다. 민주노총 지도부는 '탄핵 부결 시 파업'이라는 사태 추수적 계획만 내놓았을 뿐이다.

운동이 더한층 도약하려면 혁명적 정치와 조직의 구실이 중요했다. 혁명적 좌파가 민중총궐기투쟁본부에 퇴진 집회를 최초 발의한 일이나 철도 파업 종료를 두 차례 부결시키는 데 기여한 일이 그런 사례다. 그러나 개혁주의와 자유주의 세력의 견제를 뛰어넘기에는 아직 세력이 역부족이었다.

문재인 대통령은 최근 프랑스에 가서도 "촛불 정부" 운운했지만 경기 침체 속에서 우향우하며 친기업 정책을 펴고 있다. 한편으로 문재인 대통령은 사회적 대화를 이용해 투쟁을 억제하고, 노동운동에 온건화 압박을 가하고 있다. 그러나 문재인 정부의 경제사회노동위원회 참가안을 다루려던 민주노총 정책대의원대회가 참가자 부족으로 무산된 것은 "노동자들이 정부에 화났음을 반영한다."

여전한 변화 염원을 실현하는 데서 가장 확실한 수단은 문재인 정부와의 협력이 아니다. 노동자들 스스로가 투쟁에 나서는 것이다. 아울러 그 점을 이해하고 실질화하려는 혁명적 좌파가 굳건히 성장해야 한다

출처: 〈노동자 연대〉 264호(2018-10-25).

13장

–

문재인 정부의 등장과

중간 평가

함께 토론할 쟁점

- 착취와 차별에 맞서는 운동은 민주당 정부를 어떤 태도로 대해야 할까?

- 우파의 재집권을 막으려면 민주당 정부와 협력할 수밖에 없을까?

- 문재인 정부의 계급적 성격은 무엇일까?

- 문재인 정부의 개혁 약속, 왜 실패하는 것일까?

- 노무현 정부 말기, 정부 지지율 폭락과 함께 진보 진영도 무너졌는데, 이 경험을 되풀이하지 않으려면 무엇이 필요할까?

문재인 정부 3년 차인 2019년 하반기 정국에서 문재인 정부 첫해의 정치적 풍경이 쉽게 떠오르는 사람이 몇이나 될지 잘 모르겠다. 집권 첫해에 문재인 대통령은 재킷을 자기 손으로 벗어도 열광과 환호가 뒤따를 정도로 인기가 높았다. 재벌 총수를 (그리고 지방선거 직전엔 이명박을) 구속하며 힘도 충만해 보였다. 그러나 2019년 말 문재인 정부와 민주당은 조국 법무부 장관 임면 국면에서 자유한국당(미래통합당의 전신, 약칭 한국당)에게 밀리는 등 정치적 위기를 겪었다. 사실 조국을 법무부 장관에 임명해 검찰을 단속하려 한 것 자체가 정치적 위기에 대한 대응이었다. 사뭇 달라진 풍경 속에서 사회적 세력균형이 박근혜 정권 퇴진 운동 이전으로 후퇴했다는 공포심과 위기감이 일각에 일었다. 정의당, 민중당(진보당 전신), 민주노총 등 진보 진영의 대표 3조직은 그런 위기감을 부추기며 민주당과 한국당 사이의 진영논리 안으로 노동운동을 욱여넣으려고 했다. 문재인 정부의 임기가 절반을 넘기는 시점에 정말로 사회적 세력균형이 바뀌고 있는 것일까?

　문재인 정부 임기 초반 공식정치를 특정지은 풍경은 다음과 같이 요약할 수 있을 듯하다. 80퍼센트에 육박하는 대통령 지지율, 예상보다 오래 지속된 재계와 언론의 협조적 태도, 우파 세력의 분열과 약화 등. 이런 요인들 덕분에 공식정치 지형에서 청와대가 의회나 행정부보다 강력한 우위를 누렸다. 문재인 대통령은 임기 초에 행정부 부처들에 적폐 청산 태스크포스를 만들었다.

이런 정치 지형이 펼쳐지는 데서 압도적으로 큰 영향을 끼친 요인은 연인원 1700만 명이 참가한 박근혜 정권 퇴진 운동의 승리다. 운동 승리의 결과로 박근혜가 중도 퇴진했고, 박근혜 일당과 연루된 정계·재계 인사들이 고강도 수사(재판)·처벌을 받았다. 운동의 승리로 사회적(계급 간) 세력균형이 노동계급에게 유리하게 기울었다. 반면, 국회는 박근혜 정권 퇴진 운동 이전에 치러진 총선으로 구성됐기에, 그런 세력균형의 변화가 의석 분포에 반영되지 않았다. 그래서 문재인 정부 초기부터 국회는 대중의 불신을 받는 대상이었다(박근혜 정권 퇴진 운동의 여파가 반영된 2018년 6월 지방선거에서 한국당 등 우파가 대패한 결과와 비교해 보라).

처음부터 좌우 사이 줄타기

한국 지배계급은 자신들이 똘똘 뭉쳐 지지해 세운 박근혜 정부가 대중투쟁으로 무너지자 일시적으로 자신감을 잃고 분열했다. 박근혜는 대중의 반감만 샀을 뿐, 절체절명의 과제인 노동 개악도 구조조정도 대외 전략상 문제도 제대로 해결하지 못했다. 오히려 박근혜 정부와의 유착 때문에 삼성과 롯데 등 재벌까지 대중의 비난을 받고 수사·처벌 대상이 됐다. 박근혜와 그 일당은 한국 자본주의가 직면한 어려움을 해결하는 데는 실패하고 오히려 저항에 불만 지폈다.

그래서 지배자들은 그 위기에서 벗어나려 했고, 정치적 안정을 되찾은 후 개악을 다시 밀어붙일 구원 투수로 문재인 정부를 선택했다. 민주당이 아슬아슬하게 촛불 운동에 올라타는 데 성공한 덕분이었다. 민주당은 2016~2017년 촛불 운동 초기에는 박근혜 퇴진에 반대하면서 지배계급에게 신뢰감을 주려고 노력했었다. 노동계급 대중을 달래서 저항을 억제하고, 박근혜가 못 이룬 친기업·반노동 개악과 구조조정과 대외 정책 관리를 효과적으로 수행하려면, 진보 염원 대중(특히 노동운동 상층 지도자들을 매개로)에게서 어느 정도 지지받는 정부가 필요했다. 이것이 (지배계급과 문재인 대통령이 상호 동의한) 문재인 정부의 임무였다.

집권 초에 문재인 정부가 누린 높은 지지는 민주당의 좌우 양쪽에서 온 것이었다. 그 덕분에 문재인 대통령은 대선에서 역대 최대 차이로 우파 후보 홍준표를 이기고 매우 높은 지지율(80퍼센트)로 임기를 시작할 수 있었다. 문재인 정부가 받은 지지는 그 성격이 어떻든, 어떤 이데올로기로 표현됐든, 서로 다른 계급적 이해관계에서 비롯한 서로 다른 방향의 지지이자 압력이었다.

중도파인 문재인 정부가 공식정치에서 좌우를 주변화시키며 주도권을 쥔 듯이 보였지만, 이처럼 실상은 달랐다. (한국당을 밀어내고) "대한민국 중심 정당"(기축 정당)이 되겠다는 문재인 대통령과 민주당의 원대한 꿈은 대하소설이 되기엔 동력이 취약해 단막극으로 끝날 운명이었던 것이다. 임기 초 문재인 대통령은 좌우를 모두 제어하는 듯 보였지만, 본질적으로 그가 필사적으로 한 일은 둘 사이에서 외줄을 타는 것이었다. 그러면서 기업주들을 편들고 그들에게 유리한 일을 했다.(물론 강성 우파는 문재인 정부를 지지하기를 일관되게 거부했다. 강성 우파는 촛불 운동에 양보하는 것이 노

문재인 정부는 지킨 약속이 없다. 운동은 문재인 정부와 민주당에게서 정치적으로 독립적이어야 한다. ⓒ 조승진

동계급의 자신감을 높일까 봐 두려워한 것이다. 그들이 문재인 대통령을 좌파라고 지칭하는 것은 그들의 극단성을 보여 주는 일인 한편, 본질적으로는 좌파에게 틈을 주지 말라는 경고다.)

문재인 정부가 계속 승승장구하려면 핵심적으로 노동계 지도자들을 사회적 대화로 끌어들여 이런저런 개악 조처를 받아들이게 만들고, 그들로 하여금 노동 대중을 설득하도록 해야 했다. 이것이야말로 자본가계급에게 문재인 정부의 유용성을 입증하는 방법이고, 각종 개악에 대한 기층의 불만이 문재인 정부로 직접 향하지 않도록 하는 방파제를 마련하는 방편이었다. 이런 면에서 2019년 초에 문재인 정부의 지지율이 하락하고 정치적 위기가 본격화하는 시점과 민주노총 대의원대회에서 사회적 대화 기구인 경제사회노동위원회(이하 경사노위) 참여 안건이 기층의 반감 때문에 부결되

2019년 1월 28일, 경사노위 불참에 찬성표를 던지는 민주노총 대의원들. ⓒ 이미진

는 일이 겹친 것은 대단히 시사적이었다.

문재인 정부 초기의 사태가 이렇게 전개된 이유는 정권 교체를 가능케 한 사회적 세력균형의 변동, 더 구체적으로는 왼쪽으로의 세력균형 이동이 바로 대중 자신의 행동으로 일어난 일이었기 때문이다. 박근혜 정권 퇴진 운동을 전후로, 공식정치 바깥에서 노동계급 대중의 의식과 조직이 성장했다. 2020년 지금도 이 추세는 계속되고 있다. 박근혜 정권 퇴진 운동의 발생 자체가 조직 노동계급 안에서 진보 염원 정서와 자신감이 커진 것의 영향을 받은 일이었다. 그에 앞서 실시된 2016년 5월 총선 결과도 노동계급 안에서 개혁 염원과 사기가 올라간 결과였다. 민주노총의 조직 확대 추세도 박근혜 정권 퇴진 운동이 벌어지기 전인 2016년부터 시작됐다.

그러나 그 정서와 의식은 혁명적이지는 않았다. 그러므로 박근혜 정권 퇴진 운동 와중과 탄핵이라는 승리를 거둔 뒤에 개혁주의가 성장한 것은 자연스러운 일이었다. 2017년 5월 대선에서는 민주당에게 표 몰아주기 정서가 있었는데도 '노동이 당당한 나라'를 내걸고 민주노총의 공식 지지를 받은 정의당 심상정 후보가 한국 진보정당의 대선 도전 최초로 200만 표를 얻었다(이전까지는 2002년 민주노동당 권영길 후보가 얻은 약 97만 표가 최고 성적이었다). 무엇보다 2017년 이후 양대 노총 모두(그러나 민주노총이 더 두드러지게) 조직률이 올라서 한국의 노조 조직률은 수년 만에 10퍼센트를 넘어섰다. 전체 노동계급 규모가 계속 늘어서 조직 규모가 늘어나도 노조 조직률은 저하해 왔는데, 이제는 조직률까지 오르기 시작한 것이다. 민주노총 조합원은 2016~2018년 3년 동안 25만 명 늘어 100만 명을 넘어섰다. 정의당·민중당도 당원이 늘었다. 정의당은 2017년 여름 이후 2년 동안 당비 내는 당원이 1만 명 늘었다(그보다는 못해도 민중당도 당원이 늘었다). 정의당은 2018년 6월 지방선거에서 광역의원 비례투표와 기초의원 배출 면에서 전보다 더 나은 성적을 거뒀다.

문재인 임기 3년 차인 2019년은 집권 초기와는 그림이 사뭇 달랐다. 임기를 딱 절반 지난 상태에서 문재인 지지율은 반토막이 났다. 이는 임기 내 최저치였고 그 뒤 거의 1년 가까이 완만하게 하락하는 추세였다. 대통령 국정 수행에 대한 긍정 평가가 낮아졌을 뿐 아니라, 부정 평가도 50퍼센트를 넘어섰다. 이는 문재인 정부를 지지하지 않는 정도가 아니라 적극적 반대의 감정을 품기 시작한 사람이 절반을 넘어섰다는 뜻이다. 이는 우파 야당에게 청신호로 여겨졌다. 한국당은 2019년 10월 초 친여권 지지자들의 조국 수호 집회에 대항해 맞불 집회를 (친여권 집회보다 더 크게) 수십만 명

규모로 개최하면서 힘을 얻었다. 2019년 1년 동안 한국당 지지율은 오르다가 역풍을 맞아 떨어지기를 반복하는 우여곡절을 겪으면서도, 느리고 완만하게 회복되는 추세를 보였다. 한국당 지지율의 추세가 보인 두 특징 모두에 주목해야 한다.

경제·안보 위기의 심화와 정부의 달라진 처지

2019년 들어 문재인 정부가 겪은 정치적 위기의 배경에 경제 침체와 지정학적 불안정 심화 문제가 놓여 있다는 것은 누구나 알 수 있다. 그런데 문재인 정부의 임기 초에는 이 문제가 없었을까? 그렇지 않다. 그때도 문제는 심각했다. 사실 박근혜가 지배계급의 신임을 빨리 잃은 것도 바로 그 문제들에 흡족하게 대처하지 못했기 때문이다.

박근혜가 추락한 것은 박근혜가 지배계급의 기대에 잘 부응하지 못했기 때문이다. 박근혜는 위기에 대처하려고 집권 4년 차에 노동 개악과 기업 구조조정을 개시하자마자 레임덕의 늪으로 빠져 들어갔다. 그 뒤에 등장한 문재인 정부도 이 경제·안보 위기를 한국 지배자들에게 유리하게 해결하는 것을 핵심 과제로 삼았다.

그러나 문재인 정부도 마찬가지로 임기 절반이 지나도록 잘 대처하고 있다고 보기 힘들다. 한국 경제의 핵심 분야인 반도체 등은 미·중 간, 한·일 간 무역 갈등 등에 얽혀 있다. 미국 시장에서 LG와 기술 소송전을 벌인 SK 회장 최태원은 2019년 9월 말에 다음과 같이 토로했다. "회장으로 일한 20년 동안에 이런 종류의 지정학적 위기는 처음[이다.] ··· 지정학적 리스크는 30년은 갈 것[이다.]" LG 회장 구광모도 "지금까지와는 다른 위기"라고 했다.

이처럼 경제·안보 위기는 해소되기는커녕 문재인 정부 임기 2년 반 동안 좀 더 무르익었다고 볼 수 있다. 이에 따른 공식정치의 불안정은 계속될 것이다. 위기는 심화하는데 민주당이든 미래통합당이든 누구도 해답을 내놓지 못하기 때문에 공식정치의 양상은 더 지저분할 것이다.

암울한 경제 전망

우선 경제지표가 갈수록 악화한다. 세계시장의 교역이 감소하고 특히 중국 제조업이 위축한 것이 한국·독일 등 주요 수출국 경제에 영향을 미쳤다. 보호무역주의의 근린궁핍화* 정책이 여러 나라에 타격을 준다. 이는 2019년 여러 신흥국에서 저항과 정치 불안정이 일어난 배경이기도 하다.

한국은 중국 경제의 침체 조짐에 타격을 입고 있었다. 2019년 말에 OECD는 한국 경제성장률 전망치를 2.4퍼센트에서 2.0퍼센트로 낮췄다. 한국은행도 기준 금리를 역대 최저치로 낮췄다. 이 때문에 자본가들도 마음이 급해졌다. 재계는 문재인 정부의 기업 우대 정책에도 만족하지 못한다. 기업주들이 문재인 정부 임기 초에 저자세를 보이며 정부에 협조하겠다는 모양새를 꾸며 내던 때와 지금은 많이 달라졌다. 경제 위기 국면에서는 임금 비용을 절감하거나 억제해야 한다. 이는 기업 투자의 전제 조건이기도 하다. 이

---

* 근린궁핍화 이웃을 가난하게 한다는 뜻. 경제 위기의 피해를 서로 다른 나라들에게 떠넘기려는 것을 말한다.

를 위해서 자본가계급이 문재인 정부에게 기대한 일이 사회적 대화 방식으로 노동계급이 개악을 수용하도록 하는 것이었다. 이는 부분적으로만 성공하고(광주형·군산형 일자리 정책 시행 등) 국가적으로는 실패하고(경사노위의 좌절 등) 있어 재계는 크게 불만스러울 것이다. 그렇다고 해서 정부가 일방적으로 화끈하게 밀어붙이는 것도 아니고 말이다.

한국 자본가계급은 문재인 정부가 말장난과 줄타기와 여야 권력 투쟁을 줄이고(이 과정에서 포퓰리즘적 미사여구가 동원되니까) 친기업·반노동 기조를 더 일관되게 하기를 바란다. 재계 지도자들이 문재인 정부를 향해 "경제는 버려진 자식"(상공회의소 회장 박용만)이니 "경제가 이념에 발목 잡힌 상황"(경총 회장 손경식)이니 불평한 이유일 것이다. 2019년 말 상공회의소는 탄력근로제 확대 등 노동 개악, 데이터 3법 등 규제 완화를 포함해 22개 개악 리스트를 국회에 공개적으로 보냈다. 한국경영자총협회(경총)은 줄곧 파업권을 제약하는 노조법 개악을 요구해 왔다.

문재인 정부는 자본가들이 투자하기를 간절하게 요청한다. 그러나 문재인 정부가 기업 친화성을 강조할수록 미래통합당과 우파의 기는 살고, 중도파 정부의 입지는 약해질 것이다. 문재인 정부는 주로 개혁주의 지도자들이 저항을 자제하는 것에 의존해서 버티는 형국이다. 여기에 더해 2020년 초에 터진 코로나19 대유행과 함께 세계경제가 큰 타격을 입고 있다.

갈수록 심각해지는 지정학적 불안정

경제 위기와 지정학적 불안정은 서로 연결돼 있다. 한국은 더욱 그렇다. 지금 미국·일본과 중국이 경제적(보호무역주의적)·군사적 갈등과 경쟁을 벌이고 있다. 한국은 고래 싸움에 새우 등 터지는 격이다. 그러나 한국도 그 경쟁의 일부다(비록 다른 국가보다는 부차적이지만).

한국 자본주의는 지난 70년간 지정학적 동맹인 미국·일본과 긴밀하게 연관을 맺고 통합을 이루며 성장해 왔다. 그래서 역대 모든 정부가 한미동맹을 추구하며 미국에 협조했다. 그러나 1990년대 이후, 특히 2000년대 이후에는 중국 경제와도 본격적으로 긴밀해졌다. 지금 한국의 교역에서 차지하는 비중은 단일 국가 기준으로 중국이 가장 높다. 그래서 훨씬 더 노골적으로 친미적이었던 박근혜도 취임 전 미국보다 중국에 먼저 특사를 보내고 자기 측근을

2018년 4월 23일, 문재인 정부는 사드 기지 공사를 강행하기 위해 소성리 주민들을 강제 해산했다. ⓒ 소성리종합상황실

주중 대사로 보냈다.

따라서 미국이 일본·한국 등 전통적 동맹국들을 중국 견제·봉쇄에 참여하도록 추동하는 것, 그래서 미국과 중국 간 갈등이 격화하는 것은 미·중·일 경제 모두와 통합을 이루며 성장해 온 한국 자본주의에는 매우 곤란한 일이다. 그렇다고 해서 중국이 미국을 대체할 보호자가 될 능력이 있는 것도 아니다. 최근의 중국 경제 상황을 봐도 그렇다. 그래서 한미동맹 노선은 굳건하다. 중국을 겨냥한 평택 미군기지 확장과 제주 해군기지 신설 등이 결정부터 완공까지 4개 정권을 이어 가며 변함없이 진행됐다. 사드 배치도 갈등이 있었지만 문재인 정부가 마무리하고 있다. (▶ 더 알아보기: 2018~2019년 남북/북미 정상회담. 584쪽)

게다가 미국·일본·중국·한국 경제 모두 중국 경제가 성장하고 세계화가 진행된 지난 30년간 더 긴밀히 통합돼 왔다. 그렇기 때문에 제국주의적 갈등과 경쟁의 고조는 이 지역을 훨씬 더 불안정하게 만들고 더 파괴적 효과를 낳을 수 있다. 경제 위기와 지정학적 불안정은 서로 결합돼 지배계급에게는 고르디우스의 매듭 같다. 대단히 복잡하게 꼬인 상황이라는 뜻이다. 그런데 알렉산드로스와는 달리, 그 꼬인 매듭을 단칼에 베어 해결할 방법도 한국 지배계급에게는 없다. 바로 이 때문에, 문재인 정부가 줬던 개혁마저 도로 회수하는 반동으로 노동계급을 공격하는 것이다.

문재인 정부(와 민주당)는 노골적 자본주의 수호 정부(정당)

이런 위기에 대해 문재인 정부가 내놓는 해법은 친기업적이고 친우파적이다. 민주당이 포퓰리즘적 미사여구를 사용하더라도 본질적으로는 부르주아(노골적 친자본주의) 정당이기 때문이다. 민주당은 김대중 정부와 노무현 정부 10년을 거치면서 분명한 지배계급의 정당으로 변모했다. 아직까지는 미래통합당 세력이 실패하면 구원 투수로 집권하는 지배계급의 제2선호 정당이기는 하지만 말이다.

그 인사들이 과거 민주화 운동가 출신자인 것은 이제 별 의미가 없다. 민주당 정치인들은 대부분 조국 일가의 엄청난 특권적 삶을, 불법만 아니면 된다는 둥 누구나 다 그렇게 한다는 둥 예수처럼 살라는 것이냐는 둥 옹호했다. 이처럼 조국 일가와는 소통되지만 서민층 청년들과는 불통하는 이 언행들이 뜻하는 바는 민주당 정치인이 대부분 지배계급에 편입돼서 지배계급을 대변하는 존재가 됐다는 것이다.

이른바 '김용균법'은 황당하게도 김용균 씨와 그 동료들에게는 적용되지 않는다. ⓒ 조승진

따라서 문재인 정부는 개혁 의지가 있는데 자본주의 국가의 선출되지 않는 권력에 가로막힌 처지가 아니다. 문재인 정부가 벌인 검찰 '개혁'의 본질은 레임덕을 막으려고 국가기관을 단속하는 것 이상도 이하도 아니다.

다음의 행태만 봐도 문재인 정부의 계급적 성격을 알 수 있다. 박근혜 정권 퇴진 운동 시기와 문재인 정부 임기 초에 박근혜와 뇌물 거래를 한 죄로 구속된 재계 총수들이 지금은 모두 석방돼 있다. 반면, 문재인 정부는 민주노총 위원장에게 구속영장을 청구하는 등 노동계는 아주 다르게 대한다.

문재인 대통령이 청와대에서 재계 총수들을 만나 맥주 파티를 벌이며 한 약속은 실질적이었지만, 노동자나 서민을 만나서(이조차 대단히 드물지만) 한 말은 단 하나도 제대로 지켜진 것이 없다. 즉, 빈말이었던 것이다. 상법 개정 등 임기 초반에 한 개혁 약속들은 재계가 반발하자 하나도 실행되지 않았다. '노동 존중' 개혁의 상징이라며 내세운 최저임금 1만 원으로 인상 약속은 물건너갔을 뿐 아니라, 그동안의 인상을 상쇄하는 개악이 재차 삼차 시행됐다. 고 김용균 씨가 처참하게 작업장에서 죽었을 때 문재인 대통령은 그 어머니를 위로하는 퍼포먼스를 했지만, 여당이 김용균법이라고 통과시킨 법은 황당하게도 김용균 씨와 그 동료에게는 적용되지 않는 법이었다. (▶ 더 알아보기: 김용균의 죽음과 청년의 현실, 598쪽)

갈수록 더 많은 노동자들이 문재인 정부에 대한 기대를 접고 있다. 비록 문재인 정부가 남북 화해 국면과 반일 감정 고취 등 포퓰리즘적 기제를 이용해 노동계 지도자들을 붙잡고 있어서 그런 불만이 대정부 투쟁으로 온전하게 표현되고 있지는 않지만 말이다.

우파의 회생과 사회적 세력균형의 변화

적폐 청산과 진보적 개혁에 대한 낙관적 기대가 단지 문재인 정부가 알아서 다 잘할 것이라는 수동적 태도에 머문 것은 아니었다. 노동계급의 의식과 조직의 성장은 문재인 정부 초기에만 반짝한 것이 아니다. 문재인 정부에 대한 정서와 관계없이 노동계급은 완만하게 전진해 왔다.

조직률이 크게 성장한 민주노총은 청년·여성·비정규직이 신규 조합원으로 많이 가입했다고 밝혔다. 투쟁에 나선 노동자들이 노동계 진보 정당에 집단 입당하는 일도 계속 이어졌다. 정의당은 2017년 대선 이후 청년층과 여성들에게 호감을 받았다. 이것은 일차적으로 좋은 일이다. 노동계급 안에서 개혁주의 정서가 자라는 것은 잠재적으로 문재인 정부 개혁의 위선적·허구적 실체가 드러날 때 아래로부터 불만과 저항이 자라날 것을 예고하는 일이다. 문재인 정부 3년 동안 비정규직 정규직화나 저소득 노동자 임금 인상 약속 등을 믿고 노조를 만들거나 기존 노조에 가입한 노동자들의 반발이 두드러졌듯이 말이다. 이 투쟁들에서 두드러진 정서는 환멸과 낙담보다는 배신감과 분노였다. 2019년에 벌어진 톨게이트 투쟁도 그런 사례다.

그러나 반대 사례도 볼 수 있다. 전교조는 (더 자세한 이유는 따져 봐야겠지만) 문재인 정부를 믿고 법외노조 문제 해결 등에서 별 행동을 하지 않았고 기간제 교사 정규직화에 반대하는 등 진보성을 별로 보여 주지 않았다. 2017~2018년 전교조 조합원은 4200여 명 감소했다.

조국 법무부 장관 임면 사태로 계급 불평등의 현실과 문재인 정부의 위선이 드러났다. ⓒ 이미진

청년층의 정서는 많이 바뀌었다. 2019년 가을 조국 법무부 장관 임면 정국에서 청년과 대학생이 대거 문재인 지지층에서 이탈했다. 청년과 대학생은 문재인 임기 초에는 가장 적극적인 지지층이었다. 이 청년과 대학생도 문재인 정부에 크게 실망했지만, 개혁이 물건 너갔다며 사기 저하돼 탈정치로 가라앉고 있지는 않다. 노무현 정부 때는 사기 저하와 퇴행적 탈정치가 좀 더 일반적으로 관찰되는 현상이었다. 그러나 지금의 청년과 대학생은 분노와 배신감을 적극 토로하고 표현하고 싶어 한다. 비록 그 방식은 개인주의적이어서 산발적이고 무정형적이지만 말이다. (▶ 더 알아보기: 2019년 조국 법무부 장관 임면 사태, 604쪽)

이렇게 문재인 정부에 실망하면서도 노동자·청년·대학생의 사기가 꺾이지 않는 것은 박근혜 정권 퇴진 운동의 여파로 반反우파 정서가 아직은 진보층은 물론이고 중도층에서도 유지되고 있기 때문

이다. 2019년 9월 중순 조국 법무부 장관 임면 문제로 간만에 공격의 고삐를 쥔 한국당의 나경원은 그 답답함을 언론에 다음과 같이 토로했다. "한국당은 '노NO답'이다. '민주당은 싫지만 한국당은 더 싫다'는 프레임에 갇혀 있다. … [무당파층의] 지지를 우리에게로 전환하기 위해 전 정권에 대한 우리 당의 반성이 있었느냐는 지속적인 요구를 … 충분히 담아내지 못하고 있다." 정치 양극화 국면에서 전통적 우파 지지층에 의존할 수밖에 없던 한국당에게, 촛불 운동의 여파가 확장을 막는 벽이 되고 딜레마를 주고 있는 것이다.

사실 이런 점들 때문에, 정의당·민중당·민주노총 등 진보 진영 대표 3조직의 조국 옹호 입장은 더 안타깝고 화나는 일이었다. 이는 개혁주의의 부상 이면에 놓인 부정적 측면이다. 정치 경험이 적은 20대가 진보·좌파 모두를 "진보 귀족"의 위선에 동조하는 세력으로 볼 위험이 있기 때문이다. 20대 청년들이 문재인 정부를 초반에 적극 지지한 것도, 어쩌면 자기 기만과 왜곡으로 구성된 친민주당 서사와 담론에 영향을 받았기 때문일 것이다.

이런 사정 때문에 한국당의 지지율이나 기세는 조금씩 상승 추세에 있지만, 오르다 역풍을 맞고 떨어지고 다시 오르다 역풍을 맞고 떨어지는 우여곡절을 반복했다. 정의당 안에서도 좌파적 목소리를 내는 청년 그룹이 여럿 등장했다.

진영논리

2019년 중후반에는 노동운동 안에서조차 '민주당 VS 한국당' 진영논리가 강해졌다. 유력한 노동계 조직들이 문재인 정부의 배신과 개악 행보에 대한 노동계급의 불만을 충분히 대변하지 못했다. 이것은 경제 위기와 맞물려 문재인 정부가 우경화하고 정치 위기가 벌어지는 상황에서 노동계급의 각성과 활력 증진을 위해 필요한 주장과 행동을 제약했다. 노동계급 대중의 정치의식과 조직과 자기 행동이라는 면에서 부정적 영향을 미치는 것이다.

이 때문에 우파 지지율 상승이 거듭 벽에 부딪히고 문재인 지지율이 떨어지는 상황에서도 노동계 진보·좌파가 그 수혜를 얻지 못하고 있다. 사실 박근혜가 지배계급 정당들에 의해 헌정 절차 속에서 탄핵됐다는 점 때문에, 당시 부상한 개혁주의의 정치적 색조는 빨강보다는 옅은 분홍에 가까웠다. 이것은 박근혜 정권 퇴진 운동 내 헤게모니가 운동의 중반 이후 민주당에 넘어간 탓이 크다. 그런데 이는 (위에서 지적했듯이) 지배계급이 큰 양보를 했기 때문이다. 지배계급이 정치적 양보를 하면서 노린 첫째 효과가 바로 운동 안에서 좌파성과 급진성이 성장하지 못하게 억제하는 것이었다.

지배계급이 양보를 내놓아 얻으려 한 둘째 효과는 노동계 지도자들이 지배계급의 달라진 대응을 보고는 사회적 대화에 헛된 기대를 걸도록 하는 것이었다. 문재인 정부는 이 점을 크게 신경 썼다. 그가 민족 화해, 반일, 노동 존중, 소득 주도 성장, 재벌·검찰 개혁, 공정성 등 노동운동 지도자들이 선호하는 포퓰리즘적 개혁 의제를 그동안 많이 내세운 까닭이다. 노동계 지도자들도 문재인 정부를 도와서 개혁 양보를 얻어 내겠다고 계획했다. 이런 정치(전략)으로, 노동계 지도자들은 아래로부터 투쟁이 확대되는 것을 억제하거나 무마해 왔다.

한편, 개혁주의에 대한 환상이 조장되고 지도자들이 거기에 타협하자, 문재인 정부 초반에는 좌파가 상대적으로 고립돼 주변화되는 듯 보였다. 돌아보면, 이 (현상적) 주변화가 여러 진보·좌파 노동 단체들에게 '고립되면 어쩌지' 하는 두려움을 느끼도록 자극한 듯하다. 일부 좌파는 그런 두려움 탓에 개혁주의 방향으로 우경화해야 한다는 압력도 느낀 듯하다.

그러나 문재인 정부 임기 동안 노동운동과 좌파가 조직적으로 퇴보했다는 증거는 없다(노동당이 약화돼 분열했으나 양쪽 다 조직을 재정비해 새 활동에 나섰다). 좌파가 고립되고 주변화된 듯 보였으나, 기회는 있었고 지금도 있다. 2019년 초에는 민주노총 지도부에 맞선 좌파의 경사노위 불참 선동이 기층의 지지를 받았다. 문재인 정부의 약속을 믿고 정부를 지지하던 노동자들이 곳곳에서 파업과 투쟁에 나섰다. 청년들도 계급 불평등에 대한 불만을 표출하고 있다. 문제는 좌파들의 정치가 취약해 이런 기회들을 효과적으로 부여잡지 못한다는 것이다.

운동의 정치적 약점을 극복하기

문재인 정부의 반동이 본격화하는 (그 결과로 우파가 소생하는) 마당에, 노동계급이 단결해 맞서야 한다. 세계적 정치 양극화 추세가 한국의 공식정치에서는 우파와 중도파("극단적 중도")의* 대결로 표현되고 있다. 공장, 거리, 지역 모두에서 전개되는 노동자 투쟁이 대안적 운동으로 등장해야 한다. 산발적 투쟁과 항의가 대정부

---

* 극단적 중도 신자유주의를 따르는 중도 좌우파 주류 정당과 언론을 일컫는 말.

공동 투쟁으로 일반화해야 한다. 공동전선이* 중요하다. 대안적 운동은 하늘에서 뚝 떨어지는 것이 아니다. 반자본주의적 노동운동은 현실의 운동에서 성장해 나갈 것이다. 따라서 첫째, 단결과 연대를 위한 주장과 투쟁이 중요하다. 둘째, 그러려면 개혁주의를 비판하면서도 개혁주의와 함께해야 한다.

　노동운동이 지금 문재인의 반동에 효과적으로 저항하지 못하게 만드는 노동운동 지도자들의 기회주의적 태도(헛된 기대)를 잘 비판해야 한다. 그런데 근래 몇 년 새 부상한 개혁주의 정서는 이런 개혁주의 지도자들에 대한 지지로 수렴돼 왔다. 따라서 지도자들의 온건함에 대한 비판은 초좌파적 폭로가 아니라 내용과 방식 모두에서 개혁주의적 대중을 진중하게 대하는 자세와 마인드로 이뤄져야 한다. 그래야 효과적 비판이 될 수 있다. 그래야 혁명가들이 개혁주의의 영향을 받는 노동자들에게 다가가 그들에 대한 영향력을 확대할 수 있다. 그런 정치적 개입을 잘 하려면 혁명적 단체가 정치적이고 효율적으로 잘 조직돼야 한다.

　개혁주의 지도자들이 노동계급의 의식이 발전하는 길을 뒤죽박죽으로 만들고 있어도, 소수이지만 문재인 정부와 개혁주의에 실망해 더 좌파적인 사상과 실천에 관심을 기울이는 사람들이 계속 발

---

* 　공동전선(United Front) 레닌과 트로츠키가 중요한 구실을 하던 시기에 공산주의인터내셔널(코민테른)이 제시한 혁명적 좌파의 전술. 혁명가들이 개혁주의 지도자들과 함께 제한된 요구를 둘러싸고 공동 행동과 공동 투쟁을 벌이고, 그 과정에서 개혁주의 지도자들을 지지하는 노동계급 대중을 혁명적 정치로 설득하는 것을 말한다. 이와 혼동할 수 있는 것으로 인민전선(Popular Front)이 있다. 인민전선은 포괄적으로 강령을 통일하려 하고 계급을 가로질러 연합하려는 스탈린주의의 핵심 전략이다.

견된다. 다만 '좌파의 시간'이 오려면 노동계급 대중이 스스로 더 많은 투쟁과 정치적 경험을 할 시간이 필요하다(경험=시간). 노동자들이 더 많이 저항 행동에 참가해야 하는 것이다. 그러므로 좌파는 개입주의적이어야 하는데, 인내심을 갖고 끈질기게 그래야 한다. 또한 2019년 내내 경험했듯이 이런 개입이 효과를 거두려면 정치적 개입이어야 한다. 혁명적 정치가 분석과 전략은 물론이고 전술에서도 효과적임을 입증해야 한다.

최근 한국 사회의 진로를 놓고 벌어지는 쟁점들, 경제 위기 책임 전가 공세, 미·중 갈등, 한·일 갈등, 경사노위의 좌절과 재시도, 조국 문제 등 정치적 쟁점들에 대해 좌파가 일관되고 효과적으로 주장하고 행동을 조직해야 한다. 정치는 결국 사회 전체를 바꾸려는 이론과 전략을 현실에 적용하는 것이다. 사회를 바꾸려면, (사회 전체를 합법적으로 통치하는 것이 국가이므로) 기존 국가를 해체해서 새로운 국가를 세우고 노동자들이 자주적으로 생산과 지역사회를 통제하게 되는 것이 필수 과제다. 따라서 정치는 국가권력을 둘러싼 문제들을 다룬다는 개념이 된다. 경제, 대외 정책, 사회적 이슈, 선거 등 국가와 사회 전반을 둘러싼 쟁점에 관해 대안적 주장을 내놓고 행동을 조직하는 것, 국가를 폭로하고 국가를 상대로 요구하며 싸우는 것, 그것을 위해서 노동계급 전체를 단결시키도록 애쓰는 것 등이 노동자들에게 필요한 "정치적인 것"들이다. 깊은 위기가 다가올수록 정치가 더욱 중요해진다.

2019년 조국 법무부 장관 임면 국면이 좌파에게 주는 교훈은 다음과 같다. 계급 불평등에 대한 저항과 분노의 목소리를 대변하려면 노동운동이 문제인 정부와 민주당에게서 정치적으로 독립적

이어야 한다. 초좌파적으로 굴어 보수 우익과 다를 바 없이 보이는 것을 피하면서도 노동계급의 독자적 이해관계를 표현해야 한다. 지금 공식정치의 진영논리에서 배제된 서민층, 그중에서도 특히 청년들의 목소리를 좌파가 대변해야 한다. 그래야 우파가 강화되는 반동을 막을 힘이 유지되고 우파가 설치는 것을 견제할 수 있다.

2016~2017년 박근혜 정권 퇴진 운동은 기억과 영상기록물에서는 재생될 수 있겠지만, 현실에서는 재생될 수 없다. 반反우파 연합이었던 촛불 운동은 그 내부의 서로 다른 계급적 이해관계 때문에 분화할 수밖에 없었다. 박근혜 정권 퇴진 운동에는 혁명적 정치조직부터 박근혜를 지지했다가 실망한 우파층 일부까지 참가했다. 우파를 반대하지만 좌파는 더 싫어하는 친민주당 중도파도 촛불 운동의 일부였다. 따라서 그 운동의 정치적 분화는 필연이었다. 좌파와 노동운동은 이제 와서 이 분화를 봉합하려고 기회주의적으로 굴 것이 아니라 정치적 분화의 현실을 인정하고 노동계급의 정치적 독립성을 추구해야 한다. 우파는 조국 법무부 장관 임면 국면을 이용해 "진보 귀족"에 대항하자는 포퓰리즘적 선동을 수행했다. 이 선동은 정치의식이 상대적으로 후진적인 일부 서민층에게 호소력을 발휘한 듯하다. 노동운동은 대안적 투쟁으로 두 주류 정당과 노동자·서민 사이에 화해 불가능한 계급 분단선이 있음을 분명히 인식하면서 계급적 불만을 대변해야 한다.

문재인 정부의 반동과 정치적 위기, 공식정치의 분열과 양극화, 반우파층 분화의 배경에 한국 자본주의가 처한 심각한 경제·안보 위기가 있다면(그 위기는 2020년 코로나19 대유행과 세계경제 공황으로 더 심각해졌다), 이런 자본주의 위기 자체에 대응할 진정한 수단은 혁명적 정치다. 혁명적 정치만이 노동계급과 차별받는 사람들의 자신감을 유지하고 사기를 높일 수 있다. 기무사의 쿠데타 모의와 검찰 파동에서 보듯이, 결국 좌파와 노동운동이 맞닥뜨려야 할 상대는 억압적 국가다. 그러나 조직된 개혁주의는 위기에 빠진 체제를 구출하려는 DNA가 있다. 국가와 타협하고 그것에 종속되는 이유다. 이처럼 혁명주의와 개혁주의는 가는 길도 다르고 목표도 다르다.

또, 폭로만으로는 부족하고 소수에 대한 선전이 중요함도 잊지 말아야 한다. 국가에 맞서려면 더더욱 경험이 풍부한 혁명적 당의 지도력이 중요하고, 지금 그것을 위한 기초 건설 작업도 함께 수행돼야 하기 때문이다.

더 알아보기

- 2018~2019년 남북/북미 정상회담
- 2018년 불법 촬영 반대 '불편한 용기' 시위
- 2018년 청년 노동자 김용균의 죽음과 청년의 현실
- 2019년 조국 법무부 장관 임면 사태
- 2020년 코로나19 대유행과 총선

2018~2019년 남북/북미 정상회담

이 글은 2019년 말에 작성됐다. 이 책에서 처음 공개된다.

2018~2019년 수차례 남북/북미 정상회담이 열리는 등 일련의 한반도 평화 프로세스가 계속되는 듯하자, 진보 진영 일각에서는 한반도 평화 프로세스가 한반도를 넘어 동북아 전체의 평화를 이끌 동력이라는 주장이 나왔다.

2019년 9월 민주노총이 낸 정세 해설서에는 다음과 같이 적혀 있다. "동북아 지역 전후 체제 극복이란, 한반도 분단 체제를 지렛대로 하여 동북아 주변국 간의 상호 대립 체제를 호혜 평등 평화 체제로 전환하는 과정을 의미한다. … 동북아 질서 변화 역시 남북 관계의 진전 속도에 비례하여 '한미일 대 북중러'라는 오랜 전후 체제 대립 구도를 약화·해소시키며 새로운 체제로 전환되어 갈 것이라는 점에서 현 정세 발전의 기본 중심축은 남북 관계 개선의 질과 속도에 있다."

민주노총 정세 해설서는 미·일 패권 전략 심화와 "한반도 중심의 새로운 '평화 체제 이행'"이 첨예하게 충돌하고 있다고 본다. 상황을 이렇게 이해한다면, 미·일의 공세에 대응해 문재인 정부의 '한반도 평화 프로세스'가 조속히 성공하도록 뒷받침하거나 정부가 제대로 추진하도록 "견인"하는 것이 필요할 터이다.

문재인·김정은·트럼프 판문점 회담. 이들의 만남과 대화가 항구적이고 진정한 평화를 가져올 수 있을까?

그러나 이런 견해는 아시아에서 미국·일본 제국주의에 협력해 온 역대 민주당과 문재인 정부를 한반도 평화 문제에서는 노동운동이 견인할 수 있다고 보는 모순을 드러낸다.

견인이 가능하지 않다는 것은 한일 갈등 문제에서도 드러났다. 진보 세력의 다수가 2019년 여름 한일 갈등 국면에서 문재인 정부의 '항일'을 지지하며 사실상 협력했다. 2019년 8월 말 문재인 정부가 한일군사정보보호협정(지소미아) 연장을 종료한다고 발표하자, 주요 진보 단체들이 모두 이를 경계심 없이 환영했다. 그러나 몇 달 지나지 않아 문재인 정부는 지소미아를 결국 재연장했다. 미국의 촉구 속에서 말이다.

위에서 언급한 민주노총 정세 해설서의 견해는 한반도 정세를 규정하는 핵심 요인이 무엇인지도 놓치고 있다. 아시아에서는 미국과 중국을 양 축으로 한 제국주의 경쟁이 갈수록 심해지고 있다. 이것이 불안정성을 낳으며 곳곳에서 균열과 파열음을 일으키고 있다. 일본의 군국주의화, 미국 대통령 도널드 트럼프의 대북 접근은 모두 이런 더 큰 맥락 속에서 이해할 수 있다. 이렇게 보면 한반도 평화 프로세스의 진전이 평화의 견인차라는 인식은 희망의 표현에 가깝다. 남북은 한반도에서조차 실은 주된 행위자가 아니다.

실제로 북한은 갈수록 문재인 정부에 실망감을 드러내고 있다. 문재인 정부는 대북 제재를 그대로 이행하고, 한·미 연합 군사훈련을 진행하며, F-35A 스텔스 전투기 같은 첨단무기를 계속 도입하고 있다. 무엇보다 미국의 대중국 포위 전략("인도·태평양 전략")에 협조하고 있다.

그래서 2019년 8월에 북한 당국은 "[문재인 정부가] 조선반도 평화 체제를 구축하기 위해 노력하고 있다는 소리[는] 삶은 소 대가리도 앙천대소할 노릇"이라고 했다. 2020년 3월에는 김정은 국무위원장의 동생 김여정이 담화를 발표해 문재인 정부를 맹비난했다. "남측도 합동 군사연습을 꽤 즐기는 편[이다.] … [한국 정부가] 몰래몰래 끌어다 놓는 첨단 전투기들이 어느 때든 우리를 치자는 데 목적이 있겠지 그것들로 농약이나 뿌리자고 끌어들여 왔겠는가."

이런 관점에서 보면 남북/북미 대화의 진정한 성격이 무엇인지도 보인다. 트럼프 정부는 국내 정치적 필요와 한반도 상황 관리의 필요 속에서 김정은에게 손을 내밀었다. 자본주의 세계 체제 속에서 주권을 보장받을 공간을 원하는 북한은 트럼프가 내민 손을 마다할 이유가 없었다. 미국이 자국을 위협하지 않고 인정만 해 준다면 주한미군 주둔을 반대하지 않겠다고 오래전부터 말해 온 북한이니 말이다.

미국과 북한이 정상회담이라는 파격적 형식을 취해서 인상적으로 보면 한반도 평화에 획기적 진전이 있는 듯했다.(사실 북미 정상회담은 새삼스런 일은 아니다. 2000년에도 당시 미국 대통령 빌 클린턴이 평양에 가서 김정일을 만나려 했었다.) 그러나 트럼프의 과장된 언변과 정상회담이란 형식을 걷어 내고 실질적 성과를 본다면, 별로 나아진 것이 없다. 조지 W 부시 정부 시기에 나온 북미 간 합의들이 비핵화와 평화 체제 문제에서 더 나은 것처럼 보일 정도다.

지난 30년 동안 북핵 문제는 비핵화와 체제 안전 보장을 둘러싼 숱한 합의와 합의 파탄, 해빙과 긴장 악화를 도돌이표마냥 반복했다. 북한이 대화에 적극 나서고 합의를 성실히 이행한다고 풀리는 성격의 문제가 아니었던 것이다.

왜 북핵 협상은 늘 어그러져 왔는가

북핵 협상이 오랫동안 실패를 반복한 주된 책임은 미국에 있다. 미국에게 북핵 문제는 단순히 비확산 문제, 즉 북한 핵을 제거하는 문제만은 아니었다. 미국은 제국주의 세계 체제에서 자국의 지배력을 유지하는 문제, 즉 다른 제국주의 강대국들과의 경쟁이라는 맥락 속에서 북핵 문제를 다뤄 왔다. 그래서 북한 '위협'론은 미국이 동아시아에서 동맹을 규합하고 중국을 겨냥한 군사력 전진 배치를 합리화하는 데, 즉 미국의 패권을 다지는 데 이용됐다.

미국은 북한과 합의를 해도 합의 이행 의지를 보이지 않았고, 새 꼬투리를 잡아 합의를 무용지물로 만들어 왔다. 그 대표 사례가 바로 2005년 9·19 공동성명이다. 2005년 6자회담 참가국들(남한·

냉전 종식 이후의 주요 평화 합의들

합의	내용	결과
1992년 남북기본합의서 한반도비핵화선언	·남북이 상호 체제 인정하고, 무력 침략하지 않겠다고 약속. ·남북 모두 핵에너지를 평화적 목적에만 이용하고 핵무기 관련 시설을 보유하지 않기로 약속.	미국이 북핵 의혹을 제기하며 대북 군사 위협을 가하면서 1994년 한반도에 전쟁 위기 고조.
1994년 북·미 제네바 합의	·북한은 기존의 흑연감속로를 포기하고 관련 핵시설을 동결하기로 약속. ·대신에 미국은 경수로를 제공하고, 대북 군사 위협 중단과 관계 정상화까지 약속함.	·북한은 이 합의에 기대를 걸었지만, 미국은 처음부터 합의를 이행할 의향이 없었음. ·미국은 금세 새 의혹을 제기하며 대북 압박을 지속함.
2000년 6·15 남북공동선언	·최초의 남북 정상회담. ·남북 각각의 통일 방안의 공통점에 근거해 통일을 지향하고, 경제 등에서 남북 협력을 활성화하기로 함.	·2001년 집권한 미국 부시 정부가 대북 압박을 강화하며 새로운 북핵 의혹을 제기하자 긴장 고조. ·이 맥락에서 2002년 6월 서해에서 남북 간 해상 교전 발생.
2000년 10월 북·미 공동 코뮈니케	미국과 북한은 정전협정을 평화 보장체제로 바꾸고, 관계를 개선하기로 약속.	·2002년 부시 정부가 북한을 "악의 축"의 하나로 지목하며 휴지조각이 됨. ·미국의 위협에 반발해 2003년 북한은 핵동결을 해제하고 핵무기 개발로 나아감.
2005년 9·19 6자회담 공동 성명	·비핵화와 반대급부의 단계적 이행을 약속. ·별도의 포럼에서 한반도 평화 체제를 논의하기로 합의.	·미국이 새로운 대북 금융 제재를 단행하면서, 바로 합의가 위기에 빠짐. ·결국 2006년 10월 북한이 처음으로 핵실험 감행.

북한·미국·중국·일본·러시아)은 9·19 공동성명을 내놓았다. 이 합의는 지금도 일각에서 한반도 비핵화와 평화 체제 정착을 위한 가장 바람직한 합의로 거론된다. 그러나 합의 직후에 열린 한 토론회에서 고故 리영희 교수는 "50년 동안 국제관계를 연구하는 사람으로서 미국이 조약을 지킨 일을 한 번도 본 적이 없다"고 단언했다. 그리고 "북경회담의 종이조각[9·19 합의] 몇 마디에 상황을 판단"해서는 안 된다고 경고했다. 그 이후 상황은 리영희 교수의 예측대로 전개됐다.

이처럼 비핵화와 평화 협정 체결 등 한반도 평화를 정착시키려는 국가 간 합의가 없었던 것이 아니다. 9·19 합의 외에도 1994년 북미 제네바 합의, 2000년 6·15 남북공동선언, 2000년 북미 공동 코뮈니케 등이 있었다. 그러나 모두 얼마 안 가 휴지조각 신세가 돼 버렸다. 제국주의적 경쟁과 관여 속에 합의들이 유지되지 못한 것이다.

무엇을 해야 하는가?

자본주의 지배자들 간의 협상과 타협으로는 제국주의 세계 체제가 낳는 불안정이 항구적으로 해소될 수 없다. 제국주의는 자본주의 강대국들 간의 경쟁 체제고, 이 세계 체제와 경쟁은 자본주의 지배자들도 근본적으로 통제하지 못하는 실체고 경향이다. 이미 100여 년 전부터 레닌과 부하린 등 고전 마르크스주의자들이 지적해 온 이 통찰은 지금도 유의미하고 적절하다.

제국주의적 경쟁, 그리고 이것이 한반도에 주는 압력은 근본적으로 남북 두 정상이 통제할 수 없는 문제다. 한반도 평화 실현 또는 이를 위한 안정적 조건 마련조차 남북 대화로, 심지어 북미 정상회담으로도 이루기 어렵다. 따라서 남북/북미 정상회담을 우익처럼 반대해서는 안 되겠지만, 그렇다고 정상회담을 지지할 수도 없다(지지냐 반대냐가 아니라 분석하고 들춰내고 그 여백을 아래로부터의 투쟁으로 메우는 것이 필요하다).

진정한 평화를 바라는 사람들은 정부 당국 간 대화를 지켜보고 이를 뒷받침하는 데 주력하는 것이 아니라, 독립적으로 평화운동의 기초를 놓으려고 애써야 한다. 미국의 패권 정책과 그에 대한 한국 정부의 협력 문제에 항의하는 독립적 운동이 필요하기 때문이다. 군비 증강, 인공지능을 이용한 무기 개발 등 노동자와 서민에게 더 큰 고통을 안기는 위험에도 반대해야 한다.

노동운동의 구실이 중요하다. 레닌이 지적했듯이 제국주의는 자본주의의 최신 단계고, 이를 쓰러뜨리는 데서 노동계급의 힘만 한 것은 없다. 제국주의를 위협할 만한 노동계급의 잠재력은 자신의 계급적 이익을 지키려고 싸우는 과정에서 발현될 수 있다. 당연히 문재인 정부와의 협력을 추구해서는 이런 과제를 제대로 수행할 수 없다. 오히려 정부와 기업의 구조조정에 맞서 자신의 일자리와 임금을 방어하고, 최저임금 인상 효과 상쇄에 맞서 투쟁하는 노동자들에게 연대하는 과정에서 그런 잠재력이 실현될 가능성이 커질 것이다. 따라서 한반도의 항구적 평화를 바란다면, 궁극적으로 노동계급의 반제국주의·반자본주의 운동을 건설해야 한다. 그리고 이 임무를 수행할 수 있는 혁명적 좌파를 건설하는 것이 필요하다.

2018년 불법 촬영 반대 '불편한 용기' 시위: 한국 최초의 대중적·투쟁적 여성운동

2018년 여름 젊은 여성 수만 명이 거리로 나와 불법 촬영 반대 운동을 벌였다. 이 글은 이 운동에 지지를 보내며, 그 마지막 집회를 앞두고 발표됐다.

2018년 12월 22일 6차 '편파 판결, 불법 촬영 규탄시위'가 서울 광화문광장에서 열린다. 집회 사흘 전인 12월 18일 밤, 주최 측인 '불편한 용기'는 이번 집회를 마지막으로 다음 시위를 무기한 연기한다고 전격 밝혔다. '불편한 용기'가 이런 결정을 발표한 배경이 무엇인지 많은 사람들이 궁금해하고 있다.

주최 측은 "지난 5월부터, 6차를 준비하고 있는 지금까지 진보 진영, 보수 진영 할 것 없이 남성 권력의 공격을 무차별적으로 받아 왔"다고 밝혔다. 그리고 "이런 상황에서 운영진은 여성이 말하는 여성 의제가 곡해되지 않고 진의를 전달하며 사회 변화를 이끌어 낼 수 있을지 의문이 들었"다고 덧붙였다. 집회 중단 결정의 이유로 이 운동에 대한 반발('백래시')을 꼽은 것이다.

그러나 이 운동은 여러 반발에도 불구하고 대중적 지지를 받았다. 3차 집회 뒤 언론들과 친문 인사들의 마녀사냥이 있었지만 이 운동에 대한 지지는 더 늘어났다. 그래서 2018년 8월 4차 집회는 집회 장소를 혜화역 인근에서 광화문광장으로 옮겨 정점을 찍었다.

6차 집회 구호문에 문재인 정부를 원색적으로 비난하는 구호가 있음이 미리 공개됐다. 그러자 여러 온라인 커뮤니티에서 이 집회를 비판하는 목소리가 커졌다. "대한민국 웹하드 대표이사 (청와대 청와대)", "알탕 카르텔 문재인 때려치워라" 같은 문구가 특히 반발을 낳았다. 이 구호문이 공개된 직후, 불법 촬영 항의 집회 카페와 여성 이용자가 많은 온라인 카페들에서 6차 집회 구호가 "과격하다", "문재인 탄핵 요구가 들어가는 게 옳지 않다"는 등 비판이 제기됐다.

"문재인 때려치워라" 같은 구호는 6차 집회에 처음 나온 것이 아니었다. 그런데도 새삼 논쟁이 됐다. 이는 최근 웹하드 업체 소유주 양진호의 검·경 로비가 사실로 확인되면서, 정부에 대한 의혹이 커지기 시작했기 때문일 것이다.

'불편한 용기'가 웹하드 카르텔과 문재인 정부를 관련지은 것은 괜한 의심이 아니라 합리적 의혹이다. 최근 양진호의 검·경 로비 의혹이 사실로 확인됐다. 웹하드 업체들의 협회인 DCNA의 전직 간부들이 민주당원들인 것으로 밝혀졌다. 민주당의 부패 전력은 새삼스러울 것이 없다. 자본가계급에 기반을 둔 민주당이 부정부패에 연루된 일은 많을 수밖에 없다.

방송통신위원회(방통위)와 방송통신심의위원회(방심위)에 대해서도 의혹이 제기됐다. 웹하드 업체들이 불법 촬영물을 대거 유통시켰는데 그동안 제재를 거의 받지 않았기 때문이다. 게다가 방심위가 2018년에 새로운 필터링 기술인 '불법 유통 촬영물 DNA 추출 시스템' 개발 사업을 어느 민간 필터링 업체에 맡겼는데, 그 업체는 불법 촬영물 유통을 방조한 것으로 의심받고 있다.

2018년 여름을 뜨겁게 달군 불법 촬영 항의 시위. ⓒ 이미진

정부, 정치권, 웹하드 카르텔 관련 의혹이 커지는데도 주류 언론
은 대부분 이 문제를 다루기를 꺼렸다. 그래서 이 문제는 아직 널
리 알려지지 않았다. 역설적으로 의혹은 더 커질 수밖에 없다. 그
런데 주최 측은 이번 집회를 앞두고 웹하드 카르텔의 핵심으로 청
와대를 정조준하는 구호를 내놓은 것이다.

이 운동은 지난 4차 집회를 정점으로 동력이 떨어지기 시작했다
(5차 집회는 수만 명 규모로 여전히 컸지만 4차보다 크게 줄어들었
다). 주최 측은 경찰에 낸 집회 신고서에 이번 집회 규모를 5000명
(5차 집회 때는 1만 5000명으로 신고했다)으로 적었다(실제 참가
규모는 신고 규모보다는 많았다).

이 운동의 동력이 떨어지기 시작한 것은 이 집회에 대한 반대 때
문이라기보다는 단일 쟁점 운동이 갖는 한계와 관련 있는 듯하다.

불법 촬영·유포 범죄 처벌·단속이라는 단일 쟁점으로 7개월째 항의 운동이 이어져 왔다. 단일 쟁점 운동은 어느 정도 성과를 거두면 급속도로 동력이 떨어지게 된다.

2018년 10월 6일 5차 집회를 앞두고 필자는 다음과 같이 썼다. "이 운동은 어떤 계기를 얻으면 다시 성장할 수 있지만, 일반으로 단일 쟁점 운동(광범한 여성차별에 대한 분노를 깔고 있지만 불법 촬영, 편파 수사라는 단일 쟁점의 항의 운동이다)은 지속 기간이 길지 않다. 대중의 분노와 싸울 자신감이 클 경우 단일 쟁점 운동은 매우 빠르게 타올랐다가도 어느 시점이 지나면 그 협소함과 정치적 전망 부재로 확장성의 한계에 봉착하게 된다. 특히, 지배자들이 그 운동을 시스템 안으로 흡수하기 위해 양보나 양보 제스처를 취하면 스멀스멀 동력이 분산되게 된다"(《노동자 연대》 261호).

2018년 5월 급부상한 이 운동은 한국 역사상 최초의 대중적이고 전투적인 여성운동이었다. 이 운동이 끝날 기미가 보이지 않자, 지배자들은 이 운동에 일부 양보하기 시작했다. 문재인 정부는 5차 집회 직후인 10월 17일 주최 측과 2차 간담회를 했고, 그 뒤 '몰카 제왕' 양진호와 웹하드 업체 임원들, 헤비 업로더 등을 구속했다. 그리고 국회는 11월 29일 불법 촬영·유포 범죄 처벌을 강화하는 법안을 통과시켰다. 12월 18일부터 이 법이 시행되기 시작했다. 물론 이런 양보는 부족하다. 불법 촬영물로 이득을 취하는 자들의 수익을 몰수하는 등 더 강력한 처벌이 필요하다.

단일 쟁점 운동은 일정한 성과를 거둬도 그 뒤 쉽게 반격에 부딪힐 수 있다. 우리는 이 점을 염두에 둬야 한다. 지난 5차 집회 때 이 운동의 동력이 떨어지는 조짐이 보였지만, '불편한 용기'는 이를 극복할 대안을 내놓지 못했다. '정치 배제'라는 아나키즘적 방침 때문에 운동이 직면한 도전을 적절히 다루지 못했다. 남성을 철저히 배제하는 주최 측의 분리적 페미니즘 이데올로기도 운동의 전망을 열어젖힐 수가 없었다. 남성을 비꼬는 표현을 거리낌없이 쓴 것은 여성차별에 대한 반발의 표현으로 너그럽게 이해할 만했다. 그렇지만 모든 남성을 잠재적 성범죄자로 적대시하는 태도는 평범한 남성들의 반발을 사기 쉬웠다.

젊은 여성들이 이 운동에 대거 동참한 것은 분리적 페미니즘의 정치에 동의해서라기보다는 이 운동의 투쟁성과 급진성 때문이다. '여성계' 지도자들과 달리, 입법부·사법부·행정부를 거침없이 비판하는 것은 분노한 젊은 여성들의 정서와 잘 맞았다.

그러나 정세가 좋고 여성들의 자신감이 높을 때는 운동 주도자들에게 정치적 약점이 있더라도 투쟁이 한동안 성장할 수 있지만, 운동이 일정 국면을 지나서 새로운 정치적 상황에 놓이면 한계가 드러나는 법이다.

주최 측이 이번 집회를 앞두고 발표한 글을 보면, 여전히 기성 질서를 거침없이 비판한다. 그렇지만 "불법 촬영 범죄자 공범"으로 "한국 남성을 규탄"하기도 한다. 만약 모든 남성이 성범죄자고 '여성 혐오'에 한통속이라고 여기면, 앞으로 이 운동의 전망을 찾을 수 없게 된다. 모든 남성이 카르텔을 맺어 여성을 억누른다고 여기면, 불법 촬영 근절은 물론이고 감소조차 가능하지 않을 것이다.

"문재인 때려치워라"는 구호가 그저 폭로와 울분 표출에 그치지 않고 실질적 의미가 있으려면, 계급투쟁을 무시한 채 모든 남성을 도매금 취급하는 인식을 넘어서야 한다. 자본가들과 문재인 정부의 친기업 정책으로 피해를 입고 있는 노동계급과 서민층 남성을 입법부·사법부·행정부의 권력자나 자본가와 동등한 '남성 권력'자로 치부할 수 없다. 스물네 살의 나이에 비극적으로 삶을 마감한 발전소 하청 노동자 김용균 씨를 과연 이 사회의 특권적 집단의 일원으로 간주할 수 있을까?

만약 노동계급 남성을 지배계급과 같은 특권 집단으로 간주한다면 그들이 문재인 정부의 친기업적 정책과 사용자들에 반발해 싸우고 있다는 점을 놓치게 된다. 그러면, 차별받는 여성들이 힘을 합쳐 싸울 동맹 세력을 못 보게 돼, 여성운동의 전진에 큰 약점이 된다.

'불편한 용기'는 다음 시위를 무기한 연기했지만 이 운동의 중단을 선언하지는 않았다. 새로운 정치적 계기가 생기면 주최 측이 다시 기회를 잡을지도 모른다. 그러기를 바란다. 그러나 이 운동이 재개되더라도, 운동이 직면한 정치적 문제들이 저절로 해소되지는 않을 것이다.

이 운동의 성과를 밑거름 삼아 더 전진하려면 이 운동의 약점을 극복할 정치(급진적·좌파적 정치)가 필요하다. 여기서 말하는 정치는 의회나 국가기구와의 협력을 뜻하는 것이 아니다. 아래로부터 투쟁을 고무하면서 운동의 저변을 확대하고 나아가 해방의 전망을 보여 줄 정치를 뜻한다. 여성해방과 노동계급의 해방을 연결하는 진정으로 급진적인 정치가 필요하다.

이 운동에 참가한 젊은 여성들의 활력과 투지는 놀라웠다. 많은 여성이 이 운동을 통해 자신감을 얻었다. 불법 촬영 반대 운동은 한국 여성운동에 중요한 기여를 했다. 우리 모두 마지막까지 이 운동에 지지를 보내자. 그리고 이 운동의 한계를 극복하려면 앞으로 무엇이 더 필요할지를 고민해 보자.

자본주의 사회의 핵심 분단은 성별이 아니라 계급이다. 물론 모든 여성이 차별을 받는다. 그렇지만 여성차별의 경험은 계급에 따라 상당히 다르고 해결책도 달라진다. 노동계급 여성은 최저임금이 인상되고 양질의 일자리가 늘어나고 공공 보육 시설이 대폭 확대되기를 바라지만, 자본가계급과 상층 중간계급의 여성은 최저임금을 삭감하고 비정규직을 늘리기를 원한다. 노동계급 여성을 고용해서 양육 부담을 덜 수 있는 부유층 여성은 공공 보육 시설 확충이 절실하지 않고 흔히 이에 반대한다.

7개월 동안 불법 촬영 반대 운동에 참가한 여성 수십만 명은 대개 학생이거나 노동계급 여성(가령 프랜차이즈 카페 등에서 근무하는 여성들)이었다. 여성 인구의 대다수가 노동력을 팔아야만 생계를 유지할 수 있는 임금노동자 집단이다. 불법 촬영 반대 운동이 보여 준 잠재력을 향후 발전시키려면, 일자리·임금·복지 등 노동계급 여성의 조건을 개선하는 요구들을 중심으로 한 여성운동이 발전해야 한다.

여성운동은 돈벌이에 혈안이 돼 수많은 김용균을 양산하는 기업주들과 국가의 정책에 항의하는 노동자 투쟁과도 연결돼야 한다. 이윤에 타격을 가할 수 있는 노동자들의 투쟁과 여성운동이 만날 때 여성운동은 큰 힘을 얻게 된다. 물론 소규모 알음알음 급진 페미니스트들만의 배타적 조직으로는 이런 대중운동을 건설하지 못할 것이다.

출처: 〈노동자 연대〉 271호(2018-12-19).

2018년 청년 노동자 김용균의 죽음과 청년의 현실

2018년 겨울 태안화력발전소에서 일하던 비정규직 노동자 김용균 씨가 기계에 끼어 사망했다. 24살이라는 매우 젊은 나이였다. 많은 사람이 슬퍼하고 분노했으며 그의 죽음에 항의하는 운동이 벌어졌다. 이 글은 김용균 씨 사망 1주기 즈음인 2019년 11월과 12월에 발표된 글을 묶은 것이다.

김용균 씨의 안타까운 죽음은 '위험의 외주화'와 비정규직 문제, 저질 일자리로 내몰리는 청년들의 현실을 밝히 드러냈다. 특히 사진 속 고인이 들고 있던 손팻말("문재인 대통령, 비정규직 노동자와 만납시다")은 문재인 정부의 공공 부문 정규직 전환 정책의 파산과 이에 대한 분노를 대변했다. 사고가 벌어진 전후 사정이 알려지면서 노동자의 생명보다 이윤을 우선하는 자본주의 이윤 체제의 비정함도 드러났다.

사람들은 김용균 씨의 죽음을 보며 끊임없이 벌어지는 산재 사망, 세월호 참사, 구의역 청년 노동자의 죽음 등을 떠올렸다. 그래서 지난 겨울 전국 각지에서 김용균 씨 사망을 애도하며 그의 죽음에 항의하는 운동이 벌어졌다.

문재인 정부는 김용균 씨 사망 2달여 만인 2019년 2월 5일 당정 종합대책을 발표했다. 유족과 '고故 김용균 시민대책위'가 참여하는 진상조사위원회 구성, 2인 1조 근무를 위한 인원 충원, 삭감 없는 노무비 지급 등을 약속했다. 2019년 8월 19일에는 '고故 김용균 사

고 김용균 씨의 어머니 김미숙 씨. ⓒ 조승진

망사고 진상규명과 재발방지를 위한 석탄화력발전소 특별노동안전
조사위원회'(정부가 약속한 진상조사위원회)가 조사 결과와 함께
권고안 22개를 발표했다. 발전소 민영화·외주화 철회, 비정규직 정
규직화, 노무비 착복 금지, 인력 충원, 1급 발암물질에 대한 신속한
대책 마련, 노동자 안전을 강화하는 방향의 산업안전보건법 (추가)
개정, 중대재해기업처벌법 제정 등. 정부는 '특조위 권고안이 나오
면 수용하겠다'고 약속했었다.

　　그러나 지난 1년간 문재인 정부는 약속을 지키지 않고 있다. 정
부는 민영화·외주화를 철회하기는커녕 민간 기업(포스코·GS·SK
등)의 석탄발전소 확대 정책을 유지하고 있다. 하청업체들은 여전
히 노무비를 40퍼센트나 착복하고 있다. 발전소 최대 하청업체인
한전산업개발 사측은 정규직 전환 시 "기업 가치[가] 하락"한다며,

노·사·전문가협의체 위원들에게 손해배상과 형사상 문제를 제기할 수 있다는 협박 공문을 보냈다. 발암물질이 가득한 작업 환경도 여전하다. 고작 마스크 하나 지급한 것 말고는 없다. 그런데도 정부는 수수방관하고 있다.

문재인 정부는 김용균 씨 죽음으로 국회에서 통과된 개정 산업안전보건법을 '김용균법'이라고 생색냈지만, 그 법은 발전소를 비롯한 대부분의 업무들을 외주화 금지 대상에서 제외했다. 김용균 씨 사망 이후 정부 공식 통계로만 산업안전보건법 위반과 업무상 과실치사가 동시에 적용된 사용자가 452명이고 사망사고가 난 회사만 157곳이나 되는데도, 실형이 선고된 경우는 단 한 명뿐이다. 기업에 부과된 벌금은 평균 500만 원도 안 된다. 심지어 김용균 씨 사망사고로 처벌받은 관리자는 한 명도 없다. 그런데도 정부는 산업안전보건법 시행령(안)을 더욱 후퇴시켜, 매우 제한적이던 외주화 금지 범위를 더 축소하고 원청 책임 강화 대상에서 온갖 업종과 설비를 제외했다.

김용균 씨의 어머니 김미숙 씨(김용균 재단 이사장)도 "1년이 다 되도록 진상 규명만 된 채 합의 이행은 한 발자국도 진전이 없는 상태"라고 개탄했다.

청년의 현실

김용균 씨 사망 이후에도 청년들은 위험한 작업 현장에서 떨어지고, 깔리고, 끼이고 있다. 고용노동부에 따르면, 2019년 1~9월 18~34세 청년 산업재해자 수는 1만 3129명이었다. 이 중 사망자 수는 91명이다. 2018년과 비교해 사망자는 비슷하고 재해자는 오히려 1500명가량 늘었다(2018년 같은 기간 18~34세 청년 재해자 수 1만 1630명).

청년들은 김용균 씨와 비슷한 이유로 다치거나 죽어 갔다. 위험한 환경, 단독 작업, 안전 장치 부재, 하청 구조 등등. 2019년 7월 10일, 취업 1년 차인 27세 하청 노동자가 엘리베이터를 수리하다가 사망했다. 홀로 작업하다가 갑자기 상승한 엘리베이터와 벽 사이에 끼여 죽은 것이다. 9월 11일에는 31세 하청 노동자가 아파트 외벽을 청소하던 중 옥상에 걸어 놓은 로프가 풀리면서 중심을 잃고 추락사했다. 안전 감독을 하는 사람도 없었고, 별도의 구명줄도 없었다. 안전모조차 인증 제품이 아니었다.

최근 청년 노동자 사망이 두드러진 곳은 배달업과 건설업이다. 최근 3년간 일을 하다 사망한 18~24세 청년 중 44퍼센트가 오토바이 배달 중 변을 당했다. 플랫폼 산업 성장의 이면에 청년 노동자들의 죽음이 있는 것이다. 그런데 정부가 '전속성'(하나의 기업에만 속해 일하는지 여부)을 기준으로 산재보험 적용을 판단하다 보니 플랫폼 노동자들은 산재보험조차 제대로 받지 못하기 일쑤다.

2019년 4월 10일 수원의 한 건설 현장에서 특성화고 졸업생 김태규 씨가 5층 높이에서 추락사했다. 사측은 실족사라고 하지만 김태규 씨의 작업 현장은 열악하기 짝이 없었다. 취직이 어려워지자 일용직에 종사하는 20대가 크게 늘고 있는데, 이들 중 많은 수가 자격증이나 기술 없이도 바로 일할 수 있는 건설업 일용직으로 유입되고 있다.

청년들이 열악한 일자리로 내몰리는 이유는 심각한 청년 실업과 관계가 있다. 취업 준비 기간이 길어지면서 일단 열악한 비정규직 일자리에라도 뛰어드는 청년이 많다. 이렇게 일자리를 얻은 청년들은 참고 견디면서 좀 더 안정된 일자리로 이직할 계획을 세웠을 것이다. 하지만 경제 위기 상황에서 이런 기대는 좌절되기 일쑤다.

문재인 정부는 산재를 줄이는 데서도, 청년들에게 안전하고 좋은 일자리를 마련해 주는 데서도 별로 한 일이 없다. 최근 문재인 정부는 청년 실업률이 2012년 이래 최저치(7.2퍼센트)를 기록했다고 자화자찬했다. 그렇지만 청년 취업자 증가분은 대부분 초단시간 일자리였다. 일자리의 질도 나아지지 않았다. 청년 중 49.7퍼센트는 첫 일자리를 그만둔 사유로 "근로 여건 불만족"을 들었다. 첫 일자리의 임금이 월 200만 원 미만이었던 경우가 79퍼센트나 됐다(통계청, "경제활동인구조사", 2019년 5월). 그나마 안정성과 임금이 보장되는 공기업과 공무원에 청년들이 쏠리는 이유다.

정부가 대표적 청년 일자리 정책으로 내세우는 청년추가고용장려금제도, 청년내일채움공제제도, 청년구직활동지원금 등은 실업률을 줄이기에는 턱없이 부족하다. 또한 정부가 좋은 일자리를 제공하는 것이 아니라 청년들의 취업을 간접적으로 지원해 주는 정도다. 이런데도 이재갑 고용노동부 장관은 "일자리가 반드시 대기업과 공공 기관에만 있는 것은 아니다"며 중소기업 취업을 강조한다. 청년들에게 눈높이를 낮추라던 박근혜 정부가 떠오른다.

정부가 청년에게 추천하는 "청년 친화 강소기업" 중 최근 3년 (2017~2019년) 동안 과로사와 과로 자살 산재가 벌어진 기업이 11곳이나 포함됐다. 과로사가 발생했지만 산재 인정을 받지 못한 곳까지 포함하면 그 수가 23곳으로 늘어난다(신창현 민주당 의원실). 이런 열악한 중소기업에 많이 몰리는 노동자는 직업계고 학생들이다. 문재인 정부는 값싼 직업계고 인력이 필요한 중소기업을 위해 "죽음의 현장실습 제도"를 부활시켰다. 김동준·김동균·홍수연·이민호 등 많은 청년 노동자를 죽음으로 몰아간 그 제도를 말이다.

이처럼 문재인 정부가 말로는 청년 청년 하지만 현실은 바뀌지 않자, 청년층의 문재인 정부 지지율이 급락했다. 특히 조국 법무부 장관 임면 사태로 친정부 인사들의 위선이 드러난 시기에 냉소와 환멸이 컸다. 그런데도 일각의 몰지각한 사람들은 20대 청년들의 정당한 박탈감 표현을 보수적 반발로 치부했다.

문재인 정부 친화적 인사들이 계급 특권에 대한 청년의 불만을 저질스럽게 폄훼하자, 보수 우파들이 반사이익을 얻으려 했다. 특히 공공 부문 비정규직의 정규직화 과정에서 비리와 부패가 만연했다는 거짓말까지 퍼뜨리며 기존 노동자와 청년 실업자를 이간질했다. 공기업 등에 입사한 일부 청년 노동자들도 비정규직 정규직화가 공정하지 않다며 반발했다. 그러나 공공 부문 비정규직 정규직화는 청년들도 많이 유입될 열악한 일자리를 개선할 수 있다는 점에서 청년들에게도 이롭다.

괜찮은 일자리를 얻을 취업문 자체가 좁은 현실은 청년 실업자 중 누군가는 저질 일자리로 가야만 한다는 것을 뜻한다. 김용균 씨도 한국전력에 정규직으로 취직하고 싶어 했지만 녹록하지 않았고 결국 하청업체에 취직해야 했다.

진정한 분단선은 청년 실업자와 기존 노동자 사이에 있는 것이 아니다. 질 좋은 일자리를 제공하지 않는 정부·기업주와 노동계급(다수 청년들도 노동계급의 일부이다) 사이에 진정한 분단선이 있다.

출처: 〈노동자 연대〉 304호(2019-11-08), 〈노동자 연대〉 307호(2019-12-05).

2019년 조국 법무부 장관 임면 사태

이 글은 조국 법무부 장관이 사퇴한 2019년 10월 14일에 발표됐다.

조국 법무부 장관이 2019년 10월 14일 임명 35일 만에 전격 사퇴했다. 조국 장관은 자신은 "검찰 개혁을 위한 '불쏘시개'에 불과 [하며] … '불쏘시개' 역할은 여기까지"라고 사퇴의 변을 밝혔다. 청와대와 조국 장관은 이날 오전(전날 여권 내 협의를 거쳐) 발표한 검찰 개혁안을 재임 중 성과로 내세워 명예롭게 자진 퇴진하는 모양새로 꾸미려 한 듯하다. 사퇴 직후에 열린 청와대 회의 공개 발언에서 문재인 대통령도 조국의 기여를 추켜세웠다. "조국 장관의 뜨거운 의지와 … 온갖 어려움을 묵묵히 견디는 자세는 … 검찰 개혁의 큰 동력[이었고] … 오늘 조국 법무부 장관이 발표한 검찰 개혁 방안은 역대 정부에서 … 누구도 해내지 못했던 검찰 개혁의 큰 발걸음을 떼는 일입니다."

이 검찰 개혁안에는 검찰 특수부 축소와 명칭 변경(반부패수사부) 등을 담은 '검찰청 사무기구에 관한 규정'(대통령령) 개정, 심야 조사와 장시간 조사 등을 제한하는 '인권보호수사규칙'(법무부령) 제정, 법무부의 검찰 감찰 권한 강화 방안 등이 포함됐다. 검찰청 사무기구 규정 개정안은 10월 15일 국무회의에서 통과시켜 바로 시행할 것으로 알려졌다.

그러나 이는 그동안 나온 법무부의 개혁안이나 검찰청의 자체 개혁안 등과 별로 다르지 않다. 문재인 정부와 조국 스스로 검찰 권력의 본질이라고 말해 온 문제들, 곧 직접 수사, 경찰 수사 지휘권, 기소 독점 같은 것에 본질적 변화가 전혀 없다. 그러니 조국 장관은 실제로는 별로 이룬 것도 없이 물러나는 것이다.

문재인 대통령은 모순적인 말도 했다. "검찰 개혁 방안의 결정 과정에 검찰이 참여함으로써 검찰이 개혁의 대상에 머물지 않고 개혁의 주체가 된 점에 큰 의미를 부여하고 싶습니다." 이제껏 (조국 일가를 수사하는) 검찰을 청산 대상인 적폐로 지목한 서초동 시위를 "국민의 뜻"이라고 하더니 이제 말을 또 바꿔 검찰 조직을 달래기 시작한 것이다. 물론 국가 관료들 사이의 관행 때문에, 직속 상관을 물러나게 한 검찰총장이 계속 자리를 지킬지는 미지수이지만 말이다.

청문회 등에서 해명한 것과 달리, 조국 장관의 부인인 정경심 씨의 사모펀드 불법 투자 혐의 등에 대한 검찰 수사도 조국 장관 일가를 크게 압박한 듯하다. 그 수사를 막으려고 여권 친문 인사들이 총동원돼 검찰·언론·법원 등을 압박했지만 말이다.

무엇보다 정부로서는 재계의 불만과 압박이 큰 압력이 됐을 듯하다. 조국 장관 임명 이후 격화한 여야 갈등이 경쟁적 거리 동원으로까지 이어져 정치 불안정을 심화시키고, 국회에 계류된 각종 친기업 개악안의 처리가 늦어지는 사태를 재계는 못마땅해했다. 결국 문재인 정부와 조국은 자신들의 오판으로 정부의 입지가 흔들렸음에도 마치 뭔가를 이루고 물러나는 것처럼 포장하고 있다. 이런 행태는 구 여권 적폐 진영이 독재 정권 시절에 하던 행태를 다시 보는 듯하다.

2019년 8월 9일 문재인 대통령이 조국을 법무부 장관 후보자로 지명한 이후, (그 일가의 특권 행태에 대한 온갖 의혹과 구설에도) 조국 장관을 통해 자유한국당 저지, 검찰 개혁, 사법 개혁 등을 이룰 수 있다고 보고 그를 지지했던 사람들에게 조국 사퇴는 이중의 실망과 환멸을 안겨 주는 결과일 듯하다. 조국 임명에서 사퇴까지 과정에서 어떤 대의와 명분도 이제는 찾아볼 수 없기 때문이다. 헛된 희망이었던 것이다. 우파의 사퇴 요구에 동조하지 않으면서도, 조국 장관 일가의 특권 행사와 위선에 분노하고 비판적이었던 사람들이 보기에는 일종의 대국민 사기극인 것이다.

그래서 오히려 사퇴의 변 중 다음 말이 진실에 더 가까운 듯하다. "더는 제 가족 일로 대통령님과 정부에 부담을 드려서는 안 된다고 판단했습니다." 조국 본인뿐 아니라 청와대의 뜻도 같았겠지만 말이다.

조국 장관 지명 후 폭로된 그 일가의 특혜·부패 의혹과 그것을 정당화하는 그의 위선 때문에 대통령·민주당 지지율이 모두 추락했다. 특히 20대 청년층의 이반이 두드러졌다. 20대 청년층은 문재인 정부 초기에 이 정부에 가장 큰 기대를 걸었던 집단이다.

진보적 개혁에 대한 기대가 무너진 것에 따른 이반이었다. 그러므로 20대 청년층의 이반은 우경화로 치부될 수 없다. 물론 정의당과 민중당 같은 대표적 진보파 조직들이 자유한국당에 맞서 민주당을 지지해야 한다는 진영논리를 앞세워 줄곧 조국을 감쌌기 때문에, 마치 진보·좌파 전체가 청년층의 불만을 외면하는 듯 보이는 현상이 계속된다면 그들이 우파 지지로 돌아서지 말라는 법도 없다.

진보계의 유력 지도자들과 조직들은 문재인 대통령과 조국 전 장관을 방어하거나 침묵하며 비판을 회피해 왔다. 일부는 자유한 국당의 부활과 집권 가능성을 막으려고, 다른 일부는 선거법 개혁 공조로 총선에서 좋은 성적을 올리려고, 또 다른 일부는 정부를 도우면 개혁 양보를 얻어 낼 수 있지 않을까 하고 기대하고서 말이다.

그러나 이것이 헛된 꿈이라는 것은 다시금 분명해지고 있다. 문재인 대통령은 조국 사퇴에 대한 공개 메시지를 다음과 같이 마무리했다. "민생 경제로 모일 수 있도록 마음을 모아 달라." 친기업적 개악 법안 통과에 매진하겠다는 뜻이다. 온건 진보계 지도자들은 이제부터라도 문재인 정부와 단절해야 한다. 특히, 노동 개악에 맞서려면 문재인 정부에 대한 비판과 반대를 분명히 해야 한다.

출처: 〈노동자 연대〉 300호(2019-10-14).

2020년 코로나19 대유행과 총선

이 글은 2020년 4월 총선 직후에 발표됐다.

2020년 4월 15일 21대 총선 결과는 여당인 더불어민주당의 압승으로 드러났다. 여당은 코로나19 위기 대응 문제에서 우파가 무능한 데다, 보편적 소득 지원에 반대하는 등 반(反)서민적 입장을 강하게 취한 덕분에 반사이익을 얻었다.

민주당은 지역구에서만 163석을 얻어 의석을 절반 이상 차지했고, 비례 위성 정당인 더불어시민당의 17석까지 더해 총 180석을 얻었다. 전체 의석의 5분의 3을 차지한 것이다. 반면, 제1야당인 우파 미래통합당(약칭 통합당)은 비례 위성 정당까지 더해도 103석밖에 얻지 못했다. 역대 최악의 참패다.

1988년 13대 총선 이래로 한 정당이 이 정도로 의석을 독식한 적은 없었다. 1990년 3당 합당으로 200석 가까이 차지해 거대 여당이 된 민주자유당(통합당의 전신)도 그 뒤 치러진 1992년 총선에서는 149석을 얻는 데 그쳤다.

민주당 계열 정당으로는 2004년 노무현 대통령 탄핵 반대 열풍 속에서 당시 여당인 열린우리당이 152석을 얻어 단독 과반 정당이 된 적이 있다. 1988년 이래 최초 과반 정당이었다. 그러나 그 당을 지지한 대중의 개혁 열망을 배신한 결과, 2007년 대선에서 한나라당(통합당의 옛 이름)이 역대급 차이로 승리했다. 2008년 총선에서도 한나라당은 정치적 환멸감이 여전히 컸던 덕분에 역대 최저 투표율(46.1퍼센트) 속에서 153석을 얻었다. 그리고 야권 연대를 위해 노동운동이 투쟁을 자제한 덕분에 2012년 총선에서도 박근혜의 새누리당은 152석을 얻었다.

2004년 총선부터는 2016년만 빼고 나머지 총선에서 모두 승자가 과반 정당이 된 것이다. 이런 경향은 양당 구도가 점차 강화돼 온 것과 연관된 현상인 듯하다.

2020년 총선은 1992년 14대 총선(71.9퍼센트) 이후 최고 투표율(66.2퍼센트)을 기록했다. 높은 투표율은 자본가계급 양당이 모두 지지층을 결집해 양극화를 극대화한 결과였지만, 그중 우세한 것은 우파 야당에 대한 반대였다. 사전투표율(26.9퍼센트)이 역대 최고였는데, 수도권의 박빙 선거구에서 막판 당락을 가른 것은 사전투표 결과였다고 한다. 그 결과, 수도권에서 출마한 통합당의 차기 대선 주자들이 대거 낙선했다. 당 대표 황교안, 원내대표 심재철, 전 원내대표 나경원, 전 서울시장 오세훈 등.

이번 선거는 주류 양당 간 진영논리의 심화를 보여 줬다. 지난 총선에서 약진한 국민의당 등 두 거대 정당 사이에 존재했던 야당들이 모두 사라졌다. 양당 외 정당 소속으로 지역구에서 당선한 후보는 정의당 심상정 대표가 유일하다.

주류 양당 간 진영논리의 압착 속에서 정의당이 진보 염원 대중 다수에게 선택지를 제공했다. 정의당은 2016년 총선과 같은 6석을 얻었다. 하지만 정당 비례 득표수는 4년 전보다 100만 표가 늘어난 약 270만 표였다. 노동계 진보 정당 득표의 총합이 300만 표를 넘긴 것도 처음이다. 극심한 양당 대결 구도 속에서 진보 정당 득표가 늘어난 것은 (유권자가 늘어난 것을 감안해도) 지배계급 정당이 아닌 진보적 대안을 바라는 대중의 염원이 실재함을 보여 준다.

물론 정의당의 성적은 만족스럽지 못하다. 득표가 크게 증가했는데도 의석이 늘지 않은 것은 주로 제도의 허점과 이를 이용해 비열하게 정의당의 뒤통수를 친 민주당 탓으로 돌릴 수 있다. 그렇다 해도 진보 정당들의 정치적 존재감이 약화한 것은 이 요인만으로는 설명될 수 없다.

선진국 방역 실패의 반사 효과

2020년 총선에서 유권자의 선택을 가른 단연 최대 쟁점은 세계적 대유행이 된 코로나19 감염병 사태와 경제공황이 결합되는 이중 위기였다. 이것이 다른 모든 쟁점을 압도했다.

3월 중순 이후 선진국들에서 코로나19 확진자와 사망자가 한국보다 단기간에 급증하는 것을 보면서 문재인 정부가 상대적으로 방역에 성공한 듯이 비쳤다. 특히, 선진국 정부들과 언론들이 한국 정부를 우수하게 평가한 것이 선진국에 대한 동경, 추격 열망, 콤플렉스가 지배적인 한국인 대중에게 큰 반향을 일으킨 듯하다. "한국의 대외 인정에 대한 갈구는 어제오늘의 문제도 아니[다]"("정동 칼럼: 한국 사회의 대외 인정결핍증", 〈경향신문〉, 4월 1일).

문재인 정부는 총선을 예정대로 치러 국제적으로 국가적 위신을 높이려고 한 듯하다. 지배계급 내에서도 총선 반대는 없었다.

여당 소속 광역단체장들은 비교적 빠르게 재난 소득 지원을 본격화했다(차기 대선을 염두에 두고 여당의 선거에 도움을 주려는 목적도 있었을 것이다). 이는 확진자가 몰려 있던 대구·경북 지역에서 통합당 소속 광역단체장들이 위기 관리 능력을 전혀 보여 주지 못한 것과 대비됐을 것이다.

문재인 정부가 내놓은 추경예산과 소득 지원은 사실 미흡하고 실행도 더뎠는데, 우파 야당은 그런 정책조차 "예산 낭비"라고 반대했다. 통합당은 신자유주의적 균형재정론, 보편적 소득 지원 반대, 기업과 부자 감세 우선 입장을 고수했다.

문재인 정부의 개혁 배신에 실망했던 젊은 층은 여당을 적극적으로 지지해서라기보다 반反서민적 행보를 취하며 쥐꼬리만 한 지원조차 반대하는 우파 통합당에 대한 반감으로 민주당에 투표한 것으로 보인다("미워도 다시 한 번").

노동자·서민 대중은 전임 우파 정부들이 의료 영리화를 노골적으로 추진한 일, 그것이 메르스 등 감염병 방역을 더 어렵게 만들었던 일을 기억한다. 그런데 선거 직전 박근혜가 우파의 단결을 촉구한답시고 통합당 지지를 공개 선언했다. 이런 일들이 누적돼 젊은 층의 박근혜·우파 반대 정서를 자극했을 것이다.

그 방증으로는 세월호 유가족과 '4·16연대'가 선정한 세월호 참사 관련 낙선 대상자들이 대거 낙선한 것을 들 수 있다. 낙선 대상자 19명 중 14명이 낙선했다. 차명진·김진태 같은 전문 '막말러'들뿐 아니라 황교안·심재철·민경욱·안상수 등 통합당의 지도적 인사들도 대거 낙선했다(박근혜 정권 퇴진 이후 첫 총선이었다).

그런데 정의당과 민주노총 등 진보계 지도자들은 코로나19 사태 초기에, 국가적 위기 앞에서 국민적 단합에 함께하겠다고 했다. 그래서 차별화된 진보적 대안을 제시하며 대중을 설득하고 결집할 시간을 스스로 줄여 버렸다. 우파의 신자유주의적 처방에 대한 대중의 반감을 진보적 입지를 강화하는 데 충분히 활용하지 못했다. 스스로 집회와 행진을 자제해, 대중이 감염병과 물리적 거리 두기로 수동화되는 경향에 일조했다. 불리한 객관적 조건이 형성되는 데 온건 진보 지도자들이 스스로 일조한 것이다. 아래로부터의 저항과 활력이 없다면 진보·좌파의 주체로서의 역량은 제약되게 마련이다.

4월 들어 공식 선거운동이 시작되면서 무당파층이 빠르게 줄었다. 위에서 말했듯이, 이것이 여권 지지로 흘러간 듯하다. 3월 말부터는 여론조사 기관들의 정례 조사에서 1년여 만에 문재인 대통령 국정 수행에 대한 긍정 평가가 절반을 넘기 시작했다. 2월의 여론조사들과 3월 말에서 4월 초까지의 여론조사들을 비교하면, 총선의 핵심 쟁점으로 코로나19를 꼽는 비율이 높아지고, 문재인 정부가 코로나19 대응을 잘했다는 평가가 급속히 늘어났다. 통합당 대표인 황교안이 당론에도 어긋나는 '모든 국민 1인당 50만 원 긴급 소득 지원 방안'을 돌출적으로 꺼낸 배경이다. 그러나 그 정도의 제안으로는 뒤엎기 어려울 정도로 우파에 대한 대중의 반감은 깊었다.

결국 선진국들의 무능한 감염병 대처가 부른 착시 효과, (의원이든 자치단체장이든) 우파 야당의 상대적 무능과 反서민성, 노동운동과 진보 정치가 진보적 대안을 내놓지 않고 시간을 허비한 일 등이 문재인 정부와 여당에 유리하게 작용했다. 요컨대, 문재인 정부가 오히려 반사이익을 얻은 것이다. 2월에만 해도 문재인 정부는 조국 법무부 장관 임면 사태와 개혁 배신으로 선거 패배를 걱정하고 있었는데 말이다.

게다가 문재인 정부를 곤란케 한 개혁 배신에는 공공 의료 확대 공약을 어긴 것과 의료 영리화를 추진한 것이 포함돼 있었다. 또, 대구·경북에서 코로나19 확진자가 급증하던 2월 중순부터 서울 구로구 에이스보험 콜센터에서 대규모 집단 감염이 발생한 3월 초순까지만 해도 문재인 정부는 방역에 실패한 것으로 평가받고 있었다.

문재인 정부의 선거 승리가 1년여에 걸쳐 쌓인 위기 요인들이 단기간에 우연히 덮인 덕분이라면, 그 단기적 효과가 사라지면 언제든 위기 요인들이 재발할 수 있다는 점을 알아야 한다. 문재인 정부는 선거 기간에 부유층의 환심을 사려고 종합부동산세 완화 등을 내놨다. 코로나19 위기 대응으로도 노동자와 서민의 생계를 직접 지원하기보다 기업 지원에 주안점을 분명하게 두고 있다.

민주당의 중도 포퓰리즘이 좌우 양극화를 일시 견제하다

양당 구도가 강화된 총선 결과는 좌우 양극화가 (진보 염원이 민주당 쪽을 향하는 바람에) 크게 뒤틀려서 반영된 결과다. 진보 정치의 존재감이 약화한 상황에서 코로나19 위기가 자극한 진보(개혁) 염원(우파의 강경 신자유주의에 대한 반감과 두려움으로 표현된)을 문재인과 민주당이 포퓰리즘적 언행으로 낚아챈 것이다. 민주당이 진보 정당들, 특히 정의당을 약화시키려 갖가지 책략을 부린 것은 이를 위한 것이었다.

이 때문에, 정의당은 득표수가 증가한 만큼 정치적 성과를 거두지 못했다. 4년 전과 달리 심상정 대표가 지역구에서 어렵게 이긴 것이나, 울산 동구·북구, 경남 창원성산 등지에서 진보 정당 후보

2020년 3월 초순까지만 해도 문재인 정부는 방역에 실패한 것으로 평가받고 있었다. ⓒ 이미진

들이 당선하지 못한 것 등도 같은 맥락에서 벌어진 일이다.

진보 정당들이 자초한 점도 있다. 지난 10년간 진보 정치의 대표 조직들이 모두 반反우파 기치 아래 민주당과 연합·제휴하는 민중주의(진보 포퓰리즘) 전략을 추구해 온 것, 문재인 정부하에서 정의당도 정부와의 제휴를 통해 성장하려 한 것 등이 대중의 급진화와 전투적 운동의 활성화를 방해하는 요인으로 작용했다. 2019년 정의당이 조국을 편들면서 서민층에게 실망을 자아낸 것도 같은 일이다. 그런데 민주당이 승리한 결과 때문에 노동계 내부에서는 문재인 정부와의 협력을 추구하자는 견해가 더 고무될 것이다.

우파가 회복 추세를 보였지만 반우파의 더 큰 벽도 확인되다

통합당의 비례 위성 정당인 미래한국당의 정당 비례 득표는 944

만여 표로, 민주당의 위성 정당인 더불어시민당(930만 표)보다 많다. 미래한국당의 득표는 4년 전 패배한 총선에서 새누리당이 얻은 796만 표보다 늘었다.

그러나 민주당 지지층이 투표했을 열린민주당의 151만 표도 봐야 한다. 주류 양당 사이 중간층이 주로 투표했을 국민의당의 189만 표를 통째로 우파의 표로 단순 합산하기도 어렵다.

게다가 이번 총선은 이전 총선보다 투표자가 500만 명이나 늘었다. 가령 통합당(과 미래한국당)은 4년 전 총선과 비교해 경기도에서 34만 표를 경북에서 11만 5000여 표를 늘렸지만, 그 두 곳에서 득표율은 4년 전보다 소폭 하락했다. 부산과 대구에서도 득표수는 늘었지만 득표율 증가는 소폭에 그쳤다.(반면, 영남 지역에서 민주당은 지역구 평균 득표가 늘었다. 정당 비례 득표는 지난 총선과 비슷하고 2018년 지방선거보다는 낮았다.)

영남에서 지역주의가 복원됐다고 보는 것은 반쪽짜리 관찰이다. 그보다는 우파와 부자들의 영향력이 강한 곳에서 그들이 주도한 결집이 일어난 결과라고 보는 것이 더 정확할 듯하다. 서울에서 통합당의 정당 비례 득표율과 득표수가 둘 다 유의미하게 증가한 곳은 강남(9퍼센트)·서초(9퍼센트)·송파(5퍼센트), 이른바 강남 3구였다. 이 밖에도 최근 부자 동네가 늘어난 서울 용산·동작·중구에서 득표가 늘었다.

이렇게 보면, 통합당이 단지 '승자 독식 소선거구제의 피해자일 뿐 실제 득표 면에서는 과거 막강하던 시절만큼의 우파 결집을 회복했다'고 하기는 어렵다. 다만, 통합당이 문재인 정부가 개혁 배신으로 지지를 잃어 가는 것에서 반사이익을 일부 얻었고, 경우에 따라서는 선거적 이득도 취할 잠재적 가능성은 유지하고 있다고는 볼 수 있다.

그러나 통합당은 차기 대선 주자들과 당권을 노리던 수도권 중진이 대거 낙선해 지도력 부재와 내홍을 겪을 것이다.

좌우 양극화 국면에서 우파의 결집을 늘 주시하고 경계해야 하지만, 그것을 과장해 허구적 전선을 만들고는 그것을 민주당 지지와 변호에 이용하는 중도계에 현혹되지 말아야 한다.

개혁 염원 대중에게 표를 얻고 기업주에게 헌신하는

우파의 재결집 전에, 문재인 정부에 대한 실망·배신감·환멸이 조만간 되살아날 가능성이 더 크다. 문재인 정부가 총선 직후에는 총선 승리의 여세를 이어 갈 포퓰리즘적 제스처를 취할 공산이 있다. 그러나 문재인 정부를 1년여에 걸친 정치적 위기에 빠뜨린 요인들이 해소된 것은 아니다. 특히, 한국 자본주의의 경제·안보 위기는 더 심화할 것이다.

따라서 정부·여당은 조만간 경제 위기 심화에 따른 (노동 개악 등) 고통 전가 정책, 대중이 반감을 표한 바로 그 (긴축과 의료 영리화 등) 시장경제 정책을 재개할 것이다. 총선 이후에는 정치적 부담을 덜고 경제 회복을 강조하며 방역에서도 거리 두기 완화로 갈 듯하다.(청와대의 권력형 부패 의혹을 윤석열하의 검찰이 수사해 왔는데, 집권 여당은 이번 총선이 그 의혹에 면죄부를 줬다고 보고 수사를 방해하며 현 검찰의 수뇌부를 공격할 것이다. 검찰도 수사로 저항할 것이다.)

역사를 기억해야 한다. 2004년 우파의 노무현 대통령 탄핵에 반대한 대중운동으로 노무현 대통령이 탄핵에서 구출된 지 한 달 만에 열린 2004년 17대 총선에서 당시 여당인 열린우리당은 단독으로 의석의 과반을 얻었지만, 노무현 정부는 그 기회를 개혁 염원에 부응할 기회로 삼기를 기피했다.

노무현 정부는 총선이 끝나고 석 달 남짓 뒤 미국의 이라크 침략 전쟁에 전투병을 파병했다. 미군기지 평택 이전과 제주 해군기지 건설도 바로 2004년 총선 승리 이후 추진됐다. 17대 국회의 첫 해인 2004년에 비정규직 악법과 노조법 개악이 추진됐다. 그해 가을에 노무현 대통령은 국가보안법을 역사의 박물관으로 보내자고 호기롭게 말했지만, 지금 역사의 박물관에 가 있는 것은 노무현 대통령의 그 말이다. 한국을 신자유주의적으로 구조조정하려 한 한미FTA 추진도 17대 총선 이후 시작됐다. 문재인 정부도 2018년 지방선거 압승 직후 통합당(당시 자유한국당)과 합작해서 노동 개악을 추진했다.

경제 위기 고통 전가가 재개되면, 코로나19 이슈가 압도하고 우파에 대한 반감이 되살아나면서 잠시 가라앉았던 노동자·서민층의 배신감과 환멸이 다시 자랄 것이다. 만에 하나라도 코로나19가 재유행하면 정부에 대한 평가도 다시 바뀔 것이다.

경제 위기 문제가 더 본격적으로 화두가 될수록, 민주노총 등 대표적 노동운동 조직들(지도자들)이 문재인 정부에게서 정치적으로 독립적이며 투쟁적인 대안이나 좌파적 지침을 내놓지 않을 공산이 커진다(코로나19 재유행의 경우도 마찬가지다). 경제공황 같은 국가적 위기는 개혁주의의 운신의 폭을 좁히기 때문이다. 압착된 개혁주의는 기존 국가와 통합을 추구하는 경향이 있다. 2020년 총선 결과도 그런 경향을 고무할 수 있다. 그러나 평범한 진보 정치 활동가들은 이번 선거에서 진보 염원을 표출한 300만 명에게 정치적 책임을 져야 한다.

그 책임은 긴급히 필요한 요구와 위기에 대한 대안을 내놓고 대중투쟁을 건설하는 것이다. 그래서 정치(노동계급 연대)의 중요성이 커지고 있다.

출처: 〈노동자 연대〉 319호(2020-04-17).

추천 도서

《박근혜 퇴진 촛불 운동: 현장 보고와 분석》(2017)은 2016~2017년 박근혜 퇴진 운동 현장을 구석구석 취재해 작성한 기사를 묶은 책이다. 마치 당시 현장에 있는 느낌이 들 것이다. 또, 각 국면에 발표된 깊이 있는 분석도 실어, 운동의 궤적을 이해하는 데 도움이 될 것이다. 《최근 한국 현대사》 12장 "유신 스타일 박근혜 정부"와 함께 읽으면 좋다.

《세월호 참사, 자본주의와 국가를 묻다: 마르크스주의적 관점》(2018)은 이른바 '세월호 세대'에 속하는 젊은 저자가 세월호 참사 진상 규명 운동의 한복판에서 쓴 책이다. 세월호 참사는 신자유주의 규제 완화, 이윤지상주의, 우파 정권의 구조 방기, 제주 해군기지와 연결되는 친제국주의 정책의 산물이라고 설명한다. 《최근 한국 현대사》 12장 "유신 스타일 박근혜 정부"와 함께 읽으면 좋다.

《문재인 정부, 촛불 염원을 저버리다》(2019)는 문재인 정부 2년 차에 출간된 책이다. 문재인 정부는 촛불 정부를 자처하고 적폐 청산, 노동 존중, 페미니스트 대통령, 한반도 평화 등을 내세우며 집권했지만, 문재인 정부가 진보 개혁을 이루리라는 기대는 충족되지 않으며 실망감을 자아내고 있던 시점이었다. 이 책은 초기 문재인 정부의 행보와 그 이면에 깔린 동학을 규명하려 애썼다. 《최근 한국 현대사》 13장 "문재인 정부의 등장과 중간 평가"와 함께 읽으면 좋다.

《코로나19, 자본주의의 모순이 낳은 재난》(2020)은 2020년 전 세계를 강타한 코로나19 사태를 다룬 국내외의 저명한 마르크스주의자, 학자, 의사, 보건의료 운동가의 글을 모은 책이다. 여러 관련 도서 중에 코로나19와 사회 시스템의 관계를 다룬 것으로는 유일하다. 코로나19 대유행 속에서 노동자들이 어떤 어려움을 겪고 있는지를 밝힌 것도 특징이다. 《최근 한국 현대사》 13장 "문재인 정부의 등장과 중간 평가"와 함께 읽으면 좋다.

《제국주의론으로 본 동아시아와 한반도》(2019)는 동아시아를 둘러싼 긴장과 불안정을 고전적 마르크스주의의 제국주의론의 관점으로 설명한다. 미국 트럼프 정부 등장 이후의 변화, 2018~2019년에 잇따라 열린 남·북 정상회담과 북·미 정상회담의 과정과 결과, 일본군 '위안부' 등 일본 과거사 문제, 한·미·일 동맹, 북핵 문제 등을 다룬다. 《최근 한국 현대사》 13장 "문재인 정부의 등장과 중간 평가"와 함께 읽으면 좋다.

《오늘날 한국의 노동계급: 고전적 마르크스주의의 관점》(2017)은 계급을 생산관계 속에서 차지하는 위치와 자본주의 체제의 동역학 속에서 파악하는 고전적 마르크스주의의 관점으로 한국의 노동계급을 분석한 책이다. 한국의 계급 구조와 그 변화, 자본주의 변화에 따른 노동계급의 조건 변화, 그것이 노동운동에 미친 영향 등을 분석했다. 《최근 한국 현대사》 8~13장과 함께 읽으면 좋다. 세계 노동계급의 현실을 다룬 책으로는 《세계화와 노동계급》(2010)이 있다.

《한국 NGO의 사상과 실천: 마르크스주의적 분석》(2009)은 저자가 10여 년 동안 이러저러한 연대 운동 단체 안에서 NGO의 주장과 실천을 경험한 것을 바탕으로 쓴 책이다. 한국 NGO에 대한 최초의 마르크스주의적 분석서다. NGO는 비정부기구(Non-Governmental Organization)라는 뜻이지만, 한국 NGO는 여러 사회운동에 활발히 관여하며 그 활동가들이 문재인 정부에 여럿 입각하기도 했다.《최근 한국 현대사》 8~13장과 함께 읽으면 좋다.

《아나키즘: 마르크스주의적 비판》(2013)은 아나키즘의 주장과 운동을 비판적으로 살피는 책이다. 아나키즘 사상은 국가와 권위, 부패한 의회 정치와 제 잇속만 챙기는 기성 정당을 전면 거부해서, 새로이 급진화한 청년들에게 인기가 높다. 이 책은 국가·조직·개인에 대한 아나키즘의 주장, 지난 160년 동안 아나키즘이 운동에서 한 구실을 평가한다. 또 자율주의, 운동 속의 의사 결정, 직접행동 같은 오늘날의 논쟁도 다룬다.《최근 한국 현대사》 11장 "우파의 귀환 이명박 정부"와 함께 읽으면 좋다.

《자본주의 국가: 마르크스주의의 관점》(2015)은 자본주의 국가의 작동 방식을 규명하고 효과적인 사회변혁 전략을 제안하는 마르크스주의자들의 글을 묶은 책이다. 자본주의 질서 속에서 자본주의 국가기구를 이용해 변화를 성취하려는 개혁주의 전략에 담긴 이론적·정치적 문제를 비판적으로 검토한다. 한국 운동에서 개혁주의가 힘을 얻은 시기를 다룬《최근 한국 현대사》 8~13장과 함께 읽으면 좋다.

《좀비 자본주의: 세계경제 위기와 마르크스주의》(2012)와 《무너지는 환상: 2008년 경제 위기 이후 세계는 어떻게 달라지는가》(2010)는 2008년 세계경제 위기와 그 여파를 다룬 책들이다.《좀비 자본주의》는 마르크스 경제 이론부터 20세기와 21세기 자본주의 발전 과정 전체를 정리할 수 있는, 마르크스주의 진영에서 쓰인 최상의 현대 자본주의 개설서다.《무너지는 환상》은 세계적 경제공황과 함께 2008년에 벌어진 또 다른 사건, 러시아가 그루지야(현 조지아)를 상대로 벌인 짧은 전쟁을 살펴보며, 세계 질서가 어떻게 변할지를 분석한 책이다.《최근 한국 현대사》 11장 "우파의 귀환 이명박 정부"와 함께 읽으면 좋다.

《1989년 동유럽 혁명과 국가자본주의 체제 붕괴》(2009), 《사회주의의 진정한 의미를 찾아서》(2019), 《국제주의 전통 자료집 Ⅳ 국가자본주의》(2018), 《소련은 과연 사회주의였는가?: 국가자본주의론의 분석》(2011)은 소련·동구권·북한 등의 사회 성격을 관료적 국가자본주의 체제로 보며 혁명적 사회주의를 주장하는 책이다. 《1989년 동유럽 혁명과 국가자본주의 체제 붕괴》, 《사회주의의 진정한 의미를 찾아서》, 《소련은 과연 사회주의였는가?》는 《최근 한국 현대사》 7장 "1997년 대중 파업과 IMF 경제공황"과 함께, 《국제주의 전통 자료집 Ⅳ》는 《최근 한국 현대사》 1장 "해방 정국, 새 사회를 향한 뜨거운 염원과 좌절"과 함께 읽으면 좋다.

《저항의 세계화: 세계를 뒤흔든 반자본주의 운동》(2002)은 1999년 미국 시애틀에서 벌어진 세계무역기구 회담 반대 시위를 계기로 전 세계를 휩쓴 반자본주의 운동을 다룬 책이다. 그 저항 물결 속에서 한국에서도 운동이 활발하게 벌어졌다. 《최근 한국 현대사》 9~10장과 함께 읽으면 좋다.

《두 개의 미국: 어떻게 부자들과 권력자들은 미국을 망쳤고 이제는 세계를 망치려 하는가》(2008)와 《새로운 제국주의와 저항》(2008)은 2003년 미국의 이라크 침공과 그에 반대해 일어난 세계적 저항을 다룬 책이다. 《최근 한국 현대사》 10장 "노무현 정부의 '좌파 신자유주의'"와 함께 읽으면 좋다.

《마르크스의 자본주의 분석과 성차별, 성폭력》(2017)은 자본주의 사회의 변화와 여성의 삶의 변화라는 맥락 속에서 성폭력과 포르노 문제를 살펴보고, 여성 차별의 원인과 대안을 둘러싼 논쟁을 다루며 오늘날 여성 차별을 분석하는 데 마르크스가 여러 중요한 통찰을 제공했다고 주장하는 책이다. 불법 촬영에 반대해 2018년에 벌어진 대중적이고 전투적인 여성 운동의 경험이 담긴 《최근 한국 현대사》 13장 "문재인 정부의 등장과 중간 평가"와 함께 읽으면 좋다.

《민중의 세계사》(2004)와 《중요한 것은 세계를 변화시키는 것이다: 마르크스주의 철학 입문》(2013)은 《최근 한국 현대사》 전체와 함께 보면 좋은 책이다. 《민중의 세계사》는 인류의 역사는 어떻게 변해 왔고 우리가 살고 있는 현재는 어떻게 만들어졌는지, 세계사 전체를 마르크스주의 관점으로 풍부하게 다룬 유일한 역사책이다. 한국 현대사의 여러 사건이 일어난 국제적 배경을 함께 이해하는 데 도움이 될 것이다. 《중요한 것은 세계를 변화시키는 것이다》는 《최근 한국 현대사》의 기본 관점이 되는 역사유물론을 다룬 책이다. 역사유물론과 변증법 같은 마르크스주의 철학의 핵심 개념뿐 아니라 인간 본성, 진리, 이데올로기, 종교, 도덕, 정의를 둘러싼 철학적 논쟁도 다룬다. 그러면서도 학술적이거나 추상적이지 않게, 현실의 역사적 경험과 인간의 행동을 사례로 설명한다.

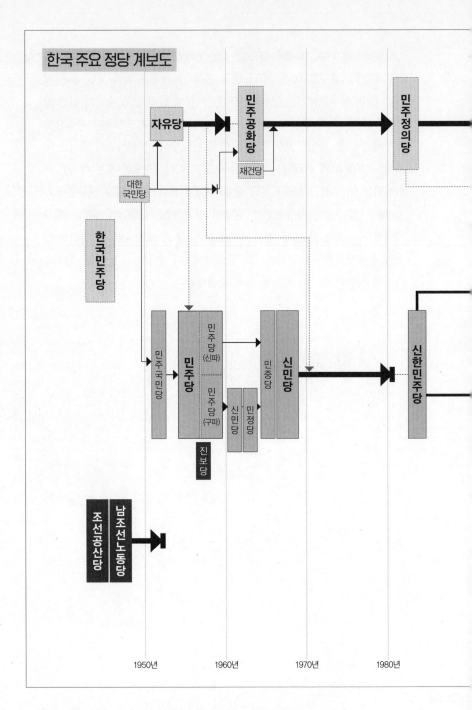

한국 주요 정당 계보도

자유당 → 민주공화당 → 민주정의당

재건당

대한국민당

한국민주당

민주국민당

민주당

민주당(신파) → 민중당 → 신민당 → 신한민주당

민주당(구파)

신민당

민정당

진보당

조선공산당 남조선노동당

1950년 1960년 1970년 1980년

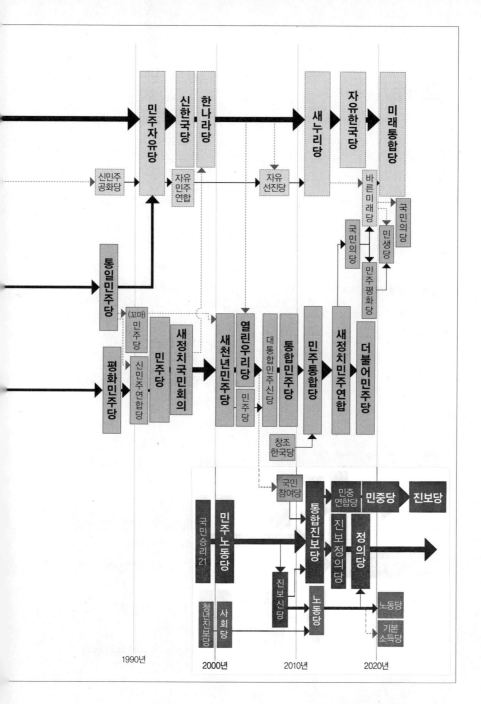

민주자유당
신한국당
한나라당
새누리당
자유한국당
미래통합당

신민주공화당
자유민주연합
자유선진당
바른미래당
국민의당
민생당
민주평화당

통일민주당

평화민주당
(꼬마)민주당
신민주연합당
민주당
새정치국민회의
새천년민주당
열린우리당
민주당
대통합민주신당
통합민주당
민주통합당
새정치민주연합
더불어민주당
국민의당

창조한국당

국민참여당
민중연합당
민중당
진보당

국민승리21
민주노동당
통합진보당
진보정의당
정의당

진보신당
노동당
노동당

청년진보당
사회당
기본소득당

1990년   2000년   2010년   2020년

찾아보기

ㄱ

강경대 169, 277~280

강제 징용 151, 466~467, 522

개혁주의 274, 289, 291, 303,
306~307, 332, 334, 456, 458, 479,
492~493, 499~502, 533, 540, 542,
554~556, 565, 569, 574, 576~579,
582, 617, 621

거창 민간인 학살 114, 283

건국 27~29, 32, 39~40, 308

 ; 건국절 논란 39~40

건국대 사태 221, 256

검찰 개혁 392, 577, 604~606

경제공황 58, 65, 247~248, 265, 267,
287~296, 298~299, 301~304, 311,
318, 328~329, 333~334, 337~340,
342~343, 345, 403, 411, 418,
423~424, 445~446, 454, 459~460,
463~464, 469, 471, 473, 475, 517,
547, 610, 617, 621~622

 ; IMF 경제공황 58, 265~268,
287~290, 292~299, 302~303,
318, 338~340, 345, 411, 418,
423~424, 445~446, 459~460

 ; 2008년 경제공황 459~463,
504~514

계엄 54, 110, 119~120, 141, 151, 162,
538, 539

 ; 계엄군 110, 119~120, 184~186,
188, 192, 210~211, 393

 ; 계엄령 54, 141, 151, 162, 178,
181~182, 538

공동전선 431, 579

공산주의 29, 50, 103, 118, 122, 129,
149, 281, 283~284, 579

공수부대 178, 181, 183~186, 206,
210, 322

공안 정국 238~239, 243, 277, 520

공안 탄압 240, 253

공장자주관리운동 29, 32~33, 45~47,

66, 81, 93, 132

공장점거 343, 344, 345, 359, 360, 363, 472, 473, 478, 481, 482, 553

공정성 577

광우병 448, 452~454, 457, 459, 496~499

; 광우병 위험 미국산 쇠고기 전면 수입을 반대하는 국민대책회의(광우병 대책회의) 454, 457, 498

광주항쟁 57, 106, 162, 171~194, 205~206, 208~209, 211, 214, 218~220, 232, 288, 367, 384, 390

구로 동맹파업 162, 221

구제금융 265~267, 295~296, 298, 329, 331, 334, 338, 341, 461

구조조정 241, 294~295, 297, 302, 333~335, 337, 339, 344, 403, 411~412, 452, 474~475, 482, 489, 534~535, 553, 562~563, 567, 590, 617

국가미사일방어체(NMD) 375

국가보안법(보안법) 44, 54, 55~64, 124, 129, 162, 236, 238~239, 249, 308, 310, 328, 334~336, 357, 372, 377, 384, 406~408, 491, 617

국가안전기획부(안기부) 154, 209~211, 242, 249, 415

국가자본주의 60, 69, 103, 111, 154, 250, 276, 280, 282~283, 296, 298, 336, 622

; 국가자본주의론(이론) 622

; 국가자본주의 체제 60, 69, 103, 276, 283, 622

국가정보원(국정원) 154, 209, 249, 331, 458, 520~521, 528, 545, 547

국민의당 389, 536, 609, 615

국민참여당(참여당) 487, 492

국민파 305, 306, 333

국제사회주의자들(IS) 60, 335, 336

국제연합(유엔) 41, 78

권영길 263, 332, 356, 358, 381, 385, 406, 491, 566

권위주의 58, 215~216, 231, 233, 251, 283~284, 288~289, 303, 306~308, 315, 321, 323, 339, 386, 392

기무사 233, 499, 528, 538~539, 554, 582

기아자동차(기아차) 257~258, 264~265, 306, 471, 553

긴급조치 141, 157, 180

김경숙(YH무역 노동자) 176, 201~203

김구 32, 40~43

김규식 37~38

김기춘 520, 522, 532

김대중 56, 58, 61~63, 100, 156, 163, 168~169, 180~181, 183, 192, 207, 209, 225, 261~263, 265, 267, 279, 288, 302, 310~313, 322, 327~358, 360, 367, 371~372, 375~378, 380, 383~388, 390, 392, 399, 402~403, 405, 413, 417~418, 426, 443~447,

450, 463, 468~469, 471, 497, 517, 572

김선일 406~407, 433~434

김영삼 135, 168~169, 446

김용균 572~573, 583, 596~597, 598~603

김우중 472

김일성 27, 66~67, 70, 80, 82~84, 87, 131, 161~162, 269, 281~284

; 김일성 사망 269, 281~284

김재규 141, 178~179

김정은 61, 161, 236, 585~586

김정일 61, 284, 372, 396, 466, 587

김종필 169, 180, 253, 262, 277, 311, 330~331, 384, 390

김주열 118

ㄴ

남북 관계 57, 161, 163, 372, 584~590

남북 자유왕래(자유왕래) 236~240, 396,

남조선노동당(남로당) 52, 59, 147, 283

남침 72, 76, 80, 205

냉전 32, 37~38, 40, 49~50, 58, 67, 69~70, 79, 87, 89, 93, 102, 104~105, 110, 149~150, 163, 250, 270, 272, 308, 376, 394, 423, 425, 494, 525, 588

; 냉전 종식 494, 588

; 냉전 형성 49

노근리 학살 88, 96, 97~101

노동 개악 127, 524~525, 531, 534, 551~552, 562~563, 567, 569, 607, 616~617

노동운동 29, 32, 42, 60, 62~64, 102, 123~125, 145, 162~164, 169~170, 221, 232, 239~241, 244, 249, 254~255, 262~263, 265, 268, 272, 274, 277, 288~289, 291, 293, 300, 303~309, 311, 314, 322~323, 332, 334, 356~357, 371, 384~385, 402, 406, 409~410, 423, 438, 440, 447, 453, 457, 471, 473, 479~480, 486, 489, 493, 517~521, 523~524, 529, 532, 537, 555~557, 561, 563, 576~579, 581~582, 585, 590, 609, 612, 617, 620

노동조합 상근 간부층 306, 479

노무현 56, 58, 61, 63, 166, 192, 288, 300, 310, 312~313, 329, 344~345, 364, 380~420, 433~434, 436, 438~439, 444~445, 447~448, 450, 452~453, 463~464, 467~469, 471~472, 476, 487~489, 491~492, 497~498, 517, 560, 575, 608, 616~617, 622

노사관계개혁위원회(노개위) 255~256, 261

노사정위원회 261, 265, 305, 331~332, 338, 356, 364

노재봉 169, 254

노태우 61~62, 135~136, 163, 180, 191~192, 206~207, 210, 217, 223, 230, 232~233, 236, 238~240, 243~245, 252~255, 277~279, 310~311, 313, 322, 330~331, 340, 384, 390, 446, 520

노회찬 456, 487, 491~492, 533, 537

뇌물 135, 522, 528, 531, 536, 545, 573

ㄷ

단독정부 41, 50, 52, 53, 70, 322

단병호 377, 406

대안 세계화 운동 290, 358, 382, 431

대중 파업 80, 169, 192, 216, 219, 227, 247~249, 252, 256, 263~264, 267, 288~290, 292, 303~305, 311, 325, 332, 356, 423, 622

던, 제임스 26

독립운동 28, 40, 59

동유럽 79, 250, 251, 270, 271, 272, 273, 274, 622

　; 동유럽 혁명 270, 622

동일방직 175, 200~201

등록금 277, 278, 417~418, 483, 500

　; 반값 등록금 483, 500

ㄹ

레닌, 블라디미르 24, 36, 77~78, 579, 589~590

레이건, 로널드 190, 340

루스벨트, 프랭클린 23

룩셈부르크, 로자 215~216, 219

리영희 238, 259, 589

ㅁ

마르크스주의 24, 65, 68, 216, 218, 280, 305, 321, 323~324, 371, 504, 509~510, 589, 619~621, 623

마르크스, 카를 8, 24, 61, 65, 67~68, 148, 157, 159, 175, 216, 218, 272, 274~275, 280, 303, 305, 321, 323~324, 371, 504, 508~510, 554, 589, 619~623

마셜플랜 50, 102, 149~150

마오쩌둥 84~85, 110

매향리 101

맥아더, 더글러스 74, 80, 87

모스크바 3상 회의 35, 37, 39

문규현 236, 237

문익환 236, 238~239, 245, 253

문재인 43, 48, 56~59, 61, 63~65, 94~95, 105~106, 126~127, 161, 163, 166, 191~193, 207, 217, 236, 240, 268, 288, 299~301, 313, 315, 317~318, 320, 329, 344, 371, 384, 388, 391, 394, 398~400, 415, 417, 429, 435, 467~468, 488, 490, 499, 517, 527, 529~530, 542, 548~550,

552, 556~557, 560~582, 584~586,
590, .592, 594~596, 598~600,
602~607, 610~617, 619~622

미국 중앙정보국(CIA) 30

미군 범죄 101, 106, 383

미군정 28,~34, 36~39, 41~42, 46,
49~53, 79, 81, 83, 93, 103, 132,
308, 322

미래통합당 40, 43, 60, 169, 191~192,
209, 249, 307~310, 312~313, 315,
419, 446, 488, 550, 561, 568~569,
572, 608

미래한국당 209, 614~615

미사일방어체계(MD) 94, 373, 466

미·소 공동위원회 37, 39, 41, 50, 52

민영화 133, 135~136, 294, 337, 340,
386, 411, 415, 497~498, 518, 523,
528, 599

민족주의 32, 110~111, 147, 281~283,
467

민족화해협력범국민협의회(민화협) 377

민주노동당 203, 233, 260, 289, 303,
307, 328, 334, 336, 355, 357~358,
381, 391, 405, 420, 447~448, 452,
456, 479, 483, 487, 491~493, 533,
566

민주노총 63, 230, 249, 255, 258,
261~265, 288, 296, 303~307,
332~334, 356~357, 377, 406, 438,
440, 454, 456, 472~473, 476,
482, 487, 491~493, 502, 521, 524,

531~533, 537~538, 541, 554~557,
561, 564~566, 573~574, 576, 578,
584~585, 611, 617

민주당 28, 40, 43, 56~57, 62~63, 77,
108, 116~117, 121~122, 130~131,
142, 143~145, 151

민주자유당(민자당) 169, 254, 278,
444, 608

민주정의당(민정당) 223, 275, 307, 390

민주주의 23, 24, 40, 47, 56~58,
63~64, 67~70, 72, 76~77, 80,
82~83, 103, 108, 111, 115, 126,
129, 140, 142, 148, 181, 189,
191~192, 207~208, 216, 228, 233,
237~239, 248, 250, 260~261,
263~264, 272~273, 275, 280, 283,
286, 288~292, 306~308, 310, 313,
315, 317, 321, 323~326, 334~336,
358, 386, 393, 417, 420, 428, 456,
492~494, 518, 537, 539~540, 551,
554

; 자본주의적 민주주의 58, 216,
233, 261, 264, 286, 288~289,
291~292, 307, 310, 313, 315, 324,
393, 420, 492, 539

; 자유민주주의 64, 76, 80, 208,
216, 286, 289, 308, 316, 321,
323~324

; 한국의 자유민주주의 321~326

민주화실천가족운동협의회(민가협) 57,
59

민중당 533, 561, 566, 576, 606

민중주의 306, 332, 449, 614

민중총궐기 521, 532~533, 537, 551, 556

; 민중총궐기투쟁본부 537, 551, 556

ㅂ

바른미래당 308

박근혜 48, 61, 63, 94, 121, 127, 141~142, 159, 161, 192, 207, 217, 233~234, 268, 288, 299~301, 308, 312~313, 315, 321, 323, 331, 380, 393, 405~408, 410~412, 414, 443~446, 449, 451~452, 454, 458, 466~467, 477, 487~488, 490, 492, 498, 501, 516~542, 546~549, 551~556, 561~563, 565, 567, 570, 573, 575, 577, 581, 602, 609, 611, 619

; 박근혜 정권 퇴진 운동 192, 217, 234, 321, 454, 458, 519, 527, 536~537, 541~543, 547, 551~557, 561~562, 565, 573, 575, 577, 581

우병우 528, 552

박원순 57, 483, 554

박정희 40, 104~105, 108, 133~134, 140~151, 153~159, 161~162, 166, 168, 172~181, 183, 190~191, 196, 199~201, 203, 206, 219, 232, 275, 284, 288, 298, 312, 322, 330~331, 389~390

박철언 61, 239

박헌영 35, 283

반공 53, 58, 92, 103, 111, 114~115, 124~125, 131, 144, 149, 162, 166, 201, 211, 308, 525

반미 111, 383, 394, 422~428

반북 308, 494

반자본주의 46, 65, 252, 290, 358, 427~428, 496, 548, 579, 590, 622

반전운동 166, 290

백남기 412, 521

베를린 봉쇄 79

베를린 장벽 붕괴 270

베트남 74, 76~77, 80, 104~105, 110, 147~148, 152~153, 160, 165~167, 179, 189, 206, 209, 406, 429, 474, 490

; 베트남전쟁 74, 76~77, 80, 105, 147, 152~153, 160, 165~166, 179, 189, 206, 209, 406, 429

; 베트남전쟁과 한국 165-167

보안사령부 232, 233

본스틸, 찰스 26

부마항쟁 176~178, 183, 203, 206, 219, 231, 288

부시, 조지 W 372~373, 375, 382~383, 394~398, 424, 426, 428~429, 432~434, 461, 587~588

부안 핵폐기장 386, 392

부패 51, 110~111, 113, 132, 145, 147, 159, 180, 222, 278, 288, 293,

312~313, 338, 358, 405, 415, 431,
443~445, 451, 485, 518~520,
522, 525, 527, 530, 536~537, 540,
551~552, 592, 603~604, 606, 616,
621

북대서양조약기구(나토) 102

북미 정상회담 571, 584, 587, 590

북방한계선(NLL) 371~372, 375

북침 72

북한 20, 27, 44, 48, 58~61, 65~70,
72~76, 82~83, 87~89, 99, 103~104,
111, 121, 131, 143, 161~163, 165,
190, 205, 208~211, 236~240,
256, 276, 281, 283~284, 310, 321,
336, 358, 371~376, 383, 387, 394,
396~398, 424, 428, 433, 465~466,
491, 493~494, 586~589, 622

  ; 북한 국가의 형성 65-70

  ; 북핵 163, 587, 588, 620

  ; 북핵 협상 587

불법 촬영 반대 '불편한 용기' 시위
583, 591-597

불평등 22, 113, 126, 194, 323~324,
418, 422, 484, 518, 542, 551, 575,
578, 580

비정규직 127, 200, 286, 301~303,
317~320, 345, 385, 408~410, 421,
436~440, 453, 497, 553, 556, 574,
597~599, 602~603, 617

  ; 비정규직 정규직화 127, 345, 438,
574, 599, 603

비핵화 163, 587~589

  ; 한반도 비핵화 163, 589

ㅅ

사드(고고도미사일방어체계) 94, 399,
468, 527, 551, 570~571

사법 개혁 606

사북항쟁 182, 288

사회민주당 77

사회민주주의 77, 129, 290, 306, 334,
358, 386, 417, 428, 492~494

사회적 대화 371, 447, 479, 523, 557,
564, 569, 577

사회주의 23, 28~29, 32, 40, 59, 60,
65~68, 77~78, 162, 215, 250, 272,
274~276, 280, 282, 310, 321, 325,
335~336, 357~358, 431, 487, 504,
622

사회주의노동자동맹(사노맹) 274

사회혁명 126

산업재해(산재) 136, 598, 600~602

삼성 105, 113, 133~137, 200, 202,
299, 340~341, 403, 415~416, 438,
450, 471~472, 536, 562

새누리당 60, 308, 487, 524, 529, 532,
609, 615

새정치국민회의 260~262, 311, 329,
344, 364, 443

서울역 회군 181

세계무역기구(WTO) 252, 622

세월호 참사 406, 522, 527~531, 544~550, 551, 553, 598, 611, 619

소련 20~21, 23~27, 32~38, 43, 47, 49~50, 65~67, 70, 73, 78~85, 87, 89, 92~93, 102~105, 111, 129, 149, 161, 190, 250~251, 270~276, 280, 282~283, 298, 310, 357, 358, 425, 494, 622

 ; 소련 붕괴 270~276, 357, 494

수하르토 252, 333, 337

스탈린, 이오시프 24~25, 27, 32, 47, 80, 82~85, 93, 111, 271~272, 280~282, 284, 492~494, 579

스탈린주의 32, 47, 93, 111, 271~272, 280~281, 284, 492~494, 579

시민단체(NGO) 392

참여연대 136, 263, 392, 499

시애틀 시위(1999년) 430

신군부 172, 181, 187, 189~190, 195, 205~206, 210~211, 322, 390

신디컬리즘 306, 333

신민당 176, 203, 279

신자유주의 252, 287~288, 290~291, 294~296, 312, 337~340, 358, 379, 386~387, 393, 411, 423, 430, 434, 445, 450, 452, 461~462, 464, 488~489, 496~497, 501, 510, 523, 611~613, 617, 619, 622

신탁통치 20, 34~37, 41, 70, 93

신한국당 249, 259, 288~289, 307, 311, 329~330

심상정 456, 487, 491~493, 517, 540, 609, 613

쌍용자동차 470~471, 473

ㅇ

아랍 혁명 432, 484

안철수 493

엥겔스, 프리드리히 65, 68, 246, 274~275

여성운동 203, 552, 591~597, 622

 ; 페미니즘 595

여순반란 54, 59, 129, 147

여운형 27~28, 32, 37~38, 52, 145

역코스 정책 79

연합국 20, 23~24, 32, 35, 41

열린우리당(열우당) 63, 380, 388~389, 405~409, 416, 418, 420, 608, 617

열사(烈士) 132, 135, 169, 201~203, 223~224, 226, 242, 254, 269, 277~279, 401, 413, 438, 477

오바마, 버락 432, 435, 466

용산 참사 469

위수령 141, 178

위안부 151, 466~467, 527, 551, 620

유시민 311~312, 420, 487, 492

유신 139~140, 156~157, 162, 174, 176~179, 201, 219, 284, 322, 330, 443, 515, 518, 520, 522, 531, 619

 ; 유신 체제 178~179, 201, 219, 284,

443, 518, 520

; 유신헌법 157, 162, 177, 322

유엔 41, 49, 52~53, 55, 76, 78, 87~88, 99, 131, 144, 415, 431

윤보선 143~144, 147, 156

이건희 136, 323, 415~416

이기붕 117, 119, 120

이라크전쟁(2003년) 163, 394~395, 397, 406, 421, 424, 429, 431~433

이랜드 408~410, 421, 436~440

이명박 48, 288, 300, 308, 312~313, 315, 380, 393, 400, 409, 418, 442~494, 496~502, 517~520, 522, 526, 528, 531, 538, 545, 552, 556, 561, 621

이병철 113, 133~134, 136

이석기 57, 63, 129, 493

이승만 29, 32, 40~43, 50, 52~54, 59, 80, 83~84, 104, 108~127, 129,~133, 145, 238, 260, 283, 289~290, 309, 322

이윤율 266, 287, 295, 318, 403, 462~464, 474, 509~510

; 이윤율 하락 경향 509

이재용 136, 528, 536, 552

이회창 169, 311, 329, 383, 385, 394, 445, 448, 451

인도네시아 251~252, 266, 290, 333, 337, 490

인민위원회 26~28, 31~32, 46, 50~51, 66~68, 70, 81~82

인민전선 579

인천 상륙 작전 87

인천지역민주노동자연맹(인민노련) 239, 274

임수경 61, 236, 237, 239

임종석 63

ㅈ

자민통(자주파, NL) 352, 457, 487, 499, 502, 522

자유당 29, 116~119, 121, 130~131, 133, 145, 254, 290, 444, 608

자유민주연합(자민련) 262, 311, 330~331, 387, 388, 451

자유왕래 124, 235, 236, 237, 239, 240, 270, 396

자유주의 56, 62, 102, 142, 216, 239, 252, 260, 287~288, 290~291, 294, 295~296, 311~312, 315, 322, 337~340, 358, 379, 386~387, 393, 411, 423, 430, 434, 445, 450, 452, 456~457, 461~462, 464, 488~489, 496~497, 500~501, 510, 518, 523, 553, 555~556, 611~613, 617, 619, 622

자유한국당(한국당) 208~209, 249, 259, 288~289, 307~308, 311, 329~330, 561~563, 566~567, 576, 606~607, 614~615, 617

자율주의 393, 456~458, 500, 621

장면(정치인) 108, 121~125, 127, 130, 133, 142~145, 215, 240, 290

재난 401, 470, 528, 610, 620

재벌 105, 113, 128, 132~137, 245, 322, 332, 338, 343, 392, 403, 405, 415, 444, 469, 522, 536, 552, 561~562, 577

; 재벌의 탄생 113, 128, 132~137

적산 112~113, 132, 321~322

전국경제인연합회(전경련) 135, 146

전국교직원노동조합(전교조) 62, 386, 520, 574

; 법외노조 520, 527, 574

전국노동조합협의회(전노협) 254, 279

전국농민조합총연맹(전농) 31

전국대학생대표자협의회(전대협) 237, 279

전두환 135, 159, 162, 168, 172~174, 179~183, 187~193, 206~207, 209, 215, 218, 220~225, 227, 232~233, 236, 255, 275, 298, 307, 312~313, 322, 331, 340, 384, 390

전태일 158, 175, 196~200

전투경찰(전경) 277, 278, 362, 365, 366, 367

전투적 노동조합운동(신디컬리즘) 306

정경 유착 339

정권 교체 168, 214, 217, 289~290, 292, 307, 310, 315, 328, 332, 540, 542, 565

정리해고 249, 255, 261, 265, 288, 294, 305, 307, 318, 331~332, 335, 338, 343~344, 360~362, 364, 366~370, 403, 453, 468, 470~472, 474~477, 479, 482, 497

정승화 179~180

정의당 55~56, 132, 223, 274~275, 307, 323, 390, 492~494, 532~533, 537, 540~541, 561, 566, 574, 576, 606, 609~611, 613~614

정주영 61, 133~135, 238, 243, 444

정치투쟁 215~216, 231, 244, 288, 356, 427

정치혁명 126, 289

제1차세계대전 77, 323

제2차세계대전 20~21, 23~24, 32, 35, 46~47, 50, 67~68, 74~75, 78~79, 87, 92, 102, 110~112, 300, 430

제국주의 20~22, 24, 27, 31, 37~39, 42~43, 47, 54, 65, 67, 73, 76~79, 81, 83~84, 89~90, 92, 94~95, 102~103, 106, 110, 121, 124, 126~127, 147, 151~152, 159, 162~163, 190, 283, 297, 315, 371, 378, 380, 382~383, 386~387, 397, 407, 429, 434, 467, 489, 494, 497, 518, 525, 528, 537, 545, 571, 585~587, 589~590, 619~620, 622

; 제국주의 경쟁 21~22, 73, 78~79, 83, 92, 586

; 제국주의론 65, 371, 620

; 제국주의 전쟁 90

; 제국주의 체제 494

; 친제국주의 95, 121, 127, 380, 383, 387, 407, 434, 497, 518, 525, 528, 545, 619

제주 4·3항쟁 39, 44, 48~54, 59, 81, 106, 126, 129

제주 해군기지 394, 397, 528, 530, 545~546, 571, 617, 619

조국(정치인) 57, 166, 255, 274, 312, 542, 561, 566, 572, 575~576, 580~581, 583, 603, 604~607, 612, 614

; 조국 법무부 장관 임면 사태 274, 575, 583, 603, 604~607

조봉암 29, 115, 129~131, 147

조선건국준비위원회(건준) 27~29, 32

조선공산당 28, 29, 31~32, 34~36, 38, 46~47, 52, 282

조선노동조합전국평의회(전평) 31~32, 42, 46

조선인민공화국 27, 28, 31~32, 50, 93

조선총독부 27, 30~31, 45

조작 사건 59, 279

좌우합작 20, 37~38, 93

; 좌우합작위원회 20, 38, 93

주한미군 26, 101, 104, 106, 110, 382~383, 385, 398, 422, 424~426, 428, 586

; 주한미군 범죄 106, 383

; 주한미군지위협정(SOFA) 422

; 주한미군 철수 424, 428

중국혁명 85~86, 90

중도파(해방 정국) 27, 32, 37~39

중앙정보부(중정) 141, 154, 161, 175, 178, 180, 222, 331, 520

지역주의 168~170, 330, 386, 388~391, 419, 615

진보당(2020년) 323, 352, 493~494, 522, 561

진보당(조봉암) 29, 115, 129~ 131, 147

진영논리 43, 276, 561, 576~578, 581, 606, 609

ㅊ

차지철 179, 206

처칠, 윈스턴 23~24

천안함 침몰 465~466

청년 실업 601~603

총파업 33~34, 38, 42, 47, 51~52, 64, 81, 254, 262~264, 278, 333, 485, 532

최규하 179

최순실(최서원) 324, 411, 443, 525, 535~536, 551

최태원 136, 567

추미애 311, 388, 530

친미 30, 39~40, 53, 103, 126, 189, 308, 383, 400, 425~426, 431, 494, 525, 528, 570

ㅋ

카터, 지미 189, 190

커밍스, 브루스 49, 73, 76, 81~83, 93, 124, 153~154

코로나19 65, 300, 488, 544, 548~549, 569, 581, 583, 608, 610~613, 617, 620

콜코, 가브리엘 102

쿠데타 41, 108~110, 121, 123~127, 133, 140~148, 154, 162, 166, 180~181, 225, 232~233, 252~254, 274, 311, 322~323, 331, 404, 538~539, 582

 ; 5·16 쿠데타 121, 123~126, 133, 141~142, 144, 148, 166, 180, 253

 ; 12·12 쿠데타 180

클린턴, 빌 494, 587

ㅌ

탈북민 59, 240

태평양전쟁 23, 65, 74, 85

테러와의 전쟁 423~424, 431, 434

톈안먼 270~271, 274

토지개혁 28, 69, 82

통일운동 41, 111, 123, 126, 238, 376

통합진보당 129, 487, 492~493, 520, 522, 533

 ; 통합진보당 해산 520

트럼프, 도널드 73, 394, 398, 435, 585~587

트로츠키, 레온 62, 579

트루먼, 해리 S 50, 76, 79, 87, 102~103

 ; 트루먼독트린 50, 79

ㅍ

파병 63, 95, 105, 147~148, 152, 166, 380, 386, 394~395, 400, 406, 408, 411, 421, 429, 432~435, 468, 489, 497, 617

 ; 베트남 파병 105, 147~148, 152

 ; 이라크 파병 380, 386, 411, 433~434, 468

 ; 한국군 파병 395

평택 미군기지 394, 398, 571

평화민주당(평민당) 63, 390

포퓰리즘 306, 332, 569, 571, 573, 577, 581, 613~614, 616

ㅎ

하나회 180

하먼, 크리스 504

하지, 존 29, 103

학생운동 162, 181~182, 220~221, 225, 239, 241, 255, 277, 279~280,

322, 357

한국노총 146, 201, 258, 261, 532, 534

한국대학총학생회연합(한총련) 58,
255~256, 376~377

한국독립당(한독당) 41

한국민주당(한민당) 28, 30, 40~41,
121, 143, 290

한국전쟁 40, 49, 72~95, 97, 99, 101,
103~104, 109, 111~114, 123, 126,
132~133, 145, 149~150, 283, 308,
395

; 6·25 전쟁 76

한나라당 307, 311, 329, 358,
383~384, 387~389, 392, 394,
404~405, 407~408, 410, 418, 420,
425~427, 443~446, 448~449,
451~452, 465, 483, 485~486, 488,
497, 608~609

한미FTA 312, 394, 400, 411~412,
414, 436, 450, 452, 455, 463, 468,
477, 483, 489, 491, 497, 526, 617

한미동맹 72, 96, 102~103, 105~106,
167, 395, 400, 489, 526, 545,
570~571

한·미 연합 군사훈련 281, 466, 586

한·미·일 동맹 43, 127, 190, 465, 467,
517, 525, 620

한반도 20~22, 25~30, 35, 37~38,
41, 49~50, 52, 65~67, 70, 72~74,
79, 81~83, 85, 89~90, 92~94, 97,
102~105, 111, 129, 149, 163~164,

190, 236~237, 251, 281, 328, 371,
373, 376, 378, 380~381, 383,
397, 399, 424, 433, 466, 493, 525,
584~590, 619~620

; 한반도 긴장 73, 94, 433, 525

; 한반도 정세 236, 585

; 한반도 평화 72, 164, 371,
380~381, 397, 433, 584~589

한보 82, 255, 259~260, 263, 266,
288, 293, 339

한일기본조약(1965년) 105, 140, 147,
150~151, 444

해방 정국 20~43, 48, 109, 123, 143,
145, 622

핵 74, 76, 79, 84, 104, 163, 273, 281,
373~375, 378, 383, 424, 587~589

; 핵무기 76, 79, 104, 273, 375, 383,
588

; 핵무장 493~494

; 핵발전 392, 468

; 핵폭탄 74, 76, 84

헌법재판소 129, 538, 539

현대(기업) 61, 105, 133~135, 137, 153,
223, 229, 238, 241, 243~245, 254,
257, 340, 344, 348, 353, 385, 471

현대자동차(현대차) 343~345,
359~360, 362~363, 410

; 현대자동차 공장점거 파업(1998년)
343~345, 360~370

현대중공업 137, 231~232, 235,

238~239, 241~246, 277, 322, 345, 475

; 현대중공업 128일 파업(1989년) 241~246

황교안 209, 520, 522, 528, 548~549, 609, 611, 612

희망버스 477

희망퇴직 361, 475

IMF 58, 247~248, 265~267, 287~290, 292~299, 301~303, 318, 329, 331, 334, 337~341, 345, 411, 418, 423~424, 445~446, 459~460, 463~464, 622

SK(선경) 135, 136, 567, 599

YH무역 150, 175~176, 200, 201~204, 219

기타

3당 합당(1990년) 169, 253, 277, 330, 384, 608

5·10 선거(1948년) 52~53

6·15 남북공동선언 163, 328, 359, 371~378, 588~589

6월항쟁 162, 169, 174, 189, 191, 214~234, 237~238, 261, 277, 298, 323, 390, 405, 427, 551

7~9월 노동자 대투쟁 174, 189, 191, 214~234, 238, 241~242, 246, 248, 261, 298, 309, 323, 390, 427, 458

9월 총파업(1946년) 33~34, 38, 42, 47, 51, 81

10월항쟁(1946년) 34, 38, 42, 51, 81

38선(38도선) 25~26, 49, 65, 70, 84, 87, 104

1997년 대중 파업 192, 248~268, 289~290, 292, 303, 305, 622

2008년 촛불 운동 442, 452~456, 458, 485, 496~503, 555

최근 한국 현대사
해방부터 문재인 정부까지 역사유물론으로 보기

지은이 | 김동철·김문성

펴낸이 | 김태훈
편집 | 차승일
본문 디자인 | 고은이
일러스트·표지 디자인 | 나유정
펴낸곳 | 도서출판 책갈피
등록 | 1992년 2월 14일(제2014-000019호)
주소 | 서울 성동구 무학봉15길 12 2층
전화 | 02) 2265-6354
팩스 | 02) 2265-6395
이메일 | bookmarx@naver.com
홈페이지 | http://chaekgalpi.com
페이스북 | http://facebook.com/chaekgalpi
인스타그램 | http://instagram.com/chaekgalpi_books

첫 번째 찍은 날 2020년 7월 31일

값 28,000원

ISBN 978-89-7966-188-0